강성태 영문법

필수편

경고!

한 번 볼 책이면 아예 펼치지도 마라!

5회독 공부표

	1회독	2회독	3회독	4회독	5회독
시작한 날 짜	월 일	월 일	월 일	월 일	월 일

※ 시작한 날짜를 표기하세요.

PROLOGUE

대한민국 출판계에 놀라운 일이 벌어졌다

일개 영단어장이 대한민국에서 출간된 모든 책 중에서 5위 안에 들었다. (예스24, 2017년 12월 넷째 주 기준) 이 책은 출간 3일 만에 동이 났다. 한동안 어디서도 구할 수 없는 책이 되어버렸다. 대중적으로 읽히는 소설도 아니고 수험생이 주로 찾는 학습서가 이 정도 순위를 차지한 건 기적 같은 일이었다. 중·고등학교에선 수업도 교과서 대신 EBS 교재로 하는 곳이 많다. 이런 책들까지 단숨에 넘어선다는 건 있을 수 없는 일이었다. 매일같이 새로운 책이 쏟아지는 단어장 시장에서 아무리 마케팅을 하고 유명한 사람이 낸다 해도 반짝할 뿐이다. 그런데 이 책은 아직도 단어장 1위다. (예스24, 2018년 12월 기준)

짐작한 대로 「강성태 영단어 어원편」에 대한 이야기다. 그동안 감당할 수 없을 정도로 큰 사랑을 받았다. 가장 효율적인 공부법을 적용한 책을 만들겠다고 다짐했지만, 이 정도로 큰 사랑을 받게 될 줄은 꿈에도 몰랐다. 도대체 어떤 분들이 이 책을 볼까? 이 궁금증으로 한동안 온라인 서점과 공신닷컴에 올라온 독자분들의 후기를 매일같이 찾아 읽었다.

트럭 운전을 하면서 조수석에 단어장을 두고 틈날 때마다 외운다는 청년부터, 아빠와 엄마, 아이들까지 온 가족이 단어 공부를 습관으로 만들었다는 이야기, 태어나서 처음으로 책 한 권을 끝까지 공부했다는 중학생, 영단어 공부를 하며 태교 중이라는 임산부, 예순이 넘어 이제 영어 공부에 재미를 느꼈다는 감사 편지까지. 학생은 물론이고 이 책으로 공부한 남녀노소 모든 분들의 감동적인 이야기가 너무도 많았다.

학생들은 내가 동기 부여를 해준다고 생각한다. 하지만 오히려 나는 학생들에게 동기 부여를 받는다. 여러분이 최선을 다하는 모습에 나는 매일 감동하고 내 현재의 삶을 뉘우친다. 여러분들은 내 삶의 원동력이자 끊임없는 자극제이다. 이런 관심과 사랑은 내 평생 갚아 나가야 할 빚이라 생각한다.

그런데 책이 나온 이후에 빗발치는 요청이 하나 있었다. 바로 영문법이었다. 영단어를 마스터했으니 이젠 문법도 공부해보고 싶다는 것이다. 이런 자신감이 생긴 것은 너무나 감사한 일이었다. 나로서는 좋은 콘텐츠로 보답할 수 있는 기회가 생긴 것이다. 덕분에 책을 준비하는 과정은 고되고 힘들었지만 감사하고 행복한 마음으로 임할 수 있었다. 영문법 책이 나오는 이 시점에 독자분들에게 다시 한 번 진심으로 감사한 마음을 전하고 싶다.

Only those who can leave behind everything they have ever believed in can hope to escape.
자기가 믿어왔던 모든 것을 버릴 수 있는 자만이 탈출을 꿈꿀 수 있다.

William S. Burroughs

이 책의 목적은 영문법 부담을 1/10로 줄이는 것

이 책은 영문법을 알려주는 책이다. 하지만 그게 다였다면 이 책을 쓰지도 않았을 것이다. 대한민국 영어 교육, 특히 영문법 교육을 이 책을 통해 송두리째 바꿔보겠다는 생각으로 작업했다.

이 책의 목표는 명확하다. 영문법 부담을 10분의 1로 줄이는 것. 영문법으로 독해, 듣기, 스피킹, 라이팅까지 함께 잡을 수 있게 하는 것. 더 나아가 공부 전반에 흥미와 자신감을 갖게 하는 것. 이렇게 세 가지다. 늘 끝나지 않았던 영문법에 대한 부담을 없애고, 영어에 대한 자신감, 더 나아가 공부에 대한 자신감을 심어주고 싶다. 한마디로 대한민국 영문법을 아예 새롭게 시작하는 것이다.

그게 어떻게 이 책 한 권으로 가능하겠냐 싶겠지만 나는 분명히 가능하다고 말하고 싶다. 또한 이 책이 달성해야 할 과제가 이렇게 많다는 것은 그만큼 지금의 영어 학습, 특히 영문법 학습이 잘못됐다는 뜻이기도 하다.

제대로 된 문법은 지루할 리가 없다

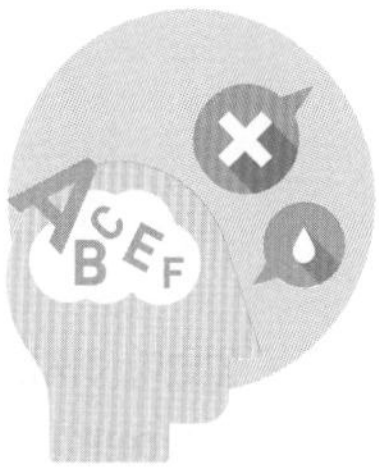

공신닷컴에서 영문법 강의를 하면서 가장 많이 한 말이 있다. "이건 외울 필요 없다"라는 말이다. 많은 사람들이 문법을 외워야만 하는 것으로 알고 있다. 어렵고 따분한 공부라고 생각한다. 하지만 그건 우리가 제대로 된 문법을 접해보지 못했기 때문이다. 제대로 된 공부는 쉽고 재미있다. 제대로 된 문법은 그렇게 지루할 리가 없다.

그동안의 문법 공부는 너무 힘들었다. 애써 공부해도 영어가 는다는 느낌도 거의 없었다. 거기에다가 천문학적인 비용까지 들었다. 비용만의 문제가 아니다. 이놈의 문법 때문에 얼마나 많은 학생들이 영어에 좌절하고 학습에 흥미를 잃었는가. 문법을 배우고 있는데도 자신감이 늘기는커녕 더 떨어졌다. 세상 어디에 이런 식의 공부가 또 있겠는가? 하지만 그건 나 또한 마찬가지였다.

이 책에 모든 것을 쏟은 이유

이 책은 내 개인적인 한이 담겨 있는 책이다. 어린 시절 경북 점촌이라는 시골에 살다 서울로 이사를 갔다. 그 뒤로 학원 폭력에 시달렸고 경기도로 또다시 이사한 이후엔 늘 열등감에 사로잡혀 있었다.

중학교 시절, 하루는 한 친구가 수업 시간에 눈이 마주쳤단 이유로 내 얼굴에 침을 뱉었다. 얼굴에 그렁그렁 가래침이 붙어 있는데 나는 화장실에 다녀오겠다고 말할 용기도 없고 휴지도 없어 맨손으로 얼굴을 훔쳐냈다. 그렇게 고개만 푹 숙이고 앉아 수업이 끝나기만을 기다렸다. 나의 자존감은 그야말로 밑바닥이었다.

그런 일이 있었던 즈음, 경기도 일산에 있는 한 학원의 종합반을 다녔다. 아직도 생생히 기억나는 순간이 있다. 영어 시간이었는데 갑자기 선생님이 나에게 질문을 던졌다. 칠판에 적힌 이 단어가 뭐냐고 물으시는 게 아닌가? 늘 소심했던 나는 이런 지목을 당하면 심장이 쪼그라드는 느낌이 들곤 했다. 선생님이 가리키셨던 단어는 문장 안에 있는 'who'라는 단어였다. 'who'면 '누구'라는 뜻인데 그건 알고 있었다. '근데 누구를 물어볼 리는 없잖아… 그 뜻은 아닌 것 같은데… 뭐지…' 생각하다 정적이 흘렀고 몇 번이나 물어보는 선생님의 질문에 나는 아무런 대답도 못 했다. 그 순간에는 세상에서 내 존재가 없어졌으면 좋겠다는 생각뿐이었다.

대답 못 하는 나에게 충격을 받으셨는지 선생님은 나뿐만 아니라 반 전체를 몇십 분 동안 혼내셨다. 나만 혼나도 죽을 맛인데 반 친구들까지 모두 혼나게 만들었으니, 너무나 미안하고 부끄러웠다. 내성적인 나에겐 그 이상의 고문이 없었다. 질문의 정답이 뭐였을 것 같은가? 그 'who'는 관계대명사였다. 당시 배우던 단원 이름이 관계대명사였으니 눈 감고도 맞혀야 할 답이었다. 며칠간 배웠던 단원의 제목도 모르는 셈이었으니, 선생님도 화가 나실 만한 상황이었다.

그 일이 있고 며칠 뒤, 나는 학원에서 단어 시험에 통과를 못 해 나머지 공부를 하게 됐다. 그러다 교실 저쪽에서 두 친구의 대화를 우연히 들었다. 둘 다 우리 학교에서 소위 일진이라 할 정도로 잘 나가는 친구들이었다.

> "내가 쟤 같은 스타일 잘 아는데, 저런 애들은 공부해도 성적 안 올라."

그 말이 얼마나 충격이었는지 둘 다 학교에서 우리 반도 아니었지만 몇십 년이 지난 지금도 그 친구들의 이름, 그 목소리 톤마저도 또렷이 기억하고 있다.

나와 같은 고통을 겪게 하지 않겠다

물론 당시 강성태는 공부를 치열하게 하지 않았다. 공부법도 몰랐고 물어볼 곳도 없었다. 하지만 나도 변명할 거리는 있다. 당시 영문법 강의는 그야말로 시간 때우기였다. 너무 지루했고 이해도 안 됐으며 이걸 왜 배우는지, 배워서 어디에다 써먹는지도 알 수가 없었다. 일단 공부하지 않은 내가 가장 큰 문제지만, 영문법 교육 자체의 문제도 컸다고 생각한다.

나는 다짐한다. 이 책을 보는 분들에게 절대로 나 같은 그런 부끄러운 경험을 겪게 하지 않겠다고. 나의 시행착오를 반복하지 않았으면 좋겠다. 영문법 책을 쓰는 내내 그 생각으로 임했다.

이 책이 최고의 책인지는 알 수 없다. 하지만 이 책으로 한 번만 공부하면 영문법 때문에 영어에 자신감을 잃을 일은 절대 없을 것이다. 영문법을 한 단계씩 넘어서기 위해 필요했던 원리와 지식들, 공부법 전문가로 지금껏 축적한 그 모든 방법들 중에서도 가장 효과적인 공부법만을 모아 이 책을 만들었다.

여러분은 반드시 해낼 것이다, 반드시!

부디 이 책을 통해 영문법은 물론 영어, 그리고 공부에 대한 자신감, 자존감까지 찾길 바란다. 과한 욕심이란 건 알고 있다. 하지만 그런 변화를 줄 수만 있다면 정말이지 행복할 것이다. 내가 학창 시절 받았던 상처들이 모두 치유되는 느낌, 그 이상일 것이다.

그래서 여러분에게 하고 싶은 말이 있다. 나는 관계대명사 시간에 관계대명사를 보고도 그게 뭔지 모르던 사람이었다. 알파벳은 중학생이 돼서야 다 뗐다. 그랬던 사람이 영어책을 내고 있다. 단어장에 이어 이젠 문법책까지 낸다. 유튜브에 올린 강의는 1억 3천만 뷰를 찍었다. 어눌하고 내성적이고, 겁 많고 눈물 많고, 콧물까지 줄줄 흘리고 다녔던 찌질이가 지금은 공부의 신이란 소릴 듣고 있다.

할 수 있다. 여러분도 할 수 있다. 꼭 입시나 시험을 위해서만 잘 하라는 것이 아니다. 각자 한 번뿐인 인생에서 이루고 싶은 것, 갖고 싶은 것, 뭐든 좋다. 쿨하고 멋진 일에 도전해보자. 어차피 인생은 한 번뿐, 얻고자 하는 것을 얻고 누려보려는 시도라도 해야 하지 않겠나.

편하고 안정적인 것만 찾고자 한다면, 숨만 쉬며 먹고 싸다 세상 뜨면 된다. 하지만 그러기엔 여러분은 우주 같은 잠재력을 가졌고 세상보다 소중하다. 그 길에 영어가 필요하다면 까짓것 해버리면 된다. 지금껏 제대로 된 방법을 만나지 못했을 뿐, 여러분 탓이 아니다.

절대로 스스로를 과소평가하지 않길 바란다. 여러분이 지금 가진 돈이 얼마든, 성적이 몇 점이든, 나이가 많든 적든 내겐 중요치 않다. 중요한 것은 삶을 짧게 보지 말고 10년 뒤, 20년 뒤 멀리 내다보고 정말 이루고픈 꿈에 도전하라는 것이다.

그 어떤 것도 좋다. 각자가 그 멋진 꿈에 온전히 매진할 수 있다면, 누구라도 한 분야의 최고가 될 수 있다. 설령 이루지 못한다 하더라도 분명 그 언저리 정도에는 가 있을 것이다.

그리고 언제나 기억하길 바란다. 여러분은 혼자가 아니다. 그 어떤 순간에도 당신을 사랑하는 가족, 친구, 선생님, 이웃이 있다. 그리고 그 모든 것이 없다 해도, 최소한 나는, 그 찌질했던 강성태는 항상 여러분 편에 있을 것이다.

"All our dreams can come true, if we have the courage to pursue them."

우리의 모든 꿈은 이루어질 수 있습니다. 계속해 나갈 용기만 있다면.

– 월트 디즈니(Walt Disney) –

당신이 영어를 못하는 이유

1 문법 없이 영어를 단기간에 정복할 수 있을까?

문법은 배울 필요가 없다?

시중엔 영문법을 배울 필요가 없다고 주장하는 강의와 책들이 수두룩하다. 원어민이 어린 시절 영어를 배우듯 배우란 것이다. 그들이 문법 공부를 따로 안 해도 영어를 할 수 있게 된 것처럼, 우리도 문법 공부를 안 해도 된다는 것이다. 그 지겨운 문법을 안 해도 영어를 잘할 수 있다니 얼마나 달콤한 말인가? 광고 문구로 뽑기도 딱 좋다.

그런데 그게 과연 가능한 것일까? 불가능하다. 이유는 간단하다. 지금 여러분이 원어민 아이들처럼 24시간 영어 환경에 노출될 수 있는가? 아이를 사랑하는 부모님처럼 친절하고 자세히, 또박또박 천천히 영어를 알려줄 사람이 늘 곁에 있는가? 여러분이 그 아이들처럼 회사도, 학교도 안 다니는 백수로 5년 가량을 여유롭게 보낼 시간이 있는가? 이런 것들이 가능하다면 참 좋겠지만 현실적으로 불가능하다. 애초에 우린 이런 원어민 아이들과 완전히 다른 상황이다. 게다가 그 아이들조차 유치원만 들어가도 문법 공부를 제대로 시작한다. 그런데도 무턱대고 원어민 아이들 하듯 영어를 익히라는 말, 특히 문법을 버리라는 건 무책임한 말이다.

문법이 없다면 빠른 영어 습득은 불가능하다

야구 규칙을 전혀 모르는 사람에게 아무 설명 없이 야구장에서 경기만 계속 보게 한다. 이 사람이 야구 경기 규칙을 금세 터득할 수 있을까? 터득한다 해도 엄청난 시간이 걸릴 수밖에 없다. 아주 간단한 스트라이크와 볼, 파울의 개념을 깨치는 것조차도 말이다. 하지만 야구 경기 규칙을 누군가가 정리해서 한 번에 알려주면 순식간에 이해할 수 있다.

영어도 마찬가지다. 어린아이처럼 자연 체득 방식으로 배워 긴 문장을 구사하기까지는 몇 년의 시간이 걸린다. 하지만 영어의 규칙에 해당하는 문법을 배우고 나면 금세 영어 문장을 읽고 쓸 수 있게 된다. 이것이 문법의 힘이다.

2 기본이 빠진 영어 공부

문법이란 무엇인가?

> **Grammar is the ways that words can be put together in order to make sentences.**
>
> 문법이란, 문장을 만들기 위해 단어를 배열하는 방법이다.

사전에 명시된 문법의 정의다. 우린 영어 단어를 열심히 외우지만, 그걸로 언어 학습이 끝나는 게 아니다. 단어들을 어떻게 배열해야 하는지 알아야 한다. 그래야 단어를 활용해 문장을 만들 수 있고, 문장을 읽을 수도 있다. 즉 단어가 말이 되고, 글이 되게 하는 방법이 문법인 것이다. 원칙적으로 단어와 문법을 모두 안다면 해석하지 못하는 문장은 존재할 수 없다. 그게 안 된다면 잘못된 문법을 배운 것이다.

십 년을 넘게 배워도 영어를 못하게 되는 대한민국 영어 학습의 원인이 문법 공부 때문이라는 주장도 있다. 그래서 요즘 많은 학생들은 문법 공부를 제대로 하지 않는다. 아예 문법 문제는 버리고 가는 경우도 있다. 그 결과가 무엇일까? 문법은 물론이고 독해도, 듣기도, 스피킹도, 라이팅도 모두 꽝이다.

영문법은 문장을 찍어내는 틀이다

제대로 된 영문법은 영어 문장을 찍어내는 인쇄기와 같다. 영문법의 원리에 맞춰 모든 문장을 찍어내는 것이다. 그리고 그 원리는 결코 어렵지 않다. 그렇기 때문에 거의 모든 인류가 언어를 쓰고 있는 것이다.

문법이 없다는 것은 뼈대가 없는 것이다. 높이 쌓을 수 없고 금세 허물어진다. 조금 쌓이는 것 같다가도 무너지고, 다시 문제집을 사서 공부하지만 또 무너진다. 뼈대가 없으니 쉽게 허물어지는 것이다. 도대체 우리는 몇 번이나 이걸 반복했는가. 학교를 졸업한 성인들도 이 과정의 연속이다. 제대로 된 문법, 즉 틀이 없기 때문이다. 이제 모래성 쌓기는 그만하고 뼈대가 탄탄한 영어를 구축해보자.

왜 독해가 안 되고 속독이 안 되는가?

대한민국 영어 시험에서 가장 중요한 것은 제한된 시간 안에 빠르고 정확하게 독해하는 것이다. 그런데 왜 독해가 안 될까? 둘 중 하나다. 모르는 단어가 너무 많거나 문법을 모르기 때문이다. 단어는 다들 열심히 외운다. 영어를 시작하자마자 제일 먼저 하는 게 단어 공부다.

하지만 요즘 문법 공부는 잘 하지 않는다. 고작 구문 몇 개 외우는 정도다. 그러고 독해를 하려니 제대로 되겠는가? 읽다가도 턱턱 막힐 수밖에 없다. 내가 공부한 그 구문이 아니면 해석을 못하는 것이다. 수학 공부로 치자면 개념도 없이 문제 유형 몇 개 외워서 시험을 보는 것과 같다. 이런 방법이 잘 될 리가 없다.

조금만 문장이 달라져도 해석을 못하는데 속독은 물 건너간 일이다. 이런 수험생의 경우, 제대로 읽은 독해 지문은 하나도 없이 마지막 5분 남겨놓고 우왕좌왕 후들거리기만 하다가 정신없이 찍어서 낼 확률이 높다. 이쯤 되면 영어가 아니라 찍기 테스트다. 중·고등학교 내신 시험이든, 토익이든, 텝스든 성적이 널뛰기한다. 운 좋게 잘 찍은 날은 고득점, 아니면 헛방이다.

모르는 단어가 별로 없는데도 독해 속도가 느리다면 기본적인 문법을 제대로 공부하지 않았을 가능성이 높다.

문법을 공부했는데 왜 회화를 못하나?

문법은 죄가 없다. 문법 때문에 영어 실력이 부족한 것이 아니라 '잘못된' 문법 교육 때문에 부족한 것이다.

우리는 왜 "I'm fine, thank you. And you?"를 넘어서지 못하는가? 원어민처럼 자연적으로든, 계획된 학습을 통해서든, 머릿속에 문법이 자리 잡혀 있지 않으면 딱 그 정도 수준까지인 것이다. 단어를 배열해나가는 방법인 문법을 터득했다면 얼마든지 긴 문장을 만들고 해석할 수 있다.

문법을 제대로 배웠는데도 이 수준이라면 그것을 효율적으로 반복하여 체화하는 과정이 없었을 것이다. 자유자재로 문법을 써먹으려면 반복은 필수다. 배운 문법이 적용된 표현을 효과적인 방법으로 듣고 말하며 복습할 기회가 있어야 한다. 하지만 거의 모든 문법 교육이 to부정사의 용법을 차례대로 알려주고 끝나는 식이다.

to부정사를 배웠으면 to부정사를 사용한 표현 한두 개가 바로 튀어나올 정도로 반복 연습해야 한다. to부정사 용법만 안다고 문법이 끝나는 게 절대 아니다.

그럼에도 불구하고 우리나라의 문법 교육은 반복은커녕 배운 문법으로 말 한마디 해 볼 기회조차 주지 않는다. 이건 마치 수영을 배우는데 팔 동작과 발 동작만 설명하고 실제로 물속에 들어가 연습할 기회는 주지 않는 것과 다름없다. 문법을 이해했다면 체계적인 방법으로 반복해야 한다. 물속에서 자동적으로 자세가 나올 정도로, 배운 동작을 뇌와 근육에 체화해야 실제 수영이 가능한 것이다.

3 왜 이렇게 꼬인 걸까?

문법책에도 남아있는 일제의 잔재

과거에는 문법이 가장 중요했다. 영어를 처음 배우는 사람은 문법책부터 샀다. 하지만 너무 양이 많고 어려웠다. 게다가 문법을 설명하는 데 이해라는 게 없었고, 다 외워야만 했다.

왜 그렇게 됐을까? 우리나라의 본격적인 영문법 교육은 일제강점기에 일본에 의해 시작됐다.

그 당시 교육의 목적은 하나였다. 신민(臣民)을 양성하는 것이다. 일왕의 신하가 되어 전쟁터에 나가 죽어주는 것이 가장 영광된 것이라 세뇌했다. 모든 학문에서 생각할 기회를 박탈했다. 전쟁 노예로 써먹어야 하는데 왜 내가 명령에 복종해야 하지 의문을 품고 반기라도 들면 안 되기 때문이다.

지금까지 문법책의 현실

당시는 MP3도 라디오도 전화도 거의 없던 시절이었다. 외국인을 만날 기회도 없었고 제대로 된 영어 발음 한번 들어보지 않은 일본인 선생들이 영어를 가르쳤다. 외국인과 말을 할 일도 들을 일도 없으니, 교육 과정에 실제로 영어를 말하거나 듣는 수업 자체가 없었다.

문법과 해석 교육이 전부였다. 그마저도 영어 원어민이 아닌 일본인의 방식으로 쓰인 교재로 진행됐다. 그 중엔 알 필요가 없거나 잘못된 내용도 수두룩했다.

자동차 운전을 배우는데 직접 자동차에 타볼 기회조차 주지 않은 것과 같다. 대신 자동차 부품 하나하나를 이론적으로 설명하고 외우게 한 것이다. 이런 방식으로는 아무리 공부해도 실제 영어를 터득할 수가 없다.

해방된 이후 일본인 선생들은 사라지고 한국인 선생님들로 다시 채워졌지만, 그들도 대부분 일본인 선생에게 영어를 배웠기 때문에 수업 내용은 별로 달라진 게 없었다. 교재도 기존 일본식 교재를 그대로 베껴서 새로운 문법책이 탄생했다. 그런 책들을 또 베껴 새로운 책이 다시 만들어진다. 이게 지금까지도 이어지고 있다.

몇몇 책들은 내용도 난해하고 복잡해서 사이비 경전을 공부하는 느낌이다. 모든 문법 사항을 외우게 한다. 실제 영어 사용에는 별 도움이 안 되는 것들이다. 그런데 아직도 일제시대 교육의 잔재가 남아 학습자의 에너지와 돈, 무엇보다 소중한 시간과 청춘을 빼앗는다. 나도 그것으로 공부를 했었다. 지금 다시 펼쳐보면 쉬운 내용을 어떻게 그렇게나 어렵게 알려주는지 신기하게 느껴질 정도다. 그런 면에서 보면 한국은 아직도 완전한 해방을 이루지 못한 것이다. 이 책의 또 하나의 목적이 그런 악순환의 고리를 끊어내는 것이다.

4 영어 완성의 길

5개 국어를 구사하는 언어 능력자의 비결

나는 동생이 하나 있다. 대학 시절 같은 기숙사에 살며 교육봉사 동아리 '공신'을 같이 만든 그 친동생이다. 나랑 다섯 살 차이가 나는데, 아무것도 모르던 초등학생 때부터 엄청 잡아가며 가르쳤다.

내가 가르쳤다곤 하지만 언어 능력은 나보다 동생이 훨씬 낫다. 한국어, 일본어, 영어, 인도네시아어를 하고 중국어도 조금 할 줄 알아서 대략 5개 국어를 한다. 민족사관고등학교를 다니며 영어를 배웠고, 대학 시절 교환 학생으로 일본을 다녀와서 일본어도 어느 정도 한다. KOICA 국제협력요원으로 인도네시아 현지 학교에서 2년간 학생들을 가르쳐서 인도네시아어는 원어민 수준이다. 이후 인도네시아에서 사업을 하며 화교 출신들과 친해졌고 일대일 수업도 저렴해서 중국어도 배웠다.

이렇게 5개 국어를 하는 동생에게 언어 학습에서 뭐가 제일 중요하냐고 물어봤을 때 대답이 뭐였을까? '문법'이란 답이 나왔다. 심지어 '영어 공부가 곧 문법 공부'라는 말을 하는 게 아닌가!

"인도네시아 말 배우는 데 두 달 정도 걸렸는데, 문법 공부를 미친 듯이 했어. 좀 과장해서 말하면 문법 공부만 했다고 봐도 무방할 정도야. 근데 문법 공부라 표현했지만 그냥 언어 전반에 대한 공부였어. 한국에서 문법 따로, 듣기 따로, 독해 따로 하는데, 나는 문법 공부를 하면서 거기서 나온 문장이 익숙해질 때까지 듣고, 말하고, 읽었어. 그게 결국 독해, 스피킹, 듣기 공부였지. 회화나 듣기를 할 때도 아무 생각 없이 백날 따라서 말하는 건 도움이 별로 안 됐어. 오히려 문법을 염두에 두고 문법을 익힌다는 생각으로 말하기를 반복하니까 잘 되더라고."

결국 문법이 독해, 스피킹, 리스닝의 비결인 셈이다.

영어 학습의 3단계

영어 학습 과정을 간단히 나타내면 다음 3단계다.

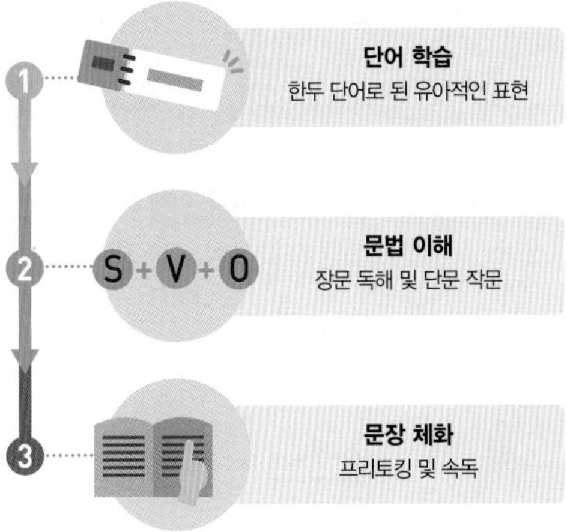

첫 번째 단계에서는, 문장을 이루는 최소 단위인 '단어'를 알면 유아적인 표현이 가능하다. 아기들처럼 단어만 써서 표현하는 것이다.

두 번째 단계는 문법인데, 무작정 외우는 것이 아니라, 이해하는 것을 말한다. 마치 수학에서 공식을 외운다고 다 되는 게 아니라, 공식을 이끌어 내는 과정은 물론 전반적인 개념을 이해해야 다양한 상황의 응용문제를 풀 수 있는 것과 같다. 문법도 무작정 외우려 하지 말고 왜 그런 것인지 이해해야 한다.

단, 이해한 것에서 끝나면 안 된다. 어떤 문장, 어떤 지문이 와도 문법을 자유자재로 써먹으려면 수없이 반복하고 연습해야 한다. 자동 반사적으로 튀어나올 때까지 문법 사항이 담긴 문장을 효율적인 방법으로 반복하는 것. 이것이 세 번째, 문장을 '체화'하는 단계이다. 이 마지막 과정 없이는 영어를 영원히 정복할 수 없다.

이 책에는 영문법을 이해시키는 것은 물론 모든 문법 사항에 기출·실전 문장과 그에 대한 설명까지 들어있다. 또한 어떤 식으로 복습해서 완벽히 내 것으로 체화시킬지 가장 효과적인 공부법을 반영해 구체적인 계획까지 짜 놓았다. 거기에 필요한 학습 도구도 제공한다. 자, 이제 준비됐는가? 바로 이해하고 진짜 써먹을 수 있는 영문법을 만나보도록 하자.

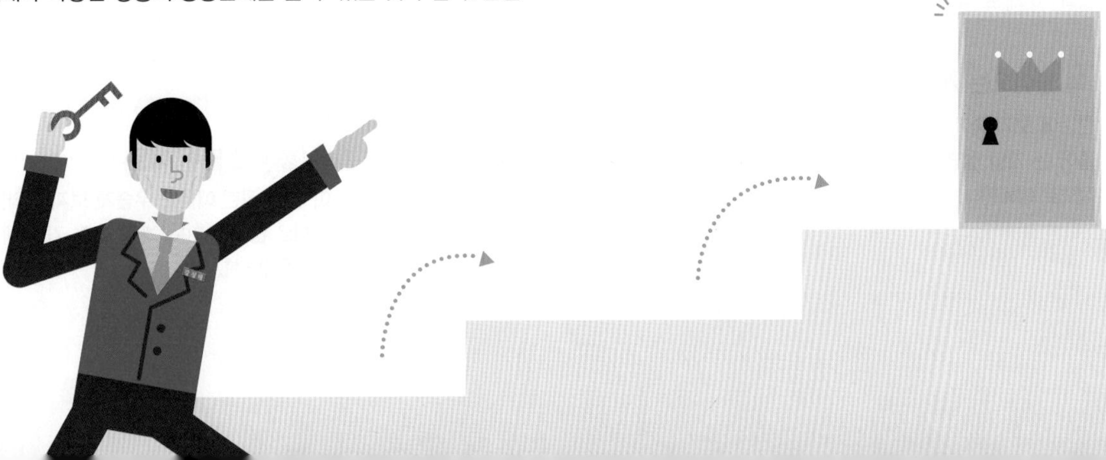

구성 한눈에 보기 강성태 영문법 필수편

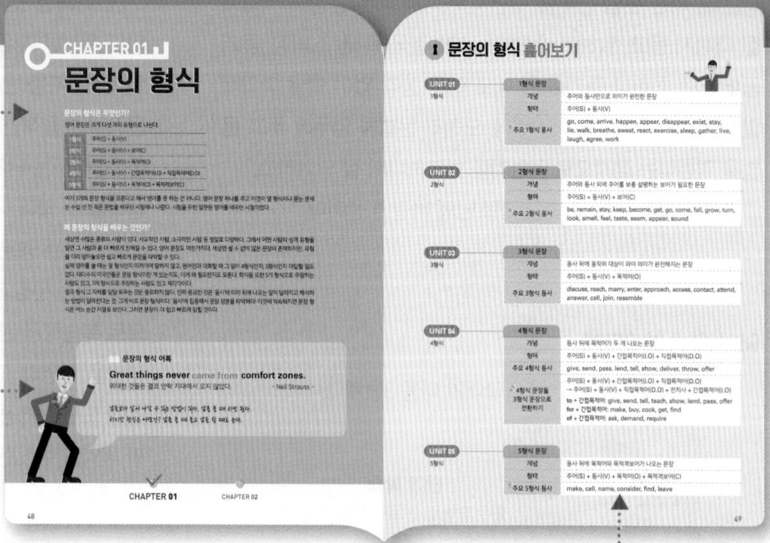
CHAPTER 01

문장의 형식

영어 명언 &

Great things never came from comfort zones.

CHAPTER 01 CHAPTER 02

문장의 형식 훑어보기

UNIT 01 UNIT 02 UNIT 03 UNIT 04 UNIT 05

문법의 존재 이유

'분사는 왜 필요한가? to부정사가 대체 뭔가? 영어의 시제는 어떻게 12개나 되는가?' 등 본질적인 문법 궁금증을 해결해준다. 배우는 이유도 모른 채 외우던 영문법은 이제 끝이다!

영어 명언 & 강성태 팩트 폭격 공부 어록

각 챕터의 문법 사항이 담겨있는 영어 명언으로, 공부하기 전 마음가짐부터 바로잡자!

문법 개념 훑어보기

각 챕터에서 다룰 핵심 내용 전부를 한눈에 볼 수 있게 정리해 놓았다. 이제 흩어져 있는 문법 개념이 차곡차곡 정리될 것이다.

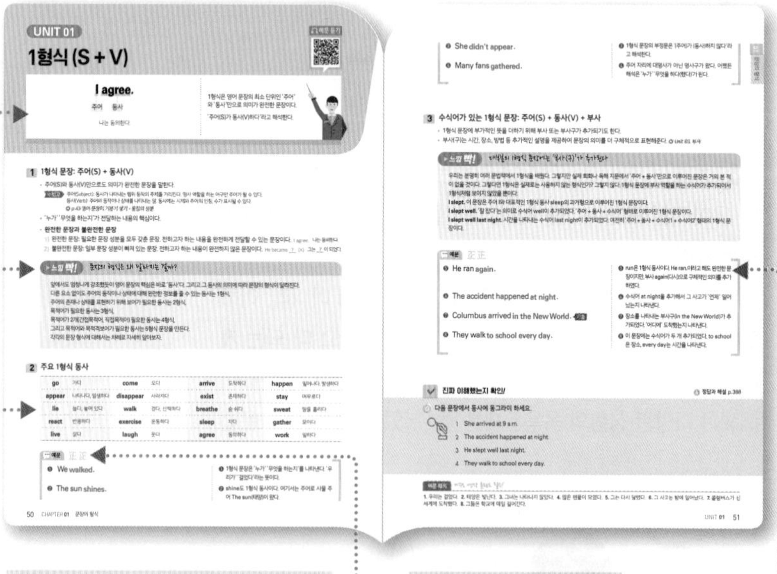
UNIT 01

1형식 (S + V)

I agree.

1 1형식 문장: 주어(S) + 동사(V)

2 주요 1형식 동사

3 수식어가 있는 1형식 문장: 주어(S) + 동사(V) + 부사

진짜 이해했는지 확인!

핵심 예문 & 포인트

UNIT별 대표 예문과 핵심 포인트를 확인한다! 쉬우면서도 가장 대표적인 예문으로 개념을 확실히 짚고 가자.

문법이 이해되는 느낌 빡!

억지로 외울 필요가 없다! 소설책 읽듯 재미있게 술술 읽다 보면 문법이 머릿속에 각인될 것이다. 문법이 어렵다? 이제 느낌이 빡 올 것이다!

쏙 들어오는 개념 설명

한눈에 보기 좋게 정리한 표와 쉽게 풀어 쓴 개념 설명으로 문법을 직관적으로 이해한다.

공신의 비결, 바를 정(正) 표시!

'바를 정'자 2개에 한 획씩 표시하며 총 10번 예문을 읽자! 공부한 문법이 각인될 뿐 아니라 실전에서 써먹을 수 있다.

실용적인 필수 예문

이 책에 적힌 예문을 우습게 보지 마라! 실제로 많이 쓰이는 예문, 실전 기출 예문만을 엄선했다.

부가자료

공신 강성태의 영문법 특별 강의!

「한 시간에 끝내는 영어의 원리」로 영어의 원리를 명쾌하게 제시한다. 어디서도 접할 수 없는 영어 학습의 정수! 여러분의 영어가 완전히 달라질 것이다.

필수 예문 리뷰

본문에서 다룬 필수 예문을 한데 모아 두었다. 가리개를 활용하여 해석과 영작을 해본다. 틀린 예문은 체크 표시하며 그 부분을 반복해서 연습한다.

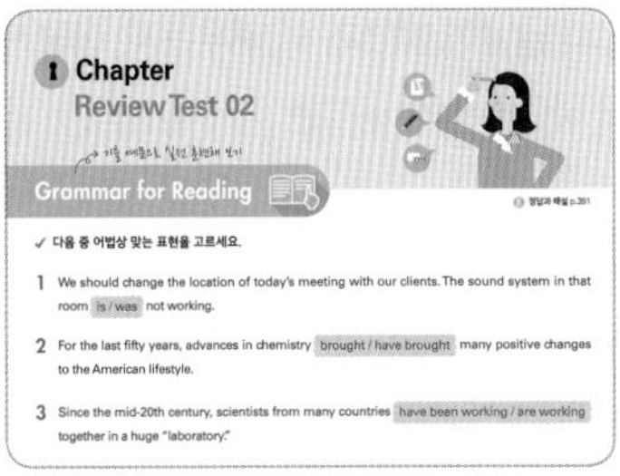

챕터 리뷰 테스트

영문법이 곧 읽기, 쓰기, 말하기다. 수능, 공무원 시험에 나온 기출 문장으로 다시 한번 배운 문법을 테스트하고 쓰기, 말하기까지 정복할 수 있다.

공신 강성태의 공부법 실천하기

영문법 공부고 뭐고, 공부 습관이 잡혀 있지 않으면 백전백패다. 공신 강성태의 공부법 노하우로 내 공부 습관을 점검하고, 실제로 적용해보자!

양쪽 책날개를 활용하여
필수 문법 용어 한눈에 보기

가리개를 활용하여
예문 테스트하기

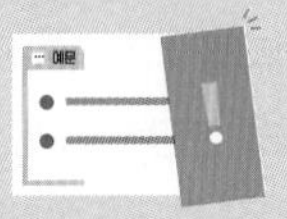

문법맵으로 대표 예문
수시로 예·복습하기

자투리 시간에 수시로
미니북 활용하기

영문법 습관 달력으로
공부 습관 완성하기

영문법 책에 원어민 MP3까지!
문법 공부로
듣기·스피킹까지 정복!

200% 활용법

강성태 영문법 필수편

1 명언과 공부 자극으로 시작한다

각 챕터 맨 앞 장에 있는 명언들은 하나하나 그냥 들어간 것이 아니다. 수많은 영어 명언 중에서 우리가 공부할 문법 사항이 명시적으로 들어 있는 것만 골랐다.

챕터를 시작하기 전에 문법과 연결해서 읽어보면 학습에 도움될 뿐만 아니라, 공부에 대한 동기 부여가 될 수 있다. 짧은 문장 하나가 여러분의 인생을 바꿔놓을 수도 있다.

각 챕터의 문법 사항이 들어 있으면서도 깨달음을 주는 명언을 찾는 것은 쉬운 일이 아니다. 보통 맨 앞 장은 공부할 때 그냥 넘겨버리기 쉽지만, 저자로서 꼭 한 번, 이 문장을 몇 초라도 음미해주었으면 한다. 길지도 않고 한두 줄 정도의 길이다.

그 밑에는 정신이 번쩍 들만한 강성태의 '팩트 폭행' 공부 어록을 함께 실었다. 명언에 비할 바는 아니지만, 꼭 함께 읽어보길 바란다. 삶의 어떤 순간에서 지금 읽은 멋진 명언 한 마디가 여러분의 가치를 더욱 빛나게 할 것이다.

활용 TIP 1

명언을 틈틈이 읽고 계속 떠올리면서 해당 챕터를 공부해보자. 동기 부여, 공부 자극은 물론, 그 문법에 대한 자신감이 생길 것이다.

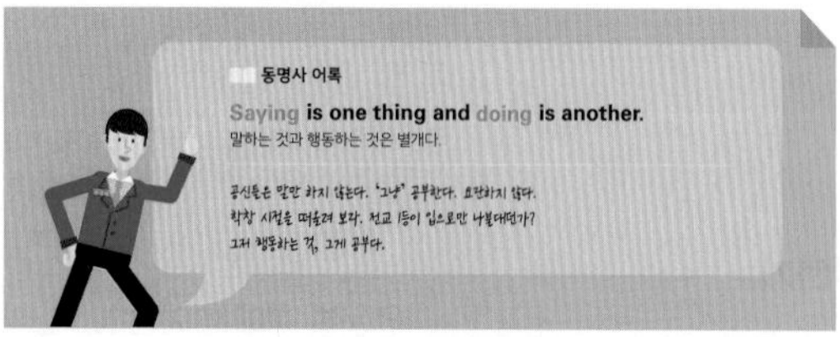
동명사 어록
Saying is one thing and doing is another.
말하는 것과 행동하는 것은 별개다.
공신들은 말만 하지 않는다. '그냥' 공부한다. 요란하지 않다.
학창 시절을 떠올려 보라. 전교 1등이 입으로만 나불대던가?
그저 행동하는 것, 그게 공부다.

2 '느낌 빡!'을 적극 활용한다

수학을 어렵게 공부시키는 방법이 있다. 왜 배우는지 알려주질 않는 것이다. 밑도 끝도 없이 공식부터 보여주고, 외우게 해서 문제를 풀어보라고 한다. 실제로 많은 과목의 공부가 진도 빼고 문제 풀기에 급급하여, 이유나 원리는 물어볼 시간도 답할 시간도 없는 것이 현실이다. 하지만 왜 배우는지, 어디에 쓰는지, 왜 그렇게 되는지 이해하는 것이 진정한 공부다. 이젠 영어가 재미있어질 것이다.

〈강성태 영단어 어원편〉을 보면 왜 이 단어가 이런 뜻을 가질 수밖에 없는지 이해가 되도록, 모든 단어에 설명을 달았다. 무작정 외워야만 한다고 알고 있던 단어조차, 원리를 알고 이해하면 훨씬 쉽고 재미있어졌다. 문법은 어떨까? 단언컨대 문법이야말로 이해를 통해 놀라울 정도로 쉬워질 수 있는 분야다. 이 책으로 공부를 시작하면 아마 무릎을 몇 번씩 치게 될 것이다. 그동안 외우기만 했던 수많은 문법 사항들이 저절로 이해되고, 사실 외울 필요가 없었다는 것을 알게 될 테니 말이다. 동명사든, 수동태든, 가정법이든 이게 왜 필요하고 어떻게 쓰이는지 낱낱이 밝혔다. 왜 배우는지, 어떻게 활용되는지도 모른 채 하던 무작정 공부는 이제 끝이다.

활용 TIP 2

'느낌 빡!'은 이 책의 핵심이다. '느낌 빡!'을 반복하여 읽어보자. 이해한 뒤 직접 설명해보면 더욱 좋다.

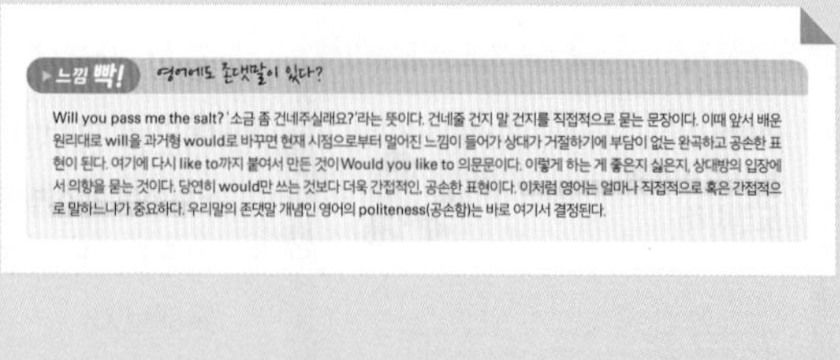
느낌 빡! 영어에도 존댓말이 있다?
Will you pass me the salt? '소금 좀 건네주실래요?'라는 뜻이다. 건네줄 건지 말 건지를 직접적으로 묻는 문장이다. 이때 앞서 배운 원리대로 will을 과거형 would로 바꾸면 현재 시점으로부터 멀어진 느낌이 들어가 상대가 거절하기에 부담이 없는 완곡하고 공손한 표현이 된다. 여기에 다시 like to까지 붙여서 만든 것이 Would you like to 의문문이다. 이렇게 하는 게 좋은지 싫은지, 상대방의 입장에서 의향을 묻는 것이다. 당연히 would만 쓰는 것보다 더욱 간접적인, 공손한 표현이다. 이처럼 영어는 얼마나 직접적으로 혹은 간접적으로 말하느냐가 중요하다. 우리말의 존댓말 개념인 영어의 politeness(공손함)는 바로 여기서 결정된다.

이 책은 어느 곳 하나 치열한 고민이 담겨 있지 않은 곳이 없다.
반드시 책의 모든 요소를 최대한 활용해주길 바란다.

3 사고방식과 문화 이해가 먼저다

이 책은 영문법 책이기 이전에 인문학 책이다. 영단어에서도 어원과 문화를 함께 터득했듯이, 영문법도 원어민의 사고방식, 문화를 이해하면 빠르고 쉬워진다.

우리는 화자의 말하는 방식이나 말투에서 그 사람이 어떤 생각을 하는지 엿볼 수 있다. 마찬가지로, 단어들을 배열하는 방법, 즉 '문법'은 그 언어를 쓰는 사람들의 사고 체계가 어떤지 가장 빨리 이해할 수 있는 방법이다. 사람의 말만큼 생각이 잘 녹아들어 있는 도구가 또 어디 있겠는가?

여러분이 본문 곳곳의 '느낌 빡!'과 '한 시간에 끝내는 영어의 원리'를 재미있게 읽는 과정에서 문법의 기본 원리를 자연스럽게 체득할 것이며, 곳곳에 담겨있는 언어·문화 지식을 통해 영어 자체를 이해하는 시간이 될 것이다.

활용 *TIP* 3

'한 시간에 끝내는 영어의 원리'로 영어의 여덟 가지 원리를 먼저 이해한다. 원어민들의 사고방식과 영어의 원리를 기반으로 하여 영문법을 공부하면 학습 부담이 현저히 줄어든다.

4 목차로 책 한 권을 외울 수 있다

기존 문법책들 중 목차 구성이 엉성한 경우를 많이 보았다. 배운 내용이 서로 연결되지가 않고, 결국 모든 내용을 다 따로 외우게 된다.

이 책은 목차의 순서만 잘 따라가면 다음 문법 사항이 바로 이해가 될 수 있게 설계했다. 또한 관련 있는 문법 사항들을 서로 연결하여 학습 부담을 줄이는 동시에 복습 효과까지 거둘 수 있게 했다. 예를 들어 분사를 배우며 앞에서 배운 진행형과 완료형 시제를 복습하고, 뒤에 나올 수동태를 예습한다. 이 책으로 조동사를 배우고 나면 다들 어려워하는 가정법은 저절로 해결되는 식이다.

이 책의 목차는 매우 촘촘하다. 세부 개념까지 자세히 적어 요약본 같은 수준의 목차를 제공한다. 공부를 시작하기 전에, 공부를 마친 후에, 그리고 수시로 책의 목차를 참고해라. 내가 지금 어느 위치에 있는지 확인하면서 헷갈리지 않게 칸막이를 잘 세워두어라. 목차를 보고 학습한 내용을 말해본다면 더할 나위 없이 좋을 것이다. 부록의 목차 공부법을 활용하면 책 한 권의 내용을 전부 머릿속에 넣을 수 있다.

▶p.177 목차 활용법

활용 *TIP* 4

공부를 마친 후에 목차를 펼치고 학습한 내용을 떠올려 말해보도록 한다.

5 책날개와 가리개를 수시로 활용하라

강성태 영단어를 공부하신 분들은 따로 설명을 안 해도 알 것이다. 책날개를 펼쳐보면 양쪽에 각각 접두사, 접미사 리스트가 있었다. 단어를 공부하면서 책날개로 접두사, 접미사를 확인했다면, 외우지 않아도 저절로 어원이 암기되어 있었을 것이다.

이 책에는 핵심 문법 용어가 책날개에 일목요연하게 정리되어 있다. 모르는 문법 용어가 나왔을 때 겁먹지 마라. 바로 책날개를 펼쳐 모르는 용어의 개념을 확인할 수 있다.

단순히 복습을 하는 경우와 가리면서 테스트하며 복습하는 경우, 실험에 따르면 각각 30점과 80점이 나왔다. 동일한 시간을 공부해도 테스트하며 학습하는 것이 점수가 두 배 이상 높다.

강성태 어록이 디자인된 가리개를 활용하여 본문의 예문 설명을 가리고 해석해보거나, 영어를 가리고 한글 해석만 보며 영어 문장을 말해볼 수 있다. 이렇게 수시로 테스트하면서 부족한 부분을 추려내 공부하면, 퀴즈 놀이하듯 재미있고, 공부할 양도 점차 줄여갈 수 있다. 눈으로만 보는 것보다 훨씬 효과적인 것이다.

▶ p.92 성적을 두 배 이상 높이는 비결

활용 TIP 5

책날개를 펴놓고 모르는 문법 용어를 바로 확인하며 공부한다.

가리개를 활용하여 정말 이해했는지 수시로 테스트하자.

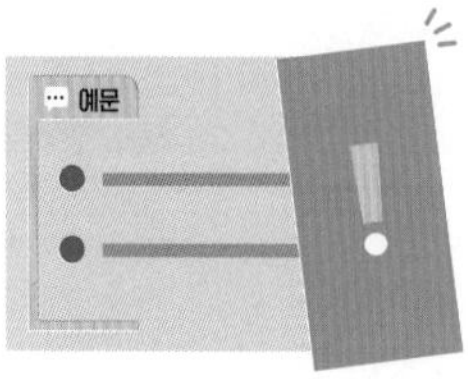

6 마인드맵 원리를 활용한 문법맵

공부할 때 많이 사용되는 뇌는 좌뇌다. 거기서 나머지 반쪽, 우뇌까지 활용할 수 있다면 학습 효율은 확연히 높아진다.

그럼 우뇌를 통해 공부할 수 있는 방법이 무엇이 있을까? 바로 이미지다. 시험 볼 때, 처음엔 내용이 기억나지 않았는데, 그 내용이 적혀 있던 위치가 떠올라 문제를 풀어 본 경험이 있을 것이다. 여러분은 이때 우뇌를 사용한 것이다.

이러한 원리를 이용해 만든 것이 바로 '문법맵'이다. 우뇌에 저장할 수 있도록 이미지화하여 모든 유닛의 대표 예문을 실었다. 문법맵을 곳곳에 붙여라. 책상 앞, 식탁, 침대, 천장, 사물함 등등 자주 가는 장소 어디든 좋다. 틈날 때마다 들여다보면서 내용을 떠올려보는 것이다.

이런 학습법은 여러분의 영어에도 도움이 되지만 그동안 쓰지 않았던 여러분의 우뇌를 자극하고 발달시키는 데도 매우 좋다. 문법맵은 부록으로 제공한다. 여러 곳에 붙일 경우, 강성태 블로그와 키출판사, 공신닷컴에서 다운받아 사용하면 된다.

▶ p.215 메모리 트리 공부법

활용 TIP 6

눈에 잘 띄는 곳에 문법맵을 붙여 놓고 수시로 들여다보자.

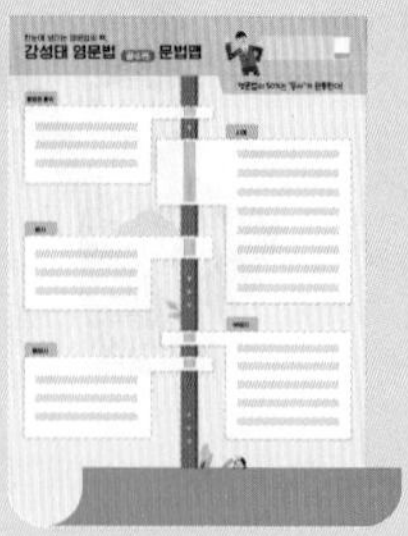

7 스피킹과 라이팅은 미니북을 활용한다

강성태 영문법 미니북을 펼쳐보면 좌측엔 영어가, 우측엔 해석이 있다. 이렇게 해놓은 이유가 있다.

우선 가리개를 활용해서 한글 뜻을 가리고 영어 문장을 해석해 본다. 이동 중이면 점선을 따라 접어서 테스트해봐도 좋다. 그러고 나서 여러분이 꼭 해야 하는 것은 영어를 가린 채, 한글 해석만 보고 영어 문장을 큰 소리로 말해보는 것이다. 시간이 된다면 꼭 한번 펜을 들어 영작까지 해 보라.

한글과 영어를 서로 바꾸어 말할 수 있다면, 해당 문법을 활용한 스피킹과 라이팅이 가능해졌단 뜻이다. 문법으로 스피킹과 라이팅을 함께 잡고 싶다면 바로 이렇게 연습하면 된다. 이 책의 설계대로라면 본문 공부만으로도 저절로 예문을 10회 이상 반복하게 된다. 여기에 문법맵, 습관 달력으로 몇 번을 더 반복할 것이다. 이 정도로 반복하면 이 책의 945개 예문은 여러분의 머리에 저절로 박히게 된다.

하지만 여전히 책에서는 예문이 기억나는데, 책 밖에서는 낯설게 느껴질 수 있다. 여러분이 책 밖에서도 예문의 순서를 섞어가며, 무한히 반복 학습할 수 있도록 장치(예문 랜덤 리스트)를 마련했다.

활용 TIP 7

- 자투리 시간에 미니북을 수시로 보며 스피킹, 라이팅 연습을 한다.
- 〈강성태 영문법 필수편〉 예문 랜덤 리스트로 예문 순서를 섞어 테스트해본다.

8 예문을 10번 학습한다

나는 수험생 시절에 문제집 표지에 '바를 정(正)' 두 개를 쓰면서 공부했다. 같은 책을 열 번 본 것이다. 물론 매번 전체 내용을 모조리 본 것은 아니다. 나에게 부족한 부분과 중요한 부분을 계속 추려나갔다. 이런 식으로 열 번 정도 보면 머릿속에 책 내용이 안 들어올 수가 없다.

이 책의 예문도 마찬가지다. 큰 소리로 여러 차례 읽고 입에 익혀서 완전히 체화해야 한다. 이미 공부한 내용이니 못할 것도 없다. 눈으로 한번 본 뒤, 허공을 보고 그대로 외쳐보라. 큰 소리일수록 좋다. 스피킹은 단순히 머리로만 기억해선 안 된다. 근육에 기억돼야 한다.

QR코드를 찍거나 MP3파일을 활용하여 해당 예문의 음성을 들으면 더 도움이 된다. 최대한 비슷한 발음으로 따라해라. 좀 과장될 정도로 크게 입 모양을 확실히 해서 소리 내어 읽기 바란다. 그 예문이 쓰인 실제 상황인 것처럼 상상을 해야 한다. 가능하면 제스처까지 동반해라.

10회를 읽는 데는 고작 몇 분이면 충분하다. 하지만 그 효과는 상상 이상일 것이다.

▶ p.365 바를 정(正) 공부법

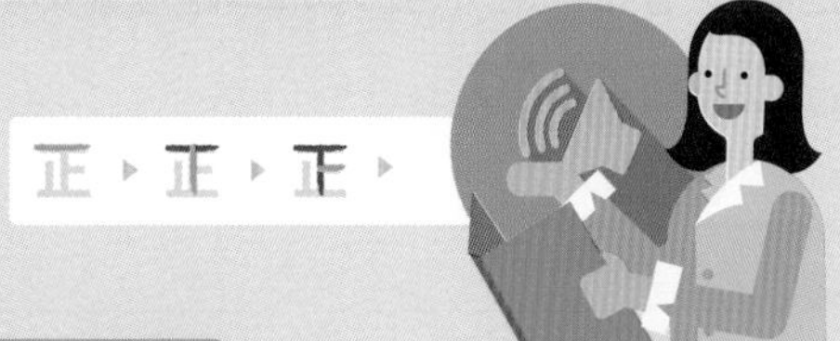

활용 TIP 8

예문을 학습할 때 큰 소리로 말해본다. '바를 정(正)'을 표시하여 최소 10회 낭독을 채우도록 한다.

··· 예문 正正

❺ I was so **surprised** at the news.

❻ The presentation was **boring**.

❼ We're **excited** to see you here.

❺ 주어 I가 놀라게 한 것이므로 과거분사가 쓰였

❻ 발표가 '(사람들을) 지루면 '발표가 지루함을 느

❼ excite는 '흥분시키다어야 하므로 감정을 느

9 최고의 학습법이 적용된 예문 학습

많은 문법책들은 예문에 해석만 한 줄 달아놓고 끝이다. 예문을 중요하게 생각하지 않는 것이다. 이렇다 보니 학생들은 문법 설명을 겨우 이해했더라도, 예문이 이해가 안 된 상태에서 다음 단원으로 넘어간다.

그래서 이 책은 모든 예문에 해당 문법에 대한 설명을 달았다. 강성태 영단어에서 모든 단어에 어원 설명을 달았던 것과 똑같은 방식이다. 대신 효율적인 학습을 위해 꼭 필요한 핵심 설명만 달았으며, 장황한 설명은 자제했다. 이것을 통해 공부가 훨씬 쉽게 느껴질 것이다. 마치 나만의 과외 선생님이 옆에서 알려줄 때처럼 말이다.

이 책은 여러분이 설명하면서 공부하는 것도 가능하다. 예문을 충분히 이해했으면, 그 다음에는 우측 예문 설명을 가리개로 가린다. 그 후 스스로 강의를 하듯 해당 문장에 사용된 문법적인 요소를 설명해보는 것이다.

친구들과 서로 설명해봐도 좋고, 혼자 강의하기가 어색하면 인형 하나를 갖다 놓고 해도 좋다. 처음엔 어색하고 말이 잘 이어지지 않을 것이다. 익숙해지면 말솜씨도 늘게 되고, 어떤 부분을 놓치고 있는지 본인이 바로 깨닫게 될 것이다.

▶p.110 최고의 학습법

활용 TIP 9

예문 학습 후, 우측 설명을 가리개로 가리고 스스로 강의하듯 설명해본다.

··· 예문 正正

❺ Mr. Brown **married** my cousin.
❻ Tom **answered** several questions.
❼ Angry customers **contacted** the customer service center.
❽ I **joined** the gym to lose weight.

❺ marry는 '~와 결혼하다'라는 뜻이다. '~와'라고 해석하지만 with가 붙지 않으므로 주의한다.
❻ 대답하는 대상인 several questions(여러 질문)가 목적어로 왔다. '~에 대답하다'라고 해석하지만 전치사 to는 쓰지 않는다.
❼ contact는 목적어가 필요한 3형식 동사이다. 연락하는 대상이 바로 목적어 자리에 온다.
❽ '~에 가입했다'라는 뜻의 문장이다. joined 뒤에 전치사 in을 쓰지 않도록 주의한다.

여기서 잠깐!

독해, 듣기, 스피킹, 라이팅까지 정복하는 945개의 필수 예문

영문법에서 '예문'이 반드시 필요한 이유

대한민국 학생들이 가장 많이 포기하는 과목이 수학이다. 주된 이유는 내 일상과 관련이 적기 때문이다. 수학과목 특성상, 심도 있게 갈수록 점점 추상적인 내용을 많이 배우게 된다. 복소수, 무리수라는 건 세상에 존재하지도 보이지도 않는다. 대다수 학생들에겐 버겁다.

그런데 우린 영어도 수학처럼 공부해왔다. 여러분이 배우는 영문법이 과연 실전 영어에 얼마나 쓸모가 있을까? 아쉽게도 우린 현실과 동떨어진 영문법을 공부해왔다. 실전에 써먹을 수 있다는 사실을 알게 되면 누구라도 공부에 재미를 느낀다. 영어에서는 그 재미를 주는 것이 바로 예문이다. 예문은 짧은 문장에도 상황이 담겨 있다. 문법을 배우는 것이지만 그 문장 자체는 실생활에 써먹을 수 있는 것이며, 단어를 바꿔 무한히 활용 가능하다.

극단적으로 표현하자면 문법 공부만 한다면 그것은 죽어있는 공부이지만, 써먹을 수 있는 예문을 같이 공부하면 살아있는 공부인 것이다.

그래서 모든 챕터, 모든 유닛마다 문법 사항에 꼭 맞는 예문이 반드시 들어가 있다. 공부한 문법 사항을 오늘이라도 써먹을 수 있는 예문으로 확인하는 것이니, 훨씬 쉽고 기억에도 잘 남을 것이다. 독해, 듣기, 스피킹, 라이팅에 직접적으로 큰 도움을 주는 것은 물론이다.

예문의 적절한 난이도는 어느 정도일까?

적지 않은 학생들과 학부모님들이 어려운 예문을 좋아한다. 어려운 걸 배워야 더 빨리 영어를 잘하게 된다는 생각 때문이다. 하지만 이 생각은 틀렸다. 잘하게 되기는커녕 영어 자체에 대한 흥미까지 완전히 잃을 수 있다.

교육학에서는, 학습자에 맞춰 수준을 단계적으로 올리는 것이 학습에서 가장 중요하다고 말한다. 수준에 안 맞으면 집중력도, 동기부여도 말짱 꽝이기 때문이다.

▶ p.263 적절한 난이도로 공부하는 습관

몇몇 문법책은 한 문장에 여러 문법 요소들을 담고 어려운 단어까지 넣은 기괴한 예문을 제시한다. 하지만 예문부터가 어려우면 배워야 할 문법 사항에 오롯이 집중하기가 어렵다. 예문에서 튀어나오는 어려운 단어나 다른 문법 사항들에 매달리게 된다. 이 책은 꼭 필요한 문법을 가장 적절한 난이도의 예문을 통해 효율적으로 체화할 수 있게 했다. 설령 쉽게 느껴지는 예문이 있더라도 무시하지 말라. 그 쉬운 것도 체화되어 있지 않아 말하지 못하고 속독을 못하는 것이다.

기출 예문이 왜 중요할까?

가장 좋은 예문은 사실 정해져 있다. 기출이다. 기출이 무엇인가? 해당 문법 사항이 잘 반영되어서 이미 시험에 한번 나온 문장이란 뜻이다. 그만큼 독해나 회화에서도 중요한 문장이기도 하다.

특정 시험에 자주 출제되는 표현은 수능, 토익, 토플, 텝스, 공무원 시험 등 모든 영어 시험에 똑같이 자주 출제될 가능성이 높다.

또한 기출 예문 외에도, 문법이 직관적으로 드러나는 예문을 중요도에 따라 추가로 제작해 넣었다. 짧고 쉬워 보이지만 반드시 필요한 예문만 엄선했다. 여러분이 영어 독해를 하는 데 필요한 문법의 99%는 여기에 담겨 있다고 보면 된다.

여러분이 이 책을 다 공부하고 나면, 해당 문법 사항마다 최소한 기출 혹은 그에 준하는 영어 문장 하나씩은 기억나게 될 것이다. 그것이 곧 여러분의 영어 자신감이 될 것이다.

매일 한 시간, 66일간 945개의 필수 예문 읽기

66일 습관 달력을 활용하여 예문을 더욱 강력하게 내 것으로 만들 수 있는 방법이 있다. 66일간 매일 945개의 필수 예문을 읽는 것이다. 이미 예문들을 충분히 공부한 상태이기 때문에 예문 하나를 읽는 데 3~4초면 충분하다. 앞서 말한 대로 문장이 어렵지 않고, 실전에 통하는 핵심 문법만 딱 정확하게 담겨 있기 때문에 빠르게 읽을 수 있다. 최대 4초가 걸린다고 하면 약 한 시간이 된다.

처음엔 MP3를 들으며 하는 것이 좋다. 945문장을 큰 소리로 한 시간 동안 읽으면 얼굴이 얼얼해질 것이다. 배도 고플 것이다. 그것이 정상이다. 영어에 사용되는 얼굴 근육과 한국말에 사용되는 근육은 근본적으로 달라서 힘도 들고 에너지 소모도 많다.

테니스를 안 하던 사람이 테니스를 열심히 하면 안 쓰던 근육이 아픈 것과 마찬가지다. 영어를 체화하는 과정에서도 이렇게 근육에, 몸에 새기는 것이 필수다.

여러분들 대부분은 아마 한 번도 이런 경험을 해본 적이 없을 것이다. 그 말은 제대로 영어 공부를 해본 적이 없다는 의미와 같다.

945문장 말하기를 시작한 지 한 달 정도 지나면, 한글 해석만 보고 말해보라. 이미 본문을 공부하며 봤던 예문인 데다 입에도 익었기 때문에 어렵지 않을 것이다. 나중엔 문장 안의 단어를 바꿔가면서 말해보라.

장담하건대 앞으로 영어가 두려울 일은 없을 것이다. 또한 66일의 시간은 하나의 행동을 습관으로 완성시킬 수 있는 시간이다. 본문 학습에 이어 66일간 이 연습까지 해낸다면 영어 공부 자체가 완전히 습관으로 자리 잡을 것이다. 여러분은 할 수 있다. 이 책을 통해 영어 공부는 물론 그 어떤 것도 해낼 수 있다는 자신감을 얻길 바란다.

습관 형성에 대한 자세한 전략 ▶「강성태 66일 공부법」 참고

945개의 필수 예문으로 **독해, 듣기, 스피킹, 라이팅**까지 정복하는

7+3 단계별 학습법

- 이 책은 한 번 보는 것만으로도 예문을 10번 공부하는 효과를 거둘 수 있다.
- 각 단계는 채 10분을 넘지 않아 지루하지 않고 부담이 적다.
- 7+3, 총 열 번을 다양한 방법으로 예문을 접하면 실전에서 바로 활용할 수 있다.
- 7+3 단계로 총 5회독을 하되, 익숙해진 후엔 945문장을 매일 한 시간씩 66일간 읽는 것으로 회독을 대체할 수 있다.

학습 순서 7단계

1 **강의**로 쉽고 빠르게 영문법 세계에 첫발 내딛기

2 이해할 수밖에 없는 **본문 학습**하기

3 가리개를 활용하여 **예문 설명**하기

4 MP3 듣고 10번씩 소리 내어 **연기하듯 읽기**

5 예문을 기반으로 한 적절한 난이도의 **연습 문제** 풀기

6 **필수 예문 리뷰**에서 잘 안되는 것들만 체크하여 반복하기

7 **랜덤 예문 출제기**에서 예문의 순서를 섞어가며 테스트하기

+

수시 학습 3가지

1 문법과 예문을 한눈에 볼 수 있는 **문법맵**

2 자투리 시간에 **미니북**으로 스피킹·라이팅 연습

3 틈나는 대로 MP3 듣고 **따라 말하기**

CONTENTS

강성태 영문법 필수편

학습 후, 세부 목차를 활용하여 학습한 내용을 떠올려 말해볼 것!

PART 2 동사의 활용

CHAPTER 03. 분사

CHAPTER 04. 부정사

CHAPTER 05. 동명사

PART 3 동사의 의미 확장

CHAPTER 06. 조동사

CHAPTER 07. 가정법

CHAPTER 08. 수동태

PART 4 문장의 확장

CHAPTER 09. 전치사

CHAPTER 10. 접속사

CHAPTER 11. 관계사

CHAPTER 12. 명사와 수 일치

CHAPTER 13. 비교 구문

CHAPTER 14. 특수 구문

스터디 플랜

▶▶66일 공부법

66일간 한 가지 행위를 매일 반복하면 습관으로 굳어진다. ▶p.290 66일 공부법
이 책은 하루에 두 개 유닛씩 공부하며 챕터를 끝낸 후에는 반드시 리뷰를 해주면 1회독 하는 데 정확히 66일 소요된다.
함께 제공되는 영문법 습관 달력을 활용하면 반드시 공부를 습관으로 만들 수 있다.
어차피 해야 할 영문법 공부, 이 기회에 습관까지 잡으면 공부는 물론 여러분 인생에 큰 도움이 될 것이다.
(※ 66일로 제시되었으나 학습자의 수준이나 학습 환경에 맞춰 자유롭게 조정하도록 한다.)

66일 PLAN

DAY	학습 내용
✔ 01	오리엔테이션
02	Unit 1, 2
03	Unit 3, 4
04	Unit 5
05	Chapter 1 Review
06	Unit 6, 7
07	Unit 8, 9
08	Unit 10, 11
09	Unit 12, 13
10	Unit 14
11	Chapter 2 Review
12	Unit 15, 16
13	Unit 17, 18
14	Chapter 3 Review
15	Unit 19, 20
16	Unit 21, 22
17	Unit 23, 24
18	Unit 25
19	Chapter 4 Review
20	Unit 26, 27
21	Unit 28, 29
22	이것만은 꼭!
23	Chapter 5 Review

DAY	학습 내용
24	Unit 30, 31
25	Unit 32, 33
26	Unit 34, 35
27	Unit 36, 이것만은 꼭!
28	Chapter 6 Review
29	Unit 37, 38
30	Unit 39, 40
31	Unit 41
32	Chapter 7 Review
33	Unit 42, 43
34	Unit 44, 45
35	Unit 46, 47
36	Chapter 8 Review
37	Unit 48, 49
38	Unit 50, 51
39	Unit 52, 53
40	Unit 54, 55
41	Unit 56, 이것만은 꼭!
42	Chapter 9 Review
43	Unit 57, 58
44	Unit 59, 60
45	Unit 61, 62
46	Unit 63, 64

DAY	학습 내용
47	Chapter 10 Review
48	Unit 65, 66
49	Unit 67, 68
50	Unit 69, 70
51	Unit 71
52	Chapter 11 Review
53	Unit 72, 73
54	Unit 74, 75
55	Unit 76, 77
56	Unit 78, 79
57	Unit 80, 81
58	Chapter 12 Review
59	Unit 82, 83
60	Unit 84, 85
61	Unit 86, 87
62	Chapter 13 Review
63	Unit 88, 89
64	Unit 90, 91
65	Unit 92
66	Chapter 14 Review

66일 영문법 습관 달력 ▶p.421

오리엔테이션

ORIENTATION

OT 1 한 시간에 끝내는 영어의 원리

OT 2 영어 문장의 기본기 쌓기

오리엔테이션 1

한 시간에 끝내는 영어의 원리

이제부터 여러분은 어떤 곳에서도 들어본 적 없는 영어 강의를 보게 될 것이다. 재미있는 이야기책처럼 흥미진진할 테지만, 읽다 보면 어느새 영어 문법 그리고 영어 학습의 가장 중요한 원리를 깨닫게 될 것이다. 여러분의 언어 학습의 방법 자체가 완전히 바뀌는 계기가 될 것임을 확신한다.

사람들은 흔히 본질을 잊은 채 껍질만을 보며 살아간다. 세상의 많은 문제들이 계속해서 풀리지 않는 이유다. 영어 공부도 그렇다. 문법 공부를 시작하고, 단어를 외우고, 열심히 독해를 하고, 틈틈이 듣기도 한다. 하지만 늘 제자리에 머무는 느낌이다. 왜? 본질이 빠져 있어서 그렇다.

언어의 본질을 알려면 원리와 배경을 이해해야 한다. 영문법은 그냥 하늘에서 뚝 떨어진 것이 아니다. 언어는 각 언어권에서 오랫동안 유지되어온 관습, 역사, 문화 등과 깊게 관련되어 있으며 지금도 살아 움직인다. 영미권 사람들의 사고방식과 원리를 이해하면, 영어 구조 또한 훨씬 쉽게 이해할 수 있다. 그래서 나는 영어의 원리를 찾아내기 위해 리처드 니스벳(Richard E. Nisbett)의 저서 『생각의 지도』를 비롯해 수많은 연구와 책을 뒤졌다.

영어의 원리 1 영어는 중요한 게 먼저 나온다

영미권 사람들은 우리와 사고방식이 다르다

이 그림으로 일본의 교토대학과 미국의 미시간대학에서 한 실험을 진행했다. 실험의 목적은 동양인과 서양인의 사고방식 차이를 밝혀내는 것이었다.

실험 방식은 간단했다. 학생들에게 물고기가 화면 중앙에 헤엄치는 애니메이션을 20초가량 보여주고, 이 그림에 대해 설명해 달라고 요청했다. 그러자 교토대 학생과 미시간대 학생 간에 극명한 차이가 드러났다. 그 둘은 설명하는 방식이 너무나도 달랐다.

미국 학생들은 "큰 물고기가 왼쪽 방향으로 움직이고 있어요."라며 주인공에 해당하는 물고기에 대한 설명부터 시작했다. 그러나 일본 학생들은 "연못이 있고요."라며 배경에 대해서 먼저 말했다.

또한 미국 학생들은 움직이는 주체인 물고기에 대해서 주로 말한 반면, 일본 학생들은 미국 학생들보다 배경에 대한 언급을 65% 이상 더 많이 했다.

기억하는 방식도 달랐다. 그림을 본 뒤 물고기에 대해 다시 기억해보라는 과제가 주어졌다. 일본 학생들은 배경에 많은 신경을 썼던 만큼 물고기와 배경이 함께 주어져야 기억을 잘 할 수 있었다. 배경이 달라지면 정확히 기억해내기 어려워했다. 하지만 미국 학생들은 배경이 바뀌는 것과 상관없이 개별 사물인 물고기에 대해 잘 설명할 수 있었다. 즉 일본 학생들은 배경이 주체보다 우선이었고 미국 학생들은 그 반대였다. 후속 실험에서도 두 집단은 동일한 차이를 보였다.

이 연구 결과에 나도 예외일 수 없었다. 나 또한 동양인이어서 그런지 실험에 참여한 일본인처럼 말했다. 물고기 이야기부터 시작하지 않고 "강바닥 풍경인 것 같은데…"라며 전체적인 배경부터 표현하기 시작했다. 수초가 있고, 물의 색깔이 어떻고, 물고기 몇 마리가 헤엄치고 있고 정도로 설명했다. 주체인 물고기에 대한 설명은 이런 배경들보다 크게 두드러지지 않았다. 이런 경향은 내 강의를 들었던 학생들도 대부분 마찬가지였다. 여러분이라면 어떻게 설명했겠는가?

왜 영어는 성보다 이름을 먼저 말하는가?

강성태	VS	Sungtae Kang

똑같은 원리가 이름을 말할 때도 적용된다. 여러분도 알다시피 영어와 우리말에서는 이름을 말하는 순서가 다르다. 영어에서는 이름을 먼저 말하고 성을 나중에 말한다.

이것이 무슨 뜻인가? 성은 나 자신만을 나타내는 것이 아니다. 내가 속해 있는 가족 전체, 즉 '배경'을 의미한다.

말 그대로 'family name'이다. 가족 모두의 것이고 선조부터 내려온, 내가 소속된 집단을 의미하는 것이다. 반면 이름은 나만 가진 내 것, '주체'인 나 자신이다.

다시 말해 영어에서는 주체이자 결론에 해당하는 '내'가 먼저 나오고, 배경에 해당하는 소속 집단은 뒤에 나온다. 하지만 우리말은 정반대로 배경에 해당하는 성을 먼저 쓰고 나 자신을 뜻하는 이름은 그다음에 온다. 이렇게 영어와 우리말은 이름을 쓰는 방식부터 차이가 난다.

영어는 주소도 날짜도 '배경'이 나중에 온다

대한민국 서울특별시 종로구 효자동 150	VS	150 Hyoja-dong, Jongno-gu, Seoul, Republic of Korea

청와대 사랑채의 국문 주소와 영문 주소를 그대로 가져왔다. 우리나라 방식은 큰 것에서 작은 것 순서로 적는다. 마치 전체 배경이 되는 연못부터 시작해서 주인공인 물고기를 맨 나중에 설명하는 것과 같다.

하지만 영어는 지금 내가 존재하는 곳부터 먼저 쓴다. 내가 사는 번지수, 그 다음은 동(도로명), 구, 시(군), 도, 국가의 순으로 점차 넓혀간다.

순서가 완전히 정반대다. 그냥 어쩌다 보니 이렇게 쓰는 것이 아니다. 사고방식 자체가 그 순서이기 때문이다. 영어에서는 모든 생각의 순서가 주체인 나를 중심으로 뻗어 나간다.

날짜를 표현하는 것도 마찬가지다. 우리말에선 1983년 2월 4일처럼 큰 단위인 연도부터 쓴다. 하지만 영어는 정반대다. 영국에선 4/2/1983이라고 쓰고, 미국에선 2/4/1983으로 쓴다. 영국과 미국이 약간 다르긴 하지만 큰 배경을 나중에 쓰는 원리는 같다.

우리의 자기소개는 '자기'는 뒤로 감춘다

저는 화목한 가정에서 태어나 1남 1녀의 장녀로 ~ 엄격한 아버지와 자애로운 어머니 덕분에 ~	VS	I have more than 2 years of experience as a ~

자기소개를 생각해보자. 위 예문은 전형적인 한국식 자기소개다. 최근엔 바뀌고 있지만 한국에선 이런 식으로 첫 문장을 쓰는 것이 그야말로 자기소개의 표본이었다. 배경을 먼저 말하고, 진짜 소개해야 하는 '나'는 한참 뒤에 나온다. 우리의 사고방식에서는 배경 설명 없이 나만 개별적으로 존재할 수가 없다.

영어에서 자기소개는 말 그대로 자기를 소개하는 것이다. 자기에 대한 이야기를 바로 시작한다.

그래서 영어는 주어(S)+동사(V) 순서일 수밖에 없다

지금까지 계속해서 영어권 사람들의 사고방식을 이야기하고 있다. 도대체 이게 영문법과 무슨 관련인가? 앞에서 언어는 생각을 표현하는 도구라고 했다. 당연히 생각의 방식이 말을 하는 방법, 즉 '문법'에 고스란히 반영된다.

영문법을 처음 배울 때 우리는 무엇을 가장 먼저 배우는가? 문장의 형식이다. 주어 다음 동사가 오고 그 뒤 보어나 목적어가 온다는 것을 배운다. 그리고 그것을 공식처럼 외운다. 왜 그런지 설명하지도 않고 궁금해하지도 않는다.

하지만 이것 또한 우연히 순서가 다른 것이 아니다. 생각하는 방식이 아예 달라서 그렇다. 영어를 잘하려면 우리는 그들의 사고방식에 익숙해져야 한다. 언어는 문화이며 사고방식이자 생각하는 틀이다.

성태는 주말마다 친구들과 영화관에 **간다**.	VS	Sungtae **goes** to the movies with his friends every weekend.

동양인들은 어떤 상황이 주어지든 배경을 매우 중요하게 생각하며, 배경 안에서 그 상황을 봐야 한다. 배경 설명이 먼저다. 반면 영미 문화권에서는 배경이 상대적으로 중요치 않다. 별개로 존재하는 또 다른 대상일 뿐이다.

그래서 한국말은 주어가 나온 다음 배경 설명이 바로 이어진다. 주말마다, 친구들과, 영화관에, 그러고 나서 비로소 내가 한 행동이 나온다.

"한국말은 끝까지 들어봐야 알 수 있다." 이 말이 딱 맞는 표현이다. 결론이 어떻게 날지 마지막까지 모른다. '성태는 주말마다 친구들과 영화관에'까지 들었는데 마지막에 '가지 않는다'라고 말하면, 결론은 안 간다는 것이다.

영어 문법은 성태가 '간다'는 결론이 가장 먼저 나온다. 그리고 간 곳이 어딘지, 누구와 가는지, 얼마나 자주 가는지가 뒤이어 따라 나온다.

이미 주어가 무엇을 하는지 말했기 때문에 뒤에 나오는 배경은 주어의 행동에 영향을 주지 못한다. 중요도가 떨어지기 때문에 설령 정확히 못 들었더라도 이해하는 데는 크게 지장을 주지 않는다.

거꾸로 해석할 필요 없다

I saw a baby in a stroller.

I saw a baby crying.

I saw a baby who was just born.

여러분이 전치사구나 준동사구, 관계사절을 배울 때, 위와 같이 화살표로 앞을 꾸며주는 모습을 칠판에서 봤을 것이다. 그리고 해석을 뒤에서 앞으로 끌어오라고 배웠을 수도 있다.

물론 우리말로 '번역'을 하게 되면 그렇게 되는 게 맞다. 앞서 여러 차례 말한 대로 사고방식은 물론 단어의 나열 순서가 반대이기 때문이다.

그러나 우리는 이런 식으로 독해해서는 안 된다. 계속 이 방식으로 해석하면 빠른 독해도 스피킹도 불가능하다.

상식적으로 생각해보라. 먼저 생각한 것을 나중에 말하지는 않는다. 우리가 생각한 순서대로 말하듯 미국인도 생각한 순서대로 말한다.

듣는 사람도 마찬가지다. 그들은 절대 뒤에서부터 해석하지 않는다. 듣는 순서대로 해석하며 따라간다. 내가 보았다는 것이 결론이다. 누구를 보았냐면 그 아이를 보았다는 것이다. 그 아이가 유모차에 있는지 방금 막 태어난 아이인지는 나중 문제다.

"여러분은 공부를 안 해요"가 영어로는 불가능한 이유

"여러분은 공부를 안 해요!" 강의 때 썼던 표현인데, 이게 유행어가 되어버렸다. 각종 커뮤니티에 엄청나게 퍼졌고 방송에 나갔을 때 제작진이 따로 요청해서 이 표현을 수차례 써야 했을 정도다. 잘 모르시는 분들은 유튜브를 참고하기 바란다. 그런데 이 유행어를 영어로 표현할 수 있을까 생각해보면, 그것은 사실상 불가능하다.

이 말이 팩트 폭행인 이유는 '여러분은 공부를'까지 말한 다음에 '안 해요'를 강조하는 것이기 때문이다.

'안 해요'가 나오기 전까지, 사람들은 강성태라는 공부의 신이 뭔가 공부 비법이나 꿀팁을 알려주나 싶어서 기대를 하며 들을 것이다. 그러다가 갑자기 부인할 수 없는 팩트를 말해버리니 마음 놓고 있다가 한 대 맞은 듯한 느낌을 받는 것이다.

그런데 영어는 어떤가? You don't study. '안 해요'라는 부정의 말 don't가 주어 다음에 바로 나와버린다. 듣는 입장에서는 결론이 먼저 나와버려 김이 새버리는 것이다. 그래서 특별한 효과를 주지 않는 한 한국어로 듣던 그 팩트 폭행의 느낌을 영어로는 100% 살릴 수가 없다.

결론을 먼저 내뱉는 연습을 해야 한다

영어는 배경보다 결론이 먼저 나온다. 여러분도 영어를 잘하고 싶다면 결론을 먼저 내뱉는 연습을 해야 한다. 이게 말은 쉬워도 평생 배경을 먼저 말하며 살아온 터라 바로 바뀌지 않는다. 의도적으로 이 연습을 엄청나게 해야 한다. 글을 읽을 때도 마찬가지로 결론부터 받아들여야 빠르게, 제대로 된 의미를 파악할 수 있다. 이게 안 되면 직독직해, 직청직해는 물 건너간 것이다. 대화를 할 정도의 빠른 스피킹도 불가능하다.

머릿속은 주어를 말한 뒤 한참 동안 배경을 떠올리고 있는데, 정작 결론에 해당하는 동사가 주어 다음에 곧바로 튀어나와야 하니 속도가 빠를 수 있겠는가?

듣기를 할 때도 첫마디를 잡아야 한다. 우리말을 들을 때처럼 '결론은 나중에 말하겠지' 하고 마음 놓고 있으면 제일 중요한 결론이 휙 지나가버린다. 되돌릴 수도 없다.

사실상 회화에서 이 훈련이 제일 중요하다. 우리말을 할 때와 달리 영어로 말할 때는 의도적으로 결론부터 뱉어라. 그리고 나머지 배경 설명은 나를 중심으로 중요한 순서대로 배치하면 된다. 영어로 주소 쓰듯 이름 쓰듯 쓰면 된다. 기준은 언제나 '나'이다.

이젠 당장이라도 긴 문장을 말할 수 있다. 사이사이 사소한 문법 사항들은 차츰차츰 고쳐 나가면 된다. 처음부터 완벽하게 말하려고 하지 마라. 영영 못 할지도 모른다. 일단 이 원리만 기억하고 마구 뱉어라.

이게 제대로 된 회화 연습이다. 백날 회화 공부를 한답시고 반복적으로 따라 말하기만 하면 그 표현들만큼은 익숙해질지 몰라도 정작 내가 말하고 싶은 내용을 맘껏 표현할 수는 없다. 영어의 원리부터 이해하고, 사고방식 자체를 바꾼다면 훨씬 빠르게 실력을 높일 수 있다.

아마 지금까지는 문법 공부를 할 때 "야, 영어는 주어 다음에 동사야." 이 말 한마디로 넘어갔을 것이다. 아니면 그런 설명조차 없이 문장 5형식을 수학 공식처럼 써놓고 외웠을 것이다. 매번 이걸 떠올리며 수학 문제 푸는 듯 말을 만들어서는 실전에서 써먹는 게 불가능하다. 독해든 듣기든 말하기든, 결론부터 사고하는 습관이 먼저다. 그리고 이런 원리들을 깨닫게 해주는 공부가 바로 문법이어야 한다.

언어는 결국 생각을 나타내는 도구일 뿐이다. 본질은 생각이다. 영미권 사람들의 사고방식을 제대로 이해해야만 영어도 제대로 습득할 수 있다. 이런 본질을 하나둘씩 파악하면 영문법에서 외울 것은 현저히 줄어든다. 우리는 영문도 모른 채 문장 형식을 외웠고 to부정사와 수동태 등 수도 없이 많은 문법 사항을 외웠지만 이제는 다를 것이다.

영어의 원리 2 영어는 순서가 중요하다

영어는 어순이 정해져 있다

영어는 철저히 '나'를 기준으로 세상을 이해하는 언어다. 내가 세상의 중심이고, 나를 중심으로 세상이 움직인다. 그래서 영어는 말하는 순서도 '나'를 기준으로 정해진다. 나를 중심으로 나에게 중요한 것, 나에게 가까운 것의 순으로 말하면 된다. 이에 비해 우리말은 딱히 기준이랄 게 없다. 하늘에 새가 날고, 물이 있고, 해초가 있고. 배경을 먼저 말한다는 특징이 있을 뿐, 이 중 어느 것부터 말해도 큰 상관이 없다. 그래서 우리 입장에서는 순서가 정해져 있는 영어가 복잡하고 불편하게 느껴진다.

그러나 영어는 조사가 없다. 대신 단어의 위치를 보고 주어인지 목적어인지 판단하기 때문에 어순이 아주 중요하다. 이게 얼마나 큰 차이인지 예를 들어보자.

고양이가 성태를 깨물었다.		A cat bit Sungtae.
=	VS	≠
성태를 고양이가 깨물었다.		Sungtae bit a cat.

위 두 개의 우리말 문장을 비교해보면 전달하는 의미는 똑같다. 고양이가 성태를 깨문 것이다. 성태가 가엾다. 하지만 영어 문장을 가지고 방금 한 것처럼 고양이랑 성태의 순서를 바꿔보자. 어떻게 되는가? 성태가 고양이를 깨물어 버린 것이 된다. 내용이 완전히 달라졌다. 성태가 졸지에 변태가 돼버렸다. 영어에는 조사가 없기 때문이다.

한국어의 경우 '고양이'에 '가'라는 조사가 붙어 있다. 그럼 고양이가 주어가 된 것이다. 성태에는 '를' 이란 조사가 붙었다. 목적어란 뜻이다. 조사 덕분에 단어의 정체가 정해졌으니 위치는 어디에 가도 상관이 없다.

이건 우리말의 특징이다. 조사가 있기 때문에 무엇이 목적어고, 무엇이 주어고, 무엇이 동사인지 확실하다.

우리말은 순서가 달라져도 의미 변화는 없지만, 조사 한 글자만 달라져도 뜻이 완전히 달라진다. 성태가 먹는지, 성태도 먹는지, 성태를 먹는지, 한 글자만 바뀌어도 의미가 뒤집힌다. 아 다르고 어 다르단 속담이 한국어에 딱 맞는 표현이다.

조사를 쓰는 대신 순서를 잘 지키는 게 어렵다 느낄 수 있지만 외국인 입장에선 오히려 단어의 역할에 따라 각기 다른 조사를 붙이는 것도 엄청나게 어려운 것이다.

그래서 한국어를 배우는 외국인들은 조사를 빈번히 빼먹는다. 방송에 나온 외국인이 말하는 것을 들어보면 "나 미국 사람입니다." "여러분 공부 안 해요." 이런 식이다. 은, 는, 를 같은 조사가 없다. 어떤 조사를 붙여야 하는지 고민이 되고 헷갈리니까 그냥 빼는 것이다. 그들 입장에선 조사 없이 중요한 순서대로 말하면 되는 방식이 익숙하고 편한 것이다.

격 변화가 존재할 수밖에 없는 이유

이래서 추가적으로 외워야 하는 게 바로 격 변화이다. 우리말엔 조사가 있기 때문에 격 변화가 따로 없다. 주어에는 주격 조사, 목적어에는 목적격 조사를 붙이면 그만이다. '그가, 그를, 그의, 그에.' 붙는 조사에 따라 역할이 달라진다.

하지만 영어엔 조사가 없다. 그럼 어떻게 주격, 목적격, 소유격을 나타내겠는가? 'he(그는) - his(그의) - him(그를)' 처럼 단어 자체를 격에 따라 변화시키는 것이다. 이것이 '격 변화'다.

영어를 우리말로, 혹은 우리말을 영어로 온전히 옮기는 것이 불가능한 이유 중 하나다. 어순도 다르고 조사도 없으니 우리말로 썼을 때의 느낌을 온전히 살리기란 불가능하다. 번역을 할 때 단어와 단어가 마치 컴퓨터처럼 정확히 일대일로 매칭되어 뜻을 100% 전달한다고 생각하지만, 그건 애초에 불가능한 일이다.

전치사를 사용하는 순서, 따로 공부할 필요가 없다

영어에 조사가 없듯 한국어에도 없는 품사가 있다. 바로 전치사다. 전치사는 앞 전(前), 위치할 치(置), 명사 앞에 위치한다는 뜻이다. 여러분이 잘 아는 in, with, on, off 등이 전치사다. 명사보다 전치사가 앞에 오는 이유는 뭘까? 뒤에 오는 명사보다 전치사가 더 중요하기 때문이다. 중요한 것이 먼저 오는 영어의 원리가 여기에도 통한다.

전치사 다음 명사가 뭐가 오든 그 명사보다는 관계를 나타내주는 전치사가 중요하다. 그래서 전치사가 명사보다 앞에 오는 것이다.

전치사를 배울 때 보통 알려주는 것이 전치사를 쓰는 순서다. 흔히 '장방시'라고 외우기도 한다. 장소 - 방법 - 시간을 줄여서 표현한 것이다. 전치사 ▶ p.220 참고

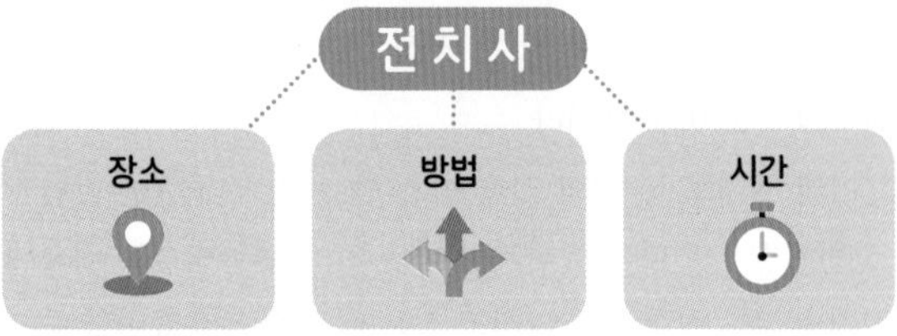

I went (to Busan) (by train) (last week).
장소(부산에) – 방법(기차로) – 시간(지난주에) 순서다.

그런데 이게 절대 법칙은 아니다. 기준은 결국 나에게 중요한 순이기 때문이다. 내 입장에서 시간이 더 중요하다고 느껴지면 시간을 나타내는 전치사구를 문장 맨 앞에서 주어보다 먼저 이야기할 수도 있다.

결국 문장에 들어가는 모든 요소들은 나와 거리상으로 가까이 있는 순서 혹은 나에게 가장 중요한 순서대로 나열하면 된다. 모든 독해 문장이 이 원리다. 순서가 그냥 나열된 게 아니다. 글을 쓴 사람의 뉘앙스, 여러분도 이제는 파악할 수 있다.

이 원리를 모르면 긴 문장을 절대 제대로 말할 수 없다. 설령 길게 말을 이어가도 뭐가 중요하고 뭐가 더 가까이 있는지 듣는 사람은 오해할 수 있다. 독해를 할 때도 마찬가지다. 순서를 이해하면서 해석하면 훨씬 더 정확하게 글쓴이의 의도를 파악하게 된다.

그들은 문법을 따로 배우지 않아도 단어든 문장이든 항상 이런 식으로 말한다. 수많은 문장을 일상에서 접하며 중요한 것 혹은 가까운 것을 먼저 말하는 원리가 체화된 것이다. 이런 순서가 아니면 어색해한다. 그냥 사고방식이 원래 그런 사람들이다.

이걸 원어민처럼 자연스럽게 터득하려면 10년이 걸릴지도 모른다. 하지만 여러분은 단 5분도 안 돼 원리를 깨쳤다. 이게 문법의 힘이다.

영어의 원리 3 영어는 원리·원칙을 지키는 언어다

영어에 대명사가 많이 등장하는 이유

앞서 보았듯이 영어는 순서가 중요하다. 중요한 순서대로 말해야 하며, 순서가 바뀌면 뜻이 완전히 달라진다. 그렇기 때문에 영어는 순서와 규칙을 엄격히 준수하는 언어다. 영어식 사고방식이 더 좋다고 말하는 건 아니다. 좋게 말하면 원칙적인 것이고, 나쁘게 말하면 꽉 막혀 있다는 소리다.

순서를 잘 지키는 영어는 우리말에 비해 생략하는 경우가 드물다. 함부로 생략하면 순서가 뒤바뀐다. 원칙대로 쓴다. 우리말로 성태에 대한 이야기를 한다고 해보자. "성태는 잘 먹습니다. 그리고 착해요. 학생들을 사랑합니다. 꿈이 있는데 '빈부와 지역에 상관없이 모든 학생들에게 멘토 한 명씩을 만들어 주는 것'입니다."

이처럼 말만 통하면 우리말에서 주어는 자주 생략한다. 주체보다 배경이 중요하고 나의 존재를 감추는 경향이 있어서 더 그렇다. 앞서 본 성명 표기 방식에서 자신의 이름을 내세우기보단 가장 뒤로 뺐다. 한국에선 나를 드러내지 않는 게 미덕이었다.

또 다른 예로 "밥 먹었어?"라는 문장에서도 우리말은 주어 '너'를 뺀다. 하지만 "Did you have lunch?"에서 주어를 빼서 "Did have lunch?"라고 쓰는 사람은 없다.

빠뜨리지 않고 순서에 맞춰 문장 성분을 가급적 다 쓰기 때문에 영어에서는 주어가 자주 반복된다. 이 때문에 자주 쓰이는 게 '대명사'다. 우리말처럼 마구 생략했다면 식상할 이유도 없고 대명사 자체도 자주 써줄 필요가 없었겠지만, 영어는 자리를 채워줘야 한다.

그렇다 보니 영어로 된 긴 글을 제대로 파악했는지 확인하기 위해 대명사를 문제로 내기 좋다. 밑줄을 긋고 '다음 중 밑줄 친 부분이 가리키는 것이 다른 하나는 무엇인가?' 이런 문제를 만나본 적이 있을 것이다. 대명사가 정확히 무엇을 가리키는지 알아야 전체 내용을 이해했다는 뜻이니까. 대명사 ▶p.328 참고

가주어가 존재하는 이유

앞서 말했다시피 영어는 결론을 바로 내뱉는다. 그게 아니면 어색하다. 따라서 영어는 주어가 너무 길어지면 안 된다. 왜냐하면 그들의 사고방식상 중요한 것과 결론이 빨리 나와야 하는데 주어가 길어지면 결론에 해당하는 동사가 너무 늦게 오기 때문이다. 그런 경우 주어를 뒤로 뺀다. 그럼 주어 자리가 비게 되는데, 앞서 말한 대로 주어를 비워놓는 일은 또한 영어에선 원칙적으로 있을 수 없다. 그래서 가짜 주어라도 만들어주는 것이다. 그게 가주어 it이다.

물론 주어를 강조해야 할 경우엔 길어져도 뒤로 빼지 않고 가주어도 안 쓴다. 평소에 쓰는 문장과 달라 어색하지만 그 어색함 때문에 더 강조가 되는 것이다. 가주어 ▶p.114 참고

수동태가 존재하는 이유

여러분이 어떤 책을 발견했는데 그 책을 누가 썼는지 모르는 상황이라고 치자. 그럼 그 책을 설명한다고 할 때, 문제가 생긴다. 주어로 써줄 사람이 없다. 그렇다고 영어의 원칙상 주어를 안 써줄 순 없다. 그래서 존재하는 것이 수동태다. 동작을 받는 대상, 즉 목적어를 주어로 써서 주어 자리를 채워주는 것이다. 물론 문장 맨 끝부분에 by를 써서 동작의 주체를 나타내 줄 수는 있지만 이건 생략해도 된다. 수동태는 동작을 받는 대상을 강조하는 표현이지만, 이처럼 주체를 생략할 때 사용하기도 한다.

> This book was written in 1392.
> 이 책은 1392년에 쓰였다.
>
> This building was built in 2000.
> 이 건물은 2000년에 지어졌다.

꼭 몰라서 생략하는 것은 아니다. 두 번째 문장에서 그 건물은 당연히 인부들이 지었거나 어떤 회사가 지었을 것이다. 여기서는 주어를 모르는 상황은 아니다. 하지만 굳이 말해줄 필요가 없을 때 이렇게 수동태로 원래 주어를 날려버릴 수 있다. 이런 원리를 모르면 당연히 수동태가 능동태보다 더 어렵게 느껴진다. 문법이 언제, 왜 사용되는지 알면 독해를 할 때 더 도움이 된다. 수동태 ▶p.198 참고

영어에서 생략을 하는 방식

영어라고 생략을 전혀 안 하는 것은 아니다. 수능(대학수학능력시험), 노조(노동조합) 같은 식으로 맨 앞 알파벳을 따서 TMI(Too Much Information; 과도한 정보), WLB(Work and Life Balance; 일과 삶의 균형)라고 말한다. 영어에서 이런 표현은 상당히 많다. 자주 언급되는 말들은 어차피 너도 알고 나도 알기 때문에 이렇게 줄여도 문제가 없다.

이렇게 말을 줄여 사용함으로써 언어를 전달하는 시간과 에너지를 절약하는 것을, '언어의 경제성'을 높이는 것이라 표현할 수 있다. 몇 마디 안 써도 의사소통에 문제가 없으니 말 그대로 경제적인 것이다.

우리가 배울 영어 문법에서 언어의 경제성을 볼 수 있는 부분 중 하나가 바로 분사구문이다.

"Because he had a fever, he didn't go to school.(그는 열이 있었기 때문에, 그는 학교에 가지 않았다.)"이라는 문장을 보자. 콤마 앞부분과 뒷부분에 'he'가 두 번 중복된다. 모든 언어는 경제적이고 중복을 싫어한다. 그래서 he 하나를 생략하고, 문맥상 뻔한 의미의 접속사인 'because'도 생략한다. 그러면 "Having a fever, he didn't go to school."이라는 분사구문이 완성된다.

쉽고 간결하게 말하기 위해 문장을 줄이는 것이 바로 분사구문이다. 주어가 같으면 굳이 두 번 말하는 데 에너지를 쏟지 않고 하나를 생략하는 것, 접속사가 뻔하면 굳이 언급하지 않고 간단하게 형태만 바꿔서 말하는 것, 이게 바로 분사구문의 핵심이다. 분사구문 ▶p.102 참고

분명한 원칙에 의해 이루어진다. 길다고 무조건 줄일 수 있는 것은 아니다.

영어의 원리 4 영어에는 개인주의가 묻어 있다

서양에서 개인주의가 발달한 이유

앞에서 본 대로 전통적으로 동양은 배경이 중요하고 개인은 배경에 소속돼 있다. 분리될 수 없다. 동양인들은 인간이나 자연이나 모든 것이 연결돼 있고, 서로 영향을 준다고 믿는다.

하지만 서양은 정반대다. 그래서 발전한 것이 개인주의다. 나는 나다. 철저히 개인화되어 있다. 내 것, 네 것이 분명하다. 프라이버시는 생명과 같다. 미국이나 유럽에서는 부모라 하더라도 자녀의 방문을 벌컥 열고 들어가지 않는다. 노크는 필수다.

또한 영미권에서는 친한 사이가 아니라면, 나이, 기혼 여부, 자녀 계획, 재정 등등 지나치게 개인적인 영역에 속하는 주제로 대화하는 것을 불편해 한다.

하지만 우리 문화에서는 한 명 한 명의 사람은 분리된 존재가 아니다. 가족의 구성원이며 나라의 일꾼이다. 이렇다 보니 올림픽을 해도 대한의 딸이 금메달을 땄다고 한다. 온 국민이 한 가족이다. 패배를 해도 국민들에게 실망을 끼쳤다고 눈물을 흘린다. 공부하는 학생들 또한 '가족들, 엄마, 아빠를 위해서 공부한다'고 하는 경우가 많다. 과거엔 집이 가난하면 장남, 장녀는 동생들 학비를 위해 자신의 학업은 포기하는 게 당연했다. 나보다 가족 혹은 국가가 우선이었다.

심지어 남녀가 결혼해서 아이가 태어난 이후에 대한민국 부모들은 자신의 고유한 이름조차 사라진다. 대신 '성태 엄마', '성태 아빠' 하는 식으로 다른 사람과 연결된 존재로 불리곤 한다. 영어엔 자신의 이름 대신 '성태 엄마', '성태 아빠' 같은 식으로 부르는 경우는 흔치 않다.

개인주의를 이해하면 부정의문문은 외울 필요가 없다

부정의문문은 영어 시험에 자주 나오는 단골손님이다. "너 영어 좋아하지?"가 아니라 "너 영어 안 좋아하지?"라고 물어보는 게 부정의문문이다.

> Don't you like English? **VS** 너 영어 안 좋아하지?

라고 물으면 한국어는 "네. 저 영어 싫어해요." 이렇게 '네'

라고 답한다. 대답만 놓고 보면 신기하게 앞은 긍정이고 뒤는 부정이다. 그런데 영어는 거꾸로다. "No, I don't like English.(아니요, 저 영어 싫어해요.)"라고 말한다.

부정의문문은 이렇게 우리와 반대로 답하는 것이라고 영문도 모른 채 무조건 외웠다. 늘 헷갈렸다. 하지만 외울 필요가 없다. 영어에서는 주체, 자기 자신이 중심이다. 내 입장에서 안 좋아하니 당연히 'No'가 들어가야 한다. 다른 사람이 어떻게 질문했는지는 중요하지 않다. 반면 우리말에서는 내 입장보다 질문한 상대방의 입장을 고려해서 '네'로 답하는 것이다.

영어의 원리 5 영어에서는 모든 것이 별개다

생각의 차이가 기술의 차이

의술을 적용하는 방식 또한 두 문화권의 사고방식 차이를 보여준다. 전통적으로 영미권에서는 각각의 신체 기관을 별개의 것으로 본다. 병이 생기면 주로 해당 부위만 치료한다. 그러나 동양 의학에서는 모든 기관이 연결되어 있기 때문에 한 부위만 치료해선 나을 수 없다고 생각한다. 동네 한의원을 가면 배가 아프든, 머리가 아프든, 입맛이 없든 간에 보통 그와는 전혀 다른 부위의 맥을 짚는다. 소화가 안 되는데 손목에 있는 맥박을 붙잡고 있다. 모두가 연결되어 있다고 생각하기 때문이다. 심지어 손, 귀, 발 등에 인체의 모든 부위가 축소되어 있다고 믿기도 한다.

건축 방식도 차이가 있다. 한국의 전통적 가옥인 한옥의 경우, 최대한 자연과 조화를 이루는 방식을 추구해온 반면, 서구의 건축물은 자연을 지배하는 느낌을 준다.

이처럼 사고방식의 차이는 문화와 기술 등 다방면에 영향을 끼치고 있다. 언어에서도 마찬가지다. 이러한 차이는 말을 구성하는 법칙인 문법에도 그대로 적용된다.

왜 명사 앞에 a나 the를 붙이고 단수·복수로 표현할까?

영어식 사고방식에서 모든 사물은 배경과 분리된 주체다. 나무는 나무대로, 돌은 돌대로, 배경은 배경대로 명확히 구분돼 있다. 동양처럼 돌도, 나무도, 사람도, 물고기도 대자연이고 우리는 하나고 이런 게 아니다.

그래서 자연스럽게 발달한 것이 사물의 수 개념이다. 우리말에서는 '학생이 많네.' '학생들이 많네.' 둘 다 같은 표현이며, 문법적으로 틀린 게 없다. 오히려 개수가 복수여도 단수로 표현할 때가 더 많다. 하지만 영어에서는 명확히 분리돼 있으므로 복수면 복수, 단수면 단수로 표현한다. 명사의 수에 맞춰 앞에 있는 관사, 뒤에 오는 동사까지 전부 수를 일치시켜 표시해준다.

영어에서 '책 = book'일까? 엄밀히 말하면 아니다. 그냥 book은 없다. 'a book, books'이다. 모든 명사에 셀 수 있는지 없는지, 셀 수 있다면 하나인지 여러 개인지에 대한 수 개념이 들어가야 한다. 그래서 존재하는 것이 a나 an으로 표현되는 부정관사와 명사 끝에 붙는 복수형 -s이다.

더 나아가 이게 화자와 청자 모두가 알고 있는 그 책(the book)인지, 아니면 정해지지 않은 아무 책 한 권(a book)인지를 밝히기 위해 다시 the와 a/an으로 구분해서 써줄 수 있다. 정해져 있다 하여 '정관사', 정해지지 않았다 하여 '부정관사'라고 부르는 것이다. 명사 ▶p.318 참고

영어의 원리 6 영어에서는 동사가 핵심이다

문장을 섬세하게 표현하기

기본형 : 가다

활용형 : 간다, 갔다, 갈 것이다, 가, 가요, 갑니다, 갔어, 갔어요, 갔습니다, 갈 거야, 갈 거예요, 갈 겁니다, 가겠어, 가겠어요, 가겠습니다, 가?, 가요?, 가니?, 갑니까?, 갔어?, 갔어요?, 갔니?, 갔습니까?, 가라, 가세요, 가십시오, 갑시다, 가시지요, 가면, 가고, 가서 …

우리말은 어미를 변화시켜 다양한 표현을 할 수 있다. 여기에 사투리도 있다.

사투리 : 갔슈, 가뿌라, 가구먼유, 가여, 간다고라?, 갈랍니더, 가겠심더, 갈라카이 …

내가 어린 시절 살았던 점촌, 예천 지역은 이런 표현들을 쓴다. '갈랍니더, 갔니껴?, 갔디라?, 가시소, 갔니더, 가시더' 같은 표현들이다. 여기에 지방마다 다른 사투리를 나열하자면 끝도 없다.

'가스때!' 이건 우리나라 어느 지역의 사투리일까? 이건 강성태 유튜브 영상에서 쓰이는 일종의 인사말이다. 채널을 구독하시는 분들이 공신 강성태의 초성을 살짝 바꿔서 만들었다. 만약 전 국민이 '가스때'라는 말을 쓰게 되면 어느 순간부터 이 말은 표준어가 될 수도 있다.

이처럼 우리말은 동사의 어미 변화를 통해 미묘한 표현을 할 수 있다. 원래는 '가다', '안 가다'뿐이었다. 가거나 가지 않거나 모 아니면 도다. 하지만 사람은 어떠한가? 생각하는 만큼 더 다양하고 세밀한 표현을 하고 싶은 법이다. 예를 들면 '간 것 같다', '갔을지도 모른다'처럼 말이다. 이렇게 말하면 갔는지 안 갔는지 중간 정도로 표현할 수 있다. 가고자 하는 의지를 나타내고 싶다면, 그땐 '갈 거야', '가고 말겠어' 같은 말을 쓴다. 이런 식으로 계속 섬세한 표현들이 생겨난다. 이건 우리말이나 영어나 다를 것이 없다.

영어 문법의 절반이 10분 안에 이해되는 원리

'놀다'라는 뜻의 'play'로 예를 들어보자. 원래 play밖에 없었다. 그런데 어느 순간 과거에 있었던 일을 표현하고 싶어졌다. 그래서 '-ed'를 붙여서 과거를 나타내기로 한다. 그럼 하

고많은 접사 중에 왜 '-ed'를 붙였나? 어느 순간부터 그렇게 많이 사용하기 시작해서 자기들끼리 규칙을 정한 것이다. 앞서 '가스때'를 많은 사람들이 쓰게 되면 그게 어느 순간 표준어가 될 수 있는 것과 마찬가지다.

우리말에서 '가다'의 어미를 변화시켜 다양한 표현을 만들어 낸 것처럼, play라는 동사도 다양하게 변화시킬 수 있다. 앞뒤에 다른 접사나 단어를 추가하면 된다. 아래 표를 보면서 우리말 뉘앙스에 해당되는 영어 표현이 각각 무엇인지 알아보자.

믿기지 않겠지만 이 표가 영문법의 절반이다. 가장 오른쪽

▸▸ 기본적인 영문법은 이 표 하나면 된다!

우리말	앞 첨가	동사	뒤 첨가	관련 문법
논다		play	(-s)	현재시제
놀았다		play	-ed	과거시제
놀고 있는 (것)		play	-ing	현재분사 / 동명사
놀았던 / (놀림) 당한		play	-ed	과거분사
노는 것 / 놀기 위한	to	play		to부정사
놀고 있다	be	play	-ing	현재진행형
놀 것이다	will	play		미래시제
놀 예정이다	be going to	play		
놀아왔다	have	play	-ed	현재완료형
놀았었다	had	play	-ed	과거완료형
(놀림) 당하다, 낚이다	be	play	-ed	수동태
놀 수 있다	can	play		조동사
놀아도 된다	may	play		
놀아야 한다	must	play		
놀 것이다	would	play		
놀 수 있을 것이다	could	play		
노는 것이 좋겠다	should	play		
놀았을 것이다	would have	play	-ed	조동사, 가정법
놀았어야 했다	should have	play	-ed	
놀았을 수도 있다	could have	play	-ed	

에 적힌 문법 사항들은 어떤 책이든 전체 영문법 분량의 반 이상을 차지한다.

이런 다양한 동사의 변화형을 익숙해질 때까지 수시로 반복하며 읽어 보라. '과거에 놀았어야 했는데 못 놀았던 게 아쉽다'에서 should have played가 바로 튀어나오고, 이 영어 표현을 봤을 때 바로 그 의미대로 받아들일 수 있는 수준으로 만들어 보자.

보통 문법책에선 명사적/형용사적/부사적 용법, to부정사의 능동태/수동태 이런 것만 다루다 끝난다. 결국 이런 것들이 우리말 동사의 어미 변화처럼 동사의 다양한 표현이라는 전체적인 맥락 이해는 없다. 왜 배우는지도 모른 채 죽어라 외운다.

원리는 언급하지도 않고, 더 중요하게 배우는 것이 있다. 바로 예외 사항이다. 시험에 출제될 만한 것은 늘 예외 사항인 경우가 많다는 이유로, 중요하지도 않고 자주 쓰이지도 않는 특이한 문법을 별표 쳐가면서 외운다. 그 결과, 원어민도 잘 모르고 쓸 일도 없는 예외 사항을 외국인인 우리가 더 잘 꿰고 있지만 영어는 잘 못하는 기현상이 발생하는 것이다.

세상 모든 일엔 우선순위가 중요하다. 그런 예외 사항을 외우는 것도 필요하지만, 먼저 큰 그림으로 이해하자. 여기서 제시한 표를 제대로 익혀서 입에서 바로 튀어나오고, 느낌으로 바로 이해하는 공부가 되게 해보자. 문법뿐만 아니라 독해와 스피킹, 라이팅을 할 때도 전체를 보면서 공부해야 한다. 이렇게 하면 예외 사항들까지도 외우지 않고 이해할 수 있는 것들이 많다.

영어의 원리 7 문법은 하나를 알면 열을 안다

문법은 서로 연결되어 있다

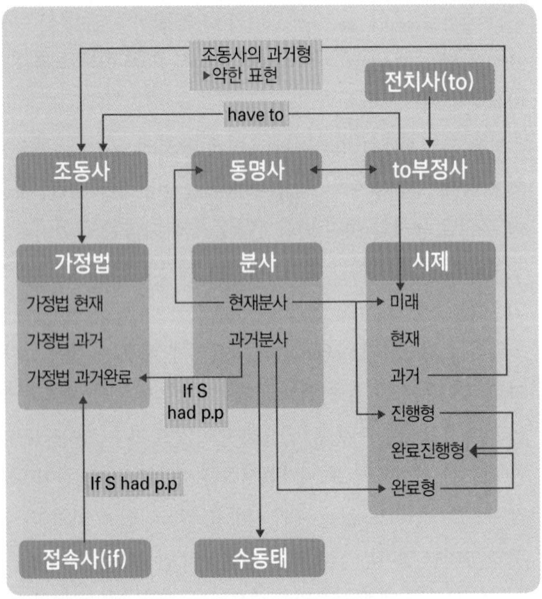

앞에 나온 동사 표에서 제시한 각각의 문법 사항들이 서로 어떻게 연결되어 있는지 한눈에 알아볼 수 있게 정리하였다. 이 그림은 어디서도 보지 못했을 것이다. 본문을 공부하기에 앞서 이 그림을 이해하면 이 책에서 다룰 대부분의 문법 사항이 엄청나게 쉬워질 것이다.

이마저도 무조건 외울 필요가 없다

#1

먼저 분사부터 시작해보자. 분사는 나눌 분(分) 자를 쓴다. 분리돼서 나왔다는 뜻이다. 어디에서 뭐가 분리되어 나온 것일까? '동사'에서 분리되어 나왔다는 뜻이다. 원래 동사인 것을 형용사로 쓸 수 있게 변형한 것이다. 새로운 단어를 만들지 않고도 동사를 활용해 형용사처럼 쓸 수 있는 것이다.

영어에서 동사는 일반적으로 '~하다'라는 뜻이다. 이를 형용사로 바꾼 것이니 '~하는'이라는 뜻이 된다. '~하는'에는 어떤 행동을 당하는 것이 아니라 스스로 한다는 '능동'의 의미와 '진행'의 의미가 있다. 이게 바로 현재분사의 기본 뜻이다.

또한 현재분사는 다른 형용사처럼 be동사 뒤에 쓸 수 있다. be동사는 '~이다'라는 상태를 나타내므로 'be동사 + 현재분사'는 '~하는 상태이다'라는 뜻이다. 즉 '~하는 중이다'라는 '진행'의 의미가 된다. 이게 다름 아닌 현재진행형이다. 분사를 이해하면 현재진행형은 따로 외울 필요가 없다.

분사 ▶p.98 참고

#2

현재분사 말고 과거분사도 있다. 과거분사는 이름 그대로 현재가 아닌 과거를 의미하기도 하고 능동이 아닌 수동의 의미도 갖는다. '완료'와 '수동', 이 두 가지 의미를 동시에 갖는 이유는 수동이란 말 자체가 뭔가를 '당했다'는 뜻으로 이미 완료된 과거이기 때문이다. 우리말로 표현하면 주로 '~된'이라는 뜻이 된다.

현재분사 앞에 be동사를 붙인 것처럼 과거분사 앞에도 be동사를 붙여보자. 'be동사 + 과거분사'는 '~된 상태이다', '~를 당한 상태이다'라는 뜻이 된다. 우리는 여기에 '수동태'란 이름을 붙이는데 말 그대로 수동의 의미를 갖는 형태라는 뜻이다. 수동태는 사물이 주어라는 둥, 능동태의 목적어가 수동태의 주어라는 둥 어렵고 복잡하게 배웠겠지만, 앞서 본 'be동사 + 형용사' 구조의 2형식 문장이다. 그 이상도 그 이하도 아니다. 이 원리를 이해하면 수동태 구조를 따로 외울 필요도 없다.

#3

언제부터인가 과거분사에 have를 붙여서 쓰기 시작했다. have는 '가지다'라는 의미다. 영어에서 have는 매우 폭넓게 쓰인다. 물건을 '소유한다', 음식을 '먹어서' 가진다, 경험을 '가진다' 등 다양하다. 가족이 몇 명인지 물을 때도, 서점에 영문법책이 있는지 없는지 물을 때도 have를 쓴다.

그럼 have에 과거분사를 붙이면 무슨 의미가 될까? 'have + 과거분사'는 과거분사를 '가지다'는 뜻이니까, 과거에 뭔가를 완료한 그 상태를 '아직도 가지고 있다'는 뜻이 된다. 즉 과거의 일을 아직까지도 하고 있는 상태이다.

이게 바로 우리말에는 없지만 영어에는 있는 완료시제다. 흔히 현재완료를 설명할 때 수직선을 그려 놓고 과거와 현재에 걸쳐져 있다고 표현하는데, 바로 이러한 이유 때문이다. 우리말에 없는 시제인 완료형도 따로 외울 필요가 없는 것이다. have와 과거분사를 있는 그대로 해석하면 끝난다.

완료진행형은 'have + 과거분사 + 진행형'이다. 과거의 상태(과거분사)를 지금도 가지고 있는데(have) 그것이 바로 지금도 진행 중(진행형)이란 소리다. 그냥 현재완료와 진행형을 합친 것이다. 이 또한 외울 필요가 없다.

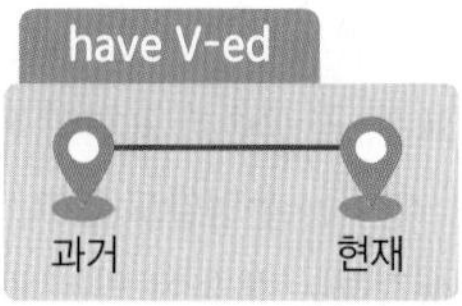

현재완료 ▶p.78 참고

#4

이번엔 미래시제를 생각해보자. 'be going to'는 'will'과 더불어 미래시제를 나타낸다. 「강성태 영단어」에서 will 자체가 '의지'라는 뜻을 가진 단어라고 배웠다. 즉 '의지'를 가지고 미래에 무언가를 하겠다는 의미다. 그럼 be going to를 생각해보자. 'be ~ing'는 현재진행형이고 'to'는 앞으로 쭉 뻗은 방향을 나타내니, '~하러 가는 중이다'라는 의미다. 뭔가를 하러 가는 중이라는 말은 그것을 하겠다는 뜻이다. will과 be going to를 엄밀하게 비교하자면, 하러 간다는 뉘앙스에서 be going to는 좀 더 확실하게 예정되어 있는 미래에 많이 쓰인다. 반면, 상대적으로 will은 말하는 사람의 즉흥적인 결심이나 '의지'가 포함된 미래에 주로 쓰인다. 미묘한 뉘앙스까지 따로 외울 필요가 없다. 미래시제 ▶p.72 참고

#5

동명사는 말 그대로 동사를 명사로 쓴다는 것이다.

그런데 동명사의 형태를 보면 '동사 + ing'다. 현재분사와 같은 모양이다. 왜 그럴까? 동명사가 현재분사에서 나왔기 때문이다. 우리말로도 현재분사는 '~하는'이고 동명사는 '~하는 것'이다.

우리말로 표현해도 '것'이라는 글자 하나가 붙고 안 붙고의 차이다. 현재분사에서 갈라져 나온 명사로 이해하면 된다. 동명사는 새로운 게 아니다. 앞에 나온 내용이 이해됐으면 이 또한 이미 알고 있는 내용이나 다름없다.

동명사 ▶p.136 참고

#6

동사를 명사로 표현할 수 있는 또 다른 형태가 있다. to부정사다. 왜 부정사인가? 부정이란 의미는 앞서 부정관사 a/an에서 설명했듯이 '정해져 있지 않은(不定)' 것이다. 동명사는 명사로 쓰임이 딱 정해져 있지만, to부정사는 명사로만 쓰이는 것이 아니라 형용사, 부사로도 쓰인다. 한마디로, 정해져 있지 않다. 그래서 to부정사의 명사적 용법, 형용사적 용법, 부사적 용법을 배우는 것이다. to부정사 ▶p.114 참고

#7

그럼 왜 하필 to를 쓰는가? 이마저도 이유가 있다.

to부정사의 'to'는 원래 전치사 to(~로)와 같은 어원에서 출발했다. 강성태에게 팬레터를 쓸 때 'to 강성태'라고 적으면 강성태에게로 보낸다는 의미다. to는 미래에 도착할 목적지를 나타내어 '미래'의 의미가 있다.

마찬가지로 'to + 동사'는 '~하는 것, ~할 것'이라는 뜻이다. 결국 미래의 의미를 가진 전치사 to가 쓰여, 미래에 할 일을 나타내는 표현이 되는 것이다. 그래서 같은 명사라도 미래의 일에는 to부정사를 쓰고 과거의 일이나 진행 중인 일에는 동명사를 쓰는 것으로 용법이 나뉜다.

예를 들어, 성태에게 팬레터를 쓰려고 했는데 그걸 잊어버렸다면 미래에 하기로 한 일을 까먹은 것이기에 'forget to write'라고 표현한다. 반면 성태에게 팬레터를 과거에 썼던 사실을 잊어버렸다면 'forget writing'이 된다.

지금까지는 to부정사를 목적어로 취하는 동사, 동명사를 목적어로 취하는 동사의 리스트를 영문도 모른 채 외웠을 것이다. 하지만 이것을 이해하면 무작정 외우지 않아도 된다.

또한 'have to'를 보자. 가지고 있다는 뜻의 have와 미래를 나타내는 to부정사로 이해하면 된다. 그럼 뜻이 무엇인가? '미래에 무언가 할 것을 가지고 있다'는 뜻이다. 즉, 무언가를 해야 한다는 소리다. 이 또한 외울 필요가 없는 표현이다.

#8

조동사의 '조'는 한자로 도울 조(助)다. 기존의 동사를 도와준다는 뜻이다. 동사 go만 쓰면 '가다'라는 의미밖에 표현할

수 없지만, 조동사 will, may, can 등을 함께 쓰면 '갈 것이다', '가도 된다', '갈 수 있다' 등 훨씬 다양하고 섬세한 표현을 할 수 있다.

이게 바로 조동사가 있어야 하는 진정한 이유다. 이러한 이유를 모르는 채 공부하는 건 안타까운 일이다.

조동사에서 조금 까다로운 부분은 조동사의 과거형이다. will, shall, can, may는 원형, would, should, could, might가 바로 조동사 과거형이다. 일반동사의 과거형처럼 '-d, -t'로 끝나므로 과거시제를 나타낸다고 생각할 수 있다. 하지만 조동사의 과거형은 과거의 의미보다는 추측의 의미, 즉 약한 표현으로 쓰일 때가 더 많다. 즉, could가 can의 과거형이기도 하지만, '할 수 있다'가 아닌 '할 수 있을 것 같다'는 뜻의 약한 표현으로 사용되는 것이다.

그럼 지금부터 과거형이 약한 표현으로 쓰인다는 것이 뭘 의미하는지 자세히 설명하겠다. 이건 사실 우리말도 마찬가지다.

너랑 영화 보러 가려고.	VS	너랑 영화 보러 가려고 했지.
현재형		과거형

전자가 현재형이고, 후자가 과거형이다. 두 표현 다 지금 너랑 만나서 영화 보러 가고 싶다는 건데, 전자는 굉장히 직접적인 표현이다. 너랑 영화 보러 갈 생각이 '지금' 있다는 느낌이 든다. 후자는 과거에 그렇게 생각했는데 지금은 잘 모르겠다는 느낌이다. 말하는 사람의 확신이 '약하게' 줄어든 표현이다.

이렇게 약하게 표현하는 것은 한편으론 공손한 느낌을 준다.

Get me some water. 물 좀 갖다 줘.	VS	Could you get me some water? 물 좀 갖다 줄 수 있을까요?
강한 표현		약한 표현

전자는 강한 표현이다. 직접적으로 명령하는 문장이다. 하지만 후자는 조동사의 과거형을 쓴 약한 표현이다. 딱 봐도 주저하면서 말하는 느낌이다. 이렇듯 상대방을 배려하여 조심스럽게 말하는 느낌을 주기 때문에 조동사 과거형은 약한 표현, 곧 공손한 표현이 된다.

영어는 높임말도 없고, 공손한 표현도 없는 '상놈들' 언어라 생각하는 분들이 있는데, 그렇지 않다. 영어권에서도 교양 있는 사람들은 조동사 과거형을 통해 공손함과 매너를 표현한다.

이런 원리를 모른 채 조동사의 형태 하나하나를 어휘 공부하듯 외우고 있다. would는 '할 것 같다', could는 '할 수 있을 것 같다' 등등 다 따로 외운다. 얼마나 비효율적인가.

조동사 ▶ p.156 참고

#9

영문법 중에서 가장 어려운 파트에 속하는 가정법도 조동사의 과거형만 제대로 알면 바로 이해될 수 있다. 조동사의 과거형이 약한 표현, 추측을 나타낸다고 했는데, 이걸 if절과 함께 사용하여 '~하면(가정), ~할 것이다(약한 추측)'라는 의미를 나타낸 것뿐이다. 가정하는 것 자체가 추측이자 확신이 덜 찬 '약한 표현'이기 때문이다. 그래서 가정법을 보면 조동사가 필연적으로 들어가 있다.

동사가 과거시제면 가정법 과거라 부르고 과거완료 시제면 가정법 과거완료라 부르는 것뿐이다. 가정법의 핵심은 어떤 상황을 가정하고 추측하여 말한다는 것에 있다.

가정법 ▶ p.180 참고

영어의 원리 8 원리만 알면 무한정 긴 영어 문장을 만들 수 있다

전치사구, 준동사구, 관계사절 때문에 문장이 길어진다

앞서 우리가 배운 거의 대부분의 문법 사항이 동사를 변화시켜 다양한 표현을 나타낼 수 있음을 확인했다. 마치 우리말에서 어미를 변화시켜 다양한 표현을 하는 것과 같다. 이처럼 우리가 배우는 영문법의 절반 이상은 동사의 변화다. 그리고 그 또한 서로 연관돼 있어 무작정 외우지 않아도 될 내용들이다.

이제 문장을 길게 말해볼 차례다. 앞에서 다양한 동사 표현을 통해 문장의 섬세하고 미묘한 차이를 이해했다면 이제 문장의 길이를 길게 늘려 보자. 이 또한 아주 간단히 설명하겠다. 아래 표에 나온 세 가지가 전부다.

	전치사구	준동사구	관계사절
주어	X	X	O
동사	X	O	O

접속사를 가지고도 문장을 길게 만들 수 있지만, 접속사 파트는 본문에서 언급하겠다. and, but, because 같은 접속사로 연결된 문장은, 두 개의 문장이 접속사로 명확하게 구분되어 상대적으로 쉽기 때문이다. 결국 긴 문장은 위 세 가지, 전치사구, 준동사구, 관계사절 때문이다.

먼저 전치사구를 보자. 전치사구란, '전치사 + 명사'로 이루어져 형용사, 부사 역할을 하는 수식어구이다. 하나의 품사가 아니라 '전치사 + 명사'로 이루어진 '구'이기 때문에 문장에 전치사구가 하나만 들어가도 단어가 두 개 이상 늘어난다. 이런 전치사구를 문장 뒤에 몇 개라도 붙여 쓸 수 있으니 문장 길이가 길어질 수밖에 없다. 전치사 ▶p.220 참고

준동사는 '준회원, 정회원' 할 때의 '준'을 사용한다. 동사에 준하는 표현이란 뜻으로 앞에서 배운 분사, 동명사, to부정사를 말한다. 이 셋은 모두 동사를 기반으로 다른 품사 역할을 한다는 공통점이 있다. 분사는 형용사 역할, 동명사는 이름 그대로 명사 역할을 한다. to부정사는 동사를 명사, 형용사, 부사로 다양하게 활용한다.

준동사는 동사가 아니지만, 동사처럼 목적어나 보어를 가질 수 있기 때문에 준동사가 쓰인 문장 역시 길이가 길어질 수밖에 없다. 준동사 ▶p.96 참고

관계사절은 관계대명사, 관계부사로 연결된 문장이다. 관계사절을 다른 말로 형용사절이라고 하는데, 말 그대로 명사를 수식하는 '절'이라는 뜻이다. 절에는 주어와 동사가 모두 있기 때문에 문장의 길이가 당연히 길어진다. 관계사 ▶p.292 참고

여기서는 문장이 길어지는 원리는 세 가지로 간단하다는 것만 기억하고, 더 구체적인 내용은 본문에서 배워보도록 하자.

여러분은 이제 영어를 잘할 수 있다

이 글을 읽는 데 한 시간도 걸리지 않았을 것이다. 하지만 우린 이제 사고방식의 차이를 통해 영어라는 언어의 본질을 깨달았고, 동사의 변화를 통해 문장을 섬세하게 이해할 수 있게 됐으며, 구와 절을 통해 문장을 길고 자세히 표현할 수 있게 됐다.

지금까지 이야기한 영어의 원리를 터득한 것은 실로 놀라운 일이다. 모든 말은 문장인데, 문장의 배열 규칙은 물론 문장의 깊이(섬세함)와 길이(자세함)를 전부 터득한 것이다.

이제부터 영어의 전반적인 학습 속도는 급격히 빨라질 것이다. 문법에 국한된 얘기가 아니다. 독해든 듣기든 작문이든 스피킹이든 효과적으로 학습할 수 있는 비법을 알게 된 것이다. 앞으로 영어를 공부하면서 지금껏 느끼지 못했던 재미, 심지어 희열마저 느낄 수 있을 것이다.

희망과 용기를 얻었으니 더 나아가보자. 여러분이 시험을 보든, 유학을 가든, 여행지에서 써먹든 어디에도 다 통하는 정말 실질적인, 바로 배워 바로 써먹는 문법을 알려주려고 한다. 이 책을 덮을 때쯤 여러분은 그 어떤 영어 문장을 만나도 당황하지 않을 것이며 하고 싶은 이야기를 영어로 전달할 수 있을 것이다. 반드시 그렇게 될 것이다.

오리엔테이션 2

영어 문장의 기본기 쌓기

8품사

명 사

이름 **명** 名
말 **사** 詞

이름을 나타내는 말 (이름, 명칭 / ~함, ~다움)

- **사람·사물 등의 이름** John, girl, student, pencil, computer, dog, rose ...
- **생각·감정·상태의 이름** beauty, courage, danger, health, success, life, death ...

감탄사

느낄 **감** 感
탄식할 **탄** 歎
말 **사** 詞

순간적인 감정을 표현하는 말

- **감탄사** wow, oh, oops, gee, ouch, hmm, ah, shh, yeah, hooray ...
- **응답·인사** Hello, Hi, Bye, Yes, No, Okay ...

접속사

이을 **접** 接
이을 **속** 續
말 **사** 詞

단어, 구, 절, 문장을 서로 이어주는 말

- **등위접속사** and, but, or, nor, so, for, yet
- **종속접속사**
  〈부사절〉 if, because, when, while, since, until ...
  〈명사절〉 that, whether, if
  〈형용사절〉 관계대명사, 관계부사

전치사

앞 **전** 前
둘 **치** 置
말 **사** 詞

명사와 함께 다른 말을 꾸며주는 말

- **위치·시간** at, on, in, from, to ...
- **수단·방법 등** by, of, for, with, without ...

1 단어와 품사

- 단어는 문장을 구성하는 최소 단위다.
- 단어를 의미와 기능에 따라 나눈 것을 품사라고 한다. 영어에는 8개의 품사가 있다.

대명사

대신할 **대** 代
이름 **명** 名
말 **사** 詞

명사를 대신하는 말 (나, 너, 우리 ... / 이것, 저것, 그것)

- **인칭대명사** I, me, mine, you, yours, his, her, hers, we, they, them, it, its ...
- **재귀대명사** myself, yourself, himself, herself, ourselves, themselves, itself
- **지시대명사** this, that, (it)
- **부정대명사** one, other, something, anything ...

동 사

움직일 **동** 動
말 **사** 詞

움직임을 나타내는 말 (~하다, ~이다)

- **행위·동작** say, run, walk, study, play ...
- **상태·존재** be, become, have, love, like ...
- **변화·발생** happen, rain, snow, increase, decrease, evolve ...

형용사

모양 **형** 形
얼굴 **용** 容
말 **사** 詞

명사를 꾸며주는 말 (~한, ~스러운)

- **모양** beautiful, handsome, long, big, fat, tiny ...
- **상태** good, old, wrong, easy, difficult, cool, hot, quiet, noisy ...
- **수량 등** many, few, little, all ...

부 사

도움 **부** 副
말 **사** 詞

동사, 형용사, 다른 부사를 꾸며주는 말 (~하게, ~스럽게)

- **빈도** always, usually, often, sometimes, rarely, never ...
- **위치** here, there, abroad, overseas, east, west, inside, outside ...
- **시간** early, today, tomorrow, later, now ...
- **수단·정도 등** carefully, easily, fortunately, seriously, much, so, well ...

2 문장의 구성 단위

- 문장은 생각이나 감정을 완결된 내용으로 나타낸 글을 말한다.
- 문장은 일반적으로 '주어+동사'를 가지고, 대문자로 시작하며 마침표(.), 물음표(?), 느낌표(!)로 끝난다.

문장의 구성 단위

단어

의미를 가진 문장의 최소 구성 단위

문장에서 띄어쓰기로 구분되는 말. 모든 단어는 뜻과 품사를 가진다.

Dreams come true. 꿈은 이루어진다.
명사 동사 형용사

구

여러 개의 단어로 이루어진 문장 구성 단위

두 개 이상의 단어가 하나의 품사처럼 쓰이는 것을 말한다.

I'm baking a birthday cake for my father.
명사구 전치사구

나는 아버지를 위한 생일 케이크를 굽고 있어요.

절

주어와 동사가 있는 문장 구성 단위

'주어+동사'를 갖추고 있으면서 문장의 구성 성분으로 쓰이는 것을 말한다.
종속절은 접속사로 주절에 연결된다.

Let's have dinner before we start. 시작하기 전에 저녁을 먹자.
주절 종속절

문장에서 확인하기

문장 1 **Summer came early.** 여름이 일찍 왔다.

단어	Summer, came, early
구	없음
절	Summer came early (문장 = 주절)

문장 2 **The exam was very difficult.** 그 시험은 아주 어려웠다.

단어	The, exam, was, very, difficult
구	The exam 그 시험 (명사구) very difficult 아주 어려운 (형용사구)
절	The exam was very difficult (문장 = 주절)

문장 3 **Time goes very quickly.** 시간이 매우 빨리 간다.

단어	Time, goes, very, quickly
구	very quickly 매우 빨리 (부사구)
절	Time goes very quickly (문장 = 주절)

문장 4 **We have lived here for ten years.** 우리는 이곳에서 10년 동안 살아왔다.

단어	We, have, lived, here, for, ten, years
구	have lived 살아왔다 (동사구) for ten years 10년 동안 (전치사구 - 부사 역할), ten years (명사구)
절	We have lived here for ten years (문장 = 주절)

문장 5 **Is there anyone who can answer?** 대답할 수 있는 누군가가 있나요?

단어	Is, there, anyone, who, can, answer
구	anyone who can answer 대답할 수 있는 누군가 (명사구)
절	Is there anyone 누군가가 있나요 (주절) who can answer 대답할 수 있는 (종속절 – 형용사절)

문장 6 **If you have time, go to a local library.** 시간이 있으면 지역 도서관에 가보세요.

단어	If, you, have, time, go, to, a, local, library
구	to a local library 지역 도서관에 (전치사구 - 부사 역할), a local library (명사구)
절	If you have time 시간이 있으면 (종속절 – 부사절) go to a local library 지역 도서관에 가보세요 (주절)

문장 7 **Laura said that she would take a grammar course.** 로라는 문법 강의를 들을 것이라고 말했다.

단어	Laura, said, that, she, would, take, a, grammar, course
구	would take 들을 것이다 (동사구) a grammar course 문법 강의 (명사구)
절	Laura said 로라는 말했다 (주절) that she would take a grammar course (그녀는) 문법 강의를 들을 것이라고 (종속절 – 명사절)

3 문장의 성분

- 문장을 구성하는 주어, 동사, 목적어, 보어, 수식어를 말한다.
- 주어와 동사는 모든 문장의 필수 성분이다.
  동사의 의미에 따라 목적어와 보어도 문장의 필수 성분이 될 수 있다.
- 수식어는 다른 문장 성분을 수식하는 보조 성분이다.

문장의 성분

주어

동사의 주체 동사의 주체가 되는 사람이나 사물 등을 말한다.

All students must take the final exam. 모든 학생들은 기말 시험을 치러야 합니다.
(All students: 주어)

동사

주어의 동작이나 상태를 나타내는 말
주어의 행위, 동작, 상태 등을 나타내는 동사를 말한다. 동사는 반드시 시제를 가진다.

We **studied** together in high school. 우리는 고등학교에서 함께 공부했어.
(studied: 동사(과거시제))

목적어

동사의 대상 동사의 행위나 동작을 당하거나 받는 대상을 가리킨다.

- **직접목적어** 동작을 받는 대상.
- **간접목적어** 동작이 향하는 사람[사물].

He handed **me** **a beautiful portrait**. 그는 나에게 아름다운 초상화를 건네주었다.
(me: 간접목적어 / a beautiful portrait: 직접목적어)

보어

문장의 불완전한 의미를 보충하는 말
주어, 동사, 목적어만으로 문장의 의미가 완결되지 않을 때, 뜻을 보충하는 말이다.

- **주격보어** 주어의 의미를 보충해주는 말.
- **목적격보어** 목적어의 의미를 보충해주는 말.

John is **an English teacher**. 존은 영어 선생님이야.
(an English teacher: 보어(주어의 의미를 보충))

수식어

다른 문장 성분을 꾸며주는 말
다른 단어, 구, 절을 수식하는 말로 문장에서 필수가 아닌 보조적인 역할을 한다.

We ate our lunch **quickly**. 우리는 점심을 빨리 먹었다.
(quickly: 수식어(부사))

문장에서 확인하기

주어가 될 수 있는 어구

(대)명사	**He** seems very friendly. 그는 아주 친절해 보인다. **Students** are not allowed to bring cell phones to school. 학생들이 학교에 핸드폰을 가져오는 것은 허락되지 않는다.
명사구	**To find a reliable partner** is important. 신뢰할 수 있는 파트너를 찾는 것은 중요하다. **The last question on the exam** was the most difficult. 시험 마지막 문제가 가장 어려웠다. **Writing letters** may seem difficult. 편지를 쓰는 것은 어려워 보일 수 있다.
명사절	**That she talked about it** surprises me. 그녀가 그것에 관해서 말했다는 것은 나를 놀라게 한다.

동사가 될 수 있는 어구

동사	The store **opens** at 10 a.m. 그 가게는 오전 10시에 연다. These pictures **are** really interesting. 이 그림들은 정말 흥미롭네요.
조동사 + 동사	We **will walk** to the park. 우리는 공원까지 걸어갈 거야.

목적어가 될 수 있는 어구

(대)명사	Julie invited **him.** 줄리는 그를 초대했다. Drink **water** instead of tea or coffee. 차나 커피 대신 물을 마셔요. ※ tea, coffee는 전치사의 목적어
명사구	He ordered **another book.** 그는 또 다른 책을 주문했다. I love **to travel alone.** 나는 혼자 여행하기를 좋아한다.
명사절	We can't decide **whether he is guilty or not.** 우리는 그가 유죄인지 아닌지 결정할 수 없다.

보어가 될 수 있는 어구

(대)명사	They are **students.** 그들은 학생이다.
명사구	Tomorrow is **a national holiday.** 내일은 국경일이다.
명사절	The point is **whether you try or not.** 핵심은 당신이 시도하느냐 하지 않느냐이다.
형용사	We are **responsible** for workers' health and safety. 우리는 작업자들의 건강과 안전을 책임진다.
형용사구	The question may seem **very strange.** 그 질문은 아주 이상하게 보일 수 있다.
전치사구	This is **for you.** 이것은 당신을 위한 거예요.

수식어가 될 수 있는 어구 (1) 형용사 역할

형용사	Green Farm delivers **fresh** vegetables to your door. 그린팜은 당신의 문 앞까지 신선한 야채를 배달합니다.
형용사절(관계사절)	I discussed it with my brother **who is a lawyer.** 나는 그것을 변호사인 내 남동생과 상의했다.
to부정사구	It's time **to go to bed.** 이제 자러 갈 시간이야.
분사구	The man **standing over there** is my father. 저기 서 있는 남자가 우리 아버지야.
전치사구	I have a bad experience **with fireworks.** 나는 불꽃놀이에 대한 안 좋은 경험이 있다.

수식어가 될 수 있는 어구 (2) 부사 역할

부사	He **carefully** took a step **inside.** 그는 조심스럽게 안쪽으로 한 발짝을 내디뎠다.
부사구	In order to function **more efficiently**, the brain needs to be cool. 더 효율적으로 기능하려면, 뇌는 차가워질 필요가 있습니다.
부사절	I got in trouble **because I didn't have my textbook with me.** 나는 내 교과서를 가지고 있지 않아서 곤란에 처했다.
to부정사구	**To survive**, they need your support. 생존하기 위해, 그들은 당신의 도움이 필요합니다.
분사구문	**Finding her in the kitchen,** he eagerly shared his good news. 부엌에서 그녀를 발견하자마자, 그는 열성적으로 그의 좋은 소식을 공유했다.
전치사구	He was not very good **at his work.** 그는 일을 아주 잘하지 못했다.

영어 문장에서 절대로 빠져서는
안 되는 요소가 있다. 바로 '동사'다.
동사를 알면 영어 문장이 보인다.
S
V
O
강성태
KANG

PART 1

문장의 핵심, 동사

CHAPTER 01

문장의 형식

문장의 형식은 무엇인가?

영어 문장은 크게 다섯 개의 유형으로 나뉜다.

1형식	주어(S) + 동사(V)
2형식	주어(S) + 동사(V) + 보어(C)
3형식	주어(S) + 동사(V) + 목적어(O)
4형식	주어(S) + 동사(V) + 간접목적어(I.O) + 직접목적어(D.O)
5형식	주어(S) + 동사(V) + 목적어(O) + 목적격보어(C)

여기 5개의 문장 형식을 모른다고 해서 영어를 못 하는 건 아니다. 영어 문장 하나를 주고 이것이 몇 형식이냐 묻는 문제는 수십 년 전 죽은 문법을 배우던 시절에나 나왔다. 시험을 위한 잘못된 영어를 배우던 시절이었다.

왜 문장의 형식을 배우는 것인가?

세상엔 수많은 종류의 사람이 있다. 사교적인 사람, 소극적인 사람 등 정말로 다양하다. 그래서 어떤 사람의 성격 유형을 알면 그 사람과 좀 더 빠르게 친해질 수 있다. 영어 문장도 마찬가지다. 세상엔 셀 수 없이 많은 문장이 존재하지만, 유형을 미리 알아놓으면 쉽고 빠르게 문장을 파악할 수 있다.

실제 영어를 쓸 때는 몇 형식인지 따져가며 말하지 않고, 원어민과 대화할 때 그 말이 4형식인지, 5형식인지 대답할 일도 없다. 대다수의 미국인들은 문장 형식이란 게 있는지도, 이게 왜 필요한지도 모른다. 학자들 또한 5개 형식으로 주장하는 사람도 있고, 7개 형식으로 주장하는 사람도 있고 제각각이다.

결국 형식 그 자체를 달달 외우는 것은 중요하지 않다. 진짜 중요한 것은 '동사'에 따라 뒤에 나오는 말이 달라지고 해석하는 방법이 달라진다는 것. 그게 바로 문장 형식이다. '동사'에 집중해서 문장 성분을 파악해라! 이것에 익숙해지면 문장 형식은 어느 순간 저절로 보인다. 그러면 문장이 더 쉽고 빠르게 읽힐 것이다.

문장의 형식 어록

Great things never came from comfort zones.

위대한 것들은 결코 안락 지대에서 오지 않았다. - Neil Strauss -

남들보다 앞서 나갈 수 있는 방법이 있다. 남들 놀 때 하면 된다.
하지만 현실은 어떤가? 남들 놀 때 놀고 남들 할 때도 논다.

문장의 형식 훑어보기

UNIT 01
1형식

1형식 문장	
개념	주어와 동사만으로 의미가 완전한 문장
형태	주어(S) + 동사(V)
주요 1형식 동사	go, come, arrive, happen, appear, disappear, exist, stay, lie, walk, breathe, sweat, react, exercise, sleep, gather, live, laugh, agree, work

UNIT 02
2형식

2형식 문장	
개념	주어와 동사 외에 주어를 보충 설명하는 보어가 필요한 문장
형태	주어(S) + 동사(V) + 보어(C)
주요 2형식 동사	be, remain, stay, keep, become, get, go, come, fall, grow, turn, look, smell, feel, taste, seem, appear, sound

UNIT 03
3형식

3형식 문장	
개념	동사 뒤에 동작의 대상이 와야 의미가 완전해지는 문장
형태	주어(S) + 동사(V) + 목적어(O)
주요 3형식 동사	discuss, reach, marry, enter, approach, access, contact, attend, answer, call, join, resemble

UNIT 04
4형식

4형식 문장	
개념	동사 뒤에 목적어가 두 개 나오는 문장
형태	주어(S) + 동사(V) + 간접목적어(I.O) + 직접목적어(D.O)
주요 4형식 동사	give, send, pass, lend, tell, show, deliver, throw, offer
4형식 문장을 3형식 문장으로 전환하기	주어(S) + 동사(V) + 간접목적어(I.O) + 직접목적어(D.O) → 주어(S) + 동사(V) + 직접목적어(D.O) + 전치사 + 간접목적어(I.O) **to** + 간접목적어: give, send, tell, teach, show, lend, pass, offer **for** + 간접목적어: make, buy, cook, get, find **of** + 간접목적어: ask, demand, require

UNIT 05
5형식

5형식 문장	
개념	동사 뒤에 목적어와 목적격보어가 나오는 문장
형태	주어(S) + 동사(V) + 목적어(O) + 목적격보어(C)
주요 5형식 동사	make, call, name, consider, find, leave

UNIT 01

1형식 (S + V)

예문 듣기

I agree.

주어 동사

나는 동의한다.

1형식은 영어 문장의 최소 단위인 '주어'와 '동사'만으로 의미가 완전한 문장이다.

'주어(S)가 동사(V)하다'라고 해석한다.

1 1형식 문장: 주어(S) + 동사(V)

- 주어(S)와 동사(V)만으로도 의미가 완전한 문장을 말한다.

참고 주어(Subject): 동사가 나타내는 행위·동작의 주체를 가리킨다. 명사 역할을 하는 어구만 주어가 될 수 있다.
동사(Verb): 주어의 동작이나 상태를 나타내는 말. 동사에는 시제와 주어의 인칭, 수가 표시될 수 있다.
p.44 영어 문장의 기본기 쌓기 - 문장의 성분

- '누가' '무엇을 하는지'가 전달하는 내용의 핵심이다.
- **완전한 문장과 불완전한 문장**
  1) 완전한 문장: 필요한 문장 성분을 모두 갖춘 문장. 전하고자 하는 내용을 완전하게 전달할 수 있는 문장이다. I agree. 나는 동의한다.
  2) 불완전한 문장: 일부 문장 성분이 빠져 있는 문장. 전하고자 하는 내용이 완전하지 않은 문장이다. He became _?_. (x) 그는 _?_ 이 되었다.

느낌 빡! 문장의 형식은 왜 달라지는 걸까?

앞에서도 엄청나게 강조했듯이 영어 문장의 핵심은 바로 '동사'다. 그리고 그 동사의 의미에 따라 문장의 형식이 달라진다.
다른 요소 없이도 주어의 동작이나 상태에 대해 완전한 정보를 줄 수 있는 동사는 1형식,
주어의 존재나 상태를 표현하기 위해 보어가 필요한 동사는 2형식,
목적어가 필요한 동사는 3형식,
목적어가 2개(간접목적어, 직접목적어) 필요한 동사는 4형식,
그리고 목적어와 목적격보어가 필요한 동사는 5형식 문장을 만든다.
각각의 문장 형식에 대해 차례로 자세히 알아보자.

2 주요 1형식 동사

go	가다	**come**	오다	**arrive**	도착하다	**happen**	일어나다, 발생하다
appear	나타나다, 발생하다	**disappear**	사라지다	**exist**	존재하다	**stay**	머무르다
lie	눕다, 놓여 있다	**walk**	걷다, 산책하다	**breathe**	숨 쉬다	**sweat**	땀을 흘리다
react	반응하다	**exercise**	운동하다	**sleep**	자다	**gather**	모이다
live	살다	**laugh**	웃다	**agree**	동의하다	**work**	일하다

예문 正正

❶ We **walked**.

❷ The sun **shines**.

❶ 1형식 문장은 '누가' '무엇을 하는지'를 나타낸다. '우리가' '걸었다'라는 뜻이다.

❷ shine도 1형식 동사이다. 여기서는 주어로 사물 주어 The sun(태양)이 왔다.

❸ She **didn't appear.**

❸ 1형식 문장의 부정문은 '(주어)가 (동사)하지 않다'라고 해석한다.

❹ Many fans **gathered.**

❹ 주어 자리에 대명사가 아닌 명사구가 왔다. 어쨌든 해석은 '누가' '무엇을 하다(했다)'가 된다.

3 수식어가 있는 1형식 문장: 주어(S) + 동사(V) + 부사

- 1형식 문장에 부가적인 뜻을 더하기 위해 부사 또는 부사구가 추가되기도 한다.
- 부사(구)는 시간, 장소, 방법 등 추가적인 설명을 제공하여 문장의 의미를 더 구체적으로 표현해준다. ○ Unit 83. 부사

▸느낌 빡! 대부분의 1형식 문장에는 '부사(구)'가 추가된다

우리는 분명히 여러 문법책에서 1형식을 배웠다. 그렇지만 실제 회화나 독해 지문에서 '주어 + 동사'만으로 이루어진 문장은 거의 본 적이 없을 것이다. 그렇다면 1형식은 실제로는 사용하지 않는 형식인가? 그렇지 않다. 1형식 문장에 부사 역할을 하는 수식어가 추가되어서 1형식처럼 보이지 않았을 뿐이다.

I slept. 이 문장은 주어 I와 대표적인 1형식 동사 sleep의 과거형으로 이루어진 1형식 문장이다.

I slept well. '잘 잤다'는 의미로 수식어 well이 추가되었다. '주어 + 동사 + 수식어' 형태로 이루어진 1형식 문장이다.

I slept well last night. 시간을 나타내는 수식어 last night이 추가되었다. 여전히 '주어 + 동사 + 수식어1 + 수식어2' 형태의 1형식 문장이다.

예문 正正

❺ He ran **again.**

❺ run은 1형식 동사이다. He ran.이라고 해도 완전한 문장이지만, 부사 again(다시)으로 구체적인 의미를 추가하였다.

❻ The accident happened **at night.**

❻ 수식어 at night을 추가해서 그 사고가 '언제' 일어났는지 나타낸다.

❼ Columbus arrived **in the New World.** 기출

❼ 장소를 나타내는 부사구(in the New World)가 추가되었다. '어디에' 도착했는지 나타낸다.

❽ They walk **to school every day.**

❽ 이 문장에는 수식어가 두 개 추가되었다. to school은 장소, every day는 시간을 나타낸다.

✔ 진짜 이해했는지 확인!

정답과 해설 p.388

Q 다음 문장에서 동사에 동그라미 하세요.

1 She arrived at 9 a.m.

2 The accident happened at night.

3 He slept well last night.

4 They walk to school every day.

예문 해석 거꾸로 영작 훈련도 필수!

1. 우리는 걸었다. **2.** 태양은 빛난다. **3.** 그녀는 나타나지 않았다. **4.** 많은 팬들이 모였다. **5.** 그는 다시 달렸다. **6.** 그 사고는 밤에 일어났다. **7.** 콜럼버스가 신세계에 도착했다. **8.** 그들은 학교에 매일 걸어간다.

UNIT 02

예문 듣기

2형식 (S + V + C)

It is expensive.

주어 동사 보어

그것은 비싸다.

주어와 동사 외에 주어를 보충 설명하는 보어가 필요한 문장이다.

'주어(S)는 보어(C)이다' 또는 '주어(S)는 보어(C)한 상태이다'라고 해석한다.

1 2형식 문장: 주어(S) + 동사(V) + 보어(C)

- 주어(S)와 동사(V) 외에 주어를 보충 설명하는 보어(C)가 필요한 문장을 말한다.

  ☆참고 보어(Complement): 문장의 불완전한 의미를 보충하는 말. 영어에서는 주어나 목적어를 보충 설명한다.
- 보어 자리에는 명사 또는 형용사 역할을 하는 어구가 온다.
- '주어(S)는 보어(C)이다' 또는 '주어(S)는 보어(C)한 상태이다'라고 해석한다.

▸ 느낌 빡! be동사를 알면 2형식은 쉽다

be동사는 '~이다, ~한 상태이다'라는 뜻으로 쓰일 경우 '~'에 해당하는 말, 보어가 필요하다.
I am a boy.(나는 소년이다.)에서 a boy는 꼭 필요하다. I am만 가지고는 내가 누구인지 알려줄 수가 없다. I am handsome.(나는 잘 생겼다.)도 마찬가지이다. handsome이 없이는 I의 상태가 어떤지 알 수 없다. 동사 자체 의미에 '~'에 해당하는 부분이 있다면 그 부분을 채워주기 위해 보어가 와야 한다는 것. 그것이 2형식의 전부이다.

예문

❶ I **am** a student.

❷ He**'s** busy now.

❸ The elevator **is** out of order.

❹ The prize for the winner **is** a trip to Boston. 기출

❶ be동사가 '~이다'라는 의미로 쓰였다. 명사구 a student는 주어 I를 설명하는 보어로 'I = a student'의 관계이다.

❷ 형용사 busy가 주어의 상태를 나타내는 보어 역할을 한다. 부사 now는 수식어로, 필수 문장 성분은 아니다.

❸ '전치사 + 명사'도 형용사처럼 쓰여 보어 역할을 할 수 있다. 여기서는 주어(The elevator)의 '고장 난' 상태를 나타낸다.

❹ 보어에 수식어가 추가되어 길어질 수도 있다. a trip to Boston은 '보스턴으로 가는 여행'이라는 뜻이다.

2 주요 2형식 동사

- 주어의 상태나 성질을 나타내는 동사, 주어의 느낌을 전달하는 동사(지각동사)들이 대표적인 2형식 동사에 속한다. 한글 뜻만 읽어봐도 동사만으로는 완전한 의미 전달이 불가능하고 보충해주는 말, 즉 보어가 필요하다는 것을 알 수 있다.

be	~이다	**remain**	계속[여전히] ~이다	**stay**	~인 상태로 있다
keep	~인 채로 있다	**become**	~이 되다	**get**	~한 상태가 되다
go	~한 상태가 되다	**come**	~이 되다	**fall**	~한 상태에 빠지다
grow	~해지다	**turn**	~로 변하다	**look**	~처럼[하게] 보이다
smell	~한 냄새가 나다	**feel**	~한 느낌이 나다	**taste**	~한 맛이 나다
seem	~처럼 보이다	**appear**	~처럼 보이다	**sound**	~처럼 들리다

▶ 느낌 빡! go는 1형식 동사도 되고 2형식 동사도 된다

어떤 문법책은 문장 형식을 설명할 때 각 형식에 해당하는 단어를 전부 외우게 한다. 순서도, 방법도 틀렸다. 동사의 '의미'에 따라 자연스럽게 결정되는 게 문장 형식이다. 그러니 같은 단어라도 '의미'가 달라지면 그에 따라 문장 형식도 달라질 수 있다. go만 해도 '가다, 이어지다, (일이) 진행되어 가다, ~한 상태가 되다' 등 다양한 뜻이 있다. 한 단어지만 뜻에 따라 1형식 문장을 만들기도 하고, 2형식, 3형식 문장을 만들기도 한다는 얘기다.

어떤 동사가 2형식인지 표를 달달 외우려고 달려들기 전에 문장 형식의 원리를 다시 한번 기억해보자. 2형식에는 왜 보어가 나오는가? 2형식 동사가 주어의 상태·성질을 설명하는 동사이기 때문에 당연히 상태·성질에 해당하는 말인 보어가 동사 뒤에 필요한 것이다. 결국, 어떤 동사가 1형식 동사인지 2형식 동사인지를 결정하는 것은 동사의 '의미'이다. go가 '가다'라는 뜻일 때는 주어를 보충하는 말이 필요하지 않지만, '~한 상태가 되다'라는 뜻일 때는 당연히 '~'에 해당하는 보어가 필요하므로 2형식 동사이다.

Things will go wrong. 상황은 안 좋아질 거예요. (2형식)

예문 正正

❺ The situation **got** worse.

❻ I **stayed** awake all night.

❼ Painting **became** my great love. 기출

❽ She **looks** angry.

❾ I **feel** exhausted lately.

❺ get(~한 상태가 되다)은 상태의 변화를 나타낸다. 상황이 '더 나빠졌다'는 뜻이다.

❻ 보어 awake(깨어 있는)가 주어의 상태를 설명한다. 밤새 계속 '깨어 있었다'는 뜻이다.

❼ 2형식 동사 뒤에는 보어로 명사구가 올 수도 있다. 'become + 명사(구)'는 '~가 되다'이다.

❽ look, feel, smell 등은 주어의 인상이나 감각을 전달하는 지각동사이다. 지각동사 뒤에는 형용사가 주로 쓰인다. Unit 82. 형용사

❾ 형용사 exhausted(기진맥진한)가 보어로 쓰였다. lately(최근에)는 시간을 나타내는 수식어이다.

진짜 이해했는지 확인!

정답과 해설 p.388

Q 배운 문법을 이용해 영어 문장을 말해보세요.

1 그녀는 지금 바빠. (busy) →

2 나는 디자이너야. (be, a designer) →

3 상황이 더 좋아졌다. (the situation, better) →

4 나는 최근에 지친다고 느낀다. (exhausted, lately) →

예문 해석 거꾸로 영작 훈련도 필수!

1. 나는 학생입니다. **2.** 그는 지금 바빠. **3.** 엘리베이터는 고장 났다. **4.** 우승자 상품은 보스턴으로 가는 여행입니다. **5.** 상황이 더 나빠졌다. **6.** 나는 밤새 깨어 있었다. **7.** 그림 그리기는 나의 대단한 관심사(사랑)가 되었다. **8.** 그녀는 화가 나 보인다. **9.** 나는 최근에 지친다고 느낀다.

UNIT 03

3형식 (S + V + O)

예문 듣기

I checked the schedule.

주어 동사 목적어

나는 일정을 확인했다.

주어와 동사 뒤에 동작의 대상인 목적어가 와야 의미가 완전해지는 문장이다.

'주어(S)는 목적어(O)를 동사(V)하다'라고 해석한다.

1 3형식 문장: 주어(S) + 동사(V) + 목적어(O)

- 주어(S)와 동사(V) 뒤에 동작의 대상인 목적어(O)가 필요한 문장을 말한다.
- '주어(S)가 목적어(O)를 동사(V)하다'라고 해석한다.

참고 목적어(Object): 동사의 행위·동작의 대상이 되는 말.
타동사: 동작의 대상인 목적어를 필요로 하는 동사. 다른 대상을 필요로 한다는 뜻에서 다를 타(他)를 쓴다. 3형식 동사는 목적어가 필요하니 타동사다.
자동사: 목적어 없이도 동작의 의미를 전달할 수 있는 동사. 스스로 자(自)를 써서 자동사라고 한다. 1형식 동사는 완전 자동사이고, 2형식 동사는 목적어는 없지만 보어가 필요하므로 불완전 자동사라 부른다.

느낌 빡! 동사마다 자동사인지 타동사인지 일일이 외워야 할까?

모든 동사를 자동사인지 타동사인지 뜻과 함께 외우라고 안내한 문법책도 있다. 갖다 버려라. 불가능할 뿐만 아니라 어떤 원어민도 그런 식으로 영어를 하지 않는다. 자동사와 타동사를 구분하는 것은 이해하기 위한 수단일 뿐이다. 동사 의미에 따라 목적어가 필요하면 '타동사', 없어도 되면 '자동사'라고만 알면 된다. 예를 들어, have(가지다)가 완전한 의미를 전달하려면 뭘 가졌는지를 꼭 말해야 한다. some money(약간의 돈)를 가졌는지, much time(많은 시간)을 가졌는지, 가지고 있는 '대상'이 나와야 하니 타동사이다. 그렇지만 go의 경우 '간다'는 뜻일 때 의미가 충분한 자동사이다. 하지만 '~한 상태가 되다'일 때는 보어를 필요로 하므로 불완전 자동사이다. 또한 gather는 '모이다'라는 의미일 때는 자동사이지만, '모으다'라는 뜻일 때는 모으는 대상이 필요하기 때문에 타동사이다. 동사의 의미에 따라 자동사/타동사도 결정되는 것이다.

예문 正正

❶ They **want** a smaller cell phone. 기출

❷ Today, I **bought** a new watch. 기출

❸ Many people **lost** their jobs.

❹ I **know** her parents very well.

❶ a smaller cell phone은 동사 want의 목적어이다. '더 작은 핸드폰을' 원한다는 뜻.

❷ bought는 buy(사다)의 과거형이다. 무엇을 샀는지 말해줘야 의미가 완전하므로 뒤에 목적어가 왔다.

❸ lose는 '~을 잃다'라는 뜻의 타동사이다. 무엇을 잃었는지 그 대상을 써주어야 한다.

❹ know는 어떤 사실이나 대상을 '안다'고 말할 때 쓰는 타동사이다. '인식하다, 인지하다'라는 뜻일 때는 자동사로도 쓰인다.

2 주의해야 할 3형식 동사

- 3형식 동사 중에는 우리말 해석과 완전히 일치하지 않는 동사들이 있다. discuss, enter 등의 동사들 뒤에 불필요한 전치사를 붙이지 않도록 주의하자.

참고 discuss는 '~에 대해 의논하다'라는 뜻이다. 전치사 about(~에 대해)을 목적어 앞에 써야 할 것 같지만, 전치사를 붙이면 오히려 틀린 문장이 된다. enter도 마찬가지다. '~에 들어가다'라는 뜻이므로 전치사 in(~에)이 필요할 것 같지만 아니다. 영어 문장을 독해하다가 전치사가 없다고 너무 당황하지 마라.

They **discussed** the problem. (O) 그들은 그 문제에 대해 의논했다.
They **discussed ~~about~~** the problem. (X)

• **불필요한 전치사를 붙이지 않도록 주의해야 할 동사**

discuss	~에 대해 의논하다	**reach**	~에 도달하다	**marry**	~와 결혼하다
enter	~에 들어가다	**approach**	~에 다가가다	**access**	~에 접근하다
contact	~와 연락하다	**attend**	~에 참석하다	**answer**	~에 답하다
call	~에게 전화하다	**join**	~에 가입하다	**resemble**	~와 닮다

▸ 느낌 빡! 왜 우리는 불필요한 전치사를 붙이게 되는 걸까?

이유는 간단한다. 영어 단어와 그 뜻에 해당하는 한글 단어가 100% 일치하지 않기 때문이다. 그럴 수밖에 없다. 단어가 탄생한 배경, 문장 구조, 사용되는 상황, 문화가 전부 다르니까. 반대로 '수고하셨다', '진지 드신다'처럼 우리말엔 있지만 영어엔 없는 표현도 많다. 그렇다고 위 표를 달달 외울 필요는 없다. 외워도 금세 까먹는다. 대신 헷갈리는 동사마다 쉬운 예문 하나만 머릿속에 각인해 놓으면 기억도 잘 나고 써먹기도 쉽다.

예문 正正

❺ Mr. Brown **married** my cousin.

❺ marry는 '~와 결혼하다'라는 뜻이다. '~와'라고 해석하지만 with가 붙지 않으므로 주의한다.

❻ Tom **answered** several questions.

❻ 대답하는 대상인 several questions(여러 질문)가 목적어로 왔다. '~에 대답하다'라고 해석하지만 전치사 to는 쓰지 않는다.

❼ Angry customers **contacted** the customer service center.

❼ contact는 목적어가 필요한 3형식 동사이다. 연락하는 대상이 바로 목적어 자리에 온다.

❽ I **joined** the gym to lose weight.

❽ '~에 가입했다'라는 뜻의 문장이다. joined 뒤에 전치사 in을 쓰지 않도록 주의한다.

✔ 진짜 이해했는지 확인!

정답과 해설 p.388

Q 밑줄 친 부분을 바르게 고쳐 쓰세요.

1 Angry customers <u>contacted to</u> our office. →

2 She <u>married with</u> Mr. Brown. →

3 I <u>joined in</u> the gym to lose weight. →

4 He <u>answered to</u> several questions. →

예문 해석 거꾸로 영작 훈련도 필수!

1. 그들은 더 작은 핸드폰을 원한다. **2.** 오늘, 나는 새 손목시계를 샀다. **3.** 많은 사람이 그들의 직업을 잃었다. **4.** 나는 그녀의 부모님을 아주 잘 안다. **5.** 브라운 씨는 내 사촌과 결혼했다. **6.** 톰은 여러 질문에 대답했다. **7.** 화난 고객들이 고객 서비스 센터에 연락했다. **8.** 나는 체중을 줄이기 위해 헬스장에 가입했다.

UNIT 04

예문 듣기

4형식 (S + V + I.O + D.O)

They gave him lots of money.

주어 / 동사 / 간접목적어 / 직접목적어

그들은 그에게 많은 돈을 주었다.

동사 뒤에 목적어가 두 개 나오는 문장이다. '~에게 …을 하다'라고 해석한다.

두 개의 목적어를 구분하기 위해 각각 간접목적어(I.O), 직접목적어(D.O)라고 부른다.

1 4형식 문장: 주어(S) + 동사(V) + 간접목적어(I.O) + 직접목적어(D.O)

- 동사의 목적어가 두 개인 문장을 말한다.
- 3형식 문장의 동사와 목적어 사이에 동작의 대상을 받는 '간접목적어'가 추가된 형태이다.
- 단어 순서대로 '~에게 …을 하다'라고 해석한다.

☆참고 직접목적어(Direct Object): 동작의 대상을 말한다. '~을/를'이라고 해석한다.
간접목적어(Indirect Object): 동작의 대상(직접목적어)을 받는 사람/사물을 말한다. '~에게'라고 해석한다.

2 주요 4형식 동사 (수여동사)

- 동사 give는 '무엇을' 줬는지 뿐만 아니라 '누구에게' 줬는지도 나타낼 수 있다. 이처럼 전달 개념을 포함하는 동사를 수여동사라고 한다. 수여동사는 4형식을 만드는 대표적인 동사다. 한자라서 말이 어렵지 쉽게 말해 '남에게 무언가를 주거나 건네는 동사'들을 가리킨다.

give	주다	**send**	보내주다	**pass**	건네주다
lend	빌려주다	**tell**	말해주다	**show**	보여주다
deliver	배달하다	**throw**	던지다	**offer**	제공하다

▶ 느낌 빡! 수여동사만 4형식을 만들까?

수여동사가 대표적인 4형식 동사이긴 하지만 그 외에도 많은 동사가 4형식을 만든다. buy(사다)와 write(쓰다)처럼 전달 개념이 없는 동사들도 4형식 문장을 만들 수 있다. 다만, 이런 동사들 뒤에 목적어가 2개 오면 동사 뜻에 '주다'라는 뉘앙스가 추가된다. buy a book(책을 사다)과 buy me a book(나에게 책을 사주다), write a poem(시를 쓰다)과 write her a poem(그녀에게 시를 써주다)을 비교해 보면 알 수 있다. 앞에서부터 계속 강조하고 있지만 중요한 건 동사의 '의미'이다. 수여동사 목록을 외우는 것보다 더 중요한 건, 4형식 동사가 '~에게 …을 해주다'라는 의미임을 아는 것이다.

예문 正正

❶ The agent **showed** us several houses.

❷ He **made** me a birthday cake.

❸ Please **send** me your picture.

❶ 동사(showed) 뒤에 간접목적어(us)와 직접목적어(several houses)가 차례로 나왔다. '우리에게 여러 집들을 보여주었다'라는 뜻이다.

❷ made 뒤에 간접목적어도 나왔으므로, '~에게 …을 만들어줬다'라고 해석한다.

❸ 보내는 대상은 your picture, 그 대상을 받는 사람은 me이다. me가 간접목적어이다.

3 4형식 문장을 3형식 문장으로 전환하기

- 3형식으로도 4형식 문장의 의미를 전달할 수 있다.
- 4형식 문장의 간접목적어 앞에 전치사를 붙인 후 직접목적어 뒤로 보내면, 수식어구가 있는 3형식 문장이 된다.

4형식	He told his children the news. 그는 자신의 아이들에게 그 소식을 말해주었다. (his children: 간접목적어, the news: 직접목적어)
3형식 + 수식어구	He told the news to his children. (the news: 목적어, to his children: 수식어구(부사 역할의 전치사구))

- 동사에 따라 어울리는 전치사가 다르므로 유의한다.

to	give, send, tell, teach, show, lend, pass, offer
for	make, buy, cook, get, find
of	ask, demand, require

느낌 빡! 간접목적어와 직접목적어의 순서를 바꿔도 될까?

절대 안 된다. 영어는 순서가 중요한 언어이다. 영어에는 우리말의 '은/는/이/가, 을/를, 에게' 같은 조사가 없기 때문에 단어의 위치를 보고 주어인지, 동사인지, 목적어인지를 구별한다. 우리말은 '나는 민수에게 강아지를 주었어.'를 '나는 강아지를 민수에게 주었어.'로 바꿔도 뜻이 통한다. 그렇지만 영어에서 I gave Minsu a puppy. 대신 I gave a puppy Minsu.라고 해버리면, '나는 강아지에게 민수를 주었어.'라는 황당한 뜻의 문장이 되어버린다.

예문

❹ The company **offered** her a raise.
(→ The company **offered** a raise **to** her.)

❺ My father **bought** me some presents.
(→ My father **bought** some presents **for** me.)

❻ She **asked** me a favor.
(→ She **asked** a favor **of** me.)

❹ 간접목적어(her)와 직접목적어(a raise)가 있는 4형식 문장이다. 3형식 문장이 되면서 간접목적어는 전치사구 형태로 변한다.

❺ get, buy, make 등의 동사는 3형식 문장에서 전치사 for를 쓴다. buy A for B는 'B에게 A를 사주다'라는 뜻이다.

❻ ask가 4형식으로 쓰이면 '~에게 …을 요청하다'라는 뜻이다. 3형식 문장이 되면 간접목적어였던 me 앞에 전치사 of가 붙는다.

진짜 이해했는지 확인!

정답과 해설 p.388

Q 다음 문장을 4형식 문장으로 바꾸세요.

1 He made a cake for me. →
2 She asked a favor of me. →
3 The company offered a new position to her. →
4 She told the news to her children. →

예문 해석 거꾸로 영작 훈련도 필수!

1. 중개인은 우리에게 여러 집들을 보여줬다. **2.** 그는 나에게 생일 케이크를 만들어주었다. **3.** 저에게 당신의 사진을 보내주세요. **4.** 그 회사는 그녀에게 임금 인상을 제안했다. **5.** 아버지는 나에게 선물 몇 개를 사주셨어. **6.** 그녀는 나에게 도움을 요청했어.

UNIT 05

예문 듣기

5형식 (S + V + O + C)

You make me happy.

주어 동사 목적어 목적격보어

당신은 나를 행복하게 만들어요.

동사 뒤에 목적어와 목적어를 보충 설명하는 말(목적격보어)이 필요한 문장이다.

목적격보어 자리에는 명사 또는 형용사 역할을 하는 어구가 올 수 있다.

1 5형식 문장: 주어(S) + 동사(V) + 목적어(O) + 목적격보어(C)

- 동사(V) 뒤에 목적어(O)와 목적어를 보충 설명하는 목적격보어(C)가 필요한 문장이다.
- 2형식에서와 마찬가지로, 보어 자리에는 명사 또는 형용사 역할을 하는 어구가 온다. Unit 02. 2형식

참고 목적격보어(Objective Complement): 동사와 목적어의 관계에서 목적어의 불완전한 의미를 보충 설명하는 말. 참고로, 2형식에서 배웠던 보어는 주어를 보충 설명하는 말이므로, 목적격보어와 구분하여 '주격보어(Subjective Complement)'라고 명시하기도 한다.

- **목적격보어의 해석**

5형식은 다른 형식들에 비해 가장 해석이 다양하고 복잡하여 많은 학생들이 어려워한다. 어려울 것 없다. 3형식처럼 주어, 동사, 목적어를 순서대로 해석한 다음, 목적격보어의 역할 그대로 '목적어를 보충 설명하는' 식으로 해석을 덧붙여 주면 된다.

That case made the lawyer / **famous.**

그 사건은 그 변호사를 만들었다 / [어떤 변호사로?] '유명한' → 그 사건은 그 변호사를 유명하게 만들었다.

People called him / **an angel.**

사람들은 그를 불렀다 / [그를 무엇이라고?] '천사'라고 → 사람들은 그를 천사라고 불렀다.

▶ 느낌 빡! 어떤 상황에서 목적격보어가 필요할까?

목적어만으로 동사의 의미를 완성할 수 없을 때 목적격보어가 필요하다. People called him an angel.에서 목적격보어 an angel이 없으면, '사람들이 그에게 전화했다' 또는 '사람들이 그를 (오라고) 불렀다'라는 뜻의 문장이 된다. 원래 전달하고자 했던 의미와 전혀 다른 뜻으로 변해버린다. 원래 표현하고자 했던 의미(~을 …라고 부르다)를 완성하려면 '무엇이라고' 부르는지 보충해주는 목적격보어가 반드시 필요하다.

2 주요 5형식 동사

make	만들다	**call**	부르다	**name**	이름을 지어주다
consider	여기다	**find**	발견하다, 알아채다	**leave**	떠나다, 남기다, 두다

예문 正 正

❶ We **named** our son Benjamin.

❷ This music **makes** me relaxed.

❶ 동사 name은 '이름을 지어주다'라는 뜻이다. 어떤 이름을 붙였는지 추가 정보를 주기 위해 목적격보어 Benjamin이 왔다.

❷ 음악이 나를 '편안한 상태로' 만든다는 뜻이다. 목적격보어 없이는 '음악이 나를 만든다'라는 의미의 문장이 된다.

❸ They **called** him a liar.

❹ I **consider** him a friend.

❸ 동사 call이 '~을 …라고 부르다'라는 뜻이 되려면, '…'에 해당하는 목적격보어가 필요하다.

❹ consider A B는 'A를 B라고 생각하다'라는 뜻이다. 해석상 '목적어(him)=목적격보어(a friend)' 관계가 성립한다.

3 동사와 문장 형식

• 동사의 의미에 따라 하나의 동사가 여러 가지 문장 형식으로 쓰일 수 있다. 문맥에 따라 올바르게 해석하는 연습이 필요하다.

find	❺ He **found** the key. 기출 3형식 → (주어)는 (목적어)를 발견했다. 주어 동사 목적어 ❻ We **found** the house empty. 5형식 → (주어)는 (목적어)가 (목적격보어)한 상태임을 알게 되었다. 주어 동사 목적어 목적격보어
leave	❼ Matisse **left** for Paris. 1형식 → (주어)는 (수식어-파리를 향해) 떠났다. 주어 동사 수식어 ❽ Chris **left** the office. 3형식 → (주어)는 (목적어)를 떠났다. 주어 동사 목적어 ❾ Sally **left** her brother a message. 4형식 → (주어)는 (간접목적어)에게 (직접목적어)를 남겼다. 주어 동사 간접목적어 직접목적어 ❿ Someone **left** the door open. 5형식 → (주어)는 (목적어)를 (목적격보어)한 상태로 두었다. 주어 동사 목적어 목적격보어

▶ 느낌 빡! 동사 뒤에 온 '명사 + 명사'는 '간접목적어 + 직접목적어'일까, '목적어 + 목적격보어'일까?

A. She made the children pancakes. 그녀는 아이들에게 팬케이크를 만들어주었다.
B. The movie made Alice an international star. 그 영화는 앨리스를 국제적인 스타로 만들었다.

A문장도 동사 made 뒤에 '명사구(the children) + 명사(pancakes)', B문장도 동사 made 뒤에 '명사(Alice) + 명사구(an international star)'가 나왔다. 이럴 때 두 명사의 관계가 '간접목적어 + 직접목적어'인지 '목적어 + 목적격보어'인지 헷갈린다면 두 명사의 의미를 살펴보자.
pancakes(팬케이크)가 the children(아이들)의 상태나 성질일 수 있는가? 없다. 그렇다면 팬케이크는 목적어의 의미를 보충하는 말이 아니다. 다시 말해, 둘은 간접목적어-직접목적어 관계이다. 그렇다면 an international star(국제적인 스타)가 Alice(앨리스)의 상태를 나타낼 수 있는가? 가능하다. 따라서 둘은 목적어-목적격보어 관계이다. 하지만 앞에서 계속 강조했듯이 문장 성분 자체보다 문맥에 맞게 해석하는 것이 더 중요하다.

✔ 진짜 이해했는지 확인!

정답과 해설 p.388

Q 다음 문장에서 밑줄 친 부분을 알맞게 해석하세요.

1 We call him a liar. →

2 This music makes me happy. →

3 People found Mr. Green funny. →

4 I left the door open. →

예문 해석 거꾸로 영작 훈련도 필수!

1. 우리는 우리 아들을 벤자민이라고 이름 지었다. **2.** 이 음악은 나를 편안하게 만든다. **3.** 그들은 그를 거짓말쟁이라고 불렀다. **4.** 나는 그를 친구로 여긴다. **5.** 그는 열쇠를 발견했다. **6.** 우리는 집이 비었음을 알게 되었다. **7.** 마티스는 파리를 향해 떠났다. **8.** 크리스는 사무실을 떠났다. **9.** 샐리는 그녀의 남동생에게 메시지를 남겼다. **10.** 누군가가 문을 열어 두었다.

필수 예문 Review

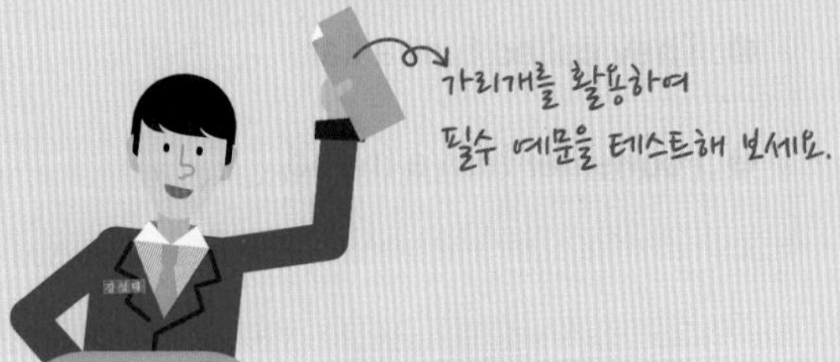

한글 가리고 해석해 보기

1. We walked.
2. The sun shines.
3. She didn't appear.
4. Many fans gathered.
5. He ran again.
6. The accident happened at night.
7. Columbus arrived in the New World.
8. They walk to school every day.
9. I am a student.
10. He's busy now.
11. The elevator is out of order.
12. The prize for the winner is a trip to Boston.
13. The situation got worse.
14. I stayed awake all night.
15. Painting became my great love.
16. She looks angry.
17. I feel exhausted lately.
18. They want a smaller cell phone.
19. Today, I bought a new watch.
20. Many people lost their jobs.
21. I know her parents very well.
22. Mr. Brown married my cousin.
23. Tom answered several questions.
24. Angry customers contacted the customer service center.
25. I joined the gym to lose weight.
26. The agent showed us several houses.
27. He made me a birthday cake.

영어 예문 가리고 스피킹/영작해 보기

1. 우리는 걸었다.
2. 태양은 빛난다.
3. 그녀는 나타나지 않았다.
4. 많은 팬들이 모였다.
5. 그는 다시 달렸다.
6. 그 사고는 밤에 일어났다.
7. 콜럼버스가 신세계에 도착했다.
8. 그들은 학교에 매일 걸어간다.
9. 나는 학생입니다.
10. 그는 지금 바빠.
11. 엘리베이터는 고장 났다.
12. 우승자 상품은 보스턴으로 가는 여행입니다.
13. 상황이 더 나빠졌다.
14. 나는 밤새 깨어 있었다.
15. 그림 그리기는 나의 대단한 관심사(사랑)가 되었다.
16. 그녀는 화가 나 보인다.
17. 나는 최근에 지친다고 느낀다.
18. 그들은 더 작은 핸드폰을 원한다.
19. 오늘, 나는 새 손목시계를 샀다.
20. 많은 사람이 그들의 직업을 잃었다.
21. 나는 그녀의 부모님을 아주 잘 안다.
22. 브라운 씨는 내 사촌과 결혼했다.
23. 톰은 여러 질문에 대답했다.
24. 화난 고객들이 고객 서비스 센터에 연락했다.
25. 나는 체중을 줄이기 위해 헬스장에 가입했다.
26. 중개인은 우리에게 여러 집들을 보여줬다.
27. 그는 나에게 생일 케이크를 만들어주었다.

☐ ㉘ Please send me your picture.
☐ ㉙ The company offered her a raise.
☐ ㉚ My father bought me some presents.
☐ ㉛ She asked me a favor.
☐ ㉜ We named our son Benjamin.
☐ ㉝ This music makes me relaxed.
☐ ㉞ They called him a liar.
☐ ㉟ I consider him a friend.
☐ ㊱ He found the key.
☐ ㊲ We found the house empty.
☐ ㊳ Matisse left for Paris.
☐ ㊴ Chris left the office.
☐ ㊵ Sally left her brother a message.
☐ ㊶ Someone left the door open.

☐ ㉘ 저에게 당신의 사진을 보내주세요.
☐ ㉙ 그 회사는 그녀에게 임금 인상을 제안했다.
☐ ㉚ 아버지는 나에게 선물 몇 개를 사주셨어.
☐ ㉛ 그녀는 나에게 도움을 요청했어.
☐ ㉜ 우리는 우리 아들을 벤자민이라고 이름 지었다.
☐ ㉝ 이 음악은 나를 편안하게 만든다.
☐ ㉞ 그들은 그를 거짓말쟁이라고 불렀다.
☐ ㉟ 나는 그를 친구로 여긴다.
☐ ㊱ 그는 열쇠를 발견했다.
☐ ㊲ 우리는 집이 비었음을 알게 되었다.
☐ ㊳ 마티스는 파리를 향해 떠났다.
☐ ㊴ 크리스는 사무실을 떠났다.
☐ ㊵ 샐리는 그녀의 남동생에게 메시지를 남겼다.
☐ ㊶ 누군가가 문을 열어 두었다.

Chapter 1 Review Test 01

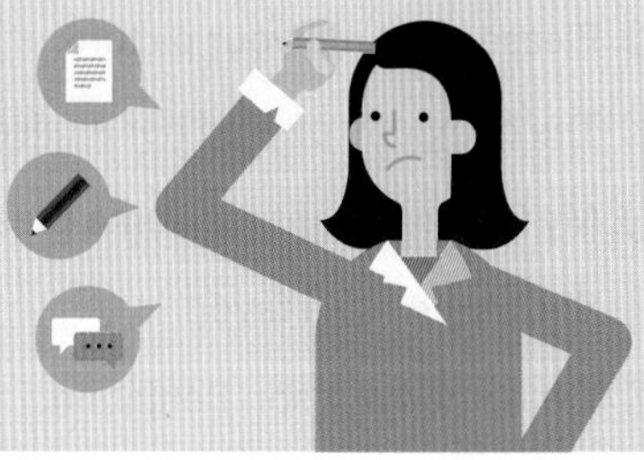

기출 예문으로 실전 훈련해 보기

Grammar for Reading

정답과 해설 p.389

✓ 다음 중 어법상 맞는 표현을 고르세요.

1 When I [arrived / arrived in] London, I couldn't find my baggage. It took two days for me to get it.

2 School uniforms are becoming more [popular / popularly]. That's no surprise because they offer many benefits.

3 This is my new pet dog. I've named [him Stranger / Stranger him]. I found him wandering around the park. He followed me home.

4 We have a direct effect on our friends and family. Our actions can make them [happily / happy] or sad, healthy or sick, even rich or poor.

5 You can try some of our water sports activities. You can rent a boat and snorkeling gear. We offer a 10% discount [to resort guests / resort guests].

6 I do volunteer services for the community with my colleagues. This weekend, we're cleaning up a nearby park. We also visit nursing homes and teach Korean [to / for] foreign workers.

7 Do you like reading books? Our club, Lovely Cover, is the most popular book club in our city. Each month, we choose two books and read them. We gather and [discuss / discuss about] books at our members' homes twice a month.

8 We will start cleaning the underground parking lot of Building A this morning. You can temporarily park your car in the parking lot of Building B. If you have any questions, please [contact / contact with] the apartment manager.

---

3 stranger 이방인, 손님 wander 헤매다 **4** direct effect 직접적인 영향 **5** snorkeling 스노클링(물 밖으로 숨 쉬는 관을 연결하여 잠수하는 운동) gear 장비 **6** nearby 인근의 **8** underground 지하의

Grammar for Writing

✓ 우리말에 맞게 주어진 단어를 활용하여 문장을 완성하세요.

1 그들은 매일 학교에 걸어간다. **(walk, school)**

→

2 나는 새 가방을 샀다. **(buy, a new bag)**

→

3 그녀는 나에게 도움을 요청했어. **(ask, a favor)**

→

4 누군가가 창문을 열어 두었다. **(someone, leave, open, the window)**

→

Grammar for Speaking

✓ 다음 단어를 활용하여 자신의 문장을 말해보세요.

1 make

→ 나만의 문장:

힌트 **The movie makes me sad.** 그 영화는 나를 슬프게 만들어.

2 feel

→ 나만의 문장:

힌트 **I feel tired.** 나는 피곤함을 느껴.

3 know

→ 나만의 문장:

힌트 **I know this town very well.** 나는 이 동네를 아주 잘 알아.

☞ p.49『문장의 형식 훑어보기』에서 문장의 형식 개념을 다시 한번 정리해 보세요!

공부법 01

당신의 한계에 도전하라

✔ 내가 과연 하루에 몇 시간이나 공부할 수 있을까?

처음 공부를 시작하던 당시 나는 그 누구도 아닌 강성태라는 나 자신을 이겨 보고 싶었다. '내가 과연 하루에 몇 시간이나 공부할 수 있을까? 사람의 공부 한계가 어디까지일까? 얼마나 하면 나도 공부하다 코피가 나올까?' 얼추 계산해 보니 잠자는 시간을 최대한 줄이고 모든 시간을 공부만 한다고 했을 때, 인간이 하루에 공부할 수 있는 시간은 18시간이란 답이 나왔다. 이것이 바로 공신닷컴에서 선풍적인 인기를 끌고 있는 '18시간 공부'의 시작이다.

과연 될까? 처음에는 의구심이 가득했지만 도전해 보기로 했다. 하루 18시간을 공부하려면 잠을 줄여야 함은 기본이다. 식사 시간도 문제다. 잠을 4~5시간으로 줄인다 해도 식사하는 데 시간을 많이 쓰면 18시간을 공부하기가 어렵다. 그래서 점심은 독서실 바로 옆에 있는 분식집에서 햄버거와 분식으로 해결하기로 했다. 그것도 가능하면 공부를 하면서 끼니를 때우기로 했다.

18시간 공부에 도전할 날짜를 정했다. 그날은 아침부터 밤까지 무작정 공부했다. 전날 잠을 충분히 자고, 독서실에 도착하자마자 책을 꺼내 맹렬히 보기 시작했다. 한 시간이 지나자 벌써 집중력이 떨어지기 시작했다. 두 시간, 세 시간이 지나자 책을 봐도 내용이 머릿속에 잘 들어오지 않았다. 세 시간 만에 벌써 지친 것이다.

점심시간까지 겨우겨우 참고 버텼다. 식사 시간이 되자 좀 살 것 같았다. 그러나 먹고 나면 항상 그렇듯 '그분'이 오셨다. 쏟아지는 졸음이다. '자면 안 된다'를 속으로 외치며 뺨을 때리고 세수를 하며 버텼다. 그러다 결국 잠을 이길 수 없어 책상에 얼굴을 파묻었다. 단, 휴대폰 알람을 진동으로 맞춘 뒤 이마에 대고 자기 시작했다. 알람이 울리면 머리가 '부르르르' 떨리며 벌떡 일어나게 됐다.

한 열 시간 가까이 되니까 그야말로 미칠 지경이었다. 그래도 지금까지 고생한 게 아까워서 차마 포기할 수는 없었다. 포기하고 싶은 마음과 이왕 시작한 거 끝까지 해야 한다는 마음이 싸우는 동안에도 꾸역꾸역 시간은 흘러갔다. 나중에는 한 시간마다 잠깐씩이라도 일어나 물을 마시고 스트레칭을 했다. 희한하게 밤 10시가 넘어가니까 오히려 지루함이 좀 덜했다. 내 몸과 마음이 모든 것을 내려놓은 기분이었다. 내가 공부를 하는 건지 공부가 나를 하고 있는 건지, 내가 꿈을 꾸는 건지 꿈이 나를 꾸고 있는 건지 모호하게 느껴질 정도였다.

마침내 12시가 넘어 새벽 1시로 가는 그 시간, 눈앞에 결승 테이프가 서서히 보이기 시작했다. 마지막엔 솔직히 지치기도 지쳤고 글도 눈에 잘 들어오지 않았다. 하지만 '여기서 어떻게 포기할 수 있나' 하고 마음을 다잡으며 참았다. 드디어 해냈다. 18시간 공부를!

✔ 뭐야? 이거 생각보다 할 만하잖아

물론 엄밀하게 말하면 해냈다고 하기 어렵다. 막판에 가서는 집중력이 거의 바닥에 떨어졌기 때문에 실제로 공부한 시간은 그보다 훨씬 모자랐을 것이다. 그렇지만 어쨌든 나는 해냈다.

짐을 싸는데 기분이 좋아지기 시작했다. 집으로 돌아가는 발걸음이 가벼웠다. 그렇게 힘들게 18시간을 채웠으면 지쳐 쓰러져야 정상일 것 같은데, 오히려 그 반대였다. 신기했다. '뭐야? 이거 생각보다 할 만하잖아.'

사람의 마음은 정말 갈대 같다. 불과 몇 시간 전에는 미치기 일보 직전까지 갔는데, 끝나고 나니 생각이 달라졌다. 금세 별것 아니란 생각이 들었다. 자기와의 싸움에서 이겼다는 생각에 기분이 좋았고, 무엇보다 굉장히 뿌듯했다. 누구라도 붙잡고 자랑하고 싶은 마음도 들었다.

'저 오늘 18시간을 공부했다고요!' '나도 할 수 있다고!' '저 오늘 열심히 했습니다!'

아마도 나보다 더 많이 공부한 친구들은 없을 것 같았다. 찌질이 강성태가 아무리 보잘것없는 인간 같아도 오늘만큼은 아니었다. 오늘만큼은 내가 최고였다. 스스로 약속했던 18시간 공부를 해냈다는 성취감에 무엇이든 할 수 있을 것 같은 자신감이 생기기 시작했다.

나는 아직도 그날 그 밤을 잊을 수 없다. 집으로 돌아가는 길, 적막한 거리, 불 꺼진 네온사인. 모두가 돌아갔지만 마지막까지 남아 공부에 매달렸던 그날의 기억. 날은 추웠지만 마음은 나도 할 수 있다는, 해냈다는 마음으로 가득 차 들떠 있었다. 내 공부에 있어 전환점이 된 날이었다.

✔ 불가능해 보였던 18시간 공부를 성공한 후 많은 것이 달라졌다

절대적인 공부량이 무섭긴 무서웠다. 공부의 질은 둘째 치고 그날 하루 내가 공부한 분량이 족히 문제집 한 권은 되어 보였다. 이 정도면 내가 마음만 먹는다면 일주일에 문제집 한 권은 충분히 풀 수도 있겠다는 자신감이 생겼다. 무엇보다 18시간을 공부하고 나니 한두 시간 공부하는 것은 식은 죽 먹기처럼 느껴지기 시작했다. 그러면서 자연스럽게 더 많은 시간을 공부할 수 있었고 자신감도 붙었다.

18시간을 채워 본 사람은 10시간은 어렵지 않게 채울 수 있다. 한 번만 한계를 넘으면 얼마든지 최고의 목표를 세울 수도 있다.

단 하루라도 최선을 다해 살아 본 적이 있는가? 하루를 보내고 나서 후회가 전혀 남지 않는, 더 이상은 움직일 힘조차 남아 있지 않을 정도로 모든 것을 쏟아부었던 그런 날 말이다.

이젠 달라져야 한다. 지금 바로 자신의 한계에 도전하는 날을 잡아라. 지금 아래 적지 않으면 또 한 번의 변화할 기회를 놓치는 것이다. 이제 그날이 여러분들에게 도전의 하루가 될 것이다. 여러분 스스로 정한 그 한계를 스스로 이겨내길 바란다.

–「미쳐야 공부다」 중에서

나의 공부 한계 정하기

- 나의 공부 한계에 도전하는 날 ______ 년 ______ 월 ______ 일
- 나의 일일 공부 한계 ______ 시간

CHAPTER 02

시제

영어는 시제가 발달한 언어이다

시제(時 때 시, 制 만들 제)는 동사의 형태 변화를 통해 시간을 나타내는 방식을 말한다.
한국어는 기본적으로 과거, 현재, 미래시제 총 3가지로 나뉜다. 하지만 영어는 과거, 현재, 미래라는 기본 시제와 진행형, 완료형, 완료진행형(완료형 + 진행형)을 결합시켜 총 12가지의 시제가 있다.

기본형	현재 동사원형 또는 동사원형-(e)s	과거 동사원형-(e)d	미래 will + 동사원형
진행형	현재진행 am/are/is + V-ing	과거진행 was /were + V-ing	미래진행 will be + V-ing
완료형	현재완료 have[has] V-ed	과거완료 had V-ed	미래완료 will have V-ed
완료진행형	현재완료진행 have[has] been + V-ing	과거완료진행 had been + V-ing	미래완료진행 will have been + V-ing

왜 영어는 이토록 시제가 세분화된 걸까?

영어는 한국어보다 시간을 더 세부적으로 인식하고 있기 때문이다. 현재를 중심으로 과거인지 미래인지도 중요하고, 그것이 진행 중인지, 다 끝나서 완료되었는지, 아니면 완료되어 가고 있는지도 중요하다. 따라서 문장에서 시간을 나타내는 방식인 '시제'도 더 다양하게 발달한 것이다. 서양인이 시간 약속을 잘 지키는 이유가 이러한 언어 사용과 연관되어 있다고 주장하는 학자도 있다.
모든 영어 문장은 이 12가지 시제 중 하나를 가지고 있다. 즉, 시제를 모르면 영어 문장을 정확하게 파악할 수 없다는 것을 기억하라.

시제 어록

Every oak has been an acorn.
모든 오크나무는 도토리였다.

여러분이 지금 공부를 잘하는지 못하는지 돈이 많은지 적은지 내겐 중요치 않다.
나는 오로지 여러분의 눈부신 미래, 도토리가 아닌 울창하게 뻗은 오크나무가 보일 뿐이다.

시제 훑어보기

UNIT 06 현재시제

UNIT 07 과거시제

UNIT 08 미래시제

UNIT 09 진행형

UNIT 10 현재시제와 현재진행형 비교

UNIT 11 현재완료

UNIT 12 현재완료와 과거시제 비교

UNIT 13 과거완료, 미래완료

UNIT 14 완료진행형

현재시제

개념	현재의 상태, 평소의 일
형태	**be동사:** 긍정- am/are/is, 부정- am/are/is + not **일반동사:** 긍정- 동사원형 또는 동사원형-e(s), 부정- do/does + not + 동사원형
용법	❶ 현재의 상태 ❷ 평소의 습관, 반복되는 일 ❸ 가까운 미래에 일어날 것이 확실한 일 ❹ 일반적인 사실, 불변의 진리

과거시제

개념	과거에 일어난 일 ※ 과거 시점을 나타내는 표현(ago, yesterday 등)과 자주 쓰임
형태	**be동사:** 긍정- was/were, 부정- was/were + not **일반동사:** 긍정- 동사원형-(e)d, 부정- did not + 동사원형
용법	❶ 과거의 동작이나 상태 ❷ 과거의 습관 ❸ 조심스러운 추측, 공손한 어감

미래시제

개념	앞으로 일어날 일
형태	will/be going to + **동사원형** ※ 현재시제, 현재진행형도 미래에 일어날 일을 나타낼 수 있다.
용법	**will + 동사원형:** ❶ 미래의 사실 ❷ 막연한 추측 ❸ 즉흥적인 결심이나 의지 **be going to + 동사원형:** ❶ 미래에 하기로 이미 예정된 일 ❷ 확실한 추측

진행형

개념	진행 중인 행위나 동작
형태	**현재진행형:** am/are/is + V-ing (말하는 시점에 일어나고 있는 일) **과거진행형:** was/were + V-ing (특정한 과거 시점에 진행 중이던 일) **미래진행형:** will be + V-ing (특정한 미래 시점에 진행되고 있을 일)
현재시제 vs. 현재진행형	**현재시제:** 과거부터 지금까지 지속되었으며, 미래에도 일어날 것 같은 일 **현재진행형:** 말하는 현재 시점에 일어나고 있는 일

완료형

개념	기준 시점보다 이전에 일어난 일이 계속 이어지거나, 완료된 이후에도 영향을 주고 있음을 나타냄
형태	**현재완료형:** have[has] V-ed **과거완료형:** had V-ed (과거 시점보다 먼저 일어났거나 완료된 일) **미래완료형:** will have V-ed (미래 시점을 기준으로 그때 완료되어 있을 일)
현재완료의 용법	❶ **계속:** 과거에 시작한 행동이 현재까지 계속되고 있음 (+ for, since) ❷ **완료:** 과거부터 하던 일을 지금 막 완료함 (+ just, yet, already) ❸ **경험:** 과거부터 현재까지 겪은 일 (+ ever, never, before, once, ~times) ❹ **결과:** 과거에 일어난 일의 결과가 현재에 영향을 주고 있음

완료진행형

개념	특정 시점까지 지속되었으며, 그 시점에도 계속 진행되고 있는 일을 나타냄
형태	**현재완료진행형:** have[has] been + V-ing **과거완료진행형:** had been + V-ing **미래완료진행형:** will have been + V-ing

UNIT 06

현재시제

예문 듣기

I eat breakfast every day.
나는 매일 아침을 먹는다.

현재시제는 현재 상태를 말할 때 쓴다. 여기서 '현재'란 가까운 과거와 미래까지 포함하는 개념이다.

현재의 상태뿐만 아니라 평소에 반복되는 일이나 불변의 진리, 확실한 미래의 일을 나타낼 때도 쓰인다.

1 현재시제와 동사 형태

- 현재시제는 현재의 상태를 나타낼 때 쓴다. **참고** 시제: '언제' 일어난 일인지 표시하는 문법 요소. 영어에서 시제는 동사에 표시한다.
- '~한다, ~이다' 또는 '~에 있다'라고 해석한다.
- **be동사의 현재형**
  be동사의 현재형은 주어의 단·복수와 인칭에 따라 달라진다.

주어	긍정형	부정형
I	am (='m)	am not (='m not)
He, She, It	is (='s)	is not (=isn't, 's not)
We, You, They	are (='re)	are not (=aren't, 're not)

- **일반동사의 현재형**
  일반동사의 현재형은 우리가 단어장에서 보는 동사의 기본 모양(동사원형)을 그대로 쓰면 된다.
  단, 주어가 3인칭 단수(He, She, It 또는 3인칭 단수명사)일 때는 동사원형에 -(e)s를 붙인다.

주어	긍정형	부정형
I, We, You, They	동사원형	do not (=don't) + 동사원형
He, She, It	동사원형-(e)s	does not (=doesn't) + 동사원형

▸ 느낌 빡! 왜 3인칭 단수에 사용하는 일반동사는 -s가 붙는 것과 -es가 붙는 걸로 나뉘지?

일반동사의 3인칭 단수 현재형에 일괄적으로 -s를 붙이면 우리가 문법 공부하기에는 더 편했을 것이다. 그러나 언어라는 것은 실제로 의사소통하기 위해 있는 것 아닌가? fixs, finishs, passs … 이 단어들을 발음해 보라. 말하기도 힘들고 듣기도 힘들다. 동사 끝에 -s 대신 -es가 붙기도 하는 것은 발음을 편하고 명확하게 하기 위해서이다. 그러니 어떤 동사에 -s를 붙일지, -es를 붙일지 헷갈릴 땐 한번 발음해 보는 것도 도움될 것이다.

예문 正 正

❶ He **is** a manager.

❷ I**'m not** sure.

❸ They **are** in a meeting with the president. 기출

❶ 3인칭 단수 주어의 be동사 현재형은 is이다. 현재 시점에 그가 관리자라는 뜻이다.

❷ be동사의 부정형은 be동사 뒤에 not을 쓴다. 여기서는 I am의 축약형 뒤에 not이 붙었다.

❸ 현재형은 현재 상황을 나타낸다. 직역하면 현재 '회의 안에 있다'이니까 '회의 중'이라는 뜻이다.

❹ We **like** jazz music.

❺ She **wants** to see you again.

❹ 복수명사가 주어로 올 때, 일반동사의 현재형은 동사원형이다. 부정형은 'do not + 동사원형'이다.

❺ 현재시제를 나타내는 일반동사의 3인칭 단수형은 -s 또는 -es를 붙여서 만든다. 부정형은 'does not + 동사원형'이다.

02 시제

2 현재시제의 용법

- 현재시제는 구체적으로 다음 상황을 나타낼 때 쓰인다.
  1) 현재의 상태
  2) 평소의 습관, 반복되는 일 ☆참고 always, usually, sometimes 등의 빈도 표현과 어울려 쓰인다.
  3) 가까운 미래에 일어날 것이 확실한 일
  4) 일반적인 사실, 불변의 진리

▸ 느낌 빡! 현재시제가 불변의 진리, 미래에 일어날 일을 나타내는 원리

현재시제는 현재 상황에만 국한되지 않는다. 과거에서 현재까지 이어졌으며, 미래에도 그럴 것으로 생각되는 일, 상황, 행동, 습관을 모두 나타낼 수 있다. I go to school every day.(난 매일 학교에 간다.) 이 말에는 과거에도 그랬고 지금도 그러하며, 미래에도 그럴 것이란 의미가 담겨 있다. 지금만을 의미하는 것이 아니다. (딱 집어 '지금 이 순간'에 하고 있는 동작을 나타낼 때는 현재시제보다는 뒤에서 배울 현재진행형이 더 자주 쓰인다.)
현재시제가 불변의 진리를 나타낸다고 무작정 외우곤 한다. 하지만 현재시제가 현재뿐만 아니라 과거, 미래까지 포함한다는 것을 깨달으면 외울 필요가 없다. 불변의 진리라는 것은 과거, 현재, 미래에도 절대 변하지 않는다는 뜻이니까. 같은 맥락에서 현재시제가 가까운 미래에 일어날 일을 나타내는 것도 이해해보자. 상황이 일어날 시점이 미래일지라도 그 일이 정말 일어날 것을 확신한다면 '지금' 그렇다고 말할 수 있다. 예를 들어 오늘이 수요일이면, 내일이 목요일인 것은 지금도 분명한 사실 아닌가? 그러니 Tomorrow is Thursday. 라고 현재시제로 표현한다. 위 4가지 용법을 달달 외우곤 하는데 그럴 필요 없다. 이해하면 된다.

··· 예문 正正

❻ Amy **is** sick now.

❼ They usually **play** basketball.

❽ The conference **starts** at 10:30. 기출

❾ The sun **rises** in the east.

❻ 현재시제로 현재의 상태를 표현했다. 현재시제와 어울리는 부사 now가 쓰였다.

❼ 평소에 반복되는 일을 표현했다. '평소에, 보통'이라는 뜻의 빈도부사 usually가 함께 쓰였다.

❽ 일어날 것이 확실한 가까운 미래의 일은 현재형으로 표현할 수 있다.

❾ 해가 뜨고 지는 것은 일반적이고 당연한 사실이다. 이때도 현재형을 쓴다.

✔ 진짜 이해했는지 확인!

정답과 해설 p.390

Q 배운 문법을 이용해 영어 문장을 말해보세요.

1 그 영화는 7시에 시작한다. (movie, start) →

2 그들은 평소에 농구를 해요. (play basketball) →

3 태양은 동쪽에서 뜬다. (rise) →

예문 해석 거꾸로 영작 훈련도 필수!

1. 그는 관리자입니다. 2. 나는 확신하지 않아요. 3. 그들은 회장과 회의 중이에요. 4. 우리는 재즈 음악을 좋아해요. 5. 그녀는 당신을 다시 보고 싶어해요. 6. 에이미는 지금 아파요. 7. 그들은 평소에 농구를 해요. 8. 회의는 10시 30분에 시작해요. 9. 태양은 동쪽에서 뜬다.

UNIT 07

과거시제

예문 듣기

I ordered a pizza an hour ago.
나는 한 시간 전에 피자를 주문했다.

과거시제는 과거에 일어난 일을 나타낸다.

과거 시점을 나타내는 명확한 과거 표현(yesterday, last night 등)과 자주 어울려 쓰인다.

1 과거시제와 동사 형태

- 과거시제는 과거에 일어난 일, 즉 과거의 동작, 상태, 습관 등을 나타낼 때 쓴다.
- '~였다, ~했다'라고 해석한다.
- **be동사의 과거형**
  be동사의 과거형은 현재형과 달리 단수와 복수 두 종류만 존재한다. 주어가 단수일 때는 was, 복수일 때는 were를 쓴다.

주어	긍정형	부정형
I, He, She, It	was	was not(=wasn't)
We, You, They	were	were not(=weren't)

- **일반동사의 과거형**
  주어의 단·복수, 인칭에 관계없이 동사원형에 -(e)d를 붙인다. 부정형도 항상 'did not(=didn't) + 동사원형'이다. 과거형의 경우 불규칙하게 변하는 동사들도 많으므로 따로 암기해야 한다. p.384 불규칙 동사 변화표

주어	긍정형	부정형
I, We, You, They He, She, It	동사원형-(e)d	did not(=didn't) + 동사원형

참고 대표적인 불규칙 과거형

do – did	했다	**have – had**	가졌다	**get – got**	얻었다, (~한 상태가) 되었다
go – went	갔다	**come – came**	왔다	**leave – left**	떠났다
think – thought	생각했다	**read – read**	읽었다	**see – saw**	봤다

예문

❶ He **was** at home last night.

❷ We **weren't** aware of the problem.

❸ I **saw** him at the mall.

❹ She **didn't believe** me.

❶ be동사의 과거형은 주어의 단·복수에 따라 달라진다. He는 단수이므로 단수형 was가 왔다.

❷ 복수 주어의 be동사 과거형은 were이다. weren't는 were not의 축약형이다.

❸ saw는 일반동사 see의 불규칙 과거형이다.

❹ 일반동사 과거시제의 부정형은 동사원형 앞에 did not(=didn't)을 붙여서 만든다.

2 과거시제의 용법

- 과거시제는 구체적으로 다음 상황을 나타낼 때 쓰인다.
  1) 과거의 동작이나 상태 **참고** 명확한 과거 시점을 나타내는 표현(yesterday, last night, ~ ago 등)과 주로 쓰인다.
  2) 과거의 습관
  3) 조심스러운 추측 혹은 공손한 어감 표현

▸ 느낌 빡! 과거시제는 왜 조심스럽고 공손한 뉘앙스를 담을까?

'과거'시제는 '지나간' 일을 나타내는 표현이다 보니, '현재는 그렇지 않다'라는 어감이 있다.
I think you like Italian food.(나는 네가 이탈리아 음식을 좋아한다고 생각해.)는 현재 가지고 있는 내 생각을 분명하게 표현한다. 반면, I thought you liked Italian food.(나는 네가 이탈리아 음식을 좋아한다고 생각했어.)는 과거 시점에 그런 생각이 들었으나, 지금은 그 생각이 과거만큼 확고하지 않다는 뉘앙스가 있다. 현재 시점의 주장이 아니기 때문에 상대방의 반응에 따라 생각을 수정할 여지가 있다는 느낌을 준다. 이처럼 과거시제가 쓰인 문장은 단정적인 어감이 약해져서 더 조심스럽고 사려 깊게 들린다.

예문

❺ We **changed** the schedule.
❻ I **got** my hair cut yesterday. 기출
❼ Mr. Howell **left** the office an hour ago.
❽ I **graduated** from high school in 2012.
❾ We **listened** to jazz music every day.
❿ I **wanted** to ask you a question.

❺ changed는 change의 과거형이다. 일정을 '변경했다'라는 뜻이다.
❻ got은 get의 불규칙 과거형이다. 부사 yesterday(어제)가 과거 시점을 나타낸다.
❼ left는 leave의 불규칙 과거형이다. ago는 '(얼마의 시간) 전에'라는 뜻으로 과거시제와 쓰이는 시간 표현이다.
❽ in 2012는 '2012년에'라는 뜻으로 과거 시점을 나타낸다.
❾ 과거형으로 과거의 반복된 습관을 나타낼 수도 있다. every day는 빈도를 나타내는 표현이다.
❿ 질문하고 싶은 시점이 현재일지라도, 과거시제를 써서 더 공손하게 표현할 수 있다.

✔ 진짜 이해했는지 확인!

정답과 해설 p.390

Q 밑줄 친 부분을 과거형 동사로 올바르게 고치세요.

1 I be at home last night. →
2 I get my hair cut yesterday. →
3 She leave the office an hour ago. →
4 He graduate from the university in 2012. →

예문 해석 거꾸로 영작 훈련도 필수!

1. 그는 어젯밤에 집에 있었다. **2.** 우리는 그 문제를 인지하지 못했다. **3.** 나는 그를 쇼핑몰에서 봤다. **4.** 그녀는 나를 믿지 않았다. **5.** 우리는 일정을 변경했어요. **6.** 나는 어제 머리를 잘랐어. **7.** 하웰 씨는 한 시간 전에 사무실을 떠났다. **8.** 나는 2012년에 고등학교를 졸업했다. **9.** 우리는 매일 재즈 음악을 들었다. **10.** 제가 당신에게 질문하고 싶은 것이 있습니다[질문하고 싶었어요].

UNIT 08

미래시제

예문 듣기

Jack will travel to South America.

잭은 남미를 여행할 것이다.

미래시제는 앞으로 일어날 일을 나타낼 때 쓴다. 미래시제는 'will + 동사원형'이나 'be going to + 동사원형'으로 나타낸다.

둘의 차이는 will은 말하는 사람의 의지가 담긴 표현이고, be going to는 이미 예정된 일을 나타내는 표현이라는 점이다.

1 미래시제 - will + 동사원형

- will은 미래에 일어날 일 또는 일어날 것 같은 일을 나타낸다. Unit 34. will, would, shall
  1) 미래의 사실
  2) 미래에 대한 막연한 추측
  3) 말하는 사람의 즉흥적인 결심이나 의지
- **will의 긍정, 부정**
  will(='ll) + 동사원형: ~할 것이다
  will not(=won't) + 동사원형: ~하지 않을 것이다

예문

❶ He **will be** 20 years old next month.

❷ The class **will perform** a musical in front of people. 기출

❸ I**'ll call** you later.

❹ I **will finish** my work soon.

❶ 'will + 동사원형'은 미래에 당연히 일어날 일을 나타낼 수 있다.

❷ will perform은 '공연할 것이다'라는 뜻이다. 미래 사실에 대한 정보를 준다.

❸ 이따가 전화하겠다는 뜻이다. 말하는 순간 즉흥적으로 그렇게 하겠다고 결심할 때 will('ll)을 쓸 수 있다.

❹ will finish ~ soon은 '~을 곧 끝내겠다'는 뜻이다. 미래의 예정뿐만 아니라 말하는 사람의 의지를 표현한다.

2 미래시제 - be going to + 동사원형

- 'be going to + 동사원형'도 미래를 나타낸다. will보다 확실성 있는 미래를 표현할 때 쓴다.
  1) 미래에 하기로 이미 예정된 일
  2) 미래에 대한 확실한 근거가 있는 추측
- **be going to의 긍정, 부정**
  am/are/is going to + 동사원형: ~할 것이다, ~할 예정이다
  am/are/is not going to + 동사원형: ~하지 않을 것이다, ~하지 않을 예정이다
- be동사 현재형 대신 과거형(was/were)을 쓰면 과거에 하려고 했으나 하지 못한 일을 나타낼 수 있다.

예문

5 She's **going to wait** in the lobby.

6 We're **going to be** late.

7 I'm **not going to invite** Steve to the party.

8 We **were going to grab** some food.

5 be going to는 미래에 예정된 일을 나타낸다. 그녀가 이미 그렇게 하겠다고 말했을 때 쓸 법한 표현이다.

6 be going to는 근거가 있는 추측을 나타낸다. 시간이나 교통 상황 등을 근거로 판단했을 때 늦을 것 같다는 뜻이다.

7 말하기 전에 이미 초대하지 않겠다고 결정했음을 뜻한다. be going to의 부정형은 be동사 다음에 not을 쓴다.

8 be동사의 과거형이 쓰였다. 음식을 먹으려고 했지만 그렇게 하지 않았다는 뜻이다.

느낌 빡! will, be going to, 현재진행형이 말하는 미래는 어떻게 다를까?

be going to를 직역하면 뒤에 나오는 동사를 하러 이미 가고 있다는 말이니, 가까운 미래에 그 행위를 거의 '확정적으로' 하겠다는 의미다. 그래서 be going to는 will보다 더 확실하게 계획된 미래를 나타낸다. 반면 현재진행형이 나타내는 미래는 이미 그렇게 하기로 계획되었고, 준비도 진행 중인 일, 즉 be going to보다 더 확실한 계획을 표현한다.

아래 간단한 예문만 기억해도 이제 더는 헷갈리지 않을 것이다. 원어민 같이 정확한 독해와 스피킹이 가능하다.
I'll move to Canada. 나는 캐나다로 이사 갈 거야. (이제 막 이사 갈 생각을 하는 상태)
I'm going to move to Canada. 나는 캐나다로 이사 갈 예정이야. (이미 이사 가기로 계획한 상태)
I'm moving to Canada. 나는 캐나다로 이사 가려고 하고 있어. (이미 결심했고, 이사 갈 집도 알아보는 등 준비를 시작한 상태)

3 그 밖에 미래를 나타내는 표현

현재시제, 현재진행형도 미래에 일어날 일을 나타낼 수 있다. Unit 06. 현재시제, Unit 09. 진행형

- **현재시제**: 시간 · 날짜상으로 확실하게 정해진 미래의 일을 나타낸다.
- **현재진행형**: 이미 계획한 일, 확정된 미래의 일을 나타낸다. 이미 그 일을 하기 위한 준비가 진행 중이라는 의미도 내포한다.

예문

9 The contract **expires** next week.

10 I'**m staying** home tonight.

11 Where **are** you **going** for vacation?

9 현재시제로 다음 주에 일어날 것이 확실한 사실을 표현했다.

10 현재진행형으로, 말하는 사람이 미리 결심하고 계획해 놓은 미래의 일을 말할 수 있다.

11 현재진행형으로 이미 예정된 일을 나타낼 수 있다. 휴가를 어디로 갈 계획인지 묻는 표현이다.

진짜 이해했는지 확인! 정답과 해설 p.390

Q 다음 문장에서 밑줄 친 부분을 바르게 고치세요.

1 I'll <u>calling</u> you later. →

2 He's going to <u>is</u> late. →

3 Your membership <u>expire</u> next week. →

예문 해석 거꾸로 영작 훈련도 필수!

1. 그는 다음 달에 20살이 될 것이다. **2.** 그 반은 사람들 앞에서 뮤지컬을 공연할 것이다. **3.** 내가 너에게 나중에 전화할게. **4.** 내가 일을 곧 끝낼게. **5.** 그녀가 로비에서 기다릴 거야. **6.** 우리는 늦을 거야. **7.** 나는 파티에 스티브를 초대하지 않을 거야. **8.** 우리는 간단하게 뭘 좀 먹으려고 했어. **9.** 그 계약은 다음 주에 만료됩니다. **10.** 나는 오늘 밤에 집에 있을 거야. **11.** 휴가를 보내러 어디 가실 건가요?

UNIT 09

진행형

예문 듣기

I'm listening to music.
나는 음악을 듣고 있다.

진행형은 일시적으로 진행 중인 행위나 동작을 나타낸다. 'be + V-ing' 형태로 표현한다. 앞에 오는 be동사는 시제와 주어의 수, 인칭에 따라 달라진다.

1 현재진행형

- be동사 현재형과 V-ing를 결합하여 'am/are/is + V-ing' 형태로 표현한다.
- '~하는 중이다, ~하고 있다'라고 해석한다.
- 말하는 시점에 일어나고 있는 일, 지금 당장은 아닐지라도 요즘 일시적으로 하고 있는 일, 가까운 미래의 일을 말할 때 사용한다.
- 현재진행형은 현재시제보다 더 공손한 어감을 표현할 수 있다.

예문

❶ It'**s snowing** outside.
❷ We'**re studying** English these days.
❸ I'**m starting** my new job next week.

❶ 말하는 시점에 일어나고 있는 일이다.
❷ 말하는 순간은 아니더라도 요즘 하고 있는 일이다.
❸ 아직 진행 중인 일이 아니더라도 가까운 미래에 일어날 일을 말할 때 쓸 수 있다.

2 상태동사와 동작동사

동사는 행위나 동작의 '움직임'을 기준으로 상태동사와 동작동사로 구분할 수 있다.

1) 상태동사

- '움직임이 없는' 고정적이고 변하지 않는 상태·상황을 나타낸다. 다른 대상에 대한 인식, 감각, 다른 존재와의 관계 등 상태를 나타내는 동사들이 이에 속한다. **주의** 상태동사는 진행형으로 쓰지 않는다. 단, 동작동사로 의미가 전환되면 가능하다. Unit 10. 현재시제와 현재진행형 비교

인식, 감각 등	see 보다 smell ~한 냄새가 나다 taste ~한 맛이 나다 sound ~처럼 들리다 hear 듣다, 들리다 like 좋아하다 love 사랑하다 want 원하다 prefer 선호하다 know 알다 think 생각하다 suppose 추측하다, 가정하다 understand 이해하다 remember 기억하다
관계	have 가지다 own 소유하다 belong 속하다 contain 포함하다 possess 소유하다 require 요구하다

2) 동작동사

- '움직임이 있는' 일반적인 동작이나 행위를 나타낸다. 일시적인 활동, 변화 과정, 순간적인 행동을 나타내는 동사들이 이에 속한다.
- 동작동사는 동작이 진행되는 시작과 끝이 있어 진행형으로 쓸 수 있다.

활동	learn 배우다 sleep 자다 eat 먹다 work 일하다 help 돕다 study 공부하다 watch (관심을 기울이며) 보다 listen (귀 기울여) 듣다
과정	grow 자라다, 변하다 become ~이 되다 change 변하다 increase 증가하다
순간적인 행동	hit 때리다 kick 차다 jump 점프하다 knock 노크하다

▶ 느낌 빡! 상태동사는 왜 현재진행형으로 쓸 수 없는가?

상태는 일정 기간 유지되는 것이기에 특정 시점에 일시적으로 진행되는 일을 뜻하는 진행형과는 어울리지 않는다. 예를 들어, 좋아한다는 것은 지금 순간만 좋아하는 것이 아니라 얼마 동안 그렇게 유지된 '상태'이다. 그래서 좋아하는 상태를 나타낼 때 I like Sungtae.(나는 성태를 좋아해.)라고 한다. I am liking Sungtae.라고 잘 쓰지 않는다. 하지만 예외도 있다. 'Still Loving You' 같은 팝송 제목은 문법적으로 엄밀히 말하면 틀렸지만, 지금도 계속 사랑하고 있음을 강조하기 위해 쓸 수 있다. 문법적으로 틀린 표현이지만, 감정을 구체적으로 전달하기 위해 쓰인 것이다. 상황에 따라 예외적으로 쓸 수는 있지만 격식 있는 표현은 아니다.

3 과거진행형과 미래진행형

1) **과거진행형 was/were + V-ing**: 특정한 과거 시점에 일시적으로 진행 중이던 일을 나타낸다.
2) **미래진행형 will be + V-ing**: 특정한 미래 시점에 진행되고 있을 일을 나타낸다. 'will + 동사원형'에 비해 그 동작이 일시적임을 강조한다.

예문 正 正

❹ My voice **was trembling** and my heart **was racing.** 기출

❹ 과거 시점에 일시적으로 겪었던 상황을 과거진행형으로 나타냈다.

❺ I **was having** dinner at 7:30 last night.

❺ 특정한 과거 시점(at 7:30 last night)에 진행되고 있던 일을 나타냈다. 여기서 have는 '먹다'라는 동작을 나타내므로 진행형으로 쓸 수 있다.

❻ She**'ll be traveling** Europe.

❻ 미래진행형으로 미래의 일을 표현했다. will travel에 비해 그 일이 일시적인 상황임을 강조할 수 있다.

❼ **Will** you **be studying** this weekend?

❼ 미래 시점(this weekend)에 진행될 상황을 미래진행형을 써서 묻고 있다.

▶ 느낌 빡! 진행형의 또 다른 용법

현재시제는 현재의 사실을 단정할 뿐 아니라, 불변의 진리를 나타낼 정도로 단호하고 강한 표현이다. 하지만 진행형을 써주면 그런 느낌을 살짝 피해갈 수 있다. 지금 막 그런 생각이 들었다는 느낌이고, 그런 생각이 일시적으로 진행되고 있다는 뜻이 되기 때문이다. 앞서 과거시제가 현재시제보다 더 공손한 표현이 된다고 한 것과 같은 맥락이다.

I wonder if you can help me. 네가 날 도와줄 수 있는지 궁금하다.
현재시제라 단정적이다. 당장이라도 대답을 해야 할 것 같은 느낌이다.
I'm wondering if you can help me. 네가 날 도와줄 수 있는지 궁금해하고 있어.
I was wondering if you could help me. 네가 혹시나 날 도와줄 수 있는지 궁금해하고 있었어.

현재진행형을 사용하면 지금 일시적으로 궁금한 생각이 들었다는 어감이 생긴다. 일시적인 상황을 뜻하므로 상대가 대답하기에 부담없는 표현이 된다. 과거진행형은 과거시제의 공손한 느낌과 진행형의 공손한 느낌이 합쳐져 현재진행형보다 더 공손한 느낌을 준다.

✔ 진짜 이해했는지 확인!

정답과 해설 p.390

Q 배운 문법을 이용해 영어 문장을 말해보세요.

1 나는 요즘 중국어를 공부하고 있어. **(study, Chinese, these days)** →
2 나는 어젯밤에 TV를 보는 중이었어. **(watch TV, last night)** →
3 나는 유럽을 여행하는 중일 거야. **(travel, Europe)** →

예문 해석 거꾸로 영작 훈련도 필수!

1. 밖에 눈이 오고 있어. **2.** 우리는 요즘 영어를 공부하고 있어. **3.** 나는 다음 주에 새 일을 시작해. **4.** 내 목소리는 떨리고 있었고, 내 심장은 쿵쿵 뛰고 있었다. **5.** 나는 어젯밤 7시 30분에 저녁을 먹고 있었어. **6.** 그녀는 유럽을 여행하는 중일 거야. **7.** 이번 주말에 공부를 할 거니?

UNIT 10

예문 듣기

현재시제와 현재진행형 비교

I watch television after work.
나는 퇴근 후에 (보통) 텔레비전을 봐.

I'm watching television.
나는 (지금) 텔레비전을 보고 있어.

현재시제는 지속해서 이어지는 행동을, 현재진행형은 말하는 시점에 일어나는 일을 말한다.

현재진행형이 현재시제보다 더 생동감 있게 느껴진다.

1 현재시제와 현재진행형의 차이

• 현재시제는 과거부터 현재, 미래에 지속해서 반복되는 습관이나 행동을 나타낸다. 반면 현재진행형은 말하는 시점에 혹은 최근에 일시적으로 일어나는 일을 나타낸다.

▶ 느낌 빡! always + 현재시제 vs. always + 현재진행형

always는 '항상, 언제나'라는 뜻이기 때문에, 그 순간 진행되는 일을 뜻하는 현재진행형과는 잘 쓰이지 않는다. 하지만 always(항상), constantly(끊임없이) 등의 표현이 현재진행형과 함께 쓰이면, 오히려 항상 하고 있다는 게 강조되어 어떤 상황이 반복되거나 지속되는 것에 대한 말하는 사람의 짜증스러움, 불만을 전달할 수 있다.

A. He always wears the same shirt. 그는 항상 똑같은 셔츠를 입는다. (현재시제)
B. He's always wearing the same shirt. 그는 허구한 날 똑같은 셔츠만 입고 있다. (현재진행형)

A문장은 일상적인 사실을 단순 서술하는 문장이다. 반면 B문장은 그가 '맨날, 허구한 날' 똑같은 셔츠만 입으며, 그것이 불만스럽고 짜증 난다는 감정도 함께 표현한다.

	현재시제	현재진행형
play	❶ Steve **plays** tennis. 말하는 순간에는 테니스를 치고 있지 않더라도 평소에 일상적으로 테니스를 친다는 뜻이다. 예를 들어, 취미로 테니스를 칠 때 현재시제를 사용해서 표현할 수 있다.	❷ Steve **is playing** tennis. 말하는 순간인 지금 테니스를 치고 있다는 뜻이다. 평소에도 테니스를 치는 사람인지는 알 수 없다.
eat	❸ I usually **eat** breakfast. 일반적으로 아침밥을 먹는다는 뜻이다.	❹ **I'm eating** breakfast. 말하는 순간에 아침 식사를 하고 있다는 뜻이다.
speak	❺ My sister **speaks** Italian. 이탈리아어를 할 수 있는 능력이 있다는 뜻이다.	❻ **She's speaking** Italian. 지금 이탈리아어로 말하고 있다는 뜻이다.
rain	❼ **It rains** a lot these days. 요즘 전반적으로 비가 많이 온다는 뜻이다. 지금 비가 오고 있는지는 알 수 없다.	❽ **It's raining** outside. 현재 바깥에 비가 오고 있다는 뜻이다.
live	❾ I **live** in London. 고정적이고 지속적인 거주지가 런던이라는 뜻이다.	❿ **I'm living** in London. 런던에 일시적으로 거주하고 있다는 뜻이다. 잠깐 살았다가 이사 갈 수도 있다는 의미가 내포되어 있다.

2 상태동사 현재진행형의 의미 전환

- 원칙적으로 상태동사는 진행형으로 쓸 수 없지만, 일시적으로 진행되고 있는 행위나 동작을 표현할 때는 진행형으로 쓸 수 있다.
- 대표적인 상태동사인 be, have, 그리고 지각동사(see, think 등)도 진행의 의미를 나타내면 진행형으로 쓸 수 있다. 의미에 따라 문법이 결정된다는 원리가 여기에서도 적용된다.

	현재시제	현재진행형
have	⓫ I **have** a good friend. 소유하고 있는 '상태'를 말한다. 이 의미로는 진행형을 쓸 수 없다.	⓬ The directors **are having** a meeting now. 일시적으로 진행되고 있는 '행위'를 나타내므로 현재진행형으로 쓸 수 있다. ⓭ **I'm having** breakfast. 식사하고 있는 '동작'을 나타내므로 현재진행형으로 쓸 수 있다.
be	⓮ He's kind. 평소 성격, 즉 지속해서 유지되는 '상태'를 말한다. 이 의미로는 진행형을 쓸 수 없다.	⓯ **He's being** kind. 지금 친절하게 '행동'하고 있다는 뜻이다. 'be + 형용사'는 원래 '상태'를 나타내지만, 여기서는 일시적인 행동을 표현하므로 진행형으로 쓸 수 있다.
see	⓰ I **see** a bird over there. 감각 기관을 통해 인지된 '상태'를 말한다. 이 의미로는 진행형을 쓸 수 없다.	⓱ **I'm seeing** a doctor tomorrow. 만나는 '행위'를 나타내므로 진행형으로 쓸 수 있다. 이 문장에서는 현재진행형이 확정된 미래의 행위를 나타낸다.
think	⓲ I **think** you're right. 주어 I가 가지고 있는 생각, 마음 상태를 나타낸다. 이 의미로는 진행형을 쓸 수 없다.	⓳ **I'm thinking** about our future. '생각하고 있다'는 뜻이니까 일종의 사고 '활동'을 뜻한다. 이 경우 진행형으로 쓸 수 있다.

진짜 이해했는지 확인!

정답과 해설 p.390

Q 괄호 안의 동사를 현재시제 또는 현재진행형으로 문맥에 알맞게 바꾸세요.

1 Do you have an umbrella? It (rain) outside. →

2 He usually (eat) breakfast. →

3 Steve (play) tennis right now. →

4 Mike is good at languages. He (speak) four languages. →

예문 해석 거꾸로 영작 훈련도 필수!

1. 스티브는 테니스를 친다. **2.** 스티브는 테니스를 치고 있다. **3.** 나는 보통 아침을 먹는다. **4.** 나는 아침을 먹고 있다. **5.** 내 여동생은 이탈리아어를 한다. **6.** 그녀는 이탈리아어로 말하고 있다. **7.** 요즘 비가 많이 온다. **8.** 밖에 비가 오고 있다. **9.** 나는 런던에 산다. **10.** 나는 런던에 살고 있다. **11.** 나는 좋은 친구가 있다. **12.** 이사들은 지금 회의 중이다. **13.** 나는 아침을 먹고 있다. **14.** 그는 친절하다. **15.** 그는 친절하게 굴고 있다. **16.** 저쪽에 새가 보인다. **17.** 나는 내일 의사를 만날 것이다. **18.** 나는 네가 옳다고 생각한다. **19.** 나는 우리의 미래에 관해 생각하고 있다.

UNIT 11

현재완료

예문 듣기

I've decided to quit my job.

나는 회사를 그만두기로 했어.

현재완료는 'have[has] + 과거분사' 형태를 가진다. 과거의 행위나 동작을 지금까지 가지고 있다는 의미다.

과거에 일어난 일이 현재까지 이어지거나, 현재에 계속 영향을 미칠 때 현재완료를 사용한다.

1 현재완료

- 과거에 일어난 일이 현재까지 이어지거나, 현재에 계속 영향을 미칠 때 현재완료를 사용한다.
- 현재완료는 'have[has] + 과거분사(V-ed)' 형태를 가진다. ○ p. 384 불규칙 동사 변화표
- 일반적으로 '~해왔다'라고 해석하지만, 용법(계속, 완료, 경험, 결과)에 따라 해석이 달라진다.

▶ 느낌 빡! 현재완료는 왜 have + V-ed(과거분사)인가?

have는 어떤 물건이나 상태를 '가지고 있다'는 의미다. 과거분사는 동사를 형용사처럼 쓰기 위해 변형한 것으로 '완료된 상태'를 나타낸다. 그러므로 현재완료는 '동작이 완료된 상태'를 '가지고 있다'는 뜻이다. 과거의 어떤 일을 지금까지 가지고 있다는 말은 과거에 시작한 어떤 행동이 지금까지 '계속'된다는 뜻이다. 과거 사건의 '결과'가 현재까지 영향을 미치고 있다는 의미도 된다. 과거에 한 상태를 가지고 있으니 그 일을 해 본 '경험'을 뜻하기도 한다. 과거에 시작한 일이 지금 끝났다는 의미로 쓰여 '완료'를 표현할 수도 있다.
이처럼 현재완료의 형태만 제대로 이해하면 현재완료의 용법 4가지를 외우지 않아도 한번에 파악할 수 있다.

2 현재완료의 용법 - 계속

- 과거에 시작한 행동이 현재까지 계속되고 있음을 나타낸다. '~해왔다'라고 해석한다.
- for(~동안), since(~이래로)처럼 기간을 나타내는 표현과 자주 쓰인다.

예문 正 正

❶ I**'ve known** Mr. Kim for 5 years.

❷ She **has worked** here since last year.

❸ You**'ve been** quiet all morning.

❶ have known은 과거부터 지금까지 계속 알고 지냈음을 말한다. 기간을 나타내는 표현 for 5 years가 함께 쓰였다.

❷ 작년부터 지금까지 계속해서 일하고 있음을 말한다. 주어가 3인칭 단수이므로 have 대신 has가 쓰였다.

❸ been은 be동사의 과거분사이다. 아침 내내 계속해서 조용히 있었다는 뜻이다.

3 현재완료의 용법 - 완료

- 과거부터 하던 일을 지금 막 완료했음을 나타낸다. '막 ~한 상태이다'라고 해석한다.
- just(방금), yet(아직), already(이미) 등과 자주 쓰인다.

예문 正 正

❹ I**'ve just finished** a big project.

❺ We**'ve spent** the entire budget.

❹ 이제 막 끝마쳤다는 뜻이다. 방금 완료했음을 강조하기 위해 부사 just가 have와 과거분사 사이에 쓰였다.

❺ 과거에 쓰기 시작한 예산을 이제 막 다 쓴 상태라는 뜻이다.

⑥ **Have** you already **canceled** the reservation for the hotel? 기출

⑥ 예약이 취소된 상태인지 묻는 표현이다. 부사 already로 이미 완료된 행위인지 강조하여 묻고 있다.

4 현재완료의 용법 - 경험

- 과거부터 현재까지 겪었던 일이나 경험을 나타낸다. '~한 적이 있다'라고 해석한다.
- ever(언젠가), never(전혀 ~ 없다), before(전에), once(한 번), ~times(~번) 등과 자주 쓰인다.

예문 正正

⑦ **Have** you ever **met** Ms. Green?

⑧ I'**ve** never **tried** Thai food.

⑨ She **has read** the book three times.

⑦ 과거부터 현재까지 한번이라도 만난 적이 있는지 묻고 있다.

⑧ 부사 never(전혀 ~ 없다)가 쓰였다. 태국 음식을 먹어 본 경험이 과거부터 현재까지 한 번도 없다는 뜻이다.

⑨ 과거부터 현재까지 그 책을 3번 읽었다는 뜻이다.

5 현재완료의 용법 - 결과

- 과거에 일어난 일의 결과가 현재에도 계속 영향을 주는 것을 나타낸다. 과거시제처럼 '~했다'라고 해석하지만, 현재와의 연관성을 내포하는 표현이다.

예문 正正

⑩ He **has broken** his leg.

⑪ Madagascar **has lost** 80% of its forests. 기출

⑫ They'**ve left** home.

⑩ 다리가 부러진 과거의 결과가 현재까지 이어지고 있음을 나타낸다. 여전히 다리가 부러진 상태라는 뜻이다.

⑪ 산림이 손실된 결과가 현재까지 계속됨을 나타낸다.

⑫ 집을 떠난 결과가 현재까지 계속된다는 뜻이다. 즉 아직 돌아오지 않은 상태이다.

느낌 빡! 현재완료 용법을 구분하는 법

현재완료는 계속, 완료, 경험, 결과에 이르기까지 다양한 뜻을 나타낼 수 있다. 이러한 의미의 차이를 분명히 하기 위해 실제 문장에서는 before, yet 등의 부가적인 표현을 덧붙이거나 뜻이 다른 동사를 사용한다. I've watched the movie before.라는 문장에서 before(전에)를 참고하면 이전에 영화를 본 '경험'을 말하고 있음을 더 쉽게 파악할 수 있다. 또는 사용하는 동사에 따라 어떤 용법인지 결정되기도 한다. He has gone to France.는 그가 과거에 떠났으며, 현재도 아직 돌아오지 않았다는 '결과'의 의미이다. 가 본 적이 있다는 '경험'의 의미는 He has been to France.로 be동사를 써서 나타낸다.

진짜 이해했는지 확인!

정답과 해설 p.390

Q 배운 문법을 이용해 영어 문장을 말해보세요.

1 나는 그를 3년간 알고 지냈어. **(know, him)** →

2 나는 열쇠를 잃어버렸어. (아직 찾지 못한 상황) **(lose, my key)** →

3 나는 스페인 음식을 먹어 본 적이 전혀 없다. **(try, Spanish food)** →

예문 해석 거꾸로 영작 훈련도 필수!

1. 나는 김 씨를 5년간 알고 지냈다. **2.** 그녀는 작년부터 여기서 일해왔다. **3.** 너는 아침 내내 조용하네. **4.** 나는 이제 막 큰 프로젝트를 끝냈다. **5.** 우리는 전체 예산을 다 썼다. **6.** 너는 호텔 예약을 이미 취소했니? **7.** 너는 언젠가 그린 씨를 만난 적 있니? **8.** 나는 태국 음식을 먹어 본 적이 전혀 없다. **9.** 그녀는 그 책을 세 번 읽었다. **10.** 그는 다리가 부러졌다. **11.** 마다가스카르는 산림의 80퍼센트를 잃었다. **12.** 그들은 집을 떠났다.

UNIT 12

예문 듣기

현재완료와 과거시제 비교

I've lost my cellphone.
나는 핸드폰을 잃어버렸어. (지금도 잃어버려서 못 찾은 상태)

I lost my cellphone.
나는 핸드폰을 잃어버렸어. (지금 찾았는지 못 찾았는지는 알 수 없음)

현재완료는 과거의 어떤 동작이나 상태가 현재까지 연결되어 있음을 나타내는 반면, 과거시제는 특정한 과거 시점에 대한 정보만 알려준다.

1 현재완료와 과거시제의 차이

- 현재완료와 과거시제 모두 동작의 발생 시점은 과거이다.
- 현재완료는 과거 사건과 현재와의 연관성을, 과거시제는 오직 과거 시점만을 나타낸다.

☆참고 현재완료 형태 'have + V-ed(과거분사)'를 있는 그대로 해석하면 쉽다. 과거에 완료된 그 상태(V-ed)를 현재도 가지고 있다(have)는 뜻이다. 반면 과거시제는 과거에 그 일이 일어났다는 단순 서술일 뿐이다.

현재완료	과거
❶ I**'ve lived** in Madrid since 2012. 2012년부터 지금까지 쭉 살고 있다는 뜻이다.	❷ I **lived** in Madrid. 과거에 그곳에 살았다는 뜻이다.
❸ Many people **have faced** great obstacles. 기출 과거부터 현재에 걸친 기간 동안 장애물을 마주한 경험이 있다는 뜻이다.	❹ They **faced** a great obstacle that day. 과거 특정한 시점(that day)에 장애물을 마주했다는 뜻이다. 과거 경험의 단순 서술이다.
❺ Mr. Jones **has written** many poems. 과거부터 현재까지 많은 시를 써왔다는 뜻이다. 현재도 여전히 쓴다는 의미를 내포한다.	❻ Charles Dickens **wrote** many novels. 과거시제를 썼으므로 현재까지 창작 활동이 이어지는지는 확인할 수 없다. 특히 문장의 주어가 살아있는 사람이 아닐 때 현재완료를 쓰면 어색한 문장이 된다.
❼ Brian **has won** first prize. 현재완료를 쓰면 일등상을 탄 것이 과거의 일이라 할지라도 그 일이 이제 막 일어났음을 나타낼 수 있다.	❽ Brian **won** first prize last month. 지난달에 일등상을 탔다는 과거의 사실만을 나타낸다.

▸ 느낌 빡! 현재완료가 힘든 이유, 우리말로는 표현이 불가능하다

완료형은 익숙하지가 않다. 우리나라 말엔 없기 때문이다.

I have studied since 7 a.m.

이 문장을 한국말로 표현하려면 한번에 쉽게 표현할 방법이 없다. 나는 오전 7시부터 공부를 시작했고, 한동안 계속 하고 있었어. 이렇게 나눠서 말해야 한다. 그래서 다른 시제 표현보다 익숙해지기까지 시간이 걸린다. 하지만 앞서 have를 통해 쉽게 설명했듯 과거분사가 표현하는 그 완료 상태(V-ed)를 현재까지 가지고 있다(have)고 이해하면 현재완료에 훨씬 빠르게 익숙해질 것이다.

▶ **느낌 빡!** '현재완료, 과거시제' 한눈에 정리하기

2 현재완료와 과거시제에 쓰이는 시간 표현

- 현재완료는 과거부터 현재까지 '걸친 기간'을 나타내는 시간 표현과 함께 쓴다.
- 과거시제는 과거의 '한 시점'을 나타내는 시간 표현과 함께 쓴다. 명확한 과거 시점을 나타내는 표현은 현재완료와 함께 쓸 수 없다.
- just(방금), yet(아직), already(이미), recently(최근에)는 의미상 현재완료와 과거시제에 모두 쓸 수 있다.

현재완료 + 지금까지의 시간	since ~이래로 this week 이번 주 this month 이번 달 today 오늘 so far 지금까지 over + 기간 ~동안 for + 기간 ~동안
과거시제 + 발생 시점	yesterday 어제 ago ~전에 last night 어젯밤 last year 작년 in 1990 1990년에 what time 몇 시에 when 언제

현재완료	과거
❾ I **haven't seen** her since last night. since는 '~이래로, ~부터'라는 뜻이다. 어젯밤 이후부터 현재까지의 걸친 기간을 나타내므로 동사에 현재완료형을 썼다.	❿ I **didn't see** her last night. last night(어젯밤)은 이미 지나간 과거 시점이므로 동사에 과거시제를 썼다. 어젯밤 이후에 봤는지 안 봤는지는 표현되지 않는다.
⓫ She **has** recently **moved** to a new house. recently는 '최근에'라는 뜻이다. 또한 현재완료를 써서 이사 간 지 얼마 안 되었다는 느낌을 나타낸다.	⓬ She **moved** to this town two months ago. two months ago는 '두 달 전에'라는 뜻이다. 명확한 과거 시점을 나타내므로 현재완료와 쓸 수 없다.
⓭ We**'ve** just **had** dinner. just는 현재완료와 과거시제에 모두 쓸 수 있다. 단, 현재완료와 썼을 때 현재와 더 가까운 느낌을 표현할 수 있다.	⓮ We just **had** dinner. just는 과거시제와도 쓸 수 있지만, 현재완료에 비해 현재와의 연관성이 적은 표현이 된다. 헷갈리면 아래 해석을 참고할 것.
⓯ He **hasn't decided** yet. yet은 현재완료와 과거시제에 모두 쓸 수 있다. 현재완료와 썼을 때 '지금까지도' 못했다는 현재 시점의 의미가 더 강조된다.	⓰ He **didn't decide** yet. yet이 과거시제와 쓰이면 아직 결정을 '못했다'는 부정의 의미가 강조된다.

✔ 진짜 이해했는지 확인!

정답과 해설 p.391

Q 괄호 안의 동사를 현재완료 또는 과거시제로 문맥에 알맞게 바꾸세요.

1 They (face) a great obstacle that day. →

2 I (move) to this town a month ago. →

3 She (write) many poems so far. →

4 I (live) in Seoul since 2000. →

예문 해석 거꾸로 영작 훈련도 필수!

1. 나는 2012년부터 마드리드에서 살고 있다. **2.** 나는 마드리드에 살았다. **3.** 많은 사람들은 큰 장애물을 마주한 경험이 있다. **4.** 그들은 그날 큰 장애물을 마주했다. **5.** 존스 씨는 많은 시를 써왔다. **6.** 찰스 디킨스는 많은 소설을 썼다. **7.** 브라이언이 일등상을 받았어. **8.** 브라이언이 지난달에 일등상을 받았어. **9.** 나는 어젯밤 이후로 그녀를 보지 못했다. **10.** 나는 어젯밤에 그녀를 보지 못했다. **11.** 그녀는 최근에 새 집으로 이사 갔다. **12.** 그녀는 두 달 전에 이 마을로 이사 왔다. **13.** 우리는 이제 막 저녁을 먹었다. **14.** 우리는 조금 전에 저녁을 먹었다. **15.** 그는 아직 결정하지 않은 상태이다. **16.** 그는 아직 결정하지 않았다.

UNIT 13

예문 듣기

과거완료, 미래완료

I had completed the course before spring came.

나는 봄이 오기 전에 과정을 완료했었다.

과거완료는 과거보다 더 앞선 시점(대과거)에 일어난 일을 나타내며, 미래완료는 미래에 완료되는 일을 나타낸다.

과거완료는 have 대신 과거형 had를 쓰고, 미래완료에는 미래시제의 will을 have V-ed 앞에 붙인다.

1 과거완료

- 'had V-ed(과거분사)'의 형태를 취한다.
- '~해왔었다, ~했었다'라고 해석한다.
- **과거완료의 용법**

1) **과거완료:** 특정 과거 시점 이전에 발생한 일이 과거 시점에 영향을 미칠 때 사용한다.
현재완료와 같이 계속, 완료, 경험, 결과를 나타낸다.

2) **대과거:** 과거에 일어난 두 사건 중 먼저 일어난 일에 과거완료를 사용한다.

참고 과거보다 더 먼 과거를 '대과거'라고 한다. 대과거를 나타낼 때에는 기준이 되는 과거 시점이 문맥에 제시될 때가 많다.

예문

❶ I **hadn't heard** of him until yesterday.

❶ 과거의 한 시점(yesterday)을 기준으로 그때까지의 기간 동안 소식을 듣지 못했다는 뜻이다.

❷ I **had waited** for an hour before he appeared. 기출

❷ 그가 나타나기 전부터 내가 기다리기 시작했다는 뜻이다. 걸친 기간을 나타내는 표현 for an hour(한 시간 동안)가 쓰였다.

❸ He **had gone** home when I arrived.

❸ 대과거의 의미로 쓰였다. 내가 도착한(arrived) 것보다 그가 집에 간(had gone) 시점이 먼저임을 나타낸다.

❹ I couldn't call you because I **had lost** my cell phone.

❹ 조동사의 과거형 could가 과거시제를 나타내고 있다. 그보다 앞선 시점을 나타내기 위해 because 이후에 과거완료형 had lost가 쓰였다.

느낌 빡! 과거완료가 꼭 필요한 이유

A. He had gone home when I arrived.
B. He went home when I arrived.

이 두 문장은 had gone(과거완료)과 went(과거)를 제외한 모든 부분이 같다. 두 시제가 어떤 의미 차이를 가져오는지 살펴보자. 과거완료가 쓰인 A문장은 내가 도착했을 때 그가 이미 집에 가버린 상태였다는 뜻으로, 그가 집에 간 것이 더 앞서 일어난 일이다. 반면 B문장은 과거시제가 쓰였다. 내가 도착했을 때, 즉 도착하고 난 다음에 그가 집에 갔다는 의미가 된다. 두 문장의 사건 발생 순서가 완전히 다르다. 이렇게 시제는 아주 결정적인 의미 차이를 만들기도 하므로, 우리는 시제의 특징과 용법을 잘 알아 두어야 한다.

2 미래완료

- 'will have V-ed(과거분사)' 형태를 취한다.
- '~(완료)돼 있을 것이다, ~했을 것이다'라고 해석한다.
- 미래 또는 과거에 시작된 일이 미래의 특정 시점에 완료됨을 나타낸다.
- by 7 p.m.(오후 7시까지), until 2030(2030년까지), after three days(3일 후에) 등 완료 시점을 나타내는 표현과 자주 쓰인다.

예문

❺ By 2023, I'll **have graduated** from university.

❺ 미래 시점까지(By 2023) 동작이 완료될 것을 말하기 위해 미래완료(will have graduated)를 썼다.

❻ She **will have finished** the project before next Friday.

❻ 미래 시점(next Friday) 이전에 이미 프로젝트를 끝낼 것이라고 예측하는 표현이다.

❼ This upgrade **will have added** many features.

❼ 구체적인 미래 시점이 나오지 않아도 미래완료를 쓸 수 있다.

❽ You'll **have forgotten** us by then.

❽ 미래완료가 '완료 시점, 기한'을 나타내는 전치사 by(~까지)와 함께 쓰였다.

느낌 빡! 현재완료, 과거완료, 미래완료 한눈에 정리하기

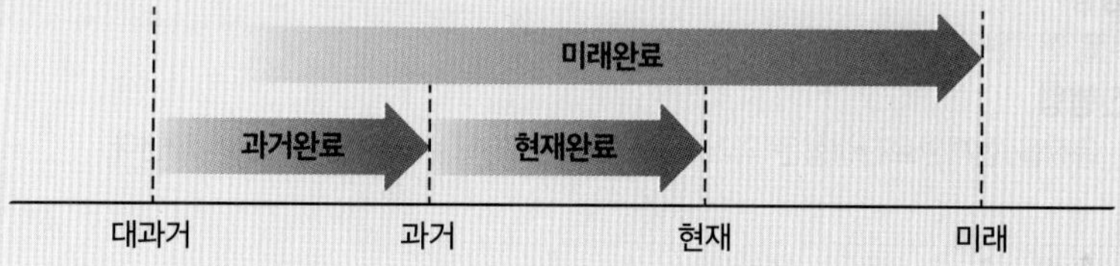

한마디로 완료형은 기준 시점보다 먼저 발생한 일이 기준 시점에 '완료'됨을 나타낸다.

진짜 이해했는지 확인!

정답과 해설 p.391

Q 둘 중 올바른 것을 고르세요.

1 By next year, Jenna (had graduated / will have graduated) from university.

2 I couldn't call you because I (had lost / will have lost) my cell phone.

3 We (hadn't heard / won't have heard) of him until yesterday.

4 I (had finished / will have finished) the project before next Tuesday.

예문 해석 거꾸로 영작 훈련도 필수!

1. 나는 어제까지 그에 대해 들어 본 적이 없었다. **2.** 나는 그가 나타나기 전에 한 시간을 기다렸다. **3.** 내가 도착했을 때 그는 집에 갔었다. **4.** 나는 핸드폰을 잃어버렸기 때문에 너에게 전화할 수 없었다. **5.** 2023년까지, 나는 대학을 졸업했을 것이다. **6.** 그녀는 다음 주 금요일 이전에 프로젝트를 완료했을 것이다. **7.** 이번 업그레이드는 많은 기능을 추가해 놓을 것입니다. **8.** 그때가 되면 너는 우리를 잊게 될 것이다.

UNIT 14

완료진행형

예문 듣기

It's been raining since yesterday.

어제부터 계속 비가 내리고 있어.

완료진행형은 완료형에 진행형이 결합한 형태이다. 특정 시점까지 지속되어 왔으며, 말하는 시점에도 진행되는 동작을 나타낼 수 있다.

특히 현재완료진행형은 실제 영어에서 자주 쓰이는 표현이므로 의미를 잘 파악해두자.

1 완료진행형

- 현재완료, 과거완료, 미래완료는 진행형과 결합하여 완료진행형을 만든다.
- 완료진행형은 완료형(have V-ed)과 진행형(be + V-ing) 두 부분이 합쳐진 'have been V-ing' 형태로 쓰인다.
- 진행형으로 사용하지 않는 동사들은 완료진행형으로도 사용하지 않는다.

2 현재완료진행형

- 과거에 시작된 일이 지금까지 지속되었으며, 현재도 여전히 진행 중임을 나타낸다. '~해오고 있다'라고 해석한다.
- **현재완료 vs. 현재완료진행형:**
  현재완료는 동작의 완료 여부를, 현재완료진행형은 동작의 지속성을 강조한다.
- **현재진행형 vs. 현재완료진행형:**
  현재진행형은 지금 하고 있는 동작을, 현재완료진행형은 '과거'에 시작해서 지금도 수행 중인 동작을 나타낸다.
- **현재완료 + 진행형**

현재완료	have[has]	V-ed	
+ 진행형		be	V-ing
현재완료진행형	**have[has]**	**been**	**V-ing**

예문 正正

❶ I've **been working** so hard all week.

❷ She's **been avoiding** me since Monday.

❸ Many users **have been reporting** problems.

❶ 현재완료와 진행형이 합쳐진 표현이다. 일주일 내내 계속 해서 열심히 일했으며, 지금도 일이 진행 중임을 말한다.

❷ 기준이 되는 과거 시점부터(since Monday) 지금까지 계속되어 온 일, 현재도 진행 중인 일을 말한다.

❸ 시간 표현 없이 쓰인 문장이다. 현재완료진행형만으로도 과거부터 지금까지 진행되고 있는 일을 나타낼 수 있다.

▸느낌 빡! 현재완료진행형과 현재완료의 뉘앙스 차이

A. I've worked for this company for 5 years. 나는 5년 동안 이 회사에서 일해왔다. (현재완료)
B. I've been working for this company for 5 years. 나는 5년 동안 이 회사에서 일해오고 있다. (현재완료진행형)

두 문장 모두 내가 이 회사에서 지금까지 5년 동안 일해왔다는 객관적인 사실을 전달한다. 그러나 현재완료는 5년째 일한 것이 '현재'에 미치는 결과에 초점을 둔다. 이제는 승진이나 월급 인상을 원한다거나 이직을 하고 싶다는 내용이 자연스럽게 이어질 수 있다. 반면 현재완료진행형은 5년째 계속 일해오고 있다는 '진행' 상황에 초점을 둔다. 따라서 진행 상황 자체를 전달하는 데 더 의미가 있다. 이처럼 동일한 사실을 표현하더라도 화자의 의도에 따라 현재완료나 현재완료진행형을 택할 수 있다.

3 과거완료진행형

• 특정 과거 시점 이전에 발생한 일이 그때까지 진행되어왔음을 나타낸다. '~해오고 있었다, ~해오던 중이었다'라고 해석한다.

• **과거완료 + 진행형**

과거완료	had	V-ed	
+ 진행형		be	V-ing
과거완료진행형	**had**	**been**	**V-ing**

예문 正 正

❹ My sister **had been living** there for ten years before she got married. 기출

❺ I **hadn't been feeling** well, so I asked for some time off.

❹ had been living은 과거완료진행형이다. 과거시제로 나타낸 사건(got married)보다 그 이전에 발생하여 진행되어 온 일을 나타낸다.

❺ 기준이 되는 과거 시점은 내가 휴가를 신청한 시점이다. 그전부터 몸이 안 좋다고 느끼고 있었다는 뜻이다.

4 미래완료진행형

• 미래 또는 과거에 시작된 일이 미래의 어느 시점까지 지속되며, 그 이후에도 진행되고 있을 것임을 나타낸다. '~해오고 있을 것이다'라고 해석한다.

• **미래완료 + 진행형**

미래완료	will have	V-ed	
+ 진행형		be	V-ing
미래완료진행형	**will have**	**been**	**V-ing**

예문 正 正

❻ In July, I'**ll have been studying** English for 10 years.

❼ Next year, we'**ll have been living** in this city for 20 years.

❻ 다가오는 7월(미래 시점)이 되면 영어를 공부한 지 10년이 되며, 그때에도 계속해서 영어를 공부하고 있을 것이라는 뜻이다.

❼ 지금은 아직 이 도시에 산 지 20년이 안 되었지만, 내년에도 이 도시에 계속 살고 있을 것이며, 그렇게 되면 20년째 살고 있을 것이라는 뜻이다.

진짜 이해했는지 확인!

정답과 해설 p.391

Q 둘 중 올바른 것을 고르세요.

1 My mom (has been living / had been living) there for ten years before she got married.

2 She (has been avoiding / was avoiding) me since last week.

3 Next year, the teacher (will have been teaching / have been teaching) at the school for 20 years.

예문 해석 거꾸로 영작 훈련도 필수!

1. 나는 일주일 내내 아주 열심히 일해오고 있다. **2.** 그녀는 월요일 이후로 나를 피해오고 있다. **3.** 많은 사용자들이 문제를 보고해오고 있다. **4.** 내 여동생은 결혼하기 전에 거기서 10년 동안 살아오고 있었다. **5.** 나는 몸이 안 좋다고 느끼고 있었기에 휴가를 신청했다. **6.** 7월이면 나는 10년째 영어를 공부해오고 있을 것이다. **7.** 내년이면 우리는 이 도시에 20년째 살고 있을 것이다.

필수 예문 Review

가리개를 활용하여
필수 예문을 테스트해 보세요.

A 가 한글 가리고 해석해 보기

1. He is a manager.
2. I'm not sure.
3. They are in a meeting with the president.
4. We like jazz music.
5. She wants to see you again.
6. Amy is sick now.
7. They usually play basketball.
8. The conference starts at 10:30.
9. The sun rises in the east.
10. He was at home last night.
11. We weren't aware of the problem.
12. I saw him at the mall.
13. She didn't believe me.
14. We changed the schedule.
15. I got my hair cut yesterday.
16. Mr. Howell left the office an hour ago.
17. I graduated from high school in 2012.
18. We listened to jazz music every day.
19. I wanted to ask you a question.
20. He will be 20 years old next month.
21. The class will perform a musical in front of people.
22. I'll call you later.
23. I will finish my work soon.
24. She's going to wait in the lobby.
25. We're going to be late.
26. I'm not going to invite Steve to the party.
27. We were going to grab some food.

A 가 영어 예문 가리고 스피킹/영작해 보기

1. 그는 관리자입니다.
2. 나는 확신하지 않아요.
3. 그들은 회장과 회의 중이에요.
4. 우리는 재즈 음악을 좋아해요.
5. 그녀는 당신을 다시 보고 싶어해요.
6. 에이미는 지금 아파요.
7. 그들은 평소에 농구를 해요.
8. 회의는 10시 30분에 시작해요.
9. 태양은 동쪽에서 뜬다.
10. 그는 어젯밤에 집에 있었다.
11. 우리는 그 문제를 인지하지 못했다.
12. 나는 그를 쇼핑몰에서 봤다.
13. 그녀는 나를 믿지 않았다.
14. 우리는 일정을 변경했어요.
15. 나는 어제 머리를 잘랐어.
16. 하웰 씨는 한 시간 전에 사무실을 떠났다.
17. 나는 2012년에 고등학교를 졸업했다.
18. 우리는 매일 재즈 음악을 들었다.
19. 제가 당신에게 질문하고 싶은 것이 있습니다[질문하고 싶었어요].
20. 그는 다음 달에 20살이 될 것이다.
21. 그 반은 사람들 앞에서 뮤지컬을 공연할 것이다.
22. 내가 너에게 나중에 전화할게.
23. 내가 일을 곧 끝낼게.
24. 그녀가 로비에서 기다릴 거야.
25. 우리는 늦을 거야.
26. 나는 파티에 스티브를 초대하지 않을 거야.
27. 우리는 간단하게 뭘 좀 먹으려고 했어.

☐ ㉘ The contract expires next week.

☐ ㉙ I'm staying home tonight.

☐ ㉚ Where are you going for vacation?

☐ ㉛ It's snowing outside.

☐ ㉜ We're studying English these days.

☐ ㉝ I'm starting my new job next week.

☐ ㉞ My voice was trembling and my heart was racing.

☐ ㉟ I was having dinner at 7:30 last night.

☐ ㊱ She'll be traveling Europe.

☐ ㊲ Will you be studying this weekend?

☐ ㊳ Steve plays tennis.

☐ ㊴ Steve is playing tennis.

☐ ㊵ I usually eat breakfast.

☐ ㊶ I'm eating breakfast.

☐ ㊷ My sister speaks Italian.

☐ ㊸ She's speaking Italian.

☐ ㊹ It rains a lot these days.

☐ ㊺ It's raining outside.

☐ ㊻ I live in London.

☐ ㊼ I'm living in London.

☐ ㊽ I have a good friend.

☐ ㊾ The directors are having a meeting now.

☐ ㊿ I'm having breakfast.

☐ 51 He's kind.

☐ 52 He's being kind.

☐ 53 I see a bird over there.

☐ 54 I'm seeing a doctor tomorrow.

☐ 55 I think you're right.

☐ 56 I'm thinking about our future.

☐ 57 I've known Mr. Kim for 5 years.

☐ 58 She has worked here since last year.

☐ 59 You've been quiet all morning.

☐ 60 I've just finished a big project.

☐ ㉘ 그 계약은 다음 주에 만료됩니다.

☐ ㉙ 나는 오늘 밤에 집에 있을 거야.

☐ ㉚ 휴가를 보내러 어디 가실 건가요?

☐ ㉛ 밖에 눈이 오고 있어.

☐ ㉜ 우리는 요즘 영어를 공부하고 있어.

☐ ㉝ 나는 다음 주에 새 일을 시작해.

☐ ㉞ 내 목소리는 떨리고 있었고, 내 심장은 쿵쿵 뛰고 있었다.

☐ ㉟ 나는 어젯밤 7시 30분에 저녁을 먹고 있었어.

☐ ㊱ 그녀는 유럽을 여행하는 중일 거야.

☐ ㊲ 이번 주말에 공부를 할 거니?

☐ ㊳ 스티브는 테니스를 친다.

☐ ㊴ 스티브는 테니스를 치고 있다.

☐ ㊵ 나는 보통 아침을 먹는다.

☐ ㊶ 나는 아침을 먹고 있다.

☐ ㊷ 내 여동생은 이탈리아어를 한다.

☐ ㊸ 그녀는 이탈리아어로 말하고 있다.

☐ ㊹ 요즘 비가 많이 온다.

☐ ㊺ 밖에 비가 오고 있다.

☐ ㊻ 나는 런던에 산다.

☐ ㊼ 나는 런던에 살고 있다.

☐ ㊽ 나는 좋은 친구가 있다.

☐ ㊾ 이사들은 지금 회의 중이다.

☐ ㊿ 나는 아침을 먹고 있다.

☐ 51 그는 친절하다.

☐ 52 그는 친절하게 굴고 있다.

☐ 53 저쪽에 새가 보인다.

☐ 54 나는 내일 의사를 만날 것이다.

☐ 55 나는 네가 옳다고 생각한다.

☐ 56 나는 우리의 미래에 관해 생각하고 있다.

☐ 57 나는 김 씨를 5년간 알고 지냈다.

☐ 58 그녀는 작년부터 여기서 일해왔다.

☐ 59 너는 아침 내내 조용하네.

☐ 60 나는 이제 막 큰 프로젝트를 끝냈다.

☐ 61 We've spent the entire budget.	☐ 61 우리는 전체 예산을 다 썼다.
☐ 62 Have you already canceled the reservation for the hotel?	☐ 62 너는 호텔 예약을 이미 취소했니?
☐ 63 Have you ever met Ms. Green?	☐ 63 너는 언젠가 그린 씨를 만난 적 있니?
☐ 64 I've never tried Thai food.	☐ 64 나는 태국 음식을 먹어 본 적이 전혀 없다.
☐ 65 She has read the book three times.	☐ 65 그녀는 그 책을 세 번 읽었다.
☐ 66 He has broken his leg.	☐ 66 그는 다리가 부러졌다.
☐ 67 Madagascar has lost 80% of its forests.	☐ 67 마다가스카르는 산림의 80퍼센트를 잃었다.
☐ 68 They've left home.	☐ 68 그들은 집을 떠났다.
☐ 69 I've lived in Madrid since 2012.	☐ 69 나는 2012년부터 마드리드에서 살고 있다.
☐ 70 I lived in Madrid.	☐ 70 나는 마드리드에 살았다.
☐ 71 Many people have faced great obstacles.	☐ 71 많은 사람들은 큰 장애물을 마주한 경험이 있다.
☐ 72 They faced a great obstacle that day.	☐ 72 그들은 그날 큰 장애물을 마주했다.
☐ 73 Mr. Jones has written many poems.	☐ 73 존스 씨는 많은 시를 써왔다.
☐ 74 Charles Dickens wrote many novels.	☐ 74 찰스 디킨스는 많은 소설을 썼다.
☐ 75 Brian has won first prize.	☐ 75 브라이언이 일등상을 받았어.
☐ 76 Brian won first prize last month.	☐ 76 브라이언이 지난달에 일등상을 받았어.
☐ 77 I haven't seen her since last night.	☐ 77 나는 어젯밤 이후로 그녀를 보지 못했다.
☐ 78 I didn't see her last night.	☐ 78 나는 어젯밤에 그녀를 보지 못했다.
☐ 79 She has recently moved to a new house.	☐ 79 그녀는 최근에 새 집으로 이사 갔다.
☐ 80 She moved to this town two months ago.	☐ 80 그녀는 두 달 전에 이 마을로 이사 왔다.
☐ 81 We've just had dinner.	☐ 81 우리는 이제 막 저녁을 먹었다.
☐ 82 We just had dinner.	☐ 82 우리는 조금 전에 저녁을 먹었다.
☐ 83 He hasn't decided yet.	☐ 83 그는 아직 결정하지 않은 상태이다.
☐ 84 He didn't decide yet.	☐ 84 그는 아직 결정하지 않았다.
☐ 85 I hadn't heard of him until yesterday.	☐ 85 나는 어제까지 그에 대해 들어 본 적이 없었다.
☐ 86 I had waited for an hour before he appeared.	☐ 86 나는 그가 나타나기 전에 한 시간을 기다렸다.
☐ 87 He had gone home when I arrived.	☐ 87 내가 도착했을 때 그는 집에 갔었다.
☐ 88 I couldn't call you because I had lost my cell phone.	☐ 88 나는 핸드폰을 잃어버렸기 때문에 너에게 전화할 수 없었다.
☐ 89 By 2023, I'll have graduated from university.	☐ 89 2023년까지, 나는 대학을 졸업했을 것이다.
☐ 90 She will have finished the project before next Friday.	☐ 90 그녀는 다음 주 금요일 이전에 프로젝트를 완료했을 것이다.
☐ 91 This upgrade will have added many features.	☐ 91 이번 업그레이드는 많은 기능을 추가해 놓을 것입니다.

☐	⑨② You'll have forgotten us by then.	⑨② 그때가 되면 너는 우리를 잊게 될 것이다.
☐	⑨③ I've been working so hard all week.	⑨③ 나는 일주일 내내 아주 열심히 일해오고 있다.
☐	⑨④ She's been avoiding me since Monday.	⑨④ 그녀는 월요일 이후로 나를 피해오고 있다.
☐	⑨⑤ Many users have been reporting problems.	⑨⑤ 많은 사용자들이 문제를 보고해오고 있다.
☐	⑨⑥ My sister had been living there for ten years before she got married.	⑨⑥ 내 여동생은 결혼하기 전에 거기서 10년 동안 살아오고 있었다.
☐	⑨⑦ I hadn't been feeling well, so I asked for some time off.	⑨⑦ 나는 몸이 안 좋다고 느끼고 있었기에 휴가를 신청했다.
☐	⑨⑧ In July, I'll have been studying English for 10 years.	⑨⑧ 7월이면 나는 10년째 영어를 공부해오고 있을 것이다.
☐	⑨⑨ Next year, we'll have been living in this city for 20 years.	⑨⑨ 내년이면 우리는 이 도시에 20년째 살고 있을 것이다.

Chapter Review Test 02

기출 예문으로 실전 훈련해 보기

Grammar for Reading

정답과 해설 p.391

✓ 다음 중 어법상 맞는 표현을 고르세요.

1 We should change the location of today's meeting with our clients. The sound system in that room [is / was] not working.

2 For the last fifty years, advances in chemistry [brought / have brought] many positive changes to the American lifestyle.

3 Since the mid-20th century, scientists from many countries [have been working / are working] together in a huge "laboratory."

4 [Have you tried / Do you try] blueberries before? Why are they so popular? It's because they are really healthy for you. Blueberries are good for your eyes.

5 I think I need a new computer. We [buy / bought] a computer two years ago, and now it's too slow. And all my friends have the newest and fastest computers.

6 When the weather is nice, most people [spend / spent] time outdoors. But sometimes the weather can suddenly change from bright sunshine to heavy rain.

7 In the near future, many Arctic animals [feel / will feel] the serious effects of global warming. Seals, for example, use snow caves to raise their young. Rising temperatures will cause these caves to collapse.

8 I'm a long-time resident of Pinewood, and I'm really concerned about the traffic problem in my neighborhood. The traffic [has been increasing / is increasing] for the past three years, and I've seen many near-accidents.

---

2 chemistry 화학 **3** laboratory 실험실 **7** Arctic 북극의 seal 바다표범 collapse 붕괴하다 **8** neighborhood 이웃(들), 인근, 근처 near-accident 거의 사고로 이어질 뻔한 사건

Grammar for Writing

✓ 우리말에 맞게 주어진 단어를 활용하여 문장을 완성하세요.

1 회사는 이틀 전에 규정을 바꾸었다. **(the company, a policy)**

→

2 나는 지금까지 그 책을 세 번 읽었다. **(read, the book, three times, so far)**

→

3 내가 도착했을 때 그는 이미 집에 갔었다. **(go home, arrive, already)**

→

4 내년이면 우리는 이 도시에 20년째 살고 있을 것이다. **(next year, live, this city)**

→

Grammar for Speaking

✓ 다음 단어와 시제를 활용하여 자신의 문장을 말해보세요.

1 **live, 현재완료진행형**

→ 나만의 문장:

예시 **I've been living in Seoul since 1991.** 나는 1991년 이후로 서울에 살아오고 있다.

2 **buy, 과거시제**

→ 나만의 문장:

예시 **I bought a new jacket a week ago.** 나는 일주일 전에 새 재킷을 샀다.

3 **have, 현재시제**

→ 나만의 문장:

예시 **I have two brothers.** 나는 남자 형제가 둘 있어.

☞ p.67 『시제 훑어보기』에서 시제의 개념을 다시 한번 정리해 보세요!

공부법 02

성적을 두 배 이상 높이는 비결

✓ 읽으며 복습하기 vs. 테스트하며 복습하기

대부분의 학생들은 별로 특별할 것 없는 방법으로 공부한다. 조선 시대 선비들의 공부법에서 크게 달라지지도 않았다. 그 당시 공부법이라고 해 봤자 그저 '하늘 천 따지 가마솥에 누룽지' 하면서 유교 경전을 읽고 또 읽는 게 거의 전부였다. 기껏해야 소리 내서 읽는 정도랄까? 그런 학생들은 이 실험 결과를 꼭 봐야 한다.

읽으며 복습하기 vs. 테스트하며 복습하기

실험은 40개의 처음 보는 단어를 학습하는 두 팀의 공부법에 대한 것이었다. 한 팀은 '읽으며 복습하기'로, 다른 한 팀은 '테스트하며 복습하기'로 학습했다. 그로부터 4일 뒤 단어 시험을 치렀는데, 그 결과는 엄청나게 달랐다. 읽으며 복습한 팀은 전체 단어의 30%만 기억한 데 반하여, 테스트하며 복습한 팀은 80%를 기억해냈다. 같은 시간을 공부했는데도 말이다. 이러한 결과를 가져온 것은, 아주 작은 방법의 차이일 뿐, 결코 머리의 좋고 나쁨이 아니었다.

공부할 때에는 가능한 한 테스트를 자주 하는 것이 좋다는 것이 실험 결과로 증명된 셈이다. 영어 단어를 외우더라도 반복해서 읽는 것보다 가리고 테스트하며 외워야 한다. 수학이든 사회든 과학이든 모든 시험, 모든 과목이 마찬가지다. 일단 테스트를 한 뒤 맞히지 못했거나 몰랐던 부분을 확인한다. 그리고 그 부분만 추려 내, 쓰든 읽든 내 것으로 만들고 다시 테스트를 하는 것이다. 이 과정을 반복한다.

✓ 여러 번 보지 말고 여러 번 테스트하라

어떤 시험이든 시험지를 그냥 읽기만 해서 되는 시험은 없다. 머릿속에 든 걸 꺼내야 된다. 테스트를 하며 꺼내는 과정을 연습한 사람이 당연히 시험을 잘 보게 돼 있다. 단순히 눈앞의 내용을 보는 행위와 머릿속에서 직접 꺼내 보는 행위는 두뇌에서 작용하는 과정 자체가 완전히 다르기 때문이다.

테스트 없이 단순히 읽기만 하면 지루하고 졸리다. 머리를 쓸 일이 거의 없기 때문이다. 이건 마치 최첨단 슈퍼 컴퓨터로 고작 메모장 프로그램 하나 돌리는 것과 같다.

아는 게 뭐고 모르는 게 뭔지를 파악하는 것이 효율적인 공부의 시작이다. 이것이 명확히 구별되지 않으면 아는 것만 계속 붙들고 있을 수도 있다. 테스트를 하면 무엇을 알고 무엇을 모르는지가 명확히 구분된다. 따라서 모르는 부분에 더 집중할 수 있다.

또한 테스트를 통해 정답을 맞히게 되면 성취감을 느낄 수 있다. 정답을 틀리더라도 부족한 부분을 발견했기에 오히려 기쁜 일이다. 그러니 계속 테스트하면서 복습해라. 점점 더 완벽해질 것이다. 주관식이든 서술형이든 줄줄 쓸 수 있을 것이다.

✔ 지금 편하게 공부하고 있는가?

단순히 읽는 것을 반복하면 편하다. 머리를 별로 안 써도 된다. 그러나 이것이 편한 이유는 그만큼 공부를 안 하고 있기 때문이다. 착각하면 안 된다. 운동을 하는데 숨이 가쁘지 않은 이유는 제대로 안 뛰고 있기 때문이다.

여러분이 지금 공부하고 있는 이 책은 모든 영역을 테스트할 수 있도록 구성되어 있다. 학습한 후 가리개를 활용하여 수시로 테스트하라. 같은 시간을 공부하고도 누군가는 30점을 받을 때, 여러분은 80점을 받게 될 것이다.

– 「강성태 66일 공부법」 중에서

분사, 부정사, 동명사...
'동사'가 이 모든 것을 관통한다.
이제 동사를 자유자재로 활용하라!
강성태
KANG

PART 2

동사의 활용

CHAPTER 03

분사

준동사는 무엇인가?

접속사로 연결되지 않는 한, 영어에서는 한 문장에 동사 하나만 나오게 되어 있다. 문장을 만들다 보니 동사 자리는 이미 차버렸는데, 추가로 동작을 표현하고 싶으면 어떻게 하나? 그럴 때 쓰라고 나온 것이 바로 '준동사'이다. 준동사는 동사에 '준하는' 말이라는 뜻이다. 동사는 아니지만 동사처럼 동작을 표현하고, 뒤에 목적어나 보어를 취하기도 하고, 부사의 수식을 받을 수도 있다.

준동사에는 분사, 부정사, 그리고 동명사가 있다. 준동사는 보통 동사 앞에 to를 더하거나(to부정사), 동사 뒤에 -ing, -(e)d를 덧붙여서 만든다. V-ing가 명사로 쓰이면 동명사, V-ing, V-ed가 형용사로 쓰이면 각각 현재분사, 과거분사라고 부른다. 이처럼 준동사는 모양에서부터 동사에 뿌리를 두고 있음을 명확히 하고 가자.

왜 분사가 필요한가?

분사(分 나눌 분, 詞 말 사)는 '동사에서 나뉘어(분화되어) 나온 말'이라는 의미다. 가게를 말할 때 '분점'이라 하면 본점에서 갈라져 나온 각각의 지점을 뜻한다. 원래 동사인데 형용사로 갈라져 나와서 이름이 '분사'가 된 것이다.

'공부하다'라는 동사를 '공부하는'으로 바꾸면 명사를 수식할 수 있는 형용사가 된다. 별도로 형용사를 만들 필요 없이 동사를 활용하여 표현할 수 있다. 우리가 흔히 접하는 선진국, 개발도상국 같은 단어도 동사 develop(발달하다)에서 나온 분사로 표현한다. 선진국은 이미 경제 발전을 완료한 국가라고 볼 수 있으니 과거분사를 써서 developed countries, 개발도상국은 아직 경제 발전을 이룩하는 단계에 있으니 developing countries이다. 얼마나 효율적인가? 엄청나게 많은 형용사 표현을 분사를 통해 대신할 수 있다.

진행형, 완료형, 수동태, 가정법 모두 분사를 활용한 문법이다. 분사를 제대로 공부하면 방금 언급한 문법들도 훨씬 쉬워지고 기억에도 확실히 남을 것이다.

분사 어록

A rolling stone gathers no moss.

구르는 돌은 이끼를 모으지 못한다.

(= 한 곳에 정착하지 않고 여기저기 옮겨다니는 사람은 전문 지식을 쌓지 못한다. → 한 우물만 파라.)

강성태는 어쩌다 공부의 신이 됐을까? 공부를 잘해서가 아니다.
10년이 넘는 시간 동안, 학생들 도울 생각을 나보다 더 많이 한 사람은 없다고 자부한다.
난 속옷도 자주색이다. 볼 때마다 자기주도학습을 떠올리려고.

분사 훑어보기

UNIT 15
분사의 기본 개념

분사의 개념 & 형태

개념	동사의 형태를 바꾸어 형용사처럼 쓸 수 있게 만든 것
형태	현재분사: V-ing, 과거분사: V-ed

분사의 종류

현재분사(V-ing)	• 능동, 진행의 의미를 나타낸다. • [능동] **~하는**, [진행] **~하고 있는** 으로 해석
과거분사(V-ed)	• 수동, 완료의 의미를 나타낸다. • [수동] **~된**, **~해진**, [완료] **~된** 으로 해석

UNIT 16
분사의 역할

분사의 역할

시제와 태를 구성	• 진행형: be동사 + **현재분사** • 완료형: have + **과거분사** • 수동태: be동사 + **과거분사**
명사 수식	• **분사** + 명사 the **sleeping** baby, the **broken** window • 명사 + **분사** the advertisement **printed** in the newspaper, food **containing** peanuts
주어·목적어의 보어	• 주어 + 동사 + **주격보어(분사)** He became **discouraged.** • 주어 + 동사 + 목적어 + **목적격보어(분사)** I watched little kids **playing** soccer.

UNIT 17
분사구문

분사구문의 개념 & 의미

개념	분사가 이끄는 어구가 문장 전체를 수식하는 부사 역할을 하는 것
의미	❶ **시간**: ~할 때, ~하기 전/후에, ~하고 나서, ~하면서 ❷ **이유, 원인**: ~때문에 ❸ **조건**: ~한다면 / **양보**: 비록 ~이지만, ~에도 불구하고 ※ 분사구문의 구체적인 의미는 문맥을 통해 유추해야 한다.

UNIT 18
주의해야 할 분사구문

분사구문 만들기

분사구문 만드는 법	(1) 접속사를 생략한다 ~~Because~~ he had a fever, he didn't go to school. (2) 부사절의 주어를 생략한다 ~~he~~ had a fever, he didn't go to school. ※ 부사절의 주어와 주절의 주어가 다를 경우, 생략하지 않고 분사 앞에 남겨 둔다. (3) 부사절의 동사를 분사 형태로 바꾼다 **Having** a fever, he didn't go to school. ※ 부사절 시제가 주절보다 앞선 경우 완료형 분사(having + V-ed) 형태로 바꾼다. ※ 분사의 형태가 be동사의 변형(being, having been)이면 보통 생략한다.

UNIT 15

분사의 기본 개념

예문 듣기

That's an interesting story.
그것 참 흥미로운 이야기구나.

분사는 동사를 변형하여 형용사처럼 쓸 수 있게 만든 것이다.

현재분사(V-ing)는 능동·진행, 과거분사(V-ed)는 수동·완료의 의미가 있다.

1 분사의 종류

- 분사는 동사를 변형하여 형용사처럼 쓸 수 있게 만든 것이다.
- 동사에 -ing가 붙느냐, -ed가 붙느냐에 따라 현재분사와 과거분사로 나뉜다.

1) **현재분사**: V-ing
능동·진행의 의미를 나타낸다. '~하는, ~하고 있는'이라고 해석한다.

sing	노래하다	→	**singing**	노래하는	**sleep**	잠자다	→	**sleeping**	잠자는
move	움직이다	→	**moving**	움직이는	**grow**	성장하다	→	**growing**	성장하는
cry	울다	→	**crying**	울고 있는	**rise**	오르다	→	**rising**	상승하는

2) **과거분사**: V-ed
수동·완료의 의미를 나타낸다. '~된, ~해진'이라고 해석한다. p.384 불규칙 동사 변화표

close	닫다	→	**closed**	닫힌	**clean**	청소하다	→	**cleaned**	청소된
check	검사하다	→	**checked**	검사된	**finish**	끝마치다	→	**finished**	끝마쳐진
agree	동의하다	→	**agreed**	동의된	**limit**	제한하다	→	**limited**	제한된
break	깨다	→	**broken**	깨진	**build**	짓다	→	**built**	지어진
write	쓰다	→	**written**	쓰인	**grow**	성장하다	→	**grown**	성장한
fall	떨어지다	→	**fallen**	떨어진	**make**	만들다	→	**made**	만들어진

예문

❶ Look at the **sleeping** baby.

❷ I installed an ad **blocking** program. 기출

❸ What's your **preferred** genre of music?

❹ He designed a **limited** edition T-shirt.

❶ 여기서 현재분사가 진행의 의미로 쓰였다. sleeping은 '자고 있는'이라고 해석한다.

❷ 동사 block(막다)에서 나온 현재분사. blocking은 '막는, 차단하는'이라고 해석한다.

❸ '선호하는 음악 장르'를 묻는 표현이다. 우리말로 하면 능동처럼 해석되지만, 음악 장르 입장에서 '선호를 받는' 것이므로 수동을 나타내는 과거분사를 쓴다.

❹ 동사 limit는 '제한하다, 한정하다'라는 뜻이다. a limited edition은 한정된 판, 즉 '한정판'을 의미한다.

2 감정을 나타내는 분사

• 감정을 나타내는 형용사는 원래 동사에서 출발한 분사 형태가 많다. 어떤 감정이 들게 '만드는' 것은 능동이므로 현재분사(V-ing) 형태를 취하고, 어떤 감정을 '느끼는' 것은 수동이므로 과거분사(V-ed) 형태를 취한다.

동사	➡	현재분사	과거분사
interest 관심을 끌다		interesting 흥미로운	interested 흥미를 느끼는
shock 충격을 주다		shocking 충격적인	shocked 충격을 받은
bore 지루하게 하다		boring 지루한	bored 지루해 하는
excite 흥분시키다		exciting 흥미진진한	excited 흥분한, 신나는
surprise 놀라게 하다		surprising 놀라운	surprised 놀란
satisfy 만족시키다		satisfying 만족감을 주는	satisfied 만족하는
confuse 혼란스럽게 하다		confusing 혼란스럽게 하는	confused 혼란스러운, 혼동된
disappoint 실망하게 하다		disappointing 실망스러운	disappointed 실망한
please 기쁘게 하다		pleasing 기쁘게 하는	pleased 기쁜

▸ 느낌 빡! 기분이나 감정은 왜 수동의 의미로 표현하는가?

please(기쁘게 하다), surprise(놀라게 하다), satisfy(만족시키다) 등의 감정과 관련된 동사에는, 그 자체에 그런 감정이 들게 '만든다'라는 의미가 있다. 그렇기 때문에 사람이 어떤 감정을 느끼는 것은, 감정을 유발하는 능동적인 동작에 의해 그 감정을 '당하는' 것이므로 수동의 의미를 나타내는 과거분사 V-ed를 쓰는 것이다.
사실 여기에는 문화적인 이유도 있다. 과거 영미권 사람들은 사람의 감정은 본인이 주체적으로 만드는 것이 아닌 신에 의해 생기는 것이라 생각했다. 인간보다 신이 더 중요한 시대였던 것이다. 그래서 기쁜 감정을 나타내는 동사는 '신이 나를 기쁘게 만든다(please)'가 원형이 된 것이고, 내가 기쁘다는 표현을 하려면 수동의 의미가 되어야 하므로 과거분사(pleased)를 쓰는 것이다.

예문

❺ I was so **surprised** at the news.

❻ The presentation was **boring**.

❼ We're **excited** to see you here.

❽ So far, the results have been **disappointing**.

❾ You will be **satisfied** with our experienced tutors. ◀기출

❺ 주어 I가 놀라게 한 것이 아니라 '놀란 감정을 느낀' 것이므로 과거분사가 쓰였다.

❻ 발표가 '(사람들을) 지루하게 만든' 것이다. bored를 쓰면 '발표가 지루함을 느꼈다'는 뜻이 되므로 어색하다.

❼ excite는 '흥분시키다'라는 뜻이다. '신난다'는 뜻이 되어야 하므로 감정을 느낄 때 쓰는 과거분사로 표현했다.

❽ 결과가 사람들을 실망하게 만들고 있다는 뜻이다. 능동을 나타내는 현재분사를 쓴다.

❾ 문맥상 만족하는 감정을 '느낄' 것이라고 해야 한다. satisfy(만족시키다)의 과거분사로 수동의 의미를 나타냈다.

✔ 진짜 이해했는지 확인!

정답과 해설 p.392

Q 괄호 안에서 알맞은 것을 고르세요.

1 Look at the (sleep / sleeping) baby.

2 We're (excited / exciting) to hear the news.

3 The conclusion of this book was (disappointed / disappointing).

예문 해석 거꾸로 영작 훈련도 필수!

1. 자고 있는 아기를 봐. **2.** 나는 광고 차단 프로그램을 설치했어요. **3.** 당신이 선호하는 음악 장르는 무엇인가요? **4.** 그는 한정판 티셔츠를 디자인했다. **5.** 나는 그 소식에 몹시 놀랐다. **6.** 발표는 지루했다. **7.** 우리는 여기에서 당신을 봐서 신나요. **8.** 지금까지, 결과는 실망스러웠다. **9.** 당신은 우리의 경험이 있는 교사들에게 만족할 것입니다.

UNIT 16

분사의 역할

예문 듣기

He fixed the broken window.

그는 깨진 창문을 수리했다.

분사는 기본적으로 형용사 역할을 한다. 명사를 수식하고 주어와 목적어의 보어로 사용될 수 있다.

그뿐만 아니라 우리가 알고 있는 진행형, 수동태를 구성할 때도 사용된다.

1 분사의 역할 (1) - 시제와 태를 구성

- 현재분사는 능동, 진행의 의미를 나타내어 be동사와 함께 '진행형'을 만든다.
- 과거분사는 수동, 완료의 의미를 나타낸다. have와 함께 '완료형'을 만들고, be동사와 함께 '수동태'를 만든다.

참고 태(態): 동사에서 동작의 방향을 나타내는 문법 요소. 동작을 주는 경우 '능동태', 동작을 받는 경우 '수동태'라고 한다. Unit 42. **수동태의 기본 개념**

▶느낌 빡! 분사를 알면 시제와 태가 보인다

앞에서 배운 12시제 중 총 9가지가 분사를 사용한다. 그래서 분사를 이해하면 시제는 외울 필요도 없다. 바로 이해된다. 12시제는 어떻게 나오는 것인가? '현재, 과거, 미래' 3시제가 기본적으로 있고, 그 각 시제마다 '진행형, 완료형, 완료진행형'이 결합하여 총 12시제가 되는 것이다.

be동사에 진행의 의미를 가진 현재분사가 함께 오면 자연스럽게 '주어가 ~하는 중이다'라는 뜻의 문장이 된다. 마찬가지로 have에 수동·완료의 의미를 가진 과거분사가 오면 '주어가 완료된 상태를 가지다'라는 뜻의 문장이 된다. 자 그러면 be동사에 과거분사가 오면 어떤 뜻이 되겠는가? '주어가 ~된 상태이다'라는 뜻 아닌가? 뒤에서 더 자세히 배우겠지만 이게 바로 수동태의 기본 원리이다. 완료형, 진행형, 수동태라고 하니 어렵고 복잡해 보이지만 원어민 입장에서는 동사 형태만 분사로 바꾼 것뿐이다. 어쨌든 핵심은 동사라는 이야기다. 내가 공부할 땐 이런 설명을 해주는 책은 단 한 권도 없었다. 그동안 우리는 너무 어렵게 배워왔지만, 이해하면 따로 공부할 필요도 없는 영어 문법이 꽤나 많다.

예문 正正

❶ I'm **preparing** a report.

❷ Researchers have **developed** a solution to this problem. 기출

❸ The road was **repaired**.

❶ 현재분사 preparing이 현재형 be동사와 만나 현재진행형을 만들었다. 주어가 현재 '준비하고 있다'는 뜻이다.

❷ 'have + 과거분사'는 현재완료형을 만든다. '개발이 완료된 상태를 가지다', 즉 '개발해왔다'라는 뜻이다.

❸ 과거분사에는 수동의 의미가 있어 be동사와 함께 수동태 문장을 만든다. was repaired는 '보수되었다'라는 뜻이다.

2 분사의 역할 (2) - 명사 수식

- 분사는 형용사와 마찬가지로 명사를 수식할 수 있다.
- 명사를 수식할 때는 주로 명사 앞에 위치한다. 하지만 분사가 목적어, 보어를 동반하거나, 전치사(구), 부사(구) 등 다른 어구의 수식을 받아 길이가 길어지면 명사 뒤에 위치한다.

▶ 느낌 빡! 분사도 목적어나 보어를 가질 수 있다

분사는 형용사처럼 쓰는 건데 어떻게 목적어나 보어를 가질 수 있냐고? 분사의 출신을 잘 생각해보자. 분사는 원래 동사인데 형용사처럼 쓰기 위해 모습을 바꾼 것이라고 하였다. 그러니 목적어를 가지는 '타동사'나 보어를 가지는 '자동사'는 분사가 되어도 그대로 목적어와 보어를 가질 수 있다. 분사에는 동사의 성질이 여전히 남아 있어서 분사로 형태가 변해도 목적어나 보어를 동반할 수 있는 것이다.

예문 正 正

❹ We will use **advanced** technology.

❺ I saw the advertisement **printed** in the newspaper.

❻ Alvin makes models for the **leading** architectural firms. 기출

❼ The school forbids any food **containing** peanuts.

❹ 동사 advance(발전시키다)의 과거분사는 '발전된'이라는 수동의 의미를 가진다. 뒤에 오는 명사 technology를 앞에서 수식한다.

❺ 과거분사 printed가 명사 advertisement를 뒤에서 수식한다. '인쇄된'이라는 뜻이다.

❻ 여기서 firm은 명사로 '회사'를 뜻한다. 회사 입장에서 '선도하고 있는' 것이므로 능동을 나타내는 현재분사가 쓰였다.

❼ 현재분사 containing이 목적어 peanuts를 동반하여 길어졌으므로 명사 food를 뒤에서 수식한다.

3 분사의 역할 (3) - 주어·목적어의 보어

• 분사는 형용사와 마찬가지로 주어·목적어의 보어로 사용될 수 있다. ➲ Unit 02. 2형식, Unit 05. 5형식

예문 正 正

❽ He became **discouraged**.

❾ The output looks **confusing**.

❿ We found the door **locked**.

⓫ I watched little kids **playing** soccer.

❽ become은 상태동사이다. 주어 He의 감정 상태를 나타내는 과거분사 discouraged(낙담한)가 보어로 쓰였다.

❾ 현재분사 confusing이 주격보어로 쓰였다. 결과(The output)가 '혼란스럽게' 보인다는 뜻이다.

❿ found의 목적어 the door는 잠그는 행위의 대상이므로 수동을 의미하는 과거분사가 목적격보어로 왔다.

⓫ 능동과 진행을 나타내는 현재분사(playing)가 왔다. 아이들이 '축구하고 있는' 것을 보았다는 뜻이다.

✔ 진짜 이해했는지 확인!

정답과 해설 p.392

Q 괄호 안의 동사를 현재분사 또는 과거분사로 바꾸어 문장을 완성하세요.

1 I watched little kids (play) soccer. →

2 The road was (repair). →

3 We found the door (lock). →

예문 해석 거꾸로 영작 훈련도 필수!

1. 나는 보고서를 준비하고 있다. **2.** 연구자들은 이 문제에 대한 해결책을 개발해왔다. **3.** 그 길은 보수되었다. **4.** 우리는 진보된[발전된] 기술을 사용할 것이다. **5.** 나는 신문에 인쇄된 광고를 봤다. **6.** 앨빈은 선도적인[선도하고 있는] 건축회사를 위해 모형을 만든다. **7.** 그 학교는 땅콩을 포함하는 모든 음식을 금지한다. **8.** 그는 낙담하게 되었다. **9.** 그 결과는 혼란스럽게 보인다. **10.** 우리는 그 문이 잠겨있는 것을 발견했다. **11.** 나는 어린 아이들이 축구하고 있는 것을 보았다.

UNIT 17

분사구문

예문 듣기

**Enjoying the sunshine,
I lay down on the grass.**

나는 햇살을 즐기며 잔디에 누워있었다.

분사가 이끄는 어구가 문장 전체를 수식하는 부사 역할을 할 때, 이를 분사구문이라고 한다.

분사구문은 상황이 일어난 때나 이유, 조건 등을 설명한다.

1 분사구문

- 분사가 이끄는 어구가 문장 전체를 수식하는 부사 역할을 할 때, 이를 분사구문이라고 한다.
- 분사구문은 수식하는 문장의 '시간, 이유, 조건' 등 부가적인 내용을 표현한다.
- 보통 수식하는 문장 앞에 콤마(,)로 연결된다.

- **분사구문의 형태 2가지**

1) 현재분사가 이끄는 분사구문: 능동의 의미를 나타낸다.

Looking back on your childhood, how do you feel? 어린 시절을 돌아볼 때, 어떤 기분이 드세요?
능동의 의미: 어린 시절을 '돌아볼' 때 → 시간

2) '(being) + 과거분사'가 이끄는 분사구문: 수동의 의미를 나타낸다.

(Being) written in a foreign language, it is a difficult book to read. 외국어로 쓰여 있어서, 그것은 읽기 힘든 책이다.
수동의 의미: 외국어로 '쓰여' 있어서 → 이유

2 분사구문의 의미 (1) - 시간

- 수식하는 문장의 상황이 일어난 시점(~할 때, ~하기 전/후에), 연속동작(~하고 나서), 동시동작(~하면서)을 나타낸다.

☆참고 분사구문은 '시간'을 표현하기 위해 가장 많이 사용된다.

예문 正正

❶ **Walking** to the store, he saw a puppy. 기출

❷ **Sitting** at the table, he wrote an essay.

❸ **Hearing** the news, she started to cry.

❶ 문맥상 상점으로 걸어갈 '때'(=When he walked to the store), 그가 강아지를 보았다는 뜻이다. 현재분사가 쓰였으므로 능동의 의미로 해석한다.

❷ 탁자에 앉아서(=While he was sitting at the table) 그가 에세이를 썼다는 뜻이다. 동시동작을 의미한다.

❸ 그 소식을 듣고 나서(=After she heard the news), 울기 시작했다는 뜻이다. 순차적으로 일어난 '연속동작'을 의미한다.

3 분사구문의 의미 (2) - 이유, 원인

- 수식하는 문장의 상황이 발생한 이유(~때문에)를 나타낸다.

예문 正正

❹ **Feeling** guilty, he couldn't look me in the eye.

❹ 죄책감을 느껴서(=Because he felt guilty), 내 눈을 보지 못했다는 뜻이다. 분사구문이 '이유'를 나타낸다.

❺ **Not having** any cash, she paid for it with her credit card.

❻ **Working** in a sales department, I travel a lot.

❺ 분사 앞에 not이 쓰여 부정의 의미가 추가되었다. 현금이 없어서(=Because she didn't have any cash), 신용카드로 결제했다는 뜻이다.

❻ 영업부에서 일하느라(=As I work in a sales department), 출장을 많이 다닌다는 뜻이다. 문맥에 따라 '~하면서'라는 시간의 의미로도 해석할 수 있다.

4 분사구문의 의미 (3) - 조건, 양보

• 수식하는 문장의 상황에 대한 조건(~한다면), 양보(비록 ~이지만, ~에도 불구하고)의 의미를 나타낸다.

참고 분사구문이 양보의 의미를 나타내는 경우는 드물다. '양보'의 의미 자체가 주어진 상황과 상관없는 결과로 이어진다는 뜻이므로, 접속사 없이는 의미가 불분명하기 때문이다. Unit 62. **부사절 접속사 (2) 이유, 양보**

예문

❼ **Turning** to the right, you'll find the bank.

❽ **Working** late every day, he doesn't feel tired.

❼ 오른쪽으로 돌면(=If you turn to the right), 은행을 찾을 수 있다는 뜻으로, 분사구문이 '조건'을 말해준다.

❽ 매일 늦게까지 일하는데도(=Although he works late every day), 피곤을 느끼지 않는다는 '양보'의 의미로 쓰였다.

느낌 빡! 분사구문, 어떻게 해석해야 잘 해석하는 것인가?

분사구문, 책에 해석된 것을 보거나 선생님 강의를 들을 때는 이해한 것 같은데 혼자 해보면 내가 제대로 해석한 건지 자신이 없다고? 그런 학생들을 위해 특별 클리닉을 준비했다.

Hearing Jack's criticism, she got upset.

일단, 콤마 뒤에 주어와 동사가 있는 절을 해석해봐라. '그녀가 화가 났다'는 뜻이다. 그리고 분사구문은 잭의 비판을 들었다는 내용이다. '그의 비판을 들을지라도 화가 났다' 이건 좀 이상하다. '비판을 들어서 화가 났다' 이건 자연스럽다. '비판을 들으면서 화가 났다', '비판을 듣고 나서 화가 났다'도 말이 된다. 그러면 이제 더 이상 이 셋 중 엄밀하게 어떤 해석을 골라야 할지 너무 머리를 쥐어짤 필요 없다.

그녀가 화가 난 것이 잭의 비판을 들은 것과 연관이 있다는 '상황'을 이해하면 충분하다. 우리 교재에서 시간, 이유, 양보 등으로 의미를 나눠서 제시한 건 아직 분사구문이 익숙하지 않은 학생들의 이해를 돕기 위한 것일 뿐이다. 앞뒤 문맥에 맞춰 자연스레 해석하면 된다. 그럴 수 있는 상황에서만 쓰는 것이 분사구문이다.

만일 글쓴이가 분사구문의 의미를 명확하게 밝혀야 할 때는 After hearing Jack's criticism, she got upset.(잭의 비판을 듣고 나서, 그녀는 화가 났다.)처럼 분사 앞에 접속사를 써주니 걱정할 필요 없다.

진짜 이해했는지 확인!

정답과 해설 p.392

Q 밑줄 친 부분이 <시간>, <이유>, <조건> 중 무엇을 뜻하는지 골라 쓰세요.

1 Turning to the left, you'll find the post office. →

2 Walking to the store, he saw a puppy. →

3 Not having any cash, she paid for it with her credit card. →

예문 해석 거꾸로 영작 훈련도 필수!

1. 상점으로 걸어갈 때, 그는 강아지 한 마리를 보았다. **2.** 그는 탁자에 앉아서 에세이를 썼다. **3.** 그 소식을 듣고 나서, 그녀는 울기 시작했다. **4.** 죄책감을 느껴서 그는 내 눈을 쳐다보지 못했다. **5.** 현금이 없어서 그녀는 그것을 신용카드로 결제했다. **6.** 영업부에서 일하느라 나는 출장을 많이 다닌다. **7.** 오른쪽으로 돌면, 당신은 은행을 발견할 것이다. **8.** 매일 늦게까지 일하는데도 그는 피곤을 느끼지 않는다.

UNIT 18

주의해야 할 분사구문

예문 듣기

Having finished the exam, I felt very happy.
시험을 끝내서 나는 매우 행복했다.

현재분사나 과거분사로 시작하는 분사구문 외에도 접속사나 주어가 남아 있는 분사구문, having V-ed로 시작하는 분사구문 등 다양한 형태가 있다.

1 분사구문 만드는 법

- 문장의 부사절을 부사 역할의 분사구로 만들면 분사구문이 된다. ◐ Unit 61. 부사절 접속사 (1) 시간
- 부사절의 접속사와 주어를 생략한 후, 남아 있는 동사구를 분사 형태로 바꾼 것이 일반적인 분사구문의 형태이다.
- **부사절을 분사구문으로 만드는 과정**

1) 접속사를 생략	~~Because~~ he had a fever, he didn't go to school. 접속사 Because 생략
2) 주어를 생략	~~Because he~~ had a fever, he didn't go to school. 부사절 주어 he 생략
3) 동사를 분사로 변형	~~Because he~~ had a fever, he didn't go to school. had(have의 과거형) → having → **Having** a fever, he didn't go to school. 열이 있어서, 그는 학교에 가지 않았다.

2 주의해야 할 분사구문

1) 접속사나 주어가 남아 있는 분사구문

- 부사절 접속사의 의미를 강조하고 싶을 때, 부사절 접속사를 생략하지 않고 남겨 둔다.
- 부사절 주어와 주절의 주어가 다를 때, 부사절 주어를 생략하지 않고 남겨 둔다.

접속사를 남겨 두는 경우	After I finished the exercise, I was exhausted. 접속사 After의 의미 강조 → ❶ **After finishing** the exercise, I was exhausted.
주어를 남겨두는 경우	As my father retires, Mr. Morris is taking up his position. 부사절 주어(my father) ≠ 주절 주어(Mr. Morris) → 생략 불가능 → ❷ **My father retiring**, Mr. Morris is taking up his position.

2) Having V-ed 또는 Being V-ed로 시작하는 분사구문

- 부사절 동사의 시제가 주절 동사의 시제보다 앞설 때, having V-ed 형태가 된다.
- 부사절 동사가 수동태일 때 being V-ed 형태가 된다. 이때, being은 보통 생략한다.

having V-ed 분사구문	After he had talked to the managers, he changed his mind. 부사절 동사: 과거완료 주절 동사: 과거 → 부사절 동사가 앞선 시점이므로 having V-ed → ❸ **Having talked** to the managers, he changed his mind.

수동태(being V-ed) 분사구문	As he was raised by his grandparents, he wasn't close with his parents. 부사절 동사가 수동태이므로 being V-ed → ❹ **(Being) raised** by his grandparents, he wasn't close with his parents.

참고 부사절 동사가 주절의 동사보다 앞선 시점이면서 수동태일 경우 분사구문은 having been V-ed 형태가 된다. 이때도 having been은 보통 생략한다.

느낌 빡! 분사구문, 왜 만드는 것인가?

분사구문을 만드는 과정을 잘 보면 일단 접속사와 주어를 지운다. 그냥 막 지우는 것이 아니다. 부사절의 내용이 주절과 아주 직접적으로 연결되어 있고 두 절의 관계가 명백해서 접속사를 지워도 글을 읽는 사람이 두 절의 의미 관계를 파악할 수 있어서 지우는 것이다. 주어야 주절에서 같은 녀석이 반복되니까 지워도 되고, 접속사와 주어를 지우니 벌써 두 단어나 줄어든다. 영어는 기본적으로 동일한 말의 반복을 싫어한다. 우리말엔 없는 paraphrase(반복을 피하기 위해 다른 말로 바꾸어 표현하는 것)란 단어가 있을 정도다. 분사구문도 기본적으로 두 단어나 줄일 수 있는 방법이니 자연스레 발달했다.

예문 正 正

❺ **Not seeing** the bus, the girl stepped into the road.

❺ 문맥상 Because the girl didn't see the bus라는 부사절에서 접속사와 주어가 모두 생략된 형태이다. 분사구문의 부정형은 분사 바로 앞에 not을 써준다.

❻ **Having bought** her a birthday gift, I had no money.

❻ 분사구문에 완료형(Having bought)이 쓰이면 분사구문의 상황이 주절(had)보다 먼저 일어났음을 뜻한다.

❼ **(Being) surprised** by the police, the thief ran away.

❼ 분사구문에 being V-ed 형태가 오면 수동태로 해석한다. 이때 being을 생략해도 의미는 같다.

❽ Many people take numerous photos **while traveling.** 기출

❽ 분사구문과 주절의 의미 관계를 명확하게 하기 위해 접속사 while을 생략하지 않았다. 분사구문이 수식하는 절의 뒤에 위치하면 콤마를 생략할 수 있다.

진짜 이해했는지 확인!

정답과 해설 p.393

Q 다음 문장을 분사구문을 사용한 문장으로 바꾸세요.

1 Because I had a fever, I didn't go to school.

→

2 As Mr. Williams retires, Mr. Morris is taking up his position.

→

3 After he had talked to the managers, he changed his mind.

→

예문 해석 거꾸로 영작 훈련도 필수!

1. 운동을 끝마치고 나니, 나는 기운이 없었다. **2.** 아버지가 은퇴함에 따라, 모리스 씨가 그의 자리를 차지한다. **3.** 관리자들과 이야기한 후에, 그는 마음을 바꾸었다. **4.** 조부모님에 의해 길러졌기 때문에, 그는 부모님과 친하지 않았다. **5.** 버스를 보지 못해서 여자아이는 도로에 걸어 들어갔다. **6.** 그녀에게 생일 선물을 사줘서 나는 돈이 하나도 없었다. **7.** 경찰에 놀라서 그 도둑은 도망갔다. **8.** 많은 사람들은 여행하는 동안 수많은 사진을 찍는다.

필수 예문 Review

가리개를 활용하여
필수 예문을 테스트해 보세요.

A 가 한글 가리고 해석해 보기

1. Look at the sleeping baby.
2. I installed an ad blocking program.
3. What's your preferred genre of music?
4. He designed a limited edition T-shirt.
5. I was so surprised at the news.
6. The presentation was boring.
7. We're excited to see you here.
8. So far, the results have been disappointing.
9. You will be satisfied with our experienced tutors.
10. I'm preparing a report.
11. Researchers have developed a solution to this problem.
12. The road was repaired.
13. We will use advanced technology.
14. I saw the advertisement printed in the newspaper.
15. Alvin makes models for the leading architectural firms.
16. The school forbids any food containing peanuts.
17. He became discouraged.
18. The output looks confusing.
19. We found the door locked.
20. I watched little kids playing soccer.
21. Walking to the store, he saw a puppy.
22. Sitting at the table, he wrote an essay.
23. Hearing the news, she started to cry.
24. Feeling guilty, he couldn't look me in the eye.

A 가 영어 예문 가리고 스피킹/영작해 보기

1. 자고 있는 아기를 봐.
2. 나는 광고 차단 프로그램을 설치했어요.
3. 당신이 선호하는 음악 장르는 무엇인가요?
4. 그는 한정판 티셔츠를 디자인했다.
5. 나는 그 소식에 몹시 놀랐다.
6. 발표는 지루했다.
7. 우리는 여기에서 당신을 봐서 신나요.
8. 지금까지, 결과는 실망스러웠다.
9. 당신은 우리의 경험이 있는 교사들에게 만족할 것입니다.
10. 나는 보고서를 준비하고 있다.
11. 연구자들은 이 문제에 대한 해결책을 개발해왔다.
12. 그 길은 보수되었다.
13. 우리는 진보된[발전된] 기술을 사용할 것이다.
14. 나는 신문에 인쇄된 광고를 봤다.
15. 앨빈은 선도적인[선도하고 있는] 건축회사를 위해 모형을 만든다.
16. 그 학교는 땅콩을 포함하는 모든 음식을 금지한다.
17. 그는 낙담하게 되었다.
18. 그 결과는 혼란스럽게 보인다.
19. 우리는 그 문이 잠겨있는 것을 발견했다.
20. 나는 어린 아이들이 축구하고 있는 것을 보았다.
21. 상점으로 걸어갈 때, 그는 강아지 한 마리를 보았다.
22. 그는 탁자에 앉아서 에세이를 썼다.
23. 그 소식을 듣고 나서, 그녀는 울기 시작했다.
24. 죄책감을 느껴서 그는 내 눈을 쳐다보지 못했다.

㉕	Not having any cash, she paid for it with her credit card.	㉕	현금이 없어서 그녀는 그것을 신용카드로 결제했다.
㉖	Working in a sales department, I travel a lot.	㉖	영업부에서 일하느라 나는 출장을 많이 다닌다.
㉗	Turning to the right, you'll find the bank.	㉗	오른쪽으로 돌면, 당신은 은행을 발견할 것이다.
㉘	Working late every day, he doesn't feel tired.	㉘	매일 늦게까지 일하는데도 그는 피곤을 느끼지 않는다.
㉙	After finishing the exercise, I was exhausted.	㉙	운동을 끝마치고 나니, 나는 기운이 없었다.
㉚	My father retiring, Mr. Morris is taking up his position.	㉚	아버지가 은퇴함에 따라, 모리스 씨가 그의 자리를 차지한다.
㉛	Having talked to the managers, he changed his mind.	㉛	관리자들과 이야기한 후에, 그는 마음을 바꾸었다.
㉜	(Being) raised by his grandparents, he wasn't close with his parents.	㉜	조부모님에 의해 길러졌기 때문에, 그는 부모님과 친하지 않았다.
㉝	Not seeing the bus, the girl stepped into the road.	㉝	버스를 보지 못해서 여자아이는 도로에 걸어 들어갔다.
㉞	Having bought her a birthday gift, I had no money.	㉞	그녀에게 생일 선물을 사줘서 나는 돈이 하나도 없었다.
㉟	(Being) surprised by the police, the thief ran away.	㉟	경찰에 놀라서 그 도둑은 도망갔다.
㊱	Many people take numerous photos while traveling.	㊱	많은 사람들은 여행하는 동안 수많은 사진을 찍는다.

Chapter Review Test 03

기출 예문으로 실전 훈련해 보기

Grammar for Reading

정답과 해설 p.393

✓ **다음 중 어법상 맞는 표현을 고르세요.**

1 Are you looking for fun and [exciting / excited] classes? Come on down to the Green Hills Community Center to check out our FREE program for local teens!

2 Ouch! I cut my finger on the [broken / breaking] mirror. Could you get me the first-aid kit?

3 Kevin wanted to become the new president of his science club, but he failed to win the election. He was very [disappointing / disappointed], but he decided to accept the result of the election.

4 I started taking the subway just a few days ago. It's become pretty expensive to drive to work recently. It's cheaper to take the subway because of [rising / rise] gas prices.

5 Alice got up late this morning and hurriedly went out of her apartment. [Realizing / Realized] that the elevator was not working, she walked down 10 floors.

6 English is the most commonly [speaking / spoken] language in official and commercial public life; however, it is only the fifth most spoken language at home.

7 [Having watched / Being watched] the older children opening their gifts, I already knew that the big gifts were not necessarily the nicest ones.

8 Good morning, tourists. This is *Paris Daily* reporter, Jessica Brown. Most visitors usually use public transportation to get around Paris. But sometimes it's nice to spend a sunny day in the city on foot. While [walking / walked] around, you can see some of Paris's beautiful hidden treasures.

---

2 first-aid kit 구급상자 **3** election 선거 **5** hurriedly 다급하게 **6** at home 집에서, 본국에서 **7** necessarily 필연적으로 **8** on foot 걸어서

Grammar for Writing

✓ **우리말에 맞게 주어진 단어를 활용하여 문장을 완성하세요.**

1 나는 그 소식에 몹시 놀랐다. **(surprise, the news)**

→

2 그는 어린 아이들이 축구하고 있는 것을 보고 있었다. **(watch, little kids, play soccer)**

→

3 열이 있어서, 그는 학교에 가지 않았다. **(have a fever, go to school)**

→

4 운동을 끝마치고 나니, 나는 기운이 없었다. **(finish the exercise, exhausted)**

→

Grammar for Speaking

✓ **다음 현재분사와 과거분사를 활용하여 자신의 문장을 말해보세요.**

1 **interesting, interested**

→ 나만의 문장:

예시 **The book *Of Mice and Men* is very interesting.** 생쥐와 인간이라는 책은 아주 흥미롭다.
I'm not interested in politics. 나는 정치에 관심이 없다.

2 **boring, bored**

→ 나만의 문장:

예시 **The movie was boring, so I fell asleep.** 그 영화는 지루해서 나는 잠이 들었다.
I'm so bored with my job. 나는 내 일이 너무 지루하다.

p.97 『분사 훑어보기』에서 분사의 개념을 다시 한번 정리해 보세요!

공부법 03

최고의 학습법

✔ 어떻게 공부하는 것이 가장 효율적인가?

미국 국립 행동 과학 연구소에서 한 실험을 했다. 학생들이 어떻게 공부했을 때 24시간 후 그 내용이 기억에 가장 많이 남아 있는지 측정한 것이다. 쉽게 말해, 여러 가지 방법으로 학습시킨 후 어떤 방법으로 했을 때 가장 성적이 잘 나오는지를 본 것이다.

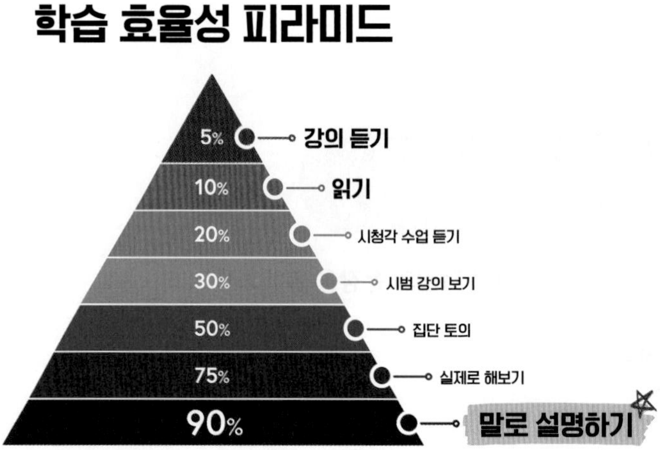

이 실험에 따르면 수업을 그냥 들었을 때의 기억률은 고작 5%다. 시청각 자료를 활용하면 20%까지 올릴 수 있다. 가장 효율이 높은 학습 방법은 기억률이 무려 90%에 달하는 '말로 설명하기'였다.

물론 이것이 모든 학생들에게 적용되진 않을 것이다. 학생의 성향에 따라 다르고 선생님의 실력에 따라 다르다. 강의의 내용에 따라서도 천차만별이다. 나쁜 강의를 들을 때 하나도 모르겠던 게 좋은 강의를 들으면 머리에 확실히 꽂힌다. 중요한 것은 직접 강의를 해보거나 설명하는 방식의 학습이 매우 효율적이란 사실이다.

공신닷컴에서는 공신들 1,000명을 인터뷰하여 그들의 공부법을 데이터화 한 적 있다. '천개의 시크릿'이란 이름으로 책도 출간되었고 방송으로도 제작된 일종의 공부 비결 모음집이다. 이 데이터에도 공신들이 최고로 치는 학습법에 '설명해보기'가 있었다.

보통 중고등학교 시절 학생들은 문제를 풀다 잘 모르면 공부 잘하는 친구를 찾아가서 물어본다. 굉장히 귀찮은 일이다. 그런데 공신들 인터뷰에서 꽤 많은 친구가 그게 귀찮기는커녕 대답하는 자신에게 오히려 도움이 됐다고 말했다. 공부한 내용을 설명할 기회가 좀처럼 없는데, 다른 친구가 물어봐서 설명해주면 그 내용이 머릿속에 확실히 자리 잡더라는 것이다. 잘 몰랐던 것도 분명해지고 자신의 설명이 미흡하면 그 부분을 더 찾아 공부하게 됐다고 한다. 심지어 그 반에서 어렵다고 꼽는 문제들은 전부 선별돼 자신에게 배달되니 고난도 학습이 저절로 가능했다는 이야기도 있었다.

이것이 미국에서 시작돼 최근 국내외 많은 교육 기관에서 도입하여 주목받고 있는 '플립 러닝(flipped learning)'이다. 'flipped'은 뒤집어졌단 뜻. 말 그대로 지금까지의 학습 방식과 정반대의 학습법이다. 한국에선 '거꾸로 교실'로 알려져 있다. 원래 수업에서는 학생들은 듣고 선생님만 떠든다. 하지만 플립 러닝에선 반대로 학생들이 주로 설명하고 토론한다. 플립 러닝을 적용하니, 교실에 조는 사람이 없고, 성적도 비약적으로 상승했다는 결과가 다수의 연구에서 보고되었다.

여러분도 도전해보라. 처음엔 어색하고 말이 잘 이어지지 않을 것이다. 하지만 익숙해지면 말솜씨도 늘게 되고 어떤 부분이 부족한지 본인이 바로 깨닫게 될 것이다. 당연히 기억에도 잘 남는다.

이 원리는 비단 영어 학습에만 국한된 것이 아니다. 이런 학습 방식이 익숙해지면 다른 과목에도 적용해 볼 수 있다. 한 번이라도 해 보면 매우 효과적이라는 것을 느낄 것이다.

CHAPTER 04

부정사

부정사는 무엇인가?

대부분 부정사가 뭔지도 모르고 문법을 배우곤 한다. 의미를 알고 이해하면 훨씬 쉬워진다.
부정사(不 아닐 부, 定 정할 정, 詞 말 사)는 '정해지지 않은 말'이라는 의미다. '분사'는 형용사, '동명사'는 명사로만 그 쓰임이 정해져 있다. 하지만, 'to부정사'는 그 자체만 봐서는 명사인지, 형용사인지, 부사인지 알 수가 없다.
to live라는 부정사가 명사 자리에 오면 명사 역할을 하여 '사는 것'이라는 의미를 가지고, 형용사 자리에 오면 형용사 역할을 하여 '사는'이라는 뜻이 된다. 그리고 부사 자리에 오면 부사 역할을 하여 '살기 위해'라고 해석한다.
이처럼 말 자체로는 품사와 뜻이 정해져 있지 않고 상황에 따라 달라지기 때문에 '부정사'이다. 부정사는 '부정하는 말'이 아니라, '품사와 뜻이 정해지지 않은 말'이라는 것을 꼭 기억하자.

부정사 어록

It's never too late to start again.
다시 시작하기에 너무 늦은 때는 없다.

세계 최고 부자가 내일 죽을 운명이다.
전 재산의 절반을 주고 여러분 같은 청춘을 얻을 수 있다면?
절반이 아닌 전 재산을 줄지도 모른다. 여러분이 가진 기회와 시간, 그보다 귀한 건 없다.

부정사 훑어보기

UNIT 19~20
to부정사의 명사적 용법

to부정사의 개념

개념	동사를 명사, 형용사, 부사로 활용할 수 있게 동사원형 앞에 to를 붙인 것
형태	• 기본형: to V　• 부정형: not to V
해석	[명사] ~하는 것, ~하기, [형용사] ~하는, ~할, [부사] ~하기 위해 등으로 해석

to부정사의 명사적 용법

주어	주어(to V) + 동사 **To learn** foreign languages is important.
목적어	주어 + 동사 + 목적어(to V) Jamie loves **to take** pictures.
주격보어	주어 + be동사 + 주격보어(to V) My plan is **to study** 7 hours a day.
목적격보어	주어 + 동사 + 목적어 + 목적격보어(to V) We want you **to participate**.
의문사 + to부정사	의문사 + to V I know **what to say**.

UNIT 21
to부정사의 형용사적 용법

to부정사의 형용사적 용법

명사 수식	명사 + to V I brought some books **to read**.
보어	주어 + 동사 + 보어(to V) We are about **to open** a new branch.

UNIT 22
to부정사의 부사적 용법

to부정사의 부사적 용법

동사 수식	주어 + 동사 + to V The man ran **to catch** the last bus.
형용사 수식	형용사 + to V I'm happy **to help**.
부사 수식	부사 + to V The star moved too fast **to see**.
문장 수식	to V + 문장(절) **To be** honest, I like action movies.

UNIT 23
to부정사의 의미상 주어와 시제

to부정사의 의미상 주어와 시제

의미상 주어	for + 목적격, of + 목적격 It is difficult **for him to get** a job. ※ to부정사 동작의 주체가 문장의 주어나 목적어와 다를 경우 의미상 주어를 표시
시제	**기본형(to V)**: 문장의 동사와 같은 시점 또는 그 이후에 일어날 일 **완료형(to have V-ed)**: 문장의 동사가 나타내는 시점 이전에 일어난 일

UNIT 24
원형부정사

원형부정사의 개념

개념	to 없이 동사원형의 형태로 쓰이는 부정사
활용	❶ 사역동사(make, have, let), 준사역동사(help)의 목적격보어 Mr. Barnet **let** us **use** the conference room. ❷ 지각동사(see, watch, look at, observe, hear, listen to, feel)의 목적격보어 I **watched** a woman **go** into the building.

UNIT 25
to부정사의 관용적 표현

to부정사의 관용적 표현

too … to V 너무 …해서 ~할 수 없다	enough to V ~하기에 충분히 (…하다)
have no choice but to V ~할 수밖에 없다	know better than to V ~할 만큼 어리석지 않다

UNIT 19

예문 듣기

to부정사의 명사적 용법 (1)

Jamie loves to take pictures.
제이미는 사진 찍는 것을 아주 좋아한다.

to부정사란 동사가 다른 품사(명사, 형용사, 부사)의 역할을 할 수 있게 동사원형 앞에 to를 붙인 것을 말한다.

to부정사가 명사 역할을 할 때, 다른 명사처럼 주어, 목적어, 보어 역할을 할 수 있다.

1 to부정사의 개념과 형태

- to부정사는 동사를 다른 품사로 쓸 수 있게 동사원형 앞에 to를 붙인 형태를 말한다. to부정사는 고정된 품사로 쓰이는 것이 아니라 명사, 형용사, 부사 자리에 모두 사용할 수 있다.
- 동사의 성질이 남아 있어 목적어나 보어를 동반할 수 있고, 부사의 수식을 받을 수 있다.
- **to부정사 기본형**: to V
  to부정사 부정형: not to V (to 앞에 not을 써준다.)
  He promised **to come** home early. 그는 집에 일찍 오기로 약속했다.
  I decided **not to attend** the conference. 나는 회의에 참석하지 않기로 결심했다.

2 to부정사의 명사적 용법 - 주어

- to부정사는 명사 역할을 할 수 있다. 다른 명사와 마찬가지로 문장의 주어, 목적어, 보어가 될 수 있다.
- '~하는 것, ~하기'라고 해석한다.
- to부정사가 주어일 때는 3인칭 단수로 취급한다.

참고 가주어 it-진주어 to부정사: 주어 자리에 오는 to부정사의 길이가 길어지면 가주어 it을 쓰고 to부정사를 뒤로 보낸다.

예문

❶ **To learn** foreign languages is important.

❷ **To be** honest requires courage.

❸ It is difficult **to tell** him the truth.

❹ It is your duty **to finish** the work in time.

❶ to부정사구가 문장의 주어로 왔다. '~하는 것은'이라고 해석한다. to부정사는 단수 취급하므로 단수동사 is가 온다.

❷ to부정사구를 단수 취급하여 단수동사 requires가 왔다. To be honest는 '솔직한 것은'이라고 해석한다.

❸, ❹ 가주어 it-진주어 to부정사 용법이 쓰였다. 원래 문장의 주어인 to부정사구를 뒤로 보내고 가주어 it을 써주었다. 'It is 형용사[명사] + to부정사'는 '~하는 것은 …하다[이다]'라고 해석한다.

▶ 느낌 빡! 여러분도 이미 알고 있는 가주어와 진주어

Nice to meet you. 만나서 반갑습니다.
스스로 영포자라고 하는 사람들도 이 한마디는 할 줄 안다. 이 문장, 사실은 to부정사가 명사로 활용된 구문이자 가주어-진주어 구문이다. 정말 자주 쓰다 보니 앞에 붙은 It is를 생략하고 써서 티가 잘 안 났을 뿐이다. To meet you is nice.가 가주어 구문 It is nice to meet you.가 되었다가 자주 쓰다 보니 앞에 있는 It is를 생략하게 된 것이다. 어떤가? 이제 to부정사와 가주어가 좀 만만하지 않나?

3 to부정사의 명사적 용법 - 목적어

- to부정사에는 '미래'의 의미가 있어서, 앞으로 하게 될 일을 나타내는 동사의 목적어로 쓰인다.

참고 가목적어 it-진목적어 to부정사: 목적어 자리에 오는 to부정사의 길이가 길어지면 가목적어 it을 쓰고 to부정사를 뒤로 보낸다.

- **to부정사를 목적어로 취하는 동사들**

choose	선택하다	**intend**	의도하다	**plan**	계획하다	**want**	원하다
decide	결정하다	**mean**	의미하다, 의도하다	**attempt**	시도하다	**like**	좋아하다
expect	기대하다	**promise**	약속하다	**try**	노력하다, 시도하다	**love**	사랑하다
hope	희망하다	**refuse**	거절하다	**fail**	실패하다	**prefer**	선호하다
ask	요청하다	**agree**	동의하다	**tend**	~하는 경향이 있다	**hate**	싫어하다

▶ 느낌 빡! to부정사가 미래의 의미를 나타내게 된 원리

흔히 to부정사를 목적어로 취하는 동사와 동명사를 목적어로 취하는 동사를 각각 나누어 무작정 외운다. 이 또한 외울 필요가 없다. 원래 to는 '~으로, ~까지'라는 뜻의 전치사다. 어떤 대상을 향해 쭉 뻗어 나가는 느낌을 전달한다. 즉 아직 도달하지 않은 것을 향해 나아가는 것을 말한다. go to school 하면 '학교를 향해 가다'라는 뜻 아닌가. 오늘날 to부정사의 to는 전치사와 완전히 별개로 부정사를 나타내는 표시로만 기능하고 있지만, 원래는 전치사 to와 같은 어원, 즉 앞을 '향해' 뻗어 나가는 의미에서 출발했다. 그로 인해 to부정사는 자연스럽게 미래에 일어날 일, 앞으로 할 동작이라는 의미까지도 내포하게 된 것이다.
예를 들어 계획한다는 뜻 자체가 '미래'의 일을 계획한다는 뜻이기에 plan의 목적어는 동명사가 아닌 to부정사를 써야 한다. choose, intend, expect 등도 모두 마찬가지이다. Unit 28. 동명사, to부정사를 목적어로 취하는 동사

예문 正正

❺ He wants **to change** the date.

❻ I'd like **to buy** a bicycle for my son.

❼ She decided **to get** a degree in education. 기출

❽ She chose **not to share** the information.

❾ I've found it hard **to be** creative in a doorless office. 기출

❺ to부정사구가 wants의 목적어로 쓰였다. '~하는 것을 원한다'라고 해석한다.

❻ to부정사구가 like의 목적어이다. 참고로 would like to는 '~하고 싶어요'라는 뜻의 관용 표현이다.

❼ decide는 미래에 어떤 일을 하기로 '결정한다'는 뜻이다. 미래를 나타내는 to부정사구를 목적어로 취한다.

❽ to부정사의 부정형은 to부정사 앞에 not을 써준다. 명사일 때 부정형은 '~하지 않는 것[않기]'라고 해석한다.

❾ 원래 to be ~ office가 found의 목적어이고, hard는 목적격보어였다. '~하는 것이 어렵다는 것을 알았다[발견했다]'라는 뜻의 5형식 문장이다. Unit 05. 5형식

✔ 진짜 이해했는지 확인!

정답과 해설 p.394

Q 괄호 안에 있는 동사를 알맞은 형태로 바꾸세요.

1 He wants (change) the schedule. →

2 I decided (get) a degree in education. →

3 She chose (not share) the information. →

예문 해석 거꾸로 영작 훈련도 필수!

1. 외국어를 배우는 것은 중요하다. **2.** 솔직한 것은 용기를 필요로 한다. **3.** 그에게 진실을 말하는 것은 어렵다. **4.** 일을 제시간에 끝내는 것은 당신의 의무이다. **5.** 그는 날짜를 변경하기를 원한다. **6.** 아들을 위해 자전거를 구입하고 싶습니다. **7.** 그녀는 교육학 학위를 받기로 결정했다. **8.** 그녀는 정보를 공유하지 않기로 선택했다. **9.** 나는 문이 없는 사무실에서는 창의적이기 어렵다는 것을 알았다[어렵다는 사실을 깨달았다].

UNIT 20

to부정사의 명사적 용법 (2)

예문 듣기

We want you to participate.
우리는 네가 참여하기를 바란다.

to부정사가 명사 역할을 하면 동사 뒤에서 주격보어, 목적격보어로 사용될 수 있다.

'의문사 + to부정사'의 형태로 활용되면 to부정사에 '의문사'의 의미가 추가된다.

1 to부정사의 명사적 용법 - 주격보어

- to부정사는 다른 명사와 마찬가지로 주격보어가 될 수 있다. ○ Unit 02. 2형식

예문 正正

❶ My plan is **to study** 7 hours a day.

❷ **To require** perfection is **to invite** paralysis. 기출

❸ Our principle was **to discuss** every disagreement. 기출

❶ to부정사구가 주격보어로 쓰였다. 주어(My plan)의 내용이 무엇인지 보충 설명한다.

❷ 주어와 주격보어 모두 명사 역할을 하는 to부정사구이다. '~하는 것은 …하는 것이다'라고 해석한다.

❸ 이 문장에서 주어와 주격보어는 동격이다. 'Our principle = to discuss ~ disagreement'의 관계로 해석한다.

2 to부정사의 명사적 용법 - 목적격보어

- to부정사는 다른 명사와 마찬가지로 목적격보어가 될 수 있다. ○ Unit 05. 5형식
- to부정사가 목적격보어로 쓰이면 목적어를 to부정사 동작의 주체로 놓고 해석한다.
- **to부정사를 목적격보어로 취하는 동사들**

want	바라다	**tell**	말하다	**ask**	요청하다	**request**	요청하다
get	시키다, 만들다	**encourage**	장려하다	**allow**	허락하다	**enable**	가능하게 하다
advise	조언하다	**remind**	상기시키다	**cause**	유발하다	**help**	돕다

참고 to부정사를 목적격보어로 취하는 동사들도 '미래'의 의미를 나타낸다. help는 원형부정사도 목적격보어로 취한다. ○ Unit 24. 원형부정사

예문 正正

❹ The boss encouraged us **to work** faster.

❺ I finally got him **to sleep**.

❻ This coupon allows you **to stay** at our resort anytime.

❼ I always ask people **to respect** their body rhythms. 기출

❹ 목적어 us의 목적격보어로 to부정사구(to work faster)가 쓰였다. '우리가 ~하도록 격려했다'라고 해석한다.

❺ get이 여기서는 '~하게 만들다'라는 의미로 쓰였다. '그가 잠을 자게 만들었다'라고 해석한다.

❻ 'allow + 목적어 + to부정사'는 '(목적어)가 (to부정사)하는 것을 허락하다'라고 해석한다.

❼ '(목적어)에게 (to부정사)하라고 요청하는' 것이니 '사람들에게 그들의 신체 리듬을 존중하라고 요청한다'는 뜻이다.

3 의문사 + to부정사

- '의문사 + to부정사'도 명사적 용법의 to부정사와 마찬가지로 주어, 보어, 목적어 자리에 온다.
- '의문사 + to부정사'는 to부정사에 의문사의 의미가 추가된 것이다.

what to V	무엇을 ~(해야) 할지	**when to V**	언제 ~(해야) 할지
who(m) to V	누구를/누구에게/누구와 ~(해야) 할지	**how to V**	어떻게 ~(해야) 할지, ~하는 방법
where to V	어디에서/어디를 ~(해야) 할지		

☆주의 의문사 중 why는 to부정사와 함께 쓰이지 않는다. why는 주로 과거에 대한 원인을 나타내므로 미래의 의미를 가진 to부정사와 어울리지 않는다.

예문 正 正

❽ I know **what to say.**

❽ to부정사 앞에 의문사 what이 오면 '무엇을 ~해야 할지'라고 해석한다. 여기서는 '무엇을 말해야 할지'라는 뜻이다.

❾ They haven't decided **who to hire.**

❾ 'who + to부정사'가 목적어로 쓰였다. '누구를 고용해야 할지'라는 뜻이다. who 대신 whom을 쓰면 더 격식 있는 표현이 된다.

❿ I'll learn **how to be** a good dad.

❿ 'how + to부정사'는 '어떻게 ~할지'라는 뜻이다. '~하는 방법'이라고 해석하면 자연스럽다.

느낌 빡! to부정사가 전치사 뒤에 올 수 없는 이유

to부정사는 동사를 명사, 형용사, 부사로 활용하려고 형태를 바꾼 것이라고 했다. 그래서 명사가 가는 자리라면 to부정사도 갈 수 있다. 전치사 뒤에만 빼고 말이다. 뒤에서 더 자세하게 배우겠지만 전치사(to, by, of 등) 뒤에는 명사가 오게 되어 있다.
그런데 전치사 to 뒤에 명사적 용법의 to부정사가 오면 We look forward to to see you again.처럼 철자와 발음이 같은 말이 연달아 나오게 된다. 헷갈리고 보기에도 안 좋은데다 영어는 반복을 싫어하는 언어이므로 이런 일을 용납하지 않는다. 그래서 전치사 뒤에 다른 명사 형태는 가능하지만, to부정사는 올 수 없다.
대신 또 다른 동사의 변형인 동명사를 쓰면 된다. 동명사는 동사를 명사로 쓰기 위해 형태를 바꾼 것인데, V-ing 형태이다. We look forward to seeing you again.(우리는 당신을 다시 뵙기를 기대합니다.)처럼 전치사와 형태가 겹치지 않으니 전치사 뒤에 얼마든지 올 수 있다. ◎ Unit 26. 동명사의 개념과 역할
하지만 '의문사 + to부정사' 구조는 전치사와 to부정사 사이에 의문사가 있게 되어 to가 겹치지 않으므로 전치사 뒤에 올 수 있다.

✔ 진짜 이해했는지 확인!

정답과 해설 p.394

Q 배운 문법을 이용해 영어 문장을 말해보세요.

1 내 계획은 하루에 2시간 운동하는 것이다. (my plan, exercise) →
2 나는 무엇을 말해야 할지 안다. (know, say) →
3 선생님은 우리가 공부를 더 열심히 하도록 격려했다. (encourage, study harder) →

예문 해석 거꾸로 영작 훈련도 필수!

1. 내 계획은 하루에 7시간 공부하는 것이다. **2.** 완벽을 요구하는 것은 마비를 초래하는 것이다. **3.** 우리의 원칙은 모든 의견 충돌에 관해 논의하는 것이었다. **4.** 상사는 우리가 일을 더 빠르게 하도록 격려했다. **5.** 나는 마침내 그가 잠을 자게 했다. **6.** 이 쿠폰은 당신이 언제든지 우리 리조트에 머물도록 허용합니다. **7.** 나는 언제나 사람들에게 그들의 신체 리듬을 존중하라고 요청한다. **8.** 나는 무엇을 말해야 할지 안다. **9.** 그들은 누구를 고용해야 할지 결정하지 않았다. **10.** 나는 좋은 아빠가 되는 방법을 배울 것이다.

UNIT 21

to부정사의 형용사적 용법

예문 듣기

I brought some books to read.

나는 읽을 책 몇 권을 가져갔다.

to부정사도 형용사 역할을 할 수 있다. 명사를 수식하거나 주어, 목적어인 명사를 보충 설명하는 보어가 될 수 있다.

형용사 역할을 하는 to부정사는 보통 '~하는, ~할'이라고 해석한다.

1 to부정사의 형용사적 용법 - 명사 수식

- to부정사는 다른 형용사와 마찬가지로 명사를 수식한다.
- 일반적인 형용사 용법과 달리 명사를 수식할 땐 항상 '명사 뒤에' 위치한다.
- '~하는, ~할'이라고 해석한다.

예문 正正

❶ This laptop has a tendency **to overheat.**

❷ I'm looking for a place **to spend** vacation.

❸ Social media is a great way **to keep** in touch with friends. 기출

❶ to부정사는 수식하는 명사 뒤에 위치한다. a tendency to overheat는 '과열되는 경향'이라고 해석한다.

❷ 'a place + to부정사'는 '~하는[할] 장소'라는 뜻이다.

❸ to부정사구(to keep ~ friends)가 앞에 나온 명사구(a great way)를 수식한다. 참고로 keep in touch with는 '~와 연락을 유지하다'라는 뜻의 관용 표현이다.

▶ 느낌 빡! 영어에서는 길면 뒤로 간다

to부정사는 동사에서 출발한 것이기 때문에 뒤에 목적어나 보어, 수식어가 붙을 수 있다. to부정사 자체가 이미 'to + 동사원형'으로 된 두 단어짜리 구인데, 어떨 때는 하나의 문장이라고 할 만큼 길이가 길어진다. 우리말로 예를 들자면, '평창에서 한겨울에 창문을 열고 고속으로 자동차를 운전하는 것' 이런 식으로도 길어질 수 있다.
그런데 영어는 결론부터 말하고 중요한 순서대로 말한다. 주어가 길어지면 결론인 동사가 너무 뒤에 나오게 된다. 문장의 비율상으로도 머리에 해당하는 주어가 길어 가분수처럼 보인다. 우리말도 주어가 너무 길면 말이 장황해지고 듣는 입장에서도 답답하지 않은가?
그렇기 때문에 to부정사가 주어나 목적어로 쓰일 때 가주어, 가목적어 it을 대신 세워놓고 뒤로 이동하는 것이다. 마찬가지로 명사를 수식할 때도 일반적인 형용사와 달리 명사 뒤에 위치한다. 중요한 것을 빨리 말해주기 위해 길이가 길면 뒤로 보내는 것이다.

➲ p.26 한 시간에 끝내는 영어의 원리

2 to부정사의 형용사적 용법 - 보어

- to부정사는 다른 형용사와 마찬가지로 2형식 동사의 보어로 사용될 수 있다. ➲ Unit 02. 2형식
- **be + to부정사:** to부정사는 '미래'의 의미를 포함하고 있다. 그래서 형용사로 활용된 to부정사가 주격보어 자리에 오면 주어가 '미래'에 할 일을 나타낸다.

☆참고 to부정사의 관용 표현이라고 외우는 be about to(막 ~하려는 참이다)는 사실 'be + to부정사' 구조에 부사 about(거의, 대략)이 더해져서 '예정'의 의미를 강조한 것이다.

▶ 느낌 빡! be to 용법, 이제 외울 필요 없다!

be to 용법이라는 별도의 문법이 있는 것처럼 그 용법을 달달 외운 사람들이 있을 것이다. 실제로 대부분의 문법책에서 'be + to부정사'는 1) 미래에 하기로 예정된 일, 2) 해야 할 의무, 3) 할 수 있는 가능성, 4) 하게 될 운명, 5) 하려는 의도를 나타낸다고 소개한다. 이걸 '예정, 의무, 가능성, 운명, 의도'라고 지금껏 외워왔다면 이제 그럴 필요 없다. be to용법은 사실 to부정사의 형용사적 용법의 일부로, to부정사의 '미래' 의미를 활용하는 또 다른 예일 뿐이다. to부정사가 전치사 to에서 비롯된 '미래' 의미를 갖는 걸 이해했다면, 주격보어 to부정사는 '주어가 미래에 할 일'을 나타낸다고 바로 이해할 수 있다.

예문

❹ You are **to go** home immediately.

❺ We are about **to open** a new branch.

❻ My English seems **to be** getting better.

❹ 'be + to부정사'는 주어가 앞으로 할 일을 말할 때 쓴다. 여기서는 앞으로 '해야 할 일', 즉 의무를 나타낸다.

❺ 'be + to부정사'를 부사 about이 강조한다. be about to는 아주 가까운 미래에 '예정'된 일을 말할 때 쓴다.

❻ seem은 '~인 것 같다, ~해 보이다'라는 뜻의 2형식 동사이다. 형용사적 용법의 to부정사를 보어로 취할 수 있다.

3 to부정사 + 전치사

• 명사를 수식하는 to부정사 뒤에 반드시 전치사가 와야 하는 경우가 있다. to부정사 뒤에 전치사가 필요한지 아닌지 알기 위해서는 명사를 to부정사 뒤로 옮겨서 의미를 확인해 본다.

We're looking for a house **to live** in. 우리는 살 집을 찾고 있어요.

to live a house (X)

to live in a house (O) → 전치사 in 필요

참고 우리말로 하면 '살 집'이니까 'a house to live'라고 해도 될 것 같지만 영어에서는 아니다. We live in a house.(우리는 집에서 산다.)라고 할 때 전치사 in이 필요하지 않은가? 따라서 to부정사를 형용사로 쓸 때에도, 동사에서 사용하는 전치사까지 그대로 가져와 to부정사 뒤에 써주어야 한다.

예문

❼ She needed someone **to talk** to.

❽ They were looking for a bench **to sit** on.

❾ He asked me for a pen **to write** with.

❼ '누군가에게 말하다'는 talk to someone이다. 형용사 역할을 하는 to talk 뒤에도 전치사 to가 있어야 한다.

❽ sit on a bench(벤치 위에 앉다)가 바른 표현이므로 to sit 뒤에도 전치사 on이 필요하다.

❾ '펜으로 쓰는' 것이지 '펜을 쓰는' 것이 아니므로 전치사 with까지 써주어야 제대로 된 의미를 전달할 수 있다.

✔ 진짜 이해했는지 확인!

정답과 해설 p.394

Q 다음 문장에서 밑줄 친 부분을 알맞게 해석하세요.

1 I brought some books to read. →

2 I'm looking for a house to live in. →

3 Social media is a great way to keep in touch with friends. →

예문 해석 거꾸로 영작 훈련도 필수!

1. 이 노트북은 과열되는 경향이 있다. **2.** 나는 휴가를 보낼 장소를 찾고 있다. **3.** 소셜 미디어는 친구들과 연락을 유지하는 훌륭한 방법이다. **4.** 너는 집에 즉시 가야 한다. **5.** 우리는 새 지점을 열 예정이다. **6.** 내 영어가 더 좋아지고 있는 것 같아. **7.** 그녀는 얘기할 누군가가 필요했다. **8.** 그들은 앉을 벤치를 찾고 있었다. **9.** 그는 나에게 쓸 펜을 요청했다.

UNIT 22

to부정사의 부사적 용법

예문 듣기

I'm happy to help.

도울 수 있어 기쁩니다.

to부정사는 부사 역할을 하여 동사, 형용사, 부사, 그리고 문장 전체를 수식할 수 있다.

이때 '~하기 위해, 그래서 ~하다' 등으로 해석한다.

1 to부정사의 부사적 용법 - 동사 수식

- to부정사는 부사 역할을 하여 동사, 형용사, 부사, 그리고 문장 전체를 수식한다.
- to부정사는 동사를 수식할 때 목적(~하기 위해)과 결과(그래서 ~하다)를 나타낸다.

예문

❶ The man ran **to catch** the last bus.

❷ I'm calling **to confirm** your trip to New York next week. 기출

❸ People were waiting in long lines **to purchase** presents. 기출

❹ He grew up **to be** a writer.

❶ to부정사구(to catch ~ bus)가 동사 ran을 수식하고 있다. 그가 뛴 목적을 나타낸다.

❷ to부정사구가 동사구를 뒤에서 수식한다. 'call + to부정사'는 '~하려고 전화하다'라는 뜻이다.

❸ to부정사구(to purchase presents)는 긴 줄에서 기다리고 있었던 목적을 나타낸다.

❹ 여기서 to부정사구(to be a writer)는 결과를 나타낸다. '성장하여 ~가 되었다'라고 해석한다.

▶ 느낌 빡! to부정사 '목적'의 의미를 확실하게 살려주는 표현

to부정사는 용법만 해도 명사, 형용사, 부사 이렇게 세 가지가 있다. 그리고 그 안에서 나타내는 뜻과 역할은 얼마나 다양한지. 여기까지 공부하면서 '부정'의 의미를 절감했을 것이다. 이렇게 뜻과 활용이 너무너무 많다 보니 읽는 사람이 해석을 고민하지 않도록 친절한 표현들이 나왔다.

'in order to + 동사원형(~하기 위해)', 'so as to + 동사원형(~하기 위해)'가 바로 그 표현들이다. 우리가 무작정 외웠던 표현에 숨어있는 to부정사가 보이지 않는가? 그냥 to부정사를 써도 문맥을 통해 목적의 의미로 사용되었음을 나타낼 수 있지만, 위 표현들을 쓰면 to부정사가 '목적'을 나타내기 위해 사용되었음을 보다 명확하게 표현할 수 있다.

The man ran **to catch** the last bus. → The man ran **in order to catch** the last bus.

2 to부정사의 부사적 용법 - 형용사, 부사 수식

- to부정사는 형용사를 수식하여 그 의미를 더 분명하게 한다.
  1) 감정을 나타내는 형용사(happy, sad, excited, sorry 등) 뒤에서 감정의 원인(~해서)을 나타낸다.
  2) 사람의 특성, 성질을 나타내는 형용사(silly, brave, lucky 등) 뒤에서 그 근거(~하다니)를 나타낸다.
- to부정사는 다른 부사를 수식할 수도 있다. 이때는 보통 '~하기에'라고 해석한다.

예문

❺ I'm glad **to be** with you.

❻ He's stupid **to make** the same mistake again.

❼ This equipment is safe **to use.**

❽ The star moved too fast **to see.**

❺ to부정사구(to be with you)가 형용사를 수식한다. 여기서는 감정(glad)의 원인을 나타낸다.

❻ to부정사구(to make ~ again)가 그를 어리석다고 판단한 근거를 나타낸다.

❼ to부정사(to use)가 safe를 수식하여 '어떻게' 안전한지 의미를 더 분명하게 한다. safe to use는 '사용하기에 안전한'이라는 뜻이다.

❽ 여기서는 to부정사가 다른 부사를 수식한다. too ~ to 부정사는 '너무 ~하여 … 할 수 없다'라고 해석한다.

3 to부정사의 부사적 용법 - 문장 수식

- to부정사는 다른 부사와 마찬가지로 문장(절) 전체를 수식할 수 있다.
- 문장에서 콤마(,)로 구분되므로 수식하는 문장(절)과 쉽게 분리하여 파악할 수 있다.
- **문장 전체를 수식하는 to부정사 관용 표현**

to tell the truth	사실대로 말하자면	**to be honest**	솔직히 말해서
so to speak	말하자면, 이를 테면	**to make matters worse**	설상가상으로
to be sure	틀림없이	**not to mention**	말할 것도 없이
to begin with	우선, 첫째로	**needless to say**	말할 필요도 없이
to conclude	마지막으로, 결론을 말하면	**strange to say**	이상한 이야기지만, 이상하게도

예문

❾ **To be honest,** I like action movies. 기출

❿ **To make matters worse,** inflation has returned.

⓫ **Needless to say,** I prefer the cheaper one. 기출

⓬ **Strange to say,** she has never talked about her family.

❾ to부정사구(To be honest)가 문장 전체 내용을 꾸며준다. 콤마(,)로 구분되어 쉽게 해석할 수 있다.

❿ '설상가상으로'라는 뜻의 관용 표현이다. 직역하면 '일을 더 나쁘게 만들기 위해'가 된다.

⓫, ⓬ needless to say는 '말할 필요도 없이'라는 뜻이며, strange to say는 '이상한 이야기지만(=말하기에 이상하지만)'이라는 뜻이다. Needless와 Strange를 부사적 용법의 to부정사가 수식하는 구조이다.

✔ 진짜 이해했는지 확인!

정답과 해설 p.394

Q 다음 문장에서 밑줄 친 부분을 알맞게 해석하세요.

1 He ran to catch the last train. →

2 I'm happy to be with you. →

3 This device is convenient to use. →

예문 해석 거꾸로 영작 훈련도 필수!

1. 그 남자는 마지막 버스를 잡기 위해 뛰었다. **2.** 당신의 다음 주 뉴욕 여행을 확인하려고 전화드립니다. **3.** 사람들은 선물을 사려고 긴 줄에서 기다리고 있었다. **4.** 그는 커서 작가가 되었다. **5.** 나는 너와 함께 있어서 기뻐. **6.** 같은 실수를 또 하다니 그는 어리석다. **7.** 이 장비는 사용하기에 안전하다. **8.** 그 별은 너무 빨리 움직여서 볼 수 없었어.(그 별은 보기에 너무 빨리 움직였어.) **9.** 솔직히 말해서, 나는 액션 영화를 좋아해. **10.** 설상가상으로, 물가 상승이 돌아왔다. **11.** 말할 필요도 없이, 저는 싼 게 더 좋아요. **12.** 이상하게도, 그녀는 가족에 관해 말한 적이 한 번도 없다.

UNIT 23

예문 듣기

to부정사의 의미상 주어와 시제

It is difficult for him to get a job.
그가 직장을 구하는 것은 어렵다.

to부정사가 나타내는 동작의 주체를 to부정사의 의미상 주어라고 한다.

to부정사의 의미상 주어는 'for + 목적격'이나 'of + 목적격' 형태로 쓴다.

1 to부정사의 의미상 주어

- to부정사는 동사를 변형하여 만든 것이므로 동사와 마찬가지로 동작의 주체를 갖는다.
- **의미상 주어를 표시하지 않는 경우**
  to부정사의 동작의 주체가 문장의 주어·목적어와 같거나 예상할 수 있는 경우, 의미상 주어를 따로 표시하지 않는다.

I decided **to go** to his birthday party. 나는 그의 생일 파티에 가기로 결정했다.
문장의 주어: I = to부정사(to go)의 주체: I
→ 문장의 주어와 to부정사의 주체가 같으므로 의미상 주어를 밝힐 필요 없음

My plan is **to study** 7 hours a day. 내 계획은 하루에 7시간 공부하는 것이다.
문장의 주어: My plan, to부정사의 주체: I라고 예상할 수 있음
→ 문장의 주어와 to부정사의 주체가 다르지만, 예상할 수 있으므로 의미상 주어를 생략 가능

- **의미상 주어를 표시하는 경우**
  to부정사 동작의 주체가 문장의 주어나 목적어와 다를 경우, to부정사 앞에 의미상 주어를 표시한다.
  1) **for + 목적격**: to부정사의 의미상 주어는 대부분 'for + 목적격' 형태로 표시한다.
  2) **of + 목적격**: 사람의 특성이나 성질을 나타내는 형용사 뒤에는 'of + 목적격' 형태로 의미상 주어를 표시한다.

예문 正 正

❶ It was hard **for me to hide** my emotions.

❷ There's a better chance **for you to succeed.**

❸ Basketball provides an opportunity **for students to develop** skills. 기출

❹ It is very kind **of you to help** me.

❶ to 앞에 'for + 목적격' 형태로 의미상 주어를 표시했다. '내가 감정을 숨기는 것은'이라고 해석한다.

❷ 여기서 to부정사는 a better chance를 수식하는 형용사 역할을 한다. for you는 의미상 주어이므로 '네가 성공할 수 있는 많은 가능성'이라고 해석한다.

❸ 기술을 발달시키는 주체는 학생들(students)이다. to부정사 동작의 주체가 문장의 주어(Basketball), 목적어(an opportunity)와 다르므로 의미상 주어를 표시했다.

❹ 사람의 성격을 나타내는 형용사(kind) 뒤에는 'of + 목적격' 형태로 의미상 주어를 표시한다.

느낌 빡! 의미상 주어가 가져오는 오는 의미 차이

A. It is difficult for him to get a job.
B. It is difficult to get a job.

A문장에서 의미상 주어(for him)를 지워 B문장처럼 쓴다 해도 문법적으로는 오류가 없다.
A문장은 의미상 주어(for him)를 밝혀서 어떠한 개인적인 사유로 인해 '그'가 다른 사람들과 달리 직장을 구하기 어려운 상황임을 말한다. 반면, B문장은 전반적으로 경기가 안 좋아서 누구든지 취업하기가 어려울 때 쓸 수 있는 말이다. 이처럼 의미상 주어는 문법적으로 봤을 때 필수 문장 구성 요소는 아니지만, 의미 차이를 발생시키므로 해석에 유의해야 한다. 이렇게 제대로 된 문법을 하나하나 공부하다 보면 독해와 회화에서 훨씬 더 정확히 말하는 사람의 의도를 파악할 수 있다.

2 to부정사의 시제 표현

- to부정사는 동사와 유사한 특징을 가지지만, 시제를 표현하는 데는 제한이 있다.
- 이를 보완하기 위해, 완료형 to부정사(to have V-ed)를 써서 문장의 동사보다 앞선 시점을 표현할 수 있다.

참고 완료형 to부정사를 다른 말로 '완료부정사'라고 한다.

They seem **to have** a solid plan. 그들은 확고한 계획을 가진 것처럼 보인다.
to V: 문장의 동사와 to부정사의 동작이 일어난 시점이 같음을 의미한다.

They seem **to have had** a solid plan. 그들은 확고한 계획을 가졌던 것처럼 보인다.
to have V-ed: 문장의 동사보다 to부정사의 동작이 먼저 일어났음을 의미한다.

예문 正 正

❺ He seemed **to have forgotten** her name.

❺ 여기서 to부정사의 완료형은 대과거를 표현한다. 그녀의 이름을 잊어버린(to have forgotten) 시점이 더 먼저임을 나타낸다.

❻ I feel embarrassed **not to have read** the book.

❻ to have V-ed 앞에 부정을 나타내는 not이 왔다. '~하지 않았던 것'이라고 해석한다.

❼ Humans appear **to have first reached** Australia around 50,000 years ago. 기출

❼ 인류가 호주에 처음 도달한 것은 약 5만 년 전에 일어났으므로 문장의 현재형 동사(appear)보다 앞선 시점을 나타내는 to have V-ed 형태를 써주었다.

진짜 이해했는지 확인!

정답과 해설 p.394

Q 다음 문장을 해석해 보세요.

1 It is very kind of you to help us. →

2 It is difficult for me to get a new job. →

3 Football provides an opportunity for students to develop skills. →

예문 해석 거꾸로 영작 훈련도 필수!

1. 내 감정을 숨기는 것은 어려웠다. **2.** 네가 성공할 수 있는 가능성이 더 많다. **3.** 농구는 학생들이 기술을 발달시킬 기회를 제공한다. **4.** 저를 도와주시다니 당신은 아주 친절하시네요. **5.** 그는 그녀의 이름을 잊어버렸던 것으로 보였다. **6.** 나는 그 책을 읽지 않았다는 것이 부끄럽다. **7.** 인류는 약 5만 년 전에 호주에 처음 도달했던 것으로 보인다.

UNIT 24
원형부정사

예문 듣기

I watched a woman go into the building.

나는 한 여자가 건물에 들어가는 것을 보았다.

원형부정사는 동사원형의 형태로 쓰이는 부정사를 말한다. to부정사처럼 다른 어구와 연결되어 다양하게 활용된다.

특히 사역동사와 지각동사는 목적격보어로 to부정사 대신 원형부정사를 사용한다.

1 원형부정사의 활용 - 사역동사의 목적격보어

- 원형부정사란, to부정사에서 to가 생략된 형태, 즉 동사원형의 형태로 쓰이는 부정사를 말한다.
- 사역동사는 목적격보어 자리에 to부정사 대신 원형부정사를 사용한다.
- **사역동사**: 다른 대상에게 어떤 행위나 동작을 '시키는' 동사이다. make, have, let이 있으며, have가 가장 보편적인 표현이다.
- **준사역동사**: help와 get도 '시키는' 의미를 나타낼 수 있다. 이때 help와 get은 목적격보어로 to부정사를 사용하여 '준사역동사'라고 부른다. 단, help는 원형부정사도 가능하다.

구분	종류 및 형태		뜻 (~하게 시키다)
사역동사	make	+ 원형부정사	~하게 만들다
	have		~하게 시키다
	let		~하게 허용[허락]하다
준사역동사	help	+ to부정사/원형부정사	~하도록 돕다
	get	+ to부정사	~하게 하다

▶ 느낌 빡! 사역동사와 지각동사의 목적격보어 자리에 원형부정사가 오는 이유

흔히 쓰이는 to부정사를 두고 사역동사와 지각동사의 목적격보어 자리에는 왜 원형부정사가 오는 것일까? 이 또한 외우지 않고 이해할 수 있다. 그 원인은 사역동사, 지각동사의 특성과 관련이 있다. 우리는 지금 일어나는 일을 보고, 듣고, 인지하는 것이지 아직 일어나지 않은 미래의 일을 감지할 수는 없다. 그런데 to부정사는 미래의 의미를 내포한다고 했으니 지각동사와 쓰면 어색하다.

➲ Unit 19. to부정사의 명사적 용법 (1)

사역동사도 마찬가지이다. 무언가를 시키거나 하게 만든다는 건 사실 남에게 강제하거나 명령하는 행위이다. 그런데 미래의 의미를 가진 to부정사를 쓰면 '나중에 해도 된다'는 뉘앙스가 들어간다. 하지만 to부정사 대신 원형부정사를 쓰면 지금 당장, 곧바로 하라는 느낌을 주어 강제성이 더 살아난다. 앞서 시제를 배울 때 현재시제가 과거시제나 진행형보다 단호한 느낌을 전달한 것과 비슷한 맥락이다. 다만 준사역동사인 help(돕다)는 강제성이 약해서 to부정사와 원형부정사를 모두 목적격보어로 취한다. 강제로 시킨다기보다는 미래에 뭔가를 할 수 있게 도와준다는 뜻을 내포한다. get(얻다) 역시 미래에 그 일을 하게 한다는 간접적인 표현이라서 make, have, let보다 강제성이 약하다. 따라서 원형부정사가 아닌 to부정사를 목적격보어로 취한다.

예문 正 正

❶ Mr. Barnet **let** us **use** the conference room.

❷ The music **makes** us **want** to buy products. 기출

❶ 사역동사는 목적격보어로 원형부정사를 취한다. let us use는 '우리가 ~을 사용하게 하다'라는 뜻.

❷ makes us want는 '우리가 ~을 원하게 만든다'라는 뜻이다. makes의 목적격보어로 원형부정사가 왔다.

❸ He **had** me **take** the medicine.

❹ I **helped** her **(to) find** the necklace. 기출

❸ have가 사역동사로 쓰이면 '~하게 시키다'라는 뜻이다.

❹ help는 목적격보어로 to부정사와 원형부정사 모두 취할 수 있다.

2 원형부정사의 활용 - 지각동사의 목적격보어

- 지각동사는 목적격보어로 to부정사 대신 원형부정사를 사용한다.
- **지각동사**: 보고, 듣고, 느끼는 것 등 '감각'을 나타내는 동사를 말한다.

see, watch, look at, observe(~하는 것을 보다), hear, listen to(~하는 것을 듣다), feel(~하는 것을 느끼다) 등

★주의 smell(냄새 맡다)도 감각을 나타내는 동사이지만 목적격보어로 원형부정사를 사용하지 않는다.

예문 正正

❺ I **felt** my phone **vibrate**. 기출

❻ I **saw** him **argue** with his colleagues.

❼ We **heard** her **sing**.

❺ feel은 '~을 느끼다'라는 뜻의 지각동사이므로 목적격보어로 원형부정사(vibrate)를 취했다.

❻ saw는 see(보다)의 과거형이다. '(목적어)가 (원형부정사)하는 것을 보았다'라고 해석한다.

❼ heard her sing은 '그녀가 노래하는 것을 들었다'이다. 목적격보어로 원형부정사(sing)가 왔다.

▶느낌 빡! 사역동사와 지각동사 목적격보어 자리에는 분사도 올 수 있다

사역동사, 지각동사의 목적격보어로 오는 동사 형태가 원형부정사만 있다고 잘못 생각하지 않기를 바란다. 지각동사는 현재분사, 과거분사, 원형부정사를 목적격보어로 취하고, 사역동사는 과거분사와 원형부정사를 목적격보어로 취한다. 사역동사가 진행의 의미를 가진 현재분사를 목적격보어로 취하지 않는 것은 '~하고 있는 중으로 만든다'는 것은 말이 안 되기 때문이다. 이미 하고 있는 중인데 뭘 시키고 뭘 하게 만들겠는가? ◐ Unit 16. 분사의 역할

사역동사 + 목적어 +	과거분사	I had my watch fixed. 나는 손목시계가 수리되게 했다[손목시계를 수리했다].
	원형부정사	He made me work late. 그는 내가 늦게까지 일하게 만들었다.
지각동사 + 목적어 +	현재분사	I noticed her crying. 나는 그녀가 울고 있는 것을 알아차렸다.
	과거분사	I saw him drunk. 나는 그가 술에 취한 것을 보았다.
	원형부정사	I heard him complain about his boss. 나는 그가 상사에 관해 불평하는 것을 들었다.

✔ 진짜 이해했는지 확인!

정답과 해설 p.395

Q 괄호 안의 단어를 알맞게 배열하여 문장을 완성하세요.

1 I (her, find, helped) the necklace. →

2 The music (feel good, makes, me). →

3 He (let, use, us) the conference room. →

4 I (argue, him, saw) with his colleagues. →

예문 해석 거꾸로 영작 훈련도 필수!

1. 바넷 씨는 우리가 회의실을 사용하게 허락했다. **2.** 그 음악은 우리가 제품들을 사고 싶게 만든다. **3.** 그는 내가 약을 먹게 시켰다. **4.** 나는 그녀가 목걸이 찾는 것을 도왔다. **5.** 나는 휴대폰이 진동하는 것을 느꼈다. **6.** 나는 그가 동료들과 논쟁하는 것을 보았다. **7.** 우리는 그녀가 노래하는 것을 들었다.

UNIT 25

to부정사의 관용적 표현

예문 듣기

I'm too excited to sleep.
나는 잠들기에는 너무 신이 난다.

to부정사는 다양한 품사로 쓰이는 만큼 to부정사를 활용한 관용 표현도 다양하다.

각각의 관용 표현에서 to부정사의 품사를 구별하기보다는 문맥에 알맞게 해석할 줄 아는 것이 중요하다.

1 too + 형용사/부사 + to V: 너무 ~해서 …할 수 없다

- 'too + 형용사/부사'를 부사적 용법의 to부정사가 수식하는 표현이다.
- 직역하면 '…하기에 너무 ~하다'라는 뜻이지만, 보통은 부정의 의미를 추가하여 '너무 ~해서(원인) …할 수 없다(결과)'라고 해석한다.

예문 正正

❶ I'm **too** tired **to cook**.

❶ 부사 too는 '너무'라는 뜻으로 정도가 지나칠 때 쓰는 표현이다. 요리하기에는 너무 피곤하다, 즉 '너무 피곤해서 요리할 수 없다'는 뜻이다.

❷ The question was **too** difficult **to answer**.
cf. The question was **very** difficult **to answer**.

❷ too difficult to answer는 '대답하기에 너무 어렵다', 즉 '너무 어려워서 대답할 수 없다'라는 뜻이다.
cf. very difficult는 '매우 어렵다'라는 뜻으로 too difficult를 썼을 때처럼 '~할 수 없다'라는 부정의 의미를 나타내지는 않는다.

❸ The obstacles are **too** great **to overcome**. 기출

❸ to부정사구(to overcome)가 too great를 수식하여 장애물이 어느 정도로 큰지 나타낸다.

❹ This matter is **too** important **not to share**.

❹ to부정사 앞에 부정어 not이 쓰였다. '…하지 않기에 너무 ~하다, 너무 ~해서 …할 수밖에 없다'라고 해석한다.

2 enough + to V: ~하기에 충분히 (…하다)

- 부사 enough를 부사적 용법의 to부정사가 수식하는 표현이다.
- '형용사/부사 + enough + to V' 구조에서 enough의 위치에 주의한다.

예문 正正

❺ He's mature **enough to lead** the team.

❺ to부정사구(to lead the team)가 mature enough를 수식한다. '~하기에 충분히 성숙한'이라는 뜻이다.

❻ She is tall **enough to ride** the rollercoaster.

❻ '형용사/부사 + enough + to V'에서 enough 이하는 형용사/부사를 수식하는 수식어구이다.

❼ They were wise **enough not to say** it aloud.

❼ 'enough + not to V'는 '~하지 않을 만큼 충분히'라는 뜻이다.

❽ He has recovered **enough to run** again.

❽ enough to V가 여기서는 동사를 수식한다. '다시 뛸 만큼 충분히 회복되었다'라는 뜻이다.

▶ 느낌 빡! 'too ~ to …', 'enough to ~'는 사실 to부정사의 부사적 용법이다

보통 too ~ to …는 '너무 ~해서 …할 수 없다', enough to ~는 '~할 만큼 충분히'라고 숙어처럼 이유도 모른 채 외우게 한다. 하지만 사실은 이 표현들 모두 to부정사 부사적 용법의 예시일 뿐이다.

I'm too excited to sleep.

to부정사(to sleep)로 형용사(excited)를 수식하여, 너무 신이 났는데 더 구체적으로 잠을 자기에는 너무 신이 났음을 표현했다. 잠을 자기에 너무 신이 났다는 게 결국 무슨 말인가? 너무 신이 나서 잠을 못 자겠다는 말 아닌가?

enough to ~도 마찬가지. Tom is tall enough.(톰은 충분히 크다.) 여기서 톰이 천장에 닿을 만큼 큰지, 평균보다 조금 큰 축에 속하는지, 어느 정도로 큰지 더 명확하게 말하기 위해 to부정사구를 쓸 수 있다. Tom is tall enough to be a basketball player.(톰은 농구 선수가 될 만큼 충분히 크다.)처럼 말이다. 우리는 이미 to부정사의 부사적 용법을 배워서 외우지 않아도 자연스럽게 해석이 된다.

3 to부정사를 목적어로 취하는 예외적인 전치사

- to부정사는 전치사 뒤에 올 수 없다. 다만 but(~을 제외하고), except(~을 제외하고), save(~외에), than(~보다)은 예외적으로 to부정사를 목적어로 취한다.

☆주의 이들은 in, to, on, off와 같은 대표적인 전치사는 아니며, 본래 동사나 접속사로 더 많이 쓰이는 단어다. 원어민도 이게 전치사 역할인 줄 잘 모른다. 이런 예외 사항은 관용구 외우듯 입에 붙게 하는 것이 좋다.

- **to부정사가 전치사 뒤에 오는 관용 표현**

have no choice but to V: ~을 제외하고는 다른 선택지가 없다 → ~할 수밖에 없다
know better than to V: ~하는 것보다는 더 잘 안다 → ~할 만큼 어리석지 않다

예문 正正

❾ I **had no choice but to believe** his story.

❿ Most organic farmers **have no choice but to rely** on chemicals. 기출

⓫ You **know better than to believe** in such nonsense.

❾ 과거 시점의 상황을 말하므로 have의 과거형 had가 왔다. 그의 이야기를 믿는 것 외에 다른 선택지가 없었다는 뜻이므로, '믿을 수밖에 없었다'는 뜻이다.

❿ but이 '~을 제외하고'라는 뜻의 전치사로 쓰였다. 전치사 but은 to부정사를 목적어로 취할 수 있음에 유의한다.

⓫ know better than to V 뒤에는 부정적인 내용이 오는 것이 문맥상 적절하다.

✔ 진짜 이해했는지 확인!

정답과 해설 p.395

Q 다음 문장에서 밑줄 친 부분을 바르게 고치세요.

1 This matter is too important not sharing. →
2 He's enough mature to lead the team. →
3 We had no choice but believe his story. →
4 You know better than to ignoring the problem. →

예문 해석 거꾸로 영작 훈련도 필수!

1. 나는 너무 피곤해서 요리할 수 없다. **2.** 그 질문은 너무 어려워서 대답할 수 없었다. cf. 그 질문은 대답하기 매우 어려웠다. **3.** 장애물이 너무 커서 극복할 수 없다. **4.** 이 문제는 공유하지 않기에는 너무 중요하다. **5.** 그는 팀을 이끌기에 충분히 성숙하다. **6.** 그녀는 롤러코스터를 타기에 충분히 키가 크다. **7.** 그들은 그것을 크게 말하지 않을 정도로 충분히 영리했다. **8.** 그는 다시 뛸 만큼 충분히 회복되었다. **9.** 나는 그의 이야기를 믿을 수밖에 없었다. **10.** 유기농 농부 대부분은 화학물질에 의존할 수밖에 없다. **11.** 너는 그런 허튼소리를 믿을 만큼 어리석지 않다.

필수 예문 Review

가리개를 활용하여
필수 예문을 테스트해 보세요.

A 가 한글 가리고 해석해 보기

1. To learn foreign languages is important.
2. To be honest requires courage.
3. It is difficult to tell him the truth.
4. It is your duty to finish the work in time.
5. He wants to change the date.
6. I'd like to buy a bicycle for my son.
7. She decided to get a degree in education.
8. She chose not to share the information.
9. I've found it hard to be creative in a doorless office.
10. My plan is to study 7 hours a day.
11. To require perfection is to invite paralysis.
12. Our principle was to discuss every disagreement.
13. The boss encouraged us to work faster.
14. I finally got him to sleep.
15. This coupon allows you to stay at our resort anytime.
16. I always ask people to respect their body rhythms.
17. I know what to say.
18. They haven't decided who to hire.
19. I'll learn how to be a good dad.
20. This laptop has a tendency to overheat.
21. I'm looking for a place to spend vacation.
22. Social media is a great way to keep in touch with friends.
23. You are to go home immediately.
24. We are about to open a new branch.

A 가 영어 예문 가리고 스피킹/영작해 보기

1. 외국어를 배우는 것은 중요하다.
2. 솔직한 것은 용기를 필요로 한다.
3. 그에게 진실을 말하는 것은 어렵다.
4. 일을 제시간에 끝내는 것은 당신의 의무이다.
5. 그는 날짜를 변경하기를 원한다.
6. 아들을 위해 자전거를 구입하고 싶습니다.
7. 그녀는 교육학 학위를 받기로 결정했다.
8. 그녀는 정보를 공유하지 않기로 선택했다.
9. 나는 문이 없는 사무실에서는 창의적이기 어렵다는 것을 알았다[어렵다는 사실을 깨달았다].
10. 내 계획은 하루에 7시간 공부하는 것이다.
11. 완벽을 요구하는 것은 마비를 초래하는 것이다.
12. 우리의 원칙은 모든 의견 충돌에 관해 논의하는 것이었다.
13. 상사는 우리가 일을 더 빠르게 하도록 격려했다.
14. 나는 마침내 그가 잠을 자게 했다.
15. 이 쿠폰은 당신이 언제든지 우리 리조트에 머물도록 허용합니다.
16. 나는 언제나 사람들에게 그들의 신체 리듬을 존중하라고 요청한다.
17. 나는 무엇을 말해야 할지 안다.
18. 그들은 누구를 고용해야 할지 결정하지 않았다.
19. 나는 좋은 아빠가 되는 방법을 배울 것이다.
20. 이 노트북은 과열되는 경향이 있다.
21. 나는 휴가를 보낼 장소를 찾고 있다.
22. 소셜 미디어는 친구들과 연락을 유지하는 훌륭한 방법이다.
23. 너는 집에 즉시 가야 한다.
24. 우리는 새 지점을 열 예정이다.

㉕ My English seems to be getting better.	㉕ 내 영어가 더 좋아지고 있는 것 같아.
㉖ She needed someone to talk to.	㉖ 그녀는 얘기할 누군가가 필요했다.
㉗ They were looking for a bench to sit on.	㉗ 그들은 앉을 벤치를 찾고 있었다.
㉘ He asked me for a pen to write with.	㉘ 그는 나에게 쓸 펜을 요청했다.
㉙ The man ran to catch the last bus.	㉙ 그 남자는 마지막 버스를 잡기 위해 뛰었다.
㉚ I'm calling to confirm your trip to New York next week.	㉚ 당신의 다음 주 뉴욕 여행을 확인하려고 전화드립니다.
㉛ People were waiting in long lines to purchase presents.	㉛ 사람들은 선물을 사려고 긴 줄에서 기다리고 있었다.
㉜ He grew up to be a writer.	㉜ 그는 커서 작가가 되었다.
㉝ I'm glad to be with you.	㉝ 나는 너와 함께 있어서 기뻐.
㉞ He's stupid to make the same mistake again.	㉞ 같은 실수를 또 하다니 그는 어리석다.
㉟ This equipment is safe to use.	㉟ 이 장비는 사용하기에 안전하다.
㊱ The star moved too fast to see.	㊱ 그 별은 너무 빨리 움직여서 볼 수 없었어.(그 별은 보기에 너무 빨리 움직였어.)
㊲ To be honest, I like action movies.	㊲ 솔직히 말해서, 나는 액션 영화를 좋아해.
㊳ To make matters worse, inflation has returned.	㊳ 설상가상으로, 물가 상승이 돌아왔다.
㊴ Needless to say, I prefer the cheaper one.	㊴ 말할 필요도 없이, 저는 싼 게 더 좋아요.
㊵ Strange to say, she has never talked about her family.	㊵ 이상하게도, 그녀는 가족에 관해 말한 적이 한 번도 없다.
㊶ It was hard for me to hide my emotions.	㊶ 내 감정을 숨기는 것은 어려웠다.
㊷ There's a better chance for you to succeed.	㊷ 네가 성공할 수 있는 가능성이 더 많다.
㊸ Basketball provides an opportunity for students to develop skills.	㊸ 농구는 학생들이 기술을 발달시킬 기회를 제공한다.
㊹ It is very kind of you to help me.	㊹ 저를 도와주시다니 당신은 아주 친절하시네요.
㊺ He seemed to have forgotten her name.	㊺ 그는 그녀의 이름을 잊어버렸던 것으로 보였다.
㊻ I feel embarrassed not to have read the book.	㊻ 나는 그 책을 읽지 않았다는 것이 부끄럽다.
㊼ Humans appear to have first reached Australia around 50,000 years ago.	㊼ 인류는 약 5만 년 전에 호주에 처음 도달했던 것으로 보인다.
㊽ Mr. Barnet let us use the conference room.	㊽ 바넷 씨는 우리가 회의실을 사용하게 허락했다.
㊾ The music makes us want to buy products.	㊾ 그 음악은 우리가 제품들을 사고 싶게 만든다.
㊿ He had me take the medicine.	㊿ 그는 내가 약을 먹게 시켰다.
51 I helped her (to) find the necklace.	51 나는 그녀가 목걸이 찾는 것을 도왔다.
52 I felt my phone vibrate.	52 나는 휴대폰이 진동하는 것을 느꼈다.
53 I saw him argue with his colleagues.	53 나는 그가 동료들과 논쟁하는 것을 보았다.

□ 54 We heard her sing.
□ 55 I'm too tired to cook.
□ 56 The question was too difficult to answer.
□ 57 The obstacles are too great to overcome.
□ 58 This matter is too important not to share.
□ 59 He's mature enough to lead the team.
□ 60 She is tall enough to ride the rollercoaster.
□ 61 They were wise enough not to say it aloud.
□ 62 He has recovered enough to run again.
□ 63 I had no choice but to believe his story.
□ 64 Most organic farmers have no choice but to rely on chemicals.
□ 65 You know better than to believe in such nonsense.

□ 54 우리는 그녀가 노래하는 것을 들었다.
□ 55 나는 너무 피곤해서 요리할 수 없다.
□ 56 그 질문은 너무 어려워서 대답할 수 없었다.
□ 57 장애물이 너무 커서 극복할 수 없다.
□ 58 이 문제는 공유하지 않기에는 너무 중요하다.
□ 59 그는 팀을 이끌기에 충분히 성숙하다.
□ 60 그녀는 롤러코스터를 타기에 충분히 키가 크다.
□ 61 그들은 그것을 크게 말하지 않을 정도로 충분히 영리했다.
□ 62 그는 다시 뛸 만큼 충분히 회복되었다.
□ 63 나는 그의 이야기를 믿을 수밖에 없었다.
□ 64 유기농 농부 대부분은 화학물질에 의존할 수밖에 없다.
□ 65 너는 그런 허튼소리를 믿을 만큼 어리석지 않다.

Chapter Review Test 04

기출 예문으로 실전 훈련해 보기

Grammar for Reading

정답과 해설 p.395

✓ 다음 중 어법상 맞는 표현을 고르세요.

1 We all want [to be / being] happy, but something always gets in the way. There is never enough time or money.

2 Games make students [want / wanting] to participate more actively in class.

3 I like collecting coins. Whenever I find a new coin, I feel so excited. Having a hobby is a great way [to relieve / relieve] my stress.

4 I'm calling [to let / letting] you know that you've been selected as the best review writer for this month. Congratulations!

5 It's raining a lot. The weather forecast says that a huge storm is coming. It's too dangerous [drive / to drive] in this weather.

6 Attention, students. This is an announcement from the Franklin High School Library. We will be running a book mileage program to encourage students [to read / reading] more books.

7 Grace and her best friend, Mina, decided [to take / taking] a trip to Paris. It was their first trip abroad, and they made the preparations all by themselves.

8 Are you full of creative thoughts? Do you have ideas on improving the world? Then our annual science competition is the perfect place [you / for you] to show your talents.

---

1 get in the way 방해하다 **2** participate 참여하다 **3** relieve 없애[덜어]주다 **4** select 선발[선택]하다 **6** announcement 소식, 발표 run a program 프로그램을 운영하다 **7** make preparations 준비를 하다 **8** competition (경연)대회

Grammar for Writing

✓ 우리말에 맞게 주어진 단어를 활용하여 문장을 완성하세요. (to부정사를 사용할 것)

1 외국어를 배우는 것은 중요하다. **(foreign languages, important)**

→

2 내 계획은 하루에 2시간 영어를 공부하는 것이다. **(plan, study, English)**

→

3 소셜 미디어는 친구들과 연락을 유지하는 훌륭한 방법이다. **(great way, keep in touch with)**

→

4 그는 농구 선수가 되기에 충분히 키가 크다. **(tall, a basketball player)**

→

Grammar for Speaking

✓ 다음 단어를 활용하여 자신의 문장을 말해보세요.

1 **want + to부정사**

→ 나만의 문장:

예시 **I want to be a teacher in the future.** 나는 미래에 선생님이 되고 싶어.

2 **need + to부정사**

→ 나만의 문장:

예시 **I need to exercise more.** 나는 더 많이 운동할 필요가 있어.

3 **decide + to부정사**

→ 나만의 문장:

예시 **I've decided to change my bad habits.** 나는 내 나쁜 습관을 바꾸기로 결정했어.

☞ p.113『부정사 훑어보기』에서 부정사의 개념을 다시 한번 정리해 보세요!

공부법 04

공부하려면 유혹거리부터 없애라

✔ 무엇이 나의 공부를 방해하는가?

무엇이 나의 공부를 방해하는가? 아래 네모 칸에 그것을 써 보자. 생각할 시간이 좀 필요할 것이다. 아이돌 가수일 수도 있고, 나처럼 게임, 웹툰, 인터넷 서핑일 수도 있다. 잡담이나 잡념 또한 마찬가지다. 무엇이 됐든 공부에 방해되는 것들을 적는다.

그리고 사인을 한 후 가족들이나 친구들에게 보여 준다. 지금껏 혼자서는 유혹을 물리치지 못했으니, 다른 사람들에게 그것을 안 하겠다는 자신의 결심을 밝히고 도움을 요청하는 일종의 의식인 셈이다.

✔ 방해 요소를 눈앞에서 완전히 사라지게 하라

이제 아래에 적은 것들을 끊어라. 공부를 시작하려면 가장 먼저 일단 방해 요소를 완전히 말소하는 것이 중요하다. 그냥 없애라. 없애는 것이 제일 좋다. 눈앞에서 완전히 사라지게 해야 한다. 마음을 굳게 먹어라.

아무리 집중력이 강하고 대단한 사람이라도 마찬가지다. 몰입의 대가, 집중력의 천재도 옆에서 노릇노릇 삼겹살을 굽고 있거나, 코피 터질 만큼 야하디야한 29금 영화가 나오고 있다거나, 온갖 게임이 설치된 컴퓨터가 있고 간식거리가 널려 있는 상황이라면 과연 얼마나 오래 공부할 수 있을까? 공자님이나 퇴계 이황 선생이 살아 돌아오지 않는 이상 이런 유혹에 흐트러지지 않을 사람은 없다.

공부를 이기려면 공부와의 한판 승부에서 유리한 고지를 차지해야 한다. 유혹거리를 없애 공부할 수밖에 없는 환경을 만들어야 한다. 지금 주위를 둘러보라. 옆에 무엇이 있는가? 공부에 방해가 될 만한 유혹거리가 있다면 더 이상 미루지 말고, 지금 당장 눈앞에서 치워 버려라. 최대한 멀리. 이것이 공부 혁신을 일으키고 혁명을 꿈꾸는 여러분들이 첫 번째로 해야 할 일이다.

–「미쳐야 공부다」 중에서

나의 유혹거리 없애기

나의 공부를 방해하는 것? ______________________________

나 ______________ 는 앞으로 나의 꿈을 이루기 위해 위 내용들을 하지 않을 것이다.
유혹에 넘어가는 경우 누가 그것을 제지한다면 그것에 따를 것이다.

작성자 (인)

CHAPTER 05

동명사

동명사는 무엇인가?

동명사(動 움직일 동, 名 이름 명, 詞 말 사)는 동사와 명사가 합쳐진 말이다. 원래는 동사인데, 끝에 '-ing'를 붙여 문장 안에서 명사 역할을 할 수 있게 만든 것이다.

'공부하다(동사)', '공부(명사)' 만으로는 부족하다. 동명사는 '공부하는 것(동명사)'이라는 또 다른 의미를 나타내어 문장을 풍부하게 만들어 준다. 앞서 배운 to부정사가 명사, 형용사, 부사 모두 될 수 있었다면, 동명사는 명사 역할만 충실히 수행한다.

동명사 vs. 현재분사

동명사와 현재분사는 똑같이 생겼다. 사실 이 둘은 원래 하나였다고 보면 된다. 실제 뜻도 매우 흡사하다. 현재분사가 '~하는'이란 뜻이고 동명사는 '~하는 것'이란 뜻이다. 즉, V-ing는 '하는 (것)'이다.

단어 자체만 보고는 동명사와 분사를 구별할 수 없다. 여러분에게 playing을 보여주고, 동명사와 현재분사 중 뭐냐고 물어보면 뭐라 대답할 것인가? '알 수 없다'가 정답이다. playing만 봐서는 '노는' 인지 '노는 것'인지 절대 알 수 없다. 실제 문장 안에서 봐야만 구별할 수 있다.

중요한 것은 동사가 분사로 쓰이면 형용사 역할을 할 수 있었듯이, '동명사'로 쓰이면 또 다른 품사인 '명사'를 표현할 수 있다는 것이다.

동명사 어록

Saying is one thing and doing is another.

말하는 것과 행동하는 것은 별개다.

공신들은 말만 하지 않는다. '그냥' 공부한다. 요란하지 않다.
학창 시절을 떠올려 보라. 전교 1등이 입으로만 나불대던가?
그저 행동하는 것, 그게 공부다.

동명사 훑어보기

UNIT 26 동명사의 개념과 역할

동명사의 개념 & 역할

개념	동사와 명사가 합쳐진 말로, 명사처럼 쓸 수 있게 동사를 변형한 것
형태	• 기본형: V-ing • 부정형: not V-ing
해석	~하는 것, ~하기
역할	❶ 주어 **Watching** movies is my hobby. ※ 동명사가 주어일 때는 3인칭 단수로 취급한다. ❷ 타동사의 목적어 I enjoy **riding** a bicycle. ❸ 전치사의 목적어 I'm sorry for **wasting** your time. ❹ 보어 My goal is **getting** a good grade on the exam.

UNIT 27 동명사의 의미상 주어와 시제

동명사의 의미상 주어와 시제

의미상 주어	소유격[목적격] + 동명사 Do you mind **my[me] sitting** here? ※ 동명사의 동작의 주체가 문장의 주어와 일치하는 경우, 또는 주어가 없어도 예상할 수 있는 경우는 의미상 주어를 생략한다.
시제	• 기본형: V-ing I'm sick of **working** with you. • 완료형: having V-ed She mentioned **having met** with Ms. Peterson before.

UNIT 28 동명사, to부정사를 목적어로 취하는 동사

동명사 vs. to부정사

to부정사를 목적어로 취하는 동사	desire, hope, wish, want, decide, plan, agree, refuse, choose, promise, need, expect, fail, hesitate, manage …
동명사를 목적어로 취하는 동사	stop, quit, finish, give up, enjoy, practice, keep, avoid, deny, mind, put off, postpone, admit, consider …
동명사와 to부정사 둘 다 목적어로 쓸 수 있는 동사 (1)	like, love, begin, start, hate, prefer, continue …
동명사와 to부정사 둘 다 목적어로 쓸 수 있는 동사 (2)	remember, forget, regret, try ※ to부정사가 올 때는 미래에 할 일을, 동명사가 올 때는 과거에 했던 일을 주로 나타낸다.

UNIT 29 동명사의 관용적 표현

동명사의 관용적 표현

go + V-ing ~하러 가다
be worth + V-ing ~할 가치가 있다, ~할 만하다
It's no use + V-ing ~해 봐야 소용없다
can't help + V-ing ~하지 않을 수 없다, ~할 수밖에 없다
feel like + V-ing ~하고 싶다, ~한 느낌이 있다
look forward to + V-ing ~하는 것을 기대하다
be busy (in) + V-ing ~하느라 바쁘다
have trouble[difficulty, a hard time] (in) + V-ing ~하는 데 어려움을 겪다
be used[accustomed] to + V-ing ~하는 데 익숙하다
spend 시간/돈 (on/in) + V-ing ~하는 데 시간/돈을 쓰다
be good at + V-ing ~하는 것을 잘하다, ~하는 것에 능숙하다
on[upon] + V-ing ~하자마자

UNIT 26

동명사의 개념과 역할

예문 듣기

Traveling is a chance to relax.
여행하는 것은 쉴 기회이다.

동명사는 명사처럼 쓸 수 있게 동사를 V-ing 형태로 변형한 것이다.

'~하는 것, ~하기'라고 해석한다.

1 동명사

- 동명사는 동사가 명사 역할을 할 수 있게 동사를 변형한 것을 말한다.
- 동명사는 '~하는 것, ~하기'라고 해석한다.
- 동사의 성질이 남아 있어 목적어나 보어를 동반할 수 있고, 부사의 수식을 받을 수 있다.
- **동명사 기본형**: V-ing
  동명사 부정형: not V-ing (동명사 앞에 not을 써준다.)

listen	듣다	→	**listening**	듣는 것, 듣기	**read**	읽다	→	**reading**	읽는 것, 읽기
choose	선택하다	→	**choosing**	선택하는 것	**avoid**	피하다	→	**avoiding**	피하는 것

참고 동명사와 현재분사 둘 다 형태는 V-ing로 같다. V-ing가 형용사로 쓰이면 현재분사, 명사로 쓰이면 동명사이다.

예문

❶ **Keeping** a diary is a good habit.

❷ **Reading** classical texts benefits the mind. 기출

❸ **Not having** breakfast is bad for your health.

❹ **Being** accurate is not always smart.

❶ 동사가 'V-ing' 형태가 되어 명사 역할을 할 때 이를 동명사라고 한다. 동명사 주어는 단수 취급한다.

❷ 동사 read와 마찬가지로 동명사 reading도 목적어를 취할 수 있다. '~을 읽는 것'이라고 해석한다.

❸ 동명사의 부정형은 동명사 앞에 not을 붙여서 만든다. '~하지 않는 것'이라고 해석한다.

❹ 동명사 being은 다른 be동사 형태와 마찬가지로 보어를 취할 수 있다. 여기서는 형용사 accurate가 being의 보어로 왔다.

느낌 빡! 왜 굳이 동사를 명사로 써야 할까?

I love music.이라고 하면, 음악을 좋아한다는 대략적인 뜻만 나타내게 된다. 음악을 듣는 것을 좋아하는지, 연주하는 것을 좋아하는지, 작곡하는 것을 좋아하는지 더 구체적으로는 표현할 수 없다. 동명사를 활용하면 다음과 같이 명사 안에서도 동작의 의미를 전달할 수 있다.
I love playing music(음악을 연주하는 것). / I love writing music(작곡하는 것). / I love listening to music(음악을 듣는 것).
참고로 우리는 이미 동명사에 익숙하다. 쇼핑(shop → shopping), 하이킹(hike → hiking), 트레킹(trek → trekking) 등 일상에서 외래어로 많이 쓰고 있는 말들이 동명사이다.

2 동명사의 역할

- 동명사는 명사와 마찬가지로 문장에서 주어, 목적어, 보어 역할을 한다.

참고 일반적으로 전치사 뒤에 오는 동사 형태는 동명사이다. 이때 동명사를 '전치사의 목적어'라고 부른다.

- 동명사가 주어일 때는 3인칭 단수로 취급한다.

예문

⑤ **Watching** movies is my hobby. ➡ 주어
cf. To watch movies is my hobby.

⑥ I enjoy **riding** a bicycle. ➡ 타동사의 목적어

⑦ I'm sorry for **wasting** your time. ➡ 전치사의 목적어

⑧ My goal is **getting** a good grade on the exam. ➡ 주격보어
cf. My goal is to get a good grade on the exam.

⑤ 동명사가 주어 역할을 할 때는 3인칭 단수 취급하므로 단수동사 is가 왔다.
cf. 동명사 주어는 보통 to부정사로 대신할 수 있다.

⑥ 동명사는 타동사와 전치사의 목적어 역할을 한다. 여기서는 동사 enjoy의 목적어로 쓰였다.

⑦ 동명사 wasting이 전치사 for의 목적어로 쓰였다. 전치사 뒤에는 명사, 대명사, 동명사 등 명사 상당 어구만 올 수 있다. 주의 단, to부정사는 올 수 없다.

⑧ 동명사는 주격보어 역할을 할 수 있다.
cf. 동명사 주격보어는 보통 to부정사 주격보어로 대신할 수 있다.

느낌 빡! 동명사가 탄생한 이유

동사를 명사로 쓰기 위해 형태를 바꾼 것. 이거 굉장히 익숙하지 않은가? 바로 앞에서 배운 to부정사의 명사적 용법 설명이다. to부정사도 동사를 변형해서 명사처럼 쓸 수 있었다. 그런데 to부정사 말고도 동사에 -ing를 붙여서 동명사란 놈을 만들었을 때는 뭔가 이유가 있기 마련이다. 혹시 눈치챈 사람 있는가? 그렇다. 우리는 바로 위에서 전치사의 목적어로 동명사가 온 예문을 보았다. 전치사 뒤에 올 수 없는 to부정사의 한계도 극복하고, 'to'와 '동사원형'이라는 두 단어 대신 한 단어로 된 더 간결한 형태를 만들기 위해 동명사가 나오게 된 것이다. Unit 20. to부정사의 명사적 용법 (2)

I'm looking forward to seeing you again. (O) 나는 당신을 다시 뵙기를 기대하고 있습니다.
I'm looking forward to to see you again. (X)

진짜 이해했는지 확인!

정답과 해설 p.396

Q 배운 문법을 이용해 영어 문장을 말해보세요.

1 나는 음악을 듣는 것을 좋아해. **(love, listen to music)** →

2 나는 테니스 치는 것을 즐겨. **(enjoy, play tennis)** →

3 영화를 보는 것은 내 취미이다. **(watch movies, hobby)** →

4 당신의 시간을 낭비해서 죄송합니다. **(sorry, waste)** →

예문 해석 거꾸로 영작 훈련도 필수!

1. 일기를 쓰는 것은 좋은 습관이다. **2.** 고전 문헌을 읽는 것은 정신에 이롭다. **3.** 아침을 먹지 않는 것은 당신의 건강에 나쁘다. **4.** 정확한 것이 언제나 현명한 것은 아니다. **5.** 영화를 보는 것은 내 취미이다. **6.** 나는 자전거 타는 것을 즐긴다. **7.** 당신의 시간을 낭비해서 죄송합니다. **8.** 내 목표는 시험에서 좋은 성적을 받는 것이다.

UNIT 27

동명사의 의미상 주어와 시제

예문 듣기

I don't like his complaining about the assignment.
나는 그가 과제에 관해 불평하는 것을 좋아하지 않아.

동명사가 나타내는 동작의 주체를 동명사의 의미상 주어라고 한다.

to부정사에서와 달리 동명사의 의미상 주어는 동명사 앞에 소유격이나 목적격 형태를 써서 나타낸다.

1 동명사의 의미상 주어

• 동명사는 동사를 변형하여 만든 것이므로 동사와 마찬가지로 동작의 주체를 갖는다.

• **의미상 주어를 표시하지 않는 경우**
동명사의 동작의 주체가 문장의 주어·목적어와 같거나 예상할 수 있는 경우, 의미상 주어를 따로 표시하지 않는다.

I feel bad for **yelling** at him. 그에게 소리 질러서 기분이 안 좋다.
문장의 주어: I = 동명사(yelling)의 주체: I
→ 문장의 주어와 동명사의 주체가 같으므로 의미상 주어를 밝힐 필요 없음

Sleeping is such a natural thing to do. 기출 잠자는 것은 아주 자연스러운 행동이다.
문장의 주어: sleeping, 동명사(sleeping)의 주체: 일반적인 사람
→ 동명사의 주체가 굳이 언급할 필요 없는 일반적인 사람이므로 의미상 주어를 생략 가능

• **의미상 주어를 표시하는 경우**
동명사의 동작의 주체가 문장의 주어·목적어와 다를 경우, 동명사 앞에 '소유격' 또는 '목적격' 대명사로 의미상 주어를 표시한다.
1) 소유격: 의미상 주어는 동명사 앞에 소유격으로 나타낸다.
2) 목적격: 일상 회화에서는 의미상 주어를 목적격으로 나타낼 수 있다.

예문

❶ I appreciate **your filling** in for me.

❷ They insisted on **my staying** with them.

❸ Do you mind **my[me] sitting** here?

❶ filling in의 주체가 문장의 주어(I)가 아니라 '당신'임을 나타내기 위해 동명사 앞에 소유격 your로 의미상 주어를 표시했다.
❷ 주장하는 사람은 '그들(They)'이고, 머무는 사람은 '나(my)'이다. 의미상 주어를 소유격으로 표시했다.
❸ 일상 회화에서는 소유격(my) 대신 목적격(me)을 사용하여 동명사의 의미상 주어를 나타낼 수 있다.

▶ 느낌 빡! 동명사의 의미상 주어로 소유격이 오는 이유

원래 명사 앞에는 여러 가지 대명사 중 '소유격' 형태가 온다. 마찬가지로 동명사도 '명사'이므로 앞에 의미상 주어로 소유격이 오는 것뿐 그다지 이상한 일이 아니다. 생각하지 않고 그냥 외워서 그렇지 '소유격 + 동명사'의 의미를 보면 꽤 잘 어울린다. your talking을 직역하면 '너의 말하는 것'이란 뜻이다. 이는 곧 '네가 말하는 것' 아닌가.

2 동명사의 시제 표현

- 동명사는 동사의 특징을 가지지만, to부정사와 마찬가지로 시제를 표현하는 데 제한이 있다. Unit 23. to부정사의 의미상 주어와 시제
- 이를 보완하기 위해, 완료형 동명사(having V-ed)를 써서 문장의 동사보다 앞선 시점을 표현할 수 있다.

참고 완료형 동명사를 다른 말로 '완료동명사'라고 한다.

I'm sick of **working** with you. 저는 당신과 함께 일하는 것이 지겹습니다.
V-ing: 문장의 동사와 동명사의 동작이 일어난 시점이 같음을 의미한다.

She mentioned **having met** with Ms. Peterson before. 그녀는 전에 피터슨 씨와 만났던 것을 언급했다.
having V-ed: 문장의 동사보다 동명사의 동작이 먼저 일어났음을 의미한다.

참고 regret, remember, deny, admit 등 의미상 시간의 전후 개념이 명백한 동사는 기본형 동명사로도 본동사보다 앞선 때를 나타낼 수 있다.
He denies **receiving(=having received)** the message. 그는 그 메시지를 받았던 것을 부인한다.

예문

❹ She regrets **not having worked** harder in her youth. 기출

❺ He admits to **having made** mistakes.

❻ I confessed to **having stolen** the money.

❹ 후회하는 시점은 지금이지만, 과거 일에 대한 후회이므로 완료형 동명사(not having worked)로 앞선 시점을 표현했다. 앞에 not이 왔으므로 '~하지 않았던 것'이라고 해석한다.

❺ having made mistakes는 '(과거에) 실수를 했던 것'이라고 해석한다. 앞에 온 to는 to부정사의 to가 아니라 전치사 to이다.

❻ 자백한 것은 과거의 일이고, 훔쳤던 것은 그보다 더 앞선 과거의 일이므로 완료형 동명사(having stolen)를 쓴다.

05 동명사

진짜 이해했는지 확인!

정답과 해설 p.396

Q 다음 문장을 해석해 보세요.

1 I'm sick of working with you. →

2 Do you mind my sitting here? →

3 He admits to having done wrong. →

4 We regretted not having talked to him. →

예문 해석 거꾸로 영작 훈련도 필수!

1. 당신이 나를 대신해줘서[내 업무를 대신해줘서] 고맙습니다. **2.** 그들은 내가 그들과 함께 머물러야 한다고 주장했다. **3.** 당신은 제가 여기 앉는 것을 언짢아 하시나요?[제가 여기 앉아도 될까요?] **4.** 그녀는 젊은 시절 더 열심히 일하지 않은 것을 후회한다. **5.** 그는 실수를 했던 것을 인정한다. **6.** 나는 돈을 훔쳤던 것을 자백했다.

UNIT 28

예문 듣기

동명사, to부정사를 목적어로 취하는 동사

I decided to try a different way.
나는 다른 방식을 시도해보기로 결정했다.

I quit trying.
나는 노력하는 것을 그만두었다.

동사의 의미에 따라 목적어의 형태가 달라진다.

동명사만을 취하는 동사, to부정사만을 취하는 동사, 둘 다 취할 수 있는 동사, 둘 다 취하되 의미가 달라지는 동사로 나뉜다.

1 동명사와 to부정사의 의미 차이

- to부정사는 미래의 의미를 나타내어 앞으로 할 일을 주로 나타낸다.
  동명사는 to부정사와 비교했을 때 진행 중인 일, 이미 일어난 일을 주로 나타낸다.
- 동사의 의미에 따라 목적어에 어느 형태가 올 것인지 결정된다.

2 동명사를 목적어로 취하는 동사 vs. to부정사를 목적어로 취하는 동사

동명사를 목적어로 취하는 동사	to부정사를 목적어로 취하는 동사
stop, quit, finish, give up, enjoy, practice, keep, avoid, deny, mind, put off, postpone, admit, consider ... → 과거에 일어난 일, 현재 진행 중인 일에 대해 말한다. (주로 소극적, 부정적인 의미)	desire, hope, wish, want, decide, plan, agree, refuse, choose, promise, need, expect, fail, hesitate, manage ... → 미래에 일어날 일, 해야 할 일에 대해 말한다. (주로 적극적, 긍정적인 의미)

예문 正正

❶ He decided **to focus** on building a positive attitude. 기출

❷ Would you mind **closing** the door?

❸ She enjoys **teaching** Chinese.

❶ '앞으로' 긍정적인 태도를 확립하는 데 초점을 맞추겠다고 결심했다는 뜻이다. 미래의 의미를 나타내는 to부정사가 온다.

❷ 부정적인 의미를 가진 동사 mind(언짢아하다)에는 동명사 목적어가 잘 어울린다.

❸ 어떤 일을 즐긴다고 말하려면 그것을 해 본 적이 있거나 하는 중이어야 한다. 따라서 enjoy의 목적어로 동명사를 쓴다.

▸ 느낌 빡! to부정사를 목적어로 쓰는 동사, 동명사를 목적어로 쓰는 동사, 외울 필요 없다!

앞서 말한대로 to부정사는 미래의 의미를 갖는다. 또한 미래지향적이라는 점에서 적극적이고 긍정적인 어감도 있다. 예를 들어 to부정사를 목적어로 취하는 동사 hope를 보자. hope의 뜻은 '소망하다'이다. 우리가 소망하는 일은 '미래에' 이뤄지는 일 아닌가. 그러니 hope의 목적어로는 to부정사가 오는 것이 마땅하다. decide, want, plan도 마찬가지이다.
keep의 뜻은 '계속해서 ~하다'이다. 계속해서 한다는 것은 그 동작이 '과거에' 시작해서 '지금까지' 진행 중이어야 한다. 그러니 과거에 경험했던 것, 진행 중인 일을 의미하는 동명사가 목적어로 와야 한다. 또한 to부정사가 적극적이고 긍정적인 의미로 확장된 것에 반해 동명사는 상대적으로 부정적이고 소극적인 어감이 있다. 과거나 현재의 일을 곱씹어 생각하는 것이기 때문이다. consider(고려하다)는 꼭 하겠다는 결심이 아니라 할지 말지 소극적으로 고려한다는 뜻이다. 그러니 목적어로 동명사를 취하게 된다. 이 원리는 finish, deny 등

의 동사에도 적용된다. 이처럼 to부정사와 동명사가 태생적으로 내포하고 있는 뜻과 각 동사의 의미를 잘 고려하면 외우지 않고도 목적어 자리에 알맞은 동사의 형태를 예상할 수 있다. 계속 강조했듯이 여기서도 말의 의미가 문법을 결정한다.

3 동명사와 to부정사 둘 다 목적어로 쓸 수 있는 동사 (1)

- like, love, begin, start, hate, prefer, continue 등은 목적어로 to부정사와 동명사를 모두 쓸 수 있다.
- 동명사와 to부정사 목적어 모두 '~하는 것을, ~하기를'이라고 해석한다.

참고 선호를 나타내는 동사(like, love, hate, prefer)의 경우, to부정사는 특정 상황에서의 선호나 결정을, 동명사는 평소의 습관이나 선호를 나타낼 때 쓴다. 쓰이는 상황이 다를 뿐 해석에는 차이가 없다.

예문

❹ She begins **to worry**.
(= She begins **worrying**.)

❺ I like **swimming**.
cf. I like **to swim** here.

❻ I hate **to go** camping with Tom.

❹ 'begin + to부정사'는 '~하는 것을 시작하다'라는 뜻이다. 이때 to부정사 대신 동명사가 목적어로 와도 큰 의미 차이가 없다.

❺ like swimming은 '수영하기를 좋아하다'라는 뜻으로 평소의 선호를 나타내는 표현이다. 참고 문장처럼 여기(here)라는 특정 상황에서 '수영하는 것이 좋다'는 의미로 쓰려면 동명사 대신 to부정사를 목적어로 쓴다.

❻ 'hate + to부정사'는 '~하기를 싫어하다'이다. 특정 인물과 가기 싫다는 내용이므로 특정 상황에 쓰이는 to부정사 목적어를 썼다.

05 동명사

4 동명사와 to부정사 둘 다 목적어로 쓸 수 있는 동사 (2)

- 아래 4개의 동사들은 to부정사가 올 때는 미래에 할 일을, 동명사가 올 때는 과거에 했던 일을 주로 나타낸다.

remember	❼ He didn't remember **meeting** her at the party. **기출** remember V-ing: ~했던 것을 기억하다 ❽ I remembered **to meet** Sam. remember to V: ~할 것을[~해야 함을] 기억하다
forget	❾ He forgot **locking** the door. forget V-ing: ~했던 것을 잊다 ❿ He forgot **to lock** the door. forget to V: ~할 것을[~해야 함을] 잊다
regret	⓫ Brian regrets **saying** harsh things. regret V-ing: ~했던 것을 후회하다 ⓬ I regret **to say** the machine is no longer working. **기출** regret to V: ~하게 되어 유감이다
try	⓭ I tried **restarting** the computer. try V-ing: (시험 삼아) ~해 보다 (소극적) ⓮ She'll try **to attend** the opening ceremony. try to V: ~하려고 노력하다 (적극적)

진짜 이해했는지 확인!

정답과 해설 p.396

Q 괄호 안의 동사를 알맞은 형태로 바꾸어 문장을 완성하세요.

1 He forgot (lock) the door and a burglar broke in. →

2 He decided (stop) smoking. →

3 Would you mind (close) the door? →

예문 해석 거꾸로 영작 훈련도 필수!

1. 그는 긍정적인 태도를 확립하는 데 초점을 맞추기로 결심했다. **2.** 문 좀 닫아 주시겠어요? **3.** 그녀는 중국어 가르치는 것을 즐긴다. **4.** 그녀는 걱정하기 시작한다. **5.** 나는 수영하기를 좋아한다. **6.** 나는 톰과 캠핑 가는 것이 싫다. **7.** 그는 파티에서 그녀를 만났던 것을 기억하지 못했다. **8.** 나는 샘을 만나야 한다는 것을 기억했다. **9.** 그는 문을 잠갔던 것을 잊어버렸다. **10.** 그는 문을 잠그는 것을 잊어버렸다. **11.** 브라이언은 심한 말을 했던 것을 후회한다. **12.** 기계가 더 이상 작동하지 않음을 말하게 되어 유감입니다. **13.** 나는 컴퓨터를 다시 시작해보았다. **14.** 그녀는 개업식에 참석하려고 노력할 것이다.

UNIT 29

동명사의 관용적 표현

예문 듣기

I can't help falling in love with you.

나는 너와 사랑에 빠질 수밖에 없다.

여러 가지 동사 형태 중에서 꼭 동명사를 써야 하는 관용 표현들이 있다.

동명사와 함께 쓰인 전치사나 어구를 숙지하여 동명사 자리에 동사원형이나 to부정사를 쓰지 않도록 주의한다.

1 자주 쓰이는 동명사 구문

• 다음 표현들은 반드시 동명사와 함께 쓰이므로 뜻과 형태를 통째로 익혀 두는 것이 좋다.

go + V-ing ~하러 가다	❶ I **went shopping** with Sally yesterday.
be worth + V-ing ~할 가치가 있다, ~할 만하다	❷ The Alhambra **is worth visiting**.
It's no use + V-ing ~해 봐야 소용없다 = There is no use in + V-ing = It is of no use[good] + to V = It is useless + to V	❸ **It's no use worrying** about past events. 기출 = **There is no use in worrying** about past events. = **It is of no use[good] to worry** about past events. = **It is useless to worry** about past events.
can't help + V-ing ~하지 않을 수 없다, ~할 수밖에 없다 = can't help but V	❹ I **can't help feeling** sorry for him. = I **can't help but feel** sorry for him.

2 전치사를 포함하는 동명사 관용 표현

• 다음 표현들은 전치사가 포함된 관용 표현들이다. 전치사 뒤에는 명사 상당 어구와 동명사 형태만 올 수 있으므로, to부정사를 쓰지 않도록 주의한다. ○ Unit 48. 전치사의 역할 및 형태

• 아래 표현 중 look forward to, be used[accustomed] to의 'to'는 전치사 to이므로 to부정사와 혼동하지 않는다.

참고 여기서는 전치사 뒤에 동명사구가 오는 예문만 실었다. 당연히 전치사가 포함된 관용 표현에는 명사, 대명사 등 다양한 명사 상당 어구가 올 수 있다.

feel like V-ing ~하고 싶다, ~한 느낌이다	❺ I **feel like going** out with friends.
look forward to + V-ing ~하는 것을 기대하다	❻ I **look forward to hearing** from you soon. 기출
be busy (in) + V-ing ~하느라 바쁘다	❼ Companies **are busy listening** to the voice of the customer.

have trouble[difficulty, a hard time] (in) + V-ing ~하는 데 어려움을 겪다	❽ Carl **has trouble waking** up early.
be used[accustomed] to + V-ing ~하는 데 익숙하다	❾ She's **not used to expressing** her emotions. cf. We **used to walk** along the river. ☆비교 used to + V: ~하곤 했다
spend 시간/돈 (on/in) + V-ing ~하는 데 시간/돈을 쓰다	❿ We **spent the whole afternoon painting** the kitchen.
be good at + V-ing ~을 잘하다, ~하는 것에 능숙하다	⓫ The dogs **are good at using** their noses. 기출
on[upon] + V-ing ~하자마자	⓬ **On hearing** this news, he said, "Well done," with a smile. 기출

▸ 느낌 빡! -ing로 끝나지만 준동사적 성격을 잃고 완전히 명사로 전환된 경우도 있다!

일반적으로 동명사는 복수형이 없고, 항상 단수 취급한다. 그러나 준동사가 너무 자주 사용되어 아예 명사가 되어버리기도 하는데, 그 경우엔 복수형을 만들 수 있으며 심지어는 앞에 관사(a, the)도 붙을 수 있다. 또한 형용사의 수식을 받는 것도 가능하다.
예를 들어, Your doings are the talk of the town.(네 행실은 마을의 이야깃거리이다.)에서 doing에 -s가 붙은 것 보이는가? 여기에서 doing은 '하는 것'이라는 동명사가 아니라 '행실, 행위'라는 뜻을 가진 명사라고 보는 것이 옳다. 또한 지금껏 예문 중에서 동명사에 관사가 붙은 것을 보지 못했을 것이다. 그러나 동명사에서 명사로 완전히 넘어가버리면 the understanding of democracy(민주주의의 이해)처럼 a(n), the와 함께 쓰이는 것을 볼 수 있다. 또한 -ing로 끝나는 단어가 준동사일 때는 부사의 수식을 받지만, 아예 명사로 쓰이면 형용사의 수식을 받는다. 아래 예문을 보고 이해해라.

Talking loudly in the office is very annoying. 사무실에서 크게 말하는 것은 아주 짜증난다.
Loud talking is not permitted here. 여기에서 고성은 허용되지 않습니다.

✔ 진짜 이해했는지 확인!

정답과 해설 p.396

Q 괄호 안의 동사를 알맞은 형태로 바꾸어 문장을 완성하세요.

1 I feel like (go) out with friends. →

2 It's no use (worry) about past events. →

3 She has trouble (wake) up early. →

4 We spent the whole day (paint) the kitchen. →

예문 해석 거꾸로 영작 훈련도 필수!

1. 나는 어제 샐리와 쇼핑하러 갔다. **2.** 알함브라는 방문할 가치가 있다. **3.** 지나간 사건을 걱정해 봐야 소용없다. **4.** 나는 그에게 안타까움을 느끼지 않을 수 없다. **5.** 나는 친구들과 외출하고 싶다. **6.** 곧 당신에게서 소식을 듣기 기대합니다. **7.** 회사들은 고객의 목소리를 듣느라 바쁘다. **8.** 칼은 일찍 일어나는 데 어려움을 겪는다. **9.** 그녀는 자신의 감정을 드러내는 데에 익숙하지 않다. cf. 우리는 강가를 따라 걷곤 했다. **10.** 우리는 오후 전부를 부엌 페인트칠하는 데 썼다. **11.** 개들은 코를 사용하는 데 뛰어나다. **12.** 이 소식을 듣자마자, 그는 웃으면서 "잘했어"라고 말했다.

이것만은 꼭!

동명사와 to부정사 차이 한눈에 보기

1 의미 차이

to부정사의 시간 영역은 기준 시점에서 앞으로 뻗은 부분, 즉 미래이다.
동명사는 대체로 과거, 현재, 미래를 포괄하지만, to부정사와 비교했을 때 진행 중인 일, 이미 일어난 일이라는 뜻이 두드러진다.

동명사	to부정사
❶ She remembered **inviting** Jenna to the party. 이전에 제나를 초대했던 것을 기억했다는 뜻이다. 말하는 시점에 이미 초대한 상황임을 알 수 있다.	❷ I remembered **to invite** Susan. 나중에 수잔을 초대해야 한단 사실을 기억했다는 뜻이다. 기억해낸 시점에 아직 초대하지 않은 상황이다.

2 동명사와 to부정사의 역할

동명사는 명사로, to부정사는 명사, 형용사, 부사로 쓰일 수 있다.

동명사	to부정사
❸ **Training an employee** takes a long time. 동명사구가 문장의 주어 역할을 한다.	❹ **To train an employee** takes a long time. to부정사구가 명사로 쓰여 문장의 주어 역할을 한다. ❺ The company invested a lot of money **to develop a new product.** to부정사구가 부사로 쓰여 동사구를 수식한다. 투자한 목적이 신제품을 개발하기 위함이라는 뜻이다. ❻ The internship program is **to begin on September 10.** to부정사구가 형용사로 쓰여 주어 The internship program을 보충 설명한다.

3 가주어 구문

동명사 주어는 to부정사 주어에 비하여 가주어 it으로 대체되는 경우가 드물다.

동명사	to부정사
❼ **It** was nice **meeting you.** It은 가주어이고, 동명사구가 진주어이므로 '당신을 만나서 좋았다'고 해석해야 한다. 동명사가 가주어-진주어 구문을 만드는 것은 몇몇 이례적인 관용 표현에서만이다.	❽ **To get compliments from Megan** was hard. 기출 = **It** was hard **to get compliments from Megan.** to부정사구는 주어 자리에 직접 오는 것보다 가주어-진주어 구문 형태로 쓰이는 것이 더 일반적이다.

4 전치사의 목적어

전치사의 목적어가 될 수 있는 동사 형태는 동명사이다. 몇몇 관용 표현을 제외하면 to부정사는 전치사의 목적어가 될 수 없다.

동명사	to부정사
❾ Thank you **for supporting** us. (O) 동명사는 명사와 마찬가지로 전치사 뒤에 올 수 있다.	Thank you ~~for to support~~ us. (X) 몇 가지 관용 표현을 제외하면 to부정사는 전치사 뒤에 올 수 없다.

5 동명사나 to부정사를 목적어로 취하는 동사

동명사와 to부정사는 각각 과거와 미래의 의미를 내포하기 때문에 함께 쓰이는 동사의 종류가 달라지기도 한다.

	동명사를 목적어로 취하는 동사	to부정사를 목적어로 취하는 동사
종류	stop, quit, finish, give up, enjoy, practice, keep, avoid, deny, mind, put off, postpone, admit, consider …	desire, hope, wish, want, decide, plan, agree, refuse, choose, promise, need, expect, fail, hesitate, manage …
의미	주로 진행 중인 일, 진행된 일을 말하는 동사	주로 미래의 일을 말하는 동사
어감	소극적, 부정적	적극적, 긍정적
해석 방법	(과거, 현재에 하던 일을) 중단하다/계속하다/즐기다…	(미래에 ~할 것을) 바라다/결심하다/선택하다…

6 동명사, to부정사를 둘 다 목적어로 취하는 동사

동사의 종류에 따라 to부정사와 동명사를 모두 목적어로 취하기도 한다. 어느 것을 쓰느냐에 따라 뜻이 달라지는 동사 remember, forget, regret, try에 유의하자.

뜻이 같거나 비슷한 동사	like, love, begin, start, hate, prefer, continue 등은 목적어로 to부정사와 동명사 모두 쓸 수 있다.	
뜻이 달라지는 동사	remember V-ing ~했던 것을 기억하다 forget V-ing ~했던 것을 잊다 regret V-ing ~했던 것을 후회하다 try V-ing (시험 삼아) ~해 보다	remember to V ~할 것을 기억하다 forget to V ~할 것을 잊다 regret to V ~하게 되어 유감이다 try to V ~하려고 노력하다

1. 그녀는 제나를 파티에 초대했던 것을 기억했다. **2.** 나는 수잔을 파티에 초대해야 한다는 것을 기억했다. **3, 4.** 직원을 훈련하는 것은 오랜 시간이 걸린다. **5.** 그 회사는 신제품을 개발하기 위해 많은 돈을 투자했다. **6.** 인턴십 프로그램이 9월 10일에 시작할 예정이다. **7.** 너를 만나서 반가웠다. **8.** 메건에게 칭찬을 받는 것은 어려웠다. **9.** 우리를 지지해 주셔서 감사합니다.

필수 예문 Review

가리개를 활용하여
필수 예문을 테스트해 보세요.

A 가 한글 가리고 해석해 보기

- ① Keeping a diary is a good habit.
- ② Reading classical texts benefits the mind.
- ③ Not having breakfast is bad for your health.
- ④ Being accurate is not always smart.
- ⑤ Watching movies is my hobby.
- ⑥ I enjoy riding a bicycle.
- ⑦ I'm sorry for wasting your time.
- ⑧ My goal is getting a good grade on the exam.
- ⑨ I appreciate your filling in for me.
- ⑩ They insisted on my staying with them.
- ⑪ Do you mind my[me] sitting here?
- ⑫ She regrets not having worked harder in her youth.
- ⑬ He admits to having made mistakes.
- ⑭ I confessed to having stolen the money.
- ⑮ He decided to focus on building a positive attitude.
- ⑯ Would you mind closing the door?
- ⑰ She enjoys teaching Chinese.
- ⑱ She begins to worry.
- ⑲ I like swimming.
- ⑳ I hate to go camping with Tom.
- ㉑ He didn't remember meeting her at the party.
- ㉒ I remembered to meet Sam.
- ㉓ He forgot locking the door.
- ㉔ He forgot to lock the door.
- ㉕ Brian regrets saying harsh things.

A 가 영어 예문 가리고 스피킹/영작해 보기

- ① 일기를 쓰는 것은 좋은 습관이다.
- ② 고전 문헌을 읽는 것은 정신에 이롭다.
- ③ 아침을 먹지 않는 것은 당신의 건강에 나쁘다.
- ④ 정확한 것이 언제나 현명한 것은 아니다.
- ⑤ 영화를 보는 것은 내 취미이다.
- ⑥ 나는 자전거 타는 것을 즐긴다.
- ⑦ 당신의 시간을 낭비해서 죄송합니다.
- ⑧ 내 목표는 시험에서 좋은 성적을 받는 것이다.
- ⑨ 당신이 나를 대신해줘서[내 업무를 대신해줘서] 고맙습니다.
- ⑩ 그들은 내가 그들과 함께 머물러야 한다고 주장했다.
- ⑪ 당신은 제가 여기 앉는 것을 언짢아하시나요?[제가 여기 앉아도 될까요?]
- ⑫ 그녀는 젊은 시절 더 열심히 일하지 않은 것을 후회한다.
- ⑬ 그는 실수를 했던 것을 인정한다.
- ⑭ 나는 돈을 훔쳤던 것을 자백했다.
- ⑮ 그는 긍정적인 태도를 확립하는 데 초점을 맞추기로 결심했다.
- ⑯ 문 좀 닫아 주시겠어요?
- ⑰ 그녀는 중국어 가르치는 것을 즐긴다.
- ⑱ 그녀는 걱정하기 시작한다.
- ⑲ 나는 수영하기를 좋아한다.
- ⑳ 나는 톰과 캠핑 가는 것이 싫다.
- ㉑ 그는 파티에서 그녀를 만났던 것을 기억하지 못했다.
- ㉒ 나는 샘을 만나야 한다는 것을 기억했다.
- ㉓ 그는 문을 잠갔던 것을 잊어버렸다.
- ㉔ 그는 문을 잠그는 것을 잊어버렸다.
- ㉕ 브라이언은 심한 말을 했던 것을 후회한다.

㉖ I regret to say the machine is no longer working.	㉖ 기계가 더 이상 작동하지 않음을 말하게 되어 유감입니다.
㉗ I tried restarting the computer.	㉗ 나는 컴퓨터를 다시 시작해보았다.
㉘ She'll try to attend the opening ceremony.	㉘ 그녀는 개업식에 참석하려고 노력할 것이다.
㉙ I went shopping with Sally yesterday.	㉙ 나는 어제 샐리와 쇼핑하러 갔다.
㉚ The Alhambra is worth visiting.	㉚ 알함브라는 방문할 가치가 있다.
㉛ It's no use worrying about past events.	㉛ 지나간 사건을 걱정해 봐야 소용없다.
㉜ I can't help feeling sorry for him.	㉜ 나는 그에게 안타까움을 느끼지 않을 수 없다.
㉝ I feel like going out with friends.	㉝ 나는 친구들과 외출하고 싶다.
㉞ I look forward to hearing from you soon.	㉞ 곧 당신에게서 소식을 듣기 기대합니다.
㉟ Companies are busy listening to the voice of the customer.	㉟ 회사들은 고객의 목소리를 듣느라 바쁘다.
㊱ Carl has trouble waking up early.	㊱ 칼은 일찍 일어나는 데 어려움을 겪는다.
㊲ She's not used to expressing her emotions.	㊲ 그녀는 자신의 감정을 드러내는 데에 익숙하지 않다.
㊳ We spent the whole afternoon painting the kitchen.	㊳ 우리는 오후 전부를 부엌 페인트칠하는 데 썼다.
㊴ The dogs are good at using their noses.	㊴ 개들은 코를 사용하는 데 뛰어나다.
㊵ On hearing this news, he said, "Well done," with a smile.	㊵ 이 소식을 듣자마자, 그는 웃으면서 "잘했어"라고 말했다.

Chapter Review Test 05

기출 예문으로 실전 훈련해 보기

Grammar for Reading

정답과 해설 p.397

✓ **다음 중 어법상 맞는 표현을 고르세요.**

1 Speaking two languages [have / has] obvious practical benefits in an increasingly globalized world.

2 Oscar Wilde once wrote, "In this world there are only two tragedies. One is [not getting / getting not] what one wants, and the other is getting it."

3 May I have your attention, please? I'd like to thank everyone for [to visit / visiting] our shopping mall. I'm the manager of Melody Records.

4 Most people don't like to say or hear the word "no." However, we should not postpone [to deliver / delivering] bad news.

5 There was a small fire on the third floor this afternoon. The lady in 306 had left some food on the stove and forgot [to turn off / turning off] the gas.

6 What can we do if we have trouble [sleeping / to sleep]? One suggestion is to set up a sleep schedule. Whenever possible, try to get to bed about the same time each night.

7 When we spend too much time [to think / thinking] in the supermarket, we can trick ourselves into choosing the wrong things for the wrong reasons.

8 College life is busy. There are too many demands on your schedule. Activities, friends, and pastimes may cause some difficulties in your [to perform / performing] the real job at hand.

---

1 increasingly 점점 더 globalized 세계화되는 **2** tragedy 비극 **4** postpone 연기하다 deliver 전달하다 **6** set up a schedule 일정을 세우다 **7** trick into ~하게 속이다 **8** demand *n.* 요구사항 *v.* 요구하다 pastime 오락, 취미 at hand 바로 가까이에

Grammar for Writing

✓ **우리말에 맞게 주어진 단어를 활용하여 문장을 완성하세요. (동명사를 사용할 것)**

1 아침을 먹지 않는 것은 당신의 건강에 나쁘다. **(have breakfast, bad, for your health)**

→

2 내 목표는 시험에서 좋은 점수를 받는 것이다. **(goal, get a good grade, on the exam)**

→

3 그는 젊은 시절 더 열심히 일하지 않은 것을 후회했다. **(regret, work harder, in his youth)**

→

4 지나간 사건을 걱정해 봐야 소용없다. **(worry, about past events)**

→

Grammar for Speaking

✓ **다음 단어를 활용하여 자신의 문장을 말해보세요.**

1 **enjoy + 동명사**

→ 나만의 문장:

예시 **I enjoy playing computer games in my free time.** 나는 여가 시간에 컴퓨터 게임을 하는 것을 즐겨.

2 **give up + 동명사**

→ 나만의 문장:

예시 **I've given up trying to lose weight.** 나는 살을 빼려던 걸 포기했어.

3 **practice + 동명사**

→ 나만의 문장:

예시 **I should practice speaking English.** 나는 영어로 말하는 것을 연습해야 해.

☞ p.135『동명사 훑어보기』에서 동명사의 개념을 다시 한번 정리해 보세요!

공부법 05

오답 활용법

정답이 모래면 오답은 다이아몬드다

공신인 사람과 공신이 아닌 사람은 어떤 차이가 있을까? 많은 차이점이 있겠지만 아주 큰 차이 중 하나는 오답을 보는 자세다. 특히 기출 문제를 공부할 때 오답을 대하는 자세가 아주 다르다.

오답을 본다고? 오답을 뭐 하러 보는가? 문제를 풀다가 정답은 볼 필요가 있다. 왜냐하면 그걸 알아야 내가 쓴 답과 맞춰 볼 수 있으니까. 오답은 말 그대로 틀린 답이다. 그래서 대부분의 학생은 오답을 버려야 할, 쳐다봐서도 안 될 그런 존재라고 생각한다. 그러나 공신들은 오답을 정답 이상으로 중요하게 생각한다.

정답은 그냥 교과서에 있는 내용 그대로다. 진리다. 그냥 이해하고 공부하면 된다. 정답이야 당연히 중요하다. 그러나 딱 그 정도의 가치다. 이에 비해 오답은 말 그대로 틀리게 지어낸 답, 거짓말이나 마찬가지다. 이 거짓말은 누가 만들어 내는가? 바로 출제자다.

공신들은 오답을 철저하게 분석한다

왜 이런 식으로 꼬아 놨을까? 여기서 어떻게, 왜 헷갈리게 만든 걸까? 오답을 면밀히 관찰하고 그것에 대해 고민하다 보면 출제자가 어떤 생각을 가지고 문제를 만들어 내는지 엄청난 힌트를 얻을 수 있다. 오답을 통해서 그분들의 출제 과정과 사고 과정을 역추적할 수 있는 것이다. 오답은 출제자가 그야말로 창작한 것이기 때문이다. 이 오답들을 파헤치면 어떤 것들이 함정으로 주로 출제되는지 파악할 수 있다. 함정을 미리 알면 당연히 함정에 빠지지 않는 방법도 알게 된다.

정답과 오답에 가격을 한번 매겨 보자. 조금만 생각해도 오답이 더 비싸다는 것을 알 수 있을 것이다. 정답은 교과서에 있는 그대로 넣으면 된다. 그러나 오답은 고민을 거듭해 정답처럼 보이도록 애써 꾸며야 한다. 모든 시험에서는 정답보다 오답이 비싼 법이다.

✓ 여러분은 어떤가?

기출 문제에서 버릴 것은 단 하나도 없다. 문제에서 단어 하나, 글자 하나, 문장 부호 하나까지도 왜 이렇게 제시했는지, 답은 왜 이것인지 파고, 파고, 또 파야 한다. 시험이 원하는 것을 정확히 파악해야 한다.

하지만 대부분의 학생들은 어떤가? 대부분의 학생들은 출제자의 생각을 역추적하거나, 오답을 분석하기는커녕 맞힌 문제만 본다. 채점을 할 때도 동그라미가 해물 파전만 하다. 틀린 건 숨기고 감추고 애써 묵인한다. 난 채점할 때 동그라미조차 치지 않았다. 자만심을 불러올 뿐만 아니라 동그라미 치는 시간을 아끼기 위해서였다.

"에계, 그래 가지고 몇 초나 아끼겠어요? 오버하시는 것 아녜요?"

아니다. 작은 것도 챙기지 못하는 자가 어떻게 큰 것을 챙길 수 있다는 말인가? 신(神)은 늘 사소한 것에 깃들어 있다. 그런 행동은 습관과 정신 상태에까지 영향을 미친다. 다른 면에서도 완벽을 추구하게 된다.

✓ 공신들은 기본적으로 마인드가 다르다

공신들은 '대충 해서 성적 좀 잘 받고 싶은데……' 하는 수준이 아니라, 무섭고 집요할 정도로 작은 부분까지 완벽해지려고 한다. 그들은 자신의 실력과 상태가 완벽에 가까워질수록 보람과 성취, 희열을 느낀다. 공부를 하나의 완전체로 보고, 마치 역사에 길이 남을 대작을 완성하는 것 같은 뿌듯함과 재미에 끌리는 것이다. 이러한 집요함은 성적으로 나타난다.

'위대함'의 가장 큰 적은 '좋은 것'이다. 대충 그럭저럭 좋은 것에 머물지 마라. 좋은 게 좋은 거라고 타협한다면 최고의 성과는 절대 나올 수 없다.

살다 보면 느끼겠지만 사람들이 하는 가장 위험한 잘못 중 하나는 목표를 너무 높게 잡고 거기에 도달하지 못하는 것이 아니다. 목표를 너무 낮게 잡고 거기에 만족해 버리는 것이다. 혹은 목표 자체가 존재하지 않는 것이다.

어떤 학생들은 문제집을 풀 때 문제를 찍는 행위까지 한다. 만약 그게 맞으면 찍어서 맞혔다고 좋아한다. 참으로 어처구니없는 일이다. 시험에서 찍어서 맞히는 것은 그나마 억지로라도 이해할 수 있다. 그러나 연습과 훈련의 과정에서 찍어서 맞히는 것은 대체 무슨 의미가 있는가. 과녁 앞에 가서 화살을 정중앙에 꽂아 놓고 적중했다고 말하는 것과 무슨 차이가 있는가. 진지하게 다시 생각해 보고 반성할 일이다.

–「미쳐야 공부다」 중에서

앞에서 동사를 여러 형태로 활용했다면,
이제 동사에 다양한 '의미'를 더해보자.
조동사, 가정법, 수동태로 유연하게
동사의 의미를 전달해 본다.
V
강성태
KANG

PART 3

동사의 의미 확장

CHAPTER 06

조동사

조동사는 무엇인가?

조동사(助 도울 조, 動 움직일 동, 詞 말 사)는 '동사를 돕는다'는 의미다. 이름 그대로 동사의 뜻이 더 잘 전달될 수 있게 도와주는 역할을 한다. 동사 자체만으로 의미가 충분치 않을 때, 원래 의미에 능력, 추측, 의지, 의무, 충고 등의 의미를 더해주는 것이 바로 조동사다.

왜 조동사가 필요한가?

He is handsome. He isn't handsome. 여기 두 문장이 있다. 말하자면, 초기 영어는 이렇게 두 가지 뜻밖에 없었다. 모 아니면 도. 잘생겼고 잘생기지 않았고 둘뿐이었다. 하지만 사람들은 동사 하나를 가지고도 더 다양한 표현을 하고 싶었고, 이후 점차 섬세한 표현을 만들어가기 시작했다.
예를 들어 may를 붙이면 '그는 잘생겼을 거야'라는 약한 추측이 된다. 반면 must를 붙이면 '그는 틀림없이 잘생겼을 거야'라는 강한 확신이다. 또 used to를 쓰면 과거에는 잘생겼으나 현재에는 그렇지 않다는 슬픈 사실을 나타낸다.
이처럼 조동사는 상대의 의도, 뉘앙스까지 꿰뚫어 보게 하는 고마운 문법이다.

조동사

He	may	be handsome.	그는 잘생겼을 거야. 약한 추측
He	must	be handsome.	그는 틀림없이 잘생겼을 거야. 강한 확신
He	used to	be handsome.	그는 (한때) 잘생겼었지. 과거의 상태

조동사 어록

The saddest summary of life contains 3 descriptions: could have, might have and should have.

인생을 요약하는 가장 슬픈 세 가지 표현: 할 수 있었는데, 했을지도 모르는데, 했어야 했는데.

- Louis E. Boone -

인생을 엉망진창으로 보낸 사람이 죽기 직전 신에게 빌었다.
'몇 년만 과거로 돌아가게 해주세요. 최선을 다해 후회 없이 살겠습니다.'
감사하게도 소원을 들어주셨다. 그 사람이 여러분일지도 모른다.

조동사 훑어보기

UNIT 30 can, could

능력을 나타내는 조동사	
can + 동사원형	~할 수 있다 [능력, 가능성, 허락]
could + 동사원형	~할 수 있었다 [능력], ~할 수 있을 것 같다 [가능성]

UNIT 31 may, might

추측을 나타내는 조동사	
may + 동사원형	~할지도 모른다 [약한 추측], ~해도 된다 [허락]
might + 동사원형	~할지도 모른다 [약한 추측]

UNIT 32 must, have to

UNIT 33 should, had better

의무, 충고를 나타내는 조동사	
must + 동사원형	~해야 한다 [의무, 필요], ~이 틀림없다 [강한 확신]
have to + 동사원형	~해야 한다 [의무, 필요]
should + 동사원형	~하는 것이 좋겠다 [충고, 제안], ~할 것이다 [추측]
ought to + 동사원형	~하는 것이 좋겠다 [충고, 제안], ~할 것이다 [추측]
had better + 동사원형	~하는 것이 좋겠다 [경고성 충고]

UNIT 34 will, would, shall

UNIT 35 would의 기타 용법

미래의 일, 과거 습관, 선호 등을 나타내는 조동사	
will + 동사원형	~할 것이다 [미래에 일어날 일, 의지]
would + 동사원형	~할 것이다 [가정의 결과], ~하곤 했다 [과거에 반복된 행위]
shall + 동사원형	~할까요? [제안 (의문문)]
would like (to + 동사원형)	~을 원한다
would rather + 동사원형	차라리 ~하겠다, ~하는 편이 낫다
used to + 동사원형	~하곤 했다 [과거에 반복된 행위], ~했다 [과거의 상태]

UNIT 36 조동사 과거 표현

과거 시점의 일을 나타내는 조동사	
must have V-ed	~했음에 틀림없다
may / might have V-ed	~했을지도 모른다
can't / couldn't have V-ed	~했을 리가 없다
could have V-ed	~할 수 있었을 텐데
should / ought to have V-ed	~했어야 했는데
would have V-ed	(…했더라면) ~했을 텐데

UNIT 30

예문 듣기

can, could

I can run fast.

난 빨리 달릴 수 있어요.

I could run fast when I was young.

내가 어렸을 땐 빨리 달릴 수 있었어요.

can, could는 능력, 가능성을 나타내는 조동사로 무언가를 할 수 있거나 없음(부정형)을 나타낸다.

주어와 시제에 상관없이 can, could 뒤에는 동사원형이 온다.

1 can + 동사원형: ~할 수 있다

- can은 어떤 일을 할 수 있는 능력, 어떤 일이 일어날 가능성을 표현한다.
- Can 의문문은 문맥에 따라 허락을 구하는 공손한 표현이 되기도 한다. **참고** 의문문에서 조동사는 주어 앞에 쓴다.

Can I help you? 제가 도와드릴까요? Can you wait a minute? 잠시 기다려주시겠어요?

- **조동사 can의 긍정, 부정**

조동사 + 일반동사	뜻
can + 동사원형	~할 수 있다
can't (=cannot) + 동사원형	~할 수 없다

▶ 느낌 빡! can은 '할 수 있다'만 알면 충분하다

조동사 can은 기본적으로 능력을 나타낸다. 다른 문법책에서는 이 밖에도 can이 허락, 요청, 추측, 가능성, 의문 등을 의미한다고 복잡하게 설명하는데 사실 그럴 필요가 없다. '할 수 있다'는 뜻으로 다 통한다.
다친 다리가 다 나아서 'I can go jogging now.(나 이제 조깅하러 갈 수 있어.)'라고 할 때는 '능력', 뭐하고 놀지 얘기할 때 'We can go to the movies.(우리는 영화관에 갈 수 있어.)는 '가능성', 자습 끝나고 'Can I go home?(제가 집에 갈 수 있나요?)'는 '허락'을 말한다. '할 수 있다'가 능력, 허락, 가능성을 다 나타낼 수 있지 않은가? 이처럼 조동사는 한 가지 뜻을 제대로 이해하면 어느 상황에도 다 통하는 경우가 많다.

예문 正 正

❶ She **can** speak Spanish.

❷ It **can** happen to anyone.

❸ I **can't** come to dinner tonight.

❹ **Can** I have your name, please? 기출

❺ **Can** you play any musical instruments?

❶ can은 조동사이므로 일반동사 앞에 오며, 그 동사를 '할 수 있다'라는 뜻으로 해석한다.

❷ 주어가 3인칭 단수일지라도, can 뒤에는 동사원형이 온다. 여기서 can은 가능성의 의미다.

❸ '올 수 있다'는 can come, 부정형 '올 수 없다'는 can't[cannot] come이다.

❹ 공손하게 이름을 묻기 위해 Can 의문문이 쓰였다. 여기서는 Can에 허락의 의미가 있다.

❺ 여기서 Can은 공손한 표현을 위해서가 아니라 악기를 다룰 수 있는지 능력을 묻기 위해 쓰였다.

2 could + 동사원형: (1) ~할 수 있었다 (2) ~할 수 있을 것 같다

- 능력, 가능성을 나타내는 can의 과거형으로, 과거의 능력 또는 현재의 가능성을 표현한다.
- Could 의문문은 정중히 부탁할 때 쓸 수 있는 매우 공손한 표현이다.

Could I use your phone? 전화를 써도 되겠습니까? Could you come to dinner? 저녁 식사에 와 주시겠습니까?

- **조동사 could의 긍정, 부정**

조동사 + 일반동사	뜻
could + 동사원형	(1) ~할 수 있었다 (과거의 능력) (2) ~할 수 있을 것 같다 (현재의 가능성)
couldn't (=could not) + 동사원형	(1) ~할 수 없었다 (과거의 능력) (2) ~할 수 없을 것 같다 (현재의 가능성)

▸느낌 빡! 조동사 과거형의 숨겨진 원리 - 과거형 could가 can보다 더 공손한 표현인 이유

조동사 could는 과거형인데 어떻게 '현재' 시점의 가능성을 표현하는 것일까? 답은 간단하다. 그때의 could는 시제가 아니라 가능성의 정도를 나타내기 위해 쓰인 것이다. 이미 시제 파트에서 과거형이 약하거나 공손한 느낌으로 쓰일 수 있다고 배웠다. Unit 07. 과거시제 같은 맥락이다. 현재의 일을 과거의 일인 것처럼 돌려 말함으로써, can보다 더 낮은 가능성을 나타낸다는 얘기다. 예를 들어보자. 현재형 'Can I use your phone?'은 '전화를 사용할 수 있나요?'라는 뜻이다. 반면 'Could I use your phone?'은 '전화를 사용할 수 있었을까요[있었으면 하는데요]?'라는 뜻이다. 지금 당장 사용할 수 있는지 없는지 현재의 가능성을 묻고 싶지만, 과거형을 사용하여 마치 옛날 일처럼 간접적으로 물어보는 것이다. 이렇게 하면 공손하고 상대방이 거절하기에 부담이 없는 간접적인 질문이 된다.
could뿐만 아니라, would, might 또한 과거형이기 때문에 약한 표현이 된다. 간단한 원리만 알면 각각 따로 외울 필요가 없다.

예문

❻ I **could** play the piano when I was young.

❼ You **could** start earlier. Don't worry.

❽ I **couldn't** sleep last night.

❾ **Could** I leave a message, please?

❿ **Could** you donate a few dollars to the orphans? 기출

❻ 여기서 could는 과거의 능력을 나타낸다.

❼ 여기서 could는 문맥상 현재의 가능성을 나타낸다.

❽ could의 부정형 couldn't(=could not)가 쓰여 과거의 불가능을 나타낸다.

❾ Could I ~?는 상대방에게 허락을 구하는 공손한 표현이다. please를 붙여 더욱 공손한 표현이 되었다.

❿ Could you ~?는 상대방에게 요청하는 공손한 표현이다.

진짜 이해했는지 확인!

정답과 해설 p.398

Q 다음 빈칸에 알맞은 동사 형태를 고르세요.

1 She can (comes / come) to dinner tonight.

2 Can you (play / to play) any musical instruments?

3 I (can't / couldn't) sleep last night.

예문 해석 거꾸로 영작 훈련도 필수!

1. 그녀는 스페인어를 할 수 있어요. **2.** 그건 누구에게나 일어날 수 있죠. **3.** 저 오늘밤 저녁 식사에 못 와요. **4.** 성함이 어떻게 되시죠? **5.** 당신은 악기를 연주할 수 있나요? **6.** 난 어렸을 때 피아노를 칠 수 있었어요. **7.** 당신은 더 일찍 시작할 수 있을 거예요. 걱정하지 말아요. **8.** 나 어젯밤에 잠을 못 잤어. **9.** 제가 메시지를 남겨도 될까요? **10.** 고아들을 위해 몇 달러 기부해 주시겠어요?

UNIT 31

may, might

예문 듣기

I may go to Canada.
나 캐나다에 가게 될지도 몰라.

He might be living in Canada.
그는 캐나다에 살고 있을지도 몰라.

may, might는 둘 다 약한 추측을 나타내어 '~할지도 모른다, ~할 것이다'로 해석한다.

또한 현재형 may는 허락을 나타낼 수도 있다. may 의문문을 쓰면 상대방에게 공손하게 허락을 구할 수 있다.

1 may + 동사원형: (1) ~할지도 모른다 (2) ~해도 된다

- may는 약한 추측을 나타내는 조동사로, 절반 정도의 확실성을 가진 내용을 표현한다.
- 또한 허락의 의미가 있어 어떤 일을 해도 되는지 안 되는지를 나타낼 때도 쓴다.
- May 의문문은 요청하거나 허락을 구할 때 쓰는 공손한 표현이다.
  May I come in? 제가 들어가도 될까요?
- **조동사 may의 긍정, 부정**

조동사 + 일반동사	뜻
may + 동사원형	(1) ~할지도 모른다 (2) ~해도 된다
may not + 동사원형	(1) ~하지 않을지도 모른다 (2) ~하면 안 된다

예문

❶ Jerry **may** be in the classroom.

❷ Ross **may** know the truth.

❸ She **may not** want to go home.

❹ You **may** leave at any time.

❺ **May** I have your signature, please? 기출

❶ may는 약한 추측을 나타내므로 그는 교실에 있을 수도 있고, 없을 수도 있다.

❷ may know는 '알지도 모른다'이다. Perhaps Ross knows the truth.(아마도 로스는 진실을 알고 있다.)와 유사한 의미의 문장이다.

❸ may의 부정형은 뒤에 not을 쓰며 이 문장에서는 '~하지 않을지도 모른다'라고 해석한다.

❹ 주어가 You일 때 may는 문맥에 따라 허락을 나타낼 수도 있다.

❺ May I / we로 시작하는 의문문은 공손한 표현으로, 허락을 구할 때 쓴다.

느낌 빡! 조동사 may의 어원

may는 추측을 나타내는 조동사로 '~할지도 모른다'라는 뜻이다. 또한 허락을 나타내어 '~해도 된다'라는 뜻도 있다. may의 어원은 강성태 영단어에서 배웠던 '힘(권력)이 있다'라는 뜻의 'mag'이다. 누군가가 어떤 일을 할 수 있는 힘이나 권력을 가지고 있다면, 언젠가 그 일을 하게 될지도 모른다. 다시 말해 힘이 있다는 것은, 어떤 일이 일어날 '가능성'을 가지고 있는 것이다. 당연한 해석이다. 또한 '권력이 있다'는 것은 어떤 일을 할 권한이 있어서 그 일을 해도 되는 것을 의미한다. 그래서 may가 '허락'을 구하거나, '가능성'을 나타낼 때 쓰이는 조동사인 것이다. 어원 하나로 may의 두 가지 뜻이 한방에 이해가 갔을 것이다.

2 might + 동사원형: ~할지도 모른다

- might는 약한 추측을 나타내는 조동사로 may로 바꾸어 쓸 수 있다.
- **조동사 might의 긍정, 부정**

조동사 + 일반동사	뜻
might + 동사원형	~할지도 모른다
might not + 동사원형	~하지 않을지도 모른다

▸느낌 빡! may와 might, 해석은 같아도 느낌은 다르다

조동사의 과거형을 어렵다고 느끼는 사람들이 많을 것이다. 문법책마다 해석도 다르고 용법도 다르게 설명한다. 그러니 외울 것만 많아진다. 하지만 영어 자체에 집중하면 훨씬 쉽다. 앞에서 may는 '약한 추측'을 나타낸다고 했다. 그럼 과거형인 might는 '더 약한 추측'을 나타내는 말이다. 앞서 배운 원리대로 과거형을 써서 말하는 시점으로부터 좀 더 거리를 두기 때문에 주장이 더 약해지는 것이다. He may be right.(그가 맞을지도 몰라.)라는 문장을 might를 써서 말해보자. He might be right.(그가 맞았을지도 몰라.) might의 과거형 의미를 살려서 해석해보면 느낌이 빡 온다. may보다 might 쪽이 좀 더 주저하여 말하는 느낌이 있다. 다른 조동사들의 과거형도 과거의 의미보다는, 현재형보다 더 약한 표현으로 쓰이는 경우가 많다.

예문 正正

❻ It **might** rain soon.

❻ 흐린 하늘을 보고 곧 비가 올지도 모른다고 말하는 정도의 '약한 추측'을 나타낸다.

❼ It **might** be some kind of medicine. 기출

❼ might 뒤에 '~이다'라는 뜻의 be동사가 쓰여 '~일지도 모른다'라는 의미가 된다.

❽ Rachel **might** be having lunch.

❽ might 뒤에 현재진행형이 와서 be동사가 원형으로 쓰였다. 지금 점심을 먹고 있을 수도, 아니면 다 먹어서 공부를 하고 있을 수도 있다.

❾ He **might not** come to the party.

❾ might의 부정형은 may의 부정형처럼 '~하지 않을지도 모른다'라는 뜻이다.

❿ **Might** I borrow your pen?

❿ Might I / we로 시작하는 의문문은 May 의문문처럼 요청하거나 허락을 구하는 공손한 표현이나, 자주 쓰이지 않는다.

06 조동사

✔ 진짜 이해했는지 확인!

정답과 해설 p.398

Q 괄호 안의 단어를 알맞게 배열하여 문장을 완성하세요.

1 (be, Jerry, may) in the conference room. →

2 He (not, may, want) to go to school. →

3 (I, may, have) your signature, please? →

4 Rachel (having, be, might) lunch. →

예문 해석 거꾸로 영작 훈련도 필수!

1. 제리는 교실에 있을지도 몰라. **2.** 로스가 진실을 알고 있을지도 몰라. **3.** 그녀는 집에 가고 싶지 않을 수도 있어. **4.** 당신은 언제든 가셔도 됩니다. **5.** 당신의 사인을 받아도 될까요? **6.** 곧 비가 올지도 몰라. **7.** 이것은 약의 한 종류일 수 있어요. **8.** 레이첼은 점심을 먹고 있을지도 몰라. **9.** 그가 파티에 오지 않을 수도 있어. **10.** 펜을 빌려도 될까요?

UNIT 32

예문 듣기

must, have to

I must go to bed now.
나 이제 자러 가야 해.

I have to go to class tomorrow.
나 내일 수업 가야 하거든.

must와 have to는 의무를 나타내는 조동사이다. 둘 다 '~해야 한다'라는 뜻이지만, 부정형의 해석이 다르므로 주의한다.
must는 문맥에 따라 강한 확신을 나타내어 '~이 틀림없다'라는 의미도 가진다.

1 must + 동사원형: (1) ~해야 한다 (2) ~이 틀림없다

- must는 의무(필요)나 강한 확신을 나타내는 조동사이다.
- 말하는 사람이 확실한 근거나 권한을 가지고 말할 때 쓴다.
- **조동사 must의 긍정, 부정**

조동사 + 일반동사	뜻
must + 동사원형	(1) ~해야 한다 (2) ~이 틀림없다
must not (=mustn't) + 동사원형	(1) ~하지 말아야 한다 (2) ~이 틀림없이 아니다

느낌 빡! 조동사의 확실성 정도 차이

is	>	must be	>>	could be	>	may / might be	>>	is not
~이다		틀림없이 ~이다		~일 수도 있다		~일지도 모른다		~이 아니다

be동사의 현재시제 긍정문을 100%, 부정문을 0%의 가능성으로 본다고 할 때, 조동사의 확실성 정도 차이는 위 표와 같다. 물론 대략적인 느낌을 표현한 것이며, 정확한 퍼센트로 비교 가능한 것은 아니다. 말하는 사람과 듣는 사람의 주관에 따라 그때그때 다르다. He could be right.는 '그가 맞을 수도 있다.'라고 해석한다. 그러나 말하는 사람에 따라 그가 맞을 가능성이 있다는 뜻일 수도 있고, 가능성이 거의 없다는 쪽에 더 무게를 둔 말일 수도 있다. must는 근거가 있는 강한 확신, could, may, might은 약한 추측이라고 기억하자.

예문 正正

❶ You **must** apply by March 15.
❶ 여기서 must는 의무를 나타내므로 must apply는 '신청해야 한다'로 해석한다. have to로 바꾸어 말할 수 있다.

❷ Students **must not** cheat during tests.
❷ 의무를 나타내는 must의 부정형은 '~하지 말아야 한다'이다. 축약형 mustn't는 드물게 사용된다.

❸ The experiment **must** be repeatable. 기출
❸ must는 조동사이므로 3인칭 단수 주어가 와도 뒤에 동사원형을 쓴다.

❹ They **must** know each other. They are in the same class at school.
❹ 문맥상 확신을 나타내는 must이다. '알고 있음에 틀림없다'라는 뜻이며, 이 경우 have to로 바꾸어 말할 수 없다.

❺ I just saw him on the street. He **must not** be home.
❺ 부정형 must not이 쓰였다. 방금 길에서 봤으므로, 집에 없을 것이라고 확신한 상황이다.

2 have to + 동사원형: ~해야 한다

- have to는 의무(필요)를 나타내는 조동사이다. ☆참고 구어체에서는 'have got to'라고 쓰기도 한다.
- 긍정문의 have to는 must로 대체 가능하지만, 부정문에서는 완전히 다른 뜻이다.

  You **must not** get up early. 넌 일찍 일어나면 안 돼. (금지)

  You **don't have to** get up early. 넌 일찍 일어날 필요 없어. (불필요)
- must는 현재형으로만 쓰이므로, 과거 시점의 의무는 항상 had to로 대신한다.
- **조동사 have to의 긍정, 부정**

조동사 + 일반동사	뜻
have[has] to + 동사원형	~해야 한다
don't[doesn't] have to + 동사원형	~할 필요가 없다

▸ 느낌 빡! must와 have to, 정말 같은 말일까?

I must go to class today. vs. **I have to go to class today.** 나 오늘 수업 가야 해.
must와 have to 둘 다 '~해야 한다'라는 의미이다. 차이가 있다면 must에는 화자의 주관이 강하게 들어가 있다는 점이다. 그동안 계속 수업에 빠졌으므로 오늘만큼은 반드시 가야겠다거나, 오늘 진도를 많이 나가기 때문에 꼭 듣고 싶다든가 하는 식이다.
반면 have to는 have에 미래의 의미를 가진 to부정사가 붙어 있다고 보면 된다. 미래에 해야 할 일을 '가지고 있다'는 의미. 개인 주관이라기보다 일정상 오늘 수업이 있기 때문에 당연히 가야 한다는 정도의 뜻을 나타낸다.

예문

❻ You **have to** turn at the corner.

❻ have to도 의무를 나타내므로 '~해야 한다'로 해석한다.

❼ Older people now **have to** spend more on health care because they live longer. 기출

❼ have to spend는 '(돈을) 써야 한다'라고 해석한다. 여기서 have to는 의무라기보다 필요성을 나타낸다.

❽ She **doesn't have to** go to the hospital.

❽ have to의 부정형은 '~할 필요가 없다'이다. 주어가 3인칭 단수이므로 doesn't have to로 쓰였다. must not으로 바꾸어 쓸 수 없다.

❾ He **had to** wear a suit.

❾ have to의 과거형은 긍정일 때 had to(~해야 했다), 부정일 때 didn't have to(~할 필요가 없었다)이다.

✔ 진짜 이해했는지 확인!

정답과 해설 p.398

Q 배운 문법을 이용해 영어 문장을 말해보세요.

1 학생들은 시험 시간에 부정행위를 하지 말아야 한다. (cheat, during tests) →

2 그들은 서로 알고 있음에 틀림없어. (know, each other) →

3 그는 병원에 갈 필요 없어요. (go to the hospital) →

4 나는 정장을 입어야 했다. (wear a suit) →

예문 해석 거꾸로 영작 훈련도 필수!

1. 너는 3월 15일까지 신청해야 한다. **2.** 학생들은 시험 시간에 부정행위를 하지 말아야 한다. **3.** 실험은 반드시 반복 가능해야 한다. **4.** 그들은 서로 알고 있음에 틀림없어. 그들은 학교에서 같은 반이야. **5.** 나 방금 길에서 그를 봤어. 그가 집에 있을 리가 없어. **6.** 모퉁이에서 방향을 돌려야 해요. **7.** 노인들은 더 오래 살기 때문에 이제 건강 관리에 돈을 더 써야 한다. **8.** 그녀는 병원에 갈 필요 없어요. **9.** 그는 정장을 입어야 했다.

UNIT 33

should, had better

예문 듣기

You should wear a seat belt.
너는 안전 벨트를 착용하는 것이 좋겠어.

We'd better take an umbrella.
우리 우산을 챙기는 것이 좋겠어.

should는 충고하거나 현재나 미래 상황에 대한 추측을 말할 때 쓰는 표현으로, '~하는 것이 좋겠다'라는 뜻이다.

had better도 충고할 때 쓰는 표현이지만, should와 달리 특정 상황에 대해서만 쓰인다.

1 should + 동사원형: (1) ~하는 것이 좋겠다 (2) ~할 것이다

- should는 미래시제 조동사 shall의 과거형이다. **참고** 현대 영어에서 shall은 거의 사용되지 않는다. Unit 34. will, would, shall
- 충고(제안) 및 현재나 미래 상황에 대한 추측을 말할 때 should를 쓴다.
- should 대신 같은 의미의 조동사 ought to를 쓸 수 있다.

참고 일상 회화에선 주로 should가 쓰인다. should보다 ought to가 더 격식 있는 표현이다.

- **조동사 should의 긍정, 부정**

조동사 + 일반동사	뜻
should + 동사원형	(1) ~하는 것이 좋겠다 (2) ~할 것이다
should not (=shouldn't) + 동사원형	(1) ~하지 않는 것이 좋겠다 (2) ~하지 않을 것이다

느낌 빡! 조동사 should의 어원

should는 기본적으로 미래시제 조동사 shall(~할 것이다)의 과거형이다. shall의 어원은 '빚을 지다'라는 뜻의 'scule'인데, 빚을 지는 행위에는 미래에 돈을 갚을 것이라는 전제가 있다. 즉 미래에 돈을 갚아야 할 당연한 '의무'가 있는 것이다. 그렇기 때문에 should로 해야 할 일을 표현하게 된 것이다. 다만 '(반드시) ~해야 한다'는 뜻의 must나 have to보다는 완곡한 표현이므로, '~하는 것이 좋겠다'라는 충고의 의미로 해석한다.

예문 正 正

❶ You **should** go and see a doctor immediately. 기출

❶ should는 충고 및 제안을 나타낼 때 쓰인다. should 뒤에 두 개의 동사원형(go, see)이 and로 연결되어 있다.
Unit 39. 가정법 현재 - 제안, 요구, 명령 등을 나타내는 동사의 목적절에 쓰인 should

❷ Drivers **should** obey the traffic rules.

❷ should를 사용하면 must나 have to보다 완곡하게 의무를 표현할 수 있다.

❸ You **shouldn't** leave children alone.

❸ shouldn't leave는 '내버려두지 않는 것이 좋다'이다. should not의 축약형 shouldn't가 쓰였다.

❹ I **should** be back by 2.

❹ 여기서 should는 미래 상황에 대한 추측을 나타낸다.

❺ We **ought to** clean up the garden.

❺ ought to는 should와 같은 의미의 조동사이다. 여기서 ought to는 '~하는 것이 좋겠다'는 제안의 의미로 쓰였다.

2 had better + 동사원형 : ~하는 것이 좋겠다

- had better는 어떻게 하는 것이 더 좋은지 충고(제안)할 때 쓴다.
- had better는 특정 상황에 대해서만 쓰며, 당연하고 일반적인 내용에는 쓸 수 없다.
  Drivers ~~had better~~ obey the traffic rules. (×) Drivers **should** obey the traffic rules. (○)
  → 교통 규칙을 따라야 하는 것은 일반적인 사실이므로 had better가 아닌 should를 쓴다.
- **조동사 had better의 긍정, 부정**

조동사 + 일반동사	뜻
had better (='d better) + 동사원형	~하는 것이 좋겠다
had better not (='d better not) + 동사원형	~하지 않는 것이 좋겠다

▶ 느낌 빡! 충고를 나타내는 should와 had better 비교

should와 had better는 둘 다 '~하는 것이 좋겠다'라는 뜻이지만, 각각이 쓰이는 상황은 약간의 차이가 있다. should는 현재나 미래 상황에 대해 두루 쓰이며, 충고의 내용도 광범위하다. 따라서 반드시 해야 하는 일이 아니더라도 화자의 입장에서 좋다고 생각하는 것을 말할 때 should를 쓸 수 있다.
반면 had better는 should에 비해 제한적이다. 말하고 있는 시점의 '지금 그 상황'에 대해 충고할 때만 쓴다. 충고를 따르지 않으면 안 좋은 결과가 이어질 것이라는 경고의 의미도 포함한다.

구분	should	had better
충고의 시간적 범위	현재나 미래 상황	현재 상황
충고의 내용적 범위	일반적이거나 특정한 모든 상황 (호의적인 제안이나 권유)	말하고 있는 시점의 특정 상황 (경고의 의미)

예문 正 正

❻ **I'd better** go to the bank today.

❼ **We'd better not** go out. It's raining.

❽ You **had better** be on time, or you will miss the last train.

❻ had better의 축약형 'd better가 쓰였다.
❼ had better의 부정형이 쓰였다. 현재 비가 오고 있으므로 외출하지 '않는' 것이 좋겠다고 충고하는 내용이다.
❽ had better로 충고하는 내용을 말한 다음, 충고를 따르지 않았을 때의 결과를 접속사 or(그렇지 않으면)로 연결했다. 경고의 의미가 담겨 있다.

✔ 진짜 이해했는지 확인!

정답과 해설 p.398

Q 밑줄 친 부분을 바르게 고치세요.

1 You should to wear a seat belt. →
2 Parents shouldn't left children alone. →
3 I'd better going to the bank today. →
4 We ought clean up the garden. →

예문 해석 거꾸로 영작 훈련도 필수!

1. 너는 즉시 의사 선생님을 뵈러 가는 것이 좋겠어. **2.** 운전자들은 교통 규칙을 따르는 것이 좋아[따라야 해]. **3.** 아이들을 혼자 내버려두지 않는 것이 좋아요. **4.** 저는 2시까지 돌아올 거예요. **5.** 우리는 정원을 치우는 것이 좋겠어요. **6.** 저는 오늘 은행에 가는 게 좋겠어요. **7.** 우리 외출하지 않는 것이 좋겠어요. 비가 오고 있어요. **8.** 너는 정시에 오는 게 좋아, 그렇지 않으면 마지막 기차를 놓칠 거야.

UNIT 34

will, would, shall

예문 듣기

She will do well on the test.
그녀는 시험을 잘 볼 거야.

She would pass the test.
(그녀가 시험을 친다면) 그녀는 시험을 통과할 것이다.

will은 미래시제를 만드는 조동사로 '~할 것이다'로 해석한다. 문맥에 따라 '~을 하겠다'는 의지를 표현하기도 한다.

would는 will의 과거형이다. 하지만 과거의 의미보다는 미래 상황을 가정하여 말할 때 더 자주 쓰인다.

1 will + 동사원형: ~할 것이다

- will은 미래시제를 나타내는 조동사이다. Unit 08. 미래시제
- 미래에 일어날 일 또는 미래에 어떤 일을 하겠다는 말하는 사람의 의지를 나타낸다.
- Will 의문문은 '~할래요?'라는 부탁의 표현으로 사용될 수도 있다. Will you pour the coffee? 커피 좀 따라줄래요?
- **조동사 will의 긍정, 부정**

조동사 + 일반동사	뜻
will (='ll) + 동사원형	~할 것이다
will not (=won't) + 동사원형	~하지 않을 것이다

▸느낌 빡! 조동사 will의 어원 자체가 '의지'

사전에서 will을 찾아보면 명사에 '의지'라는 뜻이 있다. 실제로 조동사 will의 어원이 명사 뜻에서 왔다. 사실 당연한 것이다. will이 미래에 어떤 일을 하겠다는 '의지'를 나타내기 때문에 미래시제가 된 것이다. 우리말로도 '나는 합격할 것이다'라는 말은 합격하겠다는 나의 의지를 나타낸다. 또한 열심히 공부했으니 이 정도면 미래에 내가 합격할 것이라는 미래 상황에 대한 추측이기도 하다. 조동사 will의 의미를 예정, 추측, 의지, 제안 등 복잡하게 외우려 하지 말고, 어원을 이해해라.

예문 正 正

❶ The construction **will** begin next Monday. 기출

❷ I promise I **won't** tell anyone.

❸ **Will** you join us?

❶ 다음 월요일에, 즉 미래에 공사가 시작할 예정이므로 미래시제 will이 쓰였다.

❷ will not의 축약형 won't가 쓰였다. 여기서 will은 아무에게도 말하지 않겠다는 화자의 의지를 나타낸다.

❸ Will 의문문은 미래의 일을 물어볼 때 쓸 수 있다.

2 would + 동사원형: ~할 것이다

- would는 미래시제 조동사 will의 과거형이다.
- 미래에 일어날지도 모르는 상황을 가정하여 그 결과에 대해 추측할 때 쓰인다.
- Would 의문문은 정중히 부탁할 때 쓸 수 있는 매우 공손한 표현이다. Would you please be quiet? 조용히 해주시겠습니까?

• **조동사 would의 긍정, 부정** (will 보다 약하고 공손한 표현)

조동사 + 일반동사	뜻
would (='d) + 동사원형	(…한다면) ~할 것이다
would not (=wouldn't) + 동사원형	(…한다면) ~하지 않을 것이다

▶느낌 빡! 공손한 의문문 표현 한번에 정리하기

지금까지 배운 공손한 표현의 조동사 의문문을 비교하여 정리해보자. 조동사의 과거형이 현재형에 비해 더욱 공손한(정중한) 표현이다.

정중함의 정도	내가 허락을 구할 때	상대에게 어떤 행동을 요청할 때
High ↑	May I ...? Could I ...?	Would you ...? Could you ...?
Low ↓	Can I ...?	Can you ...? Will you ...?

예문

❹ **Would** you mind opening the window?

❺ It **would** be nice to get a new phone.

❻ I **wouldn't** go to the library.

❹ Would you mind ~?는 '~해도 될까요?'라는 의미의 관용 표현이다.

❺ 여기서 would는 가정의 의미로 쓰였다. 가주어 it - 진주어 to부정사 구문으로 '(to부정사)한다면 ~할 것이다'라고 해석한다.

❻ will not go는 '가지 않겠다'는 단순 미래 표현이지만, wouldn't go는 아마도 안 갈 것이라고 가정하는 뉘앙스가 있다.

3 shall + 동사원형: ~할 것이다

• shall은 미래시제를 나타내는 조동사이다. **참고** 현대 영어에서는 대부분 will을 쓴다.
• Shall 의문문은 제안하거나 의견을 묻는 표현으로, 주어 I, we와 함께 쓰인다.

예문

❼ **Shall** I go with you?

❽ **Shall** we meet at 1 o'clock?

❼, ❽ Shall I / we ~?는 '~할까요?'라는 뜻으로 제안하거나 의견을 묻는 표현이다.

✔ 진짜 이해했는지 확인!

정답과 해설 p.398

Q 배운 문법을 이용해 영어 문장을 말해보세요.

1 우리는 버스를 탈 거야. **(take a bus)** →

2 내일은 늦지 않겠다고 약속할게[약속해]. **(promise, late, tomorrow)** →

3 새 자동차를 산다면 좋겠어. **(nice, buy, a new car)** →

4 창문을 닫아도 될까요? **(mind, close, the window)** →

예문 해석 거꾸로 영작 훈련도 필수!

1. 공사는 다음 월요일에 시작할 것입니다. **2.** 아무에게도 말하지 않겠다고 약속할게[약속해]. **3.** 저희랑 함께 하실래요? **4.** 창문을 열어도 될까요? **5.** 새 핸드폰을 가지면 좋겠어. **6.** 나는 (아마도) 도서관에 가지 않을 거야. **7.** 제가 당신과 같이 갈까요? **8.** 우리 1시 정각에 만날까요?

UNIT 35

예문 듣기

would의 기타 용법

Would you like a coffee?

커피 한 잔 드릴까요?

I'd rather drink tea than coffee.

커피보다 차를 마시는 게 낫겠어요.

과거형 조동사는 공손함을 나타내기도 한다. will의 과거형이 쓰인 would like (to)는 권하거나 원하는 것을 말하는 공손한 표현이다.

또한 선호를 나타내는 would rather와 과거에 반복된 행위를 말하는 would에 대해서도 알아보자.

1 would like (to + 동사원형): ~을 원한다

- would like는 일반동사 want의 공손한 표현이다.
- 상대방에게 무엇을 권하거나, 내가 원하는 것을 말할 때 쓴다.

조동사 + 일반동사	뜻
would (='d) like to + 동사원형	~하기를 원한다
would (='d) like + 명사	~을 원한다

▸느낌 빡! 영어에도 존댓말이 있다?

Will you pass me the salt? '소금 좀 건네주실래요?'라는 뜻이다. 건네줄 건지 말 건지를 직접적으로 묻는 문장이다. 이때 앞서 배운 원리대로 will을 과거형 would로 바꾸면 현재 시점으로부터 멀어진 느낌이 들어가 상대가 거절하기에 부담이 없는 완곡하고 공손한 표현이 된다. 여기에 다시 like to까지 붙여서 만든 것이 Would you like to 의문문이다. 이렇게 하는 게 좋은지 싫은지, 상대방의 입장에서 의향을 묻는 것이다. 당연히 would만 쓰는 것보다 더욱 간접적인, 공손한 표현이다. 이처럼 영어는 얼마나 직접적으로 혹은 간접적으로 말하느냐가 중요하다. 우리말의 존댓말 개념인 영어의 politeness(공손함)는 바로 여기서 결정된다.

예문 正 正

❶ I **would like** some apple juice, please.

❷ We'**d like to** sit outside.

❸ **Would** you **like to** go to the concert? 기출

❹ **Would** you **like** a ten-minute break?

❶ 'I would like + 명사'는 '~을 주세요'라는 뜻이다. please를 붙여 더 공손한 표현이 되었다.

❷ 주어 자리에 We가 올 수도 있다. 평서문에서 would는 축약형으로 많이 쓰인다.

❸ 'Would you like to + 동사원형?'은 상대방에게 어떤 행동을 권할 때 쓰는 표현이다.

❹ 'Would you like + 명사 ~?' 형태의 의문문이다. '~을 드릴까요?'라고 해석한다.

2 would rather + 동사원형: 차라리 ~하겠다, ~하는 편이 낫다

- 두 가지 상황에서 더 나은 선택을 말할 때 쓰며, than으로 그 비교 대상을 표현한다.
- 부사 rather(차라리) 대신 sooner(더 수월하게)를 써도 같은 뜻의 관용 표현이 된다.

예문 正 正

❺ I'**d rather not** tell you.

❺ would가 축약형으로 쓰였다. 부정형이므로 '~하지 않는 편이 낫다'라고 해석한다.

❻ We'd **rather** stay home than go to a movie.

❼ Most people **would rather** watch the news than actually read it.

❻ 비교 대상을 나타내는 than(~보다)과 같이 쓰였다. '…보다 ~하는 편이 낫다'라는 뜻이다.

❼ would rather 앞에는 문맥에 따라 we, you, people 등 다양한 주어가 올 수 있다.

3 would + 동사원형: ~하곤 했다(=used to)

- 과거에 반복된 행위나 동작을 말할 때 would를 쓴다.
- would 대신 같은 의미의 조동사 used to를 쓸 수 있다.

비교 used to + 동사원형: (1) ~하곤 했다 (과거에 반복된 행위) (2) ~했다 (과거의 상태)

▸ 느낌 빡! would와 used to 한번에 정리하기

would와 used to는 둘 다 과거에 반복된 행위를 나타내는 조동사이다. 다른 문법책에서는 어렵고 복잡하게 would는 과거에 반복된 '불규칙적인' 습관, used to는 '규칙적인' 습관이라고 설명한다. 하지만 이들의 진짜 차이는 어떤 '시점'에 무게를 두고 말하느냐이다. would는 단순히 '과거에' 그런 일을 반복해서 했다는 뜻이다. 반면 used to는 과거에는 그런 상태였는데 '현재는 그렇지 않다'는 것에 좀 더 초점이 있다. 아래 그림으로 한번에 정리하자.

I **would** go to the library. 나는 도서관에 가곤 했다.

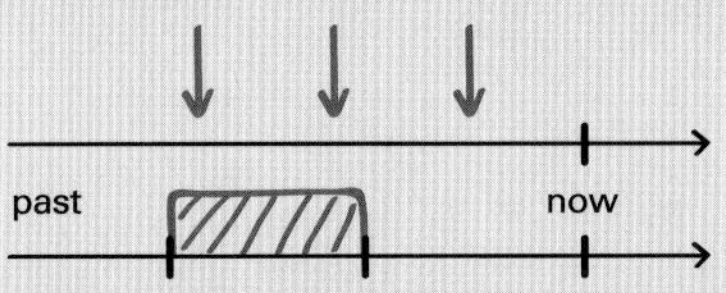

I **used to** go to the library. 나는 도서관에 가곤 했다.(그러나 지금은 안 간다.)

예문

❽ My mother **would** read me a bedtime story.

❾ We **would** often have coffee together.

❿ They **used to** visit my parents on weekends.

⓫ I **used to** live in London.

❽ 과거형 read가 아닌 would read가 쓰였으므로 여러 번 읽어주셨다는 뜻이 된다.

❾ 빈도부사 often을 추가하여 얼마나 반복되었는지 나타내고 있다.

❿ used to도 과거에 반복된 일을 나타낼 수 있다. 이 경우 would로 바꾸어 말할 수 있다.

⓫ 이 문장에서 live(살다)는 반복된 행위나 동작이 아닌 살았던 상태를 뜻하므로 would로 바꾸어 말할 수 없다.

✔ 진짜 이해했는지 확인!

정답과 해설 p.398

Q 둘 중 올바른 것을 고르세요.

1 I (would like / would like to) some orange juice, please.

2 Would you like (go / to go) to the concert?

3 I would (rather / better) not tell you.

예문 해석 거꾸로 영작 훈련도 필수!

1. 사과 주스 주세요. **2.** 저희는 밖에 앉고 싶어요. **3.** 콘서트에 가실래요? **4.** 10분의 휴식 시간을 드릴까요? **5.** 너에게 말하지 않는 편이 낫겠어. **6.** 우리 영화 보러 가느니 집에 있는 게 낫겠어요. **7.** 대부분의 사람들은 뉴스를 실제로 읽기보다는 시청한다. **8.** 우리 엄마는 자는 시간에 이야기를 읽어주곤 하셨어. **9.** 우리는 종종 커피를 함께 하곤 했어요. **10.** 그들은 주말마다 우리 부모님 댁에 방문하곤 했어요. **11.** 나는 런던에 살았어요.

UNIT 36

조동사 과거 표현

예문 듣기

We could take a trip in July.

우리 7월에 여행 갈 수 있을 거야. (현재 시점)

We could have taken a trip at that time.

우리 그때 여행 갈 수 있었을 텐데. (과거 시점)

could, would, might는 형태는 과거형이지만 과거를 나타낼 때는 잘 쓰이지 않았다. 그럼 조동사로 과거를 나타내는 다른 방법은 없을까?

있다. 바로 조동사와 현재완료형을 결합하는 것이다. 현재완료형을 쓰면 조동사 뒤에 동사원형(have)을 쓰면서도 현재보다 이전 시점을 표현하는 것이 가능하다.

1 조동사 + 현재완료형: '과거 시점'을 의미

- 조동사가 현재완료형(have V-ed)과 결합하면 오직 과거 시점을 표현한다.
- **'조동사 + 현재완료형'이 쓰이는 상황**

  1) 과거 사실의 가능성[확실성] 정도를 표현한다.

  2) 실현되지 않은 과거 상황을 표현한다.

2 과거 사실의 가능성

- 조동사 뒤에 현재완료형을 쓰면 '과거 시점'에서의 가능성이나 확실성을 표현할 수 있다.

참고 아래 표에서 가능성[확실성]의 정도 차이는 must > may, might > can't, couldn't 순이다.

조동사 + 동사원형	조동사 + 현재완료형
must + 동사원형 ~이 틀림없다	→ must + have V-ed ~했음이 틀림없다
may / might + 동사원형 ~할지도 모른다	→ may / might + have V-ed ~했을지도 모른다
can't / couldn't + 동사원형 ~할 리가 없다	→ can't / couldn't + have V-ed ~했을 리가 없다

예문

❶ I know that **must have been** a big effort for you. 기출

❷ He **must not have seen** me. He just walked away.

❸ She **may have been** in her room.

❹ Ted **might have missed** the train.

❺ They **can't** both **have won** the game.

❻ I **couldn't have done** this without you!

❶ must에 be동사(~이다)의 현재완료형(have been)이 결합하여 '~였음에 틀림없다'라는 뜻이 되었다.

❷ '조동사 + 현재완료형'의 부정형도 '조동사 + 동사원형'의 부정형과 마찬가지로 조동사 바로 뒤에 not을 쓴다.

❸ may에 be동사(있다)의 현재완료형이 결합하여 '있었을지도 모른다'라는 뜻으로 쓰였다. 과거 사실에 대한 추측을 나타낸다.

❹ 'might + 현재완료형'은 'may + 현재완료형'과 서로 바꾸어 말할 수 있다.

❺, ❻ 부정형 can't[couldn't]에 현재완료형이 결합하여 과거 시점의 불가능을 나타낸다. 단, 과거 상황을 가정하여 말할 경우 couldn't만 쓸 수 있다. Unit 38. 가정법 과거완료

3 실현되지 않은 과거 상황

• 조동사 뒤에 현재완료형을 쓰면 '과거 시점'에 실현되지 못한 소망이나, 의무, 가능성 등을 나타낼 수 있다. Unit 38. 가정법 과거완료

조동사 + 동사원형	조동사 + 현재완료형
could + 동사원형 ~할 수 있다/~할 수 있었다	→ could + have V-ed ~할 수 있었을 텐데
should / ought to + 동사원형 ~해야 한다	→ should / ought to + have V-ed ~했어야 했는데
would + 동사원형 ~할 것이다/~했을 것이다	→ would + have V-ed (…했더라면) ~했을 텐데

느낌 빡! 느낌으로 이해하는 '조동사 + 현재완료형'

현재완료형은 과거에 했던 동작이나 행위가 현재까지 유지되는 것이라고 배웠다. have 자체가 어떤 상태나 사물을 '가지고 있다'는 뜻이니까, have done을 그대로 해석하면 '했던(done) 상태를 가지고 있다(have)'는 의미가 된다. 즉 과거에 한 일이 현재까지 유지되고 있거나, 계속 영향을 주고 있다는 뜻이다.
그럼 should를 예로 들어보자. should do homework는 현재 '숙제해야 한다'는 뜻이다. should have done homework는 '숙제해야 했던 그 상태'를 아직도 가지고 있다는 뜻. 여전히 해야 하는 상태, 결국 아직 숙제 '안 했단' 소리다. 현재완료형 자체가 우리말에 없는 표현이라 바로 느낌이 안 올 수도 있다. 조동사 과거 표현 예문을 여러 번 읽어보길 바란다. 시제 파트에서 현재완료형을 확실히 이해하신 분들은 외우지 않아도 바로 이해가 갈 것이다.

예문 正 正

⑦ Eric **could have talked** to his teacher if he had had enough time.

⑧ You **should have joined** them instead of playing alone.

⑨ I **shouldn't have eaten** so much cake.

⑩ I **ought to have studied** last night.

⑪ She **would have enjoyed** the party.

⑦ 여기서 could는 문맥상 '~할 수 있었을 텐데 (하지 못했다)'라고 해석하는 것이 적절하다.

⑧ 'should + 현재완료형'은 시험에 자주 등장하는 조동사 과거 표현이다. '~했어야 했다'라는 뜻이다.

⑨ 부정형 shouldn't에 현재완료형이 결합하였으므로 '~하지 말았어야 했다'라는 뜻이다.

⑩ ought to는 should와 해석이 동일하다. ought to have studied는 '공부했어야 했다'라고 해석한다.

⑪ 'would + 현재완료형'은 '~했을 텐데'라는 뜻이다. 실현되지 않은 과거의 일을 뜻한다.

진짜 이해했는지 확인!

정답과 해설 p.399

Q 밑줄 친 부분을 고쳐 과거 시점을 나타내는 조동사 표현을 만드세요.

1 She may be in her room. →

2 He would enjoy the concert. →

3 I should study English. →

예문 해석 거꾸로 영작 훈련도 필수!

1. 당신에게 그건 틀림없이 큰 노력이었다는 걸 알고 있어요. **2.** 그가 저를 못 본 것이 틀림없어요. 그는 그냥 걸어가 버렸어요. **3.** 그녀는 방에 있었을지도 몰라. **4.** 테드는 기차를 놓쳤을지도 몰라. **5.** 그들이 둘 다 그 게임을 이겼을 리가 없어. **6.** 당신이 없었다면 저는 이걸 해내지 못했을 거예요[해냈을 리가 없어요]! **7.** 에릭에게 충분한 시간이 있었다면 그는 선생님에게 말해 볼 수도 있었어요. **8.** 혼자 노는 대신 그들과 어울렸어야지. **9.** 난 케이크를 그렇게 많이 먹지 말았어야 했어. **10.** 어젯밤에 공부했어야 했는데. **11.** 그녀는 파티를 즐겼을 텐데.

이것만은 꼭!

조동사 한눈에 보기

1 조동사 의미별 분류

동사 앞에서 그 동사의 의미를 확장해주는 조동사들을 다시 한 번 확인해보자.

조동사	용법	뜻	예문
can	• 능력 • 허락 • 가능성	~할 수 있다	She **can** speak Spanish. **Can** I have your name, please? It **can** happen to anyone.
could	• 능력 • 가능성	~할 수 있었다 ~할 수 있을 것 같다	I **could** run fast when I was young. **Could** I leave a message?
may	• 약한 추측 • 허락	~할지도 모른다 ~해도 된다	Jerry **may[might]** be in the classroom. You **may** leave at any time.
might	• 약한 추측	~할지도 모른다	It **might** rain soon.
must	• 의무, 필요 • 강한 확신	~해야 한다 ~이 틀림없다	You **must** apply by March 15. They **must** know each other.
have to	• 의무, 필요	~해야 한다	She **has to** go to the hospital.
should / ought to	• 충고, 제안 • 추측	~하는 것이 좋겠다 ~할 것이다	Drivers **should[ought to]** obey the traffic rules. I **should[ought to]** be back by 2.
had better	• (경고성) 충고	~하는 것이 좋겠다	We'd **better not** go out. It's raining.
will	• 미래에 일어날 일 • 의지	~할 것이다	The construction **will** begin next Monday. I promise I **won't** tell anyone.
would	• 가정의 결과 • 과거에 반복된 행위	(…한다면) ~할 것이다 ~하곤 했다	It **would** be nice to get a new phone. We **would** often have coffee together.
used to	• 과거에 반복된 행위 • 과거의 상태	~하곤 했다 (과거에) ~했다	They **used to** visit my parents on weekends. I **used to** live in London.
shall	• 제안 (의문문)	~할까요?	**Shall** we meet at 1 o'clock?

2 조동사 과거 표현

조동사와 현재완료형(have V-ed)이 함께 쓰여 과거 시점을 나타내는 표현을 확인해보자.

1) 과거 사실의 가능성

조동사 + have V-ed	뜻	예문
must have V-ed	~했음에 틀림없다	He **must not have seen** me. He just walked away.
may have V-ed might have V-ed	~했을지도 모른다	Ted **may[might] have missed** the train.
can't have V-ed couldn't have V-ed	~했을 리가 없다	They **can't[couldn't]** both **have won** the game.

2) 실현되지 않은 과거 상황

조동사 + have V-ed	뜻	예문
could have V-ed	~할 수 있었을 텐데	Eric **could have talked** to his teacher if he had had enough time.
should have V-ed ought to have V-ed	~했어야 했는데	You **should[ought to] have joined** them instead of playing alone.
would have V-ed	(…했더라면) ~했을 텐데	She **would have enjoyed** the party.

3 조동사의 확실성 정도 차이

강한 확신의 must, 약한 추측의 may, might 등 조동사의 확실성 정도를 비교해보자. 퍼센트 표기는 참고용이지 절대적인 것은 아니다.

	is	>	must	>	should	>>	could	>	may, might
긍정	100% ~이다 It is true.		95% ~이 틀림없다 It must be true.		90% ~일 것이다 It should be true.		50% 미만 ~일 수 있다 It could be true.		50% 미만 ~일지도 모른다 It may[might] be true.

	is not	>	couldn't, can't	>	must not	>>	may not, might not
부정	100% ~이 아니다 It is not true.		99% ~일 리가 없다 It couldn't[can't] be true.		95% ~이 틀림없이 아니다 It must not be true.		50% 미만 ~이 아닐지도 모른다 It may[might] not be true.

☆참고 미래 사실에 대한 강한 확신은 must 대신 should를 쓴다.

필수 예문 Review

가리개를 활용하여
필수 예문을 테스트해 보세요.

A 가 한글 가리고 해석해 보기

- ☐ ❶ She can speak Spanish.
- ☐ ❷ It can happen to anyone.
- ☐ ❸ I can't come to dinner tonight.
- ☐ ❹ Can I have your name, please?
- ☐ ❺ Can you play any musical instruments?
- ☐ ❻ I could play the piano when I was young.
- ☐ ❼ You could start earlier. Don't worry.
- ☐ ❽ I couldn't sleep last night.
- ☐ ❾ Could I leave a message, please?
- ☐ ❿ Could you donate a few dollars to the orphans?
- ☐ ⓫ Jerry may be in the classroom.
- ☐ ⓬ Ross may know the truth.
- ☐ ⓭ She may not want to go home.
- ☐ ⓮ You may leave at any time.
- ☐ ⓯ May I have your signature, please?
- ☐ ⓰ It might rain soon.
- ☐ ⓱ It might be some kind of medicine.
- ☐ ⓲ Rachel might be having lunch.
- ☐ ⓳ He might not come to the party.
- ☐ ⓴ Might I borrow your pen?
- ☐ ㉑ You must apply by March 15.
- ☐ ㉒ Students must not cheat during tests.
- ☐ ㉓ The experiment must be repeatable.
- ☐ ㉔ They must know each other. They are in the same class at school.
- ☐ ㉕ I just saw him on the street. He must not be home.

A 가 영어 예문 가리고 스피킹/영작해 보기

- ☐ ❶ 그녀는 스페인어를 할 수 있어요.
- ☐ ❷ 그건 누구에게나 일어날 수 있죠.
- ☐ ❸ 저 오늘밤 저녁 식사에 못 와요.
- ☐ ❹ 성함이 어떻게 되시죠?
- ☐ ❺ 당신은 악기를 연주할 수 있나요?
- ☐ ❻ 난 어렸을 때 피아노를 칠 수 있었어요.
- ☐ ❼ 당신은 더 일찍 시작할 수 있을 거예요. 걱정하지 말아요.
- ☐ ❽ 나 어젯밤에 잠을 못 잤어.
- ☐ ❾ 제가 메시지를 남겨도 될까요?
- ☐ ❿ 고아들을 위해 몇 달러 기부해 주시겠어요?
- ☐ ⓫ 제리는 교실에 있을지도 몰라.
- ☐ ⓬ 로스가 진실을 알고 있을지도 몰라.
- ☐ ⓭ 그녀는 집에 가고 싶지 않을 수도 있어.
- ☐ ⓮ 당신은 언제든 가셔도 됩니다.
- ☐ ⓯ 당신의 사인을 받아도 될까요?
- ☐ ⓰ 곧 비가 올지도 몰라.
- ☐ ⓱ 이것은 약의 한 종류일 수 있어요.
- ☐ ⓲ 레이첼은 점심을 먹고 있을지도 몰라.
- ☐ ⓳ 그가 파티에 오지 않을 수도 있어.
- ☐ ⓴ 펜을 빌려도 될까요?
- ☐ ㉑ 너는 3월 15일까지 신청해야 한다.
- ☐ ㉒ 학생들은 시험 시간에 부정행위를 하지 말아야 한다.
- ☐ ㉓ 실험은 반드시 반복 가능해야 한다.
- ☐ ㉔ 그들은 서로 알고 있음에 틀림없어. 그들은 학교에서 같은 반이야.
- ☐ ㉕ 나 방금 길에서 그를 봤어. 그가 집에 있을 리가 없어.

㉖ You have to turn at the corner.	㉖ 모퉁이에서 방향을 돌려야 해요.
㉗ Older people now have to spend more on health care because they live longer.	㉗ 노인들은 더 오래 살기 때문에 이제 건강 관리에 돈을 더 써야 한다.
㉘ She doesn't have to go to the hospital.	㉘ 그녀는 병원에 갈 필요 없어요.
㉙ He had to wear a suit.	㉙ 그는 정장을 입어야 했다.
㉚ You should go and see a doctor immediately.	㉚ 너는 즉시 의사 선생님을 뵈러 가는 것이 좋겠어.
㉛ Drivers should obey the traffic rules.	㉛ 운전자들은 교통 규칙을 따르는 것이 좋아[따라야 해].
㉜ You shouldn't leave children alone.	㉜ 아이들을 혼자 내버려두지 않는 것이 좋아요.
㉝ I should be back by 2.	㉝ 저는 2시까지 돌아올 거예요.
㉞ We ought to clean up the garden.	㉞ 우리는 정원을 치우는 것이 좋겠어요.
㉟ I'd better go to the bank today.	㉟ 저는 오늘 은행에 가는 게 좋겠어요.
㊱ We'd better not go out. It's raining.	㊱ 우리 외출하지 않는 것이 좋겠어요. 비가 오고 있어요.
㊲ You had better be on time, or you will miss the last train.	㊲ 너는 정시에 오는 게 좋아, 그렇지 않으면 마지막 기차를 놓칠 거야.
㊳ The construction will begin next Monday.	㊳ 공사는 다음 월요일에 시작할 것입니다.
㊴ I promise I won't tell anyone.	㊴ 아무에게도 말하지 않겠다고 약속할게[약속해].
㊵ Will you join us?	㊵ 저희랑 함께 하실래요?
㊶ Would you mind opening the window?	㊶ 창문을 열어도 될까요?
㊷ It would be nice to get a new phone.	㊷ 새 핸드폰을 가지면 좋겠어.
㊸ I wouldn't go to the library.	㊸ 나는 (아마도) 도서관에 가지 않을 거야.
㊹ Shall I go with you?	㊹ 제가 당신과 같이 갈까요?
㊺ Shall we meet at 1 o'clock?	㊺ 우리 1시 정각에 만날까요?
㊻ I would like some apple juice, please.	㊻ 사과 주스 주세요.
㊼ We'd like to sit outside.	㊼ 저희는 밖에 앉고 싶어요.
㊽ Would you like to go to the concert?	㊽ 콘서트에 가실래요?
㊾ Would you like a ten-minute break?	㊾ 10분의 휴식 시간을 드릴까요?
㊿ I'd rather not tell you.	㊿ 너에게 말하지 않는 편이 낫겠어.
51 We'd rather stay home than go to a movie.	51 우리 영화 보러 가느니 집에 있는 게 낫겠어요.
52 Most people would rather watch the news than actually read it.	52 대부분의 사람들은 뉴스를 실제로 읽기보다는 시청한다.
53 My mother would read me a bedtime story.	53 우리 엄마는 자는 시간에 이야기를 읽어주곤 하셨어.
54 We would often have coffee together.	54 우리는 종종 커피를 함께 하곤 했어요.
55 They used to visit my parents on weekends.	55 그들은 주말마다 우리 부모님 댁에 방문하곤 했어요.
56 I used to live in London.	56 나는 런던에 살았어요.

57 I know that must have been a big effort for you. — 57 당신에게 그건 틀림없이 큰 노력이었다는 걸 알고 있어요.

58 He must not have seen me. He just walked away. — 58 그가 저를 못 본 것이 틀림없어요. 그는 그냥 걸어가 버렸어요.

59 She may have been in her room. — 59 그녀는 방에 있었을지도 몰라.

60 Ted might have missed the train. — 60 테드는 기차를 놓쳤을지도 몰라.

61 They can't both have won the game. — 61 그들이 둘 다 그 게임을 이겼을 리가 없어.

62 I couldn't have done this without you! — 62 당신이 없었다면 저는 이걸 해내지 못했을 거예요[해냈을 리가 없어요]!

63 Eric could have talked to his teacher if he had had enough time. — 63 에릭에게 충분한 시간이 있었다면 그는 선생님에게 말해 볼 수도 있었어요.

64 You should have joined them instead of playing alone. — 64 혼자 노는 대신 그들과 어울렸어야지.

65 I shouldn't have eaten so much cake. — 65 난 케이크를 그렇게 많이 먹지 말았어야 했어.

66 I ought to have studied last night. — 66 어젯밤에 공부했어야 했는데.

67 She would have enjoyed the party. — 67 그녀는 파티를 즐겼을 텐데.

Chapter Review Test 06

기출 예문으로 실전 훈련해 보기

Grammar for Reading

정답과 해설 p.399

✓ 다음 중 어법상 맞는 표현을 고르세요.

1 I once returned some pants I bought online because they were too small. Maybe I [should / could] think twice before buying clothes on the Internet.

2 The new city library is noisy because its parking lot is under construction. I [would rather / would like] not go there until the construction is finished.

3 It has only one simple flavor; we soon tire of it, and if we eat very much at any one time, we [might / have to] even feel slightly ill.

4 You have a lot of body fat. You [would / had better] focus on aerobic exercise rather than weight training this week.

5 I have always been a huge fan of Redbug cameras. However, when I purchased your newest model, the Superimage 2000, I [could not / should not] have been more disappointed. I acquired it on June 3 of this year, and it does not function correctly.

6 Parents [should ask / should have asked] their children direct questions about what's going on at school and how they feel about it.

7 Look at these holes. They're dinosaur footprints. It [must have been / should have been] a huge dinosaur. I guess it went in that direction.

8 I didn't see the total eclipse of the moon because I went to bed early. I [might have gone / should have gone] to bed a little later.

---

1 return 돌려주다, 반품하다 **2** under construction 공사 중인 **3** tire of ~에 싫증나다 slightly 약간 **4** body fat 체지방 aerobic exercise 유산소 운동 **5** acquire 획득하다 function (제대로) 기능하다 **7** dinosaur footprint 공룡 발자국 **8** total eclipse of the moon 개기월식

Grammar for Writing

✓ 우리말에 맞게 주어진 단어를 활용하여 문장을 완성하세요.

1 난 어렸을 때 피아노를 칠 수 있었어. **(play the piano, young)**

→

2 그녀는 반드시 병원에 가야 해요. **(go to the hospital)**

→

3 너는 정시에 오는 게 좋아, 그렇지 않으면 마지막 기차를 놓칠 거야. **(be on time, miss the last train)**

→

4 당신이 없었다면 저는 이걸 해내지 못했을 거예요[해냈을 리가 없어요]! **(do this, without you)**

→

Grammar for Speaking

✓ 다음 조동사로 자신의 문장을 말해보세요.

1 조동사 can

→ 나만의 문장:

예시 **My sister can speak three languages.** 내 여동생은 3개 국어를 할 수 있다.

2 조동사 don't have to

→ 나만의 문장:

예시 **I don't have to get up early tomorrow.** 나는 내일 일찍 일어날 필요가 없다.

3 조동사 + 현재완료 should have V-ed

→ 나만의 문장:

예시 **I feel sick. I shouldn't have eaten so much cake.** 나 몸이 안 좋아. 난 케이크를 그렇게 많이 먹지 말았어야 했어.

☞ p.155『조동사 훑어보기』에서 조동사의 개념을 다시 한번 정리해 보세요!

공부법 06

목차 활용법

목차, 우습게 보지 마라

목차는 모든 책에 빠지지 않으며 그 중에서도 가장 앞쪽에 실린다. 그만큼 너무나 중요하지만 어느 누구도 목차에 주목하는 이가 없다.

나는 목차를 암기했다. 그것은 마치 서랍 정리를 하는 것과 같다. 공부하는 각 내용들이 마구 섞이지 않도록 구획을 나누는 것이다. 일단 목차로 머릿속에 틀을 만들어 놓고, 각각의 칸막이 안에 내용을 차곡차곡 채워 넣는 느낌으로 공부한다. 이렇게 하면 확실히 덜 헷갈린다.

목차를 외우는 건 너무나 쉽다. 한 번이라도 펼쳐본 적이 있다면 책 한 권의 목차는 2~4쪽밖에 안 된다는 것을 알 것이다. 이미 배워서 익숙한 단원명이라면 더더욱 쉽다. 한 시간도 안 돼서 안 보고 적을 수도 있을 것이다.

나는 배운 것을 더 잘 정리해두고 싶어서 차례에 나온 목차뿐 아니라 소단원명까지 적은 더 세부적인 목차를 직접 만들어 들고 다니며 외웠다.

목차를 통해 전체 숲을 보라

공부를 할 때도 늘 목차를 지참했다. 항상 옆에 펼쳐 놓고 전체 내용 중에 어떤 부분을 공부할지 확인했다. 무턱대고 공부했다가는 숲을 못 보고 나무만 보는 실수를 하기 마련이다. 목차를 통해 전체 숲을 위에서 조망할 수 있었다. 앞뒤 단원과의 연계는 물론, 책의 시작부터 끝까지 모든 내용의 흐름을 놓치지 않을 수 있어 이해도 빠르다. 공부한 내용이 서로 연결되니 암기도 더 잘 됐다.

공부할 시간이 많이 확보되는 주말에는 아예 목차를 펴놓고, 그 목차에 해당하는 세부 내용을 안 보고 적어보았다. 이것이 어떻게 가능할까 싶지만, 아까 말한 대로 세부 소단원명, 개념명까지 적은 촘촘한 목차를 만들어 놓았기에 가능했다. 그 이름을 보면 그것을 단서로 내용을 적어 내려갈 수 있다.

물론 다 적지 못할 때도 많다. 그럴 땐 색깔 있는 펜으로 적지 못한 부분을 채워 넣는다. 그리고 그 부분만 따로 뽑아내어 최소 다섯 번 반복해서 보았다. 안 보고도 모든 내용을 다 적을 수 있을 때까지 반복했다. 아무리 머리에 잘 안 들어오는 내용이라도 열 번까지 보면 내 것으로 만들 수 있다.

이렇게 되면 여러분은 참고서 한 권 혹은 교과서 한 권을 통째로 암기할 수 있게 된다. 직접 목차를 쓸 수 있고, 그 목차를 보고 책의 내용을 쓸 수 있게 된 것이니 충분히 가능하다.

CHAPTER 07

가정법

가정법은 무엇인가?

가정법(假 거짓 가, 定 정할 정, 法 방법 법)은 '사실이 아닌 것을 사실처럼 정하여 말하는 방법'을 말한다. 즉, 실제와 다른 상황을 가정하거나 상상, 추측, 소망하며, 실현되지 못한 아쉬움 등을 표현한다. 우리가 흔히 '내가 그때 공부를 열심히 했더라면…'하고 생각하듯이 사실과 다른 것을 가정하는 것이다.

가정법은 따로 배울 필요가 없다

가정법 과거, 가정법 과거완료, 혼합 가정법... 이런 용어들을 들으면 가정법이 한없이 어렵게 느껴진다. 많은 학생들이 가장 어려워하는 부분이며, 문법 강의 중에서도 가장 마지막에 나오는 경우가 많다. 그런데 사실 가정법은 따로 배울 필요도 없이 간단하다. 가정법은 가정, 즉 추측을 하는 방법이다. 영어에서 추측이나 가능성은 조동사를 통해 나타낼 수 있다고 바로 앞 조동사 파트에서 배웠다.
무언가를 가정하는 상황에서 '~한다면 …할 텐데'라는 표현은 '추측'이다. 가정하는 상황에 존재하는 모든 것이 추측이다. 확실하지 않다. 따라서 약하게 표현해야 한다. 조동사 자체가 가능성의 정도나 추측, 약한 표현을 위해 존재한다고 하지 않았나. 그래서 가정법을 공부하다 보면 늘 조동사가 등장한다. 가정법 문장은 추측과 약한 가능성을 표현하는 조동사 과거형이 쓰인 문장이 대부분이다. 그리고 여기에 '만약'이란 뜻의 if절을 붙여주면 된다.
사실 가정법은 조동사 용법의 일부일 뿐이다. 앞에서 조동사를 제대로 학습했는가? 그럼 가정법은 거저먹을 것이다.

가정법 어록

If it were easy, everyone would do it.
그게 쉽다면, 누구나 다 할 것이다.

'미쳤냐?' '너가 그걸 하겠다고?' '니 주제에?'
이런 소리를 들었는가? 아주 좋은 현상이다.
그만큼 죽여주게 멋진 꿈이란 소리일 뿐이다. 주눅들 필요 없다.

가정법 훑어보기

UNIT 37 가정법 과거

가정법 과거	
개념	현재 사실의 반대 상황이나 현재에 일어날 것 같지 않은 상황을 가정 ※ if절의 동사가 과거형이므로 '가정법 과거'라고 부름
★형태	If + 주어 + 동사(were, 과거시제), 주어 + 동사(would / should / could / might + 동사원형)
해석	만약 ~한다면, …할 텐데 (현재 사실의 반대)

UNIT 38 가정법 과거완료

가정법 과거완료	
개념	과거 사실의 반대 상황이나 과거에 일어났을 리 없는 상황을 가정 ※ if절의 동사가 과거완료형(had V-ed)이므로 '가정법 과거완료'라고 부름
★형태	If + 주어 + 동사(had V-ed), 주어 + 동사(would / should / could / might + have V-ed)
해석	만약 ~했다면, …했을 텐데 (과거 사실의 반대)

UNIT 39 가정법 현재

가정법 현재	
개념	현재·미래 시점에 실제로 일어날 가능성이 있는 일을 가정 ※ if절의 동사가 현재형이므로 '가정법 현재'라고 부름
형태	If + 주어 + 동사(현재시제), 주어 + 동사(will/would + 동사원형)
해석	만약 ~한다면, …할 것이다 (현재·미래 사실을 가정)

가정법 동사	
개념	insist, demand, suggest 등 요구/제안/주장/명령 등을 나타내는 동사
★형태	주어 + 가정법 동사(insist, demand, suggest …) (that) + 주어+ (should) + 동사원형 ※ that절의 동사가 '(should) + 동사원형'이므로 '가정법 현재'로 분류

UNIT 40 혼합 가정법, if가 없는 가정법

혼합 가정법	
개념	if절과 주절이 각각 다른 시간을 나타낼 때 쓰는 가정법
형태	If + 주어 + 동사, 주어 + 동사 ❶ had V-ed / would / should / could / might + 동사원형 ❷ were, 과거시제 / would / should / could / might + have V-ed
해석	❶ 만약 ~했다면, …할 텐데 (**과거** 사실의 반대 + **현재**의 결과) ❷ 만약 ~한다면, …했을 텐데 (**현재** 사실의 반대 + **과거**의 결과)

UNIT 41 기타 가정법

기타 가정법	
★as if 가정법	as if 주어 + 동사 → 마치 ~인 것처럼 were, 과거시제 (가정법 과거) had V-ed (가정법 과거완료)
I wish 가정법	I wish 주어 + 동사 → ~하면 좋을 텐데 were, 과거시제 (가정법 과거) had V-ed (가정법 과거완료)
It's time 가정법	It's time 주어 + 동사 → 지금 ~했을 시간이다 were, 과거시제 (가정법 과거)

UNIT 37
가정법 과거

🎧 예문 듣기

If I had lots of money,
I would travel the world.

내가 많은 돈을 가지고 있다면, 세계 여행을 할 텐데.

가정법이란, 영어 화법의 한 종류다. 실제로 일어나지 않은 상황을 가정하여 (if절), 그 결과를 말할 때(주절) 쓰는 동사 형식을 말한다.

가정법 과거는 현재 사실의 반대 상황을 가정하며, if절에 과거형 동사가 온다.

1 가정법의 기본 개념

- 실제로 일어나지 않은 상황을 가정할 때 쓰는 동사 형식을 말한다.
- 가정법 문장은 가정하는 if절과 그 결과를 말하는 주절로 구성된다. ◐ Unit 61. 부사절 접속사 (1) - 주절과 종속절의 개념

  If I were a bird, I could fly to you. 내가 새라면, 너에게 날아갈 수 있을 텐데.
  (If I were a bird: if절: 가정 / I could fly to you: 주절: 결과)

- if절에는 실제 시점보다 한 단계 이전 시제가 오며, 주절에는 추측을 나타내는 조동사 표현이 온다.
- **가정법의 종류**

구분	내용	예문
가정법 과거	현재 사실의 반대 (실현 가능성 ↓)	The door **is** green. 그 문은 초록색이다. → If the door **weren't** green, I might like it more. 그 문이 초록색이 아니라면, 나는 더 좋아할 수도 있겠지.
가정법 과거완료	과거 사실의 반대 (실현 가능성 ↓)	I **had** no money. 나는 돈이 없었다. → If I **had had** money, I would have bought a new phone. 내가 돈이 있었더라면, 새 핸드폰을 샀을 거야.
가정법 현재	현재·미래 단순 가정 (실현 가능성 ↑)	It **rains.** 비가 온다. → If it **rains,** we can't go out. 비가 오면, 우리는 나갈 수 없어. It **will rain** tomorrow. 내일 비가 올 것이다. → If it **rains** tomorrow, I will stay home. 내일 비가 오면, 난 집에 있을 거야.

참고 가정법 현재의 if절에는 미래와 현재 상황 모두 현재형을 쓴다.

▸느낌 빡! 가정법 한눈에 보기

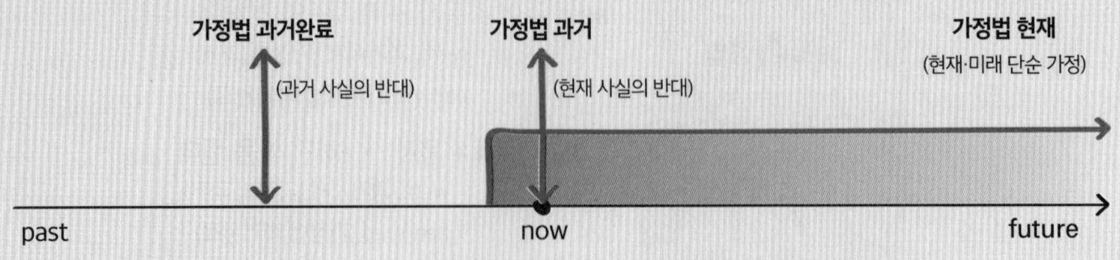

2 가정법 과거

- '현재' 사실의 반대 상황이나 '현재'에 일어날 것 같지 않은 상황을 가정할 때 쓴다.
- if절의 동사가 과거형이므로 '가정법 과거'라고 부른다.
- if절에 be동사가 올 경우 주어에 상관없이 were를 쓰는 것이 원칙이다.
- 주절의 동사형은 if절의 시제에 따라 '조동사 과거형(would, should, could, might) + 동사원형'이 온다.

if절	주절	뜻
if + 주어 + 과거형	주어 + *would* + 동사원형	만약 ~한다면, …할 텐데 (현재 사실의 반대)

느낌 빡! 현재 사실을 가정하면서 과거형을 쓰는 이유

if절 동사가 현재형이냐 과거형이냐의 차이는 말하는 사람의 태도이다. if절의 내용이 '실제로 일어날 것'이라고 생각한다면 가정법 현재(실현 가능성 있음)로, 실제로 일어날 것이라고 생각하지는 않지만 '한 번쯤 가정해보는 것'이라면 동사를 과거형으로 변화시켜 가정법 과거로 말한다.

If you are ready, I will go with you. 네가 준비되면, 나는 너와 함께 가겠다.
If you were ready, I would go with you. 네가 준비되면, 나는 너와 함께 가겠다.
보다시피 가정법 현재와 가정법 과거의 우리말 해석은 차이가 없다. 확신의 차이인 것이다. 그래서 '가정법 과거는 현재 사실의 반대'라고 일종의 법칙처럼 외운다. 하지만 조동사와 시제에서 과거형을 제대로 이해했다면, 실제로 일어날 가능성이 작다고 생각하기 때문에 본래 시제인 현재형보다 '약한 표현'인 과거형을 쓰는 것이 이해가 갈 것이다. 마찬가지로 과거 사실을 '한 번쯤 가정해 볼' 때는, 그보다 더 이전 시제인 과거완료를 써서 그 '약한' 느낌을 가져가면 된다.

예문 正 正

❶ If I **were** you, I would drive more carefully.

❷ If she **applied**, she could pass the test.

❸ If I **won** the lottery, I might give the money to charity.

❹ I'd prefer it if you **didn't smoke**.

❺ I wouldn't make a single change if I **were** you. 기출

❶ If I were you는 '내가 만약 너라면…'이라는 뜻으로, 현재 사실의 반대 상황을 가정한다.
❷ 가정법 과거 문장은 if절에 동사의 과거형, 주절에 '조동사 과거형 + 동사원형'이 쓰인다.
❸ 실제로 일어날 가능성이 낮다고 판단하여 가정법 과거를 사용했다. 주절에도 약한 추측을 나타내는 조동사 might가 왔다.
❹ if절에 부정형이 왔다. '~하지 않는다면'이라고 해석한다. 주절의 I'd는 I would가 축약된 것이다.
❺ 가정법 과거에서 if절의 be동사는 주어에 상관없이 were를 쓰는 것이 원칙이다.

07 가정법

진짜 이해했는지 확인!

정답과 해설 p.400

Q 배운 문법을 이용해 영어 문장을 말해보세요. (가정법 과거를 사용할 것)

1 내가 지원한다면, 나는 시험에 합격할 수 있을 거야. (pass the test) →
2 내가 복권에 당첨되면, 그 돈을 자선 단체에 줄지도 몰라. (the lottery, charity) →
3 내가 새라면, 그에게 날아갈 수 있을 텐데. (fly) →

예문 해석 거꾸로 영작 훈련도 필수!

1. 내가 너라면, 더 주의해서 운전할 거야. **2.** 그녀가 지원한다면, 그녀는 시험에 합격할 수 있을 텐데. **3.** 내가 복권에 당첨되면, 그 돈을 자선 단체에 줄지도 몰라. **4.** 당신이 담배를 피지 않으면 더 좋겠어요. **5.** 내가 당신이라면, 단 하나의 변화도 주지 않을 거예요.

UNIT 38

가정법 과거완료

예문 듣기

If I had gotten up earlier,
I would have arrived on time.

내가 더 일찍 일어났더라면, 제때 도착했을 텐데.

가정법 과거완료는 if절에 과거완료형 동사가 오는 가정법 문장을 말한다.

과거에 일어났던 일의 반대 상황, 혹은 과거에 일어났을 리 없는 상황을 가정하여 말할 때 쓴다.

1 가정법 과거완료

- '과거' 사실의 반대 상황이나 '과거'에 일어났을 리 없는 상황을 가정할 때 쓴다.
- if절의 동사가 과거완료형이므로 '가정법 과거완료'라고 부른다.
- 주절의 동사형은 if절의 시제에 따라 '조동사 과거형(would, should, could, might) + 현재완료형'이 온다.

if절	주절	뜻
if + 주어 + had V-ed	주어 + *would* + have V-ed	만약 ~했다면, …했을 텐데 (과거 사실의 반대)

예문

❶ If you **had called** me, I would have come.

❷ If we **had had** enough time, we could have gone to the zoo yesterday.

❸ If I **hadn't broken** my leg, I could have played in the match.

❹ If I **hadn't come** along, he would have eventually died of hunger. 기출

❺ If I **had drunk** coffee last night, I wouldn't have slept well.

❶ if절에 과거완료(had V-ed) 시제가 쓰인 가정법 과거완료 문장이다. 과거 사실의 반대를 가정한다.

❷ 일반동사 have의 과거완료형(had had)에 주의한다. 주절의 could have V-ed는 조동사 과거 표현에서 배운 대로 '~할 수 있었을 텐데'라고 해석한다.

❸ 과거완료의 부정형은 had not V-ed다. 여기서는 had not이 축약형으로 쓰였다.

❹ 가정법 문장에서는 if절에서 가정한 내용의 결과가 주절에 온다. 주절의 동사구에 결과를 강조하는 부사 eventually(결과적으로)가 쓰였다.

❺ 주절의 동사구에 부정형이 왔다. wouldn't have V-ed는 '~하지 않았을 텐데'라고 해석한다.

▶ 느낌 빡! 가정법 과거완료는 과거 사실의 반대 - 사실 외울 필요 없다!

아래 가정법 과거완료 문장을 보자.
If you had studied hard, he would have been happy. 네가 열심히 공부했더라면, 그는 행복했을 텐데.
if절에는 과거완료(had V-ed), 주절에는 would have V-ed 형식이 왔다. 외워야 할 것 같은가? 아니다. 이미 조동사 파트와 앞의 가정법 과거에서 배운 내용이다.

먼저 뒤에 나온 주절을 보자. he would have been happy(그가 행복했을 텐데)는 조동사 과거 표현에서 봤던 그 would have V-ed다. 추측할 때 쓰는 조동사 would와 과거부터 지금까지를 뜻하는 현재완료형이 결합됐다. '행복했을지도 모르는' 그 상태를 현재까지 '가지고 있는' 것이다. 행복했을 것이라는 추측을 지금까지 가지고 있으니, 결과적으로 행복하지 '않았단' 소리 아닌가? 가정법 과거완료가 과거 사실의 반대를 가정하므로, 그 결과도 당연히 과거 사실의 반대인 것이다. 외울 필요도 없다.
이제 if절을 보면, 과거 사실의 반대를 가정하기 위해 대과거를 뜻하는 과거완료를 썼다. 대과거가 무엇인가. 과거보다 더 과거, 즉 말하는 시점으로부터 더 멀리 떨어진 과거이다. 과거부터 지금까지 행복했으려면 공부하는 것은 그것보다 더 과거여야 한다. 순서상 행복은 공부 다음에 나타나는 결과가 아닌가?

2 가정법 과거완료와 조동사 과거 표현

• **자주 사용되는 조동사 과거 표현** Unit 36. 조동사 과거 표현

구분	뜻
would have V-ed	(…했더라면) ~했을 텐데 (일반적인 추측)
could have V-ed	~할 수 있었을 텐데 (능력, 가능성)
might have V-ed	~했을지도 모른다 (약한 추측)

• 말하는 사람의 태도에 따라 주절의 조동사를 다르게 표현한다.

a) If I had had your address, I **would have sent** you a gift.
내가 너의 주소를 가지고 있었더라면, 너에게 선물을 보냈을 텐데. → 과거에 대한 일반적인 추측

b) If I had had your address, I **could have sent** you a gift.
내가 너의 주소를 가지고 있었더라면, 너에게 선물을 보낼 수도 있었는데. → 과거에 대한 능력, 가능성

c) If I had had your address, I **might have sent** you a gift.
내가 너의 주소를 가지고 있었더라면, 너에게 선물을 보냈을지도 몰라. → 과거에 대한 약한 추측

✔ 진짜 이해했는지 확인!

정답과 해설 p.400

Q 배운 문법을 이용해 영어 문장을 말해보세요. (가정법 과거완료를 사용할 것)

1 내가 더 일찍 일어났더라면, 제때 도착했을 텐데. **(get up earlier, arrive on time)** →

2 내가 커피를 마셨더라면, 잠을 잘 못 잤을 거야. **(drink coffee, sleep well)** →

3 내가 너의 주소를 가지고 있었더라면, 너에게 편지를 보냈을 텐데. **(address, a letter)** →

예문 해석 거꾸로 영작 훈련도 필수!

1. 네가 나한테 전화를 했다면, 내가 왔을 텐데. **2.** 우리에게 충분한 시간이 있었다면, 어제 동물원에 갈 수 있었을 텐데. **3.** 다리가 부러지지 않았다면, 나는 그 경기에서 뛸 수 있었을 텐데. **4.** 내가 같이 오지 않았더라면, 그는 결국 배고픔으로 죽었을 것이다. **5.** 내가 어젯밤 커피를 마셨더라면, 잠을 잘 못 잤을 거야.

UNIT 39

가정법 현재

예문 듣기

If you come to my house, I'll bake an apple pie.

저희 집에 오신다면, 사과파이를 구워 드릴게요.

가정법 현재는 현재·미래 시점에 '실현 가능한' 일을 가정하며, if절에 현재형 동사가 온다. 사실상 조건 부사절 문장과 동일하다.

'가정법 동사(insist, suggest 등) + that절'의 형태로도 현재·미래 시점의 일을 가정할 수 있다.

1 가정법 현재

- 현재·미래 시점에 실제로 일어날 가능성이 있는 일을 가정한다.
- if절의 동사가 현재형이기 때문에 '가정법 현재'라고 부르며, 사실상 조건 부사절과 동일하다. **Unit 63. 부사절 접속사 (3) 대조, 조건**

참고 가정법 과거/과거완료처럼 실현 가능성이 낮은 상황을 가정할 경우, if절에 현재형 대신 'should + 동사원형'을 쓸 수도 있다. 이미 앞에서 배운 조동사를 떠올려 보자. 조동사는 원래 추측, 의무 등의 의미를 동사에 더해주는 역할을 했었다. 이 경우에도 should를 써서 if절의 불확실성을 강조하는 것뿐이다.

- 가정법 과거/과거완료와 달리 주절에 오는 동사의 형태가 다양하다.

if절	주절	뜻
if + 주어 + 현재형,	(1) 주어 + 조동사 현재형/과거형 + 동사원형 (2) 주어 + 현재/미래시제 (3) 명령문	만약 ~한다면, (…할 것이다) (현재·미래 사실을 가정)
if + 주어 + should + 동사원형,		

예문

❶ If you **go** out, you can borrow my umbrella.

❷ If I **have** time, I want to write a letter to my parents.

❸ If you **rest** your wrist for several days, it'll get better. 기출

❹ If you **should fail** this exam, you can take it next month.

❺ Let me know if you **need** any help.

❶ if절에 현재형이 온 가정법 현재 문장이다. 가정법 과거와 달리, 실제로 일어날 가능성이 있는 내용이 if절에 온다.

❷ 가정법 현재 문장의 주절에는 조동사 없이 단순 현재가 올 수도 있다.

❸ 여기서 if절은 가까운 미래 상황을 가정한다. 따라서 주절에 미래시제 will('ll) get이 왔다.

❹ if절에 'should + 동사원형'을 쓰면 그런 일이 일어날 가능성이 낮다는 화자의 판단이 반영된다.

❺ 주절에 명령문이 왔다. Don't hesitate if you need any help.(도움이 필요하시면 주저하지 마세요.)와 같이 주절에 부정 명령문이 올 수도 있다.

느낌 빡! 왜 if절에는 미래든, 현재든 항상 현재형만 오는가?

영어 문법에 '조건절(if절)에서는 현재시제가 미래시제를 대신한다.'라는 규칙이 있다. 그래서 If he comes tomorrow, I will study hard.가 된다. 내일 온다면서 will come이 아니라 comes를 쓴다. 그런데 이건 사실 외울 필요가 없다. 우리말에서도 마찬가지이기 때문이다.

A. 내일 그가 오면, 난 열심히 공부할 것이다.

B. 내일 그가 올 것이라면, 난 열심히 공부할 것이다.

우리말에서도 A문장처럼 조건은 현재형으로, 결과는 미래형으로 말하는 것이 훨씬 자연스럽다. 영어의 가정법 현재와 똑같지 않은가. 우리 스스로가 이미 이렇게 쓰고 있는 것이기에 별 특별한 게 아니다.

2 가정법 동사

- 가정법 동사란 요구, 제안, 주장, 명령 등을 나타내는 동사를 말한다.

advise, urge	충고하다	**demand**	요구하다	**propose, suggest**	제안하다
ask	요청하다	**desire**	바라다	**recommend**	권하다
command	명령하다	**insist**	주장하다	**request**	요청하다

- 현재·미래 시점에 일어나야 한다고 생각하는 일을 말할 때 '가정법 동사 + that절'을 쓴다.
- that절에 오는 동사의 형태가 '(should) + 동사원형'이므로 형식상 '가정법 현재'로 분류된다.
- 이때, that절의 접속사 that과 should는 자주 생략된다.

주절	that절	뜻
주어 + 가정법 동사	(that) + 주어 + (should) + 동사원형	~해야 한다고 (요구/제안/주장/명령…)하다

▸느낌 빡! 가정법 동사의 that절에는 왜 should가 올까?

의무, 충고를 나타내는 should는 요구, 제안, 명령 등을 나타내는 가정법 동사와 의미상 밀접한 관련이 있다. I insisted that he should study right now.(나는 그가 지금 당장 공부해야 한다고 주장했다.)라는 문장을 보자. insist는 원래 '우기다' 혹은 '고집스럽게 주장하다'라는 뜻. 그에게 꼭 공부해야 한다고 우기는 상황이니까 의무, 충고의 should가 잘 어울린다. 그렇다면 왜 또 should는 자주 생략되는 것일까? 설명한대로 가정법 동사 자체가 요구, 제안, 주장, 명령의 뜻을 이미 가지고 있기 때문이다. 또한 should가 생략되어도 동사원형이 그대로 남아 should의 느낌을 유지해주므로 굳이 쓸 필요가 없는 것이다. 따라서 문법 문제에서 'that he study right now'처럼 3인칭 주어 뒤에 동사원형이 와도 그건 맞는 답지라는 소리다. 원래는 should가 있는 문장이기 때문이다.

예문

❻ I **suggest** that you **get** some rest.

❼ The doctor **recommended** I **try** jogging every morning.

❽ I'll be there to **demand** that more security cameras **be** installed. 기출

❻ '가정법 동사 + that절'이 쓰인 문장이다. that절에서 현재·미래 시점의 일을 가정한다.

❼ recommended 이하의 내용은 가까운 미래 상황을 가정한다. 접속사 that과 조동사 should는 생략되었다.

❽ demand가 주절의 본동사가 아니라 to부정사구로 쓰였다. that절의 be 앞에 should가 생략되었다.

진짜 이해했는지 확인!

정답과 해설 p.400

Q 배운 문법을 이용해 다음 문장을 해석해 보세요.

1 If you go out, you can borrow my bicycle. →

2 If you should fail this exam, you can take it again. →

예문 해석 거꾸로 영작 훈련도 필수!

1. 외출하는 거라면, 내 우산을 빌려도 돼. **2.** 나는 시간이 있으면, 부모님께 편지를 쓰고 싶어. **3.** 며칠간 손목을 쉬게 하면 더 좋아질 거예요. **4.** 이번 시험에 실패해도 다음 달에 볼 수 있어요. **5.** 도움이 필요하면 나에게 알려줘. **6.** 전 당신이 휴식을 취할 것을 제안해요. **7.** 의사는 내가 아침마다 조깅을 해 보는 것을 권했다. **8.** 나는 더 많은 보안 카메라가 설치되어야 한다고 요구하러 거기에 갈 거야.

예문 듣기

혼합 가정법, if가 없는 가정법

If I had eaten breakfast,
I would not be hungry now.

내가 아침을 먹었더라면, (과거)
지금 배고프지 않을 텐데. (현재)

가정법 문장에서 if절과 주절의 시점이 다를 수도 있다. 예를 들어 현재 사실과 과거 사실을 대비하여 말할 경우, 가정법 과거와 과거완료가 혼합된 문장 형태가 된다.

또한 if가 생략되어 조동사나 be동사가 도치되거나, if절 자체가 아예 생략되는 특수한 가정법 형태도 있다.

1 혼합 가정법

• if절과 주절이 각각 다른 시간을 나타낼 때 쓰는 가정법으로, 아래 2가지 형태가 일반적이다.

1) **가정법 과거완료 + 과거**

if절	주절	뜻
if + 주어 + had V-ed,	주어 + *would* + 동사원형	만약 ~했다면, …할 텐데 (**과거** 사실의 반대 + **현재**의 결과)

2) **가정법 과거 + 과거완료**

if절	주절	뜻
if + 주어 + 과거형,	주어 + *would* + have V-ed	만약 ~한다면, …했을 텐데 (**현재** 사실의 반대 + **과거**의 결과)

예문

❶ If I **had studied** hard, I **would have** a good grade.

❷ If I **had stayed** in my hometown, my life **could be** different.

❸ If I **were** you, I **would have met** him again.

❹ If I **knew** about computers, I **could have helped** with your problem.

❶, ❷ if절은 가정법 과거완료, 주절은 가정법 과거인 문장이다. 가정하는 내용은 과거 상황이지만, 그 결과는 현재의 상황과 관련이 있으므로 혼합 가정법을 써서 표현했다.

❸, ❹ if절은 가정법 과거, 주절은 가정법 과거완료인 문장이다. 현재 시점에서, 과거의 결과를 다시 판단하고 있으므로 혼합 가정법을 써서 표현했다.

▸ 느낌 빡! 혼합 가정법은 공부할 필요도 없다

A. If I had not met him, my English grammar would have been terrible.
그를 만나지 않았더라면, 내 영문법은 계속 끔찍했을 것이다.
B. If I had not met him, my English grammar would be terrible.
그를 만나지 않았더라면, 내 영문법은 끔찍할 것이다.

앞의 두 문장에서 if절은 둘 다 가정법 과거완료이지만, 주절의 시제가 다르다. 말하고자 하는 시점이 다르니까 당연히 다른 것뿐이다. 과거부터 지금까지 끔찍했을 것이라고 말하고 싶다면 A문장처럼 'would have V-ed'를 쓰면 되고, 말하고 있는 지금 끔찍할 것이라고 말하고 싶다면 B문장처럼 'would + 동사원형'을 쓰면 된다. 무슨 법칙인 것처럼 외우지 말고 앞에서 배운 조동사와 시제의 원리를 적용하기 바란다.

2 도치된 가정법

- if를 생략하여, 주어와 조동사(또는 be동사)가 도치된 가정법 문장을 말한다.

참고 가정법에서 if를 생략하는 이유는 완곡하게 말하기 위함이다. 다만 if가 없어도 가정하는 상황임을 나타내 주어야 하기 때문에 주어 - 동사 '도치'가 일어난다. 의문문에서 주어 - 동사 위치를 바꾸어 의문을 나타내는 것과 비슷한 원리이다. Unit 89. 도치 구문

be동사 도치	❺ **Were I** you, I would wait a little longer. (= If I were you, I would wait a little longer.)
조동사 도치	❻ **Had I gone** to her birthday party, we would have become closer. (= If I had gone to her birthday party, we would have become closer.) ❼ **Should you have** any problems, please let me know. (= If you should have any problems, please let me know.)

3 if절이 생략된 가정법

- if절이 아예 생략되어, 가정의 결과인 주절만 남아 있는 것을 말한다.

참고 조동사 과거형 자체에 추측, 불확실성의 의미가 담겨 있으므로 if절이 생략되어도 뜻이 통하는 것이다.

- without, otherwise 등 if절 대용어구를 사용할 수도 있다.

if절 생략	❽ I **would have gone** to see a baseball game, but I had to study. (= If I hadn't had to study, I would have gone to see a baseball game.)
if절 대용어구	❾ I **couldn't have succeeded** without your help. (= If it had not been for your help, I couldn't have succeeded.) ❿ I went out before 10 o'clock. Otherwise, I **would have missed** the bus. (= If I had not gone out before 10 o'clock, I would have missed the bus.)

진짜 이해했는지 확인!

정답과 해설 p.400

Q 배운 문법을 이용해 다음 문장을 해석해 보세요.

1 If I had eaten lunch, I would not be hungry now. →

2 Should you have any problems, please let me know. →

예문 해석 거꾸로 영작 훈련도 필수!

1. 내가 공부를 열심히 했더라면, 좋은 성적을 받을 텐데. **2.** 고향에 계속 있었다면, 내 삶은 다를 수도 있어. **3.** 내가 너라면, 그를 다시 만났을 거야. **4.** 내가 컴퓨터에 대해 안다면, 네 문제를 도와줄 수 있었을 거야. **5.** 내가 너라면, 조금 더 기다릴 거야. **6.** 내가 그녀의 생일 파티에 갔더라면, 우리는 더 가까워졌을 텐데. **7.** 당신에게 문제가 생기면, 저에게 알려주세요. **8.** 야구 경기를 보러 갔겠지만, 나는 공부해야 했다.(= 공부해야 하지 않았다면, 나는 야구 경기를 보러 갔을 거야.) **9.** 당신의 도움 없이는 전 성공할 수 없었을 거예요.(= 당신의 도움이 아니었다면, 전 성공할 수 없었을 거예요.) **10.** 나는 10시 전에 나섰다. 그렇지 않았으면, 버스를 놓쳤을 것이다.(= 10시 전에 나서지 않았다면, 나는 버스를 놓쳤을 것이다.)

UNIT 41

기타 가정법 (as if / I wish / It's time)

예문 듣기

I felt as if I could fly.
마치 날 수 있을 것 같은 기분이었다.

I wish I had taken my umbrella.
우산을 가져왔더라면 좋을 텐데.

앞에서 배운 가정법 문장 외에도, 현재, 과거, 혹은 미래 상황을 가정하는 문장들이 있다.

as if, I wish, It's time 이후에 오는 절은 가정법의 if절 동사 형식을 취하며, 실제로 그렇지 않은 일이나 아직 실현되지 않은 일을 가정한다.

1 as if 가정법

- as if가 이끄는 절에 가정법 동사 형식(가정법 과거/과거완료)이 오는 것을 말한다.
- 현재, 과거, 미래 사실의 반대 상황을 비유할 때 쓴다.
- '(실제로 그렇지 않지만) 마치 ~인 것처럼'으로 해석하며, as if 대신 같은 의미의 as though를 쓸 수 있다.

예문

❶ We greet them **as if** they **were** children. 기출

❷ I feel **as if** I **could sleep** for weeks.

❸ He acts **as if** he **had been** a teacher.

❹ I spoke **as if** I **wouldn't come** back.

❺ Live **as if** you **were to** die tomorrow.

❶ 가정법 과거의 if절처럼, 현재 사실의 반대를 가정하기 위해 be동사의 과거형 were가 쓰였다.

❷ 이 문장도 가정법 과거가 쓰였다. could sleep은 '잘 수 있을 것 같다'라는 뜻으로, 조동사 과거형 자체에 이미 가정의 느낌이 있다.

❸ 가정법 과거완료가 as if 다음에 쓰였다. 과거 사실의 반대를 나타낸다.

❹ 미래 사실 'I will come here again.'의 반대 상황을 가정한 것이다. 동사 형식은 가정법 과거(would)이다.

❺ as if 다음에 'be to + 동사원형(~할 것이다)' 용법이 쓰여 미래의 상황을 가정한다.

Unit 21. to부정사의 형용사적 용법

2 I wish 가정법

- I wish의 목적어인 that절에 가정법 동사 형식(가정법 과거/과거완료)이 오는 것을 말한다.

참고 주어 자리에 I 외에 다른 명사(구)도 올 수 있다.

- 현재, 과거, 미래에 실현되지 않은 소망을 표현한다.
- '(실제로 그렇지 않지만) ~하면 좋을 텐데'로 해석하며, wish 뒤에 있는 접속사 that은 보통 생략한다.

▸ 느낌 빡! wish는 '소망'을 뜻하고, 소망은 '가정'이다

딱딱하게 기타 가정법 중 하나로 분류해서 I wish 가정법을 소개했으나, 이건 따로 외울 필요도 없는 문법이다. wish라는 동사 자체가 명사로 '소망', 동사로 '소망하다'라는 뜻이다. 소망은 아직 이뤄지지 않은 일을 가정하는 것 아닌가? wish에 가정의 의미가 담겨 있기 때문에 뒤에 가정법 동사 형식이 쓰이는 것뿐이다. 누차 설명한대로, 말하는 의미에 따라 문법이 결정된다.

예문

❻ **I wish** it **were** snowing right now.

❼ **I wish** I **could have** a dog at home.

❽ **I wish** we **had spent** more time together.

❾ **I wish** I **had learned** another foreign language.

❿ I'm leaving tomorrow. **I wish** I **could camp** in the wild. 기출

❻ that절에 진행형이 쓰였다. '지금 당장 눈이 오고 있으면 좋겠다'라는 뜻이다. 현재 사실의 반대 상황을 소망한다.

❼ 이 문장도 가정법 과거(현재 사실의 반대)이다. 지금 집에서 개를 키우지 않는다는 현재의 사실을 유추할 수 있다.

❽, ❾ 'had V-ed'는 가정법 과거완료의 동사 형식이므로, 과거 사실의 반대를 소망하는 문장이다.

❿ 'could + 동사원형'은 가정법 과거의 동사 형식이지만, 여기서는 문맥상 미래의 소망을 나타낸다.

3 It's time 가정법

- It's time 뒤에 오는 that절에 가정법 동사 형식(가정법 과거)이 오는 것을 말한다.
- 말하는 시점에 이미 했어야 하는데, 아직 실현되지 않은 일을 언급할 때 쓴다.
- '지금 ~했을 시간이다'로 해석하며, time 뒤에 that은 보통 생략한다.

예문

⓫ **It's time** I **finished** my homework.

⓬ **It's time** you **went** to bed.

⓫ It's time 이후에 과거형 finished가 쓰여 이미 끝냈어야 하는 상황을 가정한다. 가정법 과거이므로 현재 사실의 반대 상황을 가정한다.

⓬ 이미 자러 갔어야 할 시간이라는 뜻이다. It's time 뒤에 that이 생략되었다.

▶ 느낌 빡! It's time + to부정사 vs. It's time 가정법

It's time to wake up.(이제 일어날 시간이야.)이라는 문장이 있다. It's time 다음에 to부정사를 쓰면, to부정사가 갖고 있는 미래적 느낌 때문에 '앞으로 할 일'을 말하는 문장이 된다.
그런데 that절을 써서 가정법 동사 형식을 취하면 It's time that you woke up.(너 일어났을 시간이야.)이 된다. 진작에 일어났어야지 여태 자빠져 자고 있냐는 느낌의 문장이다. It's time (that) 다음에 'should + 동사원형'을 써도 비슷한 의미가 된다. 단, It's time 가정법 문장 특유의 불평하는 듯한 느낌은 줄 수 없다.

✔ 진짜 이해했는지 확인!

정답과 해설 p.400

Q 둘 중 올바른 것을 고르세요.

1 I spoke as if I (won't / wouldn't) come back.

2 I wish it (is / were) snowing right now.

예문 해석 거꾸로 영작 훈련도 필수!

1. 우리는 그들이 마치 아이들인 것처럼 그들에게 인사한다. **2.** 몇 주간 잘 수 있을 것 같은 기분이다. **3.** 그는 마치 선생님이었던 것처럼 행동한다. **4.** 나는 다시 오지 않을 것처럼 말했다. **5.** 내일 죽을 것처럼 살아라. **6.** 지금 당장 눈이 오고 있으면 좋겠어. **7.** 집에 개를 가질 수 있으면 좋겠어. **8.** 우리가 더 많은 시간을 함께 보냈다면 좋을 텐데. **9.** 다른 외국어를 배웠다면 좋을 텐데. **10.** 나는 내일 떠날 것이다. 야생에서 캠핑을 할 수 있으면 좋겠다. **11.** 지금 나는 숙제를 끝냈을 시간이야. **12.** 지금 너 자러 갔을 시간이야.

필수 예문 Review

가리개를 활용하여
필수 예문을 테스트해 보세요.

한글 가리고 해석해 보기

- [ ] ① If I were you, I would drive more carefully.
- [ ] ② If she applied, she could pass the test.
- [ ] ③ If I won the lottery, I might give the money to charity.
- [ ] ④ I'd prefer it if you didn't smoke.
- [ ] ⑤ I wouldn't make a single change if I were you.
- [ ] ⑥ If you had called me, I would have come.
- [ ] ⑦ If we had had enough time, we could have gone to the zoo yesterday.
- [ ] ⑧ If I hadn't broken my leg, I could have played in the match.
- [ ] ⑨ If I hadn't come along, he would have eventually died of hunger.
- [ ] ⑩ If I had drunk coffee last night, I wouldn't have slept well.
- [ ] ⑪ If you go out, you can borrow my umbrella.
- [ ] ⑫ If I have time, I want to write a letter to my parents.
- [ ] ⑬ If you rest your wrist for several days, it'll get better.
- [ ] ⑭ If you should fail this exam, you can take it next month.
- [ ] ⑮ Let me know if you need any help.
- [ ] ⑯ I suggest that you get some rest.
- [ ] ⑰ The doctor recommended I try jogging every morning.
- [ ] ⑱ I'll be there to demand that more security cameras be installed.
- [ ] ⑲ If I had studied hard, I would have a good grade.

영어 예문 가리고 스피킹/영작해 보기

- [ ] ① 내가 너라면, 더 주의해서 운전할 거야.
- [ ] ② 그녀가 지원한다면, 그녀는 시험에 합격할 수 있을 텐데.
- [ ] ③ 내가 복권에 당첨되면, 그 돈을 자선 단체에 줄지도 몰라.
- [ ] ④ 당신이 담배를 피지 않으면 더 좋겠어요.
- [ ] ⑤ 내가 당신이라면, 단 하나의 변화도 주지 않을 거예요.
- [ ] ⑥ 네가 나한테 전화를 했다면, 내가 왔을 텐데.
- [ ] ⑦ 우리에게 충분한 시간이 있었다면, 어제 동물원에 갈 수 있었을 텐데.
- [ ] ⑧ 다리가 부러지지 않았다면, 나는 그 경기에서 뛸 수 있었을 텐데.
- [ ] ⑨ 내가 같이 오지 않았더라면, 그는 결국 배고픔으로 죽었을 것이다.
- [ ] ⑩ 내가 어젯밤 커피를 마셨더라면, 잠을 잘 못 잤을 거야.
- [ ] ⑪ 외출하는 거라면, 내 우산을 빌려도 돼.
- [ ] ⑫ 나는 시간이 있으면, 부모님께 편지를 쓰고 싶어.
- [ ] ⑬ 며칠간 손목을 쉬게 하면 더 좋아질 거예요.
- [ ] ⑭ 이번 시험에 실패해도 다음 달에 볼 수 있어요.
- [ ] ⑮ 도움이 필요하면 나에게 알려줘.
- [ ] ⑯ 전 당신이 휴식을 취할 것을 제안해요.
- [ ] ⑰ 의사는 내가 아침마다 조깅을 해 보는 것을 권했다.
- [ ] ⑱ 나는 더 많은 보안 카메라가 설치되어야 한다고 요구하러 거기에 갈 거야.
- [ ] ⑲ 내가 공부를 열심히 했더라면, 좋은 성적을 받을 텐데.

⑳ If I had stayed in my hometown, my life could be different.	⑳ 고향에 계속 있었다면, 내 삶은 다를 수도 있어.
㉑ If I were you, I would have met him again.	㉑ 내가 너라면, 그를 다시 만났을 거야.
㉒ If I knew about computers, I could have helped with your problem.	㉒ 내가 컴퓨터에 대해 안다면, 네 문제를 도와줄 수 있었을 거야.
㉓ Were I you, I would wait a little longer.	㉓ 내가 너라면, 조금 더 기다릴 거야.
㉔ Had I gone to her birthday party, we would have become closer.	㉔ 내가 그녀의 생일 파티에 갔더라면, 우리는 더 가까워졌을 텐데.
㉕ Should you have any problems, please let me know.	㉕ 당신에게 문제가 생기면, 저에게 알려주세요.
㉖ I would have gone to see a baseball game, but I had to study.	㉖ 야구 경기를 보러 갔겠지만, 나는 공부해야 했다.
㉗ I couldn't have succeeded without your help.	㉗ 당신의 도움 없이는 전 성공할 수 없었을 거예요.
㉘ I went out before 10 o'clock. Otherwise, I would have missed the bus.	㉘ 나는 10시 전에 나섰다. 그렇지 않았으면, 버스를 놓쳤을 것이다.
㉙ We greet them as if they were children.	㉙ 우리는 그들이 마치 아이들인 것처럼 그들에게 인사한다.
㉚ I feel as if I could sleep for weeks.	㉚ 몇 주간 잘 수 있을 것 같은 기분이다.
㉛ He acts as if he had been a teacher.	㉛ 그는 마치 선생님이었던 것처럼 행동한다.
㉜ I spoke as if I wouldn't come back.	㉜ 나는 다시 오지 않을 것처럼 말했다.
㉝ Live as if you were to die tomorrow.	㉝ 내일 죽을 것처럼 살아라.
㉞ I wish it were snowing right now.	㉞ 지금 당장 눈이 오고 있으면 좋겠어.
㉟ I wish I could have a dog at home.	㉟ 집에 개를 가질 수 있으면 좋겠어.
㊱ I wish we had spent more time together.	㊱ 우리가 더 많은 시간을 함께 보냈다면 좋을 텐데.
㊲ I wish I had learned another foreign language.	㊲ 다른 외국어를 배웠다면 좋을 텐데.
㊳ I'm leaving tomorrow. I wish I could camp in the wild.	㊳ 나는 내일 떠날 것이다. 야생에서 캠핑을 할 수 있으면 좋겠다.
㊴ It's time I finished my homework.	㊴ 지금 나는 숙제를 끝냈을 시간이야.
㊵ It's time you went to bed.	㊵ 지금 너 자러 갔을 시간이야.

Chapter Review Test 07

기출 예문으로 실전 훈련해 보기

Grammar for Reading

정답과 해설 p.400

✓ 다음 중 어법상 맞는 표현을 고르세요.

1 We feel as if the day they entered our school were / will be yesterday.

2 If you are / were a butterfly, would you be attracted to a more colorful flower or a less colorful one?

3 People often wish they could fly / have flown like birds. But we are kept on the ground by the Earth's gravity.

4 If everyone were motivated by fear, then nothing creative or progressive would ever be / had been achieved.

5 Goal-setting seems easy and sensible when you read it in a book. However, if making changes were that easy, you probably would do / have done it by yourself already.

6 I have accepted a new position at a publishing company. My experience with your company has been very rewarding. I wish you and the organization continued / had continued success in the future.

7 Good afternoon, class. I'd like to thank you for helping to make the school's promotional video. Without your help, it would be / have been impossible. I'm planning to throw a pizza party next weekend to celebrate the production of the video.

8 Some people believe that if they have / had much money, they will be happy. They believe that if they are wealthy, they will be able to do everything they want, and so they will be happy.

---

2 be attracted to ~에 끌리다 **3** gravity 중력 **4** progressive 진보적인 **5** sensible 합리적인 **6** rewarding 보람이 있는 **7** promotional video 홍보 영상

Grammar for Writing

✓ **우리말에 맞게 주어진 단어를 활용하여 문장을 완성하세요.**

1 내가 그때 돈이 있었더라면, 새 핸드폰을 샀을 거야. **(have money, buy a new phone, at that time)**

→

2 내가 어젯밤 커피를 마셨더라면, 잠을 잘 못 잤을 거야. **(drink coffee, sleep well)**

→

3 그는 내가 조깅을 해 보는 것을 권했다. **(suggest, try jogging)**

→

4 내가 아침을 먹었더라면, 지금 배고프지 않을 텐데. **(eat breakfast, hungry)**

→

Grammar for Speaking

✓ **다음 주어진 상황에서 자신의 문장을 완성해보세요.**

1 **가정법 현재**

→ If I exercise every day,

예시 **If I exercise every day, I will be healthy.** 매일 운동을 한다면, 나는 건강해질 거야.

2 **가정법 과거**

→ If I won a million dollars,

예시 **If I won a million dollars, I would buy a new car.** 내가 백만 달러에 당첨된다면, 나는 새 차를 살 텐데.

3 **가정법 과거완료**

→ If I had studied harder,

예시 **If I had studied harder, I would have gotten a good grade.** 공부를 더 열심히 했더라면, 좋은 성적을 받았을 텐데.

☞ p.179『가정법 훑어보기』에서 가정법의 개념을 다시 한번 정리해 보세요!

공부법 07

백지 공부법

공부의 제왕

MBC 토요 예능 '공부의 제왕'은 유례없는 방송 프로그램이었다. 이름하여 공부 예능 버라이어티. 이전에도 성적이 좋지 않은 학생들을 모아서 재미있게 만든 방송은 있었다. 하지만 '공부의 제왕'은 실제로 대학에 가고자 하는 학생들에게 진짜 공부법을 알려 주었고, 학생들은 각자 목표를 정하고 정말로 공부를 했다. 당연히 방송에서 공개된 성적도 모두 실제였다.

이 방송은 애초부터 대학생 교육 봉사 동아리 '공신'의 활동을 방송으로 제작하기로 했다. 그래서 형편이 어려운 학생들을 모아서 공신 멘토가 멘토링을 해 주는 방식으로 진행됐다. 기간은 약 두 달, 참여하는 학생은 대략 세 명. 정해진 기간 동안 아이들은 공부를 하고, 그에 따라 성적이 상승하는 모습을 담는 프로였다.

오늘 배운 내용을 백지에 적어라

이 아이들이 학교가 끝나고 집에 오면 눈앞에는 항상 같은 광경이 펼쳐져 있었다. 현관을 열면 탁자가 보였고 탁자 위에는 백지 세 장이 놓여 있었다. 세 명은 약속이나 한 듯 신발을 벗자마자 가방을 내려놓고 책상에 앉아 뭔가를 적기 시작했다.

이것은 합숙 기간 동안 내가 가장 중요하게 생각한 약속이자 성적을 올릴 수 있는 핵심 비결이었다. 이들이 적는 것은 다름 아닌 오늘 배운 수업 내용! 간혹 자습을 했을 때는 자습한 내용도 모두 적게 했다. 두 달간 실천할 공부 미션 중 첫 번째 과제였다.

방법은 간단하다. 먼저 백지에 1교시 과목명을 쓴 뒤 그날 배운 모든 내용을 생각나는 대로 모조리 적는다. 완벽하게 정리되지 않아도 좋다. 한 글자라도 쓴다. 그 다음 2교시, 3교시도, 수학, 영어, 국어 등 과목별로 돌아가며 모두 적는다.

백지 공부법은 공신들이 흔히 쓰는 공부 전략이다

백지 공부법은 매우 쉽고 간단하지만 효과는 엄청나다. 이것은 단순히 보고 끝내는 것과 차원이 다르다. 쓰는 것 자체가 복습이 된다. 학습한 내용을 내 머릿속에서 출력하기 때문이다.

더욱 중요한 것은 그 과정을 통해 내가 모르는 부분, 내 머릿속에 자리 잡지 못한 내용을 명확히 알 수 있다는 점이다. 대부분의 학생들은 공부를 한다고 하지만 엄밀히 말하면 그것은 공부라고 말할 수 있는 것이 못 된다. 공부는 모르는 것을 알아 가는 과정인데, 많은 학생들이 내가 모르는 부분과 아는 부분을 구별조차 못한 채로 달려든다.

처음에 백지 복습을 시도했을 때 아이들은 다들 놀랐다. 아무것도 적지 못했으니까. 스스로는 수업 시간에 공부했다고 생각했지만, 적은 내용은 고작 부스러기 수준에 불과했다.

지금 당장 시도해보라

여러분도 시도해보길 바란다. 영문법 공부를 마친 후에 책을 덮고 오늘 공부한 내용을 적는 것이다. 별것 아닌 것처럼 보이지만 결코 쉽지 않다. 하지만 괜찮다. 제대로 적지 못한다 해도 공부한 내용을 돌이켜 보는 것만으로도 훌륭한 일이니까. 이렇게 단순하고 효과 좋은 공부법을 하루만 해 보고 끝내면 어떨까? 아무런 효과가 없다. 방법만큼 중요한 것이 실천이다. 실천보다 중요한 것이 지속이다. 어떻게 지속해야 하는가? 백지 공부법을 습관으로 만드는 것이다. 한번 습관이 들면, 여러분의 공부 멘토인 내가 없더라도, 내가 시키지 않아도 스스로 하게 될 테니까.

–「강성태 66일 공부법」 중에서

CHAPTER 08

수동태

수동태는 무엇인가?

우리가 흔히 말하는 태(態, voice)는 주어와 동사의 '동작을 주고 받는' 관계를 나타내는 문법 개념으로 영어에는 능동태와 수동태가 있다. 능동태는 '주어가 동작을 하는 것', 수동태(受 받을 수, 動 움직일 동, 態 모습 태)는 '주어가 동사의 대상이 되어 동작을 받는 것'을 표현하는 말이다. 따라서 동일한 내용을 각각 능동태와 수동태로 표현할 수 있다. 다만, 수동태는 동작의 주체보다 동작의 대상을 강조할 때 사용한다. 앞서 조동사처럼, 수동태도 상대의 의도, 관심을 꿰뚫어 볼 수 있는 고마운 문법이다.

수동태는 이미 알고 있는 내용이다

우리는 앞에서 이미 과거분사를 공부했기에 수동태는 이미 알고 있는 것과 같다. 과거분사가 무엇인가? 수동/완료의 의미를 가진 형용사로 '~된, ~해진'이라고 해석하는 말이다.
The room is clean.(그 방은 깨끗하다.)처럼 be동사 뒤에 형용사가 오면 주어의 상태를 보충한다. 수동태는 be동사 뒤에 형용사의 한 종류인 과거분사가 온 것이다. 그 이상도 이하도 아니다. The room is clean.과 The room was cleaned.(그 방은 치워졌다.)는 사실상 다를 게 없다. 이걸 거창하고 어렵게 가르치려 드니 배우는 입장에서도 어려웠던 것이다.
이미 알고 있는 수동태, 이제 겁먹지 말고 쉽게 접근해보자.

수동태 어록

Paths are made by walking.
길은 걸어가면서 만들어진다.

\- Franz Kafka -

물론 여러분이 선택한 그 길이 틀렸을 수도 있다.
모든 선택이 다 옳은 사람은 이 세상에 없다.
옳다고 믿는 길을 향해 다시 떠날 뿐이다. 그게 인생이다.

수동태 훑어보기

UNIT 42
수동태의 기본 개념

수동태의 개념

개념	**능동태:** 주어가 동작을 하는 것 Julie **fixed** the phone. → **수동태:** 주어가 동작의 대상이 되는 것 The phone **was fixed**.
쓰임	❶ 동작의 주체보다 동작의 대상을 강조하고 싶을 때 ❷ 동작의 주체를 모르거나 동작의 주체가 너무 분명해서 밝힐 필요가 없을 때
형태	**기본형:** be동사 + V-ed
해석	(주어가) ~되다/받다

UNIT 43
시제, 조동사와 결합한 수동태

UNIT 44
to부정사, 동명사와 결합한 수동태

수동태의 여러 형태

시제와 결합	• 미래시제 수동태: will be + V-ed • 현재완료형 수동태: have[has] been + V-ed • 현재진행형 수동태: am/are/is being + V-ed
조동사와 결합	• 조동사 수동태: 조동사 + be V-ed • 조동사 완료형 수동태: 조동사 + have been V-ed
to부정사와 결합	• **to**부정사의 수동태: to be + V-ed • **to**부정사의 완료형 수동태: to have been + V-ed
동명사와 결합	• 동명사의 수동태: being + V-ed • 동명사의 완료형 수동태: having been + V-ed

UNIT 45
목적어가 2개인 문장의 수동태

UNIT 46
목적격보어가 있는 문장의 수동태

4형식, 5형식 문장의 수동태

목적어가 두 개인 문장의 수동태	• 간접목적어를 주어로 할 때 I **was offered** the job. • 직접목적어를 주어로 할 때 The job **was offered to** me.
목적격보어가 있는 문장의 수동태	• 목적격보어가 있는 문장의 수동태 He **was found** guilty. • 사역동사가 쓰인 문장의 수동태 I **was made to change** my plan. • 지각동사가 쓰인 문장의 수동태 The ground **was felt to shake**.

UNIT 47
수동태의 관용적 표현

수동태의 관용적 표현

be filled with	~로 가득 차 있다	be covered with	~로 덮여 있다
be pleased with	~에 기뻐하다	be satisfied with	~에 만족하다
be disappointed with[in]	~에 실망하다	be composed of	~로 구성되다
be ashamed of	~을 부끄러워하다	be surprised at[by]	~에 놀라다
be interested in	~에 관심이 있다	be made of	~로 만들어지다
be made from	~로 만들어지다	be known for	~로/때문에 알려지다
be known as	~로서/라고 알려지다	be lost	길을 잃다
be gone	사라지다, 없어지다	be done	끝나다, 끝내다
be born	태어나다	be married	결혼하다
be supposed to V	~하기로 되어 있다	be required to V	~할 필요가 있다
be encouraged to V	~하도록 장려되다	be forced to V	~하도록 강요되다
be obliged to V	~해야 한다, ~할 의무가 있다		

UNIT 42

수동태의 기본 개념

예문 듣기

The bridge was built in 1948.
그 다리는 1948년에 지어졌다.

태는 주어와 동사의 관계를 보여준다. 능동태는 주어가 동작을 하는 것, 수동태는 주어가 동작의 대상이 되는 것이다.

1 능동태 vs. 수동태

- 영문법에서 '태'는 주어와 동사의 관계를 나타낸다. 능동태에서는 주어가 동작을 하는 '주체'이며, 수동태에서는 주어가 동작을 받는 '대상'이다. 즉 능동태 문장의 목적어가 수동태 문장의 주어가 된다.
- 수동태는 1) 동작의 주체보다 동작의 대상을 강조하고 싶을 때, 2) 동작의 주체를 모르거나 동작의 주체가 너무 분명해서 밝힐 필요가 없을 때 쓴다.

능동태	수동태
❶ Julie **fixed** the phone. 문장의 초점이 주어 Julie에게 맞춰져 있다. 이 문장에서 가장 중요한 정보는 '누가' 전화기를 고쳤느냐이다.	❷ The phone **was fixed**. 문장의 초점이 수리 대상인 전화기에 있다. 누가 고쳤는지보다 전화기가 고쳐진 상태에 관심이 있다. 누가 고쳤는지는 심지어 생략해버렸다.

▶ 느낌 빡! 수동태가 존재하는 이유 1

수동태를 공부하기 전에 왜 수동태를 공부해야 하는지 아는 것이 기본이다. 사람들이 심심해서 주어, 목적어 자리 바꿔보려고 수동태를 만든 것이 아니다. 수동태는 행위의 대상을 강조하기 위해 존재한다.

A. The man kicked my dog. 그 사람이 내 개를 찼다.
B. My dog was kicked by the man. 내 개가 그 남자한테 걷어 차였다.

A문장과 B문장이 전달하는 객관적인 내용은 사실 별 차이가 없다. 하지만 둘은 굉장히 다른 문장이다. 이를 이해하기 위해서는 영어 문장에서 '주어'가 가지는 중요도를 이해해야 한다. A문장에서는 찬 주체가 주어로 나왔으니 이 문장에서 중요한 건 바로 찬 주체이다. 개를 찬 놈이 '바로 그 놈'이라고 말하는 것이다. B문장은 차인 대상을 문장 앞으로 끌고 와서 강조한다. 그 남자가 발로 찬 대상이 인형도 아니고, 길거리 깡통도 아니고, 바로 '내 개'라고 말하는 것이다. 이처럼 수동태는 행위의 대상을 강조한다. 이는 능동태와 분명하게 구분되는 수동태의 역할이며, 수동태가 있어야 하는 이유이다. 이 또한 중요한 것을 가장 먼저 말하는 영어의 기본 원리를 알면 쉽게 이해된다.
➲ p.26 한 시간에 끝내는 영어의 원리

2 수동태의 기본 형태

- **수동태의 형태:** be동사 + V-ed(과거분사)

  ☆참고 'get + V-ed'로도 수동태를 나타낼 수 있다. be동사 대신 get을 쓰면 그 상태로 변화된 것을 더 강조한다.
- **수동태의 해석:** (주어가) ~되다/받다
- 수동태에서는 동작의 주체가 중요치 않으므로 보통 주어를 생략한다. 필요한 경우 'by + 목적격' 형태로 쓴다.
- **수동태로 쓸 수 없는 동사**
  1) **자동사:** 자동사는 행위의 대상, 즉 목적어가 없으므로 수동태로 쓸 수 없다.
  2) **상태·소유를 나타내는 동사:** have(가지다), cost(값이 ~이다), lack(~이 부족하다), resemble(~을 닮다) 등 상태나 소유를 나타내는 동사는 목적어를 취하는 동사이지만 동작을 주고 받지 않으므로 수동태로 쓸 수 없다.

예문 正正

❸ Our phone number **is posted** on our website.

❸ 수동태의 기본 형태는 'be동사(is) + 과거분사(posted)'이다.

❹ Other minor details **were changed.** 기출

❹ 수동태에서도 be동사는 주어의 수, 인칭, 시제에 맞춰 변한다. 3인칭 복수 주어와 과거시제에 맞는 be동사 were를 썼다.

❺ Actually, this film **was produced** by a college student.

❺ 수동태 문장에서 동작의 주체는 'by + 목적격'으로 나타낸다. 영화가 대학생에 의해 제작되었다는 뜻이다.

❻ He **got promoted** to sales manager.

❻ 'get + V-ed'로도 수동태를 나타낼 수 있다. '승진되었다'라는 뜻이다.

느낌 빡! 수동태가 존재하는 이유 2

영어의 모든 문장에는 원칙적으로 주어 자리가 있다. 수동태는 바로 그 주어 자리를 채우기 위해 존재한다. 우리말처럼 '밥 먹었니?'라고 주어를 생략하지 않고, Did you ~?라고 주어 you를 써서 물어본다. 순서도 꼭 지킨다. 조사가 없는 영어의 특성상 순서가 바뀌면 의미 자체가 바뀌기 때문이다. 말이 안 통한다. 순서와 원칙을 준수하는 언어다.

그런데 예를 한번 들어보자. 책이 한 권 있는데, 이 책을 누가 썼는지는 알려지지 않았다. 작자 미상의 책이 1392년에 나왔다는 것을 어떻게 표현해야 하나? 그렇다고 영어의 원칙을 무시하고 주어를 뺄 수는 없는 노릇 아닌가? 그럴 때 쓰는 것이 바로 수동태이다. 수동태는 동작의 대상이 주어가 되고, 동작의 주체는 표현해도 그만, 안 해도 그만이다.
This book was written in 1392. 이 책은 1392년에 쓰였다.
어떤가? 이렇게 수동태로 쓰면 주어 자리가 채워지니 문제가 해결되지 않는가?

✔ 진짜 이해했는지 확인!

정답과 해설 p.402

Q 괄호 안의 동사를 알맞은 형태로 고치세요.

1 The bus schedule is (post) on the wall. →

2 Their plan was (change) at the last minute. →

3 This film was (produce) by a college student. →

4 He got (promote) after many years of hard work. →

예문 해석 거꾸로 영작 훈련도 필수!

1. 줄리는 전화기를 고쳤다. **2.** 전화기는 고쳐졌다. **3.** 우리 전화번호는 우리 웹사이트에 게재되어 있다. **4.** 다른 사소한 세부사항은 변경되었다. **5.** 사실, 이 영화는 대학생에 의해 제작되었다. **6.** 그는 영업부장으로 승진되었다.

UNIT 43

시제, 조동사와 결합한 수동태

예문 듣기

This project won't be completed quickly.
이 프로젝트는 빨리 끝마쳐지지 않을 것이다.

능동태와 마찬가지로 수동태도 시제 표현이 가능하다. 또한 동사의 의미를 구체적으로 표현하기 위해 조동사를 덧붙일 수도 있다.

시제 표현과 조동사가 동시에 쓰인 수동태 형태에 주의한다.

1 수동태의 시제

• 수동태의 시제는 be동사의 시제를 바꾸어 표현한다.

현재시제	am/are/is + V-ed ~된다/받는다
과거시제	was/were + V-ed ~되었다/받았다
미래시제	will be + V-ed ~될 것이다/받을 것이다 ※ 미래완료형은 will have been + V-ed
현재완료형	have[has] been + V-ed ~되어왔다 ※ 과거완료형은 had been + V-ed
현재진행형	am/are/is being + V-ed ~되고 있다 ※ 과거진행형은 was/were being + V-ed

→ 수동태의 be동사는 능동태 동사와 마찬가지로 시제, 수, 인칭을 고려하여 적합한 형태로 바꾼다.

느낌 빡! 수동태 속 be동사와 과거분사의 역할 분담

수동태에서 be동사는 '형식', 과거분사는 '의미'를 각각 담당한다. 다시 말해, be동사는 시제, 수, 인칭을 표시하는 기능을 담당하는 반면 과거분사는 수동태의 중심 뜻(~하게 된, ~받은)을 담당한다. 능동태에서 조동사와 함께 쓰일 경우, 조동사 뒤에는 동사원형이 온다. 수동태라고 별다를 것 없다. 수동태에서 조동사가 쓰일 경우, 수동태의 구성 요소 중 동사의 모양을 담당하는 be동사를 원형(be)으로 바꿔주면 된다. 또 능동태 문장에서 본동사를 시제와 수, 인칭에 맞춰 변형시켰듯, 수동태 구조에서도 be동사 부분만 시제, 수, 인칭에 맞춰 잘 바꿔주면 된다.

예문 正正

❶ Only 500 students **were selected.** 기출

❷ The office **will be cleaned** next week.

❸ She **has been assigned** new duties.

❹ Books **are being placed** on the shelves.

❺ The music **was being played** on TV.

❶ 수동태 문장의 시제는 be동사로 표현하며 과거분사의 형태는 변함이 없다.

❷ be동사를 미래시제(will be)로 써서 미래시제 수동태를 만들었다.

❸ 과거분사 앞 be동사의 형태에 주목한다. 나타내고자 하는 시제가 현재완료이므로 has been을 썼다.

❹ 현재진행형 수동태이다. 주어(Books)가 놓이는 행위의 대상이며, 그 동작이 지금 진행 중임을 알 수 있다.

❺ 과거진행형 수동태이다. 과거 한 시점에 음악이 연주되고 있었다는 뜻이다.

2 조동사가 있는 수동태

- 조동사 뒤에는 항상 동사원형이 온다. 따라서 조동사가 있는 문장에서 수동태의 기본 형태는 '조동사 + be(원형) + V-ed'이다.
- 해석은 '~되다/받다'라는 수동태 뜻에 조동사의 의미를 더해주면 된다.

1) 조동사 + 수동태

조동사	might		
+ 수동태		be	V-ed
	might	**be**	**V-ed**

2) 조동사 + 완료형 + 수동태

조동사	might			
+ 완료형		have	V-ed	
+ 수동태			be	V-ed
	might	**have**	**been**	**V-ed**

참고 be동사의 과거분사형(V-ed)은 been이다.

예문

❻ This matter **might be resolved** by February 10.

❻ 조동사 뒤에 오는 수동태에서 be동사는 항상 원형으로 쓴다.

❼ New media **can be defined** by four characteristics. 기출

❼ 조동사 can 뒤에 수동태가 왔다. '~될 수 있다'라고 해석한다.

❽ The bus **should have been inspected.** 기출

❽ 조동사, 완료형, 수동태가 모두 있는 문장이다. 'should + 완료형'은 과거에 해야 했는데 그러지 못한 것을 말한다. 뒤에 결합한 수동태 의미를 더해 '~됐어야 했다'라고 해석한다.

진짜 이해했는지 확인!

정답과 해설 p.402

Q 밑줄 친 부분을 알맞게 해석하세요.

1 The participants were selected through an interview. →

2 She has been assigned new duties. →

3 Books are being placed on the shelves. →

예문 해석 거꾸로 영작 훈련도 필수!

1. 학생 500명만이 선발되었다. **2.** 사무실은 다음 주에 청소될 것이다. **3.** 그녀는 새로운 임무를 배정받았다. **4.** 책들이 선반에 놓이고 있다. **5.** 음악이 TV에서 연주되고 있었다. **6.** 이 문제는 2월 10일까지 해결될지도 모른다. **7.** 새로운 매체는 네 가지 특성으로 정의될 수 있다. **8.** 그 버스는 점검됐어야 했다.

UNIT 44

예문 듣기

to부정사, 동명사와 결합한 수동태

The printer seems to be repaired.

프린터가 수리된 것처럼 보인다.

to부정사와 동명사에도 수동태를 나타낼 수 있다.

to부정사는 'to be + V-ed' 형태로, 동명사는 'being + V-ed' 형태로 나타낸다.

1 to부정사의 수동태

- **to be + V-ed:** 수동태의 기본형 'be + V-ed'에서 be동사를 to부정사 형태인 to be로 변형한다.
- **to have been + V-ed:** to부정사의 능동태에서 완료형(to have V-ed)으로 주절보다 앞선 시점을 표현했듯, to부정사의 수동태도 완료형으로 주절보다 앞선 시점을 표현한다. Unit 23. to부정사의 의미상 주어와 시제

1) to부정사 + 수동태

to부정사	to	V	
+ 수동태		be	V-ed
	to	**be**	**V-ed**

2) to부정사 + 완료형 + 수동태

to부정사	to	V		
+ 완료형		have	V-ed	
+ 수동태			be	V-ed
	to	**have**	**been**	**V-ed**

예문

❶ These curtains need **to be washed.**

❷ He deserves **to be given** a second chance.

❸ I want the desk **to be delivered** on May 7.

❹ His offer seems **to have been rejected.**

❶ to부정사의 수동태는 'to be V-ed'로 쓴다. 수동태 be washed에서 be를 to부정사 형태인 to be로 변형했다.

❷ 주어가 두 번째 기회를 주는 주체가 아니라 받는 대상이므로 to give가 아니라 to be given으로 쓴다.

❸ 이 문장에서는 to부정사가 목적격보어로 쓰였다. 목적어 the desk(책상)가 배달하는 주체가 아니라 배달되는 대상이므로 to be delivered로 쓴다.

❹ to부정사가 완료형 수동태로 쓰였다. 보이는(seems) 것은 현재 일이고, 거절당한 것은 더 먼저 일어난 일이다.

느낌 빡! 수동태에 겁먹지 마라

'태'는 단지 동사와 주어의 관계를 나타내는 것이다. 다만 동사 하나로 끝나는 능동태보다 be동사와 과거분사를 함께 써야 하는 수동태가 더 복잡해 보일 뿐이다. 그렇지만 보이는 것에 속아서 지레 겁먹지 말기 바란다.
능동태 동사로 to부정사를 만들 때 어떻게 했나? 동사원형에 그냥 to만 붙였다. love를 to love로 말이다. 수동태라고 뭐 다른가? love의 수동형은 be loved이다. 수동태에서는 be동사가 형태 변화를 담당하니 be동사 원형에 to를 붙여서 to be loved로 만드는 것이다.

to부정사가 나타내는 행위가 주절 동사의 시제보다 먼저 일어날 땐 어떻게 했나? 완료형(to have V-ed)으로 써서 to have loved로 만들었다. to부정사의 완료형 수동태도 똑같다. to be loved에서 be동사를 완료형으로 만들어 to have been loved라고 하면 되는 것이다.

2 동명사의 수동태

- **being + V-ed**: 'be + V-ed'에서 be동사를 동명사 형태인 being으로 변형하면 동명사의 수동태를 나타낼 수 있다.
- **having been + V-ed**: 동명사의 능동태에서 완료형(having V-ed)으로 주절보다 앞선 시점을 표현했듯, 동명사의 수동태도 완료형으로 주절보다 앞선 시점을 표현한다. Unit 27. 동명사의 의미상 주어와 시제

1) 동명사 + 수동태

동명사	V-ing	
+ 수동태	be	V-ed
	being	**V-ed**

2) 동명사 + 완료형 + 수동태

동명사	V-ing		
+ 완료형	have	V-ed	
+ 수동태		be	V-ed
	having	**been**	**V-ed**

예문

❺ I hate **being called** a liar.

❺ 동명사의 수동태는 'being V-ed'로 쓴다.

❻ The boy was afraid of **being punished.**

❻ 전치사 of의 목적어로 수동태로 쓰인 동명사가 왔다. 소년이 처벌하는 주체가 아니라 처벌받는 대상이므로 punishing이 아니라 being punished로 쓴다.

❼ **Being observed** has two quite distinct effects on performance. 기출

❼ 동명사의 수동태이므로 '관찰당하는 것'이라고 해석한다. 참고로 동명사 주어는 항상 단수 취급한다.

❽ He complained about **having been ignored** by his supervisor.

❽ 완료형 동명사가 쓰여 주절 시제보다 앞서 일어난 일임을 말한다. 예전부터 무시받았던 것을 불평했다는 뜻이다.

진짜 이해했는지 확인!

정답과 해설 p.402

Q 괄호 안에서 알맞은 것을 고르시오.

1 I was afraid of (to be punished / being punished).

2 These curtains need (to be washed / to wash).

3 He deserves (to be calling / to be called) a hero.

4 His offer seems (to have been rejected / to have rejected).

예문 해석 거꾸로 영작 훈련도 필수!

1. 이 커튼들은 세탁될 필요가 있다. **2.** 그는 두 번째 기회가 주어질 자격이 있다. **3.** 책상이 5월 7일에 배송되기 원합니다. **4.** 그의 제안은 거절당했던 것으로 보인다. **5.** 나는 거짓말쟁이라고 불리는 것이 싫다. **6.** 그 소년은 처벌받는 것을 무서워했다. **7.** 관찰당하는 것은 성과에 상당히 다른 두 영향을 미친다. **8.** 그는 상사에게 무시받았던 것에 불평했다.

UNIT 45

목적어가 2개인 문장의 수동태

🎧 예문 듣기

I was offered the job.
나는 일자리를 제안받았다.

The job was offered to me.
일자리가 나에게 제안되었다.

능동태에서 간접목적어와 직접목적어를 둘 다 취하는 동사는 어떤 목적어를 주어로 선택하느냐에 따라 두 가지 형태의 수동태 문장을 만들 수 있다.

1 목적어가 2개인 문장의 수동태 (4형식 문장의 수동태)

• 간접목적어, 직접목적어를 같이 취하는 동사는 두 가지 형태의 수동태 문장을 만들 수 있다. 두 목적어 중 어느 것을 주어로 선택하느냐에 따라 수동태 형식이 달라진다.

1) **간접목적어를 주어로 할 때:** 직접목적어가 'be + V-ed' 뒤에 남는다.

2) **직접목적어를 주어로 할 때:** 간접목적어가 'be + V-ed' 뒤에 남는다. 이때 간접목적어 앞에는 전치사 'to, for, of' 등이 붙는다. 어떤 동사로 수동태를 만드는지에 따라 간접목적어 앞에 오는 전치사가 달라진다. ➔ Unit 04. 4형식 문장

to	give, send, tell, teach, show, lend, pass, offer
for	make, buy, cook, get, find
of	ask, demand, require

☆ 주의 send, pass, bring, buy, sell, make, get, write, read 등은 수동태로 쓰일 때 직접목적어만을 주어로 한다.

A bike was bought for his son. (O) 자전거 한 대가 그의 아들을 위해 구매되었다.
~~**His son**~~ was bought a bike. (X)

▸ 느낌 빡! 간접목적어 vs. 직접목적어, 무엇을 주어로 하면 좋을까?

A. The company offered him a good job. (4형식)
A문장을 수동태로 바꿀 때 간접목적어(him)와 직접목적어(a good job) 둘 중 더 강조하고 싶은 것을 주어 자리로 보내면 된다.

B. He was offered a good job. (he 강조)
C. A good job was offered to him. (a good job 강조)

그러나 특별히 직접목적어를 강조하고 싶은 것이 아니라면 원어민들이 4형식 문장을 수동태로 만들 때는 B문장과 같이 간접목적어를 주어로 하는 것이 일반적이다. 그에 대한 설명은 아직 분분하다. 보통 간접목적어가 사람이기 때문에 그렇다며 심리적인 측면에서 그 원인을 찾는 학자도 있고, 주어 자리에 더 가깝게 있어 조금만 이동해도 되기 때문에 그렇다며 효율성 측면에서 설명하는 학자도 있다. 문법적으로는 둘 다 문제가 없다고 하더라도 실생활에서 더 선호되는 표현은 따로 있다는 것. 이것까지 알고 넘어가야 진짜 문법 공부이다.

예문 正正

❶ Students **were shown** photos of the four women. 기출
(← Researchers showed students photos of the four women.)
cf. Photos of the four women **were shown to** students.

❶ 간접목적어(students)가 주어 자리에 오고 직접목적어(photos of the four women)는 과거분사 뒤에 남았다.
cf. 직접목적어를 주어로 한 수동태 문장에서는 간접목적어 앞에 전치사를 붙인다. 동사 show에 어울리는 전치사는 to이다.

❷ He **was told** an interesting story.
(← Someone told him an interesting story.)

❷ 목적격 인칭대명사가 주어 자리에 갈 때는 주격 인칭대명사로 형태를 고쳐야 한다. 여기서 was told는 '말해졌다'가 아닌 '들었다'라고 해석하는 것이 자연스럽다.

❸ The application form **will be sent to** you.
(←We will send you the application form.)

❸ 직접목적어가 수동태 문장의 주어가 될 때, 간접목적어 앞에는 적절한 전치사를 붙인다. send는 직접목적어만을 수동태의 주어로 하는 동사이니, You'll be sent the application form.은 틀린 문장이다.

❹ This striped tie **was bought for** him by his wife.
(← His wife bought him this striped tie.)

❹ buy는 직접목적어만을 수동태의 주어로 하는 동사이다. buy는 수동태에서 간접목적어 앞에 전치사 for를 쓴다.

진짜 이해했는지 확인!

정답과 해설 p.402

Q1 다음 문장을 수동태로 바꾸세요.

1 Someone told him an interesting story. →
2 We will send you the application form. →
3 He bought me a cooking magazine. →

Q2 빈칸에 알맞은 전치사를 넣으세요.

1 A simple question was asked (   ) him by the judge.
2 The story of her life was told (   ) everybody.
3 This dress was made (   ) you.

예문 해석 거꾸로 영작 훈련도 필수!

1. 학생들에게 네 여성의 사진이 보여졌다. cf. 네 여성의 사진이 학생들에게 보여졌다. **2.** 그는 흥미로운 이야기를 들었다. **3.** 신청서가 당신에게 전송될 것입니다. **4.** 이 줄무늬 타이는 그의 아내에 의해서 그를 위해 구입되었다.

UNIT 46

목적격보어가 있는 문장의 수동태

예문 듣기

Visitors are required to show their ID.
방문객들은 신분증을 보여줄 것이 요구된다.

목적격보어가 있는 문장을 수동태로 전환할 때, 동사의 종류에 따라 목적격보어의 형태가 그대로 쓰일 수도 있고 달라질 수도 있다.

1 목적격보어가 있는 문장의 수동태 (5형식 문장의 수동태)

- 목적격보어가 있는 문장을 수동태로 바꿀 때 목적어 뒤에 있던 보어는 'be + V-ed' 뒤에 그대로 남는다.
- 목적격보어의 형태가 형용사, 명사, to부정사, 분사 형태이면 수동태를 만들 때도 형태가 달라지지 않는다. Unit 05. 5형식 문장

예문

❶ He **was found guilty**.
(← People found him guilty.)

❷ The door **was left unlocked**.
(← Someone left the door unlocked.)

❸ Walking home alone at night **is considered to be** dangerous.
(← People consider walking home alone at night to be dangerous.)

❶ 능동태 문장의 목적어(him)는 수동태 문장의 주어(He)가 되고, 동사는 'be + V-ed' 형태로 바뀌었다. 목적어 뒤에 있던 보어는 'be + V-ed' 뒤에 그대로 남아 있다.

❷ 목적격보어가 과거분사이면 수동태 문장으로 전환될 때 형태가 달라지지 않는다.

❸ 목적격보어로 to부정사가 쓰였다. to부정사 목적격보어는 문장이 수동태로 전환될 때 형태 변화 없이 그대로 쓰인다.

2 사역동사가 쓰인 문장의 수동태

- 사역동사 make가 쓰인 능동태 문장의 목적격보어가 원형부정사라면, 수동태로 바뀔 때 원형부정사 대신 to부정사를 써야 한다. 준사역동사 help도 마찬가지이다. Unit 24. 원형부정사

주의 사역동사 have, let, 준사역동사 get은 수동태를 만들지 않는다.

예문

❹ I **was made to change** my plan.
(← They made me change my plan.)

❺ The refugees **were helped to adapt** to their new environment.
(← The government helped the refugees adapt to their new environment.)

❹ 사역동사는 능동태 문장에서 목적격보어로 원형부정사를 취하지만, 수동태 문장에서는 원형부정사 대신 to부정사를 써야 한다.

❺ help는 준사역동사라 목적격보어로 동사원형과 to부정사를 모두 취할 수 있다. help의 목적격보어로 원형부정사(adapt)가 쓰인 경우, 수동태에서는 to부정사(to adapt)로 바꿔야 한다.

3 지각동사가 쓰인 문장의 수동태

지각동사가 쓰인 능동태 문장의 목적격보어가 원형부정사라면, 수동태로 바뀔 때 원형부정사 대신 to부정사를 써야 한다.

예문

❻ The ground **was felt to shake.**
(← We felt the ground shake.)

❻ 지각동사는 목적격보어로 분사와 원형부정사를 취한다. 분사가 목적격보어일 때는 수동태로 바뀌어도 형태가 달라지지 않지만, 원형부정사가 목적격보어일 때는 to부정사로 바꿔 써야 한다.

❼ He **was seen to leave** the office.
(← I saw him leave the office.)
cf. He **was seen leaving** the office.
(← I saw him leaving the office.)

❼ 지각동사의 목적격보어로 원형부정사(leave)가 와서 수동태 문장에서는 to부정사(to leave)로 형태가 바뀌었다.
cf. 목적격보어가 분사이므로 수동태가 되어도 형태가 달라지지 않는다.

▸느낌 빡! 좋은 글은 수동태를 남용하지 않는다

영어가 모국어인 사람들이 작문 교정을 받을 때 가장 많이 듣는 조언이 수동태 문장을 남용하지 말라는 것이다. 작가 스티븐 킹도 글을 잘 쓰려면 수동태 문장을 될 수 있는 대로 쓰지 말라고 했다. 수동태 문장에서는 '누가'에 대한 정보가 누락되므로 정확한 의미가 전달되지 않기 때문이다. 실제로 수동태가 많이 쓰인 글은 힘이 없고 늘어지는 느낌을 준다. 말 그대로 수동적이다. 적절한 상황에 수동태를 잘 사용한다면 전달하고자 하는 바를 효과적으로 표현할 수 있다. 그러나 상황이나 대상을 강조하기 위해 꼭 필요한 경우가 아니라면 수동태를 남발하지 말도록 하자.
참고로 수동태에서 동작의 주체가 누락된다는 특징을 가장 잘 이용하는 사람들이 바로 정치인들이다.
Mistakes were made.(실수가 저질러졌다.), Civilians were killed.(민간인들이 죽임당했다.)라는 수동태 문장과 I made a mistake.(내가 실수를 저질렀다.), The soldiers killed civilians.(군인들이 민간인들을 죽였다.) 같은 능동태 문장을 비교해보면 수동태가 얼마나 교묘하게 책임을 피하는 표현인지 느낌이 온다. 이렇게 수동태 문장으로 말해버리면 행위에 대해 책임져야 할 주체가 싹 가려져 버린다. 인생을 살면서도 수동태를 자주 쓰는 사람을 경계할 필요가 있다. 우린 이런 수동적인 사람이 되지 말자.

✔ 진짜 이해했는지 확인!

정답과 해설 p.402

Q 밑줄 친 부분을 주어로 하는 수동태 문장을 만드세요.

1 They made <u>me</u> change my plan. →

2 Someone left <u>the door</u> unlocked. →

3 We felt <u>the ground</u> shake. →

예문 해석 거꾸로 영작 훈련도 필수!

1. 그는 유죄로 밝혀졌다. **2.** 문은 잠기지 않은 채로 남겨졌다. **3.** 밤에 집으로 혼자 걸어가는 것은 위험하다고 여겨진다. **4.** 나는 내 계획을 바꾸도록 만들어졌다. **5.** 난민들은 새로운 환경에 적응하도록 도움을 받았다. **6.** 땅이 흔들리는 것이 느껴졌다. **7.** 그가 사무실을 떠나는 것이 보였다. cf. 그가 사무실을 떠나고 있는 것이 보였다.

UNIT 47

수동태의 관용적 표현

예문 듣기

The stadium was filled with enthusiastic fans.
경기장은 열정적인 팬들로 가득 차 있었다.

수동태의 관용 표현에 대해 알아보자. 함께 쓰이는 전치사까지 한번에 익혀 두면 독해와 회화에서 유용하게 사용할 수 있다.

1 수동태 + 전치사 표현

• 일반적으로 수동태에서 'by + 목적격'으로 동작의 주체를 나타내지만, by 외에 다른 전치사를 쓰는 표현들도 있다. 그뿐만 아니라, 원인이나 재료, 대상을 나타내는 전치사도 함께 쓰이므로 구분해서 알아두자.

be filled with ~로 가득 차 있다	❶ The auditorium **was filled with** aspiring artists. 기출
be covered with ~로 덮여 있다	❷ His hands **were covered with** biscuit and jam. 기출
be pleased with ~에 기뻐하다	❸ He **was pleased with** his son's progress.
be satisfied with ~에 만족하다	❹ They **are satisfied with** their achievement.
be disappointed with[in] ~에 실망하다	❺ I'**m disappointed with** your decision.
be composed of ~로 구성되다	❻ The outermost layer **is composed of** silicon.
be ashamed of ~을 부끄러워하다	❼ I **am ashamed of** my behavior.
be surprised at[by] ~에 놀라다	❽ Everyone **was surprised at** the news.
be interested in ~에 관심이 있다	❾ She'**s interested in** renting the apartment.
be made of ~로 만들어지다 (재료의 모습이나 형태가 남아있을 때)	❿ This historical building **was made of** stone.
be made from ~로 만들어지다 (만들어지는 과정에서 재료가 변형되어 알아보기 어려울 때)	⓫ Plastic **is made from** oil.
be known for ~로/때문에 알려지다 (특징, 업적으로 알려져 있을 때)	⓬ The poet **is known for** his sense of humor.
be known as ~로서/라고 알려지다 (신분, 자격으로 알려져 있을 때)	⓭ King Louis XIV of France **is known as** "the Sun King."

▸ 느낌 빡! be known to, be known as, be known for는 외우는 표현이 아니라 이해하는 표현이다

know가 '알다'라는 뜻이니 be known은 '알려지다'라는 뜻이다. 여기에 '~에게'라는 뜻의 전치사 to를 붙이면 '~에게 알려지다'라는 뜻이다. '~로서'라는 뜻으로 자격, 역할을 나타내는 전치사 as를 붙이면 '(어떤 사람으로서) 알려지다'라는 뜻이다. '~때문에'라는 뜻으로 원인, 이유를 나타내는 전치사 for를 붙이면 '(어떤 업적, 특징으로) 알려지다'라는 뜻이다. 위 표에 정리해둔 표현들도 그냥 외우지 말고 동사와 전치사의 의미를 하나하나 살피면서 공부하면 머리에 더 오래 남을 것이다. ◯ Chapter 09. 전치사

2 자주 사용하는 수동태 표현

• 능동태보다 수동태로 쓰는 것이 더 자연스러운 표현들도 있다.

be lost 길을 잃다	⑭ We **were lost** in the woods.
be gone 사라지다, 없어지다	⑮ I put my phone here, but it's **gone**.
be done 끝나다, 끝내다	⑯ Wait! I'm not **done** yet.
be born 태어나다	⑰ He **was born** in 2002.
be married 결혼하다	⑱ Pam **is married**.
be supposed to V ~하기로 되어 있다	⑲ You **were supposed to give** her the report.
be required to V ~할 필요가 있다	⑳ All applicants **are required to submit** official academic records.
be encouraged to V ~하도록 장려되다	㉑ They **are encouraged to increase** their weight and strength. 기출
be forced to V ~하도록 강요되다	㉒ He **was forced to leave** college due to a lack of money. 기출
be obliged to V ~해야 한다, ~할 의무가 있다	㉓ The employees **were obliged to work** overtime.

진짜 이해했는지 확인!

정답과 해설 p.403

Q 빈칸에 알맞은 전치사를 쓰세요.

1 The room was filled ( ) tension.

2 He was ashamed ( ) his behavior.

3 She's interested ( ) fashion.

4 The poet is known ( ) his sense of humor.

예문 해석 거꾸로 영작 훈련도 필수!

1. 강당은 포부가 있는 예술가들로 가득 차 있었다. **2.** 그의 두 손은 비스킷과 잼으로 뒤덮였다. **3.** 그는 아들의 진전에 기뻐했다. **4.** 그들은 자신들의 성취에 만족한다. **5.** 나는 네 결정에 실망한다. **6.** 가장 바깥층은 실리콘으로 구성되어 있다. **7.** 나는 내 행동이 부끄럽다. **8.** 모든 사람이 그 소식에 놀랐다. **9.** 그녀는 그 아파트를 임대하는 것에 관심이 있다. **10.** 이 역사적인 건물은 돌로 만들어졌다. **11.** 플라스틱은 석유로 만들어진다. **12.** 그 시인은 유머 감각으로 알려져 있다. **13.** 프랑스의 루이 14세는 '태양왕'으로 알려져 있다. **14.** 우리는 숲에서 길을 잃었다. **15.** 나는 여기에 핸드폰을 두었는데 없어졌다. **16.** 기다려! 나는 아직 끝나지 않았어[내 말 아직 안 끝났어]. **17.** 그는 2002년에 태어났다. **18.** 팸은 결혼했다[결혼한 상태이다]. **19.** 당신은 그녀에게 그 보고서를 주기로 되어 있었어요. **20.** 모든 지원자들은 공식적인 학과 성적을 제출해야 한다. **21.** 그들은 그들의 무게와 힘을 키우도록 장려된다. **22.** 그는 돈이 부족해서 대학을 떠나도록 강요받았다. **23.** 직원들은 초과 근무를 해야 했다.

필수 예문 Review

A 가 한글 가리고 해석해 보기

- ① Julie fixed the phone.
- ② The phone was fixed.
- ③ Our phone number is posted on our website.
- ④ Other minor details were changed.
- ⑤ Actually, this film was produced by a college student.
- ⑥ He got promoted to sales manager.
- ⑦ Only 500 students were selected.
- ⑧ The office will be cleaned next week.
- ⑨ She has been assigned new duties.
- ⑩ Books are being placed on the shelves.
- ⑪ The music was being played on TV.
- ⑫ This matter might be resolved by February 10.
- ⑬ New media can be defined by four characteristics.
- ⑭ The bus should have been inspected.
- ⑮ These curtains need to be washed.
- ⑯ He deserves to be given a second chance.
- ⑰ I want the desk to be delivered on May 7.
- ⑱ His offer seems to have been rejected.
- ⑲ I hate being called a liar.
- ⑳ The boy was afraid of being punished.
- ㉑ Being observed has two quite distinct effects on performance.
- ㉒ He complained about having been ignored by his supervisor.
- ㉓ Students were shown photos of the four women.
- ㉔ He was told an interesting story.
- ㉕ The application form will be sent to you.

A 가 영어 예문 가리고 스피킹/영작해 보기

- ① 줄리는 전화기를 고쳤다.
- ② 전화기는 고쳐졌다.
- ③ 우리 전화번호는 우리 웹사이트에 게재되어 있다.
- ④ 다른 사소한 세부사항은 변경되었다.
- ⑤ 사실, 이 영화는 대학생에 의해 제작되었다.
- ⑥ 그는 영업부장으로 승진되었다.
- ⑦ 학생 500명만이 선발되었다.
- ⑧ 사무실은 다음 주에 청소될 것이다.
- ⑨ 그녀는 새로운 임무를 배정받았다.
- ⑩ 책들이 선반에 놓이고 있다.
- ⑪ 음악이 TV에서 연주되고 있었다.
- ⑫ 이 문제는 2월 10일까지 해결될지도 모른다.
- ⑬ 새로운 매체는 네 가지 특성으로 정의될 수 있다.
- ⑭ 그 버스는 점검됐어야 했다.
- ⑮ 이 커튼들은 세탁될 필요가 있다.
- ⑯ 그는 두 번째 기회가 주어질 자격이 있다.
- ⑰ 책상이 5월 7일에 배송되기 원합니다.
- ⑱ 그의 제안은 거절당했던 것으로 보인다.
- ⑲ 나는 거짓말쟁이라고 불리는 것이 싫다.
- ⑳ 그 소년은 처벌받는 것을 무서워했다.
- ㉑ 관찰당하는 것은 성과에 상당히 다른 두 영향을 미친다.
- ㉒ 그는 상사에게 무시받았던 것에 불평했다.
- ㉓ 학생들에게 네 여성의 사진이 보여졌다.
- ㉔ 그는 흥미로운 이야기를 들었다.
- ㉕ 신청서가 당신에게 전송될 것입니다.

☐ ㉖ This striped tie was bought for him by his wife.	☐ ㉖ 이 줄무늬 타이는 그의 아내에 의해서 그를 위해 구입되었다.
☐ ㉗ He was found guilty.	☐ ㉗ 그는 유죄로 밝혀졌다.
☐ ㉘ The door was left unlocked.	☐ ㉘ 문은 잠기지 않은 채로 남겨졌다.
☐ ㉙ Walking home alone at night is considered to be dangerous.	☐ ㉙ 밤에 집으로 혼자 걸어가는 것은 위험하다고 여겨진다.
☐ ㉚ I was made to change my plan.	☐ ㉚ 나는 내 계획을 바꾸도록 만들어졌다.
☐ ㉛ The refugees were helped to adapt to their new environment.	☐ ㉛ 난민들은 새로운 환경에 적응하도록 도움을 받았다.
☐ ㉜ The ground was felt to shake.	☐ ㉜ 땅이 흔들리는 것이 느껴졌다.
☐ ㉝ He was seen to leave the office.	☐ ㉝ 그가 사무실을 떠나는 것이 보였다.
☐ ㉞ The auditorium was filled with aspiring artists.	☐ ㉞ 강당은 포부가 있는 예술가들로 가득 차 있었다.
☐ ㉟ His hands were covered with biscuit and jam.	☐ ㉟ 그의 두 손은 비스킷과 잼으로 뒤덮였다.
☐ ㊱ He was pleased with his son's progress.	☐ ㊱ 그는 아들의 진전에 기뻐했다.
☐ ㊲ They are satisfied with their achievement.	☐ ㊲ 그들은 자신들의 성취에 만족한다.
☐ ㊳ I'm disappointed with your decision.	☐ ㊳ 나는 네 결정에 실망한다.
☐ ㊴ The outermost layer is composed of silicon.	☐ ㊴ 가장 바깥층은 실리콘으로 구성되어 있다.
☐ ㊵ I am ashamed of my behavior.	☐ ㊵ 나는 내 행동이 부끄럽다.
☐ ㊶ Everyone was surprised at the news.	☐ ㊶ 모든 사람이 그 소식에 놀랐다.
☐ ㊷ She's interested in renting the apartment.	☐ ㊷ 그녀는 그 아파트를 임대하는 것에 관심이 있다.
☐ ㊸ This historical building was made of stone.	☐ ㊸ 이 역사적인 건물은 돌로 만들어졌다.
☐ ㊹ Plastic is made from oil.	☐ ㊹ 플라스틱은 석유로 만들어진다.
☐ ㊺ The poet is known for his sense of humor.	☐ ㊺ 그 시인은 유머 감각으로 알려져 있다.
☐ ㊻ King Louis XIV of France is known as "the Sun King."	☐ ㊻ 프랑스의 루이 14세는 '태양왕'으로 알려져 있다.
☐ ㊼ We were lost in the woods.	☐ ㊼ 우리는 숲에서 길을 잃었다.
☐ ㊽ I put my phone here, but it's gone.	☐ ㊽ 나는 여기에 핸드폰을 두었는데 없어졌다.
☐ ㊾ Wait! I'm not done yet.	☐ ㊾ 기다려! 나는 아직 끝나지 않았어[내 말 아직 안 끝났어].
☐ ㊿ He was born in 2002.	☐ ㊿ 그는 2002년에 태어났다.
☐ 51 Pam is married.	☐ 51 팸은 결혼했다[결혼한 상태이다].
☐ 52 You were supposed to give her the report.	☐ 52 당신은 그녀에게 그 보고서를 주기로 되어 있었어요.
☐ 53 All applicants are required to submit official academic records.	☐ 53 모든 지원자들은 공식적인 학과 성적을 제출해야 한다.
☐ 54 They are encouraged to increase their weight and strength.	☐ 54 그들은 그들의 무게와 힘을 키우도록 장려된다.

☐ ⑮	He was forced to leave college due to a lack of money.	☐ ⑮	그는 돈이 부족해서 대학을 떠나도록 강요받았다.
☐ ⑯	The employees were obliged to work overtime.	☐ ⑯	직원들은 초과 근무를 해야 했다.

Chapter Review Test 08

기출 예문으로 실전 훈련해 보기

Grammar for Reading

정답과 해설 p.403

✓ 다음 중 어법상 맞는 표현을 고르세요.

1 People are likely to be more honest when they feel that they [are observing / are being observed].

2 A recent survey showed that nearly 59 percent of online social commerce users are not satisfied [with / by] it.

3 We are very happy to announce that our library [has been selected / has selected] as one of the top 10 libraries in the nation this year.

4 Do you know the reason why the pyramids [constructed / were constructed]? The Egyptians believed that kings became gods after they died, and that pyramids were used like palaces for the dead.

5 According to the newspaper, a bus driver lost control because his brakes suddenly failed. The police said that the bus wasn't routinely maintained. The bus [was inspected / should have been inspected] more often.

6 You can sign up for classes from Monday at 9 p.m. to Wednesday at 9 p.m. online. The maximum number of students for each class is 30, and the minimum is 6. Classes with fewer than 6 students [will cancel / will be canceled].

7 Today, I'm going to tell you about the four-eyed fish. Interestingly, it only has two eyes, and each eye [is divided / is dividing] into two parts. The upper half of each eye is for vision in air, and the lower half for sight underwater.

8 Our school bag donation project will start next Monday. During this period, your old school bags will be accepted in the library. The collected bags [will send / will be sent] to UNICEF, and they will hand them out to students in Vietnam.

---

1 observe 관찰하다 4 construct 건설하다 the dead 죽은 사람들 5 routinely 일상적으로, 관례대로 maintain 유지[보수]하다

Grammar for Writing

✓ **우리말에 맞게 주어진 단어를 활용하여 문장을 완성하세요.**

1 그 시설은 점검됐어야 했다. **(facility, inspect)**

→

2 그녀는 두 번째 기회가 주어질 자격이 있다. **(deserve, give, second chance)**

→

3 밤에 집으로 혼자 걸어가는 것은 위험하다고 여겨진다. **(walk, alone, at night, dangerous)**

→

4 그 시인은 유머 감각으로 알려져 있다. **(sense of humor)**

→

Grammar for Speaking

✓ **다음 수동태 관용 표현 중 3개를 골라 자신의 문장을 말해보세요.**

1 **be filled with / be pleased with / be satisfied with /**
be disappointed with[in] / be composed of / be ashamed of /
be surprised at / be interested in / be known for[as]

→ 나만의 문장:

예시 **My mom was pleased with my grade.** 엄마는 내 성적에 기뻐했다.
I am ashamed of my behavior. 나는 내 행동이 부끄럽다.
Everyone was surprised at the news. 모든 사람이 그 소식에 놀랐다.

☞ p.197『수동태 훑어보기』에서 수동태의 개념을 다시 한번 정리해 보세요!

공부법 08

메모리 트리 공부법

메모리 트리 공부법으로 우뇌를 활성화하라

메모리 트리는 KBS 드라마 '공부의 신'에 소개된 학습법이다. 이 드라마에서는 각종 공부법을 소개하기도 했는데 그 작업을 내가 했다. 그중 하나인 메모리 트리는 흔히 알려진 마인드맵과 흡사한 학습법이다.

마인드맵은 중앙에서 주변으로 뻗어 나가고, 메모리 트리는 나무처럼 뿌리에서 나뭇가지로 뻗어 나간다. 이 차이일 뿐이다. 그런데 이게 왜 효과적인 학습법일까.

사람의 두뇌는 좌뇌와 우뇌로 나뉜다. 좌뇌는 언어, 기억, 의식, 분석, 논리와 같은 이성적 활동을 담당한다. 우뇌는 이미지, 창의, 직관과 같은 감성적이고 무의식적인 활동을 담당한다. 언뜻 봐도 알겠지만 공부는 좌뇌 활동과 연관된다. 국어, 영어, 수학 등 대부분의 과목에서 다루는 내용이 좌뇌와 관련되어 있다.

공부할 때 많이 사용하는 뇌가 좌뇌인 건 맞지만, 그렇다고 좌뇌만 쓰고 우뇌는 내버려 두면 아깝지 않은가? 나머지 반쪽, 우뇌까지 활용할 수 있다면 학습 효율은 확연히 높아진다.

그럼 우뇌를 통해 어떻게 공부할 수 있을까? 바로 이미지를 활용하는 것이다. 시험 볼 때 확실히 기억나진 않는데, 가물가물 그 개념이 적혀 있던 위치가 떠올라 문제를 풀어 본 경험이 있을 것이다. 여러분은 이때 우뇌를 사용한 것이다. 우뇌가 비상하게 발달한 사람들은 교재의 각 페이지를 카메라로 찍듯이 이미지로 기억하기도 한다.

마인드맵이나 메모리 트리는 우리가 공부한 내용을 이미지로 바꿔주는 역할을 한다. 대부분의 교재나 노트는 줄글로 되어 있으며, 진행 방향이 아래로만 한정되어 있는데, 그건 우뇌가 기억할 수 있는 형식이 아니다. 반면 마인드맵과 메모리 트리는 사방으로 뻗어 나간다. 그 자체가 일종의 그림이자 형태이다. 이미지를 활용하기 때문에 우뇌의 기억력까지 활용할 수 있다.

또한 뻗어 나간 모든 내용이 각각의 큰 가지로 연결되고, 궁극적으로는 중앙이나 뿌리 한곳에 묶여 있다. 이것이 심리학에서 말하는 청킹(chunking, 덩어리로 만들기)이다. 이렇게 관련된 내용을 묶어서 학습하면, 우리 뇌가 받는 부하는 현저히 줄어든다.

이 책의 문법맵은 바로 이러한 원리를 이용해 만들어졌다. 단순히 한 장에 요약 정리만 한 것이 아니다. 챕터 맨 앞장에서 봤던 명언, 그리고 모든 단원의 대표 예문을 같이 실었다. 본문에서 학습한 예문을 메모리 트리에서 다시 만나게 되므로 구분하여 기억하기 쉬울 뿐 아니라, 반복 학습 효과도 얻을 수 있다.

긴 문장에 지레 겁먹지 마라.
문장이 길어지는 이유는 전치사구, 접속사,
관계사 때문이다. 이제 마음만 먹으면
문장을 무궁무진하게 확장시킬 수 있다.
강성태
KANG
S+V+O

PART 4

문장의 확장

CHAPTER 09

전치사

전치사는 무엇인가?

전치사(前 앞 전, 置 위치할 치, 詞 말 사)는 '앞에 위치하는 말'이라는 의미다. 영어로도 마찬가지다. preposition, 즉 '앞에(pre) 위치(position)하는 것'이 전치사다. 그럼 무엇 앞에 위치한다는 걸까? 바로 명사다. 전치사는 절대 그 자체로 혼자 쓰일 수 없으며, 항상 명사 역할을 하는 말(명사, 동명사, 대명사)과 함께 나온다. 전치사는 명사와 합해져 하나의 구를 이루고, 문장 내에서 형용사 및 부사 역할을 한다.

전치사가 왜 중요한가?

우리말의 '조사'는 영어에 없다. 마찬가지로 영어의 '전치사'는 우리말에 없다. 전치사는 단어 자체가 길지도 않고 어려운 단어도 아니다. 그리고 그 수가 30여 개밖에 안 되는 데에다 우리에게 이미 익숙한 단어도 많다. 따라서 우리말에는 없는 개념임에도 불구하고 영어 문법 중에서 가장 등한시되고 있다. "in은 '안'이야.", "on은 '위'야." 하고 넘어간다. 전치사를 단어 외우듯 외우고, 그냥 넘어간다. 설명이 거의 없거나 아예 가르치지 않는 경우도 많다. 실제로 대부분의 문법책에서 비중도 가장 작다.

하지만 영어 기출 문제나 지문을 놓고 지금 한번 전치사의 개수를 세어 보라. 활용 빈도는 조동사를 훨씬 뛰어넘는다. 보통 가정법이 한 번 나올 때 전치사는 백 번이 나온다. 실제로 영어에서 전치사의 중요성은 절대적이다. 전치사를 정확히 알아야만 독해할 때 정확한 해석을 할 수 있고, 스피킹과 라이팅도 더욱 유창하게 할 수 있다. 그럼에도 전치사를 공부할 때 들이는 공은 가정법 같은 문법을 공부할 때 들이는 공에 비하여 너무 형편없다.

우리 책에서는 전치사 역시 무작정 암기하라고 하지는 않을 것이다. 어원을 기반으로 하여 왜 이렇게 사용될 수밖에 없는지 알게 할 것이다. 쉽게 잘 외워지는 것은 물론, 재미있을 것이다.

전치사 어록

Efforts and courage are not enough without purpose and direction.

목적과 방향 없이 노력과 용기만으로는 충분하지 않다. - John F. Kennedy -

공부를 열심히 하는 것만큼 중요한 것이 있다. 공부하는 목적과 방향이다.
목적지 없이 항해하는 배는 제아무리 열심히 달려도 결코 목적지에 도달할 수 없다.
여러분의 목적지는 어디인가?

전치사 훑어보기

UNIT 48
전치사의 역할 및 형태

전치사의 역할 & 형태

개념	명사를 이끌어 전치사구를 형성하며 '시간, 위치, 수단' 등 다양한 내용을 전달
역할	문장 내에서 명사와 함께 쓰여 부사 또는 형용사 역할
형태 (전치사 + 명사)	❶ 전치사 + 대명사 ❷ 전치사 + 명사(구) ❸ 전치사 + 명사절 ❹ 전치사 + 동명사

UNIT 49~52
최중요 전치사

최중요 전치사

at	~에 [정확한 시각, 정확한 위치] **at** 7 o'clock, **at** the market
on	~위에 [특정한 날, 면에 붙어 있는 모양] **on** March 3, **on** the wall
in	~안에 [비교적 긴 시간, 입체적인 공간] **in** summer, **in** a pool
before	~전에 [앞선 시간, 공간상 앞쪽] **before** lunch, **before** the stage
after	~후에 [시간상 그 다음, 공간상 뒤쪽] **after** 6 o'clock, **after** you
from	~부터 [범위의 시작점, 방향의 출발점] **from** July, **from** the bus stop
to	~까지, ~으로 [범위의 맨 끝, 방향의 도착점] from Monday **to** Friday, **to** the left
of	~의 [소속, 구성, 대상] the branch **of** a tree, some **of** them
for	~을 위하여, ~때문에 [목적, 대상, 이유] **for** emergencies, **for** the mist
about	~에 대하여 [주제, 관련, 대상] **about** this matter, think **about** her
by	~으로, ~옆에, ~까지 [수단, 방법, 위치, 시간] travel **by** bus, **by** tomorrow
with	~와 함께 [동반, 수단] **with** my family, **with** a knife
without	~없이 [부재, 제외] cook **without** an oven, **without** thinking
against	~에 맞서 [대립, 충돌] **against** the wind, lean **against** the wall

UNIT 53~56
중요 전치사

중요 전치사

시간	during	~동안에 **during** the day	within	~이내에 **within** two hours
	until	~까지 계속 wait **until** 10:30	since	~이래로 **since** 1995
위치	in front of	~앞에 **in front of** the building	above	~위에 **above** your head
	behind	~뒤에 hide **behind** the rock	below	~아래에 **below** the surface
	between	~사이에 **between** your wrist and elbow	next to, beside	~바로 옆에 **next to** the bank
	among	~중에서 **among** the spectators		
방향, 움직임	up	~위로 go **up** the hill	through	~을 관통하여 **through** the crowd
	down	~아래로 roll **down** the hill	across	~을 가로질러 **across** the street
	over	~을 넘어서 **over** the fence	along	~을 따라 **along** the corridor
	under	~아래에 **under** the desk	around	~을 돌아서 **around** the corner
	into	~안으로 fall **into** the trap	past	~을 지나서 **past** the store
	out of	~밖으로 **out of** pocket	toward(s)	~쪽으로 look **towards** the camera

UNIT 48

전치사의 역할 및 형태

예문 듣기

I live in Seoul.
나는 서울에 살아.

It's the capital of the country.
그곳은 이 나라의 수도야.

전치사는 항상 명사와 결합하여 전치사구로만 쓰인다. 전치사구는 수식어구로서 문장 내에서 부사 또는 형용사 역할을 한다.

수식하는 대상과 뒤따르는 명사의 종류에 따라 시간, 위치, 수단 등 다양한 내용을 전달한다.

1 전치사의 역할

- 전치사는 항상 명사를 이끌어 두 단어 이상의 '전치사구'를 이룬다.
- 전치사구는 문장 내에서 부사 또는 형용사 역할을 한다. Unit 82. 형용사, Unit 83. 부사

  She is knocking **on** the door. 그녀가 문에 노크하고 있다.
  부사 역할(is knocking 수식)

  Do you see the sign **on** the door? 문 위에 있는 표시 보이세요?
  형용사 역할(the sign 수식)
- 수식하는 대상과 뒤따르는 명사의 종류에 따라 시간, 위치, 수단, 방법 등을 표현한다.

예문

❶ I was born **in** August.

❷ I'd love to swim **in** the pool.

❸ Can we go **across** the road?

❹ He's a student **at** the university.

❺ Jessica is **in** an English class **with** her friend Tom. 기출

❶ 여기서 in은 명사 August와 결합하여 몇 월에 태어났는지 그 시기를 나타낸다.

❷ 같은 전치사라도 뒤에 오는 명사에 따라 표현하는 내용이 달라진다. 여기서 in은 the pool과 함께 쓰여 장소를 나타내고 있다.

❸ across는 움직임이나 방향을 나타내는 전치사다. 이동을 나타내는 동사 go, come 등과 자주 어울려 쓰인다.

❹ at은 일반적으로 장소를 나타내는 전치사이지만 여기서는 출신, 소속을 나타낸다. 전치사의 의미는 문맥에 따라 달라질 수 있다.

❺ 한 문장에 여러 개의 전치사구가 쓰일 수도 있다. 이 문장에서 in은 활동 내용, with는 함께 있는 사람을 나타내기 위해 쓰였다.

느낌 빡! 문장이 길어지는 이유, '전치사 + 명사' 묶음 때문이다

'나는 토요일에 여자친구를 위해 잠실에 있는 백화점에서 선물을 샀다.'

이 우리말 표현을 영어로 옮겨보자. 영어는 중요한 순서대로 쓴다고 한 것을 기억할 것이다. 그 원리대로 일단 가장 중요한 '주어'가 먼저 나온다. p.26 한 시간에 끝내는 영어의 원리

주어가 없다면 영화에 주인공이 없는 것과 같다. 주어는 '나는'이니까 'I'. 이제 그 다음으로 중요한 말이 나올 차례다. 주어 다음으로 중요한 것, 문장의 핵심인 '동사'다. 동사는 '샀다'이니까 buy의 과거형을 써서 'bought'. 그런데 아직 뭘 샀는지 얘기 안 했으니 '선물'을 샀다고 붙여주자. 3형식이니, 목적어니 하는 것은 생각할 필요 없다.

I bought a gift. 나는 선물을 샀다.

여기까지만 말해도 완전한 문장이다. 그런데 이렇게만 말하면 문장이 너무 심심하지 않은가?
자 그럼, 이제 전치사로 문장을 마음껏 길게 말해보자. 이건 사실 여자친구를 위한 선물이었으니
I bought a gift (for my girlfriend).
큰맘 먹고 백화점까지 가서 샀으니, 장소 정보도 붙여주자.
I bought a gift for my girlfriend (at a department store).
그 백화점이 어디에 있었는지도 써주자. '한 시간에 끝내는 영어의 원리'에서 말했듯이 영미권 사람들은 중요한 것, 즉 자신에게 가까운 것부터 먼 것 순으로 말한다고 했으니 작은 장소에서 큰 장소 순으로 적는다.
I bought a gift for my girlfriend at a department store (in Jamsil).
자 이제, 언제 샀는지도 말해줘야겠다. 아까 토요일에 샀다고 했으니
I bought a gift for my girlfriend at a department store in Jamsil (on Saturday).
on Saturday를 먼저 강조해서 말하고 싶으면 문장 앞에 적어줘도 되고, 장소 앞에 적어줘도 되고 그건 사실 말하는 사람 마음이다. 자, 어떤가. 어느새 우리말 문장 하나의 영작이 끝났다.

이처럼 긴 문장도 어려울 것 없다. 주어, 동사 등 필수 성분이 갖춰진 문장에 전치사구만 잘 추가해도 문장을 얼마든지 길게 말할 수 있다. 전치사는 늘 '전치사+명사' 묶음으로 존재하기 때문에, 각각의 묶음을 차례대로 하나씩 말하면 된다. 물론 문장의 수식어구가 전치사구만 있는 것은 아니지만, 전치사구만 제대로 알아도 웬만큼 긴 문장은 막힘없이 해석할 수 있다. 또한 기본 문장에 전치사구를 사용해서 의미를 무한히 추가할 수 있으니, 스피킹까지 유창해질 것이다.

2 전치사구의 형태 4가지

1) **전치사 + 대명사** – Take a picture **of** me. 내 사진 한 장 찍어줘.
The decorations **on** it are wonderful. 그 위에 올려진 장식이 멋지네요.
2) **전치사 + 명사(구)** – He was late **for** school. 그는 학교에 늦었다.
I borrowed the books **from** the library. 나는 도서관에서 그 책들을 빌렸어.
3) **전치사 + 명사절** – Don't worry **about** what she said. 그녀가 말했던 것에 대해 걱정하지 마.
4) **전치사 + 동명사** – Wash your hands **before** eating. 먹기 전에 손을 씻으세요.
I'm interested **in** learning new things. 나는 새로운 것들을 배우는 것에 흥미가 있어요.

참고 전치사 뒤에 오는 동사의 형태는 동명사이다. **Unit 26. 동명사의 개념과 역할**

진짜 이해했는지 확인!

정답과 해설 p.404

Q 전치사에 주의하여 다음 문장을 해석해 보세요.

1 I was born in 2002. →
2 I was late for school. →
3 Take a picture of me. →
4 Wash your hands before eating. →

예문 해석 거꾸로 영작 훈련도 필수!

1. 난 8월에 태어났어. **2.** 수영장에서 수영하고 싶어요. **3.** 우리 길을 건너서 갈 수 있을까요? **4.** 그는 그 대학교 학생이에요. **5.** 제시카는 친구 톰과 함께 영어 수업을 들어요.

예문 듣기

UNIT 49

최중요 전치사 (1)

at, on, in은 영어의 대표적인 전치사다. 우리말로는 모두 '~에'라고 해석하지만 영어에서는 시간, 장소, 대상 등 문장에 따라 다양한 의미를 가지며, 대부분 서로 바꾸어 쓸 수 없다.
시간, 장소를 나타내는 경우 at<on<in의 순서로 가리키는 대상의 크기나 범위에 차이가 있다.

at	on	in
~에 정확한 시각/때 정확한 위치	**~위에** 특정한 날/요일 면에 붙어 있는 모양	**~안에** 비교적 긴 시간 입체적인 공간

1 at: ~에

시간 **~에, ~할 때**
at 7 o'clock 7시 정각에
at breakfast 아침 식사 때

장소, 위치 **~에서**
at the market 시장에서
at the party 파티에서

at ~에
⇒ 지점에, 점 위에
어디로 가는지 정확한 행선지를 나타낼 때 쓰는 말이었다. 시곗바늘이 가리키는 정확한 시간, 지도에 화살표로 정확히 가리킬 수 있는 장소나 위치를 나타낸다.

- at은 점, 면, 입체 중에서 '점'을 나타내는 개념이다. '점'으로 나타낼 수 있는 정확한 시각이나 위치를 말할 때 쓴다.
- 감정 표현과 함께 쓰여 감정이 향하는 대상을 나타내기도 한다.

시간	시각	**at** 7:30 7시 30분에 **at** noon 정오에 **at** midnight 자정에
	식사 시간	**at** breakfast 아침 식사 때 **at** lunch 점심 식사 때 **at** dinner 저녁 식사 때
장소	위치(좁은 장소)	**at** the door 현관에서 **at** home 집에서 **at** the library 도서관에서
	행사, 상황	**at** the party 파티에서 **at** a meeting 회의에서 **at** a concert 콘서트에서

비교 위치를 알리는 것이 아니라, 그 '안에서' 무언가를 하고 있다고 말할 때는 전치사 in을 쓴다.
She is studying in the library. 그녀는 도서관에서 공부하고 있다.

예문 正 正

❶ We take the school bus **at** 8:30.
❶ 몇 시 몇 분처럼 정확한 시간에는 at을 쓴다.

❷ I ate too much **at** lunch.
❷ 식사 시간은 보통 정해져 있는 특정 시간이다. 아침/점심/저녁 식사에는 모두 at을 쓴다.

❸ This train stops **at** Seoul Station.
❸ 서울역이 점처럼 작은 것은 아니지만, 운행 경로 전체를 놓고 보면 서울역은 하나의 점에 불과하기 때문에 at을 쓴다.

❹ She wasn't present **at** the meeting today.
❹ 회의 같은 특정 상황은 정해진 장소에서 일어나기 때문에 이때에도 at을 쓴다.

❺ He was surprised **at** the news.
❺ at은 감정 표현과 함께 쓰이면 그 감정이 향하는 대상을 표현한다.

2 on: ~위에

시간 ~(날)에	**on** Monday 월요일에	
장소 ~위에, ~에	**on** the table 테이블 위에 **on** the first floor 1층에	

on ~에

⇒ 면 위에 붙어 있는

서로 '붙어 있는' 것을 말한다. 천장 밑에 파리가 붙어 있으면 그때도 on이다. 날짜나 요일 등에도 쓰는데 그것이 그날에 '붙어 있다', 즉 그날 동안 '지속된다'는 의미다.

- on은 어떤 공간의 한 면에 '붙어 있는' 것을 의미한다.
- 시간 표현에서는 요일, 날짜 등 보통 하루 단위로 셀 수 있는 것을 말할 때 쓴다.

시간	날짜, 요일, 주말	**on** March 3 3월 3일에 **on** Monday 월요일에 **on** weekends 주말에/주말마다
	기념일, 행사일	**on** your birthday 네 생일에 **on** Christmas Day 크리스마스에
장소	공간, 사물의 한 면	**on** the wall 벽에 **on** the ceiling 천장에 **on** the table 탁자 위에
	넓은 영역의 한 부분	**on** my face 내 얼굴에 **on** page 17 17페이지에 **on** an island 섬 (위)에

예문

❻ Pick up trash **on** the ground.

❻ 전치사 on은 면 위에 붙어 있는 상태를 말한다. 여기서는 '~위에 있는'으로 해석한다.

❼ You'll see the restaurant **on** your left.

❼ on은 어느 방면에 있는지 말할 때도 쓴다. 왼쪽 측면에 붙어 있다는 뜻이다.

❽ I still have a scar **on** my leg.

❽ 흉터는 내 피부 위에 붙어 있는 것이다. 따라서 on my leg(다리 위에)라고 표현했다.

❾ The museum is closed **on** the first Monday of every month. 기출

❾ 요일이나 날짜를 말할 때는 전치사 on을 쓴다. 하루 동안 지속된다는 의미다.

❿ I have a lot of things **on** my mind.

❿ mind(마음)처럼 물리적인 실체가 없는 영역에도 on을 쓸 수 있다. 마음에 얹힌 것이 많으니 마음이 복잡하다는 뜻이다.

▶ 느낌 빡! on은 붙어 있는 것, 다시 말해 '접촉, 지속'을 의미한다

on은 일상생활에서도 자주 보이는 전치사다. on의 가장 일반적인 해석은 '~위에'이지만, 실제 영어 사용에서는 '붙어 있는'이라는 뜻이 본질적인 의미다. 방향이 위인지 아래인지는 상관없다. 벽에 옆으로 기대든(lean on the wall), 바닥 위에 무릎을 꿇든(kneel on the floor), 천장 밑에 파리가 앉아 있든(sit on the ceiling) 전부 다 on을 쓴다. 전부 어딘가에 붙어 있기 때문이다. 전원 스위치에 on/off 라고 된 것을 많이 보았을 것이다. 여기서도 그 의미 맞다. 전기가 통할 수 있게 전선이 서로 연결되는 것이 on, 떨어지는 것이 off다.

추상적인 의미로는 어딘가에 계속 달라붙어서 매달린다는 뜻이 되므로 '지속한다'는 의미가 있다. 여러분이 잘 아는 숙어 keep on V-ing도 직역하면 '~하는 것에 계속 붙어 있다'는 뜻이다. go on도 '계속해서 나아가다, 진행하다'라는 의미다. 시간을 나타낼 때는 '요일, 날'을 의미하는데 그날 하루 동안 지속된다는 뜻으로 생각하면 이해가 쉬울 것이다.

3 in: ~안에

시간 ~에	**in** summer 여름에 **in** 2020 2020년에
장소 ~속에, ~안에	**in** a pool 수영장 속에 **in** a row 줄에 (서 있는)

in ~에

⇒ 안에 들어 있는

안에 들어가 담겨있는 것이다. in a suit(정장을 입은)처럼 옷을 입은 것도 옷 '안에' 있는 것이니까 in을 쓴다. 또한 시간에 담겨 있다는 뜻으로, 긴 시간 '동안'을 의미한다.

- at이 점이라면 in은 작은 공간부터 엄청나게 큰 공간까지, '입체적인' 공간 안에 있을 때 쓴다.
- 분위기나 상황, 배경 등 추상적인 공간을 표현할 때도 쓴다.
- 시간 표현에서는 월, 계절, 연도, 세기 등 비교적 긴 시간을 나타낸다.

참고 morning, afternoon, evening은 비교적 짧은 시간이지만 하루의 시간대 중 어디에 '속하는지'를 나타내므로 in을 쓴다. night은 예외적으로 at을 쓴다.

시간	비교적 긴 시간 (월, 계절, 연도/연대, 세기 등)	**in** July 7월에 **in** spring 봄에 **in** 2020 2020년에 **in** the 1800s 1800년대에 **in** the 20th century 20세기에
	하루의 시간대	**in** the morning/afternoon/evening 아침/점심/저녁에
장소	공간의 내부	**in** the box 상자 안에 **in** the closet 옷장 안에 **in** the classroom 교실 안에 **in** the building 건물 안에
	위치(넓은 장소)	**in** New York 뉴욕에서 **in** a city 도시에서 **in** a country 나라 안에

예문

⑪ There are no eggs **in** the fridge. 기출

⑪ 냉장고라는 입체적인 공간 '안에' 들어 있으므로 전치사 in을 쓴다.

⑫ I live **in** a small village **in** Germany.

⑫ 도시, 나라처럼 비교적 넓은 장소에는 in을 쓴다.

⑬ We display lots of artwork made **in** the 18th century.

⑬ 비교적 긴 시간을 말할 때는 in을 쓴다.

⑭ He'll be here **in** an hour.

⑭ 하루보다 짧은 시간이어도 연속된 시간대를 말할 때는 in을 쓸 수 있다. in an hour는 '한 시간이 지나면'이라고 해석한다.

⑮ She spoke **in** a low voice.

⑮ 추상적인 상황, 분위기를 표현할 때도 in을 쓴다. '낮은 목소리 안에'는 그러한 목소리로 말을 했다는 뜻이다.

▸ 느낌 빡! at/on/in 한번에 정리하기

공간을 나타낼 때는 "at 점, on 면, in 입체"로 기억

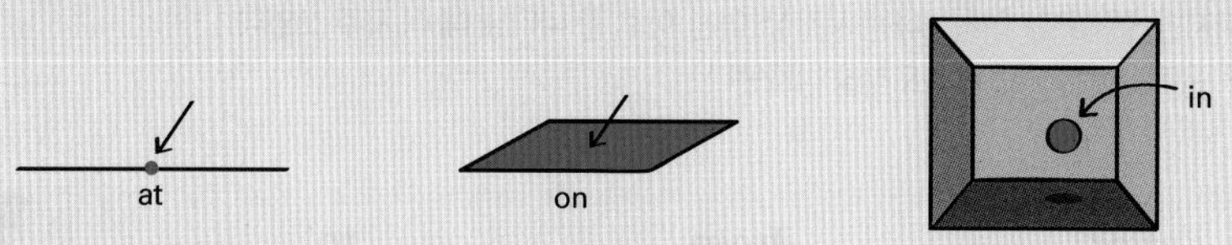

시간을 나타낼 때는 "at < on < in 시간의 길이"로 기억
at: 시각(at 7 o'clock), 식사 시간(at breakfast, lunch, dinner) ···
on: 요일(on Monday), 특별한 날(on my birthday), 하루(on that day) ···
in: 세기(in the 18th century), 연도(in 2020), 계절(in summer), 월(in July) ···

진짜 이해했는지 확인!

정답과 해설 p.404

Q1 둘 중 올바른 것을 고르세요.

1 I ate too much (on / at) dinner.
2 He'll be here (at / in) two hours.
3 You'll see the post office (in / on) your right.

Q2 배운 문법을 이용해 영어 문장을 말해보세요.

1 나는 한국에 있는 작은 마을에 살고 있다. **(small village, Korea)** →
2 이 기차는 인천역에 정차합니다. **(stop, Incheon Station)** →
3 그 박물관은 화요일에 닫습니다. **(museum, be closed)** →

예문 해석 거꾸로 영작 훈련도 필수!

1. 우리는 8시 30분에 학교 버스를 타. **2.** 나는 점심 식사 때 너무 많이 먹었어. **3.** 이 기차는 서울역에 정차합니다. **4.** 그녀는 오늘 회의에 참석하지 않았다. **5.** 그는 그 소식에 놀랐다. **6.** 땅 위에 있는 쓰레기를 주워라. **7.** 왼쪽에 식당을 볼 수 있을 거예요. **8.** 난 다리에 아직도 흉터가 있어. **9.** 그 박물관은 매달 첫 번째 월요일에 닫습니다. **10.** 내 마음에 많은 것이 있어. (마음이 복잡해.) **11.** 냉장고에 계란이 없어. **12.** 나는 독일에 있는 작은 마을에 살고 있다. **13.** 우리는 18세기에 만들어진 많은 예술 작품을 전시합니다. **14.** 그가 한 시간이 지나면 여기에 올 거예요. **15.** 그녀는 낮은 목소리로 말했다.

UNIT 50

예문 듣기

최중요 전치사 (2)

before와 after의 어원은 '앞'과 '뒤'이지만, 실제로는 위치보다는 시간상 '이전, 이후'를 나타낼 때 더 자주 쓰인다.
from과 to는 정해진 범위의 처음과 끝, 움직임에서의 출발과 도착을 나타낸다.

before	after	from	to
~전에 앞선 시간 공간상 앞쪽	~후에 시간상 그 다음 공간상 뒤쪽	~부터 범위의 시작점 방향의 출발점	~까지, ~으로 범위의 맨 끝 방향의 도착점

1 before: ~ 전에

시간 **~전에**	**before** lunch	점심 식사 전에
순서 **~보다 먼저**	**before** the intersection	교차로(가 나오기) 전에
위치 **~앞에서**	**before** the stage	무대 앞에

by ~에 + **fore** 앞쪽
⇒ 앞쪽에 있다
forehead(이마)의 'fore'는 '앞쪽'을 의미한다.
before는 '앞쪽'에 있다는 뜻이다.

- 시간상 앞에 일어난 일, 진행 순서상 앞선 일을 말할 때 쓴다.
- 어떤 사물이나 공간의 앞을 말할 때도 쓴다.

참고 공간적으로 앞에 있는 것은 흔히 in front of를 쓴다. Unit 54. 중요 전치사 (위치)

예문

❶ They performed **before** a big crowd.

❶ 공간적으로 앞에 있는 것을 말할 때 before를 쓸 수 있다. 일반적으로는 in front of를 쓴다.

❷ We can decorate the classroom **before** the party.

❷ before 뒤에 특정 사건이나 행사를 지칭하는 말이 오기도 한다. '(그 일이 일어나기) 전에'라는 뜻이다.

❸ You have to arrive 10 minutes **before** the appointment. 기출

❸ before가 시간을 나타낼 때는 '~전에'라는 뜻이다. 앞에 10 minutes 같은 시간 표현을 함께 써주면 얼마나 앞선 시간인지 나타낼 수 있다.

❹ I booked the ticket **before** you.

❹ 여기서 before는 순서가 앞서 있는 것을 말한다. before you는 '너보다 먼저'라는 뜻이다.

느낌 빡! 전치사구에도 영어의 기본 원리가 적용된다

before breakfast vs. 아침 식사 전에

흔히 영어와 우리말은 어순이 반대라고들 말한다. 전치사구의 해석도 마찬가지다. 우리말에서는 '아침 식사'라는 내용이 먼저 나오고, '전에'가 나중에 나온다. 하지만 영어에서는 항상 중요한 말을 먼저 한다. 전치사구에서는 주어나 동사와의 관계를 나타내는 전치사가 뒤따르는 명사보다 더 중요한 말이기 때문에 '전에'라는 말이 먼저 나오고, 전이긴 전인데 무엇보다 전인지는 그 나중에 나온다.

2 after: ~후에

시간	~뒤에, 후에	**after** 6 o'clock	6시 정각이 지나서
순서	~다음에	**after** school	학교 끝난 후에
위치	~의 뒤에	**after** you	당신 뒤에서

off 떨어져 + **-ter** (비교급)

⇒ 떨어져 있는

붙어 있던 것이 '떨어진다'는 뜻의 off가 어원이다. 멀찍이 떨어져 있는 것이니까, 당장 눈앞이 아닌 '나중'을 가리킨다.

- after는 시간상 그 다음을 가리키기도 하고, 공간적으로 뒤쪽을 가리키기도 한다.
- 뒤이어 계속 나타난다는 뜻에서 반복을 나타내기도 한다.

예문 正 正

❺ Drink plenty of water **after** exercising.

❻ **After** winning the prize, he became a celebrity.

❼ The same problem occurs day **after** day.

❽ I need someone to look **after** my dog. 기출

❺ after exercising은 '운동 후에'라는 뜻이다.

❻ after 뒤에 동명사구가 왔다. '~한 다음에'라는 뜻이다.

❼ day after day에서 after는 반복을 나타낸다. '하루 뒤에 하루', 즉 '날마다'라는 뜻이다.

❽ look after는 '~의 뒤를 보다', 즉 돌봐준다는 뜻의 숙어 표현이다.

▶ 느낌 빡! 시간을 나타내는 before와 after는 부사, 접속사로도 쓰인다

before와 after는 아마 그 뜻을 모르는 사람이 없을 것이다. TV 프로그램이나 전철 광고에서 제품 사용 '전/후'를 비교하는 사진을 무수히 보지 않았나. 그런데 사실 이 두 단어는 전치사, 부사, 접속사로 다양하게 쓰인다. 갑자기 품사가 세 개나 나왔다고 머리 복잡해할 것 없다. 어쨌든 어떤 일이 일어나기 전과 후를 뜻하기 위해 쓰인다는 것만 알면 된다. 실제로 그것이 전치사이든, 부사이든, 접속사이든 모두 '시간'을 나타내는 어구를 형성한다. 이밖에도 대부분의 전치사가 부사, 접속사로 활용되는데, 의미만 제대로 알고 있으면 해석하는 데는 문제없다.

Can you call me before 5? 5시 전에 전화주시겠어요? → 전치사
We haven't met before. 우리는 전에 만난 적이 없어요. → 부사
Let's eat something before we start. 시작하기 전에 우리 뭐 좀 먹자. → 접속사

3 from: ~부터

시간	~부터	**from** July 1	7월 1일부터
방향	~에서부터	**from** the bus stop	버스 정류장에서부터
기원	~출신의, ~에서 온	**from** Australia	호주에서 온

fro(m) 앞쪽

⇒ 여기서 앞으로

'앞쪽'을 뜻하는 fro(for)가 어원이다. '앞으로' 나아갈 때의 출발점을 뜻한다.

- 범위의 시작점, 방향이나 움직임의 출발점을 뜻한다.
- '~로부터' 왔다는 뜻에서 '기원(출처), 원인, 재료'를 뜻하기도 한다.

예문

⑨ She took a bus **from** Busan.

⑩ He got the idea **from** his friend.

⑪ The concert will start **from** July 10.

⑫ These items are made **from** recycled materials.

⑨ 여기서 전치사 from은 출발 지점을 나타낸다.

⑩ 출처나 출신을 밝힐 때도 전치사 from을 쓴다.

⑪ from은 일정 기간[시간] 지속되는 일의 시작점을 나타낼 수도 있다.

⑫ '~로부터 왔다'는 뜻에서 재료를 나타내기도 한다. 참고로 be made from은 재료에 화학적 변화가 일어날 때, be made of는 물리적 변화가 일어날 때 쓴다.

Unit 47. 수동태의 관용적 표현

4 to: ~까지, ~으로

범위 ~까지	from Monday **to** Friday	월요일부터 금요일까지
방향 ~으로, ~에게	**to** the left	왼쪽으로
대조 ~에 비해서	prefer beef **to** chicken	닭고기보다 소고기를 선호하다

to ~로

⇒ ~을 향하여

어떤 것을 '향해서' 가는 것. to는 도착 지점을 나타낸다. 보내고 받는 관계에서 받는 쪽을 가리키기도 한다.

- 범위의 맨 끝, 방향이나 움직임의 도착점을 뜻한다.
- from A to B(~에서 ~까지)의 전치사구 형태로 자주 쓰인다.
- 서로'에게' 가져가 비교해 본다는 뜻에서 비교 대상을 나타내기도 한다.

느낌 빡! 전치사 to는 어디로 보내는지를 말한다

get[be] married to(~와 결혼하다)라는 수동태 관용 표현이 있다. 우리말에서는 '~와' 결혼한다고 말하기 때문에 왠지 전치사 with를 쓸 것 같지만, 영어에서는 to를 쓴다. 왜 그럴까? 동사 marry의 어원은 '젊은 여성'이라는 뜻의 mari다. 우리나라에서도 '시집을 보낸다'라는 표현이 있듯이, 남녀 차별이 심했던 과거엔 여자를 남자에게 보내는 것이 결혼의 개념이었다. 위에서 말했듯이 to는 도착 지점을 의미하므로 신부를 보내서 받는 쪽, 즉 신랑을 나타내기 위해 to를 썼던 것이다. 현대에 와서는 남녀 구별 없이 결혼 상대를 나타낼 때 쓴다.

예문

⑬ We went **to** the park yesterday.

⑭ I'm working from eight **to** four.

⑮ Can you send this package **to** Laura?

⑯ We will compare the results **to** the previous data.

⑬ 여기서 to는 이동 방향을 나타낸다. to the park는 '공원으로'라는 뜻이다.

⑭ 여기서 from A to B는 시간의 범위를 나타낸다. to는 '~시까지'라는 뜻으로 쓰였다.

⑮ to 뒤에 사람이 오면 '~에게'라는 뜻이다. 어떤 것을 보내는 방향을 나타낸다.

⑯ to는 비교 대상을 나타낼 때도 쓸 수 있다. compare A to B는 'A와 B를 비교하다'라는 뜻이다.

▶느낌 빡! before/after, from/to 한번에 정리하기

before와 after는 어떤 기준 시점의 이전과 이후, 앞과 뒤를 나타낸다.
from과 to는 범위의 처음과 끝, 이동할 때의 출발 지점과 도착 지점을 나타낸다.

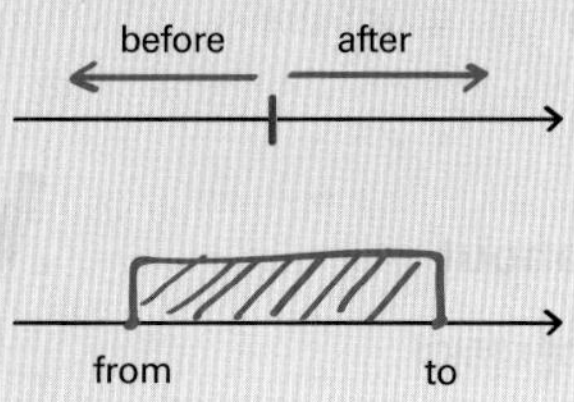

진짜 이해했는지 확인!

정답과 해설 p.404

Q1 둘 중 올바른 것을 고르세요.

1 She took a bus (before / from) Busan.

2 Drink plenty of water (to / after) exercising.

3 We can decorate the living room (before / to) the party.

Q2 배운 문법을 이용해 영어 문장을 말해보세요.

1 너는 콘서트 30분 전에 도착해야 한다. **(have to, arrive, the concert)** →

2 저는 아홉 시부터 여섯 시까지 일하고 있어요. **(work)** →

3 나는 내 개를 돌볼 사람이 필요해요. **(need, look after)** →

예문 해석 거꾸로 영작 훈련도 필수!

1. 그들은 많은 군중 앞에서 공연했다. **2.** 우리는 파티 전에 교실을 꾸며도 돼. **3.** 너는 약속 10분 전에 도착해야 한다. **4.** 내가 너보다 먼저 표를 예약했어. **5.** 운동 후에 충분한 물을 마셔라. **6.** 상을 탄 이후에 그는 유명인사가 되었다. **7.** 똑같은 문제가 날마다 발생한다. **8.** 나는 내 개를 돌볼 사람이 필요해요. **9.** 그녀는 부산에서 버스를 탔다. **10.** 그는 친구에게서 아이디어를 얻었다. **11.** 콘서트는 7월 10일부터 시작할 거예요. **12.** 이 상품들은 재활용 물질로 만들어집니다. **13.** 우리는 어제 공원에 갔다. **14.** 저는 여덟 시부터 네 시까지 일하고 있어요. **15.** 이 상자를 로라에게 보내줄 수 있나요? **16.** 우리는 결과와 이전 데이터를 비교해 볼 거예요.

UNIT 51

최중요 전치사 (3)

예문 듣기

of, for, about은 모두 대상을 나타내는 전치사다. '~에 대하여, ~을 위하여'라는 뜻을 가진다.
이들은 '동사 + 전치사' 형태의 구동사로도 빈번하게 활용되는데, 주로 전치사의 어원 뜻과 관련이 있는 동사와 함께 쓰인다.

of	for	about
~의 소속, 구성, 대상	~을 위하여 목적, 대상, 이유	~에 대하여 주제, 관련, 대상

1 of: ~의

부분 ~의	the branch **of** a tree	나뭇가지
소속, 구성 ~의, ~중에서, ~으로 된	some **of** them	그들 중 몇몇
대상 ~에 대한[관련된]	a photo **of** me	내 사진

of(f) 떨어져

⇒ ~로부터 나온

전치사 of는 off와 어원이 같다. 둘 다 '분리'의 의미다. of는 완전히 분리되지 않고 일부가 연결되어 '소속'되거나 '구성된' 상태, off는 완전히 '분리된' 상태를 의미한다.

- 어디에 속해 있는지 그 소속을 말하거나, 전체가 어떤 부분들로 구성되어 있는지를 말할 때 쓴다.
- 부분이라는 뜻에서 확장되어 거기에 속한 재료, 특징을 의미하기도 한다.
- get rid of(~을 제거하다), rob of(~을 훔치다) 등 분리, 박탈을 나타내는 구동사를 형성한다.

▶ 느낌 빡! 구동사와 전치사는 밀접한 관련이 있다!

구동사(phrasal verb)란 '동사 + 전치사[부사]' 또는 '동사 + 부사 + 전치사'로 구성된 단어 묶음을 말한다. 전치사 of는 rob(훔치다), deprive(빼앗다), get rid(없어지다), cure(치료하다) 등 분리, 박탈을 뜻하는 동사들과 구동사를 형성한다. rob A of B, get rid of 식으로 숙어처럼 외웠을 것이다. 하지만 of의 어원 뜻도 '분리'라는 것을 알았다면 이제부터는 외울 필요가 없다. 누군가로부터 빼앗고, 어떤 대상을 제거하고, 어떤 병으로부터 치료하고... 이 모두가 그 대상으로부터 '분리'해주는 것 아닌가? 동사와 전치사의 의미가 같기 때문에 당연히 함께 쓰이는 것이다. p.254 구동사 정리하기

예문 正 正

❶ The back **of** the fence needs to be painted.

❷ Nail biting is a bad habit **of** mine.

❸ I'm afraid **of** snakes.

❹ Most **of** the club members are women.

❺ She writes stories **of** adventure.

❶ of는 일부분을 말할 때 쓴다. the back of the fence는 '담장의 뒷부분'을 말한다.

❷ of는 소속을 나타낼 수 있다. 나에게 속한 나쁜 습관, 즉 나의 나쁜 습관이라는 뜻이다.

❸ of로 감정이나 생각, 의견의 대상을 나타낼 수도 있다.

❹ of는 전체의 구성을 말할 때도 쓴다. 이때 of는 '~중에서'라고 해석한다.

❺ stories of adventure에서 of는 이야기의 대상을 나타낸다. '모험에 관한 이야기'라는 뜻이다.

❻ My family consists **of** four people.

❻ consist of는 '~로 구성되다'라는 뜻의 구동사이다. 전체를 구성하는 사람이나 사물을 나타낸다.

❼ How did you get rid **of** those useless ads? 기출

❼ get rid of는 분리하여 없앤다는 의미로, '~을 제거하다'라는 뜻의 구동사이다.

2 for: ~을 위하여

목적	**~을 위하여**	**for** emergencies	비상시를 위하여
대상	**~에게, ~을 향해**	a present **for** you	당신에게 주는 선물
찬성	**~에 찬성하여**	vote **for** him	그에게 찬성표를 던지다
이유	**~때문에**	**for** poor performance	부진한 성과 때문에
시간	**~동안에**	**for** 10 days	10일 동안

(be)fore 앞쪽

⇒ 앞에 있는

시간·공간적으로 '앞에' 있음을 의미하는 before가 어원이다. 앞에 있는 대상이나 주어진 상황을 나타내기도 한다.

- 전치사 for는 대표적인 다의어지만, 모두 '눈앞에 있는'이라는 어원에서 확장된 뜻이다.

☆참고 어원을 활용한 전치사 'for' 뜻풀이

'앞에' 바라보고 있는 것, 가장 '앞서' 이루려는 것 → 대상, 이루고자 하는 목적
우선순위가 가장 '앞서' 있는 사람 → 지지하는 사람, 찬성하는 사람
벌어진 결과보다 '앞서' 존재하는 것→ 어떤 일의 원인이나 이유
'앞에서' 걸린 시간 → 경과 시간, 기간

- prepare for(~을 준비하다), look for(~을 찾다/기대하다), ask for(~을 요청하다) 등의 구동사를 형성한다.
- '~에게'라는 뜻으로 to부정사의 의미상 주어를 나타낼 때도 쓰인다.

예문

❽ Let's go **for** a walk.

❽ for는 목적을 의미한다. for a walk는 '산책하러'라는 뜻이다.

❾ You still have time to prepare **for** your presentation. 기출

❾ prepare for는 '~을 준비하다'라는 뜻이다. for는 동사 prepare의 대상을 나타낸다.

❿ It's difficult **for** me to lose weight.

❿ difficult for me는 '나에게 어렵다'라는 뜻이다. for는 to부정사구의 의미상 주어를 나타내어, 그 동작이 향하는 대상을 가리킨다.

⓫ The hero stands **for** justice.

⓫ for는 찬성을 나타낼 때도 쓰인다. stand for는 여기서 '~에 찬성하다, ~을 옹호하다'라는 뜻이다.

⓬ I can hardly see **for** the mist.

⓬ for the mist는 '안개 때문에'라는 뜻이다. 여기서 for는 원인을 나타낸다.

⓭ We have not seen each other **for** three months.

⓭ for는 기간을 나타내는 표현이 뒤에 오면 '~동안'이라고 해석한다.

▸느낌 빡! for의 어원으로 이해하는 구동사 표현

go in for: TV나 핸드폰을 너무 쳐다보고 있으면, 어머니께서 '아예 그 안으로 들어가지 그러냐'라고 말씀하실 것이다. 무언가를 '앞에' 두고 계속 파고드는 것. 아주 좋아하고 열중하는 것이다.
They go in for tennis. 그들은 테니스를 아주 좋아한다.

stand for: 무엇을 대신하여 '앞에' 세워 놓는 것을 '상징물'이라고 말하는 않는가? 어떤 존재를 대신하여 앞에 있는 것. '상징하는' 것이다.
Green stands for spring and nature. 초록색은 봄과 자연을 상징한다.

3 about: ~에 대하여

주제, 관련 **~에 대하여[관하여]**	**about** this matter	이 일에 관하여
대상 **~에 대하여**	think **about** her	그녀에 대해 생각하다
장소 **~근처에, ~곳곳에**	**about** the room	방 곳곳에

ab ~에 + **out** 바깥
⇒ 바깥에, 주변에
어떤 대상의 바깥 부분, 즉 주변까지 통틀어서 지칭하는 말이다. 말 그대로 그것에 '대한' 모든 것을 가리킨다.

- 주제나 관련성을 나타내는 전치사다. 어떤 것의 '주변'까지 아우르는 전반적인 내용을 말할 때 쓴다.
- worry about(~에 대해 걱정하다), understand about(~에 대해 이해하다), think about(~에 대해 생각하다), dream about(~에 대해 꿈꾸다) 등 대상에 대한 생각이나 감정을 나타내는 구동사를 형성한다.

예문 正 正

⓮ I read some books **about** biology.

⓮ 전치사구 about biology는 '생물학에 관한'이라는 뜻으로 some books를 수식한다. 이때 about은 책의 주제를 나타낸다.

⓯ The teacher worried **about** the problem. 기출

⓯ worry about은 '~에 대해 걱정하다'라는 뜻이다. about은 걱정하는 대상을 나타낸다.

⓰ That is one thing I don't understand **about** Lily.

⓰ about 뒤에 사람이 올 수도 있다. 사람의 전반적인 성격이나 특징을 설명할 때 쓰인다.

⓱ There are trees **about** the house.

⓱ about이 장소 전치사로 쓰였다. '~근처에, ~곳곳에'라는 뜻이다.

▸느낌 빡! about의 어원으로 이해하는 구동사 표현

about은 어원 자체가 '바깥, 주변'을 뜻하는 전치사다. 그것뿐만이 아니라 그 주변까지 포함한다는 의미이다. Tell me about it.(그것에 대해 말해줘.) 그것에 관하여 그 주변 내용까지 이것저것 다 말해달라는 것이다. 또한 주변까지 포함하는 말이니까 부사 뜻 '대략'이란 의미도 가능하다. about 1 meter(약 1미터)는 줄자에서 1미터 주변의 길이를 전부 가리킨다.

자주 나오는 숙어 표현 be about to도 about의 기본 의미인 '주변'만 알면 외울 필요가 없다. 어떤 일이 그 주변까지 온 것이니까, 이제 막 그 일이 발생하려는 시점 아닌가. Unit 21. to부정사의 형용사적 용법

look about [보다 + 주변을 → 주변을 보다] 둘러보다, 여기저기 돌아다니다
be about to V [~이다 + 주변 + ~하다 → 어떤 일을 하려고 근처에 가다] 막 ~하려던 참이다

come about [오다 + 주변에 → 어떤 일이 근처까지 오다] 일어나다, 발생하다
bring about [가져오다 + 주변에 → 그 주변으로 가져가다] 야기하다, 초래하다

진짜 이해했는지 확인!

정답과 해설 p.405

Q1 둘 중 올바른 것을 고르세요.

1 Let's go (for / about) a walk.

2 That is one thing I don't understand (about / to) Lily.

3 Most (for / of) the club members are women.

Q2 배운 문법을 이용해 영어 문장을 말해보세요.

1 나는 역사에 관한 책을 몇 권 읽었어요. (history) →

2 몇 년 동안 우리는 서로 못 봤네. (each other, a few years) →

3 우리 가족은 세 명으로 구성돼. (consist of) →

예문 해석 거꾸로 영작 훈련도 필수!

1. 담장의 뒷부분이 칠해져야 해. **2.** 손톱을 물어뜯는 것은 나의 나쁜 습관이다. **3.** 나는 뱀이 무섭다. **4.** 클럽 회원의 대부분이 여성이다. **5.** 그녀는 모험에 관한 이야기를 쓴다. **6.** 우리 가족은 네 명으로 구성돼. **7.** 너는 그 불필요한 광고들을 어떻게 없앤 거야? **8.** 우리 산책하러 가자. **9.** 너에게는 아직 발표를 준비할 수 있는 시간이 있어. **10.** 나에겐 몸무게를 줄이는 게 어려워. **11.** 그 영웅은 정의를 옹호한다. **12.** 나는 안개 때문에 거의 아무것도 볼 수 없다. **13.** 세 달 동안 우리는 서로 못 봤네. **14.** 나는 생물학에 관한 책을 몇 권 읽었어요. **15.** 선생님은 그 문제에 대해 걱정하셨다. **16.** 그게 내가 릴리에 대해 이해하지 못하는 한 가지야. **17.** 집 근처에 나무들이 있다.

UNIT 52

최중요 전치사 (4)

예문 듣기

by와 with는 기본적으로 수단을 나타내는 전치사이지만, 세부적으로 다양한 뜻이 있다. 예를 들어, by는 수동태에서 동작의 주체, with는 부대상황을 나타낼 때도 쓰인다.
반면 without은 '~없이', against는 '~에 맞서'라는 뜻으로 비교적 의미가 간단하다.

by	with	without	against
~으로, ~옆에 수단, 방법	~와 함께 동반, 수단	~없이 부재, 제외	~에 맞서 대립, 충돌

1 by: ~으로, ~옆에

수단, 방법 ~으로	travel **by** bus	버스로 이동하다
위치 ~옆에	sit **by** the window	창가에 앉다
시간 ~까지	**by** tomorrow	내일까지
주체 ~에 의하여	a painting **by** Renoir	르누아르에 의해 그려진 그림

by ~에
⇒ 옆에
어원이 그대로 단어가 되었다. '~에' 있다는 것은 그 옆에, 그 가까이에 있다는 뜻이다.

- 어떤 일을 하기 위한 수단, 방법을 나타낸다.
- 어원 그대로 '~옆에'라는 뜻의 장소 전치사로도 쓰인다.
- 정해진 기한을 나타내어 '~까지'라는 의미로도 쓰인다.

☆참고 by는 기한, until은 기간을 말하며 둘 다 '(언제)까지'라는 뜻이다. by는 시간상으로 그 시간 '옆에' 도달해가는 것, 즉 마감 기한을 향해가는 것을 의미한다. 반면 until은 기한을 포함하여 그때까지 '계속되는' 시간을 말한다. Unit 53. 중요 전치사 (시간) - until

- 수동태 문장에서 동작의 주체를 나타낸다. Unit 42. 수동태의 기본 개념

예문 正 正

❶ You can buy the tickets **by** phone.

❷ I learned English **by** watching films.

❸ I'll just leave my key **by** the door.

❹ Hand in your essay **by** Friday.

❺ I was distracted **by** a cute puppy crossing the street. 기출

❶ by는 수단을 가리킨다. 참고로 phone은 여기서 물건이 아니라 구매 방식 중 하나로서 언급된 것이므로 관사 없이 쓰였다. Unit 76. 관사 (2) 주의해야 할 관사

❷ by V-ing는 '~함으로써'라는 뜻이다. 영어를 배운 방법을 나타낸다.

❸ by the door는 '문 옆에'라고 해석한다. 여기서 by는 위치를 뜻한다.

❹ hand in은 '~을 제출하다'라는 뜻이므로, by Friday는 제출 기한을 나타낸다. '금요일까지'라는 뜻이다.

❺ 수동태 문장에서 동작의 주체는 by로 표현한다. be distracted by는 '~에 의해 정신이 산만해지다'라고 해석한다.

▶ 느낌 빡! by의 어원으로 이해하는 관용 표현

by는 위치(~옆에), 기한(~까지), 수단(~으로) 등 의미가 다양한 전치사다. 심지어 수동태 문장에서 동작의 주체(~에 의하여)를 나타내기도 한다. 그러나 모두 '옆'이라는 어원에서 온 뜻이다. stand by me(내 옆에 서다)는 공간적으로 옆에 서 있는 것 또는 곁에서 내 편이 되어주는 것을 의미한다. Finish it by three.(세 시까지 그것을 마쳐라.)는 세 시 옆에서, 즉 그 시간이 바로 옆까지 왔을 때는 일을 마쳐야 한다는 소리니까 '기한'을 나타낸다. 옆에다 놓고서 필요할 때 쓰는 것이 도구나 수단이다. 또한 사람을 옆에서 조종한다는 말을 쓰는데 수동태에서 동작의 주체를 by로 표현하는 것도 그런 이유다.

stop by [멈추다 + 옆에 → 옆에 잠깐 멈추다] 잠시 들르다, 방문하다(= come by)
little by little [조금 + 옆으로 + 조금 → 조금씩 옆으로] 점점, 점차, 조금씩
day by day [하루 + 옆에 + 하루 → 날마다] 매일매일, 날마다
by nature [~으로 + 자연 → 자연에 의하여] 타고난, 선천적으로
by all means [~으로 + 모든 방법 → 모든 방법을 다 써서] 반드시, 당연히

2 with: ~와 함께

동반 **~와 함께**	**with** my family	우리 가족과 함께
수단 **~을 써서**	**with** a knife	나이프로
상태 **~한 채로, ~이 있는**	**with** my arms crossed	팔짱을 낀 채
대상, 관련 **~에 대해서[관해서]**	be pleased **with** the result	결과에 기뻐하다

with 함께

⇒ 함께 있는 것

나와 함께 있는 것은 사람일 수도 있고 물건일 수도 있다. 함께하는 '동반자'나, 목적을 이루기 위해 동반되어야 하는 '수단'을 나타낸다.

- '~와 함께'라는 뜻으로, 함께하는 사람(동반자), 지니고 있거나 사용하는 물건(수단)을 뜻한다.
- 주어가 가지고 있는 상태나 상황을 뜻하기도 한다.
- deal with(~을 상대하다), correspond with(~와 교신하다) 등 상대방과의 관계를 나타내는 구동사, be satisfied with(~에 만족하다), be pleased with(~에 대해 기뻐하다) 등 감정의 대상을 나타내는 구동사를 형성한다.

예문 正 正

❻ They went to the market **with** their neighbors.
❻ with는 함께하는 사람을 나타낸다. '~와 (함께)'라고 해석한다.

❼ Rinse **with** warm water.
❼ 여기서 with는 수단을 나타내어 '~으로[~을 써서]'라고 해석한다.

❽ Do you see the man **with** a beard?
❽ 사람이나 사물의 상태를 말할 때도 with를 쓸 수 있다. '~을 가진, ~이 있는'이라고 해석한다.

❾ I can help you **with** your presentation. 기출
❾ 어떤 것에 대해 말하는지 주제를 말할 때도 with를 쓸 수 있다. '~에 대하여'라고 해석한다.

❿ Are you **with** me?
❿ 말하고 있는 사람과 물리적으로뿐만 아니라 정신적으로도 함께하는 것. 내 말을 듣고 있는지 묻는 말이다.

3 without: ~ 없이

부재, 제외 ~없이	cook **without** an oven	오븐 없이 조리하다
상태 ~이 없는 채로	**without** thinking	생각하지 않은 채로

with 함께 있는 + **out** 밖에

⇒ 밖에 있는

전치사 with에 부사 out(밖에)이 결합된 형태다. 내가 가지고 있는 것의 영역을 벗어난 것, 즉 나에게 '없는' 것을 의미한다.

- 수단을 가리키는 with의 반대말이다. '~이 없는' 상태를 뜻한다.

예문

⑪ I can't see anything **without** my glasses.

⑫ Can I have my burger **without** onions?

⑬ Humans cannot exist **without** nature.

⑭ He said so **without** looking at me.

⑪ without은 '~없이'라는 뜻이다. 수단의 부재를 가리킨다.

⑫ without onions는 '양파를 빼고'이다. 제외하는 대상을 나타낸다.

⑬ exist without nature는 '자연 없이 존재하다'라는 뜻이다. without 전치사구가 동사 exist를 수식하는 부사구로 쓰였다.

⑭ without 뒤에 동명사구가 오면 '~하지 않은 채로'라고 해석한다.

느낌 빡! with, without의 특별한 쓰임

with는 '~와 함께 있다'는 뜻의 전치사다. 물리적으로 함께 있을 때는 물론, 추상적으로 가지고 있는 생각이나 감정도 모두 with를 쓸 수 있다. with joy(기쁜 마음으로), with horror(두려움이 있는)와 같이 표현 가능하다. 그리고 with로 나타낼 수 있는 또 한 가지 의미가 있다. 바로 분사구문처럼 주절의 상황과 '함께 일어나는' 상황, 즉 부대 상황이나 동시 상황을 표현하는 것이다. 이때도 마찬가지로 with의 해석은 보통 '~와 함께'이므로, 문맥에 맞게 해석하는 것은 어렵지 않다. without은 with의 반대 의미이므로 '~이 없는' 상황을 나타낸다.

He went to the park **with** his dog following him. 그는 그를 따라오는 강아지와 함께 공원에 갔다.
(= His dog following him, he went to the park.)

Tom stood there **without** knowing what to do. 톰은 무엇을 해야 하는지도 모른 채 거기 서 있었다.
(= Not knowing what to do, Tom stood there.)

4 against: ~에 맞서

대립, 충돌 ~에 맞서[반대하여]	**against** the wind	바람에 맞서
방향 ~에 맞대어	lean **against** the wall	벽에 기대다

again 다시 + **-st** (최상급)

⇒ 되돌아가는

다시 돌아가는 것은 결국 '반대' 방향으로 가는 것이다. 서로 역방향으로 가는 것이니까 대립과 충돌의 의미가 있다.

- 반대하거나 대립하는 대상을 가리킨다.
- 충돌한다는 뜻에서 접촉한다는 의미까지 확장되어 '~에 맞대어'라는 뜻으로도 쓰인다.

예문

⑮ They played **against** Brazil.

⑯ The students fought **against** time to complete the test.

⑰ He stood with his back **against** the door.

⑱ Check the phone numbers **against** the names.

⑮ 여기서 against는 '~을 상대로'라고 해석할 수 있다. 우리말 '상대'라는 단어도 서로 맞선다는 뜻이다.

⑯ against 뒤에 추상명사가 올 수도 있다. fight against time은 '시간에 맞서 싸우다'라는 뜻이다.

⑰ 문에 등을 '대고' 서 있는 모습이다. 참고로 이 문장의 with는 상태를 나타내어 '~한 채로'라는 뜻이다.

⑱ 여기서 against는 비교하거나 대조하는 대상을 나타낸다. 비교 대상을 서로 '맞대어' 본다는 뜻이다.

진짜 이해했는지 확인!

정답과 해설 p.405

Q1 둘 중 올바른 것을 고르세요.

1 I can help you (with / without) your presentation.

2 Hand in your report (by / with) Friday.

3 He stood with his back (by / against) the wall.

Q2 배운 문법을 이용해 영어 문장을 말해보세요.

1 문 옆에 열쇠를 그냥 둘게요. (leave, key, door) →

2 턱수염이 있는 남자가 보이니? (a beard) →

3 나는 내 안경 없이는 아무것도 볼 수 없어. (glasses) →

예문 해석 거꾸로 영작 훈련도 필수!

1. 당신은 핸드폰으로 표를 살 수 있어요. **2.** 나는 영화를 보면서 영어를 배웠다. **3.** 문 옆에 열쇠를 그냥 둘게요. **4.** 금요일까지 에세이를 제출하세요. **5.** 나는 길을 건너는 귀여운 강아지에게 정신이 팔렸어. **6.** 그들은 이웃들과 함께 시장에 갔다. **7.** 따뜻한 물로 헹구세요. **8.** 턱수염이 있는 남자가 보이니? **9.** 네 발표를 내가 도와줄 수 있어. **10.** 내 말 듣고 있나요? **11.** 나는 내 안경 없이는 아무것도 볼 수 없어. **12.** 햄버거에 양파를 빼서 주시겠어요? **13.** 인간은 자연 없이 존재할 수 없다. **14.** 그는 나를 쳐다보지 않고 그렇게 말했다. **15.** 그들은 브라질을 상대로 경기했다. **16.** 학생들은 시험을 끝마치기 위해 시간과 싸웠다. **17.** 그는 문에 등을 대고 서 있었다. **18.** 전화번호와 이름을 맞대어 확인해라.

UNIT 53

중요 전치사 (시간)

🎧 예문 듣기

시간 전치사는 우리말에선 같은 것인데 영어에서는 구분해서 쓰는 경우가 많다. 예를 들어 during과 for는 우리말로는 둘 다 '~동안'이지만 영어에서는 구분이 명확한 전치사다. 영어에서 시제가 발달한 것처럼, 전치사에서도 시간 표현이 다양하고 섬세하다. 그만큼 시간 개념이 발달한 언어이다.
어원과 참고 그림을 통해 예문을 학습하면, 의미 차이를 명확하게 파악할 수 있을 것이다.

during	until	within	since
~동안에	~까지 계속	~이내에	~이래로

1 during: ~동안에

시간 **~동안에, ~중에**

during the day 낮 동안에
during the meeting 회의 중에
during the war 전쟁 중에

dur(e) 참다, 견디다
⇒ 참는 동안에
동사 endure(참다)와 같은 어원이다. 어떤 일이 끝나거나 지나갈 때까지 참고 기다리는 '동안'을 의미한다.

- 특정 시간대나 특정 사건이 일어나는 동안을 의미한다.
- 앞에서 배운 for도 '~동안'을 의미하지만 for 뒤에는 시간의 길이를 나타내는 말이, during 뒤에는 상황을 지칭하는 말이 온다.

예문 正 正

❶ It must have rained **during** the night.

❷ Please turn off your cell phone **during** the performance.

❸ Older people should drink enough water **during** hot weather.

❶ during the night는 '밤 사이에'라는 뜻이다. during은 특정 기간이나 시간대를 지칭한다.
❷ during 다음에 the performance(공연), the meeting(회의) 등 특정 행위나 행사를 지칭하는 말이 올 수도 있다. 그 상황이 진행되는 동안을 의미한다.
❸ hot weather(더운 날씨)는 시간이 포함된 개념은 아니지만 during 뒤에 쓸 수 있다. 이 경우 '~가 지속되는 동안에'라고 해석한다.

▶ 느낌 빡! '~동안에'를 나타내는 during과 for의 차이

during: 특정 상황을 나타낸다. the class(수업), the meeting(회의), the day(낮) 같은 명사가 뒤에 온다.

for: 시간의 길이를 나타낸다. a week(일주일), three years(3년) 같은 시간 단위를 포함한 명사구가 뒤에 온다.

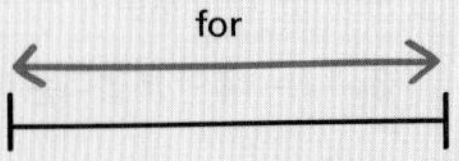

2 until: ~까지 계속

시간 **~까지 계속** wait **until** 10:30 열 시 반까지 계속 기다리다
until now 지금까지 계속

un ~하는 한 + **till** ~까지
⇒ ~할 때까지
전치사 till(~까지)에 '범위, 한계'를 뜻하는 un이 추가되어 만들어졌다. until에서 till이 나왔다고 흔히들 생각하는데 그 반대다.

- 어떤 동작이나 상태가 해당 시점까지 계속되는 것을 나타낸다.
- until과 till은 거의 구분 없이 사용되나, 문장 첫 부분에는 until을 쓴다.

예문

❹ The exhibition will continue **until** March.

❺ I studied **until** 9 p.m. last night.

❻ **Until** the 1960s, the term "multitasking" didn't exist. 기출

❹ until March는 '3월까지 (계속)'이라고 해석한다. 언급한 시점까지 행위나 동작이 계속되는 것을 뜻한다.

❺ until 뒤에 시각을 나타내는 표현이 왔다. 정확히 그 시각까지 지속했음을 의미한다.

❻ until 뒤에 긴 기간을 나타내는 말이 오면 '~에 이르기까지'라고 해석하는 것이 자연스럽다. 문장의 첫 부분에는 보통 till 대신 until이 쓰인다.

느낌 빡! '~까지'를 뜻하는 until과 by, 정말 같은 말일까?

사전에서 by와 until을 찾아보면 시간을 나타내는 전치사일 때 둘 다 '~까지'라는 뜻이다. 하지만 우리말로 같은 뜻이라고 해서 이 둘이 정말 같다고 생각하면 안 된다. 아래 두 문장을 보자.

A. Do this job by 4 p.m. 이 일을 오후 4시까지 하세요.
B. Do this job until 4 p.m. 이 일을 오후 4시까지 하세요.

우리말로는 해석에 차이가 없지만 원어민에게 이 두 문장은 명백히 다른 문장이다. 상대가 A문장처럼 by를 사용해서 말했다면, 오후 2시나 3시에 일찍 이 일을 끝내도 상관없다. 기한 내에 하기만 하면 된다. 하지만 B문장처럼 until을 사용해서 말했다면, 4시보다 빨리 끝낼 수 없다. 4시가 될 때까지 계속 이 일을 하고 있어야 하는 것이다. 별것 아닌 것 같아도 by와 until은 원어민 입장에서는 전혀 다른 말이다.
이 둘이 헷갈린다면 by는 '~까지', until은 '~까지 계속'이라고 이해하고 다음 그림을 기억해두자.

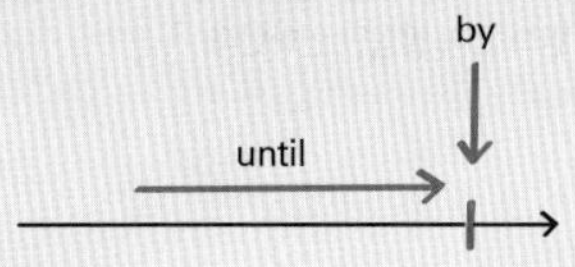

3 within: ~이내에

시간 ~이내에	**within** two hours	두 시간 이내에
공간 ~안쪽에, ~내에서	stay **within** the classroom	교실에서만 계속 있다
범위 ~안에서	**within** the budget	예산 안에서

with 함께 + **in** ~안에

⇒ 함께 들어가다

전치사 with와 in이 합쳐진 말이다. 어떤 것 안에 함께 들어가는 것, 다시 말해 '범위'나 '영역' 안에 들어가는 것을 말한다.

- 실제 공간이나 추상적인 공간 '안에' 드는 것을 뜻하여 '범위'나 '영역'을 지칭한다.
- 주어진 시간 범위를 넘지 않는다는 뜻에서 '~이내에'라는 의미도 가진다.
- 수량, 정도 등의 최대 범위, 즉 '한계'를 나타내기도 한다.

예문

❼ The plane should take off **within** 30 minutes. 기출

❽ Your books will arrive **within** the next seven days.

❾ We have to live **within** a small budget.

❿ Park your car **within** the lines.

❼ 'within + 시간'은 '(시간) 이내에'라는 뜻이다.

❽ arrive within은 '~이내로 도착하다'라는 뜻이다. 도착하는 시간의 범위를 나타내고 있다.

❾ within은 시간뿐만 아니라 공간, 수량, 정도 등의 범위를 나타낼 수 있다. 여기서는 예산의 범위를 나타낸다.

❿ 여기서는 공간을 나타낸다. 선 '안쪽에' 주차하라는 뜻이다.

4 since: ~이래로

시간 ~이래로, 이후에 계속	**since** 1995	1995년 이래로
	since Tuesday	화요일 이후에

sith(en) ~후에

⇒ 그때 이후에

'이후에, 이래로'라는 뜻의 어원 sithen의 줄임말이다. 뜻 변화 없이 발음만 변화했다.

- 과거에 시작한 어떤 일이 일정 기간 지속되었음을 나타낸다.
- 주절에는 지속을 나타내는 완료형 시제가 함께 쓰인다.

예문

⓫ We've lived in Paris **since** last year.

⓬ I haven't seen him **since** his marriage.

⓭ I had worked there **since** my graduation.

⓫ since는 '~이래로'라는 뜻으로, 과거의 어느 일정한 때부터 그 이후의 기간을 나타낸다.

⓬ since는 의미상 완료시제와 함께 쓰인다. 이 문장에서는 현재완료시제의 부정형이 쓰였다.

⓭ since 다음 명사구가 왔다. '졸업한 이래로'라고 해석한다.

▸느낌 빡! since, within 그림으로 이해하기

since는 과거의 한 시점부터 지속된 동작이나 상황을 의미하며, within은 미래나 이후 시점을 기준으로 그 안에 일어나는 동작이나 상황을 의미한다.

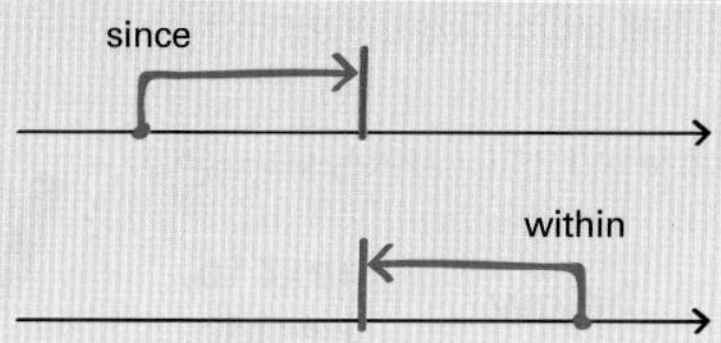

진짜 이해했는지 확인!

정답과 해설 p.405

Q1 둘 중 올바른 것을 고르세요.

1 I studied (within / until) 9 p.m.

2 Your books will arrive (since / within) the next three days.

3 Please turn off your cell phone (since / during) the show.

Q2 배운 문법을 이용해 영어 문장을 말해보세요.

1 밤 사이에 비가 온 것이 틀림없다. **(night)** →

2 그 비행기는 10분 이내에 이륙해야 합니다. **(take off)** →

3 졸업한 이래로 나는 그곳에서 계속 일했었다. **(graduation)** →

예문 해석 거꾸로 영작 훈련도 필수!

1. 밤 사이에 비가 온 것이 틀림없다. **2.** 공연 중에는 핸드폰을 꺼 주시기 바랍니다. **3.** 노령의 사람들은 더운 날씨가 지속되는 동안에는 충분한 물을 마시는 것이 좋습니다. **4.** 그 전시는 3월까지 계속될 것입니다. **5.** 나는 어젯밤에 오후 9시까지 공부했다. **6.** 1960년대에 이르기까지 '멀티태스킹'이라는 용어는 존재하지 않았다. **7.** 그 비행기는 30분 이내에 이륙해야 합니다. **8.** 당신의 도서는 다음 7일 이내에 도착할 것입니다. **9.** 우리는 적은 예산 내에서 살아야 한다. **10.** 선 안쪽에 주차하세요. **11.** 우리는 작년부터 파리에 살고 있다. **12.** 그의 결혼 이후 그를 보지 못했다. **13.** 졸업한 이래로 나는 그곳에서 계속 일했었다.

UNIT 54

중요 전치사 (위치)

예문 듣기

대부분의 전치사는 기본적으로 위치 전치사에서 출발한다. 그러다가 그것이 시간을 나타낼 때도 쓰이고, 대상을 가리킬 때도 쓰이면서 의미가 점점 추가된다. 어원을 기반으로 단어 뜻이 확장되었던 것처럼, 전치사도 눈에 보이는 구체적인 의미에서 추상적인 의미로 확장되는 것이다.
그러므로 가장 기본은 '위치'이다. 전치사가 정확히 어느 위치를 말하는지 이해하면 그 밖의 추상적인 의미는 자연스레 따라온다.

in front of	behind	between	among	above	below	next to, beside
~앞에	~뒤에	~사이에	~중에서	~위에	~아래에	~바로 옆에

1 in front of: ~앞에

위치 ~앞에, ~정면에

park **in front of** the building
건물 앞에 주차하다

in front of the police 경찰이 보는 앞에서

in 안에 + **front** 앞쪽 + **of** ~의
⇒ 앞에 있는
사람·사물의 앞에 있는 공간 또는 장소의 앞쪽 공간을 의미한다.

- 어떤 대상의 조금 떨어진 앞, 또는 넓은 공간의 앞쪽 영역을 뜻한다.
- in front of 다음에 사람을 뜻하는 명사가 오면 '~정면에[~가 보는 앞에서]'라는 뜻이다.

2 behind: ~뒤에

위치 ~뒤에

hide **behind** the rock 바위 뒤에 숨다

시간, 경과 ~보다 늦은

behind the rest 나머지보다 뒤처진

by ~에 + **hind** 뒤쪽
⇒ 뒤에 있는
hind는 '뒤'를 뜻한다. 말 그대로 '뒤에 있다'는 뜻. 참고로 동사 hinder(방해하다)는 어원 뜻이 '뒤로 당기다'이다.

- in front of의 반대말로, 공간적으로 뒤에 있는 것을 의미한다.
- 추상적 의미로 확장되어 시간이 뒤처진 것, 누군가의 뒤에서 지지하거나 후원하는 것을 나타낼 때도 쓰인다.

▸ 느낌 빡! in front of, behind 그림으로 이해하기

in front of는 대상의 앞쪽, 또는 넓은 공간의 앞쪽 영역을 의미한다.
behind는 대상의 뒤쪽, 넓은 공간의 뒤쪽 영역을 의미한다.

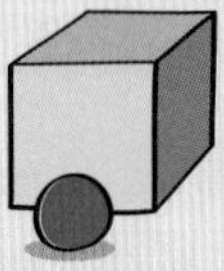
in front of

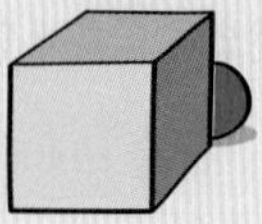
behind

예문 正正

❶ Let's meet **in front of** the gate.

❷ I was embarrassed **in front of** my class.

❶ in front of는 '~의 앞쪽에'라는 뜻이다. 이 문장에서는 만날 장소를 표현하기 위해 쓰였다.

❷ in front of는 '(누군가가) 보는 앞에서'라는 뜻의 비유적 표현이 되기도 한다.

❸ James was sitting right **behind** her.

❹ We're two days **behind** schedule.

❺ My family is always **behind** me.

❸ behind는 '~뒤에'라는 뜻이다. 부사 right가 쓰여 '~의 바로 뒤에'라는 뜻이 되었다.

❹ 이 문장에서 behind는 시간상으로 뒤에 있음을 나타낸다. two days behind schedule은 '일정보다 이틀 뒤처진'이라는 뜻이다.

❺ behind me는 '나의 뒤에서' 지지해준다는 의미로 쓰였다.

3 between: ~사이에 (대상이 둘일 때)

위치	**~사이에**	**between** your wrist and elbow 네 손목과 팔꿈치 사이에
시간	**~사이에**	**between** meals 식사와 식사 사이에
대상	**~간에, ~중에서**	**between** the two of us 우리 둘 중에서

by ~에 + **twe** 둘 + **(en)** 각각

⇒ 둘의 중간에

둘을 각각 떼어놓고 중간에 있다는 뜻이다. 그 '사이에' 있는 것을 말한다.

- '~사이에'라는 우리말 뜻과 쓰임이 거의 비슷하다.
- 시간과 공간에서의 중간을 뜻하기도 하고, 서로 관련이 있는 두 대상을 나타내기도 한다.

4 among: ~중에서 (대상이 셋 이상일 때)

위치	**~가운데, ~에 둘러싸여**	**among** the spectators 관중에 둘러싸여
대상	**~중에서**	**among** group members 조원들 중에서

a ~에 + **mong** 많은 사람들

⇒ 여럿 중에서

어원 자체가 '많은 사람들'이라는 뜻이다. 여러 명의 사람들 '중에서' 혹은 특정 집단 '내에서'라는 의미로 쓰인다.

- 위치상 여럿 가운데 섞여 들어가 있는 모양을 뜻한다.
- 개별적으로 구분하지 않고 다수나 집단을 지칭할 때도 쓴다.

▸ 느낌 빡! between, among 그림으로 이해하기

between은 두 개의 대상 사이에, among은 셋 이상의 대상에 둘러싸여 있는 것을 말한다. 대상이 둘일 때는 among을 쓸 수 없다.

There is a house **between** the two trees.
두 그루의 나무 사이에 집 한 채가 있다.

There is a house **among** the trees.
여러 그루의 나무에 둘러싸인 집 한 채가 있다.

예문 正正

❻ It's **between** the school and the park.

❻ between A and B는 'A와 B사이에'라는 뜻이다. 여기서는 공간적 위치를 나타낸다.

❼ They will arrive **between** 3:00 and 4:00.

❼ 시간 사이나 특정 시간대를 말할 때도 between을 쓸 수 있다.

❽ What is the difference **between** these two groups of people? 기출

❽ between 뒤에 and 없이 복수명사(-s)가 올 수도 있다. '~들 중에서'라는 뜻이다.

❾ The building is **among** the tall trees.

❾ 여기서 among은 위치를 나타낸다. among the tall trees는 '키 큰 나무들에 둘러싸여'이다.

❿ It is the most well-known **among** his works.

❿ among은 '~중에서'라는 뜻으로 다수의 비교 대상을 나타낸다.

5 above: ~위에

위치	~위에, ~보다 높은	**above** your head 당신 머리 위에
정도	~보다 높은	**above** 50% 50퍼센트가 넘는

a ~에 + **bove** 넘어서다(be over)

⇒ 위를 넘어서

무엇을 넘어섰다는 건 그것보다 '위에' 있다는 것을 말한다.

- 상대적인 관점에서 어떤 기준보다 높은 위치에 있는 것을 말할 때 쓴다.
- 수량이나 수준이 더 높은 것을 뜻하기도 한다.

6 below: ~아래에

위치	~아래에, ~보다 낮은	**below** the surface 표면 아래에 **below** the fifth floor 5층보다 낮은 곳에
정도	~보다 낮은	**below** average 평균 이하의

by ~에 + **low** 낮은

⇒ 낮은 곳에

낮다는 뜻의 low가 by와 함께 쓰여 '상대적으로 낮은 곳'에 있다는 뜻이다.

- above의 반대말로, 어떤 기준보다 낮은 위치에 있는 것을 말할 때 쓴다. ○ p.248 '위'와 '아래'를 나타내는 전치사 한번에 정리하기
- 수량이나 수준이 더 낮은 것을 뜻하기도 한다.

예문 正正

⓫ The sky **above** the city was so clear.

⓫ above는 비교 대상보다 '더 위에 있는' 것을 말한다.

⓬ Her grades are **above** average for the class.

⓬ above average는 '평균보다 높은'이라는 뜻이다. 참고로 명사 average는 뒤에 있는 또 다른 전치사구(for the class)의 수식을 받아 '학급 평균'이라는 뜻이 된다.

⓭ He dived **below** the surface of the sea.

⓭ below는 비교 대상보다 '더 낮은 위치에 있는' 것을 말한다. below the surface of the sea는 '해수면 아래에'라는 뜻이다.

⓮ The temperature fell **below** zero this morning.

⓮ 여기서 below zero는 '섭씨 0도' 아래에 있음을 나타낸다. '영하'라는 뜻이다.

7 next to: ~바로 옆에(=beside)

위치 ~옆에	**next to** the bank	은행 옆에
순서 ~다음에	right **next to** you	너 바로 다음으로
비교 ~에 비하여	**next to** him	그에 비해서

next 가장 가까운(nearest) + **to** ~에

⇒ 가장 가까이에

가장 가까운 위치는 그 옆에 딱 붙어 있는 것이다. '바로 옆에', 또는 바로 그 '다음 순서'를 가리킨다.

- 가장 가까운 위치, 즉 '바로 옆에' 있는 것을 말한다.
- 순서나 순위를 나타낼 때 '바로 그 다음'을 뜻하기도 한다.
- next to가 위치, 비교의 의미로 쓰일 때 beside로 바꾸어 말할 수 있다.

예문 正正

⑮ His parents sat **next to** him.

⑮ next to him은 '그의 옆에'라는 뜻이다. 동사를 수식하는 전치사구로 쓰였다. beside him으로 바꾸어 말할 수 있다.

⑯ We went to the restaurant **next to** the hotel.

⑯ 여기서는 전치사구가 명사 the restaurant을 수식한다. '호텔 옆에 있는 식당'이라는 의미다.

⑰ Kathy is the tallest girl **next to** Jennifer.

⑰ next to가 최상급 표현과 쓰이면 차상위를 나타낸다. the second tallest라는 표현으로 바꾸어 말할 수 있다. Unit 86. 최상급

⑱ **Next to** him, I'm not good at math.

⑱ next to는 비교할 때도 쓸 수 있다. '~와 비교하여, ~에 비하여'라는 뜻으로 비교 대상을 나타낸다.

▶ 느낌 빡! '옆'을 뜻하는 전치사 그림으로 정리하기

next to, beside: '바로 옆에'라는 뜻이다. next to는 어원 자체가 nearest(near의 최상급), 즉 '가장 가까운' 것을 의미한다. beside는 next to와 동일하다.
by: '옆에, 근처에'라는 뜻이다. 경우에 따라 바로 옆을 가리키기도 하지만, next to, beside보다는 조금 더 먼 느낌이 있다.

next to, beside   by

✔ 진짜 이해했는지 확인!

정답과 해설 p.405

Q 둘 중 올바른 것을 고르세요.

1 Let's meet (between / in front of) the theater.

2 The park is (among / above) the tall buildings.

3 The sky (below / above) the city was so clear.

예문 해석 거꾸로 영작 훈련도 필수!

1. 문 앞에서 만나자. **2.** 난 학급 친구들 앞에서 당황스러웠어. **3.** 제임스는 그녀 바로 뒤에 앉아 있었다. **4.** 우리는 일정보다 이틀 뒤처져 있어요. **5.** 우리 가족은 항상 저를 지지해줘요. **6.** 그곳은 학교와 공원 사이에 있어요. **7.** 그들은 세 시에서 네 시 사이에 도착할 거예요. **8.** 이 두 그룹 사람들 간의 차이는 무엇일까? **9.** 그 건물은 키 큰 나무들에 둘러싸여 있어요. **10.** 그것은 그의 작품들 중에서 가장 잘 알려져 있다. **11.** 그 도시 위의 하늘은 아주 맑았다. **12.** 그녀의 성적은 학급 평균보다 높아요. **13.** 그는 해수면 아래로 잠수했다. **14.** 오늘 아침에 온도가 영하로 떨어졌다. **15.** 그의 부모님은 그의 옆에 앉았다. **16.** 우리는 호텔 옆에 있는 식당에 갔다. **17.** 캐시는 제니퍼 다음으로 가장 키가 큰 소녀이다. **18.** 그에 비해서, 나는 수학을 잘하지 못한다.

UNIT 55

중요 전치사 (방향, 움직임) (1)

예문 듣기

어떤 전치사들은 고정된 위치뿐만 아니라 사물이나 사람이 움직이는 경로를 나타낸다. 또는 직접 움직이지 않아도 어떤 방향을 따라가고 있는지 나타낸다.
이러한 전치사들은 이동이나 동작을 나타내는 동사와 자주 쓰인다.

up	down	over	under	into	out of
~위로	~아래로	~을 넘어서	~아래에	~안으로	~밖으로

1 up: ~위로

방향, 움직임 ~위로, ~위쪽에	go **up** the hill	언덕 위로 올라가다
	climb **up** the mountain	산을 올라가다
위치 ~위에	**up** the ladder	사다리 위에

up 언덕에 사는

⇒ 오르막의, 위로 가는

어원의 의미가 '언덕에 사는'이다. 위로 올라가는 것 또는 점진적인 상승을 의미한다.

- 방향이나 움직임이 위를 향하는 것, 혹은 어떤 것의 위에 위치하는 것을 나타낸다.
- 지위나 중요도가 더 높은 것을 이야기할 때도 쓴다.

2 down: ~아래로

방향, 움직임 ~아래로, ~을 따라서	roll **down** the hill	언덕 아래로 굴러가다
	go **down** the road	길을 쭉 따라가다
위치 ~아래에	**down** the river	강의 하류에

down 언덕에서 내려오는

⇒ 내리막의, 내려가는

아래로 내려가는 것, 하강을 의미한다. 내리막에서는 몸이 저절로 이끌려지듯이, 길을 그대로 따라간다는 뜻도 있다.

- up의 반대말이다. 아래를 향하는 것, 혹은 위치나 지위가 아래에 있는 것을 나타낸다.
- 꼭 아래 방향이 아니더라도 along처럼 어떤 것을 그대로 따라간다는 뜻도 있다. Unit 56. 중요 전치사 (방향, 움직임) (2)

예문 正正

❶ He pushed the truck **up** the hill.

❷ The meeting room is just **up** the stairs.

❸ Be careful going **down** the ladder.

❹ We live **down** the road.

❶ up the hill은 '언덕 위로'라는 뜻이다. 여기서 up은 방향을 나타낸다.

❷ up the stairs는 '계단 위에', 즉 한 층 위에 있다는 뜻이다. 여기서 up은 위치를 나타낸다.

❸ go down the ladder는 '사다리를 내려가다'라는 뜻이다. down 대신 up을 쓰면 올라간다는 뜻이 된다.

❹ 여기서 down은 위치를 나타내어 '~의 아래쪽에'라는 뜻이다.

3 over: ~을 넘어서

방향, 움직임 **~을 넘어서, ~위에**	**over** the fence	울타리 너머로
시간 **~동안에, ~하면서**	**over** lunch	점심시간 동안에
정도 **~을 넘는[초과하여]**	**over** one hundred	100을 넘는

over ~너머에

⇒ 위를 넘겨서

위로 넘어가는 것이 over다. 위에 있는 것은 물론, 위로 넘어간 다음에 아래로 다시 떨어지는 모양까지도 포함한다.

- 위로 넘어가는 것, 위로 올라갔다가 아래로 떨어지는 모양 모두 over다.
- 시간이 한때에서 다른 한때로 넘어간다는 뜻에서 그 '동안'을 의미한다.
- 정도를 넘어선다는 뜻에서 '초과한다'는 의미가 있다.

4 under: ~아래에

방향, 움직임 **~아래로, ~속에**	**under** the desk	책상 아래에
시간 **~중에 있는**	**under** construction	공사 중인
정도 **~미만으로**	children **under** 6	6세 미만 아동

under 낮은 곳

⇒ 아래에

아래에 존재하는 것을 말한다. 아직 밖으로 나오지 않았다는 뜻에서 '완성되지 않은, 진행 중인'이라는 의미가 있다.

- over의 반대말로, 아래에 존재하는 것, 아래로 움직이는 것을 말한다.
- 아직 '진행 중인' 일, 아직 도달하지 않은 것을 가리켜 '~미만인'이라는 의미도 있다.

예문

⑤ There's a light hanging **over** the desk. 기출

⑥ He has saved money **over** the years.

⑦ You went **over** the speed limit.

⑧ There's a cat **under** the desk.

⑨ The stairs are currently **under** repair.

⑩ Children **under** eight must be accompanied by an adult.

⑤ over는 조금 떨어진 위쪽을 의미한다. hanging over the desk는 책상 '위쪽에' 조금 떨어져 걸려있는 것을 말한다.

⑥ '~동안'이라는 뜻이다. 전치사 for를 써도 되지만, over를 쓰면 시간의 경과를 더 강조할 수 있다.

⑦ 속도 제한을 '넘어선' 것은 '초과한' 것이다.

⑧ under the desk는 '책상 아래에'라는 뜻이다.

⑨ under는 진행 중인 상태를 나타낸다. under repair는 '복구공사 중'이라는 뜻이다.

⑩ 여기서 under는 나이 기준을 말하고 있다. under eight은 '8세 미만'이라는 뜻이다.

▶ 느낌 빡! '위'와 '아래'를 나타내는 전치사 한번에 정리하기

over: 위로 넘어가는, 위쪽에 있는
above: 기준보다 위에 있는
up: 위를 향하는
on: 바로 위/아래에 붙어 있는

under: 아래로 지나가는, 아래쪽에 있는
below: 기준보다 아래에 있는
down: 아래를 향하는

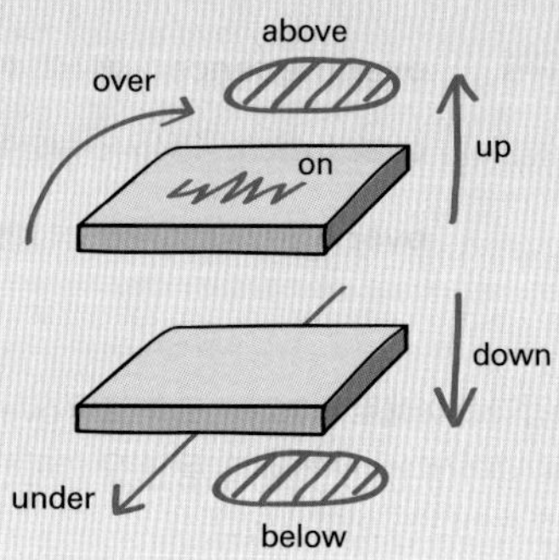

5 into: ~안으로

방향, 움직임 **~안으로, ~에 부딪혀**	fall **into** the trap 함정에 빠지다	
결과 **~으로 되는**	turn **into** a butterfly 나비로 변하다	

in 안에 + **to** ~로
⇒ 안으로
안을(in) 향해서(to) 가는 것. 안으로 들어간다는 뜻이다. 어떤 상태나 결과 안으로 들어간다는 의미에서 '~로 되다, ~한 결과로 이어지다'라는 의미로도 사용된다.

- 움직여서 그 '안으로' 들어간다는 뜻이다. in에 비해 도착 지점을 강조하는 표현이다.
- 원인에 의해 도달하게 되는 '결과'를 말할 때도 쓰인다.

6 out of: ~밖으로

방향, 움직임 **~밖으로**	**out of** pocket 주머니 밖으로 나간	
결과 **~을 벗어난, ~을 잃은**	**out of** work 실직한	

out 밖에 + **of** ~의
⇒ 밖으로
out은 '밖에'라는 뜻의 부사고, of는 '일부, 소속'을 나타내는 전치사다. 원래 그 일부였던 것이 밖으로 튀어나오는 것이다.

- out이 그냥 '밖'을 의미한다면 out of는 안에서 밖으로 나오는 움직임을 나타낸다.
- 정해진 범위를 벗어났다는 뜻에서 '~을 잃은, ~을 못하게 된'이라는 뜻도 있다.

▶ 느낌 빡! into, out of 그림으로 이해하기

into는 밖에서 안으로, out of는 안에서 밖으로 나가는 움직임이나 방향성을 나타낸다.

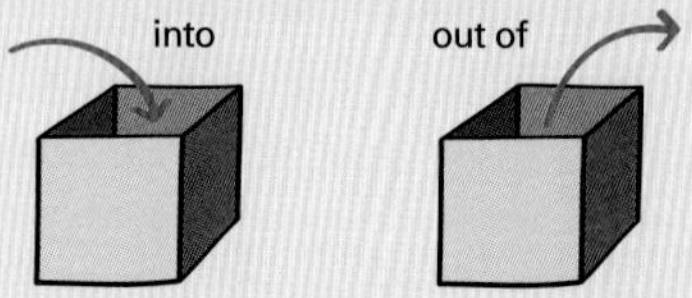

예문

⑪ He threw the letter **into** the trash can.

⑪ into는 움직이는 방향을 나타낸다. '~의 안으로'라는 뜻이다.

⑫ The car ran **into** a pole.

⑫ into는 도착 지점이나 맞닿는 지점을 나타내기도 한다. run into는 '~에 부딪히다, ~을 우연히 만나다'라는 뜻이다.

⑬ A caterpillar turns **into** a butterfly.

⑬ 변화의 결과나 영향을 나타낼 때도 into를 쓸 수 있다. 어떤 결과로 들어가 버렸다는 뜻이다.

⑭ The students are going **out of** the classroom.

⑭ out of는 어떤 장소의 '안에서 밖으로' 나가는 움직임을 나타낸다.

⑮ The problem is getting **out of** hand.

⑮ out of hand는 '손 밖으로'라는 뜻. 통제 범위를 벗어났다는 의미의 비유적 표현이다.

진짜 이해했는지 확인!

정답과 해설 p.406

Q1 둘 중 올바른 것을 고르세요.

1 Children (under / down) eleven must be accompanied by an adult.

2 Be careful going (out of / down) the stairs.

3 A caterpillar turns (up / into) a butterfly.

Q2 배운 문법을 이용해 영어 문장을 말해보세요.

1 우리는 길 아래쪽에 살아. **(live, the road)** →

2 학생들이 강당 밖으로 나오고 있다. **(the auditorium)** →

3 책상 위에 걸려있는 전등이 있다. **(a light)** →

예문 해석 거꾸로 영작 훈련도 필수!

1. 그는 언덕 위로 트럭을 밀었다. **2.** 회의실은 한 층 위에[계단 위에] 바로 있어요. **3.** 사다리를 내려올 때 주의해라. **4.** 우리는 길 아래쪽에 살아. **5.** 책상 위에 걸려있는 전등이 있다. **6.** 그는 수년 동안 돈을 모았다. **7.** 당신은 속도 제한을 초과하였습니다. **8.** 책상 아래에 고양이가 있어요. **9.** 계단이 현재 복구공사 중입니다. **10.** 8세 미만 아동은 어른을 동반해야 합니다. **11.** 그는 휴지통으로 편지를 던졌다. **12.** 그 자동차는 전봇대에 부딪혔다. **13.** 애벌레는 나비로 변한다. **14.** 학생들이 교실 밖으로 나오고 있다. **15.** 그 문제는 손 밖으로 벗어나고 있다[손쓰기 어려워지고 있다].

UNIT 56

중요 전치사 (방향, 움직임) (2)

예문 듣기

방향, 움직임을 나타내는 전치사 중 서로 헷갈리는 전치사를 모았다.
through는 한 장소를 가로지르는 것, across는 다른 장소로 가로질러 가는 것을 나타낸다. along은 옆으로 길게, around는 주변을 둥글게 따라가는 것이다. past와 towards는 어딘가로 가고 있는 상태를 말한다.

through	across	along	around	past	toward(s)
~을 관통하여	~을 가로질러	~을 따라	~을 돌아서	~을 지나서	~쪽으로

1 through: ~을 관통하여

방향, 움직임 **~을 관통하여**	**through** the crowd	군중 사이를 뚫고
위치 **~전체에**	**through** the country	전국에
시간 **~내내**	**through** the night	밤새도록
절차 **~을 거쳐서[통해서]**	**through** the agency	대행사를 통해서

thuru 가로질러, 넘어서
⇒ ~을 뚫고
형용사 thorough(철저한, 완전한)와 어원이 같다. 처음부터 끝까지 완전히 뚫고 지나가는 것이다.

- 어떤 장소나 절차를 통과하는 것을 말한다.
- 완전히 뚫고 지나간다는 뜻에서 '~전체에'라는 뜻으로도 쓰인다.
- 시간을 나타내어 '~내내'라는 뜻도 있다. 처음부터 끝까지 계속된다는 뜻이다.

2 across: ~을 가로질러

방향, 움직임 **~을 가로질러, ~ 맞은편에**	**across** the street	길 건너에
위치 **~전체에**	**across** the globe	전 세계에

a ~에 + **cross** 십(十)자 모양
⇒ ~을 가로질러
길이나 장소를 십자 모양으로 건너간다는 뜻. 즉 '가로지르는' 것을 말한다.

- 가로로 이동하는 것, 가로질러 건너가는 것을 의미한다.
- 가로지른다는 말에 정면으로 통과한다는 의미가 있어, through처럼 '전체'를 의미하기도 한다.

예문 正 正

❶ The path runs **through** the forest.

❷ We traveled **through** the country.

❸ I slept all **through** the day.

❶ through the forest는 '숲을 관통하여', 즉 숲 속을 뚫고 지나간다는 뜻이다.
❷ 처음부터 끝까지, 전체를 관통한다는 뜻. through the country는 '온 나라 전체를'이라고 해석한다.
❸ 'through + 시간 표현'은 그 시간의 처음부터 끝까지, 즉 '~내내'라는 뜻이 된다.

❹ The participants are selected **through** an interview. 기출	❹ 여기서는 through가 '~을 거쳐서'라는 의미다. 통과해야 하는 절차를 나타낸다.
❺ I saw her walking **across** the street.	❺ 길을 가로질러, 즉 '길 건너로' 걸어가고 있었다는 뜻이다.
❻ There's a crack **across** the wall.	❻ across the wall은 '벽을 가로질러'라는 뜻이다.
❼ He has been popular **across** Asia.	❼ across Asia는 '아시아 전역에서'라는 뜻이다. 문맥에 따라 '아시아를 건너서[횡단하여]'라는 뜻도 된다.

느낌 빡! through, across 그림으로 이해하기

through는 어떤 영역이나 대상을 완전히 뚫고 지나가는 것, across는 맞은편으로 가로질러 가는 것이다.

3 along: ~을 따라

방향, 움직임	**~을 따라**	**along** the corridor	복도를 따라
위치	**~에 늘어선**	**along** the shelves	선반에 늘어선

a ~에 + **long** 긴

⇒ 길게

강이나 길, 해변처럼 기다란 선 형태의 공간을 따라가는 것을 말한다.

- 어떤 대상을 따라 한 방향으로 길게 이동하는 움직임을 말한다.
- 위치 전치사로서 길게 늘어선 모양을 뜻하기도 한다.

4 around: ~을 돌아서

방향, 움직임	**~을 돌아서**	**around** the corner	모퉁이를 돌아서
위치	**~주위[둘레]에**	**around** the house	집 주변에

a ~에 + **round** 둥글다

⇒ ~을 돌아서

round는 형용사 자체의 뜻이 '둥글다'라는 뜻이다. 원을 둘러싼 주변이나 둘레를 돌아가는 것을 말한다. '주변'이란 의미에서 '대략'이라는 부사 의미도 나오게 됐다.

- 장소나 위치를 끼고 돌아가는 것을 말한다.
- 그 둘레를 돈다는 뜻에서 정확한 지점이 아닌 그 주변 위치를 뜻하기도 한다.

예문

❽ We are driving **along** 5th Avenue.

❽ along은 한 방향으로 길게 움직이는 것을 말한다. '~을 따라'라는 뜻이다.

❾ There are flowers **along** the river.

❾ 여기서 along은 위치를 나타낸다. along the river는 '강에 늘어서' 있는 것이다.

❿ They are sitting **around** the table.

❿ around the table은 '테이블 주변으로, 테이블을 둘러싸서'라는 뜻이다.

⓫ The tour guide showed us **around** the city.

⓫ around가 위치를 나타낼 때는 정확한 지점이 아니라 주변, 둘레를 말한다. around the city는 '시내 곳곳에'라는 뜻이다.

⓬ The student council elections are right **around** the corner. 기출

⓬ around the corner는 모퉁이만 돌면 바로 있다는 뜻. 가까이 있거나 시간이 임박한 것을 비유적으로 말할 때 쓴다.

느낌 빡! along, around 그림으로 이해하기

along은 길게 선을 그리며 따라가는 것, around는 대상의 근처를 둥글게 돌아가는 것이다.

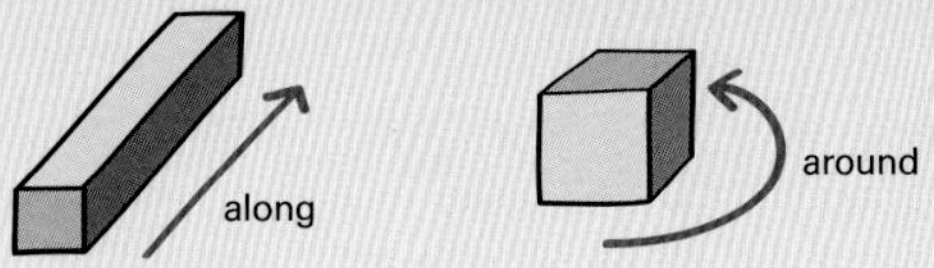

5 past: ~을 지나서

방향, 움직임 **~을 지나서[넘어서]**	**past** the store	그 상점을 지나서
시간 **~을 지난**	ten **past** nine	9시 10분[9시에서 10분 지난]

past 지나갔다
⇒ ~을 지나서
past는 동사 pass의 과거형이 전치사가 된 것이다. 이미 지나쳐서 다른 곳으로 가고 있는 상태를 뜻한다.

- 장소나 위치 옆을 지나쳐서 가는 것을 말한다.
- 시간이 정각에서 정확히 몇 분 지났는지 나타낼 때도 쓰인다.

6 toward(s): ~쪽으로

방향, 움직임 **~쪽으로**	look **towards** the camera	카메라 쪽으로 보다
대상 **~을 향하여**	**towards** the completion	완성을 목표로 하는

to ~에 + **ward** 돌다
⇒ 방향을 돌리다
'돌다'라는 뜻의 ward가 어원으로, 어딘가를 향해 방향을 돌리는 것을 말한다.

- 어떤 장소를 향해 나아가거나, 어떤 방향을 바라보는 것을 말한다.
- 추상적인 목표, 감정의 대상을 나타낼 때도 쓴다.

참고 toward는 미국 영어, towards는 영국 영어에서 주로 쓰며 서로 같은 말이다.

예문 正正

⑬ The post office is right **past** the park.

⑬ 우체국이 '공원을 지나서' 바로 있다는 뜻이다.

⑭ He walked straight **past** me.

⑭ past는 관심을 두지 않고 그냥 '지나치는' 것도 의미한다.

⑮ The house faces **towards** the south.

⑮ towards는 '~쪽으로'라고 해석한다. 여기서는 집이 바라보고 있는 방향을 나타낸다.

⑯ She is hurrying **towards** the exit.

⑯ towards the exit는 '출구를 향해서'라는 뜻이다. 움직이는 방향을 나타낸다.

⑰ He felt very angry **towards** her.

⑰ 이 문장에서는 towards가 감정이 향하는 대상을 표현하고 있다. feel angry towards[at]는 '~에 화가 나다'라는 뜻이다.

▶ 느낌 빡! past, towards 그림으로 이해하기

past는 대상을 지나쳐서 계속 나아가는 것, towards는 그 대상을 향해 나아가는 것을 말한다.

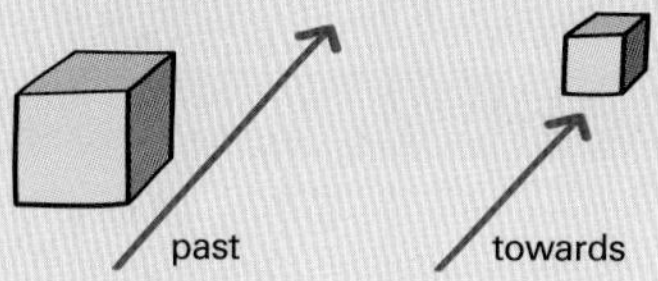

진짜 이해했는지 확인!

정답과 해설 p.406

Q1 둘 중 올바른 것을 고르세요.

1 The house faces (past / towards) the west.

2 The tour guide showed us (towards / around) the old town.

3 The participants are selected (across / through) a test.

Q2 배운 문법을 이용해 영어 문장을 말해보세요.

1 우체국이 공원을 지나서 바로 있다. **(the park, the post office)** →

2 나는 그녀가 길 건너로 걸어가는 것을 봤다. **(walk, the street)** →

3 그 길은 숲 속으로[숲을 관통하여] 나 있다. **(the path, run)** →

예문 해석 거꾸로 영작 훈련도 필수!

1. 그 길은 숲 속으로 나 있다. **2.** 우리는 온 나라 전체를 여행했다. **3.** 나는 하루 종일 잤다. **4.** 참가자들은 면접을 거쳐서 선발된다. **5.** 나는 그녀가 길 건너로 걸어가는 것을 봤다. **6.** 벽을 가로질러 금이 있다. **7.** 그는 아시아 전역에서 유명해졌다. **8.** 우리는 5번가를 따라 운전 중이다. **9.** 꽃이 강에 늘어서 있다. **10.** 그들은 테이블 주위에 앉아 있다. **11.** 여행 가이드가 시내 곳곳에 우리를 구경시켰다. **12.** 학생회 선거가 바로 코앞이다. **13.** 우체국이 공원을 지나서 바로 있다. **14.** 그는 나를 지나쳐서 곧장 걸어갔다. **15.** 그 집은 남쪽을 향한다. **16.** 그녀는 출구를 향해서 서둘러 가고 있다. **17.** 그는 그녀에게 무척 화가 났다.

이것만은 꼭!

구동사 정리하기

1 구동사의 정의

구동사란 '동사 + 부사[전치사]' 또는 '동사 + 부사 + 전치사' 형태로 구성된 두세 개의 단어 집합을 말한다. care for(~을 돌보다), get rid of(~을 제거하다)와 같이 하나의 동사처럼 쓰여 목적어를 가질 수 있다. 이때 전치사는 동사의 뜻을 확장하거나 새로운 의미를 형성하는 데 필요한 보조적 역할을 하게 된다.

2 자주 쓰이는 구동사 표현

(1) at/on/in

전치사	구동사
at ~에 (지점, 정확한 대상을 가리킨다)	look at ~을 쳐다보다 laugh at ~을 비웃다 smile at ~을 보고 웃다 aim at ~을 겨냥하다 point at ~을 가리키다 be surprised/mad at ~에 놀라다/화나다
on ~에, 위에 (면에 붙어 있는 모양을 말한다)	concentrate on ~에 집중하다 depend/rely on ~을 의지하다, 믿다 get on ~을 타다, ~위에 타다 live on ~을 먹고 살다 비교 live on 계속 존재하다(동사+부사) insist on ~을 주장하다, ~을 고집하다
in ~안에 (입체적인 공간 안에 있는 것을 말한다)	believe in ~을 믿다, 신뢰하다 specialize in ~을 전문으로 하다 succeed in ~에 성공하다, ~에서 출세하다

(2) 방향, 원인, 결과를 나타내는 from, to, into

from ~로부터 (출발 지점, 원인)	suffer from ~으로부터 고통받다, ~에 시달리다 run away from ~으로부터 도망치다 hear from ~로부터 소식을 듣다 protect A from B B로부터 A를 지키다 separate A from B B로부터 A를 분리하다 prevent/keep/stop A from B A가 B를 못하게 막다 distinguish A from B B로부터 A를 구분하다

to ~으로, ~에게 (도착 지점, 결과)	happen to ~에게 일어나다 look forward to ~을 기대하다 attribute A to B A를 B의 탓으로 돌리다 compare A to B A와 B를 비교하다 prefer A to B B보다 A를 선호하다
into ~안으로 (방향, 도착 지점)	break into ~에 침입하다 crash/bump into ~에 부딪히다 run into ~을 맞닥뜨리다, 우연히 마주치다

(3) 대상, 이유, 수단을 나타내는 of, for, about, with

of ~의 (소속, 일부, 대상)	consist of ~으로 구성되다 cure of ~을 고치다 get rid of ~을 제거하다 take care of ~을 돌보다(=look after) accuse A of B A를 B의 죄로 고소하다 remind A of B A로 하여금 B가 생각나게 하다 rob A of B A로부터 B를 훔치다, 빼앗아가다(=deprive A of B) convince A of B A에게 B를 확신시키다
for ~을 위한, ~때문에 (대상, 이유)	prepare for ~을 준비하다 care for ~을 돌보다, ~을 위하다, ~을 좋아하다 look/search for ~을 찾다 ask for ~을 요구하다 apply for ~에 지원하다 wait for ~을 기다리다 go in for ~에 열중하다, ~을 아주 좋아하다 stand for ~을 상징하다, ~에 찬성하다 blame A for B B라는 이유로 A를 비난하다 thank A for B B에 대해 A에게 감사하다
about ~에 대하여 (대상, 주제)	worry about ~에 대해 걱정하다 understand about ~에 대해 이해하다 dream about ~에 대한 꿈을 꾸다 ★비교 dream of ~을 꿈꾸다/추구하다 think about ~에 대해 고려하다 ★비교 think of ~을 생각하다, ~이 생각나다
with ~와 함께 (수단, 동반)	be equipped with ~을 장착하다, 갖추다 correspond with ~와 교신하다 deal with ~을 상대하다, 다루다 get along with ~와 잘 지내다 keep up with ~을 계속 쫓아가다, 유지하다 provide/supply A with B A에게 B를 제공하다 replace A with B A를 B로 대신하다(=substitute B for A)

필수 예문 Review

가리개를 활용하여
필수 예문을 테스트해 보세요.

A 가 한글 가리고 해석해 보기

- ☐ ❶ I was born in August.
- ☐ ❷ I'd love to swim in the pool.
- ☐ ❸ Can we go across the road?
- ☐ ❹ He's a student at the university.
- ☐ ❺ Jessica is in an English class with her friend Tom.
- ☐ ❻ We take the school bus at 8:30.
- ☐ ❼ I ate too much at lunch.
- ☐ ❽ This train stops at Seoul Station.
- ☐ ❾ She wasn't present at the meeting today.
- ☐ ❿ He was surprised at the news.
- ☐ ⓫ Pick up trash on the ground.
- ☐ ⓬ You'll see the restaurant on your left.
- ☐ ⓭ I still have a scar on my leg.
- ☐ ⓮ The museum is closed on the first Monday of every month.
- ☐ ⓯ I have a lot of things on my mind.
- ☐ ⓰ There are no eggs in the fridge.
- ☐ ⓱ I live in a small village in Germany.
- ☐ ⓲ We display lots of artwork made in the 18th century.
- ☐ ⓳ He'll be here in an hour.
- ☐ ⓴ She spoke in a low voice.
- ☐ ㉑ They performed before a big crowd.
- ☐ ㉒ We can decorate the classroom before the party.
- ☐ ㉓ You have to arrive 10 minutes before the appointment.
- ☐ ㉔ I booked the ticket before you.

A 가 영어 예문 가리고 스피킹/영작해 보기

- ☐ ❶ 난 8월에 태어났어.
- ☐ ❷ 수영장에서 수영하고 싶어요.
- ☐ ❸ 우리 길을 건너서 갈 수 있을까요?
- ☐ ❹ 그는 그 대학교 학생이에요.
- ☐ ❺ 제시카는 친구 톰과 함께 영어 수업을 들어요.
- ☐ ❻ 우리는 8시 30분에 학교 버스를 타.
- ☐ ❼ 나는 점심 식사 때 너무 많이 먹었어.
- ☐ ❽ 이 기차는 서울역에 정차합니다.
- ☐ ❾ 그녀는 오늘 회의에 참석하지 않았다.
- ☐ ❿ 그는 그 소식에 놀랐다.
- ☐ ⓫ 땅 위에 있는 쓰레기를 주워라.
- ☐ ⓬ 왼쪽에 식당을 볼 수 있을 거예요.
- ☐ ⓭ 난 다리에 아직도 흉터가 있어.
- ☐ ⓮ 그 박물관은 매달 첫 번째 월요일에 닫습니다.
- ☐ ⓯ 내 마음에 많은 것이 있어. (마음이 복잡해.)
- ☐ ⓰ 냉장고에 계란이 없어.
- ☐ ⓱ 나는 독일에 있는 작은 마을에 살고 있다.
- ☐ ⓲ 우리는 18세기에 만들어진 많은 예술 작품을 전시합니다.
- ☐ ⓳ 그가 한 시간이 지나면 여기에 올 거예요.
- ☐ ⓴ 그녀는 낮은 목소리로 말했다.
- ☐ ㉑ 그들은 많은 군중 앞에서 공연했다.
- ☐ ㉒ 우리는 파티 전에 교실을 꾸며도 돼.
- ☐ ㉓ 너는 약속 10분 전에 도착해야 한다.
- ☐ ㉔ 내가 너보다 먼저 표를 예약했어.

㉕ Drink plenty of water after exercising.	㉕ 운동 후에 충분한 물을 마셔라.
㉖ After winning the prize, he became a celebrity.	㉖ 상을 탄 이후에 그는 유명인사가 되었다.
㉗ The same problem occurs day after day.	㉗ 똑같은 문제가 날마다 발생한다.
㉘ I need someone to look after my dog.	㉘ 나는 내 개를 돌볼 사람이 필요해요.
㉙ She took a bus from Busan.	㉙ 그녀는 부산에서 버스를 탔다.
㉚ He got the idea from his friend.	㉚ 그는 친구에게서 아이디어를 얻었다.
㉛ The concert will start from July 10.	㉛ 콘서트는 7월 10일부터 시작할 거예요.
㉜ These items are made from recycled materials.	㉜ 이 상품들은 재활용 물질로 만들어집니다.
㉝ We went to the park yesterday.	㉝ 우리는 어제 공원에 갔다.
㉞ I'm working from eight to four.	㉞ 저는 여덟 시부터 네 시까지 일하고 있어요.
㉟ Can you send this package to Laura?	㉟ 이 상자를 로라에게 보내줄 수 있나요?
㊱ We will compare the results to the previous data.	㊱ 우리는 결과와 이전 데이터를 비교해 볼 거예요.
㊲ The back of the fence needs to be painted.	㊲ 담장의 뒷부분이 칠해져야 해.
㊳ Nail biting is a bad habit of mine.	㊳ 손톱을 물어뜯는 것은 나의 나쁜 습관이다.
㊴ I'm afraid of snakes.	㊴ 나는 뱀이 무섭다.
㊵ Most of the club members are women.	㊵ 클럽 회원의 대부분이 여성이다.
㊶ She writes stories of adventure.	㊶ 그녀는 모험에 관한 이야기를 쓴다.
㊷ My family consists of four people.	㊷ 우리 가족은 네 명으로 구성돼.
㊸ How did you get rid of those useless ads?	㊸ 너는 그 불필요한 광고들을 어떻게 없앤 거야?
㊹ Let's go for a walk.	㊹ 우리 산책하러 가자.
㊺ You still have time to prepare for your presentation.	㊺ 너에게는 아직 발표를 준비할 수 있는 시간이 있어.
㊻ It's difficult for me to lose weight.	㊻ 나에겐 몸무게를 줄이는 게 어려워.
㊼ The hero stands for justice.	㊼ 그 영웅은 정의를 옹호한다.
㊽ I can hardly see for the mist.	㊽ 나는 안개 때문에 거의 아무것도 볼 수 없다.
㊾ We have not seen each other for three months.	㊾ 세 달 동안 우리는 서로 못 봤네.
㊿ I read some books about biology.	㊿ 나는 생물학에 관한 책을 몇 권 읽었어요.
51 The teacher worried about the problem.	51 선생님은 그 문제에 대해 걱정하셨다.
52 That is one thing I don't understand about Lily.	52 그게 내가 릴리에 대해 이해하지 못하는 한 가지야.
53 There are trees about the house.	53 집 근처에 나무들이 있다.
54 You can buy the tickets by phone.	54 당신은 핸드폰으로 표를 살 수 있어요.
55 I learned English by watching films.	55 나는 영화를 보면서 영어를 배웠다.
56 I'll just leave my key by the door.	56 문 옆에 열쇠를 그냥 둘게요.

☐ 57 Hand in your essay by Friday.	☐ 57 금요일까지 에세이를 제출하세요.
☐ 58 I was distracted by a cute puppy crossing the street.	☐ 58 나는 길을 건너는 귀여운 강아지에게 정신이 팔렸어.
☐ 59 They went to the market with their neighbors.	☐ 59 그들은 이웃들과 함께 시장에 갔다.
☐ 60 Rinse with warm water.	☐ 60 따뜻한 물로 헹구세요.
☐ 61 Do you see the man with a beard?	☐ 61 턱수염이 있는 남자가 보이니?
☐ 62 I can help you with your presentation.	☐ 62 네 발표를 내가 도와줄 수 있어.
☐ 63 Are you with me?	☐ 63 내 말 듣고 있나요?
☐ 64 I can't see anything without my glasses.	☐ 64 나는 내 안경 없이는 아무것도 볼 수 없어.
☐ 65 Can I have my burger without onions?	☐ 65 햄버거에 양파를 빼서 주시겠어요?
☐ 66 Humans cannot exist without nature.	☐ 66 인간은 자연 없이 존재할 수 없다.
☐ 67 He said so without looking at me.	☐ 67 그는 나를 쳐다보지 않고 그렇게 말했다.
☐ 68 They played against Brazil.	☐ 68 그들은 브라질을 상대로 경기했다.
☐ 69 The students fought against time to complete the test.	☐ 69 학생들은 시험을 끝마치기 위해 시간과 싸웠다.
☐ 70 He stood with his back against the door.	☐ 70 그는 문에 등을 대고 서 있었다.
☐ 71 Check the phone numbers against the names.	☐ 71 전화번호와 이름을 맞대어 확인해라.
☐ 72 It must have rained during the night.	☐ 72 밤 사이에 비가 온 것이 틀림없다.
☐ 73 Please turn off your cell phone during the performance.	☐ 73 공연 중에는 핸드폰을 꺼 주시기 바랍니다.
☐ 74 Older people should drink enough water during hot weather.	☐ 74 노령의 사람들은 더운 날씨가 지속되는 동안에는 충분한 물을 마시는 것이 좋습니다.
☐ 75 The exhibition will continue until March.	☐ 75 그 전시는 3월까지 계속될 것입니다.
☐ 76 I studied until 9 p.m. last night.	☐ 76 나는 어젯밤에 오후 9시까지 공부했다.
☐ 77 Until the 1960s, the term "multitasking" didn't exist.	☐ 77 1960년대에 이르기까지 '멀티태스킹'이라는 용어는 존재하지 않았다.
☐ 78 The plane should take off within 30 minutes.	☐ 78 그 비행기는 30분 이내에 이륙해야 합니다.
☐ 79 Your books will arrive within the next seven days.	☐ 79 당신의 도서는 다음 7일 이내에 도착할 것입니다.
☐ 80 We have to live within a small budget.	☐ 80 우리는 적은 예산 내에서 살아야 한다.
☐ 81 Park your car within the lines.	☐ 81 선 안쪽에 주차하세요.
☐ 82 We've lived in Paris since last year.	☐ 82 우리는 작년부터 파리에 살고 있다.
☐ 83 I haven't seen him since his marriage.	☐ 83 그의 결혼 이후 그를 보지 못했다.
☐ 84 I had worked there since my graduation.	☐ 84 졸업한 이래로 나는 그곳에서 계속 일했었다.
☐ 85 Let's meet in front of the gate.	☐ 85 문 앞에서 만나자.
☐ 86 I was embarrassed in front of my class.	☐ 86 난 학급 친구들 앞에서 당황스러웠어.

☐ 87 James was sitting right behind her.	☐ 87 제임스는 그녀 바로 뒤에 앉아 있었다.
☐ 88 We're two days behind schedule.	☐ 88 우리는 일정보다 이틀 뒤처져 있어요.
☐ 89 My family is always behind me.	☐ 89 우리 가족은 항상 저를 지지해줘요.
☐ 90 It's between the school and the park.	☐ 90 그곳은 학교와 공원 사이에 있어요.
☐ 91 They will arrive between 3:00 and 4:00.	☐ 91 그들은 세 시에서 네 시 사이에 도착할 거예요.
☐ 92 What is the difference between these two groups of people?	☐ 92 이 두 그룹 사람들 간의 차이는 무엇일까?
☐ 93 The building is among the tall trees.	☐ 93 그 건물은 키 큰 나무들에 둘러싸여 있어요.
☐ 94 It is the most well-known among his works.	☐ 94 그것은 그의 작품들 중에서 가장 잘 알려져 있다.
☐ 95 The sky above the city was so clear.	☐ 95 그 도시 위의 하늘은 아주 맑았다.
☐ 96 Her grades are above average for the class.	☐ 96 그녀의 성적은 학급 평균보다 높아요.
☐ 97 He dived below the surface of the sea.	☐ 97 그는 해수면 아래로 잠수했다.
☐ 98 The temperature fell below zero this morning.	☐ 98 오늘 아침에 온도가 영하로 떨어졌다.
☐ 99 His parents sat next to him.	☐ 99 그의 부모님은 그의 옆에 앉았다.
☐ 100 We went to the restaurant next to the hotel.	☐ 100 우리는 호텔 옆에 있는 식당에 갔다.
☐ 101 Kathy is the tallest girl next to Jennifer.	☐ 101 캐시는 제니퍼 다음으로 가장 키가 큰 소녀이다.
☐ 102 Next to him, I'm not good at math.	☐ 102 그에 비해서, 나는 수학을 잘하지 못한다.
☐ 103 He pushed the truck up the hill.	☐ 103 그는 언덕 위로 트럭을 밀었다.
☐ 104 The meeting room is just up the stairs.	☐ 104 회의실은 한 층 위에[계단 위에] 바로 있어요.
☐ 105 Be careful going down the ladder.	☐ 105 사다리를 내려올 때 주의해라.
☐ 106 We live down the road.	☐ 106 우리는 길 아래쪽에 살아.
☐ 107 There's a light hanging over the desk.	☐ 107 책상 위에 걸려있는 전등이 있다.
☐ 108 He has saved money over the years.	☐ 108 그는 수년 동안 돈을 모았다.
☐ 109 You went over the speed limit.	☐ 109 당신은 속도 제한을 초과하였습니다.
☐ 110 There's a cat under the desk.	☐ 110 책상 아래에 고양이가 있어요.
☐ 111 The stairs are currently under repair.	☐ 111 계단이 현재 복구공사 중입니다.
☐ 112 Children under eight must be accompanied by an adult.	☐ 112 8세 미만 아동은 어른을 동반해야 합니다.
☐ 113 He threw the letter into the trash can.	☐ 113 그는 휴지통으로 편지를 던졌다.
☐ 114 The car ran into a pole.	☐ 114 그 자동차는 전봇대에 부딪혔다.
☐ 115 A caterpillar turns into a butterfly.	☐ 115 애벌레는 나비로 변한다.
☐ 116 The students are going out of the classroom.	☐ 116 학생들이 교실 밖으로 나오고 있다.
☐ 117 The problem is getting out of hand.	☐ 117 그 문제는 손 밖으로 벗어나고 있다[손쓰기 어려워지고 있다].
☐ 118 The path runs through the forest.	☐ 118 그 길은 숲 속으로 나 있다.

- [ ] 119 We traveled through the country.
- [ ] 120 I slept all through the day.
- [ ] 121 The participants are selected through an interview.
- [ ] 122 I saw her walking across the street.
- [ ] 123 There's a crack across the wall.
- [ ] 124 He has been popular across Asia.
- [ ] 125 We are driving along 5th Avenue.
- [ ] 126 There are flowers along the river.
- [ ] 127 They are sitting around the table.
- [ ] 128 The tour guide showed us around the city.
- [ ] 129 The student council elections are right around the corner.
- [ ] 130 The post office is right past the park.
- [ ] 131 He walked straight past me.
- [ ] 132 The house faces towards the south.
- [ ] 133 She is hurrying towards the exit.
- [ ] 134 He felt very angry towards her.

- [ ] 119 우리는 온 나라 전체를 여행했다.
- [ ] 120 나는 하루 종일 잤다.
- [ ] 121 참가자들은 면접을 거쳐서 선발된다.
- [ ] 122 나는 그녀가 길 건너로 걸어가는 것을 봤다.
- [ ] 123 벽을 가로질러 금이 있다.
- [ ] 124 그는 아시아 전역에서 유명해졌다.
- [ ] 125 우리는 5번가를 따라 운전 중이다.
- [ ] 126 꽃이 강에 늘어서 있다.
- [ ] 127 그들은 테이블 주위에 앉아 있다.
- [ ] 128 여행 가이드가 시내 곳곳에 우리를 구경시켰다.
- [ ] 129 학생회 선거가 바로 코앞이다.
- [ ] 130 우체국이 공원을 지나서 바로 있다
- [ ] 131 그는 나를 지나쳐서 곧장 걸어갔다.
- [ ] 132 그 집은 남쪽을 향한다.
- [ ] 133 그녀는 출구를 향해서 서둘러 가고 있다.
- [ ] 134 그는 그녀에게 무척 화가 났다.

Chapter Review Test 09

기출 예문으로 실전 훈련해 보기

Grammar for Reading

정답과 해설 p.406

✓ 다음 중 어법상 맞는 표현을 고르세요.

1 During / While summer vacation, I was staying at a hotel in Paris.

2 In / At the twentieth century, advances in technology contributed to baking and pastry making.

3 One difference among / between winners and losers is how they handle losing.

4 Are you looking for / about a cozy and sweet home at a reasonable price? Here is the right one for you!

5 Tornadoes are storms with / by very strong winds and dark clouds. They can reach speeds of 300 miles per hour.

6 Our school festival is just around / along the corner. There are a lot of interesting events that you can take part in.

7 As mentioned on the notice we posted in the elevators last week, we will start cleaning the underground parking lot of Building A this morning. The cleaning will take place from 10 a.m. to / after 3 p.m.

8 Two years ago, Green County Library decided to stay open until / within 8 p.m. every Thursday. This was to make library services available to people for whom evening was the only convenient time to visit.

---

2 contribute 기여하다 pastry 페이스트리(파이, 케이크 등) **4** cozy 아늑한 **5** tornado 토네이도, 회오리바람 **7** underground 지하의 parking lot 주차장 **8** convenient 편리한

Grammar for Writing

✓ **우리말에 맞게 주어진 단어를 활용하여 문장을 완성하세요.**

1 나는 새로운 것들을 배우는 것에 흥미가 있어요. **(interested, learn, new things)**

→

2 그 박물관은 매달 두 번째 월요일에 닫습니다. **(museum, close, every month)**

→

3 세 달 동안 우리는 서로 못 봤네. **(each other, three months)**

→

4 참가자들은 면접을 거쳐서 선발된다. **(participants, select, interview)**

→

Grammar for Speaking

✓ **다음 전치사 중 하나를 골라 자신의 문장을 말해보세요.**

1 **at, on, in**

→ 나만의 문장:

예시 **I usually get up at 8:30 on weekends.** 나는 주말에 보통 8시 30분에 일어난다.

2 **during, until, within, for, since**

→ 나만의 문장:

예시 **I've lived in Seoul for a long time.** 나는 서울에 오랫동안 살았다.

3 **in front of, behind, between, among**

→ 나만의 문장:

예시 **My house is between the bank and the supermarket.** 우리 집은 은행과 슈퍼마켓 사이에 있다.

☞ p.219『전치사 훑어보기』에서 전치사의 개념을 다시 한번 정리해 보세요!

공부법 09

적절한 난이도로 공부하는 습관

✔ 국어를 못하는 학생들은 어떻게 공부해야 할까?

공신에서 국어를 못하는 학생들을 어떻게 멘토링할까? 국어 문제는 손도 못 대게 한다. '아니, 국어 실력을 키우려면 국어 문제를 엄청나게 많이 풀어봐야 하는 거 아닌가?'란 생각이 들 수도 있다. 하지만 그렇게 하면 오히려 시간이 오래 걸리고 금세 포기한다.

국어를 못하는 학생의 경우 글의 주제 자체를 못 찾는다. 주제란 글에서 글쓴이가 말하고자 하는 가장 기본적인 생각이다. 주제도 못 찾는 수준인데 "〈보기〉를 활용하여 ㉠을 구체화할 수 있는 방안으로 가장 적절한 것은?" 이런 문제를 어떻게 풀 수 있겠는가?

마치 덧셈을 공부해야 할 초등학생에게 미적분을 풀게 하는 것과 같다. 그렇게 해서는 덧셈도 미적분도 영원히 못 한다. 덧셈 기호를 보고 덧셈이 자동으로 되는 수준이 되었을 때 그 다음 단계로 차근차근 넘어갈 수 있다. 그런 과정을 하나씩 넘어선 뒤에 미적분을 배워야 하는 것이다.

공신에서는 그런 학생들은 주제 찾기 연습만 집중적으로 시킨다. 어떤 글이든 주제를 한 문장으로 요약할 수 있는 정도의 실력이 쌓이면 그 다음부턴 문제 푸는 과정으로 들어간다. 글을 읽고 주제를 찾는 것이 마치 덧셈하듯 자동화된 상태이기 때문에, 이 능력이 체득되면 문제 자체에 훨씬 더 집중할 수 있다. 실력이 늘고 있음을 스스로 느껴서 성적도 더 빨리 올릴 수 있게 된다.

✔ 쉽다고 무시하지 마라

많은 이들이 서점에 가서 책을 고를 때 어려운 책을 고른다. 하지만 어려운 책으로 학습해야 성적이 빨리 오른다는 생각은 큰 착각이다. 십중팔구 펴 보지도 않는다. 설령 펴 보더라도 얼마간 공부하다가 아예 흥미를 잃을 수도 있다.

자신에게 적절한 난이도의 책과 적절한 난이도의 문장부터 공부해라. 그런 문장들을 수백, 수천 개 공부해서 저절로 해석이 될 정도로 완전히 체화하고 씹어 먹을 정도로 만드는 것이 진짜 공부다.

CHAPTER 10

접속사

접속사는 무엇인가?

접속사(接 이을 접, 續 이을 속, 詞 말 사)는 문장 요소들을 '이어주는 말'이다. 문장 내에서 단어와 단어, 구와 구, 절과 절을 이어주면서 문장을 확장하게 해준다. 우리말도 마찬가지다. '그리고', '그래서', '그런데', '또' 등의 단어들이 접속사 역할을 한다. 이런 단어들 때문에 우리는 길고 긴 문장을 만들 수 있다.

왜 접속사가 필요한가?

"What did you have for lunch? (너는 점심으로 무엇을 먹었니?)"라는 질문에 여러분은 다음 중 뭐라고 답하겠는가?

A. I had a sandwich for lunch. I had a salad for lunch.
B. I had a sandwich and a salad for lunch.

둘 다 가능하지만 A문장처럼 답한다면, 원어민이 듣기에 어린아이나 영어 초보자라고 느낄 수밖에 없다. 자연스럽지 않기 때문이다. 영어는 반복을 싫어하는 경제적인 언어라고 여러 번 강조했다. 따라서 공통된 부분은 한 번만 써주고, 반복되는 부분은 효율적으로 생략해주기 위해 영어에서는 접속사가 자연스럽게 발달하게 되었다.
이제 접속사를 잘 활용하여, 진짜 영어다운 영어를 해보자.

접속사 어록

Be happy not because everything is good, but because you can see the good side of everything.
모든 게 다 좋아서가 아니라, 당신이 모든 것의 좋은 면을 볼 수 있음에 행복해하라.

세상을 감사한 마음으로 보면 감사하지 않은 일이 없다.
그것이 바로 행복의 시작이다.

접속사 훑어보기

UNIT 57
등위 접속사

UNIT 58
상관 접속사,
병렬 구조

접속사	
개념	단어와 단어, 구와 구, 절과 절을 이어주는 것
종류	• 등위 접속사: 단어/구/절을 대등하게 연결 (and, but, or …) ❶ 등위 접속사 ❷ (등위) 상관 접속사 • 종속 접속사: 주절과 종속절을 연결 (when, because, if, although …) ❶ 명사절 접속사 ❷ 부사절 접속사 ※ 형용사절 접속사는 '관계사'이다.

등위 접속사	
등위 접속사	• 두 성분을 서로 대등하게 연결하는 접속사 • and, but, or, nor, so, for, yet
(등위) 상관 접속사	• 두 개의 어구가 서로 짝을 지어 사용되는 접속사 • both A and B, either A or B, neither A nor B, not A but B, not only A but (also) B ※ B as well as A도 상관 접속사처럼 쓰인다.
병렬 구조	• 한 문장 내에서 대등한 문장 성분이 나란히 연결되어 있는 구조 • 등위 접속사나 콤마(,)로 연결

UNIT 59~60
명사절 접속사

명사절 접속사	
that	• 사실이나 생각을 나타내는 명사절을 이끌며 '~라고, ~라는 것'으로 해석 I believe **that** she will pass the exam.
whether[if]	• 의문, 불확실한 사실을 나타내는 명사절을 이끌며 '~인지 아닌지'로 해석 I wonder **whether** he knows about the meeting.
의문사	• '의문사 + 주어 + 동사' 형태의 간접 의문문을 이끌며 명사절 접속사 역할 Do you know **where** the ticket office is?
의문사 + ever	• '의문사 + ever' 중 who(m)ever, whatever, whichever는 명사절 접속사 역할 I agree with **whatever** you suggest.

UNIT 61~63
부사절 접속사

부사절 접속사	
시간	when, while, as, before, after, since, once, as soon as, until, by the time (that), whenever, every time (that)
이유	because, since, as, now that
양보	although, (even) though, no matter + 의문사, however + 형용사/부사
대조	while, whereas
조건	if, unless(=if ~ not), even if, in case

UNIT 64
접속사와 전치사
비교

접속사와 전치사 비교	
접속사 + 주어 + 동사	while, because, although, (even) though
전치사 + 명사/대명사/동명사	during, for, because of, due to, owing to, despite, in spite of

UNIT 57

등위 접속사

예문 듣기

I got up early and went to the gym.

나는 일찍 일어나서 체육관에 갔다.

접속사는 단어와 단어, 구와 구, 절과 절을 이어주는 역할을 한다.

접속사가 이어주는 두 성분이 서로 대등할 경우 '등위 접속사', 어느 한쪽이 다른 한쪽을 수식하거나 보충하는 관계일 경우 '종속 접속사'라고 부른다.

1 접속사의 역할

- 접속사는 단어와 단어, 구와 구, 절과 절을 이어주는 역할을 한다.

참고 구(句): 두 단어 이상으로 이루어진 문장 성분 단위.
절(節): 독립된 문장으로 쓰일 수 있는 문장 성분 단위. 주어(S), 동사(V)와 시제를 갖추고 있다.

- **접속사의 종류 2가지**

1) **등위 접속사**: 문법적 기능이 대등한 문장 성분을 연결한다. and, but, or 등이 있다.

I had coffee **and** donuts at lunch. 나는 점심에 커피와 도넛을 먹었어.
had의 목적어인 두 명사를 연결

This sweater is very old, **but** still comfortable. 이 스웨터는 아주 오래됐지만, 여전히 편해.
주격보어인 두 형용사구를 연결

Hurry up **or** you'll be late. 서둘러, 그렇지 않으면 너는 늦을 거야.
절과 절을 연결

2) **종속 접속사**: 절과 절을 연결한다. 하나의 절(종속절)이 또 다른 절(주절)의 문장 성분으로서 종속되는 관계를 형성한다. when, because, if, although 등이 있다.

참고 주절: 종속절을 가지고 있는 문장의 주가 되는 절.
종속절: 주절에 종속되어 주절의 일부 문장 성분으로 쓰이는 절. 명사절, 형용사절, 부사절이 있다.

Call me **when** you get home. 집에 도착할 때 나한테 전화해.
주절 종속절(~할 때: 시간 부사절)

▶느낌 빡! 접속사를 쓰면 문장의 의미는 더 분명해진다

접속사가 있는 문장은 주어, 동사가 여러 번 나와서 해석하기 복잡하다고? 그렇지 않다. 오히려 접속사를 쓰면 문장을 더 간결하게, 더 논리적인 흐름으로 말할 수 있다.

I like English. I don't like mathematics. 나는 영어를 좋아해. 나는 수학을 좋아하지 않아.
이 내용을 접속사를 써서 한 문장으로 말해보자.

I like English, but don't like mathematics. 나는 영어를 좋아하지만, 수학은 좋아하지 않아.
대조의 접속사 but이 있으니 앞 내용과는 다른 내용이 올 것을 미리 짐작할 수 있다. 오히려 해석에 도움이 된다.

I'll take a bus if it rains. 나는 버스를 탈 거야, 만약 비가 온다면.
앞에서 배운 가정법 현재다. if가 있으니 그 뒤에 가정하는 내용이 올 것을 예상할 수 있다. 다른 접속사들도 마찬가지다. 접속사를 해석의 포인트로 삼으면, 오히려 문장의 의미를 더 쉽게 파악할 수 있다.

2 등위 접속사

- and, but, or, nor은 비슷하거나 대조되는 내용을 연결하는 대표적인 등위 접속사이다.
- so, for, yet은 의미상 부사절 접속사처럼 보이나, 문두에 오지 않고 병렬 구조만을 형성하기 때문에 서로 독립된 내용을 연결하는 등위 접속사로 본다.

and	그리고, ~와 (첨가, 나열)	**so**	~해서 (결과)
but	그러나, ~이지만 (대조)	**for**	~이기 때문에 (이유)
or	또는, ~이거나 (선택, 나열)	**yet**	~이지만 (대조)
nor	또한 ~도 아니다 (연속 부정)		

예문 正正

❶ We can visit her this Saturday **or** Sunday.

❶ 시간 표현이 or로 연결되어 있다. 이번 토요일 '또는' 일요일에 방문한다는 뜻이다.

❷ I moved to California **and** found a new job.

❷ 두 개의 동사구가 and로 연결되어 있다. 여기서는 순차적으로 일어난 사건을 나열한다.

❸ I have homework to do, **but** I'm sleepy now.

❸ 대조를 나타내는 but이 절과 절을 연결하고 있다. '해야 할 숙제가 있지만 ~'이라고 해석한다.

❹ He was tired, **so** he went to bed early.

❹ so가 등위 접속사로 쓰이면 결과를 나타낸다. '~해서'라고 해석한다.

❺ We came back home, **for** it was getting dark.

❺ for는 이유를 나타낸다. because(왜냐하면)와 의미가 동일하다.

❻ The idea was not mine, **nor** hers.

❻ nor은 앞에 있는 부정어(not)의 의미를 그대로 받아 뒤에 오는 말을 다시 부정한다. '내 것도 아니고, 그녀의 것도 아니다'라는 뜻이다.

❼ My heart swells as much as my chubby bags, **yet** I'd better get some sleep. 기출

❼ 두 개의 문장을 yet이 연결하고 있다. 역접의 접속사로서 대비되는 내용을 연결했다.

진짜 이해했는지 확인!

정답과 해설 p.407

Q 둘 중 올바른 것을 고르세요.

1 We can visit her this Saturday (but / or) Sunday.

2 He was tired, (so / yet) he went to bed early.

3 The bag (is not / is) mine, nor hers.

4 We came back home, (for / yet) it was getting dark.

예문 해석 거꾸로 영작 훈련도 필수!

1. 우리는 이번 토요일이나 일요일에 그녀에게 방문할 수 있어요. **2.** 나는 캘리포니아로 이사를 갔고 새로운 일자리를 찾았다. **3.** 나는 해야 할 숙제가 있지만 지금은 졸리다. **4.** 그는 피곤해서 일찍 자러 갔다. **5.** 날이 어두워지고 있었기 때문에 우리는 집으로 돌아왔다. **6.** 그 생각은 내 것도 아니었지만, 그녀의 것도 아니었다. **7.** 내 심장은 내 뚱뚱한 가방만큼이나 부풀지만, 나는 잠을 좀 자는 것이 좋겠다.

UNIT 58

상관 접속사, 병렬 구조

예문 듣기

Either my wife or I will go.
아내와 저 둘 중 한 사람이 갈 거예요.

상관 접속사는 등위 접속사의 한 종류로, and나 or 같은 등위 접속사에 다른 어구가 추가된 형태를 취한다.

등위 접속사와 상관 접속사가 연결하는 각각의 문장 성분은 접속사를 중심으로 '병렬 구조'를 이루게 된다. 병렬 구조를 파악할 수 있어야 정확한 해석이 가능하다.

1 (등위) 상관 접속사

- 서로 떨어져 있는 두 개의 어구가 하나의 등위 접속사 역할을 하는 것을 말한다.
- 일반적인 등위 접속사와 마찬가지로 문법적으로 대등한 문장 성분을 연결한다.

both A and B	A, B 둘 다	**either A or B**	A, B 둘 중 하나	**neither A nor B**	A, B 둘 다 아닌
not A but B	A가 아니라 B인	**not only A but (also) B**	A뿐만 아니라 B도	**B as well as A**	A뿐만 아니라 B도

참고 as well as는 문법 범주상 부사에 속하지만, 상관 접속사처럼 기능한다.

예문

❶ I like **not only** chemistry **but also** physics.

❷ **Both** eyes **and** cameras have light-sensitive layers. 기출

❸ That book is **neither** interesting **nor** informative.

❹ I ordered **not** the green one, **but** the blue one.

❺ I'll buy **either** a laptop **or** a tablet.

❻ He is in the book club **as well as** on our school hockey team.

❶ like의 목적어인 두 개의 명사를 연결하고 있다. 'A뿐만 아니라 B도'라고 해석하지만, but also 뒤에 오는 말을 더 강조하는 표현이다.

❷ 문장의 주어가 되는 두 개의 명사를 연결하고 있다. A and B의 병렬 구조를 both(둘 다)로 강조한 표현이다.

❸ nor은 원래 연속 부정을 의미한다. not 대신 neither를 써서 둘 다 아님을 더욱 강조한다.

❹ not 뒤에 오는 말을 부정하면서, 동시에 but 뒤에 오는 말을 강조해서 긍정하는 표현이다.

❺ 양자택일의 상황을 나타낸다. 둘 중의 어느 하나를 긍정하는 표현이다.

❻ be동사의 보어인 두 개의 전치사구(in the ~ club, on our ~ team)를 as well as가 연결하고 있다.

▶느낌 빡! 병렬 구조를 알아야 정확한 독해가 가능하다

등위 접속사는 문장과 문장, 단어와 단어 등을 연결해서 문장을 길어지게 만드는 역할을 한다. 길이만 늘어뜨리는 게 아니라, 서로 연관이 있거나 대비되는 내용을 짜임새 있게 이어준다. 이때 접속사를 중심으로 대등한 문장 성분이 양옆에 오게 되는데, 이를 병렬 구조라고 한다. 따라서 병렬 구조를 잘못 파악하면 해석의 오류가 발생한다.

예를 들어 Don't move and stay there.라는 문장이 있다. 문맥상 Don't move.(움직이지 마.)와 Stay there.(거기 가만히 있어.)라는 별개의 문장이 병렬로 연결된 구조이다. 그런데 and 뒤에 don't가 생략되었다고 잘못 판단하여 move and stay there를 병렬로 본다면 "움직이지도 말고 가만히 있지도 마."라는 어색한 뜻이 된다. 그래서 병렬 구조는 문법 문제로도 단골 출제된다.

2 병렬 구조

- 문장 내에서 문법적으로 대등한 문장 성분이 반복되는 것을 '병렬' 혹은 '병렬 구조'라고 한다.

☆참고 to부정사와 to부정사, 명사와 명사, 절과 절 등 역할과 형태가 서로 대등한 어구가 반복된다.

- 병렬을 이루는 각각의 문장 성분은 접속사 또는 콤마(,)로 연결된다.
- **병렬 구조가 쓰이는 상황 4가지**

1) 불필요한 중복을 피한다.

I like hiking. I like camping. → I like hiking **and** camping. 나는 하이킹과 캠핑을 좋아해.
동명사구와 동명사구 연결, and 뒤에 I like 생략

2) 비슷하거나 대비되는 두 내용을 연결한다.

The car **not only** is economical **but also** feels comfortable. 이 차는 경제적일 뿐 아니라 느낌이 편안해.
동사구와 동사구 연결

3) 비교 구문을 만든다. Unit 85. 비교급

He is older **than** I am. 그는 나보다 더 나이가 많아.
He is와 I am을 비교

4) 목록을 나열한다.

There are roses, tulips, **and** daisies. 장미, 튤립, 그리고 데이지가 있다.
성질이 비슷한 명사를 나열

예문

⑦ David waited for two hours, **but** she didn't show up.

⑦ 절과 절을 등위 접속사 but이 연결하고 있다.

⑧ She is **not** a teacher **but** a student.

⑧ is의 보어인 명사구 두 개를 not A but B 구조로 연결한다.

⑨ Jane is not **as** young **as** she looks. 기출
(← Jane is not young. + She looks young.)

⑨ 비교 구문의 as ~ as와 than은 절과 절을 연결하는 접속사 역할을 하기도 한다. as young as she looks (young)는 '그녀가 어려 보이는 것만큼'이라는 뜻이다.

⑩ I heard them laugh, shout, **and** talk loud.

⑩ 세 개의 목적격보어(원형부정사)가 콤마와 접속사로 연결되었다. 이때, 접속사 앞에 있는 콤마는 생략 가능하다.

진짜 이해했는지 확인!

정답과 해설 p.407

Q 배운 문법을 이용해 영어 문장을 말해보세요.

1 나는 수학뿐만 아니라 과학도 좋아해요. **(math, science)** →

2 그 영화는 재밌지도 않고 유익하지도 않다. **(that movie, interesting, informative)** →

3 나는 노트북이나 스마트폰 중 하나를 살 것이다. **(a laptop, a smartphone)** →

예문 해석 거꾸로 영작 훈련도 필수!

1. 나는 화학뿐만 아니라 물리학도 좋아해요. **2.** 눈과 카메라 둘 다 감광층(빛을 감지하는 층)을 가지고 있다. **3.** 그 책은 재밌지도 않고 유익하지도 않다. **4.** 나는 초록색을 주문한 것이 아니라 파란색을 주문했어요. **5.** 나는 노트북이나 태블릿 중 하나를 살 것이다. **6.** 그는 학교 하키팀에 소속되어 있을 뿐만 아니라, 독서 모임에도 들어 있다. **7.** 데이빗은 두 시간을 기다렸지만 그녀는 나타나지 않았다. **8.** 그녀는 선생님이 아니라 학생이다. **9.** 제인은 보이는 것만큼 어리지는 않다. **10.** 나는 그들이 웃고, 소리 지르고, 큰 소리로 말하는 것을 들었다.

UNIT 59

🎧 예문 듣기

명사절 접속사 (1) that, whether, if

I think that this coat is expensive.

나는 이 코트가 비싸다고 생각해.

명사절은 주어, 목적어, 보어 역할을 하는 종속절을 말한다. 불완전한 절에 연결되어 문장 성분을 보충한다.

명사절을 이끄는 접속사로는 that, whether, if가 있다. that은 일반적인 사실이나 생각을 말할 때 쓰며, whether와 if는 '~인지 아닌지'라는 뜻으로 불확실한 사실을 말할 때 쓴다.

1 명사절 접속사

- 명사절은 주절의 주어, 목적어, 보어 역할을 하는 종속절을 말한다.
- 명사절 접속사는 뒤따르는 명사절을 주절에 연결하며, 명사절은 주절의 문장 성분을 보충한다.
- **명사절 접속사의 종류 5가지:** 1) that 2) whether 3) if 4) 의문사 5) 의문사 + ever

  Do you know **that** he came back to America? 그가 미국에 돌아왔다는 거 알아?

  I remember **where** she lives. 나는 그녀가 어디에 사는지 기억나.

2 명사절 접속사 that: ~라고, ~라는 것

- that은 어떤 사실이나 생각을 나타내는 명사절을 이끈다. **비교** 관계사절(형용사절)을 이끄는 that ➲ Unit 67. **관계대명사 that, what**
- that 자체에 특별한 뜻은 없으나 우리말에서는 보통 '~라고, ~라는 것'으로 해석한다.

  He is handsome. 그는 멋있어.

  that he is handsome 그가 멋있다는 것

  → I think **that** he is handsome. 나는 그가 멋있다고 생각해.
  (that he is handsome: 명사절(think의 목적어))

- 접속사 that은 자주 생략되지만, that절이 주어로 올 경우 생략하지 않는다.

참고 주어 역할을 하는 that절의 접속사를 생략하면 실제 주어와 종속절의 주어가 혼동되기 때문이다.

예문

❶ I believe **that** she will pass the exam.

❷ Did you know **(that)** Jack has retired?

❸ **That** he suddenly left the town is strange.

❹ It is a fact **that** the world is round.

❺ I have the belief **that** I can do that.

❻ I'm sorry **that** I can't go with you.

❶ that절은 사실이나 생각을 나타낸다. believe, think, know 같은 동사의 목적어로 자주 쓰인다.

❷ know의 목적어로 that절이 왔다. 여기서 접속사 that은 생략될 수 있다.

❸ that절도 문장의 주어가 될 수 있다. 명사절 주어는 단수 취급하므로 단수동사 is가 온다.

❹ 가주어-진주어 구문이다. That the world is round is a fact.라는 문장에서 길이가 긴 that절(진주어)을 문장 끝으로 보내고 대신 가주어 it을 썼다.

❺ that절은 명사 the belief의 내용에 해당한다. 이러한 that절을 앞의 명사구와 '동격인 명사절'이라고 부른다.

❻ 감정을 나타내는 형용사 뒤에도 that절이 올 수 있다. 이 때는 감정의 이유나 대상을 설명한다.

▶ 느낌 빡! 동격인 명사절

동격(同格)이란, 한 문장 내에서 문법적으로 '같은 자격'을 가진 어구를 말한다. This is my friend SungTae.(이쪽은 내 친구 성태야.)라는 문장에서 my friend와 SungTae는 같은 것이다. 실제로도 같은 사람이고 둘 다 주어를 설명하는 보어 역할을 한다. my friend와 SungTae가 서로 동격이란 얘기다. 그럼 이제 동격의 명사절이 쓰인 문장을 보자.

The fact that the world is round is true. 지구가 둥글다는 사실은 참이다.
여기서 The fact와 명사절 that the world is round가 서로 동격이다. 우리말로 해석하면 '~라는 사실'이기 때문에 꼭 that절이 The fact를 꾸며주는 형용사절처럼 보인다. 하지만 이것은 우리말로 알아듣기 쉽게 해석했을 때 그런 것이고, 영어에서는 그냥 같은 것을 한 번 더 말하는 개념이다. 동격의 명사절을 써서 무엇인지 한 번 더 명확하게 전달하는 것이다. ○ Unit 92. 삽입 구문, 동격 구문

3 명사절 접속사 whether[if]: ~인지 아닌지

- whether[if]는 의문이나 불확실한 사실을 나타내는 명사절을 이끈다.
- 의문사가 없는 긍정·부정 의문문을 명사절로 바꾸어 주는 역할을 한다. **주의** '접속사 + 주어 + 동사' 어순

Will he come tomorrow? 그가 내일 오나요?
whether he will come tomorrow 그가 내일 올지 안 올지
→ **Whether** he will come tomorrow is important to me. 그가 내일 올지 안 올지는 저한테 중요해요.
명사절(문장의 주어)

참고 whether는 '~하든 아니든 간에'라는 뜻의 부사절 접속사로도 쓰일 수 있다. ○ Unit 88. 부정 구문

예문

⑦ I wonder **whether** he knows about the meeting. 기출

⑧ **Whether** he can answer the question is doubtful.

⑨ I don't know **whether** he'll come **or not.**

⑩ We'll ask her **if** she wants to meet us.

⑦ whether[if]절은 의문이나 불확실한 사실을 나타낸다. wonder, ask, decide, discuss 같은 동사의 목적어로 자주 쓰인다.

⑧ whether절도 문장의 주어가 될 수 있다. 가주어-진주어 구문(It is doubtful whether ~ question.)으로 바꾸어 말할 수 있다.

⑨ whether절에서 부정의 의미를 강조하기 위해 or not을 추가하기도 한다.

⑩ 이 문장에서 if절은 ask의 직접목적어이다. 참고로 if 명사절은 주어, 보어, 전치사의 목적어로는 잘 쓰이지 않는다.

진짜 이해했는지 확인!

정답과 해설 p.407

Q 밑줄 친 부분을 바르게 고치세요. 틀린 부분이 없으면 O표 하세요.

1 That he suddenly left the company <u>are</u> strange. →

2 I have the belief <u>that</u> I can do that. →

3 I'm not sure whether <u>should I go</u>. →

예문 해석 거꾸로 영작 훈련도 필수!

1. 나는 그녀가 시험에 합격할 것이라고 믿어. **2.** 잭이 은퇴했다는 거 알고 있었어? **3.** 그가 갑자기 마을을 떠난 것이 이상해. **4.** 지구(세상)가 둥글다는 것은 사실이다. **5.** 내가 그것을 해낼 수 있을 거란 믿음이 있어. **6.** 너와 같이 갈 수 없어서 유감이야. **7.** 나는 그가 회의에 대해 알고 있을지 궁금해. **8.** 그가 그 질문에 대답할 수 있을지 의심스러워. **9.** 그가 올지 안 올지 모르겠어. **10.** 우리는 그녀에게 우리를 만나고 싶은지 물어볼 거야.

UNIT 60

명사절 접속사 (2) 의문사, -ever

예문 듣기

I couldn't hear what the teacher said.

선생님이 말씀하신 걸 못 들었어.

의문문도 명사절이 될 수 있다. 의문문을 '의문사 + 주어 + 동사' 어순으로 바꿔서 간접 의문문을 만들면 된다. 이때 의문사는 명사절 접속사 역할을 하여 간접 의문문을 다른 절에 연결시킨다.

또한 who(m)ever, whatever, whichever도 명사절 접속사 역할을 할 수 있다.

1 명사절 접속사: 의문사

- 의문사가 있는 의문문을 '의문사 + 주어 + 동사' 어순(평서문의 어순)으로 바꾸면 명사절 역할을 하는 간접 의문문이 된다.
- 이때 의문사는 의문을 나타냄과 동시에 명사절 접속사 역할을 한다.
- 의문사 중에서 who(m), what, which는 대명사와 접속사 역할을 동시에 하므로, 이때에는 뒤에 주어나 목적어 등이 빠져 있는 불완전한 명사절이 온다.

참고 의문사가 의문사절의 주어 역할을 할 경우 '의문사 + 동사 + …' 어순이 된다.

Why were you late? 너는 왜 늦었니?
why you were late 네가 왜 늦었는지
→Tell me **why** you were late. 네가 왜 늦었는지 말해줘.
명사절(동사 tell의 직접목적어)

예문

❶ Do you know **where** the ticket office is?

❷ **What** you did doesn't matter to me.

❸ I don't remember **when** his birthday is.

❹ I wonder **how** old he is.

❺ I can't decide **which** college I should go to.

❻ I don't know **who** lives next door.

❶ where절은 '어디에 있는지'라는 뜻이다. Where is the ticket office?에서 변형되었다.

❷ what절이 문장의 주어로 쓰였다. 명사절은 3인칭 단수 취급하므로 단수형 does가 왔다.

❸ when절은 remember의 목적어이다. '~가 언제인지'라고 해석한다.

❹ How old is he?에서 주어, 동사의 어순이 바뀌었다. how old(몇 살인지)는 한 덩어리로 쓰이는 의문사구이므로 어순이 그대로 유지된다.

❺ 여기서 which는 의문사로 접속사 역할을 함과 동시에 명사 college를 수식한다. '어느 대학'이라는 뜻이다.

❻ who는 '~가 누구인지'라는 뜻이다. 말하는 사람이 who를 단수 취급하여 단수동사(lives)가 왔다. 여기서는 의문사가 의문사절의 주어이므로 '의문사 + 동사 + …' 어순이 되었다.

느낌 빡! 의문사임에도 '의문사+주어+동사' 어순으로 쓰는 이유

우리말은 억양을 달리 하는 것만으로도 의문문을 만들 수 있다. '너는 학생이야.' '너는 학생이야?'처럼 어떨 때는 단어 하나 바꾸지 않고도 의문문이 완성된다. 하지만 영어에서는 무려 주어, 동사의 어순을 바꿔줘야 한다. 우리말에 있는 조사가 없기 때문이다. 이렇게 하는 것

이 표현을 정확하게 하려는 영어 나름의 방법이다.
그래서, 의문문을 다시 문장 안에 집어넣어 명사절로 쓰고 싶다면 또 한 번 어순이 바뀌는 것이다.
A. What do people say? 사람들이 뭐래?
B. I don't care what people say. 사람들이 뭐라고 말하는지 관심 없어.

A문장은 당연히 의문문이다. 그러나 B문장은 사람들이 뭐라고 말하는지를 물어보는 것이 아니라, 그것에 관심 없다고 말하고 있다. 따라서 의문문에 맞게 바꾸었던 어순을 번거롭지만 다시 '의문사 + 주어 + 동사'(평서문의 어순)로 바꿔주는 것이다. 이것이 바로 '간접 의문문', 직접적으로 물어보지 않는 의문문의 어순이다. 이렇게 이해하면 외울 필요도 없다. 의문문이 아니라서 주어/동사를 안 바꾸고 평서문처럼 그대로 사용하는 것뿐이다!

2 명사절 접속사: 의문사 + ever

• '의문사 + ever' 중에 who(m)ever, whatever, whichever는 명사절 접속사 역할을 한다.

참고 '의문사 + ever'의 종류와 역할 Unit 71. 복합관계사

종류	역할
who(m)ever 누구든, whatever 무엇이든, whichever 어느 것이든	명사절 및 부사절 접속사, 대명사
however 어떻게든, 아무리 ~하든, whenever 언제든, wherever 어디든	부사절 접속사, 부사

Who wants to come? 누가 오고 싶어해?
whoever wants to come 오고 싶어하는 누구든
→ **Whoever** wants to come is welcome. 오고 싶어하는 누구든 환영해.
명사절(문장의 주어)

예문

7 I will agree with **whatever** you suggest.

8 We will hire **whoever** you recommend.

9 **Whichever** restaurant you decide on will be fine.

7 whatever는 전치사 with의 목적어인 명사절을 이끈다. 'whatever + 주어 + 동사' 어순을 취한다.

8 whoever는 hire의 목적어인 명사절을 이끈다. 명사절 내에서는 recommend의 목적어를 대신하므로 목적격 whomever를 써도 올바른 문장이다.

9 Whichever는 문장의 주어 역할을 하는 명사절을 이끌면서, 동시에 뒤에 오는 명사 restaurant를 수식한다.

진짜 이해했는지 확인!

정답과 해설 p.408

Q 둘 중 올바른 것을 고르세요.

1 I don't know (who / when) lives next door.

2 I wonder (how old / how many) she is.

3 We will hire (whatever / whoever) you recommend.

예문 해석 거꾸로 영작 훈련도 필수!

1. 매표소가 어디에 있는지 알아? **2.** 당신이 무슨 일을 했는지는 나에게 중요하지 않아요. **3.** 나는 그의 생일이 언제인지 기억이 안 나. **4.** 나는 그가 몇 살인지 궁금해. **5.** 나는 어느 대학에 가야 할지 못 정하겠어. **6.** 나는 옆집에 누가 살고 있는지 몰라. **7.** 저는 당신이 제안하는 것은 무엇이든 동의할 것입니다. **8.** 우리는 당신이 추천하는 사람 누구든 고용할 것입니다. **9.** 네가 정하는 어느 식당이든 괜찮을 거야.

UNIT 61

예문 듣기

부사절 접속사 (1) 시간

Let's have dinner before we start.
시작하기 전에 저녁을 먹자.

After we ate, we saw several plays.
우리는 먹고 나서, 연극 몇 편을 봤다.

부사절은 다른 절의 부사 역할을 하는 종속절을 말한다. 부사절은 주어, 동사를 갖춘 완전한 절에 연결된다.

부사절 접속사는 시간, 이유, 조건, 양보 등을 나타내며, 각각의 접속사가 지닌 의미에 따라 부사절의 해석이 달라진다. 시간을 나타내는 접속사는 종류가 다양하므로 의미가 비슷한 것끼리 묶어서 공부하면 도움이 된다.

1 부사절 접속사

- 부사절은 주절의 부사 역할을 하는 종속절을 말한다.
- 부사절 접속사는 시간, 이유, 양보, 대조, 조건 등을 나타낸다.

Before we go home, we will play basketball. 집에 가기 전에, 우리는 농구를 할 거야.
(Before we go home: 시간 부사절(종속절) / we will play basketball: 주절)

We enjoyed our holiday **although** it rained a lot. 비가 많이 왔음에도 불구하고 우리는 휴일을 즐겼다.
(We enjoyed our holiday: 주절 / although it rained a lot: 양보 부사절(종속절))

참고 부사절이 주절보다 앞에 오면 부사절과 주절 사이에 콤마(,)를 적는다.

2 시간을 나타내는 접속사

after	~한 후에	**as**	~하는 동안, ~하면서, ~함에 따라	**until**	~할 때까지
before	~하기 전에	**as soon as**	~하자마자	**by the time**	~할 때까지
when	~할 때, ~할 때마다	**once**	~하자마자, 일단 ~하고 나면	**every time**	~할 때마다
while	~하는 동안, ~하면서	**since**	~한 이래로	**whenever**	~할 때마다, ~하는 언제든

참고 while은 '반면에'라는 뜻으로 대조를 나타내기도 한다. since는 '~때문에'라는 뜻으로 이유를 나타내기도 한다.
as는 시간 이외에도 이유(~때문에), 양보(~이긴 하지만), 양태(~대로, ~하듯이) 등을 나타낸다.

3 when, while, as

- when(~할 때)은 언제인지를 나타낸다. 반복되는 상황에도 쓰여 '~할 때마다'라는 뜻도 있다.
- while(~하는 동안에)은 동시에 일어나는 상황을 표현한다. 진행형 시제와 어울려 쓰인다.
- as는 대부분의 시간 표현에 쓸 수 있지만, 주로 while과 같은 의미로 쓰인다.

예문 正正

❶ The movie had already started **when** we arrived.

❷ It's so painful **when** I move my wrist. 기출

❶ 접속사 when의 기본 뜻은 '~할 때'이다. 주절의 상황이 어떤 시점에 일어났는지 나타낸다.

❷ 여기서는 when이 반복되는 상황을 나타내어 '~할 때마다'라는 뜻이다.

❸ Can you wait a moment **while** we are having dinner?

❸ while은 '~하는 동안에'라는 뜻이다. 진행 중인 상황을 나타내어 현재진행형이 쓰였다.

❹ **While** I was in Paris, I went to the museum every week.

❹ 여기서 while은 상태동사와 함께 쓰였다. 그 상태가 유지되는 '동안'을 나타낸다.

❺ Cultures change **as** time goes by.

❺ as는 동시 상황을 나타낼 수 있다. 시간이 지남에 따라 문화도 변했다는 뜻이다.

❻ **As** he was walking down the street, he ran into Jane.

❻ 여기서는 진행형과 함께 쓰여 '~하는 동안에'라는 의미이다. while로 바꾸어 쓸 수 있다.

❼ You'll see a hotel **as** you turn the corner.

❼ 이 문장에서 as는 시간적 순서에 따라 차례로 일어나는 상황을 표현한다. as you turn the corner는 '모퉁이를 돌고 나면'이라는 뜻이다.

10 접속사

▶ 느낌 빡! 시간 부사절에서는 현재시제가 미래시제를 대신한다

대부분의 문법책에서는 이 내용도 무작정 외우게 시킨다. 그럴 필요가 없다. 앞에서 배운 '가정법 현재'가 기억나는가? 미래 상황을 가정하면서도 if절에는 현재시제를 써서 '가정법 현재'라고 불렀다. 가정이라는 것 자체가 어떤 일이 이미 일어났다고 가정하고 말하는 것인데 거기에 또 미래시제를 쓰면 어색해지기 때문이다. 시간 부사절도 마찬가지다. 미래 상황을 말하는 것이지만, 일단 그 상황이 일어난다는 가정이 들어 있다.

Call me when you finish work. 일 끝나면 전화해.

일이 아직 끝나지 않아서 하는 말인데도, 미래시제가 아닌 현재시제로 말한다. 왜냐하면 전화하는 시점에는 일이 끝나 있을 것이기 때문이다. 우리말에서도 마찬가지다. '일 끝날 것이면 전화해'라고 말하지 않고 현재형으로 말한다. 이처럼 조건 부사절과 시간 부사절에서는 아직 일어난 일이 아니어도 미래시제를 쓰면 오히려 어색한 문장이 된다.

4 before, after, since

- before(~전에), after(~후에), since(~이래로)는 특정 시점을 기준으로 그 이전이나 이후를 나타낸다.
- since는 특정 시점 이후의 '걸쳐진' 시간을 표현하므로, 주절에는 완료형 시제가 온다.

예문 正 正

❽ Wash your hands **before** you eat.

❽ before you eat은 '당신이 먹기 전에'라는 뜻이다.

❾ **After** she left the company, she started her own business.

❾ 주절의 내용은 After가 이끄는 절의 내용을 기준으로, 그 이후에 일어난 일이다.

❿ It's been so long **since** I heard from him.

❿ since는 '~이래로'라는 뜻이다. 주절에는 그때 이래로 얼마만큼의 시간이 지나왔는지 시간의 길이를 나타내는 표현이 왔다.

⓫ This book has influenced countless writers **since** it was published.

⓫ 주절에 현재완료(has influenced)가 쓰였다. since가 나타내는 과거 시점 '이래로' 지금까지 계속된 상황을 나타낸다.

5 once, as soon as

- once와 as soon as는 '~하자마자'라는 뜻으로, 즉시 연달아 일어나는 상황을 나타낸다.
- once는 시간적 의미와 조건을 동시에 나타내어 '일단 ~하기만 하면'이라는 뜻으로도 해석된다.

예문

⑫ Please come to headquarters **as soon as** you receive this letter. 기출

⑫ soon은 '바로, 곧'이라는 뜻의 부사다. as soon as는 '~하자마자'라는 뜻이다.

⑬ I called Laura **once** he had left.

⑬ 이 문장에서 once는 '~하자마자'이다. as soon as로 바꾸어 말할 수 있다.

⑭ **Once** I get a job, I'll be able to afford new clothes.

⑭ 여기서 once가 이끄는 절은 시간과 조건을 동시에 나타낸다. '일단 일을 구하면'이라는 의미이다.

6 until, by the time (that)

- until과 by the time (that)은 '~할 때까지'라는 뜻이다.
- by the time (that)은 시간 전치사 by(~까지)에 the time that(~하는 시간)이 결합된 형태다.

예문

⑮ We'll wait **until** you are ready.

⑮ until은 '~할 때까지'라는 뜻이다. 여기서 준비가 되는 시점은 미래이지만, 시간 부사절에서는 현재시제로 미래시제를 대신한다.

⑯ Continue cooking **till** the meat is tender.

⑯ till은 until과 같은 의미를 가지는 접속사이지만, 보다 비격식적인 표현이다.

⑰ She didn't leave **until** she met the principal.

⑰ not ~ until …은 '…하기 전에는 ~하지 않다', '…하고서야 ~하다'라는 뜻이다.

⑱ **By the time** the guests arrive, I will be back home.

⑱ by the time (that)도 '~할 때까지'라는 뜻이다. time 뒤에 있는 that은 생략되었다.

7 whenever, every time (that)

- whenever와 every time (that)은 '~할 때마다'라는 뜻이다.
- whenever는 '~하는 언제든지'라는 뜻으로도 쓰인다. 이때 any time (that)으로 바꾸어 말할 수 있다.

예문

⑲ **Whenever** I go shopping, I always spend too much money.

⑲ whenever는 '~할 때마다'라는 뜻으로, 반복의 의미가 있다. 평소의 반복적인 습관을 나타내는 현재시제가 주절에 왔다.

⑳ **Every time** I come to feed my cat, he jumps onto the table.

㉑ You can come **whenever** you want.

⑳ every time (that)도 '~할 때마다'라는 뜻이다. 여기서는 that이 생략되었다.

㉑ whenever는 '~하는 언제든지'라는 뜻도 된다. any time (that) you want로 바꾸어 말할 수 있다.

▶ 느낌 빡! 전치사와 접속사, 말하는 사람 마음이다

이번 유닛에서 배운 after, before, since, until(=till), by the time (that)은 사실 시간 전치사의 응용이다. 전치사와 접속사의 의미가 아예 똑같다. 다만 전치사 뒤에는 명사가 오고, 접속사 뒤에는 주어, 동사를 갖춘 절이 올 뿐이다. 아래 예시 문장을 보자.

A. After we ate sandwiches for lunch, we went to the movies. 우리는 점심으로 샌드위치를 먹은 후에, 영화관에 갔어.
B. After lunch, we went to the movies. 점심 후에 우리는 영화관에 갔어.

각각 접속사 after, 전치사 after가 쓰인 문장이지만 이론상의 분류일 뿐 원어민에게는 그냥 "after"다. 주어, 동사를 넣고 완전하게 말할 것이냐, 아니면 생략하고 명사구로 간단하게 말하느냐 그 차이다. 원래 모든 상황은 주어와 동사가 존재하는 완벽한 문장으로 표현해줄 수 있지만, 그걸 다 표현해주고 싶으면 A문장처럼 말하는 것이고, 간단하게 말하고 싶으면 그냥 B문장처럼 기준이 되는 사건만 말할 수도 있다.

✔ 진짜 이해했는지 확인!

정답과 해설 p.408

Q1 둘 중 올바른 것을 고르세요.

1 It's been so long (before / since) I heard from him.
2 We'll wait (once / until) you are ready.
3 Can you wait a moment (while / whenever) I make a call?
4 Please come to headquarters as soon as you (receive / will receive) this letter.

Q2 배운 문법을 이용해 영어 문장을 말해보세요.

1 내가 도착했을 때 영화는 이미 시작해 있었다. **(already, start)** →
2 먹기 전에 손을 씻으세요. **(wash)** →
3 나는 외식할 때마다 항상 너무 많은 돈을 쓴다. **(eat out)** →
4 친구들이 도착할 때까지 집에 돌아올게요. **(my friends, be back home)** →

예문 해석 거꾸로 영작 훈련도 필수!

1. 우리가 도착했을 때 영화는 이미 시작해 있었다. **2.** 손목을 움직일 때마다 너무 아파요. **3.** 우리가 저녁 먹는 동안 잠시 기다려 주실 수 있나요? **4.** 제가 파리에 있는 동안은 매주 박물관에 갔어요. **5.** 문화는 시간이 흐름에 따라 변화한다. **6.** 길을 걸어가다가 그는 제인을 마주쳤다. **7.** 모퉁이를 돌고 나면 호텔이 하나 보일 거예요. **8.** 먹기 전에 손을 씻으세요. **9.** 그녀는 회사를 떠난 후에 그녀 자신의 사업을 시작했다. **10.** 그에게서 소식을 들은 지 아주 오래되었다. **11.** 이 책은 출간된 이래로 무수한 작가들에게 영향을 주고 있다. **12.** 이 서신을 받는 즉시 본사로 오시기 바랍니다. **13.** 그가 떠나자마자, 나는 로라에게 전화했다. **14.** 내가 일을 구하기만 하면, 새 옷을 살 수 있을 것이다. **15.** 네가 준비될 때까지 우리는 기다릴 거야. **16.** 고기가 부드러워질 때까지 계속 조리하세요. **17.** 그녀는 교장 선생님을 만날 때까지 떠나지 않았다. **18.** 손님들이 도착할 때까지 집에 돌아올게요. **19.** 나는 쇼핑을 갈 때마다 항상 너무 많은 돈을 쓴다. **20.** 내가 고양이를 먹이려고 다가갈 때마다, 고양이는 테이블 위로 뛰어오른다. **21.** 네가 원할 때 언제든지 와도 돼.

UNIT 62

예문 듣기

부사절 접속사 (2) 이유, 양보

Because the weather was bad, we had to stay home.
날씨가 나빴기 때문에, 우리는 집에 머물러야 했다.

Although the weather was bad, I went jogging.
날씨가 나빴음에도 불구하고, 나는 조깅을 하러 갔다.

이유 부사절은 원인이나 이유를 나타내는 종속절이다. 주절에는 부사절의 내용에 따라 예측할 수 있는 결과가 제시된다.

반면 양보 부사절은 주절에 예측하지 못했던 결과를 보여준다.
부사절의 내용이 주절에 영향을 주지 못하고 물러나 있다는 의미에서 '양보'라는 표현을 쓴다.

1 이유를 나타내는 접속사

- because, since, as는 '~이기 때문에'라는 뜻이다.
- now that은 '이제 ~하기 때문에'라는 뜻으로 because ~ now와 동일하다. 시간과 이유를 동시에 나타낸다.

예문 正 正

❶ We may have to wait in line **because** it's Friday night. 기출

❷ **Since** you paid for our dinner, let me pay for the coffee.

❸ I can't exercise, **as** my knee still hurts.

❹ **Now that** the weather is warm, I walk to work.

❶ because는 '~이기 때문에'라는 뜻이다. 이유를 나타내는 접속사 중에 가장 많이 사용된다.

❷ 여기서 since는 문맥상 이유를 나타낸다. 시간을 나타내는 since(~이래로)와 구분하여 기억하자.

❸ 접속사 as의 뜻은 다양하지만, 여기서는 '~이기 때문에'라는 뜻으로 이유, 원인을 나타낸다.

❹ now that은 '이제 ~이기 때문에'라는 뜻으로, 부사절에 주로 현재시제가 온다.

▸ 느낌 빡! 이유 접속사와 양보 접속사는 반대말이다

이유와 양보 접속사를 함께 공부해야 하는 이유가 있다. 이 둘은 서로 '반대'의 의미를 가지기 때문이다.
Because I had studied hard, I got a good grade. 나는 열심히 공부해서 좋은 성적을 받았어.
Though I had studied hard, I didn't get a good grade. 나는 열심히 공부했는데도 불구하고 좋은 성적을 못 받았어.

부사절 접속사가 이유냐, 양보냐에 따라 주절의 내용이 정확히 반대가 된다. 다른 예문으로 연습해도 마찬가지다. because일 때 긍정인 문장이 있다면 though일 때는 부정이 된다. 어원을 살펴보면 이렇다. because라는 말의 어원은 'by cause'로 '그 원인에 의하여'라는 뜻이다. 반면 though의 어원 뜻은 '그대로'이다. 무슨 수를 써도 결과는 바뀌지 않았다는 뜻. 그렇기 때문에 because 다음에는 '원인에 의한 결과'가 오고, though 다음에는 '원인과 상관없는 결과'가 오는 것이다.

2 양보를 나타내는 접속사

- although, though, even though는 '~에도 불구하고, ~일지라도'라는 뜻이다.
- 'no matter + 의문사', 'however + 형용사/부사'는 '(아무리) ~하더라도, ~하든 간에'라는 뜻이다.

참고 접속부사 however(하지만, 그러나)와 구분한다. 접속부사 however 앞뒤에는 콤마(,)가 표시된다.

- 양보 부사절의 주절에는 예상치 못한 결과가 제시된다.

비교 이유 부사절의 주절에는 부사절의 내용에서 예상할 수 있는 결과가 제시된다.

예문

❺ **Although** I took a nap, I still feel tired.

❺ although는 '~에도 불구하고'라는 뜻이다. 주절에는 부사절에서 예상되는 내용과 다른 내용이 온다.

❻ The room is very tidy and organized, **though** it is small.

❻ though it is small은 '그 방(it=The room)은 작음에도 불구하고'라는 뜻이다.

❼ **Even though** the storm is weakening, residents are still staying in emergency shelters.

❼ even though도 양보 부사절을 이끈다. though, although와 바꾸어 쓸 수 있다.

❽ **No matter what** the problem is, we can handle it.

❽ 간접 의문문 what the problem is 앞에 no matter가 붙은 형태다. '그 문제가 무엇이든 간에'라는 뜻이다. no matter what은 whatever로 바꿔 쓸 수 있다.

❾ I'll try to answer all the questions, **no matter how long** it takes.

❾ no matter 뒤에 '얼마나 오랫동안'인지 묻는 how long이 왔다. 여기서는 '아무리 오래 걸린다 하더라도'라는 뜻이다.

❿ **However much** it costs, I want to study abroad.

❿ however much는 '아무리 많다 하더라도'이다. however가 접속사 역할을 함과 동시에 much를 강조해주고 있다.

진짜 이해했는지 확인!

정답과 해설 p.408

Q 배운 문법을 이용해 영어 문장을 말해보세요.

1 팔이 아직 아파서 운동을 못 하겠어요. **(exercise, arm, hurt)** →

2 이제 날씨가 춥지 않기 때문에, 나는 학교에 걸어가요. **(not cold, walk to school)** →

3 낮잠을 안 잤음에도 불구하고, 난 피곤하지 않아요. **(take a nap)** →

4 아무리 돈이 많이 든다 하더라도, 영국에서 공부하고 싶어요. **(study in England)** →

예문 해석 거꾸로 영작 훈련도 필수!

1. 지금은 금요일 밤이기 때문에 우리는 아마 줄에서 기다려야 할지도 몰라요. **2.** 당신이 저녁값을 냈으니, 제가 커피값을 낼게요. **3.** 무릎이 아직 아파서 운동을 못 하겠어요. **4.** 이제 날씨가 따뜻하기 때문에 나는 회사에 걸어가요. **5.** 낮잠을 잤음에도 불구하고, 난 여전히 피곤해요. **6.** 그 방은 작지만 아주 깔끔하고 잘 정돈되어 있다. **7.** 폭풍이 약해지고 있음에도 불구하고 주민들은 여전히 비상 대피소에 머물고 있다. **8.** 그 문제가 무엇이든 간에 우리는 처리할 수 있어요. **9.** 아무리 오래 걸린다 하더라도 모든 질문에 대답해 볼게요. **10.** 아무리 돈이 많이 든다 하더라도, 해외에서 공부하고 싶어요.

UNIT 63

예문 듣기

부사절 접속사 (3) 대조, 조건

I am tall while my sister is short.
우리 언니는 키가 작지만, 나는 키가 커요.

If it snows, let's go skiing.
만약 눈이 오면, 스키 타러 가자.

대조 부사절에는 주절과 상반되는 내용이 온다. 긍정과 부정, 서로 대립되는 견해 등 주절과 대조를 이루는 내용이 온다.

조건 부사절에는 어떤 상황의 조건이 되는 내용이 온다. 가정법에서 배웠던 if가 대표적인 조건 부사절 접속사이다.

1 대조를 나타내는 접속사

- while, whereas는 '~인 반면에, ~이지만'이라는 뜻이다.
- while은 문맥에 따라서 양보를 나타내어 '~임에도 불구하고'라는 뜻으로도 쓰인다.

☆참고 양보를 나타내는 while은 보통 문장의 맨 앞에 온다.

예문

❶ A box is square **while** a clock is round.

❷ I like all types of meat, **while** my girlfriend eats only vegetables.

❸ I carried four heavy bags, **whereas** he carried only a wallet.

❹ **While** he makes a lot of money, he hasn't bought a new car.

❶, ❷ while은 '~인 반면에'라는 뜻으로 주절과 상반되는 내용을 연결한다. 시간을 나타내는 while(~하는 동안에)과 구분한다.

❸ whereas를 써도 대조의 뜻을 나타낼 수 있다.

❹ while은 문맥에 따라 양보의 뜻을 나타낸다. 이 경우 양보의 접속사 although 등으로 바꾸어 쓸 수 있다.

2 조건을 나타내는 접속사

- if는 '만약 ~한다면'이라는 뜻이다. unless는 '만약 ~하지 않는다면'으로 if ~ not과 같다.
- even if는 '만약 ~할지라도'라는 뜻으로, 양보와 가정의 뜻을 동시에 나타낸다.
- in case는 '~한 경우에 대비하여'라는 뜻이다.
- 조건 부사절에서는 현재시제가 미래시제를 대신한다. Unit 61. 부사절 접속사 (1) 시간

예문

❺ I will go out **if** the rain stops.

❻ Don't be afraid to ask **if** you don't understand.

❺ if는 만약의 상황을 나타낸다. 여기서 if절의 내용은 미래 상황이지만 조건 부사절에서는 현재시제가 미래시제를 대신하므로 stops라고 쓰였다.

❻ 조건 부사절의 내용에 따라 주절에 명령문이 올 수도 있다.

❼ **Unless** you wake up early, you'll be late for the meeting.

❼ unless는 if ~ not의 의미를 가진다. If you don't wake up early로 바꾸어 말할 수 있다.

❽ You can get into the concert hall **only if** you have a ticket.

❽ if절 앞에 부사 only(오직)를 써주면 if절의 조건을 강조하는 표현이 된다. '반드시 ~하는 경우에만'이라는 뜻이다.

❾ The red light means "Do not walk, **even if** there aren't any cars around." 기출

❾ even if는 '만약 ~할지라도'라는 뜻이다. 어떤 상황을 가정해도 주절의 내용이 변하지 않을 것임을 강조한다.

❿ They'll make a backup file just **in case** anything goes wrong. 기출

❿ in case는 '~한 경우에 대비하여'라는 뜻이다. in case 앞에 쓰인 강조 부사 just는 '혹시라도'라고 해석하면 자연스럽다.

10 접속사

▸느낌 빡! 조건 부사절도 공손한 표현이 될 수 있다

조동사에서 여러 번 강조한 내용이 있다. 바로 영어의 공손함은 얼마나 '간접적으로' 표현하느냐에 있다는 것. 따라서 명사절에서 배운 간접 의문문은 직접 의문문보다 공손한 표현이 된다. How old is he?(그는 몇 살이에요?)보다 당연히 I wonder how old he is.(그가 몇 살인지 궁금해요.)가 더 간접적이고, 그래서 더 공손한 표현이다.

조건 부사절도 마찬가지다. 조건 부사절은 역할 자체가 일어나지 않은 어떤 상황적 조건을 가정하는 것이다. 말하는 내용 자체가 실제가 아니기 때문에, 직접적일 수가 없다. Do you mind my opening the window?(제가 창문을 열어도 괜찮을까요?) 대신 If you don't mind my opening the window…(제가 창문을 열어도 괜찮은지…)가 되는 식이다. 이처럼 조건 부사절도 간접적으로 돌려 말하는 공손한 표현이 될 수 있다.

✔ 진짜 이해했는지 확인!

정답과 해설 p.408

Q 둘 중 올바른 것을 고르세요.

1 A box is square while a clock is (round / square).

2 (Unless / If) you wake up early, you'll be late for the meeting.

3 I carried four heavy bags, (whereas / in case) he carried only a wallet.

4 You can get into the concert hall (only if / even if) you have a ticket.

예문 해석 거꾸로 영작 훈련도 필수!

1. 시계는 둥근 모양인 반면, 상자는 네모 모양이다. **2.** 내 여자친구는 야채만 먹지만, 나는 모든 종류의 고기를 좋아한다. **3.** 그는 겨우 지갑 하나를 들고 다닌 반면, 나는 무거운 가방 네 개를 들었다. **4.** 그는 많은 돈을 벌고 있는데도 불구하고, 새 자동차를 사지 않는다. **5.** 비가 그치면 저는 밖에 나갈 거예요. **6.** 이해가 안 간다면, 질문하는 걸 두려워하지 마세요. **7.** 일찍 일어나지 않으면, 너는 회의에 늦을 거야. **8.** 반드시 표를 소지해야 콘서트홀에 입장할 수 있어요. **9.** 빨간불은 "차가 주변에 없더라도 걸어가지 마세요"라는 뜻입니다. **10.** 혹시라도 무언가 잘못될 경우에 대비하여 그들은 백업 파일을 만들 거예요.

UNIT 64

접속사와 전치사 비교

예문 듣기

Because it rained, the match was canceled.

비가 왔기 때문에, 경기가 취소됐어.

Because of the rain, I stayed at home.

비 때문에, 난 집에 있었어.

접속사와 전치사가 비슷한 의미를 가진 경우, 문법에 맞게 선택해서 사용해야 한다. 접속사 뒤에는 주어와 동사가 오고, 전치사 뒤에는 명사 상당 어구만 온다.

접속사와 전치사를 구분하는 문제 유형은 수능에서는 물론, 토익, 공무원 시험 등 모든 영어 시험에 자주 출제되는 문법 포인트이다.

1 접속사 vs. 전치사

접속사 (+ 주어 + 동사)	전치사 (+ 명사/대명사/동명사)	뜻
while	during, for	~동안에 (시간)
because	because of, due to, owing to	~때문에 (이유)
although, (even) though	despite, in spite of	~에도 불구하고 (양보)

2 while과 during (~동안에)

- while은 접속사이고 during은 전치사이다. 둘 다 '~동안에'라는 뜻이다.
- 전치사 for에도 '~동안에'라는 뜻이 있지만, 이 경우 '얼마 동안'인지 시간의 길이를 나타내는 표현이 전치사 뒤에 온다.

예문

❶ Can you watch my bags **while** I'm gone?

❷ My teacher gave us homework **during** class.

❸ I met Julie **during** my stay in New York.

❹ I stayed there **for** three weeks.

❶ while은 부사절 접속사로, 뒤에 주어와 동사를 갖춘 절이 온다. while I'm gone은 '내가 없는 동안에'이다.

❷ during도 while처럼 '~동안에'라는 뜻이다. during은 전치사이므로 뒤에 명사(구)가 온다.

❸ during my stay는 '머무는 시간 동안'이라는 뜻이다. 부사절 while I was staying으로 바꾸어 말할 수 있다.

❹ 전치사 for는 '얼마 동안'인지를 나타낸다. 뒤에 hours, weeks, days 같은 시간 표현이 온다.

3 because와 because of (~때문에)

- 접속사 because 뒤에 of를 붙여 구전치사를 만들 수 있다. 구전치사 뒤에도 항상 명사 상당 어구가 온다.
- due to, owing to도 '~때문에'라는 뜻의 구전치사이다.

예문

❺ I came back **because** I had forgotten my briefcase.

❻ She moved to Tokyo **because of** her job.

❼ I was late this morning **due to** traffic.

❽ We stopped playing tennis **owing to** the rain.

❺ because는 이유를 나타내는 부사절을 이끈다. 이유 부사절 접속사 as나 since로 바꾸어 쓸 수 있다.

❻ because of는 구전치사이다. 이유를 나타내는 명사(구)나 동명사구가 뒤에 온다.

❼, ❽ due to, owing to도 이유나 원인을 나타내는 구전치사이다. '~때문에, ~로 인하여'라고 해석한다.

느낌 빡! due to, owing to가 어쩌다 '이유'를 나타내는 표현이 되었을까?

due to와 owing to는 둘 다 '~때문에'라는 뜻이다. due는 '예정된'이라는 뜻의 형용사고, owe는 '신세지다'라는 뜻의 동사인데, 왜 갑자기 '이유'나 '원인'을 나타내는 구전치사가 된 것일까? 그 답은 바로 이들의 어원에 있다. due와 owe의 어원은 둘다 '빚을 지다'이다. due to, owing to에서 to는 '어디에' 빚을 졌는지를 말한다. 즉 돈이 원래 누구 주머니에서 나왔는지 그 출처를 나타낸다. 여기서 의미가 확장되어 어떤 것의 근본 원인, 이유를 나타내게 되었다. 참고로 due는 빚을 갚기로 '예정된'이라는 뜻이고, owe는 빚을 얻어서 '신세를 졌다'는 뜻이다.

4 although와 despite (~에도 불구하고)

- 접속사 although처럼 양보의 의미를 가진 전치사(구)로 despite, in spite of가 있다.

예문

❾ He went to work **although** he was sick.

❿ **Despite** the high temperature of the room, they refused to remove their jackets. 기출

⓫ He won first place **in spite of** being injured.

❾ although, (even) though는 양보를 나타내는 접속사다. 뒤에 주어, 동사를 갖춘 절이 온다.

❿ despite는 '~에도 불구하고'라는 뜻의 전치사다. Despite the high temperature of the room은 '방의 높은 온도에도 불구하고'라고 해석한다.

⓫ in spite of 뒤에 동명사구 being injured가 와서 '부상당했음에도 불구하고'라는 뜻이 된다. 부사절 although he was injured로 바꾸어 말할 수 있다.

진짜 이해했는지 확인!

정답과 해설 p.408

Q 둘 중 올바른 것을 고르세요.

1 Can you watch my bags (during / while) I'm gone?

2 I was late this morning due to (the traffic was heavy / traffic).

3 She moved to Tokyo (because / because of) her job.

예문 해석 거꾸로 영작 훈련도 필수!

1. 제가 없는 동안 가방 좀 봐주실 수 있어요? **2.** 선생님이 수업 중에 우리에게 숙제를 내주셨다. **3.** 뉴욕에서 머무는 동안 줄리를 만났다. **4.** 나는 3주간 그곳에 머물렀다. **5.** 나는 서류 가방을 잊어서, 다시 돌아왔다. **6.** 그녀는 일 때문에 도쿄로 이사 갔어요. **7.** 교통 때문에 나는 오늘 아침에 늦었어. **8.** 우리는 비 때문에 테니스를 그만 쳤어. **9.** 그는 아팠음에도 불구하고 직장에 갔어. **10.** 방의 높은 온도에도 불구하고, 그들은 겉옷을 벗기를 거부했다. **11.** 그는 부상을 당했음에도 불구하고 1위를 차지했다.

필수 예문 Review

A 가 한글 가리고 해석해 보기

1. We can visit her this Saturday or Sunday.
2. I moved to California and found a new job.
3. I have homework to do, but I'm sleepy now.
4. He was tired, so he went to bed early.
5. We came back home, for it was getting dark.
6. The idea was not mine, nor hers.
7. My heart swells as much as my chubby bags, yet I'd better get some sleep.
8. I like not only chemistry but also physics.
9. Both eyes and cameras have light-sensitive layers.
10. That book is neither interesting nor informative.
11. I ordered not the green one, but the blue one.
12. I'll buy either a laptop or a tablet.
13. He is in the book club as well as on our school hockey team.
14. David waited for two hours, but she didn't show up.
15. She is not a teacher but a student.
16. Jane is not as young as she looks.
17. I heard them laugh, shout, and talk loud.
18. I believe that she will pass the exam.
19. Did you know (that) Jack has retired?
20. That he suddenly left the town is strange.
21. It is a fact that the world is round.
22. I have the belief that I can do that.
23. I'm sorry that I can't go with you.

A 가 영어 예문 가리고 스피킹/영작해 보기

1. 우리는 이번 토요일이나 일요일에 그녀에게 방문할 수 있어요.
2. 나는 캘리포니아로 이사를 갔고 새로운 일자리를 찾았다.
3. 나는 해야 할 숙제가 있지만 지금은 졸리다.
4. 그는 피곤해서 일찍 자러 갔다.
5. 날이 어두워지고 있었기 때문에 우리는 집으로 돌아왔다.
6. 그 생각은 내 것도 아니었지만, 그녀의 것도 아니었다.
7. 내 심장은 내 뚱뚱한 가방만큼이나 부풀지만, 나는 잠을 좀 자는 것이 좋겠다.
8. 나는 화학뿐만 아니라 물리학도 좋아해요.
9. 눈과 카메라 둘 다 감광층(빛을 감지하는 층)을 가지고 있다.
10. 그 책은 재밌지도 않고 유익하지도 않다.
11. 나는 초록색을 주문한 것이 아니라 파란색을 주문했어요.
12. 나는 노트북이나 태블릿 중 하나를 살 것이다.
13. 그는 학교 하키팀에 소속되어 있을 뿐만 아니라, 독서 모임에도 들어 있다.
14. 데이빗은 두 시간을 기다렸지만 그녀는 나타나지 않았다.
15. 그녀는 선생님이 아니라 학생이다.
16. 제인은 보이는 것만큼 어리지는 않다.
17. 나는 그들이 웃고, 소리 지르고, 큰 소리로 말하는 것을 들었다.
18. 나는 그녀가 시험에 합격할 것이라고 믿어.
19. 잭이 은퇴했다는 거 알고 있었어?
20. 그가 갑자기 마을을 떠난 것이 이상해.
21. 지구(세상)가 둥글다는 것은 사실이다.
22. 내가 그것을 해낼 수 있을 거란 믿음이 있어.
23. 너와 같이 갈 수 없어서 유감이야.

24	I wonder whether he knows about the meeting.	나는 그가 회의에 대해 알고 있을지 궁금해.
25	Whether he can answer the question is doubtful.	그가 그 질문에 대답할 수 있을지 의심스러워.
26	I don't know whether he'll come or not.	그가 올지 안 올지 모르겠어.
27	We'll ask her if she wants to meet us.	우리는 그녀에게 우리를 만나고 싶은지 물어볼 거야.
28	Do you know where the ticket office is?	매표소가 어디에 있는지 알아?
29	What you did doesn't matter to me.	당신이 무슨 일을 했는지는 나에게 중요하지 않아요.
30	I don't remember when his birthday is.	나는 그의 생일이 언제인지 기억이 안 나.
31	I wonder how old he is.	나는 그가 몇 살인지 궁금해.
32	I can't decide which college I should go to.	나는 어느 대학에 가야 할지 못 정하겠어.
33	I don't know who lives next door.	나는 옆집에 누가 살고 있는지 몰라.
34	I will agree with whatever you suggest.	저는 당신이 제안하는 것은 무엇이든 동의할 것입니다.
35	We will hire whoever you recommend.	우리는 당신이 추천하는 사람 누구든 고용할 것입니다.
36	Whichever restaurant you decide on will be fine.	네가 정하는 어느 식당이든 괜찮을 거야.
37	The movie had already started when we arrived.	우리가 도착했을 때 영화는 이미 시작해 있었다.
38	It's so painful when I move my wrist.	손목을 움직일 때마다 너무 아파요.
39	Can you wait a moment while we are having dinner?	우리가 저녁 먹는 동안 잠시 기다려 주실 수 있나요?
40	While I was in Paris, I went to the museum every week.	제가 파리에 있는 동안은 매주 박물관에 갔어요.
41	Cultures change as time goes by.	문화는 시간이 흐름에 따라 변화한다.
42	As he was walking down the street, he ran into Jane.	길을 걸어가다가 그는 제인을 마주쳤다.
43	You'll see a hotel as you turn the corner.	모퉁이를 돌고 나면 호텔이 하나 보일 거예요.
44	Wash your hands before you eat.	먹기 전에 손을 씻으세요.
45	After she left the company, she started her own business.	그녀는 회사를 떠난 후에 그녀 자신의 사업을 시작했다.
46	It's been so long since I heard from him.	그에게서 소식을 들은 지 아주 오래되었다.
47	This book has influenced countless writers since it was published.	이 책은 출간된 이래로 무수한 작가들에게 영향을 주고 있다.
48	Please come to headquarters as soon as you receive this letter.	이 서신을 받는 즉시 본사로 오시기 바랍니다.
49	I called Laura once he had left.	그가 떠나자마자, 나는 로라에게 전화했다.
50	Once I get a job, I'll be able to afford new clothes.	내가 일을 구하기만 하면, 새 옷을 살 수 있을 것이다.
51	We'll wait until you are ready.	네가 준비될 때까지 우리는 기다릴 거야.
52	Continue cooking till the meat is tender.	고기가 부드러워질 때까지 계속 조리하세요.

☐ 53 She didn't leave until she met the principal.	☐ 53 그녀는 교장 선생님을 만날 때까지 떠나지 않았다.
☐ 54 By the time the guests arrive, I will be back home.	☐ 54 손님들이 도착할 때까지 집에 돌아올게요.
☐ 55 Whenever I go shopping, I always spend too much money.	☐ 55 나는 쇼핑을 갈 때마다 항상 너무 많은 돈을 쓴다.
☐ 56 Every time I come to feed my cat, he jumps onto the table.	☐ 56 내가 고양이를 먹이려고 다가갈 때마다, 고양이는 테이블 위로 뛰어오른다.
☐ 57 You can come whenever you want.	☐ 57 네가 원할 때 언제든지 와도 돼.
☐ 58 We may have to wait in line because it's Friday night.	☐ 58 지금은 금요일 밤이기 때문에 우리는 아마 줄에서 기다려야 할지도 몰라요.
☐ 59 Since you paid for our dinner, let me pay for the coffee.	☐ 59 당신이 저녁값을 냈으니, 제가 커피값을 낼게요.
☐ 60 I can't exercise, as my knee still hurts.	☐ 60 무릎이 아직 아파서 운동을 못 하겠어요.
☐ 61 Now that the weather is warm, I walk to work.	☐ 61 이제 날씨가 따뜻하기 때문에 나는 회사에 걸어가요.
☐ 62 Although I took a nap, I still feel tired.	☐ 62 낮잠을 잤음에도 불구하고, 난 여전히 피곤해요.
☐ 63 The room is very tidy and organized, though it is small.	☐ 63 그 방은 작지만 아주 깔끔하고 잘 정돈되어 있다.
☐ 64 Even though the storm is weakening, residents are still staying in emergency shelters.	☐ 64 폭풍이 약해지고 있음에도 불구하고 주민들은 여전히 비상 대피소에 머물고 있다.
☐ 65 No matter what the problem is, we can handle it.	☐ 65 그 문제가 무엇이든 간에 우리는 처리할 수 있어요.
☐ 66 I'll try to answer all the questions, no matter how long it takes.	☐ 66 아무리 오래 걸린다 하더라도 모든 질문에 대답해 볼게요.
☐ 67 However much it costs, I want to study abroad.	☐ 67 아무리 돈이 많이 든다 하더라도, 해외에서 공부하고 싶어요.
☐ 68 A box is square while a clock is round.	☐ 68 시계는 둥근 모양인 반면, 상자는 네모 모양이다.
☐ 69 I like all types of meat, while my girlfriend eats only vegetables.	☐ 69 내 여자친구는 야채만 먹지만, 나는 모든 종류의 고기를 좋아한다.
☐ 70 I carried four heavy bags, whereas he carried only a wallet.	☐ 70 그는 겨우 지갑 하나를 들고 다닌 반면, 나는 무거운 가방 네 개를 들었다.
☐ 71 While he makes a lot of money, he hasn't bought a new car.	☐ 71 그는 많은 돈을 벌고 있는데도 불구하고, 새 자동차를 사지 않는다.
☐ 72 I will go out if the rain stops.	☐ 72 비가 그치면 저는 밖에 나갈 거예요.
☐ 73 Don't be afraid to ask if you don't understand.	☐ 73 이해가 안 간다면, 질문하는 걸 두려워하지 마세요.
☐ 74 Unless you wake up early, you'll be late for the meeting.	☐ 74 일찍 일어나지 않으면, 너는 회의에 늦을 거야.
☐ 75 You can get into the concert hall only if you have a ticket.	☐ 75 반드시 표를 소지해야 콘서트홀에 입장할 수 있어요.
☐ 76 The red light means "Do not walk, even if there aren't any cars around."	☐ 76 빨간불은 "차가 주변에 없더라도 걸어가지 마세요"라는 뜻입니다.

☐ 77 They'll make a backup file just in case anything goes wrong.	☐ 77 혹시라도 무언가 잘못될 경우에 대비하여 그들은 백업 파일을 만들 거예요.
☐ 78 Can you watch my bags while I'm gone?	☐ 78 제가 없는 동안 가방 좀 봐주실 수 있어요?
☐ 79 My teacher gave us homework during class.	☐ 79 선생님이 수업 중에 우리에게 숙제를 내주셨다.
☐ 80 I met Julie during my stay in New York.	☐ 80 뉴욕에서 머무는 동안 줄리를 만났다.
☐ 81 I stayed there for three weeks.	☐ 81 나는 3주간 그곳에 머물렀다.
☐ 82 I came back because I had forgotten my briefcase.	☐ 82 나는 서류 가방을 잊어서, 다시 돌아왔다.
☐ 83 She moved to Tokyo because of her job.	☐ 83 그녀는 일 때문에 도쿄로 이사 갔어요.
☐ 84 I was late this morning due to traffic.	☐ 84 교통 때문에 나는 오늘 아침에 늦었어.
☐ 85 We stopped playing tennis owing to the rain.	☐ 85 우리는 비 때문에 테니스를 그만 쳤어.
☐ 86 He went to work although he was sick.	☐ 86 그는 아팠음에도 불구하고 직장에 갔어.
☐ 87 Despite the high temperature of the room, they refused to remove their jackets.	☐ 87 방의 높은 온도에도 불구하고, 그들은 겉옷을 벗기를 거부했다.
☐ 88 He won first place in spite of being injured.	☐ 88 그는 부상을 당했음에도 불구하고 1위를 차지했다.

Chapter Review Test 10

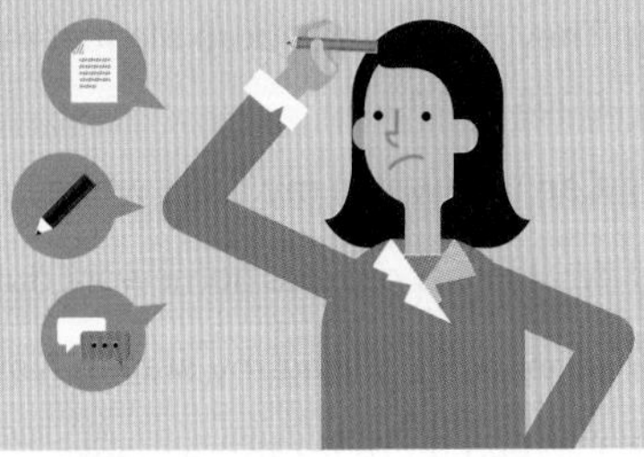

기출 예문으로 실전 훈련해 보기

Grammar for Reading

정답과 해설 p.409

✓ 다음 중 어법상 맞는 표현을 고르세요.

1 Thank you for accepting our invitation though / despite your busy schedule.

2 In our efforts to be the good child, the uncomplaining employee, or the cooperative patient, many of us fall into the trap of trying to please people by going along with whatever / however they want us to do.

3 The festival is open from 10 a.m. to 5 p.m. Both / Either admission and parking are free of charge. For more information, visit our website.

4 Africa shows the highest percentage of population growth, whereas / if Europe shows the lowest percentage.

5 Our school is providing all of you with a chance to participate in the camp during / while summer vacation. This camp will be held at Teapot Village.

6 Because / Although I wasn't a great student or a great football player, I ended up not only graduating from my dream university but becoming a hero of the team.

7 These days, many smartphone users check their phones during conversations and do not consider it impolite. This usually takes place while / whether someone else is talking: a friend, colleague or boss.

8 We tend to believe that / what our taste in music is a great way of expressing our individuality, but sociologists at Columbia University claim that we only like the music we listen to because we know others enjoy it.

---

2 go along with ~에 찬성하다 **3** admission 입장(료) **6** end up V-ing 결국 ~하게 되다 **7** impolite 무례한 **8** individuality 개성 sociologist 사회학자

Grammar for Writing

✓ **우리말에 맞게 주어진 단어를 활용하여 문장을 완성하세요.**

1 그 책은 재밌지도 않고 유익하지도 않다. **(neither, interesting, informative)**

→

2 지구(세상)가 둥글다는 것은 사실이다. **(fact, the world, round)**

→

3 우리가 저녁 먹을 동안 잠시 기다려 주실 수 있나요? **(wait a moment, dinner)**

→

4 일찍 일어나지 않으면, 너는 회의에 늦을 거야. **(wake up, late for the meeting)**

→

Grammar for Speaking

✓ **다음 접속사와 전치사로 자신의 문장을 말해보세요.**

1 because, because of

→ 나만의 문장:

예시 **Because it rained yesterday, the match was canceled.** 어제 비가 왔기 때문에, 경기가 취소됐어.
Because of the rain, I stayed at home. 비 때문에, 난 집에 있었어.

2 while, during

→ 나만의 문장:

예시 **I didn't speak while I was eating.** 나는 먹는 동안에 말하지 않았다.
I went to Jeju Island during summer vacation. 여름 방학 동안에 나는 제주도에 갔다.

☞ p.265『접속사 훑어보기』에서 접속사의 개념을 다시 한번 정리해 보세요!

공부법 10

66일 공부법

✓ 습관을 만드는 데 얼마나 걸릴까?

지금껏 습관 형성과 관련된 여러 가지 실험이 진행됐다. 가장 확실한 실험은 영국 런던대학교(University College London)의 제인 워들 교수 연구팀이 진행한 연구다. 연구진은 사람들에게 한 가지 행동을 습관으로 만들고자 했다. 며칠을 빠짐없이 반복해야 습관이 되는지 측정하려는 의도였다.

여기서 말하는 습관이란 '생각 자체를 하지 않아도 하게 되는 상태(doing without thinking)'를 말한다. 즉 의지를 전혀 발휘하지 않아도 그 행동을 하는 경지에 도달하는 시간을 측정한 것이다. 실험 결과 평균 66일이 걸렸다.

사람이 컴퓨터가 아닌 이상, 66일 자정이 지났다고 해서 사람이 야수로 변하듯 갑자기 달라지지 않는다. 하루하루 서서히 달라진다. 본인은 큰 차이가 없다고 느낄 수도 있다. 그러나 66일 전과 후, 둘만 놓고 비교하면 이게 동일한 사람인가 싶을 정도로 큰 차이가 있다.

이 연구 결과를 직접 적용해 본 내 경험상, 그리고 많은 학생들이 실천해 본 결과, 습관을 만들고 변화를 일으키고 자신감을 찾는 데 66일이면 충분했다. 약 두 달, 9주의 시간이다.

✓ 66일 습관 달력

66일은 사람이 하나의 행동을 완전히 습관으로 만드는 데 걸리는 평균 시간이다. '66일 습관 달력'을 이용해 66일간 여러분의 습관 달성 여부를 체크해보자. (66일 습관 달력은 공신닷컴 사이트에서 다운로드 받을 수 있다.)

사용하는 방법은 그리 어렵지 않다.

먼저 여러분이 습관으로 만들고 싶은 것들을 모조리 적어라. 주의할 점은, 지켰는지 안 지켰는지를 확실하게 표시할 수 있는 것이어야 한다. '착하게 살기' 이런 건 안 된다. '수업 후 5분 복습하기'와 같은 것으로 바꿔야 한다.

과도한 욕심도 안 된다. '최대치'가 아니라 '최소치'를 정한다. "죽을힘을 다하면 하루 18시간 공부할 수 있어."라고 최대치를 적으면 절대로 안 된다. "스톱워치로 재며 순수하게 집중해 2시간 공부하는 것은 내가 최소한 마음만 먹으면 할 수 있어."라고 적어라.

그 다음, 모든 미션을 달성한 날에 매직이나 굵은 펜으로 'X' 표시를 한다. 내가 정한 습관을 모두 실천한 날, 'X'라고 표시하며 그 뿌듯함을 꼭 한번 느껴 보라. '와, 나도 이렇게 한 가지 미션을 꾸준히 해 나가고 있구나!' 이런 생각이 반드시 들 것이다. 행복감마저 느낄지도 모른다. 이렇게 실천하다 보면 지금까지 한 게 아까워서라도 중단하지 않을 것이다.

마지막으로 이 미션들을 구체적으로 적은 뒤 꼭 해야 할 일이 있다. 내 방 가장 잘 보이는 곳에 붙여 둘 수도 있지만, 되도록이면 공개적인 곳에 붙여라. 모두가 볼 수 있는 곳에.

공신 멘토 중에는 이런 계획을 집안 냉장고에 붙인 이도 있었다. 그곳에 붙인 뒤 가족들에게 공언했다. 내가 앞으로 이것을 다 지키면 'X' 표시를 할 테니, 이 표시가 없는 날이 있으면 나한테 말해 달라고. 이렇게 하면 모든 식구들이 일종의 응원자이자 감시자가 된다. 지킬 확률이 월등히 올라간다.

오늘 바로 시작해 보길 바란다. 길게 생각하지 말고 꼭 해야 하는 것부터 작게 시작해 보라. 영문법이든 독서든 운동이든 작게 해서 크게 키우면 되니까.

▸ 66일 습관 달력 다운로드 ➡ www.gongsin.com

▸ 66일 영문법 습관 달력 ➡ p.421

–「강성태 66일 공부법」 중에서

CHAPTER 11

관계사

관계대명사는 무엇인가?

관계대명사는 이름 그대로다. '두 문장을 연결하여 관계를 나타내는 대명사'이다. 즉, 관계대명사는 대명사의 일종이다. 그걸 모르는 사람이 너무 많다. 왜 대명사인지 모르고 배운다. 설명도 안 하고 질문도 안 한다.

A. He is my teacher. My teacher teaches English very well.
B. He is my teacher who teaches English very well.

A에는 두 개의 문장이 있다. 이 두 문장을 어떻게 한 문장으로 만들까? 아주 간단하다. 일단 A의 두 문장을 그대로 이어 붙여보자. 'my teacher(나의 선생님)'가 중복된다. 양쪽 문장에서 두 번 등장하는 'my teacher(나의 선생님)'가 두 문장의 연결 고리인 셈이다. 영어는 두 번 말하는 것을 싫어하니까 나머지 하나는 중복을 피해서 대신 가리켜주는 말, 즉 '대명사'로 표현하면 된다. 이것이 관계대명사를 사용한 B문장이다.

앞에서 말했듯이 관계대명사도 '대명사'다. 앞서 나온 것을 중복되지 않게 써주는 게 대명사의 존재 이유 아닌가? 여러 종류의 대명사 중에서 앞에 나온 명사를 가리키면서 동시에 두 문장의 관계도 나타내주는 관계대명사 'who'를 쓴 것이다. 정리하면, 두 문장을 한 문장으로 합치면서 중복되는 표현 중 하나를 대명사로 써준 것. 이 간단한 원리가 그 어려운 관계대명사의 전부다.

관계사 어록

The man who wins is the man who thinks he can.
이기는 사람은 할 수 있다고 생각하는 사람이다.

- Vince Lombardi -

할 수 있다 믿는 것도 능력이다.
할 수 있다 믿으면 할 수 있는 힘이 생긴다. 당신은 할 수 있다.
반드시, 반드시, 반드시 할 수 있다.

관계사 훑어보기

UNIT 65

관계대명사의
기본 개념

관계대명사 개념

개념	공통된 부분이 있는 두 개의 문장을 연결하여 관계를 나타내는 대명사
역할	접속사와 대명사 역할을 동시에 하며, 형용사절을 이끌어 앞에 나오는 선행사를 수식 ※ 관계대명사절 안에서의 역할에 따라 주격, 목적격, 소유격 관계대명사로 나뉜다.
☆형태	❶ 주격 관계대명사(주어 역할) I saw the girl **who** lives next door. ❷ 목적격 관계대명사(목적어 역할) I like the girl **who(m)** you met yesterday. ❸ 소유격 관계대명사(소유격 대명사 역할) I know a girl **whose** eyes are blue.

UNIT 66~67

관계대명사
who, which, whose,
that, what

관계대명사 종류

☆who	선행사가 사람인 경우
☆which	선행사가 사물, 동물인 경우
☆whose	선행사가 사람, 사물, 동물이면서, 관계대명사절에서 소유격인 경우
☆that	선행사가 사람, 사물, 동물인 경우 모두에 사용 ※ 콤마(,) 뒤, 전치사 뒤에는 관계대명사 that을 사용할 수 없다.
☆what	선행사를 포함하는 관계대명사로 '~하는 것'이라고 해석

UNIT 68

전치사 + 관계대명사,
관계대명사의 생략

관계대명사의 여러 가지 형태

전치사 + 관계대명사	관계대명사가 관계대명사절에서 전치사의 목적어일 때, 전치사는 관계대명사절 끝에 오거나 관계대명사와 함께 절 앞으로 이동 We visited the house **which** Mozart was born **in**.
관계대명사의 생략	❶ 뒤에 분사/형용사가 오는 경우 '주격 관계대명사 + be동사'는 생략 가능 ❷ 목적격 관계대명사는 생략하는 경우가 많음

UNIT 69

관계대명사의
계속적 용법

관계대명사의 용법

한정적 용법	앞에 있는 명사를 선행사로 취하여 선행사의 의미를 한정 (관계대명사절 앞에 콤마(,)가 없음)
계속적 용법	앞에 있는 명사뿐만 아니라 앞 절 전체나 일부를 선행사로 취하여 부가적인 설명을 계속하여 덧붙이는 것 (관계대명사절이 콤마(,) 뒤에 이어짐)

UNIT 70

관계부사

관계부사

역할	접속사와 부사 역할을 동시에 하며, 형용사절을 이끌어 앞에 나오는 선행사(시간/장소/이유/방법)를 수식
☆종류	❶ 시간: when(= in/at/on which) ❷ 장소: where(= in/at/on which) ❸ 이유: why(= for which) ❹ 방법: how(= in which)

UNIT 71

복합관계사

복합관계사

복합관계대명사 (관계대명사 + ever)	❶ who(m)ever (~하는 누구든지, 누가[누구를] ~하더라도) ❷ whichever (~하는 어느 것이든지, 어느 것이[것을] ~하더라도) ❸ whatever (~하는 무엇이든지, 무엇이[무엇을] ~하더라도)
복합관계부사 (관계부사 + ever)	❶ whenever (~할 때는 언제나, 언제 ~하더라도) ❷ wherever (~하는 곳은 어디든, 어디에서 ~하더라도) ❸ however (~하는 어떤 식으로든, 아무리 ~하더라도)

UNIT 65

관계대명사의 기본 개념

예문 듣기

I know a man who is perfect for the job.

나는 그 일에 적격인 남자를 안다.

관계대명사는 접속사와 대명사 역할을 동시에 하며, 형용사절을 이끌어 앞에 나오는 선행사를 수식한다.

1 관계대명사의 개념과 역할

- **관계대명사의 개념:** 공통된 부분이 있는 두 개의 문장을 연결하여 관계를 나타내는 대명사
- **관계대명사의 역할**

관계대명사는 대명사와 접속사 역할을 동시에 한다. 대명사로서 두 개의 문장에서 반복되는 단어 중 하나를 대신하고, 접속사로서 관계대명사절을 이끌어 다른 문장에 연결한다.

참고 **선행사(先行詞):** 관계대명사 또는 관계부사가 대신 받는 말. 일반적으로 관계사 앞에 위치하는 명사(구)를 가리킨다.

I have a **brother**. 나는 남동생이 있다. + **My brother** works in London. 내 남동생은 런던에서 일한다.

a brother = my brother

두 문장에 공통되는 부분이 있으므로 관계대명사를 사용하여 한 문장으로 만들 수 있다.

→ I have a brother [**who** works in London]. 나는 런던에서 일하는 남동생이 있다.

선행사 (a brother) 관계대명사 (who)

관계대명사 **who**는 두 개의 문장을 연결하는 접속사 역할과 선행사 **a brother**를 받는 대명사 역할을 동시에 한다.

▶ 느낌 빡! 매끄러운 영어 독해가 안 되는 이유, 관계대명사를 모르기 때문이다

A. 이것이 그 문법책이다. 이 문법책은 내가 영어를 잘하게 만들어 주었다.
B. 이것이 내가 영어를 잘하게 만들어 준 그 문법책이다.

똑같은 내용을 A처럼 두 문장으로 나눠서 표현할 수도 있고 B처럼 한 문장으로 길게 말할 수도 있다. 어린아이들은 A처럼 끊어서 말하지만, 성인들이 논리적으로 의사전달을 할 때는 B처럼 사용한다. A처럼 끊어진 문장을 B처럼 한 번에 이어서 말할 수 있게 해주는 것이 관계대명사이다. 구어체보다 상대적으로 긴 문장으로 표현하는 문어체에서 관계대명사는 매우 빈번하게 등장한다. 신문 기사, 수능, 토익, 공무원 시험 등 각종 시험에도 관계대명사가 안 나오는 지문이 거의 없다. 관계대명사가 나오면 문장이 길어지게 되어 있는데, 관계대명사를 잘 익히지 못한 사람은 그 문장의 뜻을 제대로 파악하지 못한다.

- **관계대명사절의 역할:** 관계대명사가 이끄는 절은 선행사를 수식하는 '형용사절'이다. 관계대명사절은 선행사 뒤에 위치한다.

참고 **명사를 수식하는 말들(형용사 역할을 하는 말들)**

1) 형용사 a great book 훌륭한 책	2) to부정사 a book to read 읽을 책
3) 과거분사 a book published in 2007 2007년도에 출간된 책	4) 현재분사 a book giving information 정보를 주는 책
5) 관계대명사절 a book [which inspired me] 책 [나에게 영감을 주었다] → 나에게 영감을 준 책	

2 관계대명사의 격 변화

• 관계대명사에는 주격, 목적격, 소유격이 있다. 관계대명사절 안에서 어떤 역할을 하느냐에 따라 격이 달라진다.

참고 '주격-목적격-소유격'의 형태는 선행사의 종류에 따라 [사람] who-who(m)-whose, [사물, 동물] which-which-whose(=of which)로 나뉜다. that은 선행사의 종류에 관계없이 주격, 목적격으로 쓰인다.

주격 관계대명사	❶ I saw the girl [**who** lives next door]. → 주어 역할
목적격 관계대명사	❷ I like the girl [**who(m)** you met yesterday]. → 목적어 역할
소유격 관계대명사	❸ I know a girl [**whose** eyes are blue]. → 소유격 대명사 역할

참고 목적격 관계대명사의 위치: 원래 목적어의 자리는 동사 뒤이지만, 관계대명사는 접속사 역할을 겸하므로 관계대명사절 내 동사 뒤가 아니라 관계대명사절 맨 앞에 나온다.

예문

❹ He is a new student [**who** transferred from another school]. 기출
➡ 주격 관계대명사

❹ 관계대명사절 안에서 who가 주어 역할을 하므로 who는 주격 관계대명사이다. a new student가 관계대명사절의 수식을 받아 '다른 학교에서 전학 온 새로운 학생'이라는 뜻이 되었다.

❺ I visited my uncle [**whom** I hadn't seen for years].
➡ 목적격 관계대명사

❺ 관계대명사절 안에서 동사(hadn't seen) 뒤에 목적어가 보이지 않는 것은 목적어 자리에 있던 단어가 관계대명사가 되면서, 절 맨 앞 접속사 자리로 갔기 때문이다.

❻ I met a man [**whose** restaurant is famous].
➡ 소유격 관계대명사

❻ 소유격 관계대명사(whose)는 뒤에 나온 명사(restaurant)가 선행사(a man)의 소유임을 나타낸다.

느낌 빡! 아무 문장이나 다 합칠 수 없다

아무리 관계대명사를 활용한다고 해도 아무 문장이나 다 합칠 수는 없다. 관계대명사는 두 문장에 공통되는 말이 나올 때만 둘 중 하나를 관계대명사로 고쳐서 하나의 긴 문장으로 만들 수 있다. 이때 중복됐지만 대명사로 바꾸지 않은 단어이자 관계대명사 앞에 남아있는 그 단어, 그게 바로 선행사이다. 한자로 먼저 선(先)에 행할 행(行)이다. 먼저 나온다는 뜻. 앞에 똑같은 놈이 먼저 나왔기 때문에 뒤에서는 반복할 필요 없이 대명사로 표현한다. 단지 대명사 역할에 그치지 않고, 두 문장을 합치는 역할까지 할 수 있는 말, 그게 관계대명사다. 그러니 선행사와 관계대명사는 떼려야 뗄 수 없는 관계이다. 관계대명사가 나온 문장에서 선행사를 파악하는 연습을 잘 해두면 독해, 문법 문제를 수월하게 해결할 수 있다.

진짜 이해했는지 확인!

정답과 해설 p.410

Q 밑줄 친 관계대명사가 〈주격〉, 〈목적격〉, 〈소유격〉 중 어떤 역할을 하는지 쓰세요.

1 I interviewed a man [who speaks seven languages]. →

2 Robert is a friend [whom I've known since middle school]. →

3 I know a man [whose name is James]. →

예문 해석 거꾸로 영작 훈련도 필수!

1. 나는 옆집에 사는 소녀를 보았다. **2.** 나는 네가 어제 만난 그 소녀를 좋아한다. **3.** 나는 눈이 파란 한 소녀를 안다. **4.** 그는 다른 학교에서 전학 온 새로운 학생이다. **5.** 나는 몇 년 동안 보지 않았던 삼촌을 방문했다. **6.** 나는 그의 식당이 유명한 한 남자를 만났다.

UNIT 66

관계대명사 who, which

예문 듣기

I found a café which serves excellent coffee.

나는 훌륭한 커피를 제공하는 카페를 발견했다.

관계대명사 who는 선행사가 사람일 때, which는 선행사가 사물이거나 동물일 때 쓴다.

1 관계대명사 who

- 선행사가 사람인지, 사물·동물인지에 따라 쓸 수 있는 관계대명사가 다르다.
- 선행사가 사람인 경우, 관계대명사 who를 쓴다. 관계대명사가 관계대명사절 안에서 주어로 쓰였을 때 who, 목적어로 쓰였을 때 who(m), 소유격 대명사로 쓰였을 때는 whose 형태로 온다. Unit 67. 관계대명사 that, what

참고 관계대명사 that은 사람, 사물, 동물 선행사에 모두 쓸 수 있다.

구분	관계대명사 who
주격 who	❶ We need volunteers [**who** can play the guitar or the piano]. 기출 ←We need volunteers. + The volunteers can play the guitar or the piano. 두 문장에 공통 단어 volunteers가 있으므로 뒤에 나온 The volunteers를 관계대명사로 고친다. The volunteers는 사람이며, 뒤 문장에서 주어이므로 사람에게 쓰는 주격 관계대명사 who로 대체한다. 관계대명사절이 선행사 volunteers를 수식하여 '기타나 피아노를 칠 수 있는 자원봉사자들'이라는 뜻이 된다.
목적격 who(m)	❷ I ran into a guy [**who(m)** I used to know]. ←I ran into a guy. + I used to know the guy. 공통 단어 the guy가 뒤 문장에서 know의 목적어이므로, 목적격 관계대명사 who(m)을 써야 한다. 관계대명사는 접속사로서 관계대명사절 맨 앞에 위치했다. whom은 격식을 차린 표현이고, 일반적으로는 who를 많이 쓴다.
소유격 whose	❸ That's the man [**whose** car has been stolen]. ←That's the man. + The man's car has been stolen. 뒤 문장에서 the man's가 소유격이므로 소유격 관계대명사 whose로 선행사와 car의 소유 관계를 밝힌다. 관계대명사절이 선행사 the man을 수식하여 '차를 도둑맞은 그 남자'라는 뜻이 된다.

▶ 느낌 빡! 왜 관계대명사절은 선행사 뒤에 위치할까?

꾸며주는 말은 있으면 내용이 풍성해져서 좋은 거지, 문장 필수 성분인 주어, 동사, 목적어, 보어보다 중요한 건 아니다. 꾸며주는 말은 상대적으로 덜 중요하기 때문에 길어지면 그냥 뒤로 보낸다. 관계대명사절도 길게 꾸며주는 말이라 뒤로 간다.

명사를 꾸며주는 형용사는 보통 고작 한 단어다. 짧게 꾸며줄 때는 형용사를 명사 앞에 붙인다. 하지만 꾸며주는 말이 길어지는 경우엔 to부정사나 분사구에서 봤던 것처럼 명사 뒤로 보낸다. 그보다 더 긴 관계대명사절은 말할 것도 없다.

영어를 모국어로 하는 사람이 말하는 과정은 이렇다. 일단 중요한 걸 내뱉는다. Mr. Kang is my English teacher.(강 씨는 나의 영어 선생님이다.) 그런데 어떤 영어 선생님인지 더 명확하게 할 필요가 있을 때 관계대명사절 who teaches English very well(영어를 아주 잘 가르치는)을 뒤에 갖다 붙이는 것이다. 중요한 말을 먼저 하고 필요한 정보를 뒤에 덧붙인다는 원리를 기억하니 참 쉽다. 여러분도 여러 번 연습하다 보면 실제 대화에서도 바로 튀어나올 것이다. p.26 한 시간에 끝내는 영어의 원리

2 관계대명사 which

- 선행사가 사물이거나 동물인 경우, 관계대명사 which를 쓴다. 관계대명사가 관계대명사절 안에서 주어, 목적어로 쓰였을 때는 which, 소유격 대명사로 쓰였을 때는 whose나 of which 형태로 온다.

구분	관계대명사 which
주격 which	❹ The bus [**which** goes to City Hall] has just left. ← The bus has just left. + The bus goes to City Hall. 선행사 The bus가 사물이며, 관계대명사절에서 주어 역할을 하고 있으므로 사물에 쓰는 주격 관계대명사 which를 써야 한다. 주의 문장의 주어가 선행사일 경우 관계대명사절이 문장의 주어와 동사 사이에 위치하게 된다. 이때 관계대명사절이 어디서 끝나는지 잘 살펴서 문장의 동사를 파악하는 것이 중요하다.
목적격 which	❺ Monica wore a dress [**which** she bought in Italy]. ← Monica wore a dress. + She bought the dress in Italy. the dress가 관계대명사로 바뀌면서 관계대명사절의 목적어 자리에서 관계대명사절 맨 앞으로 이동한다.
소유격 whose (= of which)	❻ She works for a company [**whose** goal is to promote Korean culture]. ← She works for a company. + The company's goal is to promote Korean culture. 소유격 관계대명사를 통해 뒤에 나온 goal이 선행사 a company의 소유임을 알 수 있다.

진짜 이해했는지 확인!

정답과 해설 p.410

Q1 관계대명사를 이용해 두 개의 문장을 하나로 합치세요.

1 We need volunteers. The volunteers will read books to children.
→

2 Jane wore a dress. She bought the dress in New York.
→

3 I found a café. The café serves excellent coffee.
→

Q2 괄호 안에서 알맞은 것을 고르세요.

1 I ran into a girl (whom / which) I used to know.

2 That's the man (whom / whose) wallet has been stolen.

예문 해석 거꾸로 영작 훈련도 필수!

1. 우리는 기타나 피아노를 칠 수 있는 자원봉사자들이 필요하다. **2.** 나는 전에 알던 한 남자와 마주쳤다. **3.** 저 사람이 차를 도둑맞은 그 남자이다. **4.** 시청으로 가는 버스는 막 떠났다. **5.** 모니카는 이탈리아에서 산 드레스를 입었다. **6.** 그녀는 한국 문화를 홍보하는 것이 목적인 회사를 위해 일한다.

UNIT 67

관계대명사 that, what

예문 듣기

I have a project that is due on Monday.

나는 월요일에 마감인 프로젝트가 있다.

관계대명사 that은 선행사의 종류에 상관없이 모두 쓸 수 있다.

관계대명사 what은 선행사를 포함한다.

1 관계대명사 that

- 관계대명사 that은 선행사가 사람인지 사물·동물인지와 관계없이 주격, 목적격 관계대명사로 쓸 수 있다.
- **관계대명사 that을 쓰는 경우**
  1) 선행사에 사람과 사물·동물이 혼합되었을 때
  2) 선행사가 -thing으로 끝나는 대명사일 때
  3) 선행사에 최상급, 서수 또는 the only, the same, the very, all, every, little, few 등의 표현이 포함될 때
  4) 문장 앞에 의문사가 있을 때
- **관계대명사 that을 쓸 수 없는 경우**: 콤마(,) 뒤, 전치사 뒤에는 나올 수 없다.

예문

❶ I told you everything **that** I know.

❶ 선행사가 -thing으로 끝나는 대명사일 때는 관계대명사 that을 쓴다.

❷ Zach and Tony bought a swimming suit **that** could minimize resistance against water. 기출

❷ 선행사 a swimming suit은 사물이므로 that 대신 which를 써도 된다.

❸ He is the only person **that** I can trust.

❸ 선행사에 the only가 포함되면 주로 관계대명사 that을 쓴다.

❹ Emily is the most brilliant student **that** I've taught.

❹ 선행사에 최상급 표현(the most brilliant)이 포함되어 관계대명사 that을 썼다.

❺ Who was the person **that** you contacted?

❺ 선행사가 사람이므로 관계대명사 who(m)을 쓸 수도 있지만, 문장 앞에 있는 의문사 who와 중복을 피하려고 관계대명사 that을 썼다.

느낌 빡! 회화에서는 that을 더 많이 쓰는 추세이다

사람이나 사물, 동물 구별 없이 쓸 수 있으니 that을 쓰는 게 더 쉽겠다고 예상했을 수도 있다. 맞다. 실제로 that을 회화체에서는 더 많이 쓴다. 또한 이 선행사를 사람으로 보아야 할지 아닐지 애매한 경우가 있다. 영화 속 헐크나 로봇 인간의 경우 사람인가 사물인가? who를 써야 하나 which를 써야 하나? 애매할 땐 that이다. 단, 격식을 차릴 때에는 반드시 who를 쓴다. 사물에도 쓸 수 있기에 that은 덜 공손해 보이는 느낌이 들기 때문이다. 굳이 표현하면 that은 사물도 지칭하는 대명사라서 '그분'이 아니라 '그것'이라는 느낌이 살짝 들기 때문이다. 참고로 목적격 관계대명사 whom은 who로 거의 대체되고 있다. 구별해서 쓰는 게 귀찮기 때문이다. 역시 말은 편리한 방향으로 발전한다.

2 관계대명사 what

- 관계대명사 what은 선행사를 포함하는 관계대명사이다. the thing(s) which[that]와 같은 뜻이며 '~하는 것'이라고 해석한다.

He showed me **the jacket** [**that** he bought]. 그는 자기가 산 재킷을 나에게 보여주었다.

선행사: the jacket, 관계대명사: that

→ He showed me **what** he bought. 그는 자기가 산 것을 나에게 보여주었다.

선행사를 포함하는 관계대명사 what

- 따라서 관계대명사 what이 쓰이면 1) 앞에 선행사가 올 수 없으며, 2) 'what + 불완전한 절' 형태 자체가 명사절이 되어 문장의 주어, 목적어, 보어로 쓰인다.

예문 正 正

❻ I don't care **what(= the things which)** people say.

❼ Ancient artists were drawing **what** they were seeing. 기출

❽ They showed us **what** they brought.

❻ what이 선행사를 포함하기 때문에 주절의 목적어 자리에 바로 올 수 있다. '사람들이 말하는 것'이라는 뜻이다.

❼ what이 이끄는 관계대명사절은 명사절이므로 주어, 목적어, 보어로 쓸 수 있다. 이 문장에서는 were drawing의 목적어로 쓰였다.

❽ what이 이끄는 관계대명사절이 showed의 직접목적어이다. us를 수식하는 말이 아니므로 해석에 유의한다.

11 관계사

▶ 느낌 빡! 관계대명사절 해석, 잘못하고 있었다!

He is my teacher [who teaches English very well].

많은 학생이 독해할 때마다 관계대명사절을 묶어 뒤에서부터 앞부분으로 화살표를 뺀다. 시중 해설지에도 이렇게 나와 있다. 이런 방식이 초반 이해에는 분명히 도움이 된다. 그러나 실제로 독해할 때 뒤에서부터 앞으로 끌어와서 해석하는 방식은 독해를 한없이 더디게 만든다.

세상에 어떤 사람이 모국어를 해석할 때 앞뒤로 왔다 갔다 하며 해석하겠는가? 영미권 사람들은 관계대명사절을 해석할 때 뒤에서 앞으로 끌어와서 해석하지 않는다. 우리도 앞에서 뒤로 쭉 가며 '직독직해'하는 연습을 해야 한다.

관계대명사절이 한국어로 100% 대응되는 표현은 아니지만 쉽게 말해 이런 식이다. '그는 나의 선생님이다. 근데 누구냐면(어떤 사람이냐면) 영어를 잘 가르치는' 이런 느낌이다. '그분이 내 영어 선생님이야'라고 먼저 말하고 그 뒤에 그에 대한 세부 정보를 붙이는 것이다. 그 이상도 이하도 아니다. 물론 이것도 완벽한 방법은 아니다. 궁극적으로는 이런 한글로 바꾸지 않고 영어에서 바로 의미를 받아들일 수 있어야 한다. 일단은 '누구냐면', '뭐냐면' 이런 식으로 이어서 말해준다고 생각하라.

✔ 진짜 이해했는지 확인!

정답과 해설 p.410

Q 다음 문장에서 밑줄 친 부분을 알맞게 해석하세요.

1 You are <u>the only person that I can trust</u>. →

2 I don't care <u>what other people say</u>. →

3 They showed us <u>what they brought</u>. →

예문 해석 거꾸로 영작 훈련도 필수!

1. 나는 내가 아는 모든 것을 너에게 말했다. **2.** 자크와 토니는 물에 대한 저항을 최소화할 수 있는 수영복을 샀다. **3.** 그는 내가 신뢰할 수 있는 유일한 사람이다. **4.** 에밀리는 내가 가르친 가장 똑똑한 학생이다. **5.** 네가 연락했던 그 사람은 누구였니? **6.** 나는 사람들이 말하는 것에 신경쓰지 않는다. **7.** 고대 예술가들은 그들이 보고 있었던 것을 그리고 있었다. **8.** 그들은 가져온 것을 우리에게 보여주었다.

전치사 + 관계대명사, 관계대명사의 생략

예문 듣기

Everything (that) I did made him angry.

내가 했던 모든 것이 그를 화나게 했다.

관계대명사가 전치사의 목적어일 때, 전치사는 관계대명사절 끝이나 앞에 올 수 있다.

또한 '주격 관계대명사 + be동사'와 목적격 관계대명사는 생략할 수 있다.

1 전치사와 함께 쓰이는 관계대명사

• 관계대명사가 관계대명사절 내에서 전치사의 목적어일 때, 전치사는 관계대명사절 끝에 남거나 관계대명사와 함께 절 앞으로 이동한다.

주의 관계대명사 that은 전치사 뒤에 쓸 수 없다.

예문

❶ This is my colleague **about whom** I told you.
(=This is my colleague **whom** I told you **about**.)

❷ She married a man **that[whom]** her parents didn't approve **of**.
(= She married a man **of whom** her parents didn't approve.)

❸ We visited the house **in which** Mozart was born.
(=We visited the house **which[that]** Mozart was born **in**.)

❶ 관계대명사로 합쳐지기 전 두 문장은 This is my colleague.와 I told you about him.이다. 목적격 관계대명사 whom이 him을 대체하면서 문장 앞으로 이동할 때, 전치사는 원래 자리에 남아있을 수도 있고, 관계대명사를 따라 앞으로 이동할 수도 있다.

❷ 전치사 of의 목적어는 관계대명사 that이다. that은 전치사 뒤에 쓸 수 없으므로 of는 관계대명사를 따라 앞으로 이동할 수 없고, 원래 자리에 남는다. 단, 관계대명사 whom을 쓰면 of whom이 함께 절 앞으로 이동할 수 있다.

❸ which 대신 that을 쓰려면 in은 원래 자리인 born 뒤에 남아야 한다.

▶ 느낌 빡! 전치사가 관계대명사 앞에 나오는 원리

앞서 본 관계대명사는 종속절의 주어나 목적어, 소유격 대명사를 대신했다. 뿐만 아니라 종속절에서 전치사의 목적어를 대신할 수도 있다. 전치사구는 보통 주어, 동사가 다 나온 후 문장의 뒷부분에 나온다. 그런데 전치사 뒤의 명사가 앞 문장에 이미 나왔던 명사다.

This is **the house**. My parents live in **the house**.

두 문장을 합치면서 the house를 관계대명사 which로 대체하여 절 앞에 두니 전치사 in만 남는다.

This is the house **which** my parents live **in**.

This is the house **in which** my parents live.

원래 전치사는 명사 앞에 쓰인다는 뜻으로 앞 전(前)자를 써서 전치사이다. 근데 전치사만 덩그러니 남으니 왠지 다시 명사와 붙여주고 싶기도 하다. 그래서 관계대명사로 변한 명사를 따라가는 것을 허용해준 것이다. 공부나 취직 때문에 떠난 애인을 쫓아 따라온 연인 같다.

2 관계대명사의 생략

- '주격 관계대명사 + be동사 + 분사/형용사'의 형태에서는 주격 관계대명사와 be동사를 생략할 수 있다. 주격 관계대명사와 be동사가 생략되면 남아있는 분사구가 선행사를 수식하는 형태가 된다. Unit 16. 분사의 역할
- 목적격 관계대명사는 생략하는 경우가 많다.

주의 '전치사 + 목적격 관계대명사'의 형태에서는 관계대명사를 생략할 수 없다.

예문

❹ I wake up every morning in a house **(that was)** built by my father.

❹ 주격 관계대명사 that 뒤에 be동사와 분사(was built)가 오면 관계대명사와 be동사를 생략할 수 있다.

❺ The gym has a new yoga class **(which is)** starting soon.

❺ which is를 생략하면 남아있는 분사구(starting soon)가 선행사(a new yoga class)를 수식한다.
which is가 생략되어도 '곧 시작하는 새 요가 수업'이라는 뜻은 똑같다.

❻ The information **(that)** you requested is on our website.

❻ 관계대명사 that은 requested의 목적어에 해당하므로 생략할 수 있다. 명사 바로 뒤에 주어, 동사가 잇달아 나오는데 동사의 목적어가 없다면, 목적격 관계대명사가 생략된 문장임을 알 수 있다.

❼ Lindsey needed someone **with whom** she could share her concerns.
(= Lindsey needed someone **(whom)** she could share her concerns **with**.)

❼ with whom에서 whom은 목적격 관계대명사이지만 앞에 전치사가 나왔으므로 생략할 수 없다. whom을 생략하려면 with를 원래 자리인 concerns 뒤로 보내야 한다.

11 관계사

진짜 이해했는지 확인!

정답과 해설 p.410

Q 다음 문장에서 생략할 수 있는 부분에 밑줄 치세요. (생략할 수 있는 부분이 없으면 ×표 하세요.)

1 I can't find the document that you requested.

2 He wants a true friend with whom he can share his feelings.

3 The house has a balcony that is overlooking the park.

4 I wake up every morning in a house that was built by my grandfather.

예문 해석 거꾸로 영작 훈련도 필수!

1. 이 사람은 내가 너에게 말했던 내 동료이다. **2.** 그녀는 부모님이 찬성하지 않는 남자와 결혼했다. **3.** 우리는 모차르트가 태어난 집에 방문했다. **4.** 나는 매일 아침 우리 아버지에 의해 지어진 집에서 일어난다. **5.** 그 체육관은 곧 시작하는 새 요가 수업이 있다. **6.** 당신이 요청했던 정보는 우리의 웹사이트에 있습니다. **7.** 린지는 그녀의 고민을 공유할 수 있는 누군가가 필요했다.

UNIT 69

관계대명사의 계속적 용법

🎧 예문 듣기

He gave me a box, which I opened immediately.

그는 나에게 상자를 주었는데, 나는 그것을 즉시 열어보았다.

관계대명사가 선행사의 의미를 한정하는 한정적 용법으로 쓰일 때는 관계대명사절 앞에 콤마(,)를 붙이지 않고, 앞 내용에 대한 부가 설명을 덧붙이는 계속적 용법으로 쓰일 때는 콤마(,)로 문장 나머지 부분과 구분해준다.

1 관계대명사의 한정적 용법

- 관계대명사절의 수식 범위에 따라 그 쓰임이 '한정적 용법'과 '계속적 용법'으로 나뉜다.
- 한정적 용법으로 쓰인 관계대명사절은 앞에 있는 명사만을 선행사로 취하여 그 의미를 한정해준다.
- '~하는/~인 (명사)'와 같이 해석한다.
- 관계대명사절 앞에 콤마(,)가 없으면 한정적 용법으로 쓰인 것이다.

2 관계대명사의 계속적 용법

- 계속적 용법으로 쓰인 관계대명사절은 앞에 있는 명사뿐만 아니라, 앞에 오는 절 전체 또는 일부를 선행사로 취한다.
- 한정적 용법과 달리 관계대명사절이 선행사의 의미를 한정하지 않고, 앞 내용에 대한 부가적인 설명을 계속하여 제공한다.
- and로 연결된 등위절처럼 '~하는데/~인데, …하다'로 해석한다.
- 관계대명사절 앞에 콤마(,)가 있으면 계속적 용법으로 쓰인 것이다.

  He has two sons, **who** became doctors. 그는 두 아들이 있는데, 그들은 의사가 되었다.
  콤마(,) + 관계대명사: 관계대명사의 계속적 용법

  = He has two sons **and they** became doctors.
  and + 대명사

- 계속적 용법으로 쓰인 관계대명사는 생략할 수 없으며, that은 계속적 용법으로 쓰일 수 없다.

참고 지금까지 배웠던 관계대명사절은 모두 한정적 용법이다. 뒤에서 배울 관계부사 when, where도 앞에 오는 콤마(,)의 유무에 따라 한정적 용법과 계속적 용법 두 가지로 해석할 수 있다.

느낌 빡! 한정적 용법 vs. 계속적 용법 완벽 이해

A. He has two daughters who became top models.
B. He has two daughters, who became top models.

두 문장 다 최고의 모델이 된 두 딸이 있다는 의미다. 그런데 큰 차이가 있다. 콤마가 나오면 한 템포를 쉰다. 이야기를 끊어주는 효과가 있다. 선행사와 관계대명사절이 콤마로 구분되었으므로 바로 붙어서 수식한다기보다는 추가적인 정보를 제공해주는 것으로 이해하면 된다.

A. 최고의 모델이 된 두 딸이 있다.
B. 그는 두 딸이 있는데, 두 딸은 최고의 모델이 됐다.

콤마가 없는 경우 최고의 모델이 된 두 딸이 있다는 의미는 그 외에 다른 자식이 있을 수 있는 것이다. 의사가 된 다른 딸이나 아들이 있을 수도 있다. 하지만 콤마가 있는 경우 일단 그에게 두 딸이 있다는 의미를 전달한다고 보면 된다. 그 다음 그들이 최고의 모델이 됐다는 말이 이어진다. 즉, 콤마가 있는 경우는 딸이 둘만 있다는 소리다.
의미 차이가 크다. 예를 들어 해석을 고르는 문제에서 콤마가 없는데 "그에겐 최고의 모델이 된 두 딸만 있다"를 고르면 틀리는 것이다. 한정적인지 계속적인지 그 용법 이름 자체는 몰라도 된다. 해석을 똑바로 하는 것이 중요하다. 콤마가 있으면 쉬어 가는 것이기 때문에 의미가 거기서 일단락된다고 보면 그냥 이해할 수 있다.

예문 正正

❶ Humans dislike bitter foods, **which** tend to contain toxins. 기출

cf 1. Humans dislike bitter foods, ~~**that**~~ tend to contain toxins. (X)

cf 2. Humans dislike bitter foods **which(=that)** tend to contain toxins.

❶ 관계대명사 which 앞에 콤마가 있으므로 계속적 용법으로 쓰인 문장이다. 관계대명사절이 선행사 bitter foods를 수식하는 것이 아니라 그에 관한 추가 정보를 제공하는 것으로 이해해야 한다. 즉, 사람들은 쓴 음식을 싫어한다는 주요 내용에, 쓴 음식은 독소를 포함하는 경향이 있다는 추가 정보를 제공하는 구조이다.

cf 1. 관계대명사 that은 콤마 뒤에서 계속적 용법으로 쓸 수 없다.

cf 2. which가 이끄는 관계대명사절이 선행사 bitter foods를 수식하여 사람들이 싫어하는 쓴 음식의 범위를 한정한다. 즉, 사람들이 아무 쓴 음식이나 다 싫어하는 것이 아니라 쓴 음식 중 독소를 포함하는 것들만 싫어한다는 뜻이다. 이때는 관계대명사 that으로 대체할 수 있다.

❷ My personal trainer, **who** I see twice a week, is a former college volleyball player.

❷ who는 see의 목적어에 해당하는 목적격 관계대명사이지만 계속적 용법으로 쓰였으므로 생략할 수 없다. 계속적 용법의 관계대명사절이 문장 중간에 오면 관계사절 뒤에도 콤마를 쓴다.

❸ My brother enjoys reading comic books, **which** I don't enjoy.

❸ 관계대명사 which가 앞 절 일부(reading comic books)를 받았다. 이처럼 계속적 용법에서는 앞에 있는 명사뿐만 아니라 앞 절의 일부 또는 전체를 선행사로 취할 수 있다.

❹ He was crying, **which** surprised us.

❹ 관계대명사 which가 앞 절 전체를 다 받았다. '그가 울고 있었던 것'이 우리를 놀라게 했다는 뜻이다.

진짜 이해했는지 확인!

정답과 해설 p.410

Q 주어진 문장을 바르게 해석한 것을 고르세요.

1 Ben has a daughter who lives in Santiago.
a. 벤은 딸이 한 명 있는데, 그 딸은 산티아고에 산다.
b. 벤은 산티아고에 사는 딸이 한 명 있다. (다른 자식이 더 있을 수 있음)

2 Some students like team sports, which require advanced communication skills.
a. 어떤 학생들은 팀 운동 중 뛰어난 의사소통 기술을 요구하는 것들을 좋아한다.
b. 어떤 학생들은 팀 운동을 좋아하는데, 팀 운동은 뛰어난 의사소통 기술을 요구한다.

3 We spoke to Mr. Johnson's employees, who took pride in working for him.
a. 우리는 존슨 씨의 직원들과 이야기를 나누었는데, 그들은 그를 위해 일하는 것에 자부심이 있었다.
b. 우리는 존슨 씨의 직원들 중 그를 위해 일하는 것에 자부심이 있는 직원들과 이야기를 나누었다.

예문 해석 거꾸로 영작 훈련도 필수!

1. 사람들은 쓴 음식을 싫어하는데, 쓴 음식은 독소를 포함하는 경향이 있다. cf 2. 사람들은 독소를 포함하는 경향이 있는 쓴 음식을 싫어한다. **2.** 나는 내 개인 트레이너를 일주일에 두 번 보는데, 그는 전직 대학 배구 선수이다. **3.** 내 남동생은 만화책 읽는 것을 즐기는데, 나는 그것을 즐기지 않는다. **4.** 그는 울고 있었고, 그것은 우리를 놀라게 했다.

UNIT 70

관계부사

예문 듣기

I walked into the room where Dr. Jang was giving a speech.

나는 장 박사가 연설하고 있던 방으로 걸어 들어갔다.

관계부사는 접속사와 부사 역할을 동시에 하며, 형용사절을 이끌어 앞에 나오는 선행사를 수식한다.

1 관계부사의 개념과 역할

- 관계부사는 접속사와 부사 역할을 동시에 한다. 접속사로서 선행사를 수식하는 절을 이끌고, 관계사절 안에서는 부사를 대신하여 쓰인다.
- 선행사가 시간(when), 장소(where), 이유(why), 방법(how)을 나타내고, 선행사를 수식하는 절이 '전치사 + 관계대명사'로 시작할 때, '전치사 + 관계대명사'를 관계부사로 바꾸어 쓸 수 있다.
- 부사는 수식하는 요소이므로 관계부사가 원래 있던 부사를 대신해서 절 앞으로 이동하여도 뒤에 남는 절은 모든 문장 성분을 갖춘 완전한 절이다. **참고** 관계대명사 뒤에는 주어, 목적어 등이 빠져 있는 불완전한 절이 온다.

I like **the house.** + Paul lives **in the house.** 나는 그 집이 좋다. + 폴은 그 집에 산다.

→ I like **the house** [**where** Paul lives]. 나는 폴이 사는 그 집이 좋다.

장소를 나타내는 선행사, 관계부사 where(= in which)

2 관계부사의 종류

- 선행사의 의미에 따라 알맞은 관계부사(when, where, why, how)를 써야 한다.
- 관계부사 that은 시간, 장소, 이유, 방법을 나타내는 선행사에 모두 쓸 수 있으며, 문장에서 자주 생략된다.

시간	when[that] = in/at/on which	❶ I still remember the day **when(=on which)** Mr. Robinson came to my office.
장소	where[that] = in/at/on which	❷ It was held in the seminar room **where(=in which)** Anderson met the principal for the first time. **기출**
이유	why[that] = for which	❸ I don't understand the reason **why(=for which)** he's mad at me.
방법	how[that] = in which	❹ We will change **how** we pay quarterly bonuses. (= We will change **the way** we pay quarterly bonuses.) cf. We will change ~~the way how~~ we pay quarterly bonuses. (X) **주의** 관계부사 how는 선행사(the way)와 함께 쓸 수 없고 둘 중 하나는 반드시 생략해야 한다. 관계부사 that은 선행사(the way)와 함께 쓸 수 있다.

▶ 느낌 빡! 장소 선행사 뒤에 무조건 where가 나오는 것은 아니다

A. This is the city where I was born and raised. 이곳이 내가 태어나고 자란 도시이다.

B. This is the city which has charmed visitors for centuries. 이곳이 수 세기 동안 방문객들을 매혹해왔던 도시이다.

두 문장 다 the city가 선행사다. 선행사가 the city이면 장소, 장소 선행사에는 where를 쓴다고 그냥 외워버리면 두 번째 문장에도 that이나 which 대신 where를 쓰는 무지막지한 짓을 하는 수가 있다. 이런 실수를 하지 않기 위해서는 먼저 관계사가 관계사절 안에서 부사인지, 명사인지 알아야 한다.

A문장의 관계부사절은 원래 'I was born and raised in the city.'였다. 그런데 I was born and raised를 보니 이대로도 문법적으로 완벽하다. 부사 자체가 '부'차적인 품 '사'라는 뜻이다. in the city가 관계부사가 되어 원래 위치에서 없어져도 이렇게 문제될 것이 없다. 그렇다면 앞 문장과 연결해주는 관계사가 부사 역할을 하는 전치사구를 대신했음을 알 수 있으므로 관계부사 중 장소와 어울리는 where를 써주면 된다.
반면 has charmed visitors for centuries에는 문장에 꼭 필요한 주어가 빠졌다. 관계사가 주어 역할을 하는 명사를 대신했다는 것을 알 수 있으므로 사물 선행사를 받는 주격 관계대명사 that이나 which를 써줘야 한다.
마지막으로 정리해주겠다. 장소 선행사도 사물의 일종이다. 따라서 뒤에는 관계대명사 that, which, 관계부사 where가 다 올 수 있다. 그러니 장소 선행사 뒤에 where가 무조건 온다고 외우는 것은 많은 오류를 낼 수 있다. 대신 관계부사 where를 쓰려면 선행사가 장소이면서 뒤에는 완전한 절이 온다고 기억해두자.

3 관계부사의 생략과 계속적 용법

- 선행사가 시간, 장소, 이유를 나타내는 대표적인 명사(the time, the place, the reason 등)일 때 선행사나 관계부사를 생략할 수 있다. **참고** 선행사가 방법을 나타내는 대표적인 명사 the way일 경우 선행사와 관계부사 how 중 하나를 반드시 생략한다.
- 관계부사 where와 when은 계속적 용법으로 쓸 수 있다. why와 how는 한정적 용법으로만 쓰인다.

예문

❺ School is the place **(where)** she spends most of her time.
(= School is (the place) **where** she spends most of her time.)

❺ 선행사는 the place이다. 선행사가 장소를 나타내는 일반적인 명사이므로 선행사나 관계부사 둘 중 하나를 생략할 수 있다.

❻ Peter didn't tell me (the reason) **why** he wasn't in class yesterday.

❻ 선행사는 the reason이다. 이유를 나타내는 일반적인 명사이므로 the reason이나 why 둘 중 하나만 써도 의미가 통한다. the reason이 있을 때는 관계부사절이 the reason을 수식하는 형용사절이지만, the reason이 생략되면 tell의 직접목적어로 쓰인 명사절이 된다.

❼ He knocked on the door early in the morning**, when** I was in bed.

❼ 관계부사 where, when은 계속적 용법으로 쓰여 선행사에 대한 추가 정보를 줄 수도 있다. 이 문장에서는 시간을 나타내는 부사구 early in the morning에 대한 추가 정보를 나타낸다.

진짜 이해했는지 확인!

정답과 해설 p.411

Q 다음 문장에서 밑줄 친 부분을 바르게 고치세요.

1 I still remember the day which he came to my office. →

2 We will change the way how we pay quarterly bonuses. →

3 Peter didn't tell me the reason which he wasn't in class yesterday. →

예문 해석 거꾸로 영작 훈련도 필수!

1. 나는 아직도 로빈슨 씨가 내 사무실로 온 날을 기억한다. **2.** 그것은 앤더슨이 처음으로 교장 선생님을 만났던 세미나실에서 개최되었다. **3.** 나는 그가 나에게 화난 이유를 이해하지 못한다. **4.** 우리는 분기별 보너스를 지급하는 방식을 바꿀 것이다. **5.** 학교는 그녀가 대부분의 시간을 보내는 장소이다. **6.** 피터는 어제 결석한 이유를 나에게 말하지 않았다. **7.** 그는 아침 일찍 문을 노크했는데, 그때 나는 침대에 있었다.

UNIT 71

복합관계사

예문 듣기

My daughter carries the doll wherever she goes.

내 딸은 어딜 가나 그 인형을 들고 다닌다.

복합관계사의 형태는 '관계사 + ever'이다. 복합관계대명사는 명사절이나 부사절을, 복합관계부사는 부사절을 이끈다.

1 복합관계대명사

- 복합관계대명사는 '관계대명사 + ever' 형태의 관계사를 말한다.
- 앞에서 배운 관계대명사에 부사 ever(언제나, 항상)의 의미를 추가하여 해석한다.
- 관계대명사절은 선행사를 뒤에서 꾸며주는 형용사절이지만, 복합관계대명사절은 선행사를 포함하는 명사절 혹은 부사절이다.
- 복합관계대명사 뒤에는 불완전한 절이 이어진다. **주의** 관계대명사 that은 복합관계대명사절을 형성하지 않는다.

	명사절	양보의 부사절
who(m)ever	anyone who ~하는 누구든지	no matter who 누가[누구를] ~하더라도
whichever	anything that ~하는 어느 것이든지	no matter which 어느 것이[것을] ~하더라도
whatever	anything that ~하는 무엇이든지	no matter what 무엇이[무엇을] ~하더라도

참고 앞에서 명사절 접속사로 배운 '의문사 + ever'는 '복합관계대명사'와 동일하다. 따라서 복합관계대명사의 해석은 의문사의 의미를 살려 '~하는 누구/어느 것/무엇이든'으로 해석한다. **Unit 60. 명사절 접속사 (2) 의문사, -ever**

예문 正 正

❶ We welcome **whoever** wants to join us.

❷ All human beings should be treated equally, **whoever** they are.

❸ It's all the same to me, **whichever** you choose.

❹ You can do **whatever** you want.

❶ whoever가 이끄는 절은 명사절로 welcome의 목적어이다.

❷ 여기서 whoever가 이끄는 절은 부사절이다. 복합관계대명사가 이끄는 부사절은 콤마로 주절과 구분한다.

❸ 복합관계대명사도 대명사 역할을 하므로 whichever 뒤에는 choose의 목적어가 없는 불완전한 절이 온다. 여기서 복합관계대명사절은 부사절로 쓰였다.

❹ whatever는 '네가 원하는 것은 무엇이든지'라는 뜻이다. whatever 안에는 anything이라는 선행사(명사)가 이미 포함되어 있다고 보면 된다. 여기서 whatever절은 do의 목적어인 명사절이다.

▶ 느낌 빡! 복합관계사의 뜻은 관계사와 -ever의 뜻을 그대로 합쳐주면 된다

어원과 유래를 알면 외울 필요가 없다. ever는 '언제나, 항상'이라는 뜻을 가지고 있다. who는 '누구'라는 뜻이다. 이 둘을 합쳐서 만든 whoever는 '누구든지' '언제라도' 그렇다는 것을 의미한다.
Whoever broke the window should pay for the damage.

이 문장은 창문을 깬 사람이 친구든, 모르는 사람이든 그 어떤 누구든지 그 사람은 항상 손해를 배상해야 한다는 뜻이다. 이처럼 '누가, 누구를'에 관계없이 '언제나' 같은 상황이 유지될 때, whoever를 쓸 수 있다. whatever, whichever도 그냥 what(무엇)에 ever가 붙은 단어, which(어느 것)에 ever가 붙은 단어로 생각하면 된다. 어떤 사물이더라도 상황이나 결과가 마찬가지일 때, 확정되지 않은 사물을 가리킬 때 사용하는 것이다.

2 복합관계부사

- 복합관계부사는 '관계부사 + ever' 형태의 관계사를 말한다.
- 앞에서 배운 관계부사에 부사 ever(언제나, 항상)의 의미를 추가하여 해석한다.
- 관계부사절은 선행사를 꾸며주는 형용사절이지만, 복합관계부사절은 선행사를 포함하는 부사절이다.
- 복합관계부사 뒤에는 완전한 절이 이어진다. ☆주의 관계부사 why는 복합관계부사절을 형성하지 않는다.

	시간/장소/방법의 부사절	양보의 부사절
whenever	at any time when ~할 때는 언제나	no matter when 언제 ~하더라도
wherever	at any place where ~하는 곳은 어디든	no matter where 어디에서 ~하더라도
however	in any way ~하는 어떤 식으로든	no matter how 아무리 ~하더라도

☆참고 복합관계부사 however를 접속부사 however(그러나)와 혼동하지 않아야 한다. in any way 다음에는 in which 또는 that이 생략되어 있다.

··· 예문

❺ **Whenever** I try to discuss my personal problems, they don't want to hear them. 기출

❺ 이 문장에서 whenever가 이끄는 절은 시간을 강조하는 부사절이다. when을 써도 '내가 ~할 때마다'라고 할 수 있지만, whenever를 써서 '~할 때마다 언제나'라고 반복의 의미를 강조한 것이다.

❻ You can begin **whenever** you're ready.

❻ 복합관계부사는 관계사절 내에서 부사 역할을 한다. 뒤에 '주어 + 동사 + 보어' 2형식 구조의 완전한 절이 이어졌다.

❼ I'll always remember you **wherever** I am.

❼ 여기서 관계사절은 '내가 어디에 있더라도'라는 뜻이며, wherever를 no matter where로 바꿔 쓸 수 있다.

❽ **However** hard I work, I can't finish this on time.

❽ 복합관계부사 however는 'however + 형용사/부사 + 주어 + 동사'의 형태로 자주 쓰인다. '아무리 (형용사/부사) 하더라도'라는 의미이다.

✔ 진짜 이해했는지 확인!

정답과 해설 p.411

Q 다음 문장에서 밑줄 친 부분을 해석하세요.

1 You can do <u>whatever you want</u>. →

2 <u>Whenever I try to explain my situation</u>, no one listens to me. →

3 I'll always remember you <u>wherever I am</u>. →

예문 해석 거꾸로 영작 훈련도 필수!

1. 우리와 함께하고 싶어하는 누구든지 환영한다. **2.** 모든 인간은 그들이 누구라도 공평하게 대우받아야 한다. **3.** 네가 어느 것을 선택하든 나에게는 모두 똑같다. **4.** 너는 네가 원하는 무엇이든 할 수 있다. **5.** 내 개인적인 문제를 상의하려고 할 때마다 그들은 듣고 싶어하지 않는다. **6.** 네가 준비되었을 때 언제라도 시작할 수 있다. **7.** 내가 어디에 있든 항상 너를 기억할 것이다. **8.** 아무리 열심히 일해도 나는 이것을 제시간에 마칠 수 없다.

필수 예문 Review

가리개를 활용하여
필수 예문을 테스트해 보세요.

A 가 한글 가리고 해석해 보기

- ❶ I saw the girl who lives next door.
- ❷ I like the girl who(m) you met yesterday.
- ❸ I know a girl whose eyes are blue.
- ❹ He is a new student who transferred from another school.
- ❺ I visited my uncle whom I hadn't seen for years.
- ❻ I met a man whose restaurant is famous.
- ❼ We need volunteers who can play the guitar or the piano.
- ❽ I ran into a guy who(m) I used to know.
- ❾ That's the man whose car has been stolen.
- ❿ The bus which goes to City Hall has just left.
- ⓫ Monica wore a dress which she bought in Italy.
- ⓬ She works for a company whose goal is to promote Korean culture.
- ⓭ I told you everything that I know.
- ⓮ Zach and Tony bought a swimming suit that could minimize resistance against water.
- ⓯ He is the only person that I can trust.
- ⓰ Emily is the most brilliant student that I've taught.
- ⓱ Who was the person that you contacted?
- ⓲ I don't care what(= the things which) people say.
- ⓳ Ancient artists were drawing what they were seeing.
- ⓴ They showed us what they brought.
- ㉑ This is my colleague about whom I told you.
- ㉒ She married a man that[whom] her parents didn't approve of.
- ㉓ We visited the house in which Mozart was born.

A 가 영어 예문 가리고 스피킹/영작해 보기

- ❶ 나는 옆집에 사는 소녀를 보았다.
- ❷ 나는 네가 어제 만난 그 소녀를 좋아한다.
- ❸ 나는 눈이 파란 한 소녀를 안다.
- ❹ 그는 다른 학교에서 전학 온 새로운 학생이다.
- ❺ 나는 몇 년 동안 보지 않았던 삼촌을 방문했다.
- ❻ 나는 그의 식당이 유명한 한 남자를 만났다.
- ❼ 우리는 기타나 피아노를 칠 수 있는 자원봉사자들이 필요하다.
- ❽ 나는 전에 알던 한 남자와 마주쳤다.
- ❾ 저 사람이 차를 도둑맞은 그 남자이다.
- ❿ 시청으로 가는 버스는 막 떠났다.
- ⓫ 모니카는 이탈리아에서 산 드레스를 입었다.
- ⓬ 그녀는 한국 문화를 홍보하는 것이 목적인 회사를 위해 일한다.
- ⓭ 나는 내가 아는 모든 것을 너에게 말했다.
- ⓮ 자크와 토니는 물에 대한 저항을 최소화할 수 있는 수영복을 샀다.
- ⓯ 그는 내가 신뢰할 수 있는 유일한 사람이다.
- ⓰ 에밀리는 내가 가르친 가장 똑똑한 학생이다.
- ⓱ 네가 연락했던 그 사람은 누구였니?
- ⓲ 나는 사람들이 말하는 것에 신경쓰지 않는다.
- ⓳ 고대 예술가들은 그들이 보고 있었던 것을 그리고 있었다.
- ⓴ 그들은 가져온 것을 우리에게 보여주었다.
- ㉑ 이 사람은 내가 너에게 말했던 내 동료이다.
- ㉒ 그녀는 부모님이 찬성하지 않는 남자와 결혼했다.
- ㉓ 우리는 모차르트가 태어난 집에 방문했다.

☐ ㉔ I wake up every morning in a house (that was) built by my father.	☐ ㉔ 나는 매일 아침 우리 아버지에 의해 지어진 집에서 일어난다.
☐ ㉕ The gym has a new yoga class (which is) starting soon.	☐ ㉕ 그 체육관은 곧 시작하는 새 요가 수업이 있다.
☐ ㉖ The information (that) you requested is on our website.	☐ ㉖ 당신이 요청했던 정보는 우리의 웹사이트에 있습니다.
☐ ㉗ Lindsey needed someone with whom she could share her concerns.	☐ ㉗ 린지는 그녀의 고민을 공유할 수 있는 누군가가 필요했다.
☐ ㉘ Humans dislike bitter foods, which tend to contain toxins.	☐ ㉘ 사람들은 쓴 음식을 싫어하는데, 쓴 음식은 독소를 포함하는 경향이 있다.
☐ ㉙ My personal trainer, who I see twice a week, is a former college volleyball player.	☐ ㉙ 나는 내 개인 트레이너를 일주일에 두 번 보는데, 그는 전직 대학 배구 선수이다.
☐ ㉚ My brother enjoys reading comic books, which I don't enjoy.	☐ ㉚ 내 남동생은 만화책 읽는 것을 즐기는데, 나는 그것을 즐기지 않는다.
☐ ㉛ He was crying, which surprised us.	☐ ㉛ 그는 울고 있었고, 그것은 우리를 놀라게 했다.
☐ ㉜ I still remember the day when(=on which) Mr. Robinson came to my office.	☐ ㉜ 나는 아직도 로빈슨 씨가 내 사무실로 온 날을 기억한다.
☐ ㉝ It was held in a seminar room where(=in which) Anderson met the principal for the first time.	☐ ㉝ 그것은 앤더슨이 처음으로 교장 선생님을 만났던 세미나실에서 개최되었다.
☐ ㉞ I don't understand the reason why(=for which) he's mad at me.	☐ ㉞ 나는 그가 나에게 화난 이유를 이해하지 못한다.
☐ ㉟ We will change how we pay quarterly bonuses.	☐ ㉟ 우리는 분기별 보너스를 지급하는 방식을 바꿀 것이다.
☐ ㊱ School is the place (where) she spends most of her time.	☐ ㊱ 학교는 그녀가 대부분의 시간을 보내는 장소이다.
☐ ㊲ Peter didn't tell me (the reason) why he wasn't in class yesterday.	☐ ㊲ 피터는 어제 결석한 이유를 나에게 말하지 않았다.
☐ ㊳ He knocked on the door early in the morning, when I was in bed.	☐ ㊳ 그는 아침 일찍 문을 노크했는데, 그때 나는 침대에 있었다.
☐ ㊴ We welcome whoever wants to join us.	☐ ㊴ 우리와 함께하고 싶어하는 누구든지 환영한다.
☐ ㊵ All human beings should be treated equally, whoever they are.	☐ ㊵ 모든 인간은 그들이 누구라도 공평하게 대우받아야 한다.
☐ ㊶ It's all the same to me, whichever you choose.	☐ ㊶ 네가 어느 것을 선택하든 나에게는 모두 똑같다.
☐ ㊷ You can do whatever you want.	☐ ㊷ 너는 네가 원하는 무엇이든 할 수 있다.
☐ ㊸ Whenever I try to discuss my personal problems, they don't want to hear them.	☐ ㊸ 내 개인적인 문제를 상의하려고 할 때마다 그들은 듣고 싶어하지 않는다.
☐ ㊹ You can begin whenever you're ready.	☐ ㊹ 네가 준비되었을 때 언제라도 시작할 수 있다.
☐ ㊺ I'll always remember you wherever I am.	☐ ㊺ 내가 어디에 있든 항상 너를 기억할 것이다.
☐ ㊻ However hard I work, I can't finish this on time.	☐ ㊻ 아무리 열심히 일해도 나는 이것을 제시간에 마칠 수 없다.

Chapter Review Test 11

기출 예문으로 실전 훈련해 보기

Grammar for Reading

정답과 해설 p.411

✓ 다음 중 어법상 맞는 표현을 고르세요.

1 Habitat diversity refers to the variety of places where / which life exists.

2 Water has no calories, but it takes up space in your stomach, which / that creates a feeling of fullness.

3 What / That people do not realize is that plastic water bottles themselves might be harmful to people.

4 There was a man who / whom played the piano in a bar. He was a good pianist, and people came just to hear him play.

5 It is easy to fall into the habit of criticizing others. We criticize the way someone eats or the manner which / in which they speak.

6 You need to drink a lot of water and avoid beverages such as sodas and cocoa that contain a lot of sugar, which / what has negative effects on your body.

7 Good problem solvers aren't interested in the reason which / why something is going wrong. They want to find out how to do it right. The right questions will lead you in that direction, and finally solve the problems you are facing.

8 If you're one of the countless people whose / their mind and body have been overworked, you need our program that will give you a more positive and energetic life.

---

1 habitat diversity 서식지 다양성 **2** take up ~을 차지하다 feeling of fullness 포만감 **5** fall into a habit 습관에 빠지다 criticize 비판하다, 비난하다 **8** countless 무수한 overwork 과로하다

Grammar for Writing

✓ **우리말에 맞게 주어진 단어를 활용하여 문장을 완성하세요.**

1 우리는 피아노를 칠 수 있는 자원봉사자들이 필요하다. **(volunteers)**

→

2 우리 엄마는 내가 신뢰할 수 있는 유일한 사람이야. **(only person, trust)**

→

3 학교는 내가 대부분의 시간을 보내는 곳이다. **(place, spend, most of my time)**

→

4 당신이 요청했던 정보는 우리의 웹사이트에 있습니다. **(request, on our website)**

→

Grammar for Speaking

✓ **다음 관계대명사로 자신의 문장을 만드세요.**

1 **주격 관계대명사 who**

→ 나만의 문장:

예시 **I have a friend who can speak Spanish.** 나는 스페인어를 할 수 있는 친구가 있어.

2 **목적격 관계대명사 which**

→ 나만의 문장:

예시 **I wore a sweater which I bought in Hong Kong.** 나는 홍콩에서 산 스웨터를 입었어.

3 **관계대명사 what**

→ 나만의 문장:

예시 **I don't care what people say.** 나는 사람들이 말하는 것에 신경쓰지 않는다.

☞ p.293『관계사 훑어보기』에서 관계사의 개념을 다시 한번 정리해 보세요!

공부법 11

다섯 가지 습관 법칙을 명심하라

66일 반복하라

성공하려면 좋은 습관부터 만들어야 한다. 습관이 무엇인가? 그것을 해야겠다는 생각을 하기도 전에 자동으로 하게 되는 것이다. 영어를 정복하기 위해선 반드시 단어 암기를 습관으로 만들어야 한다. 저절로 하게 될 것이다. 명심하라. 공부는 여러분이 하는 것이 아니다. 여러뷴이 만든 습관이 하는 것이다.

무엇이든 꾸준히 매일 빠짐없이 하면 습관은 만들어진다. 하지만 너무 막연하다. 딱 정해줘야 한다. 그래서 여러분이 따라야 하는 습관 법칙 첫 번째가 '66일 공부법'이다. 영국 런던대학교(University College London)의 제인 워들 교수 연구팀이 밝혀낸 '습관의 비밀'에 따르면, 인간이 한 가지 행동을 습관으로 만드는 데 66일이 걸린다고 한다. 영어 공부도 마찬가지다. 영어 공부를 66일만 반복하면, 영어 공부 습관이 만들어진다.

게임처럼 공부하라

게임이 재미있는 이유는 눈에 보이기 때문이다. 레벨이 오르고 아이템을 얻고 경험치가 오르는 게 바로바로 보이니까 당연히 재미있다. 하지만 공부는 눈에 보이지 않는다. 오늘 한 시간 공부하면 평균이 바로 1점 오르나? 아니다. 그냥 닥치고 할 뿐이다. 그러니 세상 지루하고 답답한 것이다.

공부가 진행되는 과정을 눈에 보이게 하자. 매일 하기로 마음먹은 습관을 실천했는지 습관 달력에 체크하는 것이다. 하루하루 점점 습관이 완성되고 있음에 성취감과 자신감을 얻게 된다. 심지어 행복감마저 느끼게 될 것이다. 실제로 자신이 성장하고 있음을 느끼는 것은 행복의 핵심 요소다.

✓ 이미 반복되는 일상에 '영어 공부'를 붙여라

약은 왜 꼭 식후 30분에 먹으라고 할까? 사실은 꼭 그때 먹지 않아도 된다. 식후에 먹는 대부분의 약은 사실 약효 지속 시간만 맞춰 하루 3번만 먹으면 되는 경우가 많다. 하지만 아무 때나 알아서 3번씩 챙겨 먹으라 하면 다 잊어버린다. 그래서 이미 습관처럼 반복되는 일상('식사')에 새 습관('약 복용')을 붙여 버리는 것이다. 이 간단한 원리가 잊지 않고 약을 복용하게 해준다.

우리도 약 먹듯이 공부하면 된다. 기상, 귀가, 식사, 이동 시간 등 여러분이 이미 반복하고 있는 일상에 공부 습관을 갖다 붙여라.

✓ 아침 시간을 반드시 잡아라

'A카페 쿠폰 10칸 vs. B카페 쿠폰 12칸(2칸은 이미 도장을 찍어서 제공)'이 있다고 가정하자.

똑같이 10번을 찍어야 커피 한 잔을 더 마실 수 있는 상황이다. 하지만 2칸이 이미 찍혀 있는 B카페 쿠폰을 받은 사람들은 훨씬 성공률이 높다. 이미 2개나 받았고 이미 시작된 상황이기 때문이다. 마찬가지로 아침 시간 잠깐이라도 생산적인 일을 한 사람은 쿠폰 2개를 찍고 하루를 시작하는 것과 다름없다. 밤새 공부할 생각하지 말고, 아침 시간을 활용하여 공부하라.

✓ 작은 것부터 시작하라

우리가 습관을 만들지 못하는 치명적인 문제가 있다. 자기 수준에 맞춰 공부하지 않는다. 현재 수준은 생각 안 하고, 전교 1등이 보는 최고난도 단어장을 따라 사서 본다. 또는 문제집만 10권을 사재끼고 시작하지만 3일 뒤면 이미 포기하고 PC방에서 놀고 앉아 있다. 이러니 지속이 불가능하다. 오히려 작게 시작해야 꾸준히 할 수 있고, 꾸준히 해야 습관도 만들 수 있다.

–「강성태 영단어 어원편」 중에서

앞에서 동사를 활용하여 문장을 만들고 확장하는 데 초점을 맞췄다면, 이제는 거기에 '정확성'을 더할 차례다. 명사와 수 일치, 비교 구문, 특수 구문으로 문법 실력을 완성해보자!
강성태
KANG

PART 5

문장을 정확하게 만들기

CHAPTER 12

명사와 수 일치

영어에서 수 일치는 왜 중요한가?

영어는 명확하고 분명한 언어다. 어물쩍 넘어가는 법이 없다. 사물을 이야기할 땐 단수인지 복수인지 정보가 기본적으로 들어 있다. 심지어 관사로 단수/복수를 구별시켜주는 것에 끝나지 않는다. 동사도 변화시킨다. 3인칭 단수면 동사의 어미를 변형해서 써준다.
영미권 사고방식으로는 모든 사물은 다 분리되어 있다. 각각의 존재를 인정해야 한다. 그들 입장에선 모든 것을 따로 분리하여 단수/복수를 분명히 나타내주는 것이 당연하다. 동양처럼 자연도, 사람도 하나라고 생각하거나 손바닥이나 발바닥에 모든 신체 장기가 연결돼 있다고 생각하지 않는다. 그들에게 손은 손, 발은 발일 뿐이다.
영미권 사람들은 전체를 생각하지 않고 개인적이며, 숫자 개념이 명확하여 이해타산적으로 보일 수도 있다. 우리 입장에서는 하나하나 따지고 다르게 표현하는 게 불편해 보일 수 있지만, 그들 입장에선 오히려 반대다. 명확하게 표현하지 않는 우리가 이상해 보일 수 있다. 서로를 이해해야 한다. 심지어 프랑스어, 독일어, 스페인어에서도 영어처럼 단수형과 복수형을 구별해서 쓴다. 언어를 배우는 과정은 다양성과 다름을 깨달아가는 과정이기도 하다.

세상은 디지털이 아니다

하지만 세상 모든 존재들이 절대적인 기준에 의해 가산명사, 불가산명사로 구별되진 않는다. 인간이 정한 기준에 따라 인간이 구별할 뿐이다. 무작정 외우지 말고 이 책에서 설명한 영어의 언어적 특성을 바탕으로 이해하며 명사를 공부하자. 세부적인 것은 영미권 사람들이 어떻게 말하는지 많이 접하고, 읽고, 듣고, 쓰면서 점차 익숙해져야 한다.

명사와 수 일치 어록

Everything comes to those who wait.
모든 것은 기다리는 자에게 온다.

'준비된 자에게 기회는 반드시 온다. 나는 그것을 놓치지 않을 것이다.'
군 복무 시절 나의 수양록(군인들의 일기장) 표지에 적어 놓았던 문구.

명사와 수 일치 훑어보기

UNIT 72~74 명사

명사

명사	
셀 수 있는 명사 (가산명사)	❶ 보통명사: 일반적인 사물, 동식물, 사람, 장소 apple, cat, girl ... ❷ 집합명사: 보통명사 여럿을 모은 집합 family, people, class ...
셀 수 없는 명사 (불가산명사)	❶ 추상명사: 생각이나 개념, 활동, 현상 fun, beauty, grammar ... ❷ 물질명사: 사물의 종류, 고체/액체/기체/가루 food, furniture, milk ... ❸ 고유명사: 사람, 장소, 나라 등의 이름 Tom, Boston, Korea ...
☆명사의 수량 표현	❶ 수를 나타내는 표현: one, each, every, two, both, a couple of, several, a few, many, a number of, few ❷ 양을 나타내는 표현: much, a great deal of, a large amount of, a little, little ❸ 수·양을 나타내는 표현: some, any, a lot of, lots of, plenty of, most, all

UNIT 75~76 관사

관사

관사	
부정관사 (a, an)	정해지지 않은 것, 막연한 대상을 나타냄 ※ 글 속에서 처음 언급되는 명사 앞, 종류를 통칭할 때, '하나의'라는 뜻을 나타낼 때 부정관사가 쓰인다.
정관사 (the)	정해져 있는 것, 특정 대상을 나타냄 ※ 앞에서 한 번 언급된 명사 앞, 화자와 청자가 이미 알고 있거나 추측할 수 있는 명사 앞, 고유한 대상을 가리키는 명사 앞, 최상급 표현 앞에 정관사가 쓰인다.
무관사	정해지지 않은 것을 가리키는 복수명사, 셀 수 없는 명사 앞에서 관사 생략 가능 ※ 식사, 목적, 수단, 호칭을 나타낼 때는 관사가 생략된다. breakfast, go to school, by bus, Chef! ...

UNIT 77~81 대명사

대명사

☆인칭대명사

사람을 가리키는 대명사

구분		주격 (~는)	목적격 (~를, ~에게)	소유격 (~의)	소유 대명사 (~의 것)
단수	1인칭	I	me	my	mine
	2인칭	you	you	your	yours
	3인칭	he, she, it	him, her, it	his, her, its	his, hers, its
복수	1인칭	we	us	our	ours
	2인칭	you	you	your	yours
	3인칭	they	them	their	theirs

재귀대명사

주어와 목적어가 같을 때 목적어 자리에 오는 대명사

단수형	myself, yourself, herself, himself, itself, oneself
복수형	ourselves, yourselves, themselves

지시대명사

사람, 사물, 장소 등을 가리킬 때 쓰는 대명사

구분	단수형	복수형
가까이 있는 것	this 이것	these 이것들
멀리 있는 것	that 저것	those 저것들

☆부정대명사 1 (비교대상 O)

불특정한 대상을 가리키는 대명사
- one(앞에 나온 단수명사), other(다른 것), another(또 다른 하나)
- both(둘 다), either(둘 중 하나), neither(둘 중 어느 것도)

☆부정대명사 2 (비교대상 X)

전체 중 일부를 나타내는 대명사

전체 ◀——— 일부 ———▶ 없음

all	most	some	any	none
모두, 전부	대부분	일부, 조금	아무거나, 조금	아무것도 (없는)

UNIT 72

예문 듣기

명사 (1) 셀 수 있는 명사, 셀 수 없는 명사

I ate some bananas and milk for breakfast.

나는 바나나 몇 개와 우유를 아침으로 먹었다.

영어의 명사는 크게 셀 수 있는 명사와 셀 수 없는 명사로 나뉜다.

셀 수 있는 명사는 반드시 앞에 관사를 붙이거나 복수형을 만들어주며, 그 개수에 따라 동사의 수 일치도 달라진다. 셀 수 없는 명사는 관사를 선택적으로 쓰며, 단수 취급한다.

1 셀 수 있는 명사 (가산명사)

- 일정한 형태가 있어 하나, 둘 개수를 셀 수 있는 명사를 말한다.
- 셀 수 있는 명사에는 반드시 단수, 복수를 표시한다. ☆참고 한 개일 때는 보통 a/an + 단수형, 둘 이상일 때는 복수형(-s)을 쓴다.
- 주어가 단수일 때는 단수동사, 복수일 때는 복수동사와 사용한다.

A box is on the desk. 상자 하나가 책상 위에 있다. (단수 주어 - 단수동사)

Students are taking an exam. 학생들이 시험을 치고 있다. (복수 주어 - 복수동사)

- **셀 수 있는 명사의 종류**

보통명사	apple, banana, cat, girl, man, teacher, school, house … 일반적인 사물, 동식물, 사람, 장소
집합명사	family, couple, people, group, class … 보통명사 여럿을 모은 집합

▶ 느낌 빡! 영어에 그냥 book은 없다

한국인에게 '책'이 영어로 뭐냐고 묻는 다면 다들 'book'이라고 대답할 것이다. 하지만 영어에서 책은 셀 수 있는 명사이기에 a book, the book, some books와 같이 단수/복수를 분명히 나타내주어야 한다. 수를 분명히 표시하지 않고 모호하게 book이라고만 하면 그들에겐 오히려 어색한 표현이 된다. water 같이 셀 수 없는 명사들은 따로따로 셀 수 없기에 하나의 주체로 보고 단수 취급한다.
반면 우리말에서는 명사를 쓸 때 단수/복수를 구분하지 않아도 된다. 한 권이든 여러 권이든 "책 옮기고 있어."라고 똑같이 말해도 문법적으로 이상없지만 영어에서는 그렇지 않다. 이렇게 명사를 셀 수 있다/없다, 단수/복수로 나누어 생각하는 이유는 모든 존재를 '주체'로 인식하기 때문이다. 그것이 생물이든 무생물이든 상관없다. 존재하는 이상 반드시 그 존재를 하나씩 표시해주어야 한다.

··· 예문 正正

❶ A **man** is carrying a **box**.

❶ man은 한 명, 두 명 셀 수 있다. box도 개수를 셀 수 있는 사물이다. 주어가 단수이므로 단수동사 is가 왔다.

❷ I bought an **umbrella** and three **bags**.

❷ 가산명사의 단수형에는 항상 관사나 소유격 등이 붙는다. umbrella가 모음으로 시작하므로 a 대신 an이 붙었다. bag 뒤에는 복수형 어미(-s)가 붙었다.

❸ My new **shoes** are still tight on my **feet**.

❸ 신발은 두 짝이므로 복수형 shoes로 쓰였다. feet(두 발)은 foot(발)의 불규칙 복수형이다.

❹ Don't forget to turn off the **air conditioner**.

❹ 에어컨은 셀 수 있는 명사다. 화자가 말하는 '그 에어컨'이라는 의미로 단수형 앞에 정관사 the가 붙었다.

❺ The **couple** were[was] dancing on the **stage**.

❺ couple(두 사람)은 집합명사다. 명사 자체에 복수의 의미가 있어 복수동사 were가 왔으나, 하나의 집합으로 보아 was도 가능하다. stage는 '무대'를 뜻하는 가산명사.

2 셀 수 없는 명사 (불가산명사)

- 셀 수 없는 명사란 1) 감정이나 공기처럼 일정한 형태가 없는 명사(fun, air 등) 또는 2) 비슷한 여러 개를 하나로 합쳐 놓은 개념인 명사를 말한다.
- 수 표시를 하지 않으며, 단수형만 존재한다.
- 동사의 수 일치도 항상 단수 취급한다.

Water consists of hydrogen and oxygen. 물은 수소와 산소로 이루어져 있다. (항상 단수동사)

- **셀 수 없는 명사의 종류**

추상명사	fun, beauty, grammar, math, music, soccer, weather, fire … 생각이나 개념, 활동, 현상
물질명사	food, clothing, fruit, furniture, money, traffic … 사물의 종류 gold, iron, ice, water, milk, steam, air, rice, sugar, sand … 고체/액체/기체/가루
고유명사	Tom, Boston, Sunday, October, Korea … 사람, 장소, 나라 등의 이름

예문

❻ I enjoy **music.**

❻ music(음악)은 예술의 한 종류로 개수를 셀 수 없다. 따라서 단수 취급하며 관사가 붙지 않아도 된다.

❼ I hope the kids have **fun.** 기출

❼ 즐거움 같은 감정은 셀 수 없는 불가산명사이다.

❽ I put some **sugar** in my **coffee.**

❽ sugar(설탕)는 가루로 되어 있어 개수를 세기가 쉽지 않다. coffee(커피)도 음료의 한 종류이므로 액체다. 둘 다 불가산명사에 속한다.

❾ **Sandy**'s birthday is in **December.**

❾ 여러 명의 사람 중 한 사람, 여러 개의 달 중 하나의 달에 붙여진 이름은 고유명사다.

❿ **Soccer** is the world's most popular sport.

❿ soccer(축구)는 사람이 하는 활동으로 셀 수 없다. 불가산명사는 단수 취급하므로 단수동사 is가 왔다. 반면 a soccer game(축구 경기)처럼 경기 단위로 세는 것은 가능하다.

진짜 이해했는지 확인!

정답과 해설 p.412

Q 배운 문법을 이용해 영어 문장을 말해보세요.

1 불 끄는 거 잊지 마! (forget, turn off, light) →

2 나는 커피에 우유를 조금 넣었다. (milk, coffee) →

3 아이들이 무대에서 춤을 추고 있다. (children, dance, stage) →

예문 해석 거꾸로 영작 훈련도 필수!

1. 한 남자가 박스 하나를 옮기고 있다. **2.** 전 우산 한 개와 가방 세 개를 샀어요. **3.** 새 신발이 아직도 제 발에 꽉 껴요. **4.** 에어컨 끄는 걸 잊지 마세요. **5.** 두 사람이 무대에서 춤을 추고 있었다. **6.** 나는 음악을 즐겨요. **7.** 아이들이 즐거워하길 바랍니다. **8.** 나는 커피에 설탕을 조금 넣었다. **9.** 샌디의 생일은 12월에 있다. **10.** 축구는 세계에서 가장 인기 있는 스포츠이다.

UNIT 73

예문 듣기

명사 (2) 주의해야 할 명사

Children played games for a long time.
아이들은 한동안 게임을 하며 놀았다.

일반적으로 셀 수 있는 명사의 복수형은 단수형에 -s를 붙여서 만든다. 그러나 foot에서 feet이 되는 것처럼 불규칙한 복수형도 있다.

또한 셀 수 없는 명사라도 셀 수 있는 의미로 전환되면 단수형과 복수형을 가질 수 있다.

1 불규칙 복수형

• 일반적으로 단수형에 -s를 붙여서 복수형을 만들지만, 다음과 같은 불규칙 복수형도 있다.

man – men foot – **feet**	woman – women mouse – **mice**	tooth – **teeth** goose – **geese**	가운데 모음이 변한다. (보통 [i]나 [e]로 변한다.)
child – **children** bacterium – **bacteria**	medium – **media** phenomenon – **phenomena**	datum – **data**	끝부분이 변한다.
fish – fish means – means	deer – deer species – species	sheep – sheep series – series	단수형과 복수형이 같다.

참고 -s로 끝나지만 항상 단수 취급하는 명사: **news** 뉴스, 소식, **politics** 정치(학), **mathematics** 수학 (기타 모든 학문명)

예문

❶ The two **women** are shaking hands.

❷ She has very pretty **teeth**.

❸ We saw the **mice** running around.

❹ The **media** have a responsibility to question everything. 기출

❺ Some **fish** are often eaten raw.

❶ women은 woman의 불규칙 복수형. 주어가 복수형이므로 복수동사 are가 왔다.

❷ tooth(치아)의 복수형은 teeth이다. 문맥상 치아 전체를 말하므로 복수형을 쓴다.

❸ mice는 mouse의 불규칙 복수형이다.

❹ media는 '대중 매체'라는 뜻으로 복수명사이다. 동사도 복수동사 have가 왔다. 단, 매체의 한 종류를 말할 때는 단수 취급할 수 있다.

❺ fish는 단수형과 복수형이 같다. 여기서는 복수형으로 쓰였다. some은 '약간의, 몇몇의'라는 뜻으로 복수명사나 불가산명사에 어울리는 수량 표현이다.

2 셀 수 없는 명사의 의미 전환

• 셀 수 없는 명사가 셀 수 있는 의미로 전환되면 단수형과 복수형을 가질 수 있다.

셀 수 없는 명사	셀 수 있는 명사
hair 머리카락 전체	a hair 머리카락 한 가닥, two hairs 머리카락 두 가닥
time 시간	a time 한때, three times a day 하루에 세 번

noise 시끄러움	a noise 시끄러운 소리, strange noises 이상한 잡음들
room 공간	a room 방, the meeting rooms 회의실 여러 개
experience 경력	an experience 경험, bitter experiences 힘들었던 경험들
glass 유리	a glass 유리잔, glasses 안경

▶ 느낌 빡! 추상명사도 셀 수 있다고?

time은 셀 수 없는 추상명사다. 시간이란 개념은 셀 수 없을 뿐더러, 구체적이지도 않다. 하지만 친구들과 놀다가 1차만 끝내고 먼저 집에 가게 됐다. 이때 'Have a good time.'이라고 했다고 하자. 추상적이고 철학적인 개념의 '시간'으로 사용된 게 아니다. 특정 시간(2차)을 잘 보내라는 의미다.

또한 time이 막연한 개념의 시간이 아닌 '횟수'로 사용되면 어떨까? 'two times'는 복수로 사용됐다. '2번' 혹은 '2회'라는 의미다. 앞서 문장의 형식에서 3형식이냐, 4형식이냐는 같은 동사라도 의미에 따라 달라졌다. 명사의 경우도 마찬가지다. 어떤 명사를 셀 수 있느냐 여부는 고정된 것이 아니다. '의미'에 따라 달라지는 것이다.

예문 正正

❻ There's **a hair** in my sandwich.

❼ Did you have **a** good **time** in Spain?

❽ I heard **a** cracking **noise**.

❾ I'd like to reserve **a room** at your hotel.

❿ We had some unique **experiences** during the festival.

⓫ She poured **a glass** of water.

❻ 부정관사 a는 '하나의'라는 뜻이다. a hair는 '머리카락 한 가닥'을 말한다.

❼ time은 대표적인 불가산명사이지만, 어떤 일이 일어나는 특정 시간(때, 시기)을 뜻하면 가산명사가 된다.

❽ noise는 시끄러움 그 자체를 의미하지만, a noise는 각각의 시끄러운 소리를 의미한다.

❾ room은 어원 뜻 자체가 '공간'이었다. 현재는 '방'을 뜻하는 가산명사로 더 많이 쓰인다.

❿ experience는 '경력, 경험'이라는 뜻이다. 경력은 지나온 과정 전체를 말하므로 셀 수 없지만, 개별적인 경험은 셀 수 있으므로 가산명사이다.

⓫ glass에 부정관사 a가 붙으면 '유리컵, 한 잔'이라는 의미가 된다.

✔ 진짜 이해했는지 확인!

정답과 해설 p.412

Q 둘 중 올바른 것을 고르세요.

1 The two men (is / are) shaking hands.

2 She has very pretty (tooth / teeth).

3 I'd like to reserve (room / a room) at your hotel.

예문 해석 거꾸로 영작 훈련도 필수!

1. 두 여자가 악수를 하고 있다. **2.** 그녀는 아주 예쁜 치아를 가지고 있다. **3.** 우리는 쥐들이 여기저기 뛰어다니고 있는 것을 보았다. **4.** 대중 매체는 모든 것에 의문을 제기할 책임이 있다. **5.** 몇몇 물고기는 종종 날것으로 먹는다. **6.** 내 샌드위치에 머리카락 한 가닥이 있어요. **7.** 스페인에서 좋은 시간 가지셨나요? **8.** 나는 쩍 갈라지는 소리를 들었다. **9.** 여기 호텔의 객실을 예약하고 싶습니다. **10.** 우리는 축제 기간 동안 몇몇의 독특한 체험들을 했다. **11.** 그녀는 물 한 잔을 따랐다.

예문 듣기

UNIT 74

명사 (3) 명사의 수량 표현

I have many friends.
난 친구들이 많이 있어.

I don't have much money.
난 돈이 많이 없어.

수량의 많고 적음을 나타내는 말을 수량 표현이라고 하는데, 보통 명사의 앞에 위치한다.

가산명사 앞에서는 '수'를 말하고, 불가산명사 앞에서는 '양'을 말하기 때문에 가산이냐, 불가산이냐에 따라 쓸 수 있는 표현이 달라진다.

1 수를 나타내는 표현: 셀 수 있는 명사 수식

한 개	one 하나의 each 각각의(하나씩) every 모든 것의(하나하나 전부)
두 개	two 두 개의 both 둘 다의, 양쪽의 a couple of 두세 개의
여러 개	several 여러 개의 a few 여러 개의, 꽤 있는
수가 많다	many 많은 a number of 수많은
수가 적다	few 거의 없는

주의 a couple of, a few, a number of는 앞에 'a'가 붙었지만 항상 복수를 나타내는 표현이다. 단수 취급하지 않으므로 주의한다.

2 양을 나타내는 표현: 셀 수 없는 명사 수식

양이 많다	much 많은 a great deal of, a large amount of 양이 많은
양이 보통이다	a little 약간의, 꽤 있는
양이 적다	little 거의 없는

예문

❶ **Each** child received a present.

❷ **A number of** people visit Jeju **every** year.

❸ You'll be all right in **a couple of** days.

❹ There are trees on **both** sides of the street.

❺ This option would require **several** years. 기출

❻ The students speak **a little** English.

❶ each는 '각각의'라는 뜻이다. one, each, every 뒤에는 항상 단수명사가 온다.

❷ a number of는 '많은'이라는 뜻으로 뒤에 항상 복수명사가 온다. every year는 한 해마다, 즉 '매년'이라는 뜻이다.

❸ a couple of는 '두세 개의'라는 뜻이므로, in a couple of days는 '2-3일 내로'라는 뜻이다.

❹ both sides는 '양쪽'이라는 뜻이다.

❺ several은 '여러 개'라는 뜻이다. a few로 바꾸어도 비슷한 의미를 가진다.

❻ a little은 불가산명사 English를 수식한다. '약간의 영어'를 할 줄 안다는 뜻이다. a little 대신 little을 쓰면 영어를 거의 못한다는 뜻이 된다.

❼ He devotes **a great deal of** time and energy to helping children.

❼ 여기서 time과 energy는 둘 다 불가산명사이다. 따라서 양을 나타내는 a great deal of(많은 양의)를 쓸 수 있다. a large amount of로 바꾸어 말할 수 있다.

3 수·양을 모두 나타내는 표현: 셀 수 있는/없는 명사 둘 다 수식

약간 있다	some, any 약간의 **참고** 긍정문에서는 any 대신에 some을 주로 쓴다.
많이 있다	a lot of, lots of, plenty of 많은
대부분/전부 있다	most 대부분의 all 전부, 모든

예문 正正

❽ We need to buy **some** apples.

❾ Do you need **any** further information?

❿ The city has **a lot of** tall buildings now.

⓫ Boil the red beans in **plenty of** water.

⓬ **Most** people have very poor memories for very familiar things. 기출

⓭ Swimming is great for **all** ages.

❽ 'some + 명사'는 '약간의 ~'라는 뜻이다.

❾ any도 '약간의'라는 뜻이다. 여기서는 불가산명사인 information을 수식하는 말로 쓰였다.

❿, ⓫ a lot of와 lots of, plenty of는 모두 '많은'이라는 뜻이다. 가산명사와 불가산명사에 둘 다 쓸 수 있는 대표적인 수량 표현이다.

⓬ Most people은 '대부분의 사람들'이라는 뜻이다. 뒤에 복수명사가 왔으므로 복수동사 have가 쓰였다.

⓭ 여기서 all은 가산명사의 복수형 ages를 수식했다. all ages는 '모든 연령대'라는 뜻이다.

▸ 느낌 빡! 불가산명사를 셀 수 있게 해주는 표현

불가산명사는 셀 수 없기 때문에 양을 나타내는 표현으로 수식한다. 하지만 bread, paper, rice 같은 불가산명사는 우리말에서는 다 셀 수 있는 것들이다. 빵 두 개, 종이 한 장, 쌀 한 톨처럼 말이다. 영어에도 불가산명사를 셀 수 있게 도와주는 표현들이 있다. a slice of bread(식빵 한 장), a sheet[piece] of paper(종이 한 장), a grain of rice(쌀 한 톨) 등이 그 예이다.

✔ 진짜 이해했는지 확인!

정답과 해설 p.412

Q 밑줄 친 부분을 바르게 고치세요.

1 Each <u>children</u> received a present. →

2 A number of people <u>visits</u> this island every year. →

예문 해석 거꾸로 영작 훈련도 필수!

1. 각각의 아이가 선물을 받았다. **2.** 매년 수많은 사람들이 제주를 방문한다. **3.** 당신은 2-3일 내로 괜찮아질 거예요. **4.** 길 양쪽으로 나무들이 있습니다. **5.** 이 선택지는 몇 년(의 시간)을 필요로 할 것이다. **6.** 그 학생들은 영어를 약간 할 줄 알아요. **7.** 그는 아이들을 돕는 데 많은 시간과 힘을 들인다. **8.** 우리는 사과를 좀 사야 해요. **9.** 더 자세한 정보가 좀 필요하시나요? **10.** 그 도시에는 이제 많은 높은 빌딩들이 있다. **11.** 팥을 충분한 물에 넣고 끓이세요. **12.** 대부분의 사람들은 아주 익숙한 사물에 대해 아주 좋지 못한 기억력을 가지고 있다. **13.** 수영은 모든 연령대에 좋습니다.

UNIT 75

예문 듣기

관사 (1) 부정관사와 정관사

I have a dog.
난 개 한 마리가 있어.

The dog's name is Jeff.
그 개의 이름은 제프야.

영어에서는 명사 앞에 관사를 붙인다. 관사란 명사가 정확히 어떤 것을 말하는지 알려주는 역할을 한다.

보통 뒤에 오는 명사가 정해져 있는 것이면 정관사 the, 정해져 있지 않은 일반적인 것이면 부정관사 a/an을 쓴다.

1 관사의 기본 개념

- 명사 앞에서 뒤에 오는 명사가 어떤 것인지 지정해주는 품사를 말한다.
- 영어의 관사는 a/an과 the 두 종류가 있다.

I have **a** dog. 난 개 한 마리가 있어.
a + 명사: 정해지지 않은 막연한 것

The dog's name is Jeff. 그 개의 이름은 제프야.
the + 명사: 앞에서 말한 바로 그것, 정해진 것

2 부정관사 a/an

- 정해지지 않은 것, 막연한 대상을 나타낸다. 셀 수 있는 명사의 단수형 앞에 쓸 수 있다.
- **부정관사 a/an을 쓰는 상황 3가지**
  1) 글 속에서 처음 언급되는 단수명사 앞에서
  2) 그 부류나 종류를 통칭하는 단수명사 앞에서
  3) '하나의'라는 뜻으로 수사 one을 대신하여

예문 正 正

❶ **A bird** has two wings.

❷ Pam is wearing **a suit** today.

❸ He wants to be **an astronaut** when he grows up.

❹ We stayed at **a hotel**. The hotel was clean and cozy.

❺ You may have to wait **an hour**.

❶ 여기서 a bird(새)는 모든 새를 통칭하는 표현이다. 아무 새나 다 그렇다는 의미로 쓰였다.

❷ 특정한 정장이 아닌 복장의 종류를 말하므로 부정관사가 쓰였다.

❸ 고유한 인물이 아니라 직업의 종류를 가리키므로 부정관사를 썼다. astronaut의 발음이 모음으로 시작하므로 a 대신 an이 왔다.

❹ 앞 문장에서는 hotel(호텔)이 처음 언급되어 단수명사 앞에 a를 썼다. 뒤 문장에는 우리가 묵었던 '그 호텔'이라는 의미로 the를 썼다.

❺ 여기서 an은 '하나의'라는 뜻이다. an hour는 one hour로 바꾸어 말할 수 있다.

3 정관사 the

- 정해져 있는 것, 특정 대상을 나타낸다.
- 단수형, 복수형 상관없이 셀 수 있는/없는 명사 앞에 모두 쓸 수 있다.

- **정관사 the를 쓰는 상황 4가지**
  1) 앞에서 한 번 언급된 명사 앞에서
  2) 화자와 청자가 이미 알고 있거나 추측할 수 있는 명사 앞에서
  3) 고유한 대상을 가리키는 명사 앞에서
  4) 최상급 형용사/부사 앞에서 Unit 86. 최상급

예문

⑥ I bought some apples. **The apples** were very sweet.

⑥ The apples는 앞에 있는 some apples를 받는다. 앞에서 말한 '그 사과들'이라는 뜻이다.

⑦ Let's move **the cabinet** over there.

⑦ 저기 있는 바로 그 캐비닛이라는 뜻이다. 특정한 캐비닛을 가리키므로 정관사 the를 쓴다.

⑧ He is often praised as **the greatest** botanical **artist** of the time. 기출

⑧ 최상급은 '가장 ~한'이라는 뜻이다. 최상급 자체가 '특정한' 대상을 가리키므로 당연히 정관사 the를 쓴다.

⑨ I'd like to see **the manager**, please.

⑨ 문맥상 담당자로 근무하고 있는 고유한 실제 인물을 뜻하므로 정관사 the를 쓴다.

⑩ **The sun** is shining bright.

⑩ 지구에서 볼 때 태양은 유일한 것이므로, The sun이라고 표현한다.

⑪ Tourists visit Paris to see **the Eiffel Tower**.

⑪ 에펠탑은 고유한 장소의 명칭이므로 정관사 the를 쓴다.

느낌 빡! a는 '아무거나' the는 '바로 그것'

구분	예문	뜻(뉘앙스)
부정관사 + 단수명사	Give me **a book**.	'아무거나' 책 한 권 줘봐.
정관사 + 단수명사	Give me **the book**.	'그' 책 줘.
복수명사	Give me **books**.	'아무거나' 책 여러 권 줘봐.
정관사 + 복수명사	Give me **the books**.	'그' 책들 좀 줘봐.

부정관사와 정관사를 구분하는 게 어렵다면, 부정관사는 '아무거나'로, 정관사는 '바로 그것'으로 생각하자. 예를 들어, 친구가 강성태 영문법이라는 책을 빌려 갔는데 안 준다면, Give me the book.(나한테 그 책 줘.)이라고 할 것이다. 당연히 '나도 알고 너도 아는 그 책(the book)'을 달라는 뜻이다. 반면에, 그냥 라면 받침대로 쓸 책 하나를 얻으려고 하는 것이라면, '아무 책이나 하나(a book)' 달라고 하면 된다. 이렇듯 관사 하나로도 명사의 의미가 달라지기 때문에, 정확한 독해를 할 수 있으려면 관사의 용법을 이해하는 것이 중요하다.

진짜 이해했는지 확인!

정답과 해설 p.412

Q 배운 문법을 이용해 영어 문장을 말해보세요.

1 팸은 오늘 스커트를 입고 있다. (wear, skirt) →

2 달이 밝게 빛나고 있다. (shine, bright) →

3 나는 오렌지를 몇 개 샀다. 그 오렌지들은 아주 달았다. (orange, sweet) →

예문 해석 거꾸로 영작 훈련도 필수!

1. 새는 두 날개를 가지고 있다. **2.** 팸은 오늘 정장을 입고 있다. **3.** 그는 커서 우주비행사가 되고 싶어해요. **4.** 우리는 호텔에 머물렀다. 그 호텔은 깨끗하고 아늑했다. **5.** 당신은 한 시간 기다려야 될지도 몰라요. **6.** 나는 사과를 몇 개 샀다. 그 사과들은 아주 달았다. **7.** 저기 있는 그 캐비닛을 옮기자. **8.** 그는 당대의 가장 위대한 식물 예술가로 자주 칭송된다. **9.** 저는 담당자를 만나고 싶습니다. **10.** 태양이 밝게 빛나고 있다. **11.** 여행객들은 에펠탑을 보기 위해 파리에 방문한다.

UNIT 76

예문 듣기

관사 (2) 주의해야 할 관사

Roses are my favorite flower.
장미는 내가 가장 좋아하는 꽃이야.

The roses in the garden are yellow.
정원에 있는 장미는 노란색이야.

명사 앞에 항상 관사가 붙는 것은 아니다. 특정하지 않은 복수명사, 또는 셀 수 없는 명사 앞에서 관사는 생략할 수 있다.

또한 관사 뒤에 명사가 바로 오지 않는 관용 표현들도 있으므로 유의한다.

1 관사의 생략 (무관사)

- '정해져 있지 않은' 것을 가리키는 복수명사, 또는 셀 수 없는 명사 앞에서 관사를 생략할 수 있다.
  Roses are my favorite flower. 장미는 내가 가장 좋아하는 꽃이다. (특정하지 않은 복수명사)
  Water contains **oxygen**. 물에는 산소가 들어 있다. (셀 수 없는 명사)

- 단수명사 앞이라도 다음 경우에는 관사가 생략된다.
  1) 식사: breakfast, lunch, dinner, supper **참고** 형용사와 쓰이면 a가 붙는다. **a nice dinner** 근사한 저녁 식사
  2) 일상적인 목적을 나타낼 때: go to school / work / bed, go home
  3) 수단을 나타낼 때: by bus / taxi / subway / train…, by e-mail / letter / hand…
  4) 호칭: Chef! 주방장님! / Mom made a birthday cake. 엄마가 생일 케이크를 만들어주셨다.

예문

❶ Did you have **lunch**?
❶ 식사를 가리키는 말에는 관사가 붙지 않는다.

❷ It's time to go to **bed**.
❷ go to bed는 '자러 간다'는 뜻이다. bed(침대)는 일상적으로 자기 위한 공간이므로 여기서는 관사가 붙지 않는다.

❸ Your glasses are on **the bed**.
❸ 이 문장에서 침대는 위치로서 묘사되었다. 본래의 목적을 나타내지 않으므로 관사가 붙는다.

❹ Ted goes to **school** every day. He is studying engineering.
❹ 문맥상 Ted는 학생이다. 학생이 학교에 가는 것은 일상적인 행동이므로 school 앞에 관사가 붙지 않는다.

❺ She went to the hospital by **taxi**.
❺ by taxi에서 택시는 구체적인 특정 차량이 아닌 교통수단을 뜻하므로 관사가 붙지 않는다.

❻ Yes, **boss**. I'll do it.
❻ 여기서 boss(상사, 사장)는 호칭으로 쓰였으므로 관사가 붙지 않는다.

▶ 느낌 빡! 이도 저도 아니면 '무관사'

일반적으로 영어에서는 명사 앞에 관사가 붙는다. 그런데 갑자기 관사가 없이 쓰이는 '무관사'가 나오니 당황스러울 것이다. 하지만 의미를 생각하면 따로 외울 필요 없다. Roses are my favorite flower.라는 문장을 보자. 내가 좋아하는 꽃은 장미 한 송이라는 의미가 아

니라 장미 종류를 두루 좋아한다는 것이므로 복수형을 쓴 것이고, 이때 특정하지 않은 보편적인 장미라는 뜻에서 the가 붙지 않았다.

Do you have time?(시간 있어요?)에서는 정해지지 않은 그냥 시간을 뜻하므로 여기서도 당연히 무관사다. 반면 Do you have the time?(시계 있어요?=몇 시예요?)은 불특정한 시계가 아닌 상대방이 찬 시계가 가리키는 특정한 시간(지금 시간)을 묻는 것이므로 the time이라고 쓴다. 듣기 시험에도 자주 나오는 표현인데 이제 헷갈리지 않을 것이다.

2 관사가 쓰인 관용 표현

1) **the + 형용사**: ~한 사람들
- 정관사 the 뒤에 형용사가 오면 '~한 사람들'이라는 뜻의 복수명사가 된다.
- 복수명사의 의미를 가지므로, 동사의 수 일치도 복수 취급한다.

2) **so[too] + 형용사 + a + 명사, such[quite] + a + 형용사 + 명사**: 아주 (형용사)한 (명사)
- 'a + 형용사 + 명사'의 강조 표현이다.
- so, too는 형용사를 강조하므로, 강조되는 어구 'so[too] + 형용사'가 앞으로 도치된다.
  a great scholar 훌륭한 학자 → **so[too] great** a scholar 아주 훌륭한 학자
- such, quite는 명사구 전체를 강조하므로 관사 앞에 위치한다.
  a big game 대단한 경기 → **such[quite]** a big game 아주 대단한 경기

예문

❼ She is dedicated to caring for **the poor.**

❽ **The wealthy** were more optimistic about the economy.

❾ It's **too expensive a toy** for children to play with.

❿ You have **such a pretty smile.** 기출

⓫ It must have been **quite a traumatic experience** for you. 기출

❼ 'the + 형용사'는 '~한 사람들'이라는 뜻이다. the poor는 '가난한 사람들'이라는 뜻이 된다.

❽ the wealthy는 '부유한 사람들'이라는 뜻이다. 'the + 형용사'는 복수 취급하므로 복수동사 were가 왔다.

❾ an expensive toy(비싼 장난감)에서 비싸다는 것을 강조하는 표현이다. too와 함께 강조되는 형용사 expensive가 관사 앞으로 도치되었다.

❿ 강조 부사 such가 명사구 전체(a pretty smile)를 강조하고 있다. such의 위치에 주의한다.

⓫ quite는 '꽤, 매우'라는 뜻의 부사이다. 관사 앞에서 명사구 전체를 강조하는 강조 부사로 쓰였다.

진짜 이해했는지 확인!

정답과 해설 p.413

Q 밑줄 친 부분을 바르게 고치세요.

1 Did you have a lunch? →

2 You have a such pretty smile. →

3 The wealthy was more optimistic about the economy. →

예문 해석 거꾸로 영작 훈련도 필수!

1. 너 점심 먹었어? **2.** 이제 자러 갈 시간이야. **3.** 네 안경은 침대 위에 있어. **4.** 테드는 매일 학교에 간다. 그는 공학을 공부하고 있다. **5.** 그녀는 택시를 타고 병원으로 갔다. **6.** 네, 사장님. 제가 그것을 할게요. **7.** 그녀는 가난한 사람들을 돌보는 것에 헌신적이다. **8.** 부유한 사람들은 경제에 대해 더 낙관적이었다. **9.** 그것은 아이들이 가지고 놀기에 너무 비싼 장난감이에요. **10.** 당신은 정말 아름다운 미소를 가졌어요. **11.** 그것은 틀림없이 당신에게 매우 충격적인 경험이었을 거예요.

UNIT 77

예문 듣기

대명사 (1) 인칭대명사, 대명사 it

Where's my passport?
I can't find it anywhere.

내 여권 어디 있지? 난 그것을 어디에서도 못 찾겠어.

인칭대명사란 사람을 지칭하는 대명사를 말한다. 우리말에서는 조사를 붙여서 주어와 술어를 구분하지만, 영어에서는 인칭대명사의 격 변화를 통해 주어, 목적어 등을 구분한다.

대명사 it은 사람과 사물은 물론, 날씨, 시간 등 각종 상황을 가리킬 때도 쓴다. 가주어-진주어, 강조 구문에서의 it의 쓰임도 알아두자.

1 인칭대명사와 격 변화

- 인칭대명사는 사람을 가리키는 대명사로서 주격, 목적격, 소유격 대명사가 있다.

참고 주격: 주어 자리, 목적격: 목적어 자리, 소유격: 형용사 자리

- 소유 대명사란 소유자와 소유 대상을 동시에 가리키는 대명사로서 '~의 것'이라는 뜻이다.
- 3인칭 단수 주어 he, she, it에만 단수 동사가 온다.

구분		주격 (~는)	목적격 (~를, ~에게)	소유격 (~의)	소유 대명사 (~의 것)
단수	1인칭	I	me	my	mine
	2인칭	you	you	your	yours
	3인칭	he, she, it	him, her, it	his, her, its	his, hers, its
복수	1인칭	we	us	our	ours
	2인칭	you	you	your	yours
	3인칭	they	them	their	theirs

예문 正正

❶ I saw Mike yesterday. **He** was at school.

❷ Where's **your** car? – **It**'s in the parking lot.

❸ **It**'s Nancy on the phone.

❹ The attendant showed **us** to **our** seats.

❺ This book is **mine**, not **hers**.

❻ **They**'re in the same class with **me**. **I** know **them** well.

❶ I와 He는 둘 다 주격 대명사이다. He는 앞 문장의 Mike를 가리킨다.

❷ your는 소유격 대명사로 '너의, 너희의'라는 뜻이다. It은 앞 문장의 your car를 가리킨다.

❸ 3인칭 단수를 나타내는 it은 보통 '그것'이라고 해석되지만, '그, 그녀'를 대신해서 쓰일 수도 있다.

❹ us는 we의 목적격이다. 여기서는 동작의 대상으로 '우리를'이라고 해석한다. our는 we의 소유격으로 명사 앞에 쓰였다.

❺ mine과 hers는 둘 다 소유 대명사이다. '~의 것'이라고 해석한다.

❻ 앞 문장의 They가 뒤 문장에서는 목적격 them으로 쓰였다. with me에서처럼 목적격 대명사는 전치사 뒤에도 올 수 있다. Unit 48. 전치사의 역할 및 형태

2 대명사 it의 다양한 쓰임

- 대명사 it은 인칭대명사 외에도 다음 4가지 역할을 할 수 있다.
  1) 비인칭 주어 it: 시간, 요일, 날짜, 날씨, 온도, 거리 등을 나타낸다.
  2) 상황을 나타내는 it: 현재 벌어지고 있는 상황이나 사건을 나타낸다.
  3) 가주어, 가목적어 it: 길이가 긴 주어나 목적어 자리에 대신 위치한다.
  4) it is[was] ~ that 강조 구문: 강조하는 말을 it is[was]와 that 사이에 넣어 강조한다. Unit 90. 강조 구문

예문

❼ What day is **it**? – **It**'s Thursday.

❽ **It**'s two kilometers to the beach.

❼, ❽ it이 비인칭 주어로 쓰였다. 각각 요일과 거리를 뜻한다. 각각 '오늘, 그것'으로 해석할 수도 있으나 보통은 해석을 생략한다.

❾ How's **it** going, Roy? – Not bad.

❾ 여기서 it은 현재의 막연한 상황을 나타낸다.

❿ **It**'s important that you have diverse views. 기출

❿ 가주어(it)-진주어(that절) 구문이다. 형용사 important가 쓰여 '~하는 것은 중요하다'라는 뜻이다.

⓫ I found **it** hard to get along with others.

⓫ found의 진목적어는 to get ~ others이다. 목적어가 길어져 가목적어 it을 써준 후 진목적어인 to부정사구는 뒤로 보냈다.

⓬ **It** was in the early morning that I met her.

⓬ it was ~ that 강조 구문은 '…하는 것은 바로 ~였다'라고 해석한다. 원래 문장 I met her in the early morning.에서 시간 부사구가 강조된 문장이다.

느낌 빡! 영어는 우리말보다 대명사를 훨씬 더 많이 쓴다!

대명사 it을 보면 사실 딱히 누군가를 가리키는 것도 아닌데 꼬박꼬박 잘도 쓰인다. 영어를 잘 살펴보면, it뿐만이 아니라 대명사 자체를 굉장히 많이 쓰는 것을 알 수 있다. 우리말에서는 의미만 통하면 그것이 주어라도 빼먹는 경우가 허다하다. '성태는 잘 먹습니다. 그리고 착해요. 학생들을 사랑합니다. 꿈이 있는데, 빈부와 지역에 상관없이 모든 학생들에게 멘토 한 명씩을 만들어 주는 것입니다.'와 같은 식이다. 이 문장을 영어로 쓰면 첫 문장 이후의 모든 문장에 He라는 주어를 계속 써주어야 한다. 영어는 모든 문장 성분이 완전히 갖추어져야 하는 문법적 특성이 있기 때문이다. 상황, 시간, 날씨 등 인칭대명사를 쓰기 애매한 때까지 굳이 it을 가져와서 꼬박꼬박 주어 자리를 채워주는 것도 비슷한 이유다. 하여간 피곤할 정도로 원리 원칙을 잘 챙기는 문화다. 언어뿐 아니라 그들의 삶의 방식도 그러한데, 처음 외국 생활을 하는 사람들은 답답함을 느낄 정도다. 좋게 말하면 규칙을 잘 지키는 것이지만, 융통성이 부족하게 느껴질 수도 있다.

진짜 이해했는지 확인!

정답과 해설 p.413

Q 배운 문법을 이용해 영어 문장을 말해보세요.

1 나 어제 루시를 봤어. 그녀는 쇼핑몰에 있었어. **(Lucy, the mall)** →

2 이 책은 그녀의 것이 아니라 내 거야. **(this book)** →

3 내가 그를 만난 건 바로 이른 아침이었어. **(early morning)** →

예문 해석 거꾸로 영작 훈련도 필수!

1. 나 어제 마이크 봤어. 그는 학교에 있었어. **2.** 네 차 어디에 있어? - 그건 주차장에 있어. **3.** 전화한 그 사람은 낸시예요. **4.** 안내원은 우리를 우리의 좌석으로 안내했다. **5.** 이 책은 그녀의 것이 아니라 내 거야. **6.** 그들은 나와 같은 반이야. 나는 그들을 잘 알아. **7.** 오늘 무슨 요일이야? - 목요일이야. **8.** 해변까지 2킬로미터입니다. **9.** 로이야, 일은 잘 되어 가니? - 나쁘지 않아. **10.** 다양한 관점을 가지는 것은 중요하다. **11.** 나는 다른 사람들과 어울리기가 어렵다는 것을 알았다. **12.** 내가 그녀를 만난 건 바로 이른 아침이었어요.

UNIT 78

예문 듣기

대명사 (2) 재귀대명사

You shouldn't blame yourself.
너 자신을 탓할 필요 없어.

재귀대명사는 동작의 주체인 주어와 동작의 대상인 목적어가 같을 때, 목적어 자리에 오는 대명사를 말한다.

재귀대명사는 강조 용법으로도 쓰여 주어가 직접 한 행동을 강조하는 역할로 사용될 수 있다.

1 재귀대명사(-self): ~ 자신에게, ~자신을

- 동작의 주체와 대상이 같을 때, 목적어 자리에 반드시 재귀대명사를 쓴다.

참고 '재귀'는 자신의 행위가 스스로에게 '되돌아온다'는 의미이다.

- '(그) 자신에게, (그) 자신을'이라고 해석한다.

- **재귀대명사의 형태**

단수형	myself, yourself, herself, himself, itself, oneself
복수형	ourselves, yourselves, themselves

I love **myself**. 나는 나 자신을 사랑해. **주의** I love me. (x)

She is looking at **herself** in the mirror. 그녀는 거울 속 자신을 바라보고 있다.
She = herself: 주어와 동일한 인물

비교 She is looking at her in the mirror. 그녀는 거울 속 그녀(다른 여성)를 바라보고 있다.
She ≠ her: 주어와 다른 인물

예문

❶ I hurt **myself** during the training.
❶ hurt의 목적어로 재귀대명사 myself가 왔다. 훈련하다가 스스로를 다치게 했다는 뜻이다.

❷ She'll pay for **herself**.
❷ 전치사 for의 목적어로 herself가 왔다. 자기 몫을 자기가 지불한다는 뜻이다.

❸ He called **himself** a patriot.
❸ call A B는 'A를 B로 부르다'이므로, 스스로를 애국자라고 불렀다는 내용이다.

❹ They feel proud of **themselves**.
❹ 감정을 나타내는 동사구에서도 감정이 향하는 대상이 자신들일 경우 재귀대명사가 쓰인다.

❺ One must take care of **oneself**.
❺ 주어가 일반적인 사람을 가리키는 대명사 one(누구나)이면, 재귀대명사는 oneself를 쓴다.
Unit 80. 대명사 (4) 부정대명사 ①

❻ They relaxed and **enjoyed themselves**. 기출
❻ enjoy oneself는 직역하면 '스스로를 즐기다'이다. 즐거운 시간을 보낸다는 뜻의 관용 표현이다.

❼ **Help yourself** to some sweets.
❼ Help yourself (to)는 '(~을) 마음껏 드세요/하세요'라는 뜻이다. 무언가를 대접할 때 쓰는 관용 표현이다.

2 재귀대명사의 강조 용법

- 주어가 직접 한 동작·행위임을 강조할 때 재귀대명사는 목적어가 아닌 부사 자리에 사용된다.
- 강조 용법으로 쓰이면 '직접, 혼자서, 스스로'라고 해석한다.

예문

❽ I repaired my car **myself.**

❽ myself를 빼도 완전한 문장이므로, 여기서 myself는 강조하기 위해 쓰였다. 혼자 힘으로 자동차를 수리했다는 뜻이다.

❾ Let's paint the house **ourselves.**

❾ Let's는 Let us의 축약형이다. us를 강조하는 재귀대명사는 ourselves가 된다.

❿ They solved the problem **themselves.**

❿ 문제를 '스스로' 해결했다는 뜻이다.

⓫ The president **himself** opened the car door.

⓫ The president를 he로 받아, himself가 강조하기 위해 쓰였다. '그가 직접'이라고 해석한다.

느낌 빡! 재귀대명사가 존재하는 이유

우리말에서는 '나는 나를 사랑해.'라고 말해도 문제가 되지 않는다. 그러나 영어에서는 반드시 재귀대명사를 써서 'I love myself.'라고 말해야 한다. 우리말로 치면 '나는 나 스스로를 사랑해'라고 쓰는 것이다. 우리말로는 남자와 여자를 모두 '그'라고 칭할 수 있지만, 영어에서는 명확하게 she, he로 구분한다. 이와 비슷하게 '나'를 표현할 때도 그냥 me로 뭉뚱그려서 말하지 않고 스스로 나를 부를 땐 myself라고 구분해주는 것이다. 바로 앞 유닛에서 언급했던 영어의 언어적 특성 — 규칙을 중요시하고 모든 것을 구분해주는 특징이 대명사에도 나타나는 것이다.

재귀대명사가 없던 시절에는 주체와 대상을 구별하기 위해 '스스로'라는 의미의 self를 붙여 I love me self.와 같이 말했으나, 나중에 me와 self가 합쳐져 myself라는 하나의 재귀대명사가 되었다. 재귀대명사는 원래 주체와 대상이 같을 때 그 목적어 자리에만 쓰였으나, 나중에는 강조하는 역할에까지 쓰임이 확장되었다.

진짜 이해했는지 확인!

정답과 해설 p.413

Q 둘 중 올바른 것을 고르세요.

1 I hurt (me / myself) during the training.

2 He called (herself / himself) a genius.

3 They relaxed and enjoyed (itself / themselves).

4 Let's paint the house (myself / ourselves).

예문 해석 거꾸로 영작 훈련도 필수!

1. 나는 훈련 중에 혼자서 다쳤다. **2.** 그녀가 자기 몫을 지불할 것이다. **3.** 그는 스스로를 애국자라고 불렀다. **4.** 그들은 자신들을 자랑스럽게 여긴다. **5.** 누구나 자기 자신을 돌보아야 한다. **6.** 그들은 편안하게 즐거운 시간을 보냈다. **7.** 사탕을 마음껏 드세요. **8.** 내가 혼자서 자동차를 수리했다. **9.** 우리 스스로 집을 칠하자. **10.** 그들은 문제를 스스로 해결했다. **11.** 대통령이 직접 차 문을 열었다.

UNIT 79

대명사 (3) 지시대명사

🎧 예문 듣기

This is mine. That is yours.

이건 내 거야. 저건 네 거야.

지시대명사란 어떤 대상을 가리키며 말할 때 쓰는 대명사이다. this는 가까운 것을 가리키고 that은 멀리 있는 것을 가리킨다.

실제로 눈에 보이는 사람이나 사물을 가리킬 수도 있지만, 생각, 의견, 시간 등 추상적인 개념을 가리키기도 한다.

1 지시대명사 this, that

- 지시대명사란 사람이나 사물, 장소 등을 가리킬 때 쓴다.
- 시간 또는 공간적으로 '가까이 있는' 것은 this/these, '멀리 있는' 것은 that/those를 쓴다.

구분	단수형	복수형
가까이 있는 것	this 이것	these 이것들
멀리 있는 것	that 저것	those 저것들

This is a present for you. 이것은 너를 위한 선물이야.
(가까이 있는 것을 가리키며)

That is Brian's house. 저것은 브라이언의 집이야.
(멀리 있는 것을 가리키며)

2 this/that + 명사

- 지시대명사가 가리키는 말을 보다 구체적으로 표현할 때 'this/that + 명사' 형태를 쓴다.

참고 이때는 명사를 수식하므로 지시대명사라고 하지 않고 '지시형용사'라고 부른다.

- 뒤에 오는 명사의 수에 따라 this, that의 단수형, 복수형이 결정된다.

This is broken. → **This chair** is broken. 이 의자는 고장났어.

Those are flying high. → **Those birds** are flying high. 저 새들은 높이 날고 있어.

예문 正 正

❶ **This** is my favorite place in town.

❷ Would you like some of **these**?

❸ **That** sounds great.

❹ **Those** are your brothers, aren't they?

❶ 가까이 있는 것을 가리킬 때 this를 쓸 수 있다.

❷ these는 this의 복수형으로 '이것들'이라는 뜻이다.

❸ 지시대명사는 생각이나 의견을 가리킬 수도 있다. 보통 상대방이 언급한 것은 that, 내가 언급한 것은 this로 나타낸다.

❹ those는 that의 복수형으로 여기서는 사람들을 가리킨다. 주어가 복수이므로 복수동사 are가 왔다.

❺ Our cousins will visit again **this** summer.

❻ Look at **those** children in **that** car.

❺ 공간뿐 아니라 시간적으로 가까운 것에도 this를 쓴다. 여기서는 'this + 단수명사'의 형태로 쓰였다.

❻ 뒤에 복수명사 children이 쓰였으므로 복수형 those가 왔다. 단수명사 car 앞에는 단수형 that이 온다.

3 that의 추가적인 기능

• that, those는 다음 경우에도 쓸 수 있다.

1) 한 문장 내에서 앞에 나온 명사의 반복을 피할 때 단수형에는 that, 복수형에는 those를 쓴다.

2) '~한 사람들'이라는 뜻으로 those (who)의 형태를 쓴다. Unit 66. 관계대명사 who, which

예문 正正

❼ The cost of buying a new one is higher than **that** of repairing the old one.

❽ Our daily lives are so different from **those** of our ancestors.

❾ **Those** who broke their promises were punished. 기출

❿ Thank you to **those** who have already participated. 기출

❼ 하나의 문장 안에서 반복되는 명사를 가리킬 때는 지시대명사 that/those를 쓴다. 여기서 that은 앞에 나온 명사구 The cost를 가리킨다.

❽ those는 앞에 나온 명사구 daily lives를 가리킨다. 복수명사를 받으므로 that 대신 those가 쓰였다.

❾ Those를 관계대명사절이 수식하는 형태이다. Those ~ promises는 '약속을 어긴 사람들'이라고 해석한다.

❿ those는 '~한 사람들'이라는 뜻으로 복수의 의미를 갖는다. who 관계대명사절에도 복수동사 have가 왔다.

느낌 빡! this는 가까운 것, that은 멀리 있는 것을 말한다

this와 that은 둘 다 지시대명사로 무언가를 가리키면서 말할 때 쓴다. 일반적으로 this는 가까운 것, that은 멀리 있는 것을 말하는데, 이는 '상대적인' 개념으로 나한테 더 가까운 것이 this가 되고 좀 더 멀리 있는 것은 that이 되는 것이다. I've never been to that part of Korea.(나는 한국의 그쪽 지방에는 가본 적이 없어.)라는 문장에서 that part는 내가 가 보지 않은 먼 지방을 이야기 하지만, 그 지방에 사는 사람들은 그곳을 'that part'라고 하지 않을 것이다. 생각이나 말을 가리킬 때도 내가 한 말은 this, 상대방이 한 말은 that이라고 표현한다. 내가 한 말이 나에게 더 가깝기 때문이다.

진짜 이해했는지 확인!

정답과 해설 p.413

Q 둘 중 올바른 것을 고르세요.

1 (This / These) is my favorite store in town.

2 The cost of buying a new car is higher than (that / those) of repairing the old one.

3 (Those / These) who broke their promises were punished.

예문 해석 거꾸로 영작 훈련도 필수!

1. 이곳은 동네에서 내가 가장 좋아하는 장소야. **2.** 이것들 좀 드실래요? **3.** 그것 참 좋겠네요. **4.** 저 사람들은 너의 남동생들이지, 그렇지? **5.** 내 사촌들이 이번 여름에 다시 방문할 것이다. **6.** 저 차에 있는 저 아이들을 봐. **7.** 새 것을 사는 비용이 오래된 것을 수리하는 비용보다 더 높다. **8.** 우리의 일상생활은 우리 선조들의 일상생활과는 아주 다르다. **9.** 자신들의 약속을 어긴 사람들은 벌을 받았다. **10.** 이미 참석해주신 분들께 감사드립니다.

UNIT 80

대명사(4) 부정대명사 ①

예문 듣기

This card doesn't work.
Do you have another?

이 카드는 안 되네요. 다른 카드 있어요?

부정대명사는 불특정한 대상을 가리키는 말이다. 가리키고자 하는 대상을 구체적으로 지칭하지 않기 때문에 '부정'대명사라고 부른다.

one, other, another는 여러 개의 비교 대상을 차례로 언급할 때 쓰이고, both, either, neither는 비교 대상이 둘일 때 쓰인다.

1 부정대명사 one, other, another

- one, other, another는 셀 수 있는 명사를 가리키는 부정대명사이다.
- one은 앞에서 나온 단수명사를 가리킬 때 쓴다. 복수명사에는 ones를 쓴다.
- other는 그 밖의 다른 것, 다른 사람을 가리킬 때 쓴다. 복수명사에는 others를 쓴다.

참고 앞에서 나온 명사 외에 나머지 전체를 가리킬 때는 other(s) 앞에 the를 붙인다.

- another는 '또 다른 하나'라는 뜻으로, 하나를 뺀 나머지 중 다른 하나를 가리킬 때 쓴다.

예문

❶ I don't have a laptop. I should buy **one**.

❶ one은 여기서 부정대명사로 앞에 나온 단수명사 a laptop을 받는다. 노트북 '하나'를 가리킨다.

❷ Sometimes smaller teams are better than larger **ones**.

❷ ones는 앞에 나온 복수명사 teams를 가리킨다.

❸ We have two designs: **one** with stripes and **the other** with a checkered pattern. 기출

❸ 비교 대상이 둘 일 때 하나는 one, 나머지 하나는 정관사를 붙여 the other라고 한다.

❹ Sarah is interested in helping **others**.

❹ 여기서는 others가 '다른 사람들'을 가리킨다. '나머지'라는 의미는 없으므로 정관사 the는 붙지 않는다.

❺ If you buy one box, you can get **another** for free.

❺ 또 다른 하나를 가리키는 another가 쓰였다. 한 상자를 사면 또 다른 한 상자를 무료로 받는다는 내용이다.

❻ Matthew is moving to **another** city next week.

❻ one, another, other는 명사 앞에서 형용사로서 쓰일 수도 있다. another는 나머지 중 하나를 가리키므로 뒤에 단수명사가 온다.

느낌 빡! 'one'과 'the other'만 제대로 이해해도 끝난다!

one, (the) other, another … 우리말로는 그게 그거 같은데, 영어에서는 하나하나가 다르다. 심지어 one과 (the) other는 복수형도 있다. 여기서 핵심은 '하나'라는 뜻의 one과 '나머지'라는 뜻의 the other이다.

하나는 하나니까 one이 맞는데, 왜 나머지는 'the' other냐고? 정관사를 배울 때 '바로 그것'에는 the를 붙인다고 했다. '나머지'는 기준으로 고른 하나(one)말고 '그 외' 나머지라는 뜻이므로 the를 붙이는 것뿐이다. 그 나머지가 하나이면 the other, 여러 개이면 복수형 the others가 된다.

자 그런데, 하나와 또 다른 하나, 그리고 그 나머지라고 표현하고 싶을 땐 어떻게 하는가. 간단하다. one, another, the other(s)가 된다. '또 다른 하나'는 나머지 중 하나이니까 an+other, 즉 another가 되는 것뿐이다.

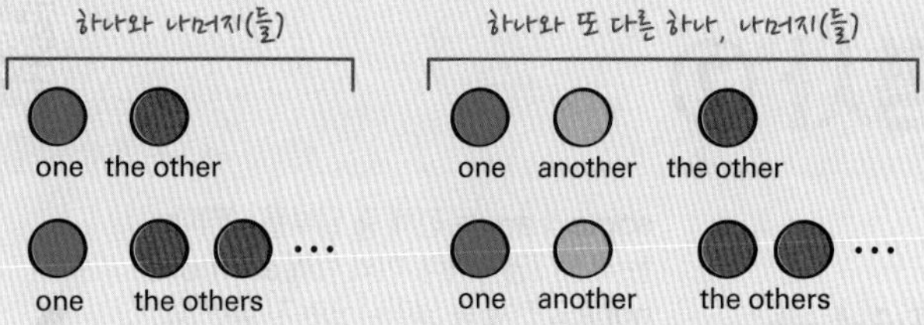

단, 하나를 고르고 그 외 나머지가 아니고 그냥 '다른 것(들), 다른 사람(들)'을 뜻할 때는 정관사 the를 빼서 other(s)라고 하면 된다.
I bought three bags. One is black, another is white, and the other is red.
나는 가방 세 개를 샀어. 하나는 검정색, 또 다른 하나는 흰색, 그 나머지는 빨간색이야.
Sarah is interested in helping others. 사라는 다른 사람들을 돕는 것에 관심이 있다.

2 부정대명사 both, either, neither

- both, either, neither는 비교 대상이 둘일 때 쓰는 부정대명사이다.
- both는 '둘 다'라는 뜻으로 항상 복수 취급한다.
- either는 '둘 중 하나', neither는 '둘 중 어느 것도 (아니다)'라는 뜻으로 보통 단수 취급한다.

예문

❼ You can choose from two courses. **Both** are fine.

❽ I don't believe **either** of them.

❾ We have two copy machines, but **neither** works properly.

❿ I recommend **both** restaurants.

⓫ The students sat on **either** side of them. 기출

⓬ **Neither** one can be present this afternoon.

❼ both는 '둘 다'라는 뜻의 부사도 되지만 대명사이기도 하다. 여기서는 앞에서 언급된 명사 two courses를 가리킨다.

❽ either는 '둘 중 하나'라는 뜻으로, 여기서는 사람을 가리킨다. don't believe either는 believe neither로 바꾸어 말할 수 있다.

❾ 앞에서 말했듯이 neither는 대명사인 동시에 not의 의미가 있다. '둘 중 어느 것도 (아니다)'라는 뜻이다.

❿, ⓫, ⓬ both, either, neither는 명사 앞에서 형용사로서 쓰일 수도 있다. 이때 both 뒤에는 복수명사가 오고 either와 neither 뒤에는 단수명사가 온다.

진짜 이해했는지 확인!

정답과 해설 p.413

Q 둘 중 올바른 것을 고르세요.

1 I don't have a TV. I should buy (one / another).

2 Sarah is interested in helping (ones / others).

3 If you buy one box, you can get (another / the other) for free.

4 We have two copy machines, but (both / neither) works properly.

예문 해석 거꾸로 영작 훈련도 필수!

1. 나는 노트북이 없어. 하나 사야 해. **2.** 때때로 더 작은 규모의 팀들이 더 큰 규모의 팀들보다 낫다. **3.** 우리는 두 개의 디자인을 가지고 있어요. 하나는 줄무늬이고 나머지 하나는 체크무늬예요. **4.** 사라는 다른 사람들을 돕는 것에 관심이 있다. **5.** 한 상자를 사시면 또 다른 하나를 무료로 받으실 수 있습니다. **6.** 매튜는 다음 주에 다른 도시로 이사 갈 거예요. **7.** 당신은 두 가지 코스에서 선택하실 수 있어요. 둘 다 괜찮습니다. **8.** 난 그들 중 한 사람도 믿지 않아. **9.** 우리는 두 대의 복사기가 있지만, 둘 다 제대로 작동하지 않는다. **10.** 나는 두 식당 모두 추천하겠어요. **11.** 학생들은 그 각각의 편에 앉았다. **12.** 둘 중 누구도 오늘 오후에 참석할 수 없다.

UNIT 81

대명사 (5) 부정대명사 ②

예문 듣기

You'll find some in the fridge.
냉장고에 보면 몇 개 있을 거예요.

some과 any는 전체 중 일부를 나타내는 부정대명사이다. 이와 함께 all, most, none도 전체 중 얼마나 있는지 혹은 없는지를 나타낸다.
a few와 a little은 '몇몇, 약간'이라는 뜻이다. a가 붙느냐, 안 붙느냐에 따라 의미가 달라지므로 주의한다.

1 부정대명사 all, most, some, any, none

- 전체 중 일부를 나타낸다. 주로 전치사 of(~중에서, ~의)와 함께 쓰인다.
- 단수와 복수 상관없이 셀 수 있는/없는 명사 모두에 쓸 수 있다.
- 그 자체로 부정대명사로 쓰이기도 하고, 명사 앞에서 수나 양을 나타내는 표현으로 쓰이기도 한다. Unit 74. 명사 (3) 명사의 수량 표현

전체 ◀		일부		▶ 없음
all 모두, 전부	most 대부분	some 일부, 조금	any 아무거나, 조금	none 아무것도 (없는)

참고 some, any, no에 -thing, -one, -body가 결합되면 또 다른 대명사가 된다.

something 어떤 것, 무언가 anything 어떤 것이든, 무엇이든	someone, somebody 누군가 anyone, anybody 누구라도, 아무나	nothing 아무것도 (없는) no one, nobody 아무도 (없는)

예문

❶ They all seem interesting. I want to go to **all** of them. 기출

❶ all은 of 뒤에 온 명사 them(그것들) 전부를 말한다. 참고로 첫 문장의 all도 '전부'라는 뜻이지만 여기서는 부사로 쓰였다.

❷ **Most** of the students have passed the exam.

❷ the students(학생들)의 '대부분'이라는 뜻이다. 따라서 복수동사 have passed가 왔다.

❸ We still have **some** in stock.

❸ some은 '일부'라는 뜻의 부정대명사이다. 동사 have의 목적어로 쓰였다.

❹ I need some coins. Do you have **any**?

❹ any가 부정대명사로 쓰이면 '아무거나, 조금'이라는 뜻이다. 여기서 any는 앞에 나온 명사(coins)를 받아 '동전 조금'이라는 뜻을 나타낸다.

❺ **None** of them were seriously hurt.

❺ none은 대명사와 not의 의미를 동시에 갖는다. 심하게 다친 사람이 '아무도 없다'는 뜻이다.

느낌 빡! all, most, some, any, none이 가산, 불가산 모두에 쓰이는 이유

지금까지 우리는 명사를 배우면서 가산, 불가산을 엄격히 구분해왔다. 그런데 all, most, some, any, none은 수량 표현에서도 그렇고 부정대명사로서도 그렇고 가산과 불가산에 모두 올 수 있다. 바로 '전체 중의 얼마'인지를 나타내기 때문이다. 쉽게 말해 퍼센트의 개념이다. 그것이 개수이든, 무게든, 부피이든 상관이 없이 그 비율이 높은지 낮은지, 아예 없는지, 전부인지를 말하는 표현이기 때문에 다른 대명사와 달리 어디에도 대신 쓸 수 있다.

2 a few와 a little

- a few는 '몇몇', a little은 '약간'이라는 뜻의 부정대명사이다. a가 없으면 '거의 없음'을 나타낸다.
- 수량 표현에서와 마찬가지로 (a) few는 셀 수 있는 명사를, (a) little은 셀 수 없는 명사를 대신한다. Unit 74. 명사 (3) 명사의 수량 표현

예문

❻ I went on a trip with **a few** of my friends.

❻ a few는 '몇몇'이 있다는 뜻이다. 뒤에 나온 명사 my friends 중 일부를 가리킨다.

❼ **Few** of his books are known to the public.

❼ 여기서는 a가 없이 few만 쓰였다. 뒤에 나온 명사 his books 중 극히 일부만을 가리킨다.

❽ She told me **a little** about her life.

❽ '약간, 조금'이라는 의미로 a little이 쓰였다. 문맥상 life는 '삶'이라는 뜻의 불가산명사이므로 (a) few는 올 수 없다.

❾ A test culture does **little** to improve student standards.

❾ little은 '거의 없음'을 뜻하는 부정대명사이다. 'do little + to부정사'는 '~하는 데 거의 도움을 주지 않는다'라는 뜻의 관용 표현이다.

▶ 느낌 빡! a few, a little과 few, little은 단지 뉘앙스의 차이다

많은 학생들이 a few, a little은 '약간', few, little은 '거의 없는'이라는 뜻으로 무작정 외운다. 그래서 I have (a) few friends.에서 'a few friends(약간의 친구들)가 few friends(거의 없는 친구들)보다 단 한 명이라도 더 많겠지'라고 생각할 수 있다. 하지만 실제로는 두 문장 모두 친구가 두 명일 수 있다. 똑같이 두 명의 친구를 두고도, a few friends는 말하는 사람이 '난 친구가 몇 명 있어'라고 긍정적으로 생각하는 것이고, few friends는 '난 친구가 거의 없어'라고 느끼는 것이다.

a little과 little도 마찬가지다. There is (a) little water.에서 a little water(약간의 물)와 little water(거의 없는 물)의 절대적인 물 양은 같을 수 있다. 같은 양의 물을 보더라도 '물이 반이나 있네'와 '물이 반밖에 없네'가 바로 a little과 little의 차이다. 즉, a few와 few, a little과 little은 절대적인 개수나 양의 차이를 말해주지 않는다. 말하는 사람이 표현하는 '뉘앙스의 차이'일 뿐이다.

✔ 진짜 이해했는지 확인!

정답과 해설 p.413

Q 배운 문법을 이용해 영어 문장을 말해보세요.

1 학생들 대부분이 시험을 통과하지 않았다. **(pass the exam)** →

2 나는 내 친구들 몇몇과 동물원에 갔다. **(go to the zoo)** →

3 그는 나에게 그의 삶에 대해 조금 말해주었다. **(about his life)** →

4 그녀의 영화 중 극히 일부만 대중에게 알려져 있다. **(her films)** →

예문 해석 거꾸로 영작 훈련도 필수!

1. 그것들 전부 재미있어 보여요. 저는 전부 다 가보고 싶네요. **2.** 학생들 대부분이 시험을 통과했다. **3.** 우리는 아직 재고가 일부 있어. **4.** 나는 동전이 좀 필요해. 너 조금 가지고 있어? **5.** 그들 중 아무도 심각하게 다치지 않았다. **6.** 나는 내 친구들 몇몇과 여행을 갔다. **7.** 그의 책 중 극히 일부만 대중에게 알려져 있다. **8.** 그녀는 나에게 그녀의 삶에 대해 조금 말해주었다. **9.** 시험 문화는 학생들의 수준을 향상하는 데 거의 아무것도 하지 않는다[거의 도움을 주지 않는다].

필수 예문 Review

A 가 한글 가리고 해석해 보기

1. A man is carrying a box.
2. I bought an umbrella and three bags.
3. My new shoes are still tight on my feet.
4. Don't forget to turn off the air conditioner.
5. The couple were[was] dancing on the stage.
6. I enjoy music.
7. I hope the kids have fun.
8. I put some sugar in my coffee.
9. Sandy's birthday is in December.
10. Soccer is the world's most popular sport.
11. The two women are shaking hands.
12. She has very pretty teeth.
13. We saw the mice running around.
14. The media have a responsibility to question everything.
15. Some fish are often eaten raw.
16. There's a hair in my sandwich.
17. Did you have a good time in Spain?
18. I heard a cracking noise.
19. I'd like to reserve a room at your hotel.
20. We had some unique experiences during the festival.
21. She poured a glass of water.
22. Each child received a present.
23. A number of people visit Jeju every year.
24. You'll be all right in a couple of days.
25. There are trees on both sides of the street.
26. This option would require several years.

A 가 영어 예문 가리고 스피킹/영작해 보기

1. 한 남자가 박스 하나를 옮기고 있다.
2. 전 우산 한 개와 가방 세 개를 샀어요.
3. 새 신발이 아직도 제 발에 꽉 껴요.
4. 에어컨 끄는 걸 잊지 마세요.
5. 두 사람이 무대에서 춤을 추고 있었다.
6. 나는 음악을 즐겨요.
7. 아이들이 즐거워하길 바랍니다.
8. 나는 커피에 설탕을 조금 넣었다.
9. 샌디의 생일은 12월에 있다.
10. 축구는 세계에서 가장 인기 있는 스포츠이다.
11. 두 여자가 악수를 하고 있다.
12. 그녀는 아주 예쁜 치아를 가지고 있다.
13. 우리는 쥐들이 여기저기 뛰어다니고 있는 것을 보았다.
14. 대중 매체는 모든 것에 의문을 제기할 책임이 있다.
15. 몇몇 물고기는 종종 날것으로 먹는다.
16. 내 샌드위치에 머리카락 한 가닥이 있어요.
17. 스페인에서 좋은 시간 가지셨나요?
18. 나는 쩍 갈라지는 소리를 들었다.
19. 여기 호텔의 객실을 예약하고 싶습니다.
20. 우리는 축제 기간 동안 몇몇의 독특한 체험들을 했다.
21. 그녀는 물 한 잔을 따랐다.
22. 각각의 아이가 선물을 받았다.
23. 매년 수많은 사람들이 제주를 방문한다.
24. 당신은 2-3일 내로 괜찮아질 거예요.
25. 길 양쪽으로 나무들이 있습니다.
26. 이 선택지는 몇 년(의 시간)을 필요로 할 것이다.

☐ ㉗ The students speak a little English.	☐ ㉗ 그 학생들은 영어를 약간 할 줄 알아요.
☐ ㉘ He devotes a great deal of time and energy to helping children.	☐ ㉘ 그는 아이들을 돕는 데 많은 시간과 힘을 들인다.
☐ ㉙ We need to buy some apples.	☐ ㉙ 우리는 사과를 좀 사야 해요.
☐ ㉚ Do you need any further information?	☐ ㉚ 더 자세한 정보가 좀 필요하시나요?
☐ ㉛ The city has a lot of tall buildings now.	☐ ㉛ 그 도시에는 이제 많은 높은 빌딩들이 있다.
☐ ㉜ Boil the red beans in plenty of water.	☐ ㉜ 팥을 충분한 물에 넣고 끓이세요.
☐ ㉝ Most people have very poor memories for very familiar things.	☐ ㉝ 대부분의 사람들은 아주 익숙한 사물에 대해 아주 좋지 못한 기억력을 가지고 있다.
☐ ㉞ Swimming is great for all ages.	☐ ㉞ 수영은 모든 연령대에 좋습니다.
☐ ㉟ A bird has two wings.	☐ ㉟ 새는 두 날개를 가지고 있다.
☐ ㊱ Pam is wearing a suit today.	☐ ㊱ 팸은 오늘 정장을 입고 있다.
☐ ㊲ He wants to be an astronaut when he grows up.	☐ ㊲ 그는 커서 우주비행사가 되고 싶어해요.
☐ ㊳ We stayed at a hotel. The hotel was clean and cozy.	☐ ㊳ 우리는 호텔에 머물렀다. 그 호텔은 깨끗하고 아늑했다.
☐ ㊴ You may have to wait an hour.	☐ ㊴ 당신은 한 시간 기다려야 될지도 몰라요.
☐ ㊵ I bought some apples. The apples were very sweet.	☐ ㊵ 나는 사과를 몇 개 샀다. 그 사과들은 아주 달았다.
☐ ㊶ Let's move the cabinet over there.	☐ ㊶ 저기 있는 그 캐비닛을 옮기자.
☐ ㊷ He is often praised as the greatest botanical artist of the time.	☐ ㊷ 그는 당대의 가장 위대한 식물 예술가로 자주 칭송된다.
☐ ㊸ I'd like to see the manager, please.	☐ ㊸ 저는 담당자를 만나고 싶습니다.
☐ ㊹ The sun is shining bright.	☐ ㊹ 태양이 밝게 빛나고 있다.
☐ ㊺ Tourists visit Paris to see the Eiffel Tower.	☐ ㊺ 여행객들은 에펠탑을 보기 위해 파리에 방문한다.
☐ ㊻ Did you have lunch?	☐ ㊻ 너 점심 먹었어?
☐ ㊼ It's time to go to bed.	☐ ㊼ 이제 자러 갈 시간이야.
☐ ㊽ Your glasses are on the bed.	☐ ㊽ 네 안경은 침대 위에 있어.
☐ ㊾ Ted goes to school every day. He is studying engineering.	☐ ㊾ 테드는 매일 학교에 간다. 그는 공학을 공부하고 있다.
☐ ㊿ She went to the hospital by taxi.	☐ ㊿ 그녀는 택시를 타고 병원으로 갔다.
☐ 51 Yes, boss. I'll do it.	☐ 51 네, 사장님. 제가 그것을 할게요.
☐ 52 She is dedicated to caring for the poor.	☐ 52 그녀는 가난한 사람들을 돌보는 것에 헌신적이다.
☐ 53 The wealthy were more optimistic about the economy.	☐ 53 부유한 사람들은 경제에 대해 더 낙관적이었다.
☐ 54 It's too expensive a toy for children to play with.	☐ 54 그것은 아이들이 가지고 놀기에 너무 비싼 장난감이에요.
☐ 55 You have such a pretty smile.	☐ 55 당신은 정말 아름다운 미소를 가졌어요.

☐	56 It must have been quite a traumatic experience for you.	☐	56 그것은 틀림없이 당신에게 매우 충격적인 경험이었을 거예요.
☐	57 I saw Mike yesterday. He was at school.	☐	57 나 어제 마이크 봤어. 그는 학교에 있었어.
☐	58 Where's your car? – It's in the parking lot.	☐	58 네 차 어디에 있어? - 그건 주차장에 있어.
☐	59 It's Nancy on the phone.	☐	59 전화한 그 사람은 낸시예요.
☐	60 The attendant showed us to our seats.	☐	60 안내원은 우리를 우리의 좌석으로 안내했다.
☐	61 This book is mine, not hers.	☐	61 이 책은 그녀의 것이 아니라 내 거야.
☐	62 They're in the same class with me. I know them well.	☐	62 그들은 나와 같은 반이야. 나는 그들을 잘 알아.
☐	63 What day is it? – It's Thursday.	☐	63 오늘 무슨 요일이야? - 목요일이야.
☐	64 It's two kilometers to the beach.	☐	64 해변까지 2킬로미터입니다.
☐	65 How's it going, Roy? – Not bad.	☐	65 로이야, 일은 잘 되어 가니? - 나쁘지 않아.
☐	66 It's important that you have diverse views.	☐	66 다양한 관점을 가지는 것은 중요하다.
☐	67 I found it hard to get along with others.	☐	67 나는 다른 사람들과 어울리기가 어렵다는 것을 알았다.
☐	68 It was in the early morning that I met her.	☐	68 내가 그녀를 만난 건 바로 이른 아침이었어요.
☐	69 I hurt myself during the training.	☐	69 나는 훈련 중에 혼자서 다쳤다.
☐	70 She'll pay for herself.	☐	70 그녀가 자기 몫을 지불할 것이다.
☐	71 He called himself a patriot.	☐	71 그는 스스로를 애국자라고 불렀다.
☐	72 They feel proud of themselves.	☐	72 그들은 자신들을 자랑스럽게 여긴다.
☐	73 One must take care of oneself.	☐	73 누구나 자기 자신을 돌보아야 한다.
☐	74 They relaxed and enjoyed themselves.	☐	74 그들은 편안하게 즐거운 시간을 보냈다.
☐	75 Help yourself to some sweets.	☐	75 사탕을 마음껏 드세요.
☐	76 I repaired my car myself.	☐	76 내가 혼자서 자동차를 수리했다.
☐	77 Let's paint the house ourselves.	☐	77 우리 스스로 집을 칠하자.
☐	78 They solved the problem themselves.	☐	78 그들은 문제를 스스로 해결했다.
☐	79 The president himself opened the car door.	☐	79 대통령이 직접 차 문을 열었다.
☐	80 This is my favorite place in town.	☐	80 이곳은 동네에서 내가 가장 좋아하는 장소야.
☐	81 Would you like some of these?	☐	81 이것들 좀 드실래요?
☐	82 That sounds great.	☐	82 그것 참 좋겠네요.
☐	83 Those are your brothers, aren't they?	☐	83 저 사람들은 너의 남동생들이지, 그렇지?
☐	84 Our cousins will visit again this summer.	☐	84 내 사촌들이 이번 여름에 다시 방문할 것이다.
☐	85 Look at those children in that car.	☐	85 저 차에 있는 저 아이들을 봐.
☐	86 The cost of buying a new one is higher than that of repairing the old one.	☐	86 새 것을 사는 비용이 오래된 것을 수리하는 비용보다 더 높다.

☐ 87 Our daily lives are so different from those of our ancestors.	☐ 87 우리의 일상생활은 우리 선조들의 일상생활과는 아주 다르다.
☐ 88 Those who broke their promises were punished.	☐ 88 자신들의 약속을 어긴 사람들은 벌을 받았다.
☐ 89 Thank you to those who have already participated.	☐ 89 이미 참석해주신 분들께 감사드립니다.
☐ 90 I don't have a laptop. I should buy one.	☐ 90 나는 노트북이 없어. 하나 사야 해.
☐ 91 Sometimes smaller teams are better than larger ones.	☐ 91 때때로 더 작은 규모의 팀들이 더 큰 규모의 팀들보다 낫다.
☐ 92 We have two designs: one with stripes and the other with a checkered pattern.	☐ 92 우리는 두 개의 디자인을 가지고 있어요. 하나는 줄무늬이고 나머지 하나는 체크무늬예요.
☐ 93 Sarah is interested in helping others.	☐ 93 사라는 다른 사람들을 돕는 것에 관심이 있다.
☐ 94 If you buy one box, you can get another for free.	☐ 94 한 상자를 사시면 또 다른 하나를 무료로 받으실 수 있습니다.
☐ 95 Matthew is moving to another city next week.	☐ 95 매튜는 다음 주에 다른 도시로 이사 갈 거예요.
☐ 96 You can choose from two courses. Both are fine.	☐ 96 당신은 두 가지 코스에서 선택하실 수 있어요. 둘 다 괜찮습니다.
☐ 97 I don't believe either of them.	☐ 97 난 그들 중 한 사람도 믿지 않아.
☐ 98 We have two copy machines, but neither works properly.	☐ 98 우리는 두 대의 복사기가 있지만, 둘 다 제대로 작동하지 않는다.
☐ 99 I recommend both restaurants.	☐ 99 나는 두 식당 모두 추천하겠어요.
☐ 100 The students sat on either side of them.	☐ 100 학생들은 그 각각의 편에 앉았다.
☐ 101 Neither one can be present this afternoon.	☐ 101 둘 중 누구도 오늘 오후에 참석할 수 없다.
☐ 102 They all seem interesting. I want to go to all of them.	☐ 102 그것들 전부 재미있어 보여요. 저는 전부 다 가보고 싶네요.
☐ 103 Most of the students have passed the exam.	☐ 103 학생들 대부분이 시험을 통과했다.
☐ 104 We still have some in stock.	☐ 104 우리는 아직 재고가 일부 있어.
☐ 105 I need some coins. Do you have any?	☐ 105 나는 동전이 좀 필요해. 너 조금 가지고 있어?
☐ 106 None of them were seriously hurt.	☐ 106 그들 중 아무도 심각하게 다치지 않았다.
☐ 107 I went on a trip with a few of my friends.	☐ 107 나는 내 친구들 몇몇과 여행을 갔다.
☐ 108 Few of his books are known to the public.	☐ 108 그의 책 중 극히 일부만 대중에게 알려져 있다.
☐ 109 She told me a little about her life.	☐ 109 그녀는 나에게 그녀의 삶에 대해 조금 말해주었다.
☐ 110 A test culture does little to improve student standards.	☐ 110 시험 문화는 학생들의 수준을 향상하는 데 거의 아무것도 하지 않는다[거의 도움을 주지 않는다].

Chapter Review Test 12

기출 예문으로 실전 훈련해 보기

Grammar for Reading

정답과 해설 p.414

✓ **다음 중 어법상 맞는 표현을 고르세요.**

1 The person who compares [himself / him] to others lives in a state of fear.

2 I gave up searching online because there was too [many / much] information.

3 On May 29 there was a heavy rain but [a / the] sun came out the next day.

4 We are what we eat. The diets of the animals we eat [has / have] a connection with the nutritional quality of our food itself.

5 As you know, dogs can wag their tails to show that they're happy. Tails can also serve as a means of protection. For example, horses use [their / theirs] to keep harmful insects away.

6 There is a huge difference between saying, "You act lazy sometime," and, "You are a lazy person." One is suggesting that your laziness is temporary while [other / the other] suggests that it's permanent.

7 There are many things in life that we do not know, and there is freedom in saying "I don't know." People who can admit that they don't know tend to be more intellectually and emotionally confident than [these / those] who pretend to know everything.

8 I knew I ate the wrong foods: sweets for breakfast, and soda and chips for lunch. I didn't really know what the right foods were. I just knew I needed to eat less. So I ate the smallest portions I could. Not surprisingly, I lost weight, but I had so [few / little] energy.

---

4 nutritional 영양상의 **5** wag a tail 꼬리를 흔들다 keep ~ away ~을 가까이 하지 않다 **6** laziness 게으름 permanent 영구적인
7 admit 인정하다 intellectually 지적으로 **8** portion 양, 부분

Grammar for Writing

✓ **우리말에 맞게 주어진 단어를 활용하여 문장을 완성하세요.**

1 매년 수많은 사람들이 제주를 방문한다. **(people, visit Jeju)**

→

2 부유한 사람들은 경제에 대해 더 낙관적이었다. **(wealthy, optimistic, economy)**

→

3 한 상자를 사시면 또 다른 하나를 무료로 받으실 수 있습니다. **(buy one box, get, for free)**

→

4 그의 책 중 극히 일부만 대중에게 알려져 있다. **(his books, the public)**

→

Grammar for Speaking

✓ **다음 대명사를 활용하여 자신의 문장을 말해보세요.**

1 **대명사 it** (비인칭 주어로 사용할 것)

→ 나만의 문장:

예시 **It's September 1.** 오늘은 9월 1일이야.

2 **재귀대명사 myself**

→ 나만의 문장:

예시 **I had a great vacation. I enjoyed myself very much.** 나는 정말 멋진 휴가를 가졌어. 정말 즐거운 시간을 보냈어.

3 **부정대명사 others**

→ 나만의 문장:

예시 **I'm interested in helping others.** 나는 다른 사람들을 돕는 것에 관심이 있다.

☞ P.317『명사와 수 일치 훑어보기』에서 명사와 수 일치의 개념을 다시 한번 정리해 보세요!

공부법 12

도전을 멈추지 마라

여러분에게 작은 위로를 전하며…

2018년 2월, 팩폭랩 '힘들지?'를 발표했다. 도전과 꿈을 위해 열심히 공부하는 취준생, 수험생 등 모든 사람이 용기와 희망을 가졌으면 하는 마음으로 직접 작사했다.

지금 이 책으로 공부하는 여러분에게도 작은 위로가 되었으면 한다.

힘들지?

지금의 네가 누구든 간에 다 똑같애
네 가칠 벌써 판단 하는 게 nonsense

힘들지 않다는 말은 거짓말
노력은 항상 널 괴롭히고 흔드니까
쳇바퀴 돌 듯이 반복되는 삶이 습관이 된다면
네 스스로의 가치는 높아져가
고통의 연속인가 싶겠지만
그 모든 것들이 다시는 네게 돌아오지 않을
확실한 건 없다지만 확신은 가질 수 있는
너에게 주어진 기회일지 몰라
미뤘던 일들이 네 어깰 누르고
닥칠 불안함이 널 억지로 의자에 주저앉혀
간밤의 꿈에 날아간 기억을 살려내려
네 하늘은 까맣게 때가 껴있어
남보다 좀 느리면 어때
해 보지 않고 뭘 그리도 겁내
네가 걸어온 길은 꽤 단단해
내가 언제나 너의 뒤에 서 있을게 네 등을 받친 채

가빠진 숨을 붙잡고
넘어온 언덕을 바라봤을 때

그때를 상상해
희망의 조각들을 모아서 나아가 계속

가늠할 수 없는 장애물
누군가 방해한대도
걱정 마 내가 방패로 있을 테니, 유지하길 궤도
가늠할 수 없는 장애물
누군가 방해한대도
걱정 마 내가 방패로 있을 테니, 유지하길 궤도

좁다란 방 안에 너와의 싸움
늘 느끼는 정신과 시간의 방
마음은 늘 안타깝네
네가 쌓은 꿈의 정상이 가까운데
어둠 속에서 빛은 밝게 빛나는 법
때가 아닐 뿐 넌 가장 밝게 빛나는 별
다사다난했던 드라마의 해피엔딩을
장식할 주인공은 너
생각이 많아질 때
오히려 널 채근하고 또 다그치네
널 너무 탓하지마 잘못된 게 아니니까
뻔해 너만 다칠 게
시험처럼 정답을 고민하지 마
넌 아직 할 수 있는 일이 많으니까
더 할 힘이 남아있다면 해
내가 언제나 뒤에 서 있을게
네 등을 받친 채

가빠진 숨을 붙잡고
넘어온 언덕을 바라봤을 때
그때를 상상해
희망의 조각들을 모아서 나아가 계속

CHAPTER 13

비교 구문

형용사, 부사는 왜 중요한가?

앞서 문장의 핵심은 동사라고 했다. 문장에는 반드시 주어와 동사가 있어야 한다고도 했다. 반면 형용사와 부사는 들러리 같은 존재다. 문장 형식을 따질 때도 어떤 동사가 오느냐가 중요하고, 형용사와 부사는 그 의미를 보조하는 역할을 할 뿐이다. 그렇다면 형용사와 부사는 문장에서 아예 중요하지 않은 걸까?
그렇지 않다. 주어, 동사만큼은 아니어도 형용사와 부사는 문장의 의미를 완성해주고, 문장을 더욱 돋보이게 해준다.

A. They live in a **new** house.
B. We ate our lunch **quickly**.
C. He solved the **difficult** question **easily**.

A문장에서 a 'new' house라고 명사를 꾸며주면서 집의 모습을 구체적으로 상상할 수 있게 해주고, B문장에서 'quickly'라는 부사를 넣어줌으로써 점심을 어떻게 먹었는지 더 자세히 전달해줄 수 있다.
C문장을 보라. 형용사인 difficult와 부사인 easily가 빠진다면 어떻겠는가. He solved the question.(그는 문제를 풀었다.)라는 사실만을 나타내는 얘기하나 마나 한 문장이 되어 버린다.
형용사와 부사는 이런 밋밋한 문장에 의미를 부여하여, 문장을 더욱 매력적이고 돋보이게 만들어 준다. 회화에서도 이런 형용사, 부사만 적절히 붙여도 의미 전달이 명확해진다. 초보자와 숙련자의 차이 중 하나다.
이제 형용사, 부사, 비교급, 최상급을 잘 활용하라. 여러분의 문장을 매력적으로 만들어 줄 것이다.

비교 구문 어록

Nothing is stronger than habit.
습관보다 더 강한 것은 없다.
- Publius Ovidius Naso -

엄밀히 말하면, 공부는 내가 하는 것이 아니다.
'내가 만든 습관'이 하는 것이다.

비교 구문 훑어보기

UNIT 82 형용사

형용사	
개념	명사를 수식하는 말로, 명사의 상태나 특징을 나타냄
역할	❶ 명사 앞에서 명사를 수식 Do you like **spicy** food? ❷ 동사 뒤에서 주어나 목적어를 설명하는 보어 역할 Their house is **huge**.
지각동사	보고, 듣고, 느끼는 것 등 감각을 나타내는 동사로, '지각동사 + 형용사' 형태 ※ 대표적인 지각동사: look, sound, seem, appear, feel, taste, smell

UNIT 83 부사

UNIT 84 형용사와 부사 비교

부사	
개념	동사, 형용사, 부사를 수식하는 말로, 동작이나 상황이 구체적으로 어떻게 일어나는지 설명함
역할	❶ 동사, 형용사, 부사를 수식 He read the information **carefully**. ❷ 절이나 문장 전체를 수식 We're leaving tomorrow, **finally**!
주의해야 할 부사의 위치	• 빈도부사는 일반동사 앞, be동사 뒤 Jason **always** runs to school. • '타동사 + 부사' 형태의 구동사 Can you **turn** it **down**, please? • 부사 enough는 형용사/부사를 뒤에서 수식 This room isn't big **enough** for a bed.
주의해야 할 형용사와 부사	late(늦은/늦게) - lately(최근에) hard(어려운/어렵게) - hardly(거의 ~않다) near(가까운/가까이) - nearly(거의) high(높은/높이) - highly(매우)

UNIT 85 비교급

비교급	
개념	두 개의 대상을 서로 비교할 때 쓰는 형용사/부사 형태
형태	비교급 (+ than) They arrived **earlier than** me. ※ 비교급 강조 부사: even, still, much, a lot, (by) far (훨씬) I feel **much better** than before.
관용 표현	the 비교급 + (주어 + 동사), the 비교급 + (주어 + 동사): ~하면 할수록 …하다 비교급 and 비교급: 점점 더 ~하는[하게]

UNIT 86 최상급

최상급	
개념	셋 이상의 대상을 비교하여 가장 앞서는 것을 말할 때 쓰는 형용사/부사 형태
형태	the + 최상급 (+ in, of, among) Who is **the tallest** in your class? ※ 최상급 강조 부사: much, by far, very (확실히, 단연코) Russia is **by far the largest** country in the world.
관용 표현	the + 서수 + 최상급: …번째로 ~한 the + 최상급 + 현재완료: 지금까지 가장 ~한 one of the + 최상급 + 복수명사: 아주 ~한 것들 중 하나

UNIT 87 여러 가지 비교 구문

여러 가지 비교 구문	
동급 비교	as + 원급 + as: ~만큼 …한[하게]
배수 비교	배수사 + as 원급 as/비교급 than: ~보다 몇 배 더 …한
최상급을 나타내는 원급/비교급 표현	no/nothing + as 원급 as: ~만큼 …한 것은 없는 no/nothing + 비교급 than: ~보다 더 …한 것은 없는 비교급 than + any other/anything else: 어느 것보다 더 …한

UNIT 82

형용사

예문 듣기

They live in a new house.
그들은 새 집에 산다.

형용사는 명사의 상태나 특징을 나타내는 말이다. 명사 앞에서 수식어구로 사용되거나, 보어로서 주어나 목적어의 의미를 보충한다.

함께 쓰이는 동사나 사용된 문장 형식에 따라 형용사가 부사처럼 해석되므로 유의한다.

1 형용사의 역할

- 형용사는 명사를 수식하는 말로, 명사가 '어떠한' 상태나 특징을 가지는지 설명한다.
- **형용사의 역할 2가지**

1) 명사 앞에서 명사를 수식한다. **참고** -thing, -body, -one으로 끝나는 명사는 뒤에서 수식한다.

Do you like **spicy** food? 매콤한 음식 좋아하세요?
명사 수식

2) 동사 뒤에서 주어나 목적어를 설명하는 보어 역할을 한다. Unit 02. 2형식, Unit 05. 5형식

Their house is **huge**. 그들의 집은 커.
주어의 특징을 설명

That made Michael **upset**. 그것은 마이클을 화나게 만들었다.
목적어의 상태를 설명

예문

❶ The train was **late**.

❷ I grew up in a **large** family.

❸ Is there something **wrong**?

❹ Let's make it **possible**.

❺ I found her **funny** and **beautiful**.

❻ She has **many good** friends.

❶ late(늦은)가 주어 The train의 상태를 설명한다. '기차가 늦었다'라는 뜻이다.

❷ large(큰)가 명사 family를 수식한다. a large family는 '대가족'이라는 뜻이다.

❸ -thing으로 끝나는 명사는 뒤에서 수식한다. something wrong은 '잘못된 것'이라는 뜻이다.

❹ possible이 목적격보어로 쓰였다. it(그것)을 '가능한' 상태로 만든다는 뜻이다.

❺ '명사 + y', '명사 + ful'은 형용사의 흔한 형태이다. 동사 found의 목적어 her의 특징을 설명한다.

❻ 수량 표현 many도 명사(구)를 수식하는 형용사이다. many가 good friends를 수식하므로 형용사 many와 good 사이에는 and가 오지 않는다.

느낌 빡! 명사를 수식하는 건 형용사다

명사는 항상 형용사가 수식한다. 그것이 주어이든, 목적어이든 상관없다. 수식하는 대상이 명사라면 반드시 형용사가 온다. You look handsome.(너 잘생기게 보여.) 우리말로는 '잘생기게'이니까 부사를 써야 할 것 같은가? 아니다. 잘생겨 보이는 건 바로 '너'라는 명사이므로 명사를 수식하는 형용사가 온다. You make me happy.(너는 나를 행복하게 만들어.) 여기서도 '내'가 행복해지는 것이니까 형용사이다. 영어의 형용사는 우리말로 할 때 종종 부사처럼 해석되지만, 형용사는 항상 명사를 수식한다는 사실을 알면 헷갈리지 않을 것이다.

2 지각동사 + 형용사

- 지각동사란 보고, 듣고, 느끼는 것 등 감각을 나타내는 동사를 말한다.
- '지각동사 + 형용사'에서 해석이 부사처럼 되는 것에 주의한다. **참고** 지각동사 뒤 형용사는 주어를 보충 설명하는 주격보어이다.
- **대표적인 지각동사**

look	보이다	**sound**	들리다	**seem, appear**	~처럼 보이다, ~인 것 같다
feel	(느낌이) 들다	**taste**	(맛이) 나다	**smell**	(냄새가) 나다

참고 seem과 appear는 추측하는 뉘앙스를 가진다. seem보다 appear가 더 객관적인 추측을 나타낸다.

예문

⑦ That **sounds good.**

⑧ You **look** so **tired.**

⑨ The soup **smells** and **tastes delicious.**

⑩ Kate **felt guilty** for her negligence. 기출

⑪ He **appeared excited** this morning.

⑫ It **seems** almost **incredible** that they live so long. 기출

⑦ 여기서 That은 상대가 한 말을 나타낸다. 그 말이 '좋은' 말처럼 '들린다'는 뜻이다.

⑧ look tired는 '피곤해 보인다'는 뜻이다. 부사 so가 형용사 tired를 강조하고 있다.

⑨ 형용사 delicious가 smells, tastes의 보어로 쓰였다. 냄새도 맛있고, 맛도 좋다는 뜻이다.

⑩ guilty는 '유죄의'라는 뜻의 형용사이다. feel guilty는 '죄책감이 들다'라고 해석한다.

⑪ 'appear + 형용사'는 눈에 보이는 상황을 그대로 서술할 때 쓴다. look을 대신 써도 비슷한 의미이다.

⑫ 'It seems + 형용사 + that절'은 '(that절의 상황이) ~해 보인다'라는 뜻이다. 여기서 부사 almost는 형용사 incredible을 수식한다.

진짜 이해했는지 확인!

정답과 해설 p.415

Q 둘 중 올바른 것을 고르세요.

1 He has (many good / good many) friends.

2 The soup tastes (deliciously / delicious).

3 I found (she / her) funny and beautiful.

4 She appeared (happy / happily) this morning.

예문 해석 거꾸로 영작 훈련도 필수!

1. 기차가 늦었어. **2.** 나는 대가족에서 자랐어. **3.** 잘못된 거 있어? **4.** 그것을 가능하게 만들자. **5.** 난 그녀가 재밌고 아름답다는 걸 알았어. **6.** 그녀는 많은 좋은 친구들이 있어. **7.** 그게 좋겠어요. **8.** 너 아주 피곤해 보여. **9.** 수프에서 맛있는 냄새와 맛이 나. **10.** 케이트는 그녀의 소홀함에 죄책감이 들었다. **11.** 그는 오늘 아침에 신난 것처럼 보였어. **12.** 그들이 그렇게 오래 산다는 것은 거의 믿을 수 없어 보인다.

UNIT 83

부사

예문 듣기

We ate our lunch quickly.
우리는 점심을 빨리 먹었다.

부사는 동사, 형용사, 부사를 수식하는 말로, 동작이나 상황이 구체적으로 어떻게 일어나는지 설명한다.

일반적으로 동사 뒤에, 형용사나 다른 부사 앞에 오지만, 빈도부사, 일부 구동사에서는 부사의 위치가 달라지므로 주의한다.

1 부사의 역할

- 부사는 동작이나 상황이 '어떻게' 일어나는지를 설명한다.
- 동사, 형용사, 부사를 수식하지만, 경우에 따라 품사나 문장 성분에 상관없이 다양한 어구와 절을 수식하기도 한다.
- 부사의 위치는 다른 품사에 비해 자유로운 편이나, 일반적으로 동사 뒤에, 형용사·부사의 앞에 위치한다.
- **부사의 역할 2가지**

1) 동사, 형용사, 부사를 수식한다.

<동사 + 부사>

He read the information **carefully**. 그는 주의 깊게 정보를 읽었다.
(read the information: 동사구 수식)

<부사 + 형용사/부사>

I lost a **really** important business client. 나는 정말 중요한 사업 의뢰인을 잃었다.
(important: 형용사 수식)

2) 절이나 문장 전체를 수식한다. 문장 전체를 수식할 경우 부사 앞뒤에 콤마(,)가 온다.

We're leaving tomorrow, **finally**! 우리는 드디어 내일 떠난다!
(We're leaving tomorrow: 문장 전체를 수식)

예문

❶ Ann laughed **loudly**.
❷ She **patiently** waited at the bus stop.
❸ It was **so** exciting!
❹ They grow **very slowly** and range from 15 to 40 feet in height. 기출
❺ **Fortunately**, it didn't rain.
❻ It was **only** a suggestion.

❶ 부사 loudly가 동사 laughed를 수식하고 있다.
❷ 부사는 일반적으로 동사를 뒤에서 수식하지만, 앞에서 수식할 수도 있다.
❸ 부사는 형용사를 수식할 수 있다. 강조 부사 so가 형용사 exciting을 수식한다.
❹ 부사는 다른 부사를 수식할 수 있다. 여기서는 very가 다른 부사 slowly를 수식한다.
❺ 부사가 문장 전체를 수식할 경우, 보통 콤마를 써주므로 쉽게 구분할 수 있다.
❻ only, just 등 일부 부사는 명사를 수식한다. 강조하거나 정도를 나타내는 표현에 제한적으로 쓰인다.

▶ 느낌 빡! 부사의 특별한 쓰임 2가지

1) 문장 전체를 수식: Me, too.(나도 그래.), We can do it, too.(우리도 할 수 있다.)에서 too는 문장 전체를 수식하는 역할을 한다. 이미 알고 있는 문법으로 어려울 것 없다. 문장 앞에 자주 쓰이는 Therefore나 However도 문장과 문장을 연결함과 동시에 뒤 문장을 꾸며주는 접속부사이다.
2) 명사를 수식: 문법적으로는 맞지 않는 이야기이지만 Only you didn't agree.(너만 동의하지 않았어.)와 같이 실제 문장에서는 종종 등장한다. 단, only, just, almost 같은 일부 부사에 한하여 쓰이며, 해석 또한 어렵지 않다. 따로 외울 필요 없이 자연스레 해석하면 된다.

2 주의해야 할 부사의 위치

1) always, often, never 등의 빈도부사는 일반동사 앞, be동사 뒤에 온다.
2) '타동사 + 부사' 형태의 구동사에 대명사가 목적어로 올 경우, 부사가 대명사 뒤로 간다.
3) 부사 enough는 형용사·부사를 뒤에서 수식한다.

예문

⑦ Jason **always** runs to school.

⑧ The street is **usually** full of tourists.

⑦, ⑧ 빈도부사는 일반동사 앞, be동사 뒤에 온다.

⑨ He **hardly ever** watches TV.

⑨ hardly (ever), scarcely 등 빈도와 부정의 뜻을 함께 나타내는 부정부사도 빈도부사와 같은 위치에 온다.

⑩ Can you **turn** it **down**, please?

⑪ It's too late to **put** them **off**.

⑩, ⑪ 목적어가 대명사일 경우 구동사의 부사는 대명사 뒤에 위치한다. turn down은 '(소리, 온도 등)을 줄이다', put off는 '~을 미루다'라는 뜻이며, 이때 down과 off가 부사이다.

참고 보통명사는 부사 앞이나 뒤에 모두 올 수 있다.
Turn the light on. / Turn on the light. (불을 켜라.)

⑫ This room isn't big **enough** for a bed.

⑫ 부사 enough는 다른 부사와 달리 형용사나 부사를 뒤에서 수식한다. not big enough는 '충분히 크지 않은'이라고 해석한다.

✔ 진짜 이해했는지 확인!

정답과 해설 p.415

Q 둘 중 올바른 것을 고르세요.

1 She waited (patient / patiently).

2 Jason (runs always / always runs) to school.

3 Can you (turn it down / turn down it), please?

4 This room isn't (big enough / enough big) for four people.

예문 해석 거꾸로 영작 훈련도 필수!

1. 앤은 큰 소리로 웃었다. **2.** 그녀는 버스 정류장에서 끈기 있게 기다렸다. **3.** 그것은 매우 흥미진진했어! **4.** 그것들은 아주 천천히 자라며, 범위가 15피트에서 40피트 높이에 이른다. **5.** 다행스럽게도, 비가 오지 않았다. **6.** 그것은 하나의 제안일 뿐이었다. **7.** 제이슨은 항상 학교에 뛰어간다. **8.** 그 거리는 보통 관광객들로 가득하다. **9.** 그는 TV를 거의 보지 않는다. **10.** 그것 좀 줄여 줄래요? **11.** 그것들을 미루기엔 너무 늦었어[너무 늦어서 그것들을 미룰 수 없다]. **12.** 이 방은 침대를 놓기에 충분히 크지 않다.

UNIT 84

형용사와 부사 비교

예문 듣기

He solved the difficult question easily.
그는 어려운 문제를 쉽게 풀었다.

기본적으로 형용사는 명사를, 부사는 동사를 수식한다.

형태적으로 형용사에서 부사로 변화된 경우가 일반적이지만, 동일한 형태로 두 가지 품사 모두에서 쓰이는 단어도 있으므로 주의한다.

1 형용사 vs. 부사

형용사	부사
명사를 수식 (사람·사물 등에 대해서 서술)	동사 및 기타 어구/절/문장을 수식 (동작·상황에 대해서 서술)
He is a **slow** driver. 그는 (속도가) 느린 운전자이다. He looked **sad**. 그는 슬퍼 보였어. He made me **happy**. 그는 나를 행복하게 만들었어.	He drives **slowly**. 그는 느리게 운전한다. He looked at me **sadly**. 그는 슬프게 나를 쳐다봤어. He made a cake **happily**. 그는 행복해하며 케이크를 만들었다.

▶ 느낌 빡! 형용사(adjective)와 부사(adverb)의 어원 뜻

강성태 영단어에서 나왔던 어원 설명을 되새겨 보자. 형용사를 뜻하는 adjective의 어원 뜻은 '무언가에 던져진 말'이다. 홀로 존재하지 않고 항상 다른 단어에 곁들여지는 말이라는 뜻. 따라서 형용사는 항상 다른 명사를 따라다니며 수식하는 역할을 한다.
반면 부사를 뜻하는 adverb의 어원 뜻은 '동사에 더해지는 말'이다. 동사는 사람이나 사물의 동작, 또는 어떤 상황을 나타내주는 품사이다. 따라서 동사에 더해지는 부사도 사람, 사물, 동작 등 다양한 내용과 어울려 쓰이게 된다. 그래서 부사의 기본 역할은 동사에 더해져 동사를 수식하는 것이지만, 형용사, 부사, 명사, 절 등 다양한 어구를 수식한다.

예문 正 正

❶ Running is **good** exercise.
❶ 형용사 good이 명사 exercise를 수식한다.

❷ It's important to exercise **regularly**.
❷ 이 문장에서는 exercise가 동사로 쓰였으므로, 부사 regularly의 수식을 받는다.

❸ The test was **easy**.
❸ 형용사 easy가 be동사(was)의 보어로 쓰여 주어인 명사구 The test의 특징을 나타낸다.

❹ These plates are **easily** damaged.
❹ easy의 부사형 easily가 동사구 are damaged를 수식하고 있다.

❺ It will **probably** take about an hour.
❺ 추측을 나타내는 부사 probably(아마도)가 will take ~ hour를 수식한다.

❻ It's **more convenient** to go by car.
❻ to go by car는 진주어인 명사구이므로 이를 설명하기 위해 형용사 convenient가 왔다. more는 형용사를 수식하는 부사로 쓰였다. Unit 85. 비교급

2 주의해야 할 형용사와 부사

• **형용사와 부사의 형태가 같은 단어들**

형용사/부사	예시
well 좋은/좋게	feel **well** 기분이 좋은 상태다 / speak English very **well** 영어를 아주 잘 한다
fast 빠른/빠르게	a **fast** delivery 빠른 배달 / run **fast** 빨리 달린다
early 이른/일찍	**early** morning 이른 아침(에) / wake up **early** 일찍 일어나다
late 늦은/늦게	**late** night 늦은 밤 / work **late** 늦게까지 일하다
hard 어려운/어렵게	a **hard** choice 어려운 선택 / breathe **hard** 어렵게[가까스로] 숨 쉬다

• **형태에 따라 의미가 완전히 달라지는 단어들**

형용사/부사	예시
late - lately 늦은, 늦게 - 최근에	have a tough time **lately** 최근에 힘든 시간을 보내다
hard - hardly 어려운, 어렵게 - 거의 ~않다	**hardly** know about it 그것에 대해 거의 모르다
near - nearly 가까운, 가까이 - 거의	**nearly** empty 거의 비어 있는
high - highly 높은, 높이 - 매우	a **highly** successful designer 매우 성공한 디자이너

예문 正正

❼ The deadline is **fast** approaching. 기출

❽ He was **late** for his appointment.

❾ **Lately**, I've been pretty busy.

❿ I **nearly** fell asleep.

⓫ This movie is **highly** recommended. 기출

❼ fast는 부사로도 쓰인다. 여기서는 '빠르게'라는 뜻으로 동사구 is approaching을 수식한다.

❽ be late for는 '~에 늦다'라는 뜻이다. 여기서는 형용사로 쓰였다.

❾ lately는 '최근에'라는 뜻이다. '늦게'를 뜻하는 부사는 late로 형용사와 형태가 같다.

❿ nearly는 '거의'라는 뜻이다. 동사구 fell asleep을 수식한다.

⓫ highly는 강조 부사로 쓰였다. 형용사 recommended(추천할 만한)를 수식한다.

진짜 이해했는지 확인!

정답과 해설 p.415

Q 배운 문법을 이용해 영어 문장을 말해보세요.

1 규칙적으로 운동하는 것은 중요하다. **(important, exercise, regularly)** →

2 그것은 아마 두 시간 정도 걸릴 것이다. **(probably, take)** →

3 지하철로 가는 것이 더 편리하다. **(convenient, by subway)** →

4 그는 매우 성공한 배우이다. **(highly, actor)** →

예문 해석 거꾸로 영작 훈련도 필수!

1. 달리기는 좋은 운동이다. **2.** 규칙적으로 운동하는 것은 중요하다. **3.** 그 시험은 쉬웠다. **4.** 이 접시들은 쉽게 손상된다. **5.** 그것은 아마 한 시간 정도 걸릴 것이다. **6.** 차로 가는 것이 더 편리하다. **7.** 마감기한이 빠르게 다가오고 있다. **8.** 그는 약속에 늦었다. **9.** 최근에, 나는 아주 바빴어. **10.** 나는 거의 잠들 뻔했다. **11.** 이 영화는 매우 추천할 만하다.

UNIT 85

비교급

예문 듣기

Do you have a bigger size?
더 큰 사이즈 있나요?

영어의 형용사와 부사에는 원급, 비교급, 최상급이 있다.

비교급은 '더 ~한[하게]'라는 뜻으로 보통 -er 형태를 가진다. 음절의 길이에 따라 앞에 more를 붙이기도 한다.

1 비교급·최상급의 형태

- 형용사와 부사에는 비교급, 최상급이라는 형태가 있다. p. 386 형용사/부사의 비교급과 최상급
- 비교급과 최상급은 원급을 변형하여 만든다.
- **비교급, 최상급의 형태 3가지**

1) 어미에 -er, -est를 붙인다. young – young**er** – young**est**

2) 단어 앞에 more, most를 붙인다. expensive – **more** expensive – **most** expensive

참고 2음절 단어 일부, 3음절 이상의 단어에 쓰이는 형태이다.

3) 불규칙 비교급과 최상급

good/well – better – best	little – less – least
bad/badly – worse – worst	far – farther/further – farthest/furthest
many/much – more – most	old – older/elder – oldest/eldest

느낌 빡! 비교급과 최상급의 차이는 비교 대상의 개수이다

비교급은 '더 ~한/하게', 최상급은 '가장 ~한/하게'이라는 뜻이지만, 사실 이 둘의 차이는 비교 대상의 개수이다. 일대일로 비교할 때는 비교급을 쓰고, 다대일로 비교할 때는 최상급을 쓴다. He is younger than me.(그는 나보다 어려.) 그와 나만 일대일로 비교하므로 비교급 -er이 온다. He is the youngest in my family.(그는 우리 가족 중에서 가장 어려.) 여기서는 나뿐만 아니라 나머지 가족들까지 다대일로 놓고 비교했을 때 그들보다 어리다는 것이니까 '가장 어린' 것이다. 이때는 최상급 -est를 쓴다.

2 비교급 (+ than): (~보다) 더 …한[하게]

- 두 개의 대상을 서로 비교할 때 '비교급 + than'으로 표현한다.
- than(~보다)은 비교 대상을 연결한다. than 뒤에는 명사구, 부사, 절 등 다양한 형태가 온다.
- 다음 부사들을 비교급 앞에 써주면 비교하는 내용을 강조할 수 있다.

비교급 강조 부사: even, still, much, a lot, (by) far (훨씬)

예문 正 正

❶ It's getting **warmer**.

❷ I'm trying to eat a **healthier** diet.

❶ warmer는 '더 따뜻한'이라는 뜻이다. 여기서처럼 than 이하는 생략될 수 있다.

❷ 비교급 형용사 healthier가 명사 diet를 수식한다.

❸ Can we do something **more interesting**?

❸ 3음절 단어의 비교급은 항상 'more + 원급'의 형태이다. more interesting이 명사 something을 뒤에서 수식한다

❹ They arrived **earlier than** me.

❹ earlier는 arrived를 수식하는 부사 역할을 한다. 여기서는 비교 대상을 나타내는 than이 쓰여 they와 me를 비교하고 있음을 알 수 있다.

❺ The exam was **harder than** we expected.

❺ than 뒤에는 절이 올 수도 있다. than we expected는 '우리가 예상했던 것보다'라는 뜻이다.

❻ I feel **much better than** before.

❻ better는 good의 불규칙 비교급이다. 강조 부사 much와 함께 '훨씬 더 좋은'이라는 뜻이 된다.

❼ Columbus was **still more than** a thousand miles from Europe. 기출

❼ more는 much의 비교급으로 쓰였다. 강조 부사 still과 함께 '훨씬 더 많이'라는 뜻이 된다.

3 비교급 관용 표현

- **the 비교급 + (주어 + 동사), the 비교급 + (주어 + 동사)**: ~하면 할수록 …하다
- **비교급 and 비교급**: 점점 더 ~하는[하게]

예문

❽ **The less** you spend, **the more** you save.

❽ 'the 비교급, the 비교급' 형태로 두 개의 절이 연결되었다. '더 적게' 돈을 쓸수록 '더 많이' 저축한다는 뜻이다.

❾ **The younger** you are, **the easier** it is to learn.

❾ 형용사 young과 easy의 비교급이 각각 쓰였다. 콤마(,) 뒤에 오는 절은 가주어-진주어 구문으로 '(to부정사)하는 것이 더 쉽다'라는 뜻이다.

❿ **The sooner, the better.**

❿ 비교급 뒤에 있는 주어와 동사를 아예 생략할 수도 있다. 두 개의 절 중에서 한 쪽만 생략하는 것도 가능하다.

⓫ The job market is getting **worse and worse**.

⓫ 'get + 비교급 and 비교급'은 '점점 더 ~해지다'라는 뜻이다. 이때 동사 get은 상태의 변화를 나타낸다.

⓬ The audience became **more and more excited**.

⓬ 비교급 형태가 'more + 원급'일 경우 'more and more + 원급' 형태로 '점점 더 ~'라는 의미를 나타낼 수 있다.

진짜 이해했는지 확인!

정답과 해설 p.415

Q 밑줄 친 부분을 바르게 고치세요.

1 John is young than me. →

2 They arrived earlier to me. →

3 The less you spend, the much you save. →

예문 해석 거꾸로 영작 훈련도 필수!

1. 날씨가 더 따뜻해지고 있다. **2.** 나는 더 건강한 식단을 먹으려고 노력하고 있어. **3.** 우리 더 재밌는 걸 할까요? **4.** 그들은 나보다 더 일찍 도착했어. **5.** 그 시험은 우리가 예상했던 것보다 더 어려웠어. **6.** 전보다 기분이 훨씬 더 좋아. **7.** 콜럼버스는 유럽으로부터 천 마일보다 훨씬 더 많이 떨어져 있었다. **8.** 더 적게 돈을 쓸수록 더 많이 저축한다. **9.** 여러분이 어릴수록 배우기가 더 쉽다. **10.** 더 빠를수록, 더 좋다. **11.** 일자리 시장은 점점 더 나빠지고 있다. **12.** 청중은 점점 더 신이 났다.

UNIT 86

최상급

예문 듣기

Who is the tallest in your class?

누가 너희 반에서 가장 키가 크니?

형용사와 부사의 최상급은 '가장 ~한[하게]'라는 뜻으로, -est 형태를 가진다. 음절의 길이에 따라 앞에 most를 붙이기도 한다.

최상급은 보통 유일하거나 고유한 것이므로 앞에 정관사 the를 함께 쓴다. 최상급에 어울리는 부사나 관용 표현도 함께 알아두자.

1 the + 최상급: 가장 ~한[하게]

- 셋 이상의 대상을 비교하여 가장 앞서는 것을 말할 때 'the + 최상급'의 형태로 표현한다. 경우에 따라, 정관사 the 대신 소유격 대명사가 오기도 한다.
- 전치사 in, of, among(~중에서)을 써서 비교 대상이나 범위를 나타낼 수 있다. **참고** among 뒤에는 항상 복수명사가 온다.
- 다음 부사들을 쓰면 최상급을 강조할 수 있다.

최상급 강조 부사: much, by far, very (확실히, 단연코)

느낌 빡! 최상급 앞에 붙는 the의 의미

정관사 the는 '바로 그'라는 뜻이라고 했다. 대충 여러 개 중의 하나를 가리키는 것이 아니라 이미 '정해져 있는' 것을 딱 집어 말할 때 쓴다. 영어의 최상급도 마찬가지다. '가장 ~한 것'은 불특정한 여러 개가 아니라 보통 단 하나로 정해져 있다. 비교급처럼 비교 대상에 따라 가리키는 것이 달라지지 않는다. 다시 말해, 여러분은 어떤 친구보다는 크고, 어떤 친구보다는 작을 수 있다. 하지만 반에서 제일 큰 사람은 정해져 있다. 따라서 Who is the tallest in your class?(누가 너희 반에서 가장 키가 크니?)처럼 최상급 앞에 the를 써준다. 외울 필요 없이 이해하면 된다.

예문

❶ Who is **the richest** person in the world?

❶ the richest는 '가장 부유한'이라는 뜻이다. 전치사 in을 써서 비교 범위를 나타냈다.

❷ Today is **the hottest** day of the year.

❷ 형용사 최상급이 명사 day를 수식하고 있다. the hottest day는 '가장 더운 날'이라는 뜻이다.

❸ **My youngest** daughter is 5 years old.

❸ 최상급 앞에 the 대신 소유격이 오기도 한다.

❹ **Most luckily,** I found a room in the city.

❹ 부사 luckily처럼 3음절 단어는 앞에 most를 붙여 최상급을 만든다. 부사의 최상급 앞에는 the가 자주 생략된다.

❺ They were **the most popular** among his works. 기출

❺ 주격보어로 형용사 최상급이 쓰였다. 'among + 복수명사'로 비교 대상을 나타냈다.

❻ Russia is **by far the largest** country in the world.

❻ by far는 '확실히, 단연코'라는 뜻으로 최상급을 강조한다. by far 대신 much를 써서 강조할 수도 있다.

❼ We used **the very latest** technology.

❼ very도 최상급 강조 부사이다. 다른 강조 부사와 달리 the와 최상급 사이에 위치하므로 주의한다.

2 최상급 관용 표현

- **the + 서수 + 최상급**: …번째로 ~한 **참고** 서수: first, second, third, fourth 등 순서를 나타내는 말
- **the + 최상급 + 현재완료**: 지금까지 가장 ~한
- **one of the + 최상급 + 복수명사**: 아주 ~한 것들 중 하나

예문

⑧ The Amazon River is **the second longest** river in the world.

⑧ the second longest는 '두 번째로 긴'이라는 뜻이다.

⑨ It was **the worst** movie I've seen.

⑨ worst는 형용사 bad의 불규칙 최상급이다. 현재완료와 쓰여 '지금까지'라는 의미를 추가할 수 있다.

⑩ He's **the most talented** man I've ever met.

⑩ the most talented는 '가장 재능 있는'이라는 뜻이다. 현재완료에 부사 ever를 써서 시간적 범위를 더 강조하는 표현이 되었다.

⑪ Bamboo is **one of the strongest** woods.

⑪ 'one of the + 최상급' 뒤에는 복수명사가 온다.

13 비교 구문

진짜 이해했는지 확인!

정답과 해설 p.415

Q 둘 중 올바른 것을 고르세요.

1 Who is (richest / the richest) person in the world?

2 Bamboo is one of the strongest (woods / wood).

3 The river is the second (long / longest) river in the country.

4 It was the (worse / worst) movie I've seen.

예문 해석 거꾸로 영작 훈련도 필수!

1. 세계에서 누가 가장 부유한 사람이지? **2.** 오늘은 올해의 가장 더운 날이다. **3.** 나의 가장 어린 딸은 5살이다. **4.** 가장 운이 좋게도, 나는 시내에 방을 구했다. **5.** 그것들은 그의 작업물 중 가장 유명했다. **6.** 러시아는 세계에서 단연코 가장 큰 나라이다. **7.** 우리는 확실히 최신 기술을 사용했다. **8.** 아마존강은 세계에서 두 번째로 긴 강이다. **9.** 그것은 내가 본 것 중 가장 나쁜 영화였다. **10.** 그는 내가 지금까지 만난 사람 중 가장 재능 있는 사람이다. **11.** 대나무는 아주 강한 나무 중 하나이다.

UNIT 87

여러 가지 비교 구문

예문 듣기

You can stay as long as you want.
당신이 원하시는 만큼 머물러도 됩니다.

비교급이나 최상급과 달리, 원급 자체에는 비교의 뜻이 없다. 하지만, 'as + 원급 + as' 구문을 사용하면 비교 표현이나 배수 표현도 가능하다.
또한 'as + 원급 + as' 구문과 '비교급 + than' 구문에 부정 표현을 함께 써주면 최상급을 나타낼 수 있다.

1 as + 원급 + as: ~만큼 …한[하게]

- 두 개의 대상을 비교하여 차이가 없을 때 'as + 원급 + as'의 형태로 표현하는데, 이를 '동급 비교'라고 한다.
- 동급 비교 표현의 두 번째 as 뒤에는 명사, 형용사, 절 등 다양한 형태의 비교 대상이 온다.

I can run **as fast as** you. 나는 너만큼 빨리 달릴 수 있어.
as + 부사 원급 + as + 명사(~만큼 …하게)

- 원급 비교의 부정문은 'less + 원급 + than' 구문으로 바꾸어 말할 수 있다.

Tickets were**n't as expensive as** I expected. 입장권은 내가 예상한 만큼 비싸지 않았다.
→Tickets were **less expensive than** I expected. 입장권은 내가 예상한 것보다 덜 비쌌다.

예문

❶ I'm **as busy as** a bee.

❷ They were**n't as good as** usual.

❸ Read **as many** books **as** you can.

❹ Please send a service engineer **as soon as** possible. 기출

❶ 형용사 busy의 원급이 쓰인 표현이다. 여기서는 두 번째 as 뒤에 비교 대상인 명사가 왔다.
❷ 'not as + 원급 + as'는 '~만큼 …하지는 않다'라는 뜻이다. less than을 써서 'They were less good than usual.'이라고 해도 비슷한 의미가 된다.
❸ 명사(books)를 수식하는 형용사에도 원급 비교 표현을 쓸 수 있다. as you can 뒤에는 read가 생략되어 '네가 읽을 수 있는 한'이라는 뜻이 된다.
❹ as soon as possible은 '가능한 한 빨리'라는 뜻의 관용 표현이다. 부사 soon의 원급이 쓰였다.

▸느낌 빡! as well as는 원래 원급 비교 표현이다

숙어 표현 중에 'A as well as B'라는 표현이 있다. 'B뿐만 아니라 A도'라는 뜻이다. 그런데 이건 사실 부사 well의 원급 비교 표현이다.
She studies English as well as Chinese.
이 문장을 원급 비교로 해석해보자. '그녀는 중국어만큼 곧잘 영어를 공부해.'라는 뜻이다. 우리말에서도 무언가를 선택할 때 '이것만큼 저것도 좋다'라고 말하면 '둘 다'라는 뜻이다. 마찬가지로 A as well as B는 'B만큼 A도 곧잘' 하는 것이니까 즉 'A와 B 둘 다(=B뿐만 아니라 A도)'라는 뜻이 된다.

2 원급·비교급을 이용한 배수 표현

• **배수사 + as 원급 as/비교급 than:** ~보다 몇 배 더 …한 **참고** 배수사: ~ times처럼 몇 배인지 나타내는 말

예문

❺ I earned **twice as much as** I did last year.

❺ 몇 배 차이가 나는지 말할 때 배수 표현을 함께 써준다. twice as much as는 '~보다 두 배 더 많이'라고 해석한다.

❻ The new machine is **four times faster than** the old one.

❻ 비교급 faster 앞에 four times가 왔다 '(~보다) 4배 더 빠른'이라고 해석한다.

❼ She received **half as many** votes **as** another candidate.

❼ 배수사 대신 분수를 쓸 수도 있다. 예를 들어 half는 '~의 절반', one-third는 '~의 3분의 1'이라고 표현할 때 쓴다.

3 원급·비교급을 이용한 최상급 표현

• **no/nothing + as 원급 as:** ~만큼 …한 것은 없는
• **no/nothing + 비교급 than:** ~보다 더 …한 것은 없는
• **비교급 than + any other/anything else:** 어느 것보다 더 …한

예문

❽ **No** one loved him **as much as** his parents did.

❾ **Nothing** is **as important as** peace.

❽, ❾ 부정어와 원급 비교가 함께 쓰여 최상급의 의미를 나타낸다. 각각 His parents loved him the most.와 Peace is the most important.로 바꾸어 말할 수 있다.

❿ There's **nothing more interesting than** reality.

❿ There's nothing more ….는 '더 …한 것은 없다'라는 뜻으로 최상급 의미를 나타낸다.

⓫ Erin works **harder than anyone else** in the office.

⓫ 비교 대상이 사람이므로 anything 대신 anyone을 썼다. than anyone else는 '어느 누구보다도'라는 뜻이다.

13 비교 구문

진짜 이해했는지 확인!

정답과 해설 p.415

Q 둘 중 올바른 것을 고르세요.

1 They were as (better / good) as usual.

2 The new machine is four times (faster / fastest) than the old one.

3 Erin studies harder (as / than) anyone else in the class.

예문 해석 거꾸로 영작 훈련도 필수!

1. 나는 꿀벌만큼 바빠.(=나는 아주 바빠.) **2.** 그들은 평소만큼 좋지 않았어. **3.** 당신이 할 수 있는 한 많은 책을 읽으세요. **4.** 가능한 한 빨리 서비스 기술자를 보내주세요. **5.** 나는 작년에 번 것보다 두 배만큼 더 벌었다. **6.** 새 기계는 예전 것보다 4배 더 빠르다. **7.** 그녀는 다른 한 후보자의 절반만큼의 표를 받았다. **8.** 아무도 그의 부모만큼 그를 사랑하지 않았다. **9.** 평화만큼 중요한 것은 없다. **10.** 현실보다 더 재미있는 것은 없다. **11.** 에린은 사무실에 있는 어느 누구보다도 더 열심히 일한다.

필수 예문 Review

A 가 한글 가리고 해석해 보기

1. The train was late.
2. I grew up in a large family.
3. Is there something wrong?
4. Let's make it possible.
5. I found her funny and beautiful.
6. She has many good friends.
7. That sounds good.
8. You look so tired.
9. The soup smells and tastes delicious.
10. Kate felt guilty for her negligence.
11. He appeared excited this morning.
12. It seems almost incredible that they live so long.
13. Ann laughed loudly.
14. She patiently waited at the bus stop.
15. It was so exciting!
16. They grow very slowly and range from 15 to 40 feet in height.
17. Fortunately, it didn't rain.
18. It was only a suggestion.
19. Jason always runs to school.
20. The street is usually full of tourists.
21. He hardly ever watches TV.
22. Can you turn it down, please?
23. It's too late to put them off.
24. This room isn't big enough for a bed.
25. Running is good exercise.

A 가 영어 예문 가리고 스피킹/영작해 보기

1. 기차가 늦었어.
2. 나는 대가족에서 자랐어.
3. 잘못된 거 있어?
4. 그것을 가능하게 만들자.
5. 난 그녀가 재밌고 아름답다는 걸 알았어.
6. 그녀는 많은 좋은 친구들이 있어.
7. 그게 좋겠어요.
8. 너 아주 피곤해 보여.
9. 수프에서 맛있는 냄새와 맛이 나.
10. 케이트는 그녀의 소홀함에 죄책감이 들었다.
11. 그는 오늘 아침에 신난 것처럼 보였어.
12. 그들이 그렇게 오래 산다는 것은 거의 믿을 수 없어 보인다.
13. 앤은 큰 소리로 웃었다.
14. 그녀는 버스 정류장에서 끈기 있게 기다렸다.
15. 그것은 매우 흥미진진했어!
16. 그것들은 아주 천천히 자라며, 범위가 15피트에서 40피트 높이에 이른다.
17. 다행스럽게도, 비가 오지 않았다.
18. 그것은 하나의 제안일 뿐이었다.
19. 제이슨은 항상 학교에 뛰어간다.
20. 그 거리는 보통 관광객들로 가득하다.
21. 그는 TV를 거의 보지 않는다.
22. 그것 좀 줄여 줄래요?
23. 그것들을 미루기엔 너무 늦었어[너무 늦어서 그것들을 미룰 수 없다].
24. 이 방은 침대를 놓기에 충분히 크지 않다.
25. 달리기는 좋은 운동이다.

☐ 26 It's important to exercise regularly.	☐ 26 규칙적으로 운동하는 것은 중요하다.
☐ 27 The test was easy.	☐ 27 그 시험은 쉬웠다.
☐ 28 These plates are easily damaged.	☐ 28 이 접시들은 쉽게 손상된다.
☐ 29 It will probably take about an hour.	☐ 29 그것은 아마 한 시간 정도 걸릴 것이다.
☐ 30 It's more convenient to go by car.	☐ 30 차로 가는 것이 더 편리하다.
☐ 31 The deadline is fast approaching.	☐ 31 마감기한이 빠르게 다가오고 있다.
☐ 32 He was late for his appointment.	☐ 32 그는 약속에 늦었다.
☐ 33 Lately, I've been pretty busy.	☐ 33 최근에, 나는 아주 바빴어.
☐ 34 I nearly fell asleep.	☐ 34 나는 거의 잠들 뻔했다.
☐ 35 This movie is highly recommended.	☐ 35 이 영화는 매우 추천할 만하다.
☐ 36 It's getting warmer.	☐ 36 날씨가 더 따뜻해지고 있다.
☐ 37 I'm trying to eat a healthier diet.	☐ 37 나는 더 건강한 식단을 먹으려고 노력하고 있어.
☐ 38 Can we do something more interesting?	☐ 38 우리 더 재밌는 걸 할까요?
☐ 39 They arrived earlier than me.	☐ 39 그들은 나보다 더 일찍 도착했어.
☐ 40 The exam was harder than we expected.	☐ 40 그 시험은 우리가 예상했던 것보다 더 어려웠어.
☐ 41 I feel much better than before.	☐ 41 전보다 기분이 훨씬 더 좋아.
☐ 42 Columbus was still more than a thousand miles from Europe.	☐ 42 콜럼버스는 유럽으로부터 천 마일보다 훨씬 더 많이 떨어져 있었다.
☐ 43 The less you spend, the more you save.	☐ 43 더 적게 돈을 쓸수록 더 많이 저축한다.
☐ 44 The younger you are, the easier it is to learn.	☐ 44 여러분이 어릴수록 배우기가 더 쉽다.
☐ 45 The sooner, the better.	☐ 45 더 빠를수록, 더 좋다.
☐ 46 The job market is getting worse and worse.	☐ 46 일자리 시장은 점점 더 나빠지고 있다.
☐ 47 The audience became more and more excited.	☐ 47 청중은 점점 더 신이 났다.
☐ 48 Who is the richest person in the world?	☐ 48 세계에서 누가 가장 부유한 사람이지?
☐ 49 Today is the hottest day of the year.	☐ 49 오늘은 올해의 가장 더운 날이다.
☐ 50 My youngest daughter is 5 years old.	☐ 50 나의 가장 어린 딸은 5살이다.
☐ 51 Most luckily, I found a room in the city.	☐ 51 가장 운이 좋게도, 나는 시내에 방을 구했다.
☐ 52 They were the most popular among his works.	☐ 52 그것들은 그의 작업물 중 가장 유명했다.
☐ 53 Russia is by far the largest country in the world.	☐ 53 러시아는 세계에서 단연코 가장 큰 나라이다.
☐ 54 We used the very latest technology.	☐ 54 우리는 확실히 최신 기술을 사용했다.
☐ 55 The Amazon River is the second longest river in the world.	☐ 55 아마존강은 세계에서 두 번째로 긴 강이다.
☐ 56 It was the worst movie I've seen.	☐ 56 그것은 내가 본 것 중 가장 나쁜 영화였다.

- ☐ 57 He's the most talented man I've ever met.
  - ☐ 57 그는 내가 지금까지 만난 사람 중 가장 재능 있는 사람이다.
- ☐ 58 Bamboo is one of the strongest woods.
  - ☐ 58 대나무는 아주 강한 나무 중 하나이다.
- ☐ 59 I'm as busy as a bee.
  - ☐ 59 나는 꿀벌만큼 바빠.(=나는 아주 바빠.)
- ☐ 60 They weren't as good as usual.
  - ☐ 60 그들은 평소만큼 좋지 않았어.
- ☐ 61 Read as many books as you can.
  - ☐ 61 당신이 할 수 있는 한 많은 책을 읽으세요.
- ☐ 62 Please send a service engineer as soon as possible.
  - ☐ 62 가능한 한 빨리 서비스 기술자를 보내주세요.
- ☐ 63 I earned twice as much as I did last year.
  - ☐ 63 나는 작년에 번 것보다 두 배만큼 더 벌었다.
- ☐ 64 The new machine is four times faster than the old one.
  - ☐ 64 새 기계는 예전 것보다 4배 더 빠르다.
- ☐ 65 She received half as many votes as another candidate.
  - ☐ 65 그녀는 다른 한 후보자의 절반만큼의 표를 받았다.
- ☐ 66 No one loved him as much as his parents did.
  - ☐ 66 아무도 그의 부모만큼 그를 사랑하지 않았다.
- ☐ 67 Nothing is as important as peace.
  - ☐ 67 평화만큼 중요한 것은 없다.
- ☐ 68 There's nothing more interesting than reality.
  - ☐ 68 현실보다 더 재미있는 것은 없다.
- ☐ 69 Erin works harder than anyone else in the office.
  - ☐ 69 에린은 사무실에 있는 어느 누구보다도 더 열심히 일한다.

Chapter Review Test 13

기출 예문으로 실전 훈련해 보기

Grammar for Reading

정답과 해설 p.416

✓ 다음 중 어법상 맞는 표현을 고르세요.

1 Brainstorming is an effective / effectively method for developing highly creative solutions to difficult problems.

2 The service will last from 8:00 a.m. to 3:00 p.m., Monday through Friday, till June 30. Feel free / freely to visit our shop at your convenience.

3 John is a school representative and is always / always is busy taking part in school activities. He is leading his discussion group and even preparing for the school festival.

4 I'm looking for a hotel for my trip this summer. I found a useful website for booking hotels in Paris. But it's all in French, and my French is not good enough / enough good to understand it.

5 Jinsu is often late for school. This behavior affects his grades. Besides, some of his classmates complain about the disturbance he causes whenever he enters class late / lately .

6 A decisionmaker's knowledge and experience are essential and can contribute to a good decision. The more knowledge and experience a decisionmaker has, the great / greater the chance for a good decision.

7 When we search for something on the Internet, why do we get 11,980,764 results? Tens of millions of pages exist on the Internet, and many more are being added every day. To avoid a gigantic list of results, you should be as specific / more specific as possible.

8 The Millennium Wheel is one of the most popularly / most popular tourist attractions in the U.K. visited by about four million people a year. It is open all year round, except on Christmas Day. It is within walking distance from several underground stations, including Waterloo and Westminster.

---

1 brainstorming 창조적 집단 사고 **3** representative 대표(자) take part in ~에 참가하다 **5** disturbance 방해, 소란 **6** decisionmaker 의사 결정자 **7** gigantic 거대한

Grammar for Writing

✓ **우리말에 맞게 주어진 단어를 활용하여 문장을 완성하세요.**

1 그 거리는 보통 관광객들로 가득하다. **(street, tourists)**

→

2 이 영화는 매우 추천할 만하다. **(movie, recommended)**

→

3 여러분이 어릴수록 배우기가 더 쉽다. **(young, easy, to learn)**

→

4 아마존강은 세계에서 두 번째로 긴 강이다. **(the Amazon River, long river)**

→

Grammar for Speaking

✓ **다음 주어진 표현으로 자신의 문장을 만드세요.**

1 빈도부사 **(always, usually, often, sometimes, never ...)**

→ 나만의 문장:

예시 **I'm always busy with a lot of work.** 나는 많은 일들로 언제나 바빠.

2 비교급 **(more/-er than)**

→ 나만의 문장:

예시 **For me, math is easier than English.** 내게 수학은 영어보다 더 쉽다.

3 최상급 **(the most/-est)**

→ 나만의 문장:

예시 **I'm the youngest person in my family.** 나는 우리 가족 중에 가장 어려.

☞ p.347『비교 구문 훑어보기』에서 비교 구문의 개념을 다시 한번 정리해 보세요!

공부법 13

바를 정(正) 공부법

✔ 바를 정(正) 공부법의 시작

학창 시절, 나보다 공부 잘하는 친구들을 보며 나에겐 무엇이 부족한지를 살폈다. 그때, 공부 잘하는 친구들은 공부한 내용을 서너 번은 복습한다는 사실을 알게 되었다. 그 친구들이 서너 번 복습한다면 나는 그보다 두세 배는 더 해야 된다고 생각했다. 그래서 문제집 표지에 '바를 정(正)' 자를 두 번씩 쓰면서 공부했다. 10번을 본 것이다. 물론 아는 내용은 배제하고 모르는 내용, 틀린 문제에 집중하여 거의 씹어 먹을 정도로 완전히 내 것으로 만들었다. 열 번 정도 보면 사실 머릿속에 안 들어올 수가 없다. 이런 스토리 때문에 이 책에서도 예문을 학습할 때마다 체크하는 방식으로 활용한 것이다.

✔ 왜 굳이 똑같은 걸 반복해야 하는가?

마치 운동과도 같다. 야구를 하려면 방망이를 휘두르는 데 관여하는 근육이 강해야 멀리 칠 수 있다. 마찬가지로 말을 하려는데 영어 발음에 필요한 구강의 근육과 얼굴 근육이 충분히 발달하지 않았다고 생각해보자. 제대로 된 발음을 하기도 어렵다.

반복은 서술적 지식을 넘어 절차적 지식으로 굳어지는 과정이다. 서술적 지식이란 예를 들어 자전거 타는 방법과 원리를 기억하고 말로 설명하는 것이다. 절차적 지식은 자전거를 실제로 탈 수 있게 몸으로 터득하는 것을 말한다.

영어 학습에서 두 가지가 다 의미가 있는데 절차적 지식이 확립돼야 독해든 스피킹이든 실전에서 바로 써먹을 수 있다. 한국 학생들은 특히 절차적 지식이 매우 부족하다. 공부를 해도 영어로 말 한마디를 못하는 주된 이유가 이것이다. 절차적 지식을 쌓는 유일한 방법은 반복이다. 그중에서도 듣고, 실제 입으로 말하고, 계속 반복하는 것이 중요하다.

✔ 한 번 볼 책이면 아예 펼치지도 마라

이것이 내가 공부의 신이 될 수 있었던 가장 중요한 비결이었다. 이 책의 맨 첫 페이지에 쓰여있는 문구이기도 하다. 늘 자신 없고 존재감 없던 나는 엄청난 반복과 복습을 통해 공부에 자신감을 갖기 시작했다. 반복과 복습은 머리가 특출하게 좋지 않았던 촌놈 강성태에게 가장 강력한 무기였다.

–「미쳐야 공부다」 중에서

CHAPTER 14

특수 구문

특수 구문은 어렵다?

부정, 도치, 강조, 생략, 삽입, 동격 등 특수 구문은 어렵다? 어려워서 어떤 문법책이든 맨 마지막에 나오는 걸까? 그렇지 않다. 어려워서가 아니라, 원래의 문장을 바꾸거나 아예 없애는 등 기본 문장을 '변형'한 문장이기 때문에 마지막에 나오는 것이다. 어떤 공부든 먼저 기본 규칙을 배우고 그 다음 변화형을 배우는 것처럼 말이다.

특수 구문은 왜 쓰는 걸까?

특수 구문은 영어의 특성을 그대로 반영한다. 도치 구문과 강조 구문은 '강조'하기 위해 사용된다.
대화하다가 특정 내용을 강조하고 싶을 때, 우리는 목소리에 힘을 주어 강하게 말할 수 있다. 하지만 이 방법이 글에서는 통하지 않는다. 영어는 중요한 걸 앞에 둔다고 했다. 그러니 내가 강조하고 싶은 요소를 앞으로 꺼내거나(도치 구문), 특정 어구를 넣어서(강조 구문) 강조하고 싶다는 티를 팍팍 내줘야 한다.
생략 구문, 공통 관계 구문은 영어의 '경제성'(반복되는 건 생략한다)에 기반한 것이다. 앞에서 나왔던 명사가 또다시 나오면 '대명사'를 써서 중복되는 걸 막아준다고 했는데, 생략 구문, 공통 관계 구문은 반복되는 부분을 아예 없애 버리는 것이다. 이 또한 굉장히 효율적인 장치이다.
특수 구문은 결코 어렵지 않다는 것, 지금까지 배운 영어의 본질적인 특성을 그대로 반영하고 있다는 것을 기억하고 공부해 나가길 바란다.

특수 구문 어록

Out of difficulties grow miracles.
난관에서 기적이 나온다.

- Jean de La Bruyère -

수많은 폭풍을 경험해야만 유능한 백사공이 될 수 있는 법이다.
피할 수 없다면 차라리 그것을 즐겨라.
나를 죽이지 못하는 고통은 나를 더욱 강하게 만들 뿐이니까.

특수 구문 훑어보기

UNIT 88
부정 구문

부정 구문	
개념	'아니다', '못한다', '~이 없다' 등 부정의 뜻을 나타내는 구문
부정 표현의 종류	not, never, neither, no, none, nothing, nobody, rarely/seldom, hardly/scarcely/barely, few, little
관용 표현	• (whether) or not: ~하든 아니든 간에 • neither A nor B: A도 B도 아니다 • nothing but: ~외에는 아니다 = 단지 ~만 (이중부정=긍정) • not A without B: B가 없으면 A하지 않는다 = A하려면 반드시 B가 있어야 한다 (이중부정=긍정) • not all[every, always, whole, entirely, necessarily…]: 모두[반드시] ~하는 것은 아니다 (부분부정)

UNIT 89
도치 구문

도치 구문	
개념	주어와 (조)동사가 서로 자리를 바꾸는 구문
도치가 일어나는 경우	❶ 부정 표현을 강조할 때 **Never** will I go with him! ❷ 부사(구)나 보어를 강조할 때 **Only after lunch** can you play. ❸ so, neither, nor를 써서 동조의 뜻을 나타낼 때 I'm hungry. - **So am I.** ❹ if가 생략된 가정법 문장에서 **Should you** wish to cancel your order, please contact us.

UNIT 90
강조 구문

강조 구문	
개념	중요한 내용을 강조하기 위해 특정 어구를 추가한 구문
It is[was] ~ that	It is와 that 사이에 주어, 목적어, 시간이나 장소를 나타내는 부사(구)를 넣어 강조 **It was** Jane **that** I gave flowers yesterday.
다양한 강조 표현	❶ **부정 의미 강조:** at all(전혀), in the least(조금도), a bit(조금도), by any means(어떻게 한다 해도) ❷ **의문사 의문문 강조:** on earth, in the world, ever(도대체) ❸ **동사 강조:** do(정말로 ~하다) ❹ **명사 강조:** 재귀대명사(스스로, 그 자체로), the very(바로 그) ❺ **비교급 강조:** much, still, even, (by) far, a lot (훨씬) ❻ **최상급 강조:** much, by far, very (확실히, 단연코)

UNIT 91
생략 구문,
공통 관계 구문

UNIT 92
삽입 구문,
동격 구문

기타 특수 구문	
생략 구문	문장에서 동일한 어구가 반복될 때, 반복되는 어구를 생략하는 구문 I ordered the salad, and he **(ordered)** pasta.
공통 관계 구문	병렬로 연결된 두 개의 어구가 하나의 공통된 어구를 공유하는 구문 Do you want to **stay in or go out**?
삽입 구문	의미를 보충하거나 부연 설명하기 위해 문장 중간에 단어, 구, 절을 삽입하는 구문 His reply was, **in fact**, ambiguous.
동격 구문	앞에 나온 명사를 구체적으로 설명하기 위해 콤마(,), or, of, 접속사 that 등을 이용해 다른 명사(구)나 명사절을 덧붙이는 구문 We shouldn't ignore the fact **that the Earth is getting warmer.**

부정 구문

예문 듣기

I've never been to Hawaii.
나는 하와이에 가본 적이 전혀 없어.

부정문은 '아니다', '못한다', '~이 없다' 등 부정의 뜻을 나타내는 문장을 말한다. 일반적으로 동사에 not을 써서 만든다. 그 밖에도 never, no 등 다양한 부정어가 있다.

부정어가 없는 문장이라 할지라도, 부사나 형용사가 부정의 의미를 나타낼 수 있으므로 해석에 주의한다.

1 부정문과 부정 표현

- 부정문이란 '아니다', '못한다', '~이 없다' 등 부정의 뜻을 나타내는 문장을 말한다.
- 일반적으로 '동사 + not'으로 부정을 표시하며, 다른 문장 성분에도 부정 표현은 올 수 있다.
- **부정 표현의 종류**

1) not(아니다), never(전혀 ~ 아니다), neither(둘 다 ~ 아니다) Unit 58. 상관 접속사, 병렬 구조

He didn't go to school yesterday. 그는 어제 학교에 가지 않았다.
(didn't go: 동사 + not)

2) no(없다, 아니다), none, nothing, nobody(아무(것)도 없다, 아니다)

I have **no** choice. 선택의 여지가 없다.
(no choice: no + 명사)

3) 부정의 의미를 지닌 부사와 형용사 **주의** 표현 자체에 부정의 의미가 있으므로 not, no 등 다른 부정어를 같이 쓰지 않는다.

rarely/seldom + 동사: 거의 ~하지 않다
hardly/scarcely/barely + 동사: 거의 ~하지 않다, 드물게 ~하다
few/little + 명사: 거의 ~이 없는 Unit 74. 명사 (3) 명사의 수량 표현

예문 正正

❶ He's **never** on time.

❶ never는 '전혀 ~ 아니다'라는 뜻이다.

❷ She **no** longer works here.

❷ no는 일반적으로 명사를 수식하지만 여기서는 부사 longer를 수식한다. no longer는 '더 이상 ~ 아니다'라는 뜻이다.

❸ Many disabled people can**not** use public transportation.

❸ 부정어 not이 조동사 can과 한 단어를 이루었다. '~할 수 없다'라는 뜻이다.

❹ **Neither** of them has[have] an umbrella.

❹ neither가 대명사로 쓰였다. '둘 중 누구도 아닌'이라는 뜻이다. 단수, 복수 취급 둘 다 가능하다.

❺ She waited for them, but **none** came.

❺ none은 'no + one'이 어원이다. '아무도[하나도] ~ 아니다'라는 부정의 의미를 가진다.

❻ The man **rarely** eats out.

❼ Cars which **hardly** pollute at all could even be made. 기출

❻, ❼ 둘 다 부정의 의미를 가진 빈도부사이다. rarely는 seldom으로, hardly는 scarcely, barely로 바꾸어 말할 수 있다.

참고 rarely, seldom은 hardly, scarcely, barely보다 강한 부정 표현으로 의미가 never에 가깝다.

❽ He now has **few** friends and **little** money.

❽ few와 little은 '거의 없는'이라는 뜻의 수량 표현이다. few는 셀 수 있는 명사, little은 셀 수 없는 명사를 수식한다. a few(꽤 있는), a little(약간 있는)은 긍정의 의미를 가지므로 주의한다.

▶ 느낌 빡! 어원으로 보는 부정 표현

대표적인 부정 표현 not과 no는 사실 하나의 어원에서 나왔다. ne-, no-로 시작하는 다른 부정 표현도 이들과 같은 어원을 가진다. 여기에 정리한 모든 표현은 기본적으로 '아니다, 없다'라는 뜻이다.

어원 ne (=not, no)	never(ne + ever), neither(ne + either)
	none(no + one), nothing(no + thing), nobody(no + body)

2 부정어가 쓰인 관용 표현

- **(whether) or not**: ~하든 아니든 간에
- **neither A nor B**: A도 B도 아니다
- **nothing but**: ~외에는 아니다 = 단지 ~만 (이중부정 = 긍정)
- **not A without B**: B가 없으면 A하지 않는다 = A하려면 반드시 B가 있어야 한다 (이중부정 = 긍정)
- **not all[every, always, whole, entirely, necessarily …]**: 모두[반드시] ~하는 것은 아니다 (부분부정)

… 예문 正 正

❾ Believe it **or not**, I'm trying to help you.

❿ She seemed **neither** surprised **nor** interested.

⓫ Dave talks about **nothing but** work.

⓬ Plants and animals can**not** survive **without** water.

⓭ **Not all** children of successful people become successful themselves. 기출

❾ Whether you believe it or not(당신이 그것을 믿든 안 믿든 간에)에서 접속사와 주어가 생략되었다.

❿ neither A nor B는 A와 B를 둘 다 부정하는 표현이다. 부분부정이 아니므로 해석에 주의한다.

⓫ nothing but은 '단지 ~만'이라는 뜻이다. Dave talks only about work.로 바꾸어 쓸 수 있다.

⓬ 우리말에서도 이중부정은 긍정으로 해석한다. not ~ without …은 '~하려면 …가 있어야 한다'라는 뜻이다.

⓭ not all은 부분부정이다. 이 문장의 경우 Some children of ~.로 바꾸어도 비슷한 의미를 가진다.

✔ 진짜 이해했는지 확인!

정답과 해설 p.417

Q 둘 중 올바른 표현을 고르세요.

1 She (not / no) longer works here.

2 (Neither / Little) of them has a car.

3 He wanted to meet them, but (none / nothing) came.

예문 해석 거꾸로 영작 훈련도 필수!

1. 그는 제때 오는 적이 절대 없다. **2.** 그녀는 더 이상 여기서 일하지 않아요. **3.** 많은 장애를 가진 사람들이 대중교통을 이용하지 못한다. **4.** 그들 중 아무도 우산을 가지고 있지 않다. **5.** 그녀는 그들을 기다렸지만, 아무도 오지 않았다. **6.** 그 남자는 외식을 거의 하지 않는다. **7.** 심지어는 오염 물질이 거의 발생하지 않는 차량이 만들어질 수도 있다. **8.** 지금 그는 친구와 돈이 거의 없다. **9.** 그것을 믿든 안 믿든 간에, 나는 너를 도와주려고 노력하고 있어. **10.** 그녀는 놀라지도 관심을 가지지도 않은 듯했다. **11.** 데이브는 일에 대해서만 이야기한다. **12.** 식물과 동물은 물 없이는 생존할 수 없다. **13.** 성공한 사람들의 모든 자녀가 그들 자신도 성공적인 것은 아니다.

UNIT 89

도치 구문

예문 듣기

Only at night does he study.

오직 밤에만 그는 공부한다.

도치란, 문장 안에서 단어의 위치가 바뀌는 것을 말한다. 영어에서는 보통 주어와 동사가 서로 자리를 바꿀 때 '도치' 구문이라고 정의한다.

부정어나 강조하고자 하는 부사가 문장 맨 앞에 올 때, 주어와 동사는 도치된다.

1 도치의 기본 개념

- 주어와 (조)동사가 서로 자리를 바꾸는 것을 '도치'라고 한다.
- 일반적으로 강조하려는 어구를 문장 맨 앞으로 가져올 때 도치가 일어난다.
- **도치가 일어나는 상황 4가지**
  1) 부정 표현을 문장 맨 앞에서 강조할 때
  2) 부사(구)나 보어를 문장 맨 앞에서 강조할 때
  3) so, neither, nor를 써서 동조의 뜻을 나타낼 때
  4) if가 생략된 가정법 문장에서

2 강조를 위한 도치 구문

- not, never, no 등으로 시작하는 부정 표현이 문장 맨 앞에 오면 반드시 도치가 일어난다.
- 부사(구)나 보어를 강조할 때도 도치가 일어날 수 있다.

예문

❶ **Never** will I go with him!

❶ 부정어 never가 강조되면서 조동사 will이 주어 앞으로 도치되었다.

❷ **Seldom** has he taken a vacation.

❷ 부정어 seldom이 강조된 문장이다. 의문문을 만들 때처럼 현재완료형의 has만 도치되고 과거분사는 그대로 남았다.

❸ **Nothing** did Jeremie say.

❸ 원래 문장 Jeremie said nothing.에서 said는 일반동사의 과거형이므로, did가 도치된 대신 주어 뒤에는 원형 say가 남았다.

❹ **Only after lunch** can you play.

❹ only로 시작하는 부사구나 부사절도 부정 표현과 유사한 의미를 지닌다. only 부사구가 문장 맨 앞에 쓰여 주어와 동사에 도치가 일어났다.

❺ **Round the corner** was a nice restaurant.

❻ **Here**'s my contact number.

❺, ❻ 방향이나 장소를 나타내는 부사구가 앞에 오면 주어와 동사가 도치된다. 단, 주어가 대명사일 경우 도치는 일어나지 않는다.

참고 Here you are.(여기 있습니다.)

❼ **So successful** was his business.

❼ 주격보어인 형용사구 so successful이 문장 앞으로 강조되면서 주어와 동사가 도치되었다.

▸ 느낌 빡! 도치 구문, 의문문의 원리와 같다

주어와 동사가 도치된다고 하면서, 어떤 경우는 조동사만 앞으로 오고, 어떤 경우는 현재완료의 have[has]만 주어 앞으로 온다. 이것 어디서 많이 본 어순 아닌가? 그렇다. 바로 의문문의 어순이다. 사실 의문문도 일종의 도치 구문이다. 의문문에서 주어와 동사가 도치되는 이유는 평서문이 아님을 표시하기 위해서다. 우리말처럼 '밥 먹었어요?'하고 끝부분만 올려 말하면 되는 것이 아니다. 도치 구문도 마찬가지다. 기본 어순에서 강조하는 말을 앞에 내보냈으니, 강조했다고 표시하기 위해 해당 문장의 가장 핵심이 되는 '주어'와 '동사'를 도치하는 것이다.

3 기타 도치 구문

- so, neither, nor로 동조의 의미(~도 또한 그렇다/아니다)를 나타낼 때 반드시 도치가 일어난다.

  참고 so는 긍정문에, neither와 nor은 부정문에 쓰인다.

- 가정법 문장에서 if가 생략되면 if절의 주어와 (조)동사가 도치된다. Unit 40. 혼합 가정법, if가 없는 가정법

예문

❽ I'm hungry. - **So am I.**

❽ So am I.는 '나 역시 그렇다.'라는 뜻이다. so가 동조의 의미 없이 앞에서 언급된 말을 가리킬 때는 도치가 일어나지 않는다.

참고 I think so.(나는 그렇게 생각해.)

❾ They didn't believe his story, and **neither did I.** 기출

❾ 하나의 문장 안에서도 동조를 나타내는 neither가 쓰일 수 있다. 이때는 neither가 포함된 절의 주어와 동사만 도치가 일어난다.

❿ **Were we** to have children, we'd need to move to a larger house.

❿ If we were to ~(가정법 과거)에서 if가 생략되고 were가 주어 앞으로 도치되었다. if는 없지만 도치 구문을 통해 '~한다면'이라는 가정의 뜻이 남게 된다.

⓫ **Should you** wish to cancel your order, please contact us.

⓫ if를 생략한 가정법은 if를 생략하지 않았을 때보다 더욱 정중한 표현으로 쓰인다.

진짜 이해했는지 확인!

정답과 해설 p.417

Q 밑줄 친 부분을 문장 맨 앞에서 강조하여 도치 구문을 만드세요.

1 I will never go with Tom! →

2 My e-mail address is here. →

3 His business was so successful. →

예문 해석 거꾸로 영작 훈련도 필수!

1. 나는 절대 그와 함께 가지 않을 거야! **2.** 그는 좀처럼 휴가를 가지 않았어. **3.** 제레미는 아무것도 말하지 않았어. **4.** 점심시간 이후에만 너는 놀 수 있어. **5.** 모퉁이를 돌자 근사한 식당이 있었다. **6.** 여기 제 연락처가 있습니다. **7.** 그의 사업은 아주 성공적이었다. **8.** 나 배고파. - 나도 그래. **9.** 그들은 그의 이야기를 믿지 않았고, 나도 마찬가지였다. **10.** 아이들을 가질 것이라면, 우리는 더 큰 집으로 이사 가야 할 거야. **11.** 주문을 취소하실 경우, 저희에게 연락 주시기 바랍니다.

UNIT 90

강조 구문

예문 듣기

It was Jane that I gave flowers yesterday.

내가 어제 꽃을 준 사람은 바로 제인이었다.

It is[was] ~ that은 일부 문장 성분을 강조할 때 쓰는 문장 형식이다. 강조하고자 하는 내용을 It is[was]와 that 사이에 넣어 먼저 언급한다.

이 밖에도 강조 부사(구)나 조동사, 재귀대명사 등 특정 어구를 문장에 추가하여 강조의 의미를 나타낼 수 있다.

1 It is[was] ~ that: (…하는 것은) 바로 ~이다

- It is와 that 사이에 주어, 목적어, 시간이나 장소를 나타내는 부사(구)를 넣어 강조할 수 있다.
- that절의 시제가 과거이면 is 대신 was가 쓰인다.

☆참고 강조 대상에 따라 that 대신 who(사람), which(사물, 동물), when(시간), where(장소)로 바꿔 쓸 수 있다.

예문

❶ **It is** health **that** is real wealth. 기출

❶ 주어인 명사 health를 It is와 that 사이에 넣어 강조하였다. 원래 문장은 Health is real wealth.이다.

❷ **It was** last night **that** Ms. McNeilly completed the final script.

❷ 시간 부사구 last night를 강조하는 문장이다. that 대신 when으로 바꿔 쓸 수 있다. that절의 시제가 과거이므로 It 다음에 과거형 was가 왔다.

❸ **It is** my sister **who** has broken the computer.

❸ 강조하는 내용이 사람일 경우 that 대신 who를 쓸 수도 있다. 여기서는 원래 문장의 주어인 명사구를 강조한다.

❹ **It is** he[him] **that** owns the store.

❹ 원래 문장은 He owns the store.였다. 주어를 강조하므로 원칙적으로 주격 대명사가 와야 하지만, 목적격 대명사도 허용된다.

❺ **It was** past midnight **when** the phone rang.

❺ past midnight은 '자정을 지나서'라는 뜻의 시간 부사구이다. 시간 부사구를 강조할 때는 that 대신 when을 쓸 수도 있다.

❻ **It was** here **where** we lived.

❻ here는 장소를 나타내는 부사이므로 that 대신 where를 쓸 수도 있다.

▸느낌 빡! It is ~ that 강조 용법, 가주어(it) - 진주어(that)와 구분하기

강조 용법과 가주어-진주어 구문은 해석과 용법이 전혀 다른 구문이다. 하지만 가주어-진주어 구문에 be동사가 쓰이게 되면 강조 용법 구문과 형태가 비슷해지기 때문에 혼동할 수 있다.

A. It is my sister that has broken the computer. 컴퓨터를 고장 낸 건 바로 우리 언니다.
B. It is a miracle that everyone got out. 모든 사람이 빠져나왔다는 것은 기적이다.

위에서 A문장은 방금 배운 It is ~ that 강조 용법이 쓰인 문장이고, B문장은 가주어-진주어 구문에 be동사가 쓰인 문장이다. 이때, 각각이 어떤 용법으로 쓰였는지 확인하는 간단한 방법이 있다. 문장에서 It을 삭제하고 that절을 주어로 놓고 해석해 보는 것이다. 가주어-진주어 문장(B문장)은 원래 문장에 가주어 it만 추가된 형태이기 때문에 It을 삭제해도 'that절은 ~이다'라고 해석된다.

반면 강조 용법 문장(A문장)의 경우 원래 문장에 it, is, that 세 개의 단어가 추가된 형태이기 때문에 it만 삭제하면 남아있는 is와 that이 갈 곳이 없어져 해석할 수 없게 된다.

2 그 밖의 다양한 강조 표현

부정 의미 강조	at all 전혀, in the least 조금도, a bit 조금도, by any means 어떻게 한다 해도
의문사 의문문 강조	on earth, in the world, ever 도대체
동사 강조	do 정말로 ~하다
명사 강조	재귀대명사(-self) 스스로, 그 자체로, the very 바로 그
비교급 강조	much, still, even, (by) far, a lot 훨씬 ◐ Unit 85. 비교급
최상급 강조	much, by far, very 확실히, 단연코 ◐ Unit 86. 최상급

예문

❼ Conflicts between Ms. Kang and Ms. Peterson are not mentioned **at all.**

❼ at all(전혀)은 not의 부정 의미를 강조하는 표현이다.

❽ What **on earth** are you talking about?

❽ 의문사 What으로 시작하는 의문문이다. 문장 전체를 강조하기 위해 on earth를 사용하였다.

❾ I **do** understand Carl's argument.

❾ do는 부정문, 의문문을 만드는 것 외에도 일반동사를 강조하기 위해 사용할 수 있다.

❿ The society **itself** seems in trouble.

❿ itself가 주어 The society를 강조한다. 여기서는 재귀대명사가 부사처럼 사용되므로 해석에 주의한다.

⓫ The new machine is **even** faster.

⓫ 강조 부사 even이 비교급 faster를 수식한다. '훨씬 더 빠른'이라는 뜻이다.

⓬ It's **by far** the best way to do business.

⓬ by far the best는 '단연코 가장 좋은'이라는 뜻이다. the 앞에 by far가 오므로 위치에 주의한다.

진짜 이해했는지 확인!

정답과 해설 p.417

Q 밑줄 친 부분을 강조하여 'It is[was] ~ that' 구문을 만드세요.

1 Health is real wealth. →

2 He owns the store. →

3 The phone rang past midnight. →

4 We lived there. →

예문 해석 거꾸로 영작 훈련도 필수!

1. 바로 건강이 진정한 재산이다. **2.** 맥닐리 씨가 최종 대본을 완성한 것은 바로 어젯밤이었다. **3.** 컴퓨터를 고장 낸 건 바로 우리 언니다. **4.** 가게를 소유한 것은 바로 그이다. **5.** 전화가 울린 것은 바로 자정이 지나고 나서였다. **6.** 우리가 살았던 곳이 바로 여기였어. **7.** 강 씨와 피터슨 씨 사이의 갈등은 전혀 언급되지 않는다. **8.** 도대체 무슨 말을 하고 있는 거니? **9.** 나는 정말로 칼의 주장을 이해한다. **10.** 그 사회 자체가 문제에 처한 것처럼 보인다. **11.** 새 기계가 훨씬 더 빠르다. **12.** 그것은 사업을 하는 단연코 가장 좋은 방법이에요.

UNIT 91

생략 구문, 공통 관계 구문

예문 듣기

We didn't want to leave, but we had to (leave).

우리는 떠나고 싶지 않았으나, 우리는 그래야만 했다.

문장 내에서 동일한 어구가 반복될 때, 반복되는 어구를 생략할 수 있다.

특히 병렬 구조에서는 동일한 어구를 생략하였을 때, 등위 접속사로 연결된 두 개의 어구가 하나의 공통된 어구를 공유하게 된다.

1 생략 구문

- 문장에서 동일한 어구가 반복될 때, 경제성의 원칙에 따라 반복되는 어구를 생략할 수 있다.
- **생략이 일어나는 상황 3가지**
  1) 앞에 나온 어구가 다시 반복될 때, 반복되는 어구를 생략할 수 있다.
  2) 부사절과 주절의 주어가 같을 때, 부사절에 있는 '주어 + be동사'는 생략할 수 있다.
  3) 앞에 나온 동사가 to부정사에서 반복될 때, 뒤에 오는 to부정사는 to로 대신할 수 있다.

참고 이처럼 앞에 나온 동사를 대신 받아 to부정사에서 to 뒤의 동사원형을 생략한 형태를 '대부정사'라고 한다.

예문

❶ I ordered salad, and he **(ordered)** pasta.

❷ I can exercise anytime I want to **(exercise)**. 기출

❸ I thought he was fine, but he wasn't **(fine)**.

❹ The interviewers will interview the ten applicants and **(they will)** choose the best three. 기출

❺ Some people work while **(they are)** studying abroad.

❶ 동사 ordered가 반복되므로 두 번째 절에서는 생략할 수 있다. 목적어만 남아있는 것에 주의한다.

❷ 앞에 나온 동사 exercise가 반복되는 것을 막기 위해 want의 목적어로 대부정사 to를 썼다.

❸ 반복되는 형용사 fine을 생략했다.

❹ 주어와 조동사가 두 번째 동사 choose 앞에서는 생략되었다.

❺ 주절의 주어(Some people)와 while 부사절의 주어가 같고 부사절의 동사가 be동사이므로 주어와 be동사를 함께 생략할 수 있다. 이렇게 되면 while 이하는 접속사가 남아 있는 분사구문 형태가 된다.
➲ Unit 18. 주의해야 할 분사구문

느낌 빡! 생활 속 생략 구문

우리말만큼 주어를 마구 생략하는 것은 아니지만 영어도 생략을 한다. All right! Great! 둘 다 앞에 That is가 생략된 구문이다. 워낙 자주 쓰이다 보니 주어, 동사 정도는 쿨하게 생략하고 쓰게 되었다. 아침 인사는 원래 I wish you a good morning.이었다. 아침마다 저렇게 긴 문장으로 인사하려면 귀찮다. 싹 지우고 가장 핵심인 'Good morning.'만 남겨서 쓰는 것이다. 그리고 격식을 차리지 않는 대화에서 I'm sorry I'm late. 대신 I'm을 생략하고 Sorry I'm late.라고 한다. 또한 Do you want some coffee? 대신 Want some coffee?라고 하는 경우도 빈번하다. 특별한 이유는 없다. 말을 안 해도 알 수 있으니, 그냥 편하게 쓰는 것이다. 생략 구문을 일상 회화에서 이렇게 많이 쓸 수 있다는 걸 보니 좀 친근하게 느껴지지 않는가? 회화 따로 문법 따로가 아니다. 잘 공부한 문법은 회화에서 바로 써먹는다.

2 공통 관계 구문

- 병렬로 연결된 두 개의 어구가 하나의 공통된 어구를 공유하는 구문을 말한다. ➲ Unit 58. 상관 접속사, 병렬 구조
- 보통 반복되는 어구를 생략한 결과로 발생한다.
- 공통 관계 구문을 이루는 대표적인 등위 접속사로 and와 or이 있다. ➲ Unit 57. 등위 접속사

참고 공통 관계 구문을 수식으로 표현하면 다음과 같다.
AX + BX = (A + B)X, YA + YB = Y(A + B)

예문

❻ All of us **can and must** take actions now.

❻ 조동사 can 뒤에도 take actions now라는 동사구가 연결되지만, 조동사 must와 공유할 수 있으므로 생략되었다.

❼ Thousands of e-mails **to and from** Dr. Carter were leaked.

❼ 전치사 to와 from이 전치사의 목적어인 Dr. Carter에 공통으로 연결되어 있다. 카터 박사에게 보낸 이메일과 카터 박사로부터 온 이메일 모두를 가리킨다.

❽ More and more people **buy and use** recycled products.

❽ 동사 buy와 use가 목적어 recycled products를 공유하고 있다.

❾ Do you want to **stay in or go out**?

❾ stay in과 go out은 둘 다 'want + to부정사'의 형태로 Do you want to에 연결된다. to부정사는 하나의 문법 성분이므로, go out 앞에 to는 생략하지 않는 것이 더 격식 있는 표현이다.

14 특수 구문

진짜 이해했는지 확인!

정답과 해설 p.417

Q1 배운 문법을 이용해 다음 문장을 해석해 보세요.

1 I ordered salad, and he pasta. →

2 I thought he was fine, but he wasn't. →

3 We didn't want to leave, but we had to. →

Q2 다음 문장에서 어구가 생략된 부분에 생략된 내용을 다시 쓰세요.

1 We can and must reach an agreement. →

2 My sister likes comedies, but I don't. →

3 Do you want to play tennis or badminton? →

예문 해석 거꾸로 영작 훈련도 필수!

1. 나는 샐러드를, 그는 파스타를 주문했다. **2.** 나는 언제라도 운동하고 싶을 때 운동할 수 있다. **3.** 나는 그가 괜찮다고 생각했지만, 그는 그렇지 않았다. **4.** 면접관들은 10명의 지원자를 면접 볼 것이고 가장 뛰어난 셋을 고를 것이다. **5.** 어떤 사람들은 해외에서 공부하는 동안 일한다. **6.** 우리 모두는 지금 행동에 옮길 수 있으며, 그렇게 해야만 한다. **7.** 카터 박사와 주고받은 수천 통의 이메일이 유출되었다. **8.** 점점 더 많은 사람들이 재활용 제품을 구입해서 사용한다. **9.** 너는 안에 있고 싶니, 나가고 싶니?

UNIT 92

예문 듣기

삽입 구문, 동격 구문

The final report has not, to my knowledge, been prepared.

최종 보고서는, 내가 알기로는, 준비되지 않았다.

문장 중간에 단어나 구, 절을 삽입하여 의미를 보충하거나 부연 설명할 수 있다.

명사구 뒤에 그 의미를 부연 설명하는 명사구나 절이 올 때, 그 둘을 동격 관계에 있다고 한다.

1 삽입 구문

- 의미를 보충하거나 부연 설명하기 위해 문장 중간에 단어나 구, 절을 삽입할 수 있다. 보통 콤마(,)나 대시(—)로 삽입 구문을 표시한다.
- 삽입 어구는 문장 구조와 상관없이 추가된 어구이므로, 삽입 어구 없이도 문장은 성립한다.
- 전치사구, to부정사구, 분사구, 절 등 다양한 형태가 삽입될 수 있다.

예문 正正

❶ His reply was, **in fact**, ambiguous.

❷ He, **I believe**, understood what we said.

❸ Our journal, **as I mentioned earlier**, is marketed toward professional journalists.

❹ The agency is trying to be transparent, which **I think** is good.

❺ In 1998, **when my little brother was born**, our family moved to London.

❶ 부사 역할을 하는 전치사구 in fact가 문장 중간에 삽입되었다.

❷ I believe, I think, I guess, I'm sure는 주관적인 의견임을 나타내기 위해 자주 사용하는 삽입 어구이다.

❸ 접속사 as가 이끄는 부사절이 문장 중간에 삽입되었다.

❹ I think는 which와 is 사이에 삽입된 절이다. 이처럼 콤마나 대시 없이도 삽입 어구가 쓰일 수 있다.

❺ 관계사절의 삽입은 관계사절의 계속적 용법의 일종이다.
➲ Unit 69. 관계대명사의 계속적 용법,
➲ Unit 70. 관계부사

▸느낌 빡! 말하다 불현듯 생각나면 삽입한다

이미 문장을 시작했는데, 불현듯 덧붙이고 싶은 말이 있을 때, 그리고 그 표현을 말하지 않고 넘어가기에는 너무 아쉬울 때는 그냥 중간에 끼워 넣어준다.

This woman has an ability to work in a team.(그 여자는 팀으로 일할 능력이 있다.)이라고 말을 하려고 This woman까지 입으로 내뱉었다. 그런데 그 순간, 내가 그걸 확신한다는 말까지 덧붙이고 싶다는 생각이 들었다. 그럼 그냥 그 자리에서 즉시 붙여준다. This woman, I'm sure, has an ability to work in a team. 원래 하려던 문장엔 없던 말인데 갑자기 끼어들었다는 표시로 콤마(,)도 앞뒤로 찍어준다. 만약 내가 그걸 확신한다는 말까지 덧붙이고 싶다는 생각이 좀 늦게 들었다면 This woman has an ability to work in a team, I'm sure. 이렇게 맨 마지막에 붙여주면 된다. 물론 말을 시작하기 전에 그런 생각이 들면 I'm sure (that) this woman has an ability to work in a team.이라는 정형화된 문장으로 차근차근 말할 수도 있다.

2 동격 구문

- 앞에 나온 명사를 정확하게 설명하기 위해 뒤에 콤마(,), or, of, 접속사 that 등을 이용해 다른 명사(구)나 명사절을 덧붙일 수 있다. 이때, 이 두 명사(구) 또는 명사(구)와 명사절의 관계를 '동격'이라고 한다. Unit 59. 명사절 접속사 (1) that, whether, if
- 명사 fact, news, opinion, idea, thought, belief, question 뒤에 특히 동격 명사절이 많이 온다.

예문

❻ I called my old friend, **Kelly**.

❻ 콤마로 동격의 명사구를 연결할 수 있다. 여기서는 my old friend와 Kelly가 동격으로, 동일한 인물을 지칭한다.

❼ We shouldn't ignore the fact **that the Earth is getting warmer.**

❼ the fact의 내용이 어떤 것인지 동격의 명사절(that the Earth ~ warmer)에 나와 있다.

❽ She decided to follow her dream **of becoming a surgeon.**

❽ her dream과 of 이하의 동명사구(becoming a surgeon)가 동격 관계에 있다.

❾ Attention Deficit Hyperactivity Disorder, **or ADHD**, is one of the most common childhood disorders.

❾ 동격의 명사구 앞에 오는 or은 '즉', '바꾸어 말하면'이라는 뜻이다. 보통 or 뒤에는 일반적으로 사람들이 더 이해하기 쉬운 표현을 써준다.

14 특수 구문

진짜 이해했는지 확인!

정답과 해설 p.418

Q1 주어진 문장에서 삽입 어구에 밑줄 치세요.

1 All participants, I believe, had many opportunities.

2 The final report has not, to my knowledge, been prepared.

3 It is possible that, as I suggested earlier, she misinterpreted my intention.

Q2 밑줄 친 부분과 동격을 이루는 부분을 찾아 동그라미 하세요.

1 She decided to follow <u>her dream</u> of becoming a fashion designer.

2 I'm aware of <u>the fact</u> that this plan would cost a lot of money.

3 <u>Mr. Thomas</u>, the hotel manager, answered the phone.

예문 해석 거꾸로 영작 훈련도 필수!

1. 그의 답변은, 사실상, 모호했다. **2.** 그는, 내가 믿기로는, 우리가 말한 바를 이해했다. **3.** 우리 학술지는, 내가 아까 언급했듯이, 전문적인 언론인들을 대상으로 판매된다. **4.** 그 기관은 투명해지려고 노력하고 있는데, 그것은 내 생각에 좋은 일이다. **5.** 1998년에, 그때 내 남동생이 태어났는데, 우리 가족은 런던으로 이사했다. **6.** 나는 내 오랜 친구 켈리에게 전화를 걸었다. **7.** 우리는 지구가 점점 따뜻해지고 있다는 사실을 무시해서는 안 된다. **8.** 그녀는 외과 의사가 되겠다는 꿈을 따르기로 결정했다. **9.** 주의력 결핍 행동 장애, 즉 ADHD는 아주 흔한 아동기 장애 중 하나이다.

필수 예문 Review

한글 가리고 해석해 보기

1. He's never on time.
2. She no longer works here.
3. Many disabled people cannot use public transportation.
4. Neither of them has[have] an umbrella.
5. She waited for them, but none came.
6. The man rarely eats out.
7. Cars which hardly pollute at all could even be made.
8. He now has few friends and little money.
9. Believe it or not, I'm trying to help you.
10. She seemed neither surprised nor interested.
11. Dave talks about nothing but work.
12. Plants and animals cannot survive without water.
13. Not all children of successful people become successful themselves.
14. Never will I go with him!
15. Seldom has he taken a vacation.
16. Nothing did Jeremie say.
17. Only after lunch can you play.
18. Round the corner was a nice restaurant.
19. Here's my contact number.
20. So successful was his business.
21. I'm hungry. - So am I.
22. They didn't believe his story, and neither did I.
23. Were we to have children, we'd need to move to a larger house.
24. Should you wish to cancel your order, please contact us.

영어 예문 가리고 스피킹/영작해 보기

1. 그는 제때 오는 적이 절대 없다.
2. 그녀는 더 이상 여기서 일하지 않아요.
3. 많은 장애를 가진 사람들이 대중교통을 이용하지 못한다.
4. 그들 중 아무도 우산을 가지고 있지 않다.
5. 그녀는 그들을 기다렸지만, 아무도 오지 않았다.
6. 그 남자는 외식을 거의 하지 않는다.
7. 심지어는 오염 물질이 거의 발생하지 않는 차량이 만들어질 수도 있다.
8. 지금 그는 친구와 돈이 거의 없다.
9. 그것을 믿든 안 믿든 간에, 나는 너를 도와주려고 노력하고 있어.
10. 그녀는 놀라지도 관심을 가지지도 않은 듯했다.
11. 데이브는 일에 대해서만 이야기한다.
12. 식물과 동물은 물 없이는 생존할 수 없다.
13. 성공한 사람들의 모든 자녀가 그들 자신도 성공적인 것은 아니다.
14. 나는 절대 그와 함께 가지 않을 거야!
15. 그는 좀처럼 휴가를 가지 않았어.
16. 제레미는 아무것도 말하지 않았어.
17. 점심시간 이후에만 너는 놀 수 있어.
18. 모퉁이를 돌자 근사한 식당이 있었다.
19. 여기 제 연락처가 있습니다.
20. 그의 사업은 아주 성공적이었다.
21. 나 배고파. - 나도 그래.
22. 그들은 그의 이야기를 믿지 않았고, 나도 마찬가지였다.
23. 아이들을 가질 것이라면, 우리는 더 큰 집으로 이사 가야 할 거야.
24. 주문을 취소하실 경우, 저희에게 연락 주시기 바랍니다.

㉕ It is health that is real wealth.	㉕ 바로 건강이 진정한 재산이다.
㉖ It was last night that Ms. McNeilly completed the final script.	㉖ 맥닐리 씨가 최종 대본을 완성한 것은 바로 어젯밤이었다.
㉗ It is my sister who has broken the computer.	㉗ 컴퓨터를 고장 낸 건 바로 우리 언니다.
㉘ It is he[him] that owns the store.	㉘ 가게를 소유한 것은 바로 그이다.
㉙ It was past midnight when the phone rang.	㉙ 전화가 울린 것은 바로 자정이 지나고 나서였다.
㉚ It was here where we lived.	㉚ 우리가 살았던 곳이 바로 여기였어.
㉛ Conflicts between Ms. Kang and Ms. Peterson are not mentioned at all.	㉛ 강 씨와 피터슨 씨 사이의 갈등은 전혀 언급되지 않는다.
㉜ What on earth are you talking about?	㉜ 도대체 무슨 말을 하고 있는 거니?
㉝ I do understand Carl's argument.	㉝ 나는 정말로 칼의 주장을 이해한다.
㉞ The society itself seems in trouble.	㉞ 그 사회 자체가 문제에 처한 것처럼 보인다.
㉟ The new machine is even faster.	㉟ 새 기계가 훨씬 더 빠르다.
㊱ It's by far the best way to do business.	㊱ 그것은 사업을 하는 단연코 가장 좋은 방법이에요.
㊲ I ordered salad, and he (ordered) pasta.	㊲ 나는 샐러드를, 그는 파스타를 주문했다.
㊳ I can exercise anytime I want to (exercise).	㊳ 나는 언제라도 운동하고 싶을 때 운동할 수 있다.
㊴ I thought he was fine, but he wasn't (fine).	㊴ 나는 그가 괜찮다고 생각했지만, 그는 그렇지 않았다.
㊵ The interviewers will interview the ten applicants and (they will) choose the best three.	㊵ 면접관들은 10명의 지원자를 면접 볼 것이고 가장 뛰어난 셋을 고를 것이다.
㊶ Some people work while (they are) studying abroad.	㊶ 어떤 사람들은 해외에서 공부하는 동안 일한다.
㊷ All of us can and must take actions now.	㊷ 우리 모두는 지금 행동에 옮길 수 있으며, 그렇게 해야만 한다.
㊸ Thousands of e-mails to and from Dr. Carter were leaked.	㊸ 카터 박사와 주고받은 수천 통의 이메일이 유출되었다.
㊹ More and more people buy and use recycled products.	㊹ 점점 더 많은 사람들이 재활용 제품을 구입해서 사용한다.
㊺ Do you want to stay in or go out?	㊺ 너는 안에 있고 싶니, 나가고 싶니?
㊻ His reply was, in fact, ambiguous.	㊻ 그의 답변은, 사실상, 모호했다.
㊼ He, I believe, understood what we said.	㊼ 그는, 내가 믿기로는, 우리가 말한 바를 이해했다.
㊽ Our journal, as I mentioned earlier, is marketed toward professional journalists.	㊽ 우리 학술지는, 내가 아까 언급했듯이, 전문적인 언론인들을 대상으로 판매된다.
㊾ The agency is trying to be transparent, which I think is good.	㊾ 그 기관은 투명해지려고 노력하고 있는데, 그것은 내 생각에 좋은 일이다.
㊿ In 1998, when my little brother was born, our family moved to London.	㊿ 1998년에, 그때 내 남동생이 태어났는데, 우리 가족은 런던으로 이사했다.
51 I called my old friend, Kelly.	51 나는 내 오랜 친구 켈리에게 전화를 걸었다.

☐ 52 We shouldn't ignore the fact that the Earth is getting warmer.

☐ 53 She decided to follow her dream of becoming a surgeon.

☐ 54 Attention Deficit Hyperactivity Disorder, or ADHD, is one of the most common childhood disorders.

☐ 52 우리는 지구가 점점 따뜻해지고 있다는 사실을 무시해서는 안 된다.

☐ 53 그녀는 외과 의사가 되겠다는 꿈을 따르기로 결정했다.

☐ 54 주의력 결핍 행동 장애, 즉 ADHD는 아주 흔한 아동기 장애 중 하나이다.

Chapter Review Test 14

기출 예문으로 실전 훈련해 보기

Grammar for Reading

정답과 해설 p.418

✓ 다음 중 어법상 맞는 표현을 고르세요.

1 Ethnocentrism is the belief [that / which] your culture is the best of all possible cultures.

2 Only by testing ourselves [we can / can we] actually determine whether or not we really understand.

3 Rarely [is / are] a computer more sensitive and accurate than a human in managing the same geographical or environmental factors.

4 It is the use of camera lenses [what / that] determines the "look" of any picture, and not whether it is recorded digitally or on celluloid.

5 Your house is [none / no] longer your castle when you work at home. It becomes the place where you get calls from annoying clients and where you make a mess with piles of paper.

6 Actors do not become the characters they play. You can't, in reality, be anybody other than yourself. Neither [can I / I can]. I can't be you, and you can't be me, and neither of us can be Hamlet.

7 In this knowledge economy, you need to learn how to write fairly well. You don't have to be Shakespeare, but you [do / does] need to know how to express yourself properly in written form.

8 [None / Not] of us could honestly say that we have not ever been jealous of more fortunate and superior people. Jealousy is generally found among friends of equal social status, colleagues in the office, and relatives.

---

1 ethnocentrism 자기 민족 중심주의 **2** determine 결정하다 **3** geographical 지리적인 environmental 환경의 **4** celluloid 셀룰로이드 (필름)
8 superior 우수한, 우월한

Grammar for Writing

✓ **우리말에 맞게 주어진 단어를 활용하여 문장을 완성하세요.**

1 식물과 동물은 물 없이는 생존할 수 없다. **(plants, animals, survive)**

→

2 그들은 그의 이야기를 믿지 않았고, 나 또한 그렇지 않았다. **(believe his story, neither)**

→

3 바로 건강이 진정한 재산이다. **(health, wealth)**

→

4 그는 교사가 되겠다는 그의 꿈을 따르기로 결정했다. **(decide, follow, dream)**

→

Grammar for Speaking

✓ **다음 주어진 표현으로 자신의 문장을 만드세요.**

1 **부정 구문 (never)**

→ 나만의 문장:

예시 **I have never been abroad before.** 나는 전에 해외에 나가 본 적이 전혀 없어요.

2 **강조 구문 (It is[was] ~ that)**

→ 나만의 문장:

예시 **It was yesterday that I met her.** 내가 그녀를 만난 것은 바로 어제였다.

3 **삽입 구문 (in fact)**

→ 나만의 문장:

예시 **My brother, in fact, has difficulty in remembering names.** 제 남동생은 사실상 이름을 외우는 데 어려움이 있어요.

☞ p.367『특수 구문 훑어보기』에서 특수 구문의 개념을 다시 한번 정리해 보세요!

공부법 14

공부 속도를 측정하라

계획은 냉정하게 짜야 한다

흔히 공부를 시작하기 전에 계획부터 짠다. 계획을 짤 때 적당한 도전 의식을 불러일으키는 것은 좋지만 내 수준에 맞게 짜야 한다. 계획 짜는 방법은 공신닷컴에도 여러 가지가 올라와 있는데, 가능한 한 간단하고 실천하기 쉽고 습관으로 만들기도 수월한 방법을 알려 주겠다.

여러분들 수준에 맞춰져 있어 지킬 가능성이 월등히 높으면서 빈틈없이 시간을 활용할 수 있는 쉬운 방법이다. 비싼 플래너를 살 필요도 없이 여러분의 노트를 활용해서 지금 이 자리에서 바로 시작할 수 있다.

공부할 교재 선택하기

먼저 앞으로 공부할 교재를 선택한다. 스톱워치로 1시간 동안 시간을 재면서 교재에 집중해서 공부한다. 그러면 시간당 몇 쪽, 혹은 몇 문제를 풀었는지를 측정할 수 있다. 이것이 계획을 짜는 데 가장 중요한 개념인 '공부 속도'다.

예를 들어 1시간 동안 공부를 했더니 영어 10문제를 풀 수 있었다면 시간당 영어 공부 속도가 10문제인 셈이다. 이 교재가 200제 문제집이었다면 이 문제를 다 푸는 데 걸리는 시간은 얼마겠는가? 간략화하기 위해 복습하는 시간은 빼고 보자. 200/10이니까 20시간이다. 문제집을 다 끝내는 데 걸리는 시간이 대략 20시간이다. 그럼 하루에 1시간씩 공부한다면 며칠이 걸릴까? 20일이 걸린다. 하루 2시간씩 공부하면 10일이 걸린다.

하루 1시간씩 공부하기로 마음먹었다면 20일 뒤에는 이 교재가 끝나 있어야 한다. 목표 달성일까지 자동으로 나와야 진정한 계획이다.

물론 1시간 공부한다고 컴퓨터처럼 정확하게 10문제를 1시간에 딱 맞춰 다 풀 수는 없다. 어떤 날은 내용이 쉬워 40분 만에 끝나기도 하고, 어떤 날은 80분이 걸릴 수도 있다. 이런 것에 스트레스를 받을 필요는 없다.

이 정도 오차는 예상해야 한다. 몇십 분 혹은 한두 시간 공부 시간이 늘거나 줄 수도 있겠지만 큰 틀에서 지킬 수 있다. 왜냐하면 내 공부 속도에 맞춰져 있기 때문이다. 아무 근거도 없이 하루에 100문제를 풀겠다고 외치는 것과는 차원이 다르다.

실제로 해 보면 전과 다르게 실현 가능한 계획을 짜서 실천하고 있는 나를 발견할 것이다.

–「강성태 66일 공부법」 중에서

APPENDIX

1. 불규칙 동사 변화표

	원형	뜻	과거형	과거분사
원형 = 과거형 = 과거분사	broadcast	방송하다	broadcast	broadcast
	cast	던지다, 보내다	cast	cast
	cost	비용이 ~가 들다	cost	cost
	cut	자르다	cut	cut
	fit	맞다	fit	fit
	forecast	예상하다	forecast	forecast
	hit	때리다, 달성하다	hit	hit
	hurt	다치게 하다	hurt	hurt
	let	~하게 만들다	let	let
	put	놓다, 두다	put	put
	quit	끝내다	quit	quit
	read	읽다	read	read
	set	놓다, 설정하다	set	set
	shut	닫다	shut	shut
	spread	퍼지다	spread	spread
원형 ≠ 과거형 = 과거분사	bend	굽히다	bent	bent
	bind	묶다, 철하다	bound	bound
	bring	가져오다	brought	brought
	build	짓다, 만들다	built	built
	buy	사다	bought	bought
	catch	잡다	caught	caught
	cling	매달리다, 고수하다	clung	clung
	deal	거래하다	dealt	dealt
	feed	먹이다	fed	fed
	feel	느끼다	felt	felt
	find	찾다	found	found
	flee	달아나다, 도망하다	fled	fled
	have	가지다	had	had
	hear	듣다	heard	heard
	hold	쥐다, 잡다	held	held
	keep	유지하다	kept	kept
	lay	놓다, 낳다	laid	laid
	lead	이끌다	led	led
	lean	기대다, 의지하다	leaned / leant	leaned / leant
	leap	뛰다, 도약하다	leaped / leapt	leaped / leapt
	learn	배우다, 학습하다	learned / learnt	learned / learnt
	leave	남기다, 두다	left	left
	lend	빌려주다	lent	lent
	lose	잃다	lost	lost
	make	만들다	made	made
	mean	의미하다	meant	meant
	meet	만나다, 달성하다	met	met
	mislay	위치를 잘못 놓다	mislaid	mislaid
	pay	지불하다	paid	paid
	say	말하다	said	said
	seek	찾다, 구하다	sought	sought
	sell	팔다	sold	sold
	send	보내다	sent	sent

	원형	뜻	과거형	과거분사
원형 ≠ 과거형 = 과거분사	sit	앉다	sat	sat
	spend	쓰다	spent	spent
	spill	흘리다	spilled / spilt	spilled / spilt
	spoil	망치다	spoiled / spoilt	spoiled / spoilt
	stand	서다	stood	stood
	stick	달라붙다, 고수하다	stuck	stuck
	strike	치다, 때리다	struck	struck
	sweep	쓸다, 청소하다	swept	swept
	swing	흔들리다, 흔들다	swung	swung
	teach	가르치다	taught	taught
	tell	말하다	told	told
	think	생각하다	thought	thought
	understand	이해하다	understood	understood
	win	이기다, 상을 타다	won	won
원형 ≠ 과거형 ≠ 과거분사	arise	오르다	arose	arisen
	be	~이다	was / were	been
	bear	참다, 견디다	bore	borne / born
	become	되다	became	become
	begin	시작하다	began	begun
	bite	물다	bit	bitten
	break	깨다	broke	broken
	choose	선택하다, 고르다	chose	chosen
	come	오다	came	come
	do	하다	did	done
	draw	당기다, 그리다	drew	drawn
	drive	운전하다	drove	driven
	eat	먹다	ate	eaten
	fall	떨어지다, 하락하다	fell	fallen
	forbid	금지하다	forbade	forbidden
	forget	잊다	forgot	forgotten
	freeze	얼다, (가격을) 동결하다	froze	frozen
	give	주다	gave	given
	go	가다	went	gone
	grow	성장하다	grew	grown
	hide	숨다	hid	hidden
	know	알다	knew	known
	mistake	실수하다	mistook	mistaken
	prove	입증하다	proved	proven / proved
	ride	타다	rode	ridden
	rise	오르다	rose	risen
	run	달리다, 운영하다	ran	run
	see	보다	saw	seen
	show	내보이다	showed	shown
	speak	말하다	spoke	spoken
	steal	훔치다	stole	stolen
	strive	분투하다	strove	striven
	take	받다, 가지다	took	taken
	tear	찢다	tore	torn
	throw	던지다	threw	thrown
	undergo	겪다, 경험하다	underwent	undergone
	undertake	착수하다	undertook	undertaken
	wear	입다	wore	worn
	withdraw	물러나다, 철수하다	withdrew	withdrawn
	write	쓰다	wrote	written

2. 형용사/부사의 비교급과 최상급

	원급	뜻	비교급	최상급
-er / -est	cool	시원한	cooler	coolest
	great	위대한	greater	greatest
	high	높은 / 높이	higher	highest
	loud	소리가 큰	louder	loudest
	simple	간단한	simpler	simplest
	wise	현명한	wiser	wisest
	busy	바쁜	busier	busiest
	early	이른 / 일찍	earlier	earliest
	easy	쉬운	easier	easiest
	funny	재미있는	funnier	funniest
	lucky	행운의	luckier	luckiest
	big	큰	bigger	biggest
	hot	뜨거운	hotter	hottest
	fat	뚱뚱한	fatter	fattest
	thin	얇은	thinner	thinnest
	fast	빠른 / 빨리	faster	fastest
	hard	단단한, 어려운 / 열심히	harder	hardest
	long	긴 / 오래	longer	longest
	soon	곧, 금세	sooner	soonest
	near	가까운 / 가까이에	nearer	nearest
more + 원급 / most + 원급	active	활발한	more active	most active
	precious	귀중한	more precious	most precious
	helpful	도움이 되는	more helpful	most helpful
	boring	지루한	more boring	most boring
	useless	쓸모 없는	more useless	most useless
	beautiful	아름다운	more beautiful	most beautiful
	difficult	어려운	more difficult	most difficult
	expensive	비싼	more expensive	most expensive
	important	중요한	more important	most important
	slowly	느리게	more slowly	most slowly
	easily	쉽게	more easily	most easily
	exactly	정확하게	more exactly	most exactly
	rapidly	빨리	more rapidly	most rapidly

	원급	뜻	비교급	최상급
불규칙 변화형	good / well	좋은 / 잘	better	best
	little	조금의, 적은	less	least
	bad/badly	나쁜 / 나쁘게	worse	worst
	far	(거리가) 먼 (정도가) 깊은	farther(더 먼) further(더 나아가서)	farthest(가장 먼) furthest(가장 깊게)
	many / much	(수가) 많은 (양이) 많은	more	most
	old	나이 든, 오래된	older(나이가 더 많은, 더 오래된) elder(나이가 더 많은)	oldest(나이가 가장 많은, 가장 오래된) eldest(나이가 가장 많은)
	late	(시간이) 늦은 (순서가) 늦은	later(나중에) latter(후자의)	latest(최근의) last(마지막의)

정답과 해설

Chapter 01 문장의 형식

UNIT 01 1형식 p.51

1 arrived 2 happened 3 slept 4 walk

1 그녀는 오전 9시에 도착했다. → 주어: She
2 그 사고는 밤에 일어났다. → 주어: The accident
3 그는 어젯밤에 잘 잤다. → 주어: He
4 그들은 학교에 매일 걸어간다. → 주어: They

UNIT 02 2형식 p.53

1 She's busy now. 2 I'm a designer.
3 The situation got better. 4 I feel exhausted lately.

1 형용사 busy가 주어의 상태를 나타내는 보어로 쓰였다.
2 명사 a designer가 주어를 설명하는 보어로 쓰였다.
3 동사 got은 get의 과거형으로 주어의 상태 변화를 나타낸다.
4 형용사 exhausted로 주어의 상태를 나타낸다.

UNIT 03 3형식 p.55

1 to 삭제 2 with 삭제 3 in 삭제 4 to 삭제

1 화난 고객들이 우리 사무실에 연락했다.
→ contact: ~에 연락하다
2 그녀는 브라운 씨와 결혼했다. → marry: ~와 결혼하다
3 나는 체중을 줄이기 위해 헬스장에 가입했다.
→ join: ~에 가입하다
4 그는 여러 질문에 대답했다. → answer: ~에 답하다

UNIT 04 4형식 p.57

1 He made me a cake.
2 She asked me a favor.
3 The company offered her a new position.
4 She told her children the news.

1 그는 나에게 케이크를 만들어주었다.
→ 간접목적어: me, 직접목적어: a cake
2 그녀는 나에게 도움을 요청했어.
→ 간접목적어: me, 직접목적어: a favor
3 그 회사는 그녀에게 새로운 직책을 제안했다.
→ 간접목적어: her, 직접목적어: a new position
4 그녀는 자신의 아이들에게 그 소식을 말해주었어.
→ 간접목적어: her children, 직접목적어: the news

UNIT 05 5형식 p.59

1 그를 거짓말쟁이라고 부른다
2 나를 행복하게 만든다
3 그린 씨가 재미있다는 것을 알게 되었다
4 문을 열어 두었다

1 우리는 그를 거짓말쟁이라고 부른다.
→ call: 부르다(3형식), ~라고 부르다(5형식)
2 이 음악은 나를 행복하게 만든다.
→ make: 만들다(3형식), ~의 상태로 만들다(5형식)
3 사람들은 그린 씨가 재미있다는 것을 알게 되었다.
→ find: 발견하다(3형식), ~임을 알아채다(5형식)
4 나는 문을 열어 두었다.
→ leave: 떠나다(1형식), 떠나다(3형식), ~에게 …을 남기다(4형식), ~한 상태로 두다(5형식)

Chapter Review Test 01 p.62

Grammar for Reading

1 arrived in 2 popular 3 him Stranger 4 happy
5 to resort guests 6 to 7 discuss 8 contact

1 해석 내가 런던에 도착했을 때, 나는 내 짐을 찾을 수 없었다. 내가 짐을 받는 데는 이틀이 걸렸다.

해설 arrive는 대표적인 1형식 동사. London은 목적어가 될 수 없으므로 전치사 in과 함께 장소를 나타내는 수식어구를 만들어야 한다.

2 해석 교복이 점점 인기를 얻고 있다. 교복이 많은 이점을 제공하기 때문에 그것은 놀랄 일은 아니다.

해설 become은 동사만으로는 완전한 의미 전달이 불가능한 2형식 동사이다. 보어 역할을 하는 형용사 popular가 있어야 의미가 완전해진다.

3 해석 이건 내 새로운 애완견이야. 나는 그를 '손님'이라고 이름 붙였어. 나는 그가 공원 근처에서 어슬렁거리는 것을 발견했어. 그는 집으로 나를 따라왔어.

해설 name은 5형식 동사이다. him(my new pet dog)에게 어떤 이름을 붙였는지 추가 정보를 주기 위해 Stranger가 나왔다.

4 해석 우리는 친구들과 가족에게 직접적인 영향을 끼친다. 우리의 행동은 그들을 행복하게 혹은 슬프게, 건강하거나 아프게, 심지어 부유하거나 가난하게 만들 수 있다.

해설 '주어 + 동사 + 목적어 + 목적격보어' 구조의 5형식 문장이다. make의 목적어(them) 뒤에 형용사 목적격보어(happy)가 와서 우리의 행동이 그들을 '행복한' 상태로 만든다는 뜻이 된다. 뒤에 다른 형용사(sad, healthy, sick, rich, poor)가 병렬 구조로 연결되어 있는 것으로 힌트를 얻을 수도 있다.

5 해석 여러분은 우리의 수상 스포츠 활동 중 일부를 해 볼 수 있습니다. 여러분은 보트와 스노클링 장비를 빌릴 수 있습니다. 우리는 리조트 손님에게 10% 할인을 제공합니다.

해설 offer 뒤에 직접목적어가 나온 3형식 문장이다. 이 경우 간접목적어에 해당하는 말 앞에 전치사가 와야 한다. offer는 전치사 to를 함께 쓴다는 것을 기억하자.

6 해석 나는 동료들과 지역사회를 위해 봉사활동을 한다. 이번 주말에는 우리는 근처 공원을 청소할 예정이다. 우리는 또한 요양원을 방문하며, 외국인 근로자들에게 한국어를 가르친다.

해설 teach는 3형식(teach Korean to foreign workers) 문장에서 '~에게'에 해당하는 부분에 전치사 to를 쓰는 동사이다.

7 해석 책 읽는 것을 좋아하나요? 우리 클럽 '러블리 커버'는 우리 도시에서 가장 인기 있는 도서 클럽입니다. 매달 우리는 두 권의 책을 골라서 읽습니다. 우리는 한 달에 두 번 회원들의 집에 모여서 책에 대해 토론합니다.

해설 책에 '대해' 토론한다는 해석 때문에 discuss about이라고 생각하기 쉽지만, discuss 자체가 '~에 대해 의논하다'라는 뜻을 지닌 3형식 동사이다. discuss 뒤에 바로 목적어가 온다.

8 해석 오늘 아침에 A관 지하 주차장 청소를 시작하겠습니다. 여러분은 B관 주차장에 임시로 차를 주차할 수 있습니다. 질문이 있으면 아파트 관리자에게 연락하세요.

해설 contact도 마찬가지로 '~와/에게 연락하다'라는 뜻을 가진 3형식 동사이다. 불필요한 전치사 with나 to를 붙이지 않는다.

Grammar for Writing

1 They walk to school every day.
2 I bought a new bag.
3 She asked me a favor.(=She asked a favor of me.)
4 Someone left the window open.

1 TIP '주어 + 동사' 구조에 to school(학교에)과 every day(매일)가 수식어로 추가되는 문장이다.

2 TIP a new bag을 bought의 목적어로 쓰면 된다.

3 TIP 3형식이나 4형식 문장으로 만들 수 있다. ask가 3형식 문장을 만들 때는 간접목적어 앞에 전치사 of를 쓴다.

4 TIP leave가 '~을 …한 채로 남겨두다'라는 뜻으로 쓰일 때는 목적어와 목적격보어를 함께 써야 한다.

Grammar for Speaking

1 추가 예시 This painting makes me calm.
이 그림은 나를 차분하게 만든다.
2 추가 예시 I feel excited. 나는 신난다.
3 추가 예시 I know her secret. 나는 그녀의 비밀을 안다.

1 TIP makes me 뒤에 상태를 나타내는 형용사를 써서 나에게 어떤 감정 변화나 상태 변화를 일으키는 것에 관해 말할 수 있다.

2 TIP I feel 뒤에 감정을 나타내는 형용사를 써서 내가 느끼는 감정을 표현할 수 있다.

3 TIP I know 뒤에 내가 아는 것을 써주면 된다.

Chapter 02 시제

UNIT 06 현재시제 p.69

1 The movie starts at 7.
2 They usually play basketball.
3 The sun rises in the east.

1 현재시제로 가까운 미래에 일어날 것이 확실한 일을 나타낼 수 있다.
2 평소의 습관, 반복되는 일이므로 현재시제를 쓴다.
3 일반적인 사실이므로 현재시제를 쓴다.

UNIT 07 과거시제 p.71

1 was 2 got 3 left 4 graduated

1 나는 어젯밤에 집에 있었다.
→ 단수 주어의 be동사 과거형: was
2 나는 어제 머리를 잘랐어.
→ get의 불규칙 과거형: got
3 그녀는 한 시간 전에 사무실을 떠났다.
→ leave의 불규칙 과거형: left
4 그는 2012년에 그 대학교를 졸업했다.
→ graduate의 과거형: graduated

UNIT 08 미래시제 p.73

1 call 2 be
3 expires / will expire / is going to expire

1 내가 너에게 나중에 전화할게. → will + 동사원형
2 그는 늦을 거야. → is going to + 동사원형
3 당신의 회원권은 다음 주에 만료됩니다.
→ 현재시제로 나타내는 미래의 일(미래시제도 가능)

UNIT 09 진행형 p.75

1 I'm studying Chinese these days.
2 I was watching TV last night.
3 I'll be traveling Europe.

1 요즘 일시적으로 하고 있는 일은 현재진행형으로 나타낸다.
→ am + V-ing
2 어젯밤이라는 특정 과거 시점에 진행 중이던 일이므로 과거진행형을 쓴다. → was + V-ing
3 미래 시점에 진행되고 있을 일을 나타내므로 미래진행형을 쓴다.
→ will be + V-ing

UNIT 10 현재시제와 현재진행형 비교 p.77

1 is raining 2 eats 3 is playing 4 speaks

1 너 우산 있니? 밖에 비가 오고 있어.
→ 지금 일어나고 있는 일: 현재진행형
2 그는 보통 아침을 먹는다.
→ 평소에 반복되는 일: 현재시제
3 스티브는 바로 지금 테니스를 치고 있다.
→ 지금 하고 있는 일: 현재진행형
4 마이크는 언어를 잘한다. 그는 4개 국어를 한다.
→ 소유하고 있는 능력: 현재시제

UNIT 11 현재완료 p.79

1 I've known him for 3 years.
2 I've lost my key.
3 I've never tried Spanish food.

1 현재완료는 과거에 시작한 행동이 현재까지 지속되고 있음을 나타낸다. → 계속
2 현재완료는 과거에 일어난 일의 결과가 현재에도 계속 영향을 주는 것을 나타낸다. → 결과
3 현재완료는 과거부터 현재까지 겪었던 경험을 나타낸다. → 경험

UNIT 12 현재완료와 과거시제 비교 p.81

1 faced 2 moved 3 has written 4 have lived

1 그들은 그날 큰 장애물을 마주하였다.
→ 과거의 한 시점(that day): 과거시제
2 나는 한 달 전에 이 마을로 이사 왔다.
→ 과거의 한 시점(a month ago): 과거시제
3 그녀는 지금까지 많은 시를 써왔다.
→ 과거부터 이어지는 기간(so far): 현재완료
4 나는 2000년부터 서울에서 살고 있다.
→ 과거부터 이어지는 기간(since 2000): 현재완료

UNIT 13 과거완료, 미래완료 p.83

1 will have graduated 2 had lost 3 hadn't heard
4 will have finished

1 내년까지는, 제나는 대학을 졸업했을 것이다.
→ 미래 시점까지(By next year) 완료되었을 일: 미래완료
2 나는 핸드폰을 잃어버렸기 때문에 너에게 전화할 수 없었다.
→ 과거 시점(전화할 수 없었던 시점)보다 앞서 발생한 일: 과거완료
3 우리는 어제까지 그에 대해 들어본 적이 없었다.
→ 과거 시점까지(until yesterday)의 기간 동안 발생한 일: 과거완료
4 나는 다음 주 화요일 이전에 프로젝트를 완료했을 것이다.
→ 미래 시점 이전에(before next Tuesday) 완료되었을 일: 미래완료

UNIT 14 완료진행형 p.85

1 had been living
2 has been avoiding
3 will have been teaching

1 우리 엄마는 결혼하기 전에 거기서 10년 동안 살아오고 있었다.
→ 과거 시점(got married)보다 더 이전에 시작되어 지속된 일: 과거완료진행형
2 그녀는 지난주 이후로 나를 피해오고 있다.
→ 과거 시점 이후부터(since last week) 현재까지 지속되고 있는 일: 현재완료진행형
3 내년이면, 그 선생님은 그 학교에서 20년째 가르치고 있을 것이다.
→ 미래 시점(Next year)까지 계속되어 진행될 일: 미래완료진행형

Chapter Review Test 02 p.90

Grammar for Reading

1 is 2 have brought 3 have been working
4 Have you tried 5 bought 6 spend 7 will feel
8 has been increasing

1 해석 우리는 오늘 고객들과의 미팅 장소를 변경해야 한다. 그 방의 음향 시스템이 작동하지 않고 있다.
해설 문맥상 음향 시스템이 작동하지 않는 것은 현재 진행되고 있는 일이어야 하므로 현재진행형을 쓴다.

2 해석 지난 50년 동안, 화학의 발전은 미국인의 생활 방식에 많은 긍정적인 변화를 가져왔다.
해설 과거부터 이어지는 기간을 나타내는 표현 for the last fifty years가 쓰였으므로 현재완료를 쓴다.

3 해석 20세기 중반 이후, 많은 나라의 과학자들이 하나의 거대한 '실험실'에서 함께 일해오고 있다.
해설 20세기 중반 이후부터 이어졌으며 지금도 진행 중인 일을 말하므로 현재완료진행형을 쓴다.

4 해석 이전에 블루베리를 먹어본 적 있나요? 블루베리는 왜 그렇게 인기가 있나요? 그것들이 정말 당신의 건강에 좋기 때문이에요. 블루베리는 당신의 눈에 좋습니다.
해설 이전에(before) 먹어본 적이 있는지 경험을 묻고 있으므로 현재완료형과 잘 어울린다.

5 해석 나는 새 컴퓨터가 필요한 것 같아요. 우리는 2년 전에 컴퓨터를 샀는데, 지금 그것은 너무 느려요. 그리고 내 친구들 모두가 최신의 가장 빠른 컴퓨터를 가지고 있어요.
해설 2년 전(two years ago)은 명백한 과거 시점이므로 과거시제와 함께 쓴다. ago는 과거시제와 함께 쓰인다는 것을 기억하자.

6 해석 날씨가 좋을 때, 대부분의 사람들은 야외에서 시간을 보낸다. 하지만 때때로 날씨는 밝은 햇빛에서 폭우로 갑자기 바뀔 수 있다.
해설 날씨가 좋을 때 대부분 야외에서 시간을 보낸다는 '일반적인 사실'을 나타내기 위해서는 현재시제를 쓴다.

7 해석 가까운 미래에, 많은 북극 동물들은 지구 온난화의 심각한 영향을 느낄 것이다. 예를 들어, 바다표범은 새끼를 기르기 위해 눈 동굴을 사용한다. 온도 상승은 이 동굴들을 무너지게 할 것이다.
해설 가까운 미래에 겪게 될 일이므로 'will + 동사원형' 형태의 미래시제로 나타낸다. 현재시제도 미래의 일을 나타낼 수는 있으나 시간·날짜상 미래에 일어날 것이 확실한 일에만 쓸 수 있으므로 여기서는 적절하지 않다.

8 해석 저는 파인우드의 오랜 거주자인데, 인근 교통 문제가 정말 걱정이 됩니다. 지난 3년간 교통량이 늘어왔고, 저는 거의 사고로 이어질 뻔한 사건을 많이 봐왔습니다.

해설 지난 3년간 교통량이 늘어났고 현재도 계속 늘어나고 있는 중이라고 해야 문맥상 적절하다. 과거에 시작되어 현재도 진행 중인 일을 나타내는 현재완료진행형을 쓴다.

Grammar for Writing

1 The company changed a policy two days ago.
2 I've read the book three times so far.
3 He had already gone home when I arrived. / When I arrived, he had already gone home.
4 Next year, we'll have been living in this city for 20 years.

1 TIP 특정한 과거 시점에 발생한 일을 말할 때는 과거시제를 쓴다.

2 TIP 지금까지 어떤 일을 몇 번 해 봤다는 경험을 말할 때는 현재완료형을 쓴다.

3 TIP 과거에 시간 차이를 두고 일어난 두 사건을 말할 때 먼저 일어난 일에는 과거완료, 그 다음에 일어난 일에는 과거시제를 쓸 수 있다.

4 TIP 미래 시점까지 계속되어 그 이후로도 진행될 일을 말할 때는 미래완료진행형을 쓴다.

Grammar for Speaking

1 추가 예시 I've been living in Busan with my family. 나는 가족과 함께 부산에 살아오고 있다.
2 추가 예시 I bought a vacuum cleaner last Friday. 나는 지난 금요일에 진공청소기를 샀다.
3 추가 예시 I have some ideas. 나에게 생각이 있어.

1 TIP 현재완료진행형인 have been living을 쓰면 과거부터 현재까지 계속해서 살고 있는 '진행' 상황에 초점을 맞추어 말할 수 있다.

2 TIP 전에 샀던 물건을 말할 때 buy를 과거시제로 써서 말할 수 있다. ago, last Friday 등으로 구체적인 과거 시점도 알려줄 수 있다.

3 TIP 지금 가지고 있는 상태를 말할 때 have를 현재시제로 써서 말할 수 있다. have를 소유의 의미로 쓸 때 진행형으로 말하지 않으므로 주의한다.

Chapter 03 분사

UNIT 15 분사의 기본 개념 p.99

1 sleeping 2 excited 3 disappointing

1 자고 있는 아기를 봐.
→ 진행의 의미로 쓰인 현재분사
2 우리는 그 소식을 들어서 신나요.
→ 신나는 감정을 느끼는 것: 과거분사
3 이 책의 결말은 실망스러웠다.
→ 실망하게 만드는 것: 현재분사

UNIT 16 분사의 역할 p.101

1 playing 2 repaired 3 locked

1 나는 어린 아이들이 축구하고 있는 것을 보았다.
→ playing: 능동과 진행을 나타내는 현재분사
2 그 길은 보수되었다.
→ repaired: 수동과 완료를 의미하는 과거분사
3 우리는 그 문이 잠겨있는 것을 발견했다.
→ locked: 수동과 완료를 의미하는 과거분사

UNIT 17 분사구문 p.103

1 조건 2 시간 3 이유

1 왼쪽으로 돌면, 당신은 우체국을 발견할 것이다.
→ If you turn to the left
2 상점으로 걸어갈 때, 그는 강아지 한 마리를 보았다.
→ When he walked to the store
3 현금이 없어서 그녀는 그것을 신용카드로 결제했다.
→ Because she didn't have any cash

UNIT 18 주의해야 할 분사구문 p.105

1 Having a fever, I didn't go to school.
2 Mr. Williams retiring, Mr. Morris is taking up his position.
3 Having talked to the managers, he changed his mind.

1 열이 있어서, 나는 학교에 가지 않았다.
→ 접속사와 주어를 생략하고, 능동태 동사를 현재분사로 바꾼다.
2 윌리엄스 씨가 은퇴함에 따라, 모리스 씨가 그의 자리를 차지한다.
→ 주절과 부사절 주어가 다르므로 부사절 주어를 생략하지 않는다.
3 관리자들과 이야기 한 후에, 그는 마음을 바꿨다.
→ 부사절 시제가 주절 시제보다 앞서므로 완료형 분사(having talked)를 쓴다.

Chapter Review Test 03 p.108

Grammar for Reading

1 exciting 2 broken 3 disappointed 4 rising
5 Realizing 6 spoken 7 Having watched
8 walking

1 해석 재미있고 흥미로운 수업을 찾고 계십니까? 그린 힐스 커뮤니티 센터로 오셔서 지역 청소년들을 위한 '무료' 프로그램을 확인해보세요!
해설 수업이 흥미를 유발하는 것이므로 능동 의미의 현재분사 exciting을 쓴다.

2 해석 아야! 깨진 거울에 손가락을 베었어요. 구급상자를 가져다 줄 수 있어요?
해설 (누군가에 의해) 깨진 거울이라고 해야 하므로 수동 의미의 과거분사 broken을 쓴다.

3 해석 케빈은 과학 클럽의 새로운 회장이 되고 싶었지만, 그는 선거에서 이기지 못했다. 그는 매우 실망했지만, 선거 결과를 받아들이기로 결심했다.
해설 주어가 실망하는 감정을 '느끼는' 상황이므로 수동을 나타내는 과거분사 disappointed가 정답이다. disappointing은 '실망시키는, 실망을 안겨주는'이라는 뜻이다.

4 해석 마침 며칠 전에 지하철을 타기 시작했다. 최근에 운전해서 출근하는 것이 꽤 비싸졌다. 상승하는 유가 때문에 지하철을 타는 것이 더 저렴하다.
해설 문맥상 유가가 계속해서 '상승하는' 상황을 말하므로 능동과 진행의 의미를 가진 현재분사를 쓴다.

5 해석 앨리스는 오늘 아침에 늦게 일어나서 서둘러 아파트를 빠져나갔다. 엘리베이터가 작동하고 있지 않음을 깨닫고, 그녀는 10층을 걸어 내려갔다.
해설 부사절의 주어와 접속사를 생략한 분사구문이다. 문맥상 주절의 주어가 '깨달은' 주체이므로 능동 의미의 현재분사가 정답이다.

6 해석 영어는 공식적이고 상업적인 공공 생활에서는 가장 흔하게 쓰이는(말해지는) 언어이지만, 가정에서는 겨우 다섯 번째로 많이 쓰이는 언어이다.
해설 누군가에 의해 말해지는 언어라는 뜻이다. 분사와 수식받는 명사 language의 관계가 수동이므로 과거분사를 쓴다.

7 해석 나이가 더 많은 아이들이 선물 여는 것을 지켜본 후에, 나는 이미 큰 선물이 반드시 가장 멋진 선물은 아니라는 것을 알았다.
해설 완료형 분사를 쓰면 지켜본 상황이 주절의 상황보다 먼저 일어났음을 나타낼 수 있다. Being watched는 수동의 의미이므로 적절하지 않다.

8 해석 좋은 아침이에요, 관광객 여러분. 저는 파리 데일리 기자 제시카 브라운입니다. 대부분의 방문객들은 파리를 돌아다니기 위해 주로 대중교통을 이용합니다. 하지만 때로는 시내에서 걸으면서 화창한 날을 보내는 것도 좋습니다. 걸어다니는 동안 여러분은 파리의 아름다운 숨겨진 보물 일부를 볼 수 있습니다.
해설 의미를 명확하게 하려고 접속사(While)는 남겨두고 주어만 생략하여 만든 분사구문이다. 주절의 주어 you가 능동적으로 걸어 다닌다는 뜻이 되어야 하므로 현재분사를 쓴다.

Grammar for Writing

1 I was so surprised at the news.
2 He was watching little kids playing soccer.
3 Having a fever, he didn't go to school. / Because he had a fever, he didn't go to school.
4 (After) finishing the exercise, I was exhausted. / After I finished the exercise, I was exhausted.

1 TIP 주어가 놀라게 만든 것이 아니라 놀란 감정을 느꼈으므로 과거분사를 쓴다. 참고로 be surprised at은 '~에 놀라다'라는 뜻의 관용 표현이다.

2 TIP 어린 아이들이 축구를 하고 있는 상황이므로 능동과 진행의 의미가 있는 현재분사를 쓴다.

3 TIP 분사구문이나 부사절은 문장 전체를 수식하는 부사 역할을 한다. 여기서는 접속사 Because 또는 분사구문을 사용하여 '이유'를 나타냈다.

4 TIP 분사구문의 의미를 명확하게 하기 위해 접속사 After를 분사 구문 앞에 남겨둘 수도 있다. 부사절로 표현해도 의미는 같다.

Grammar for Speaking

1 추가 예시 He seems like an interesting man.
그는 재미있는 사람처럼 보여.
I wasn't interested in art last year.
작년에 나는 예술에 관심이 없었다.

2 추가 예시 My history class is so boring.
내 역사 수업은 정말 지루해.
I'm bored with my hair.
나는 내 머리 (스타일)이 지겨워졌어.

1 TIP interesting은 '흥미를 유발한다'는 뜻이다. be interested in을 사용해서 흥미를 가지고 있는 대상을 표현할 수 있다.

2 TIP 따분하고 지루한 것이라고 말하기 위해 boring을 쓴다. I'm bored with 뒤에 내가 지루하게 여기는 것을 써서 내 생각을 표현할 수 있다.

Chapter 04 부정사

UNIT 19 to부정사의 명사적 용법 (1) p.115

1 to change 2 to get 3 not to share

1 그는 일정을 변경하기를 원한다.
→ wants의 목적어로 쓰인 to부정사
2 나는 교육학 학위를 받기로 결정했다.
→ decided의 목적어로 쓰인 to부정사
3 그녀는 정보를 공유하지 않기로 선택했다.
→ chose의 목적어로 쓰인 to부정사, to부정사의 부정형: not to V

UNIT 20 to부정사의 명사적 용법 (2) p.117

1 My plan is to exercise 2 hours a day.
2 I know what to say.
3 The teacher encouraged us to study harder.

1 주어 My plan을 보충 설명할 수 있도록 exercise를 to부정사로 활용한다.
→ 주격보어로 쓰인 to부정사
2 '무엇을 ~해야 할지'라는 말은 'what + to부정사'로 표현할 수 있다. '의문사 + to부정사'도 주어, 보어, 목적어 자리에 올 수 있다.
→ know의 목적어로 쓰인 '의문사 + to부정사'
3 'encourage + 목적어 + to부정사' 형태로 '(목적어)가 ~을 하도록 격려하다'라는 뜻을 표현할 수 있다.
→ 목적격보어로 쓰인 to부정사

UNIT 21 to부정사의 형용사적 용법 p.119

1 읽을 책 몇 권 2 살 집
3 친구들과 연락을 유지하는 훌륭한 방법

1 나는 읽을 책 몇 권을 가져갔다.
→ 명사(some books)를 수식하는 to부정사(to read)
2 나는 살 집을 찾고 있어요.
→ 명사(a house)를 수식하는 to부정사구(to live in), to부정사 + 전치사
3 소셜 미디어는 친구들과 연락을 유지하는 훌륭한 방법이다.
→ 명사구(a great way)를 수식하는 to부정사구(to keep ~ friends)

UNIT 22 to부정사의 부사적 용법 p.121

1 마지막 기차를 잡기 위해 뛰었다
2 너와 함께 있어서 기쁜
3 사용하기에 편리한

1 그는 마지막 기차를 잡기 위해 뛰었다.
→ 동사를 수식하는 to부정사
2 나는 너와 함께 있어서 기뻐. → 형용사를 수식하는 to부정사
3 이 장비는 사용하기에 편리하다. → 형용사를 수식하는 to부정사

UNIT 23 to부정사의 의미상 주어와 시제 p.123

1 우리를 도와주시다니 당신은 아주 친절하시네요.
2 내가 새 직장을 구하는 것은 어렵다.
3 축구는 학생들이 기술을 발달시킬 기회를 제공한다.

1 to부정사의 의미상 주어를 'of + 목적격' 형태로 표시했다.
2 to부정사의 의미상 주어를 'for + 목적격' 형태로 표시했다.
3 to부정사 동작의 주체가 문장의 주어, 목적어와 다르므로 의미상 주어를 표시했다.

UNIT 24 원형부정사 p.125

1 helped her (to) find 2 makes me feel good
3 let us use 4 saw him argue

1 나는 그녀가 목걸이 찾는 것을 도왔다.
→ 준사역동사의 목적격보어로 쓰인 원형부정사(to부정사)
2 음악은 내가 기분이 좋아지게 만든다.
→ 사역동사의 목적격보어로 쓰인 원형부정사
3 그는 우리가 회의실을 사용하게 허락했다.
→ 사역동사의 목적격보어로 쓰인 원형부정사
4 나는 그가 동료들과 논쟁하는 것을 보았다.
→ 지각동사의 목적격보어로 쓰인 원형부정사

UNIT 25 to부정사의 관용적 표현 p.127

1 not to share 2 mature enough 3 but to believe
4 than to ignore

1 이 문제는 공유하지 않기에는 너무 중요하다.
→ too + 형용사/부사 + to V
2 그는 팀을 이끌기에 충분히 성숙하다.
→ 형용사/부사 + enough + to V
3 우리는 그의 이야기를 믿을 수밖에 없었다.
→ have no choice but to V
4 너는 그 문제를 무시할 만큼 어리석지 않다.
→ know better than to V

Chapter Review Test 04 p.131

Grammar for Reading

1 to be 2 want 3 to relieve 4 to let 5 to drive
6 to read 7 to take 8 for you

1 해석 우리는 모두 행복하기를 원하지만, 무언가가 항상 방해한다. 시간이나 돈이 결코 충분치 않다.
해설 to부정사에는 미래의 의미가 있으므로 want의 목적어로 쓰일 수 있다. 앞으로 어떤 일을 하기 원하는지 나타낸다.

2 해석 게임은 학생들이 수업에 더 적극적으로 참여하고 싶게 만든다.
해설 사역동사(make)는 목적격보어로 원형부정사와 과거분사를 취한다.

3 해석 나는 동전 모으는 것을 좋아한다. 새 동전을 찾을 때마다, 나는 정말 신이 난다. 취미를 갖는 것은 스트레스를 푸는 좋은 방법이다.
해설 to부정사는 명사 뒤에서 명사를 수식한다. 명사 way가 방법이나 태도를 의미할 때 to부정사와 함께 쓰여 '~하기 위한[~하는] 방법'이란 의미로 쓰인다.

4 해석 이번 달 최고의 비평 작가로 선정되었음을 알려드리려고 전화드립니다. 축하드립니다!
해설 동사 call을 수식하여 전화를 건 목적을 말해주려면 to부정사를 사용해야 한다.

5 해석 비가 많이 오고 있다. 일기 예보에 의하면 거대한 폭풍이 올 것이라고 한다. 이런 날씨에 운전하는 것은 너무 위험하다.
해설 앞에 나온 too dangerous와 함께 'too + 형용사 + to V' 구조를 이루어 '운전하기에 너무 위험한'이라는 뜻이 된다.

6 해석 학생 여러분, 주목하세요. 이것은 프랭클린 고등학교 도서관의 소식입니다. 우리는 학생들이 책을 더 많이 읽도록 장려하기 위해 책 마일리지 프로그램을 운영할 것입니다.
해설 to부정사는 명사처럼 목적격보어로 쓰일 수 있다. encourage가 장래에 어떤 행동을 하도록 장려한다는 뜻으로 쓰이므로 미래 의미를 가진 to부정사를 목적격보어로 써준다.

7 해석 그레이스와 그녀의 가장 친한 친구인 미나는 파리로 여행을 가기로 결정했다. 그것은 그들의 첫 해외여행이었고, 그들은 스스로 모든 준비를 했다.
해설 동사 decide는 앞으로 할 일을 '결정한다'는 뜻이므로 decide의 목적어로 미래 의미를 가진 to부정사가 와야 한다.

8 해석 창의적인 생각들로 가득 차 있나요? 세상을 발전시킬 아이디어를 가지고 있나요? 그렇다면 우리의 연례 과학 경연대회는 여러분이 재능을 보여주기 위한 완벽한 장소입니다.
해설 to부정사의 의미상 주어는 'for + 목적격'으로 나타낼 수 있다.

Grammar for Writing

1 It is important to learn foreign languages.
(=To learn foreign languages is important.)
2 My plan is to study English 2 hours a day.
3 Social media is a great way to keep in touch with friends.

4 He's tall enough to be a basketball player.

1 TIP to부정사구 주어를 문장 맨 앞에 둘 수도 있고, 가주어 it을 활용하여 뒤로 보낼 수도 있다.

2 TIP 동사 study(공부하다)를 명사 역할을 하는 to부정사로 활용하여 '공부하는 것'이라는 의미를 표현할 수 있다.

3 TIP '훌륭한 방법'을 '친구들과 연락을 유지하는'이라는 표현이 수식하고 있다. a great way를 수식할 수 있도록 keep을 to부정사로 바꾸어 형용사로 활용하면 된다.

4 TIP '~하기에 충분히 …하다'는 관용 표현 '형용사/부사 + enough + to V'로 나타낼 수 있다.

Grammar for Speaking

1 추가 예시 I want to be a chef in the future.
나는 장래에 요리사가 되고 싶다.

2 추가 예시 I need to study more.
나는 더 많이 공부할 필요가 있다.

3 추가 예시 I've decided to take a vacation.
나는 휴가를 갖기로 결심했다.

1 TIP want 뒤에 to부정사를 써서 하고 싶은 일, 되고 싶은 것을 쓸 수 있다.

2 TIP need 뒤에 to부정사를 써서 해야 할 필요가 있는 일을 말할 수 있다.

3 TIP decide 뒤에 to부정사를 써서 하기로 결심한 일을 말할 수 있다. 이때 decide의 시제는 현재완료나 과거로 쓰는 것이 자연스럽다.

Chapter 05 동명사

UNIT 26 동명사의 개념과 역할 p.137

1 I love listening to music.
2 I enjoy playing tennis.
3 Watching movies is my hobby.
4 I'm sorry for wasting your time.

1 '~하는 것'은 동명사로 표현할 수 있다. '음악을 듣는 것'은 listening to music이다.
2 enjoy V-ing는 '~하는 것을 즐기다'라는 뜻이다.
3 '영화를 보는 것'은 watching movies이다. 동명사 주어는 3인칭 단수 취급하므로 유의한다.
4 sorry for V-ing는 '~해서 미안하다[죄송하다]'라는 뜻이다. for 뒤에는 동명사 외에도 다른 명사 상당 어구가 올 수 있다.

UNIT 27 동명사의 의미상 주어와 시제 p.139

1 저는 당신과 함께 일하는 것이 지겹습니다.
2 당신은 제가 여기 앉는 것을 언짢아하시나요?[제가 여기 앉아도 될까요?]
3 그는 잘못했던 것을 인정한다.
4 우리는 그와 이야기하지 않았던 것을 후회했다.

1 내가 지겨워하는 시점과 당신과 함께 일하는 시점이 같다.
→ 문장의 동사와 동명사의 시점이 같음
2 동명사의 의미상 주어는 소유격 또는 목적격으로 나타낸다.
→ 동명사의 의미상 주어
3 완료형 동명사(having done)를 통해 그가 인정한 시점보다 그가 잘못한 시점이 더 앞선 시점임을 알 수 있다.
→ 문장의 동사보다 동명사의 시점이 앞섬
4 완료형 동명사(not having talked)를 통해 우리가 후회한 시점보다 그와 말하지 않은 시점이 더 앞선 시점임을 알 수 있다.
→ 문장의 동사보다 동명사의 시점이 앞섬

UNIT 28 동명사, to부정사를 목적어로 취하는 동사 p.141

1 to lock 2 to stop 3 closing

1 그는 문 잠그는 것을 잊어버렸고, 도둑이 침입했다.
→ forget + to V: ~할 것을 잊다
2 그는 흡연을 중단하기로 결심했다.
→ to부정사를 목적어로 취하는 동사
3 문 좀 닫아주시겠어요? → 동명사를 목적어로 취하는 동사

UNIT 29 동명사의 관용적 표현 p.143

1 going 2 worrying 3 (in) waking
4 (on/in) painting

1 나는 친구들과 외출하고 싶다. → feel like V-ing: ~하고 싶다

2 지나간 사건을 걱정해 봐야 소용없다.
→ It's no use + V-ing: ~해 봐야 소용없다

3 그녀는 일찍 일어나는 데 어려움을 겪는다.
→ have trouble (in) + V-ing: ~하는 데 어려움을 겪다

4 우리는 하루 종일을 부엌 페인트칠하는 데 썼다.
→ spend 시간/돈 (on/in) + V-ing: ~하는 데 시간/돈을 쓰다

Chapter Review Test 05 p.148

Grammar for Reading

1 has 2 not getting 3 visiting 4 delivering 5 to turn off 6 sleeping 7 thinking 8 performing

1 해석 두 언어를 말하는 것은 점점 더 세계화되는 세계에서 분명한 실질적인 이점을 가지고 있다.

해설 동명사가 주어 역할을 할 때는 단수로 취급하므로 단수동사 has가 정답이다.

2 해석 오스카 와일드는 한때 이렇게 썼다. "이 세계에서는 오직 두 가지 비극이 있다. 하나는 누군가가 원하는 것을 얻지 못하는 것이고, 다른 하나는 그것을 얻는 것이다."

해설 동명사의 부정형은 동명사 앞에 not을 붙여서 만든다. 따라서 not getting이 정답이다.

3 해석 잠시 주목해 주시겠습니까? 저희 쇼핑몰을 방문해 주신 모든 분들께 감사드립니다. 저는 멜로디 레코드사의 관리자입니다.

해설 전치사의 목적어로 to부정사는 올 수 없고, 동명사가 와야 한다. 따라서 for와 어울리는 것은 visiting이다.

4 해석 대부분의 사람들은 "아니요"라는 단어를 말하거나 듣는 것을 좋아하지 않는다. 그러나 우리는 나쁜 소식을 전달하는 것을 미루어서는 안 된다.

해설 postpone은 동명사를 목적어로 취하는 동사이다.

5 해석 오늘 오후에 3층에서 작은 화재가 있었다. 306호 여성이 가스레인지에 약간의 음식을 놓아두었고, 가스를 끄는 것을 잊었다.

해설 할 일을 잊었을 때는 forget + to V, 이미 한 일을 잊었을 때는 forget + V-ing를 쓴다.

6 해석 잠을 잘 못 자면 우리는 어떻게 하면 될까? 한 가지 제안은 수면 일정을 잡는 것이다. 가능할 때마다, 매일 밤 같은 시간에 잠자리에 들 수 있게 노력하라.

해설 'have trouble (in) V-ing'는 '~하는 데 어려움을 겪다'라는 뜻의 동명사 관용 표현이다. 앞의 have trouble과 어울리는 sleeping이 정답이다.

7 해석 우리가 슈퍼마켓에서 너무 많은 시간을 생각하면서 보낼 때, 우리는 잘못된 이유로 잘못된 물건을 선택하게끔 우리 자신을 속일 수 있습니다.

해설 'spend 시간/돈 (on/in) + V-ing'는 '~하는 데 시간/돈을 쓰다'라는 뜻의 동명사 관용 표현이다. 앞의 spend too much time과 어울리는 thinking이 정답이다.

8 해석 대학 생활은 바쁘다. 일정에 고려해야 할 것들이 너무나 많다. 활동, 친구, 그리고 취미는 여러분이 코앞에 닥친 실질적인 일을 수행하는 데 약간의 어려움을 야기할 수 있다.

해설 'cause difficulty (in) + V-ing'는 '~하는 데 어려움을 유발하다'라는 뜻의 동명사 관용 표현이다. 앞의 cause some difficulties in과 어울리는 performing이 정답이다.

Grammar for Writing

1 Not having breakfast is bad for your health.
2 My goal is getting a good grade on the exam.
3 He regretted not having worked harder in his youth.
4 It is no use worrying about past events.

1 TIP 동명사는 앞에 not을 붙여 부정형을 만들고, 동명사 주어는 단수 취급한다.

2 TIP 주격보어 자리에 쓸 수 있도록 get을 동명사 getting으로 변형한다.

3 TIP 후회하는 시점보다 열심히 일하지 않았던 시점이 더 과거이므로 완료형 동명사 not having worked를 써서 나타낼 수 있다. 단, regret, admit 등 시간상 전후 개념이 확실한 동사는 기본형으로도 이전 시점임을 표현할 수 있다.

4 TIP '~해 봐야 소용없다'는 관용 표현 'It is no use[There is no use in] V-ing'로 나타낼 수 있다.

Grammar for Speaking

1 추가 예시 I enjoy riding a bike in the park.
나는 공원에서 자전거 타는 것을 즐긴다.

2 추가 예시 I've given up smoking for good.
나는 담배 피는 것을 영원히 그만두었다.

3 추가 예시 I practiced giving my presentation.
나는 발표하는 것을 연습했다.

1 TIP enjoy 뒤에 동명사를 써서 내가 즐기는 활동을 말할 수 있다.

2 TIP give up 뒤에 동명사를 써서 내가 포기한 일을 말할 수 있다. 이때 give up은 현재완료나 과거시제로 써주어야 자연스럽다.

3 TIP practice 뒤에 동명사를 써서 내가 연습하는 활동을 말할 수 있다.

Chapter 06 조동사

UNIT 30 can, could p.157

1 come 2 play 3 couldn't

1 그녀는 오늘밤 저녁식사에 올 수 있어요.
→ can + 동사원형: 가능성
2 당신은 악기를 연주할 수 있나요? → can + 동사원형: 능력
3 나 어젯밤에 잠을 못 잤어.
→ couldn't + 동사원형: 과거의 불가능

UNIT 31 may, might p.159

1 Jerry may be 2 may not want 3 May I have
4 might be having

1 제리는 회의실에 있을지도 몰라. → may 긍정문: 약한 추측
2 그는 학교에 가고 싶지 않을 수도 있어. → may 부정문: 약한 추측
3 당신의 사인을 받아도 될까요? → may 의문문: 요청
4 레이첼은 점심을 먹고 있을지도 몰라.
→ might + 진행형(be + V-ing): 약한 추측

UNIT 32 must, have to p.161

1 Students must not cheat during tests.
2 They must know each other.
3 He doesn't have to go to the hospital.
4 I had to wear a suit.

1 '~하지 말아야 한다'는 must not을 쓴다.
→ must not + 동사원형: 금지
2 '~이 틀림없다'라는 의미는 must로 나타낸다. 이때는 have to로 바꾸어 쓸 수 없다. → must + 동사원형: 강한 확신
3 '~할 필요 없다'는 have to의 부정형을 쓴다.
→ doesn't have to + 동사원형: 불필요
4 의무를 나타내는 조동사의 과거 표현은 모두 had to로 한다.
→ had to + 동사원형: 과거의 의무

UNIT 33 should, had better p.163

1 wear 2 leave 3 go 4 ought to

1 너는 안전벨트를 착용하는 것이 좋겠어.
→ should + 동사원형: 충고
2 부모는 아이들을 혼자 내버려 두지 않는 것이 좋다.
→ shouldn't + 동사원형: 충고 (부정형 해석에 주의)
3 저는 오늘 은행에 가는 게 좋겠어요.
→ had better + 동사원형: 충고(제안)
4 우리는 정원을 치우는 것이 좋겠어요. → ought to + 동사원형: 충고 (ought to보다 should가 더 일반적인 표현이다.)

UNIT 34 will, would, shall p.165

1 We'll take a bus.
2 I promise I won't be late tomorrow.
3 It would be nice to buy a new car.
4 Would you mind closing the window?

1 버스에 탈 것이라는 미래의 일을 말한 것이므로 조동사 will을 쓴다. → will + 동사원형: 미래에 할 일
2 '~하겠다/하지 않겠다'라는 의지의 표현도 will을 써서 할 수 있다.
→ won't + 동사원형: 미래 의지
3 '(…한다면) ~할 것이다'라는 가정의 의미는 조동사 would로 나타낸다. → would + 동사원형: 가정에 대한 결과
4 '~해도 될까요?'는 Would you mind ~?를 써서 나타낼 수 있다. → Would you mind ~?: 공손한 의문문

UNIT 35 would의 기타 용법 p.167

1 would like 2 to go 3 rather

1 오렌지 주스 주세요. → I would like + 명사: ~을 주세요
2 콘서트에 가실래요?
→ Would you like to + 동사원형: ~하실래요?
3 너에게 말하지 않는 편이 낫겠어. → would rather not + 동사원형: 차라리 ~하지 않는 편이 낫다(부정형)

UNIT 36 조동사 과거 표현 p.169

1 have been 2 have enjoyed 3 have studied

1 그녀는 방에 있었을지도 몰라.
→ may have V-ed(~했을지도 모른다)
2 그는 콘서트를 즐겼을 텐데. → would have V-ed(~했을 텐데)
3 난 영어를 공부했어야 했는데.
→ should have V-ed(~했어야 했는데)

Chapter Review Test 06 p.175

Grammar for Reading

1 should 2 would rather 3 might 4 had better
5 could not 6 should ask 7 must have been
8 should have gone

1 해석 나는 한번은 온라인으로 산 바지가 너무 작아서 반품했다. 아마도 인터넷으로 옷을 사기 전에는 두 번 생각하는 게 좋겠다.

해설 바지가 작아서 반품했던 과거 경험을 토대로, 인터넷으로 구매할 때는 신중해야 한다는 뜻을 나타내야 하므로 충고, 제안의 의미인 should가 정답이다.

2 해석 새로운 시립 도서관은 주차장이 공사 중이라서 시끄럽다. 나는 공사가 끝날 때까지 그곳에 가지 않는 것이 낫겠다.

해설 그곳에 '가지 않는 것이 낫겠다(would rather not go)'고 말해야 문맥이 통하므로 would rather가 정답이다. 형태적으로도 뒤에 'not + 동사원형'이 오므로 would like는 오답이다.

3 해석 그것은 단순한 딱 한 가지 맛이다. 우리는 그것에 곧 싫증이 나며, 한번에 아주 많이 먹으면 약간 아픈 느낌까지 들지도 모른다.

해설 '아주 많이 먹으면(if we eat very much)'이라고 가정하는 조건절 뒤에는 추측을 의미하는 조동사가 어울린다. '~일지도 모른다'는 뜻의 might가 정답이다.

4 해석 당신은 체지방이 많아요. 이번 주는 웨이트트레이닝(근력 강화 훈련)보다는 유산소 운동에 집중하는 것이 좋겠어요.

해설 유산소 운동에 집중하라고 권하는 내용이므로 무언가를 권할 때 쓰는 had better가 적절하다. would를 쓰려면 'would rather + 동사원형' 형태가 되어야 한다. rather의 위치에 주의한다.

5 해석 저는 항상 레드버그 카메라의 엄청난 팬이었습니다. 하지만, 최신 모델 슈퍼이미지 2000을 구입했을 때, 이보다 더 실망할 수는 없었습니다. 저는 올해 6월 3일에 그것을 갖게 되었고, 그것은 올바르게 작동하지 않습니다.

해설 과거시제(when I purchased ~)가 쓰인 문장이므로, 과거의 불가능을 나타내는 could not이 정답이다.

6 해석 부모들은 자녀에게 학교에서 무슨 일이 일어나고 있는지, 그리고 그것에 대해 어떻게 느끼는지에 대한 직접적인 질문을 하는 것이 좋다.

해설 충고할 때 쓰는 'should + 동사원형'이 정답이다. should have V-ed는 '~해야 했는데' 하지 못했다는 후회를 나타내는 표현이므로 적절하지 않다.

7 해석 이 구멍들을 보세요. 그것들은 공룡 발자국입니다. 거대한 공룡이었음에 틀림없군요. 그 녀석은 저쪽 방향으로 갔던 것 같아요.

해설 공룡 발자국을 보고 어떤 공룡이었는지 추측하는 내용이다. 과거 일에 대한 강한 확신을 나타내는 must have V-ed 형태가 정답이다.

8 해석 나는 잠자리에 일찍 들었기 때문에 개기월식을 보지 않았어요. 좀 더 늦게 잠자리에 들었어야 했어요.

해설 앞에서 이미 잠자리에 일찍 들었다고 했으므로 추측을 나타내는 might have V-ed는 적절하지 않다. '~했어야 했다'는 의미의 should have V-ed 형태가 정답이다.

Grammar for Writing

1 I could play the piano when I was young.
2 She must[has to] go to the hospital.
3 You had better be on time, or you will miss the last train.
4 I couldn't have done this without you!

1 TIP 과거 시점의 능력을 나타내는 조동사 could가 적절하다.

2 TIP '반드시 ~해야 한다'는 뜻이 되려면 의무를 나타내는 must나 have[has] to가 적절하다. must를 쓰면 좀 더 강한 주장이 된다.

3 TIP 충고를 하면서 그 충고를 듣지 않았을 때의 상황을 경고하고 있으므로, had better가 적절하다.

4 TIP 과거 사실에 대한 추측을 나타내므로 '~했을 리가 없다'라는 뜻의 couldn't have V-ed를 쓴다. '당신이 없었다면'이라는 가정의 의미가 있으므로 can't는 불가능하다.

Grammar for Speaking

1 추가 예시 I can play baseball. 나는 야구를 할 수 있어요.
2 추가 예시 We don't have to finish this work today.
우리는 이 일을 오늘 끝낼 필요가 없어요.
3 추가 예시 I shouldn't have bought these shoes.
나는 이 신발을 사지 말았어야 했다.

1 TIP 조동사 can을 쓰면 현재의 능력, 즉 무엇을 할 수 있고 할 수 없는지를 나타낼 수 있다.

2 TIP don't have to는 '~할 필요가 없다'는 뜻이다. 어떤 일을 하지 않아도 된다고 말할 때 쓴다.

3 TIP should have V-ed는 과거 사실의 반대 상황을 나타낸다. 후회하는 일, 하지 못했던 일을 나타낼 때 쓸 수 있다. 부정형 shouldn't를 쓰면 '~하지 말았어야 했다'라는 뜻이 된다.

Chapter 07 가정법

UNIT 37 가정법 과거 p.181

1 If I applied, I could pass the test.
2 If I won the lottery, I might give the money to charity.
3 If I were a bird, I could fly to him.

1 가정법 과거이므로 if절에 과거형(applied)이 온다. 주절에는 조동사 could로 할 수 있는 가능성을 나타낸다.
2 가정법 과거로 실현 가능성이 낮은 현재 상황을 나타낸다. 주절에 약한 추측을 나타내는 조동사 might와 함께 쓰였다.
3 가정법 과거에서 if절 be동사는 항상 were를 쓰는 것이 원칙이다.

UNIT 38 가정법 과거완료 p.183

1 If I had gotten up earlier, I would have arrived on time.
2 If I had drunk coffee, I wouldn't[couldn't] have slept well.
3 If I had had your address, I would have sent you a letter.

1 과거 사실의 반대는 가정법 과거완료로 표현한다. if절에 과거완료형(had gotten), 주절에 '조동사 + have V-ed'가 온다.
2 if절에 과거완료형(had drunk)을 써준다. 주절에는 부정의 의미를 나타내기 위해 wouldn't have V-ed가 쓰였다. couldn't를 쓰면 wouldn't보다 '~할 수 없을 것'이라는 '불가능'을 더 강조할 수 있다.
3 동사 have의 과거완료형(had had)에 주의한다. 주절에서 '편지를 보냈을 텐데'는 단순 추측이므로 조동사 would가 왔다.

UNIT 39 가정법 현재 p.185

1 외출하는 거라면, 내 자전거를 빌려도 돼.
2 이번 시험에 실패해도, 다시 볼 수 있어요.

1 if절에는 현재형, 주절에는 '조동사 + 동사원형'이 온 가정법 현재 문장이다. 가정법 과거와 달리, 실현 가능한 상황을 가정한다.
2 실현될 가능성이 낮은 현재 · 미래의 사실을 가정할 때, if절에 should를 써서 나타낸다.

UNIT 40 혼합 가정법, if가 없는 가정법 p.187

1 내가 점심을 먹었더라면, 지금 배고프지 않을 텐데.
2 당신에게 문제가 생기면 저에게 알려주세요.

1 점심을 안 먹었다는 건 과거의 일이고, 지금(now)은 현재이다. 따라서 if절의 동사는 가정법 과거완료, 주절의 동사는 가정법 과거의 형식을 따른다. → 혼합 가정법(가정법 과거완료 + 과거)
2 if가 생략되어 있어도 문맥상 '문제가 생기면'이라고 해석할 수 있다. → 도치된 가정법

UNIT 41 기타 가정법 (as if / I wish / It's time) p.189

1 wouldn't 2 were

1 나는 다시 오지 않을 것처럼 말했다.
→ 여기서 as if의 내용은 미래 사실의 반대를 가정한다. 가정법의 if절에는 미래 시제가 오지 않으므로 주의한다.
2 지금 당장 눈이 오고 있으면 좋겠어.
→ 지금 당장(right now), 즉 현재 사실을 가정하는 것이므로, 가정법 과거에 해당한다. 가정법 과거에서 be동사는 were를 쓰는 것이 원칙이다.

Chapter Review Test 07 p.192

Grammar for Reading
1 were 2 were 3 fly 4 be 5 have done
6 continued 7 have been 8 have

1 해석 우리는 그들이 우리 학교에 들어온 날이 마치 어제인 것처럼 느낀다.

해설 as if절도 가정법 동사 형식을 취한다. 현재 사실의 반대를 나타내므로 가정법 과거(were)가 정답이다.

2 해석 당신이 나비라면, 당신은 색깔이 더 화려한 꽃에 끌릴까요, 아니면 덜 화려한 꽃에 끌릴까요?

해설 나비가 아닌 사람에게 '만약 나비라면'이라고 가정하여 묻는 의문문이다. 현재 사실의 반대이므로 가정법 과거(were)가 정답이다.

3 해석 사람들은 새처럼 날 수 있기를 자주 소망한다. 하지만 우리는 지구 중력에 의해 땅에 계속 붙잡혀 있다.

해설 소망하는 내용이 현재 사실의 반대이므로 가정법 과거를 써야 한다. 조동사 can의 과거형인 could 뒤에 동사원형인 fly가 정답이다.

4 해석 모든 사람이 공포에 의해 동기부여를 받는다면, 도무지 창의적이거나 진보적인 것은 아무것도 성취되지 않을 것이다.

해설 if절의 동사가 과거형이며, 가정하는 내용과 주절의 결과도 현재 사실의 반대인 가정법 과거 문장이다. 가정법 과거의 주절에는 '조동사 과거형 + 동사원형'이 오므로 be가 정답이다.

5 해석 목표 설정은 책에서 읽을 땐 쉽고 합리적인 것으로 여겨진다. 하지만, 변화를 만드는 것이 그렇게 쉽다면, 여러분은 아마도 이미 스스로 그것을 해냈을 것이다.

해설 목표 설정이 쉽지 않다는 것이 필자가 말하고자 하는 내용으로, 이는 현재의 사실에 해당한다. 가정하는 내용은 현재이지만, 주절의 내용은 그로 인해 이미(already) 일어났을 과거의 변화를 언급하므로 '가정법 과거 + 과거완료'가 쓰인 혼합 가정법 문장이다. 조동사 뒤에 완료형 have done이 적절하다.

6 해석 저는 한 출판사에서의 새로운 직책을 받아들였습니다. 귀사와 함께한 제 경험은 아주 값진 것이었습니다. 당신과 조직이 미래에까지 계속 성공을 이어가기를 바랍니다.

해설 continue success는 '성공을 이어가다'라는 뜻이다. 현재부터 미래에까지 이어가길 바란다는 뜻이니까 현재의 소망을 말하는 I wish 가정법을 쓰면 된다. 동사의 형식은 한 단계 이전 시제인 과거형 continued가 된다.

7 해석 안녕하세요, 여러분. 학교 홍보 영상 만드는 것을 도와준 것에 감사함을 전하고 싶군요. 여러분의 도움이 없었다면, 그것은 불가능했을 것입니다. 저는 영상 제작을 축하하기 위해 다음 주말에 피자 파티를 열 계획입니다.

해설 홍보 영상이 이미 만들어진 상황이므로, 그것이 불가능했을 것이라고 말하는 것은 과거 사실의 반대이다. 따라서 조동사 뒤에는 완료형 have been이 정답이다. if절이 없어도 내용에 따라 가정법 동사 형식을 쓸 수 있으므로 유의한다.

8 해석 몇몇 사람들은 그들이 많은 돈을 가진다면 그들이 행복할 것이라고 믿는다. 그들은 그들이 부유하면 그들이 원하는 모든 것을 할 수 있을 것이고, 그래서 행복할 것이라고 믿는다.

해설 주절에 미래 시제 will이 온 것으로 보아 미래 사실을 가정한다고 볼 수 있다. 따라서 한 단계 이전 시제인 현재형 have가 if절에 오는 것이 적절하다.

Grammar for Writing

1 If I had had money at that time, I would have bought a new phone.

2 If I had drunk coffee last night, I wouldn't have slept well.

3 He suggested (that) I (should) try jogging.

4 If I had eaten breakfast, I would not be hungry now.

1 TIP '돈이 있었더라면'은 과거 상황을 가정한 것이므로 가정법 과거완료가 적절하다. if절에는 had V-ed, 주절에는 '조동사 + have V-ed'가 와야 한다.

2 TIP '어젯밤'은 과거 시점이므로 과거 사실의 반대를 나타내는 가정법 과거완료가 적절하다.

3 TIP 가정법 동사 suggest를 활용해야 한다. '권했다'이니까 suggest 자체는 과거형이 되지만, 동사가 이끄는 that절은 should가 쓰이거나 생략된 형태이므로 동사원형이 온다.

4 TIP 말하는 시점에서 아침은 과거이고, 지금은 현재이다. '가정법 과거완료 + 과거'가 쓰인 혼합 가정법을 사용한다.

Grammar for Speaking

1 추가 예시 If I exercise every day, I will lose weight faster. 매일 운동을 한다면, 나는 더 빨리 체중을 줄일 것이다.

2 추가 예시 If I won a million dollars, I would put it in the bank. 내가 백만 달러에 당첨된다면, 나는 그것을 은행에 넣을 것이다.

3 추가 예시 If I had studied harder, I would have passed the exam. 공부를 더 열심히 했더라면, 시험을 통과했을 것이다.

If I had studied harder, I could have gone to medical school. 공부를 더 열심히 했더라면, 의대에 갈 수 있었을 것이다.

1 TIP 가정법 현재는 현재나 미래 상황을 가정한다. 따라서 주절에 will이 올 수도 있다.

2 TIP 가정법 과거의 주절에는 '조동사 과거형 + 동사원형' 형태가 온다. 가정의 결과를 나타내는 가장 일반적인 표현은 'would + 동사원형'이다.

3 TIP 가정법 과거완료는 과거 사실의 반대를 가정한다. 주절에는 '조동사 + have V-ed'가 오므로 주의한다.

Chapter 08 수동태

UNIT 42 수동태의 기본 개념 p.199

1 posted **2** changed **3** produced **4** promoted

1 버스 시간표는 벽에 게재되어 있다.
→ be + V-ed: 주어가 동작의 대상
2 그들의 계획은 마지막 순간에 변경되었다.
→ be + V-ed: 주어가 동작의 대상
3 이 영화는 대학생에 의해 제작되었다.
→ by + 목적격/명사(구): 수동태 동작의 주체
4 그는 수년간 열심히 일한 끝에 승진되었다.
→ 'get + V-ed'로 나타내는 수동태

UNIT 43 시제, 조동사와 결합한 수동태 p.201

1 선발되었다 **2** 새로운 임무를 배정받았다
3 놓이고 있다

1 참가자들은 인터뷰를 통해 선발되었다. → 과거시제 수동태
2 그녀는 새로운 임무를 배정받았다. → 현재완료형 수동태
3 책들이 선반에 놓이고 있다. → 현재진행형 수동태

UNIT 44 to부정사, 동명사와 결합한 수동태 p.203

1 being punished **2** to be washed **3** to be called
4 to have been rejected

1 나는 처벌받는 것이 무서웠다.
→ 전치사의 목적어로 온 동명사의 수동태
2 이 커튼들은 세탁될 필요가 있다.
→ need의 목적어로 온 to부정사의 수동태
3 그는 영웅이라고 불릴 자격이 있다.
→ deserves의 목적어로 온 to부정사의 수동태
4 그의 제안은 거절당했던 것으로 보인다.
→ 완료형과 결합한 to부정사의 수동태

UNIT 45 목적어가 2개인 문장의 수동태 p.205

Q1
1 He was told an interesting story. / An interesting story was told to him.
2 The application form will be sent to you (by us).
3 A cooking magazine was bought for me (by him).

1 그는 흥미로운 이야기를 들었다. / 흥미로운 이야기가 그에게 말해졌다. → 간접목적어를 주어로 한 수동태 / 직접목적어를 주어로 한 수동태
2 신청서가 당신에게 전송될 것이다. → send: 직접목적어만 수동태 문장의 주어로 하는 동사, 간접목적어 앞에 to를 쓰는 동사
3 한 요리 잡지가 나를 위해 구입되었다.
→ buy: 직접목적어만 수동태 문장의 주어로 하는 동사, 간접목적어 앞에 for를 쓰는 동사

Q2
1 of **2** to **3** for

1 간단한 질문이 판사에 의해 그에게 질문되었다.
→ ask: 직접목적어를 주어로 하는 수동태에서 간접목적어 앞에 of를 쓰는 동사
2 그녀의 생애에 관한 이야기가 모든 사람에게 들려졌다.
→ tell: 직접목적어를 주어로 하는 수동태에서 간접목적어 앞에 to를 쓰는 동사
3 이 드레스는 널 위해 만들어졌어.
→ make: 직접목적어만 수동태 문장의 주어로 하는 동사, 간접목적어 앞에 for를 쓰는 동사

UNIT 46 목적격보어가 있는 문장의 수동태 p.207

1 I was made to change my plan.
2 The door was left unlocked.
3 The ground was felt to shake.

1 나는 내 계획을 바꾸도록 만들어졌다.
→ 사역동사의 목적격보어: 원형부정사(능동태) – to부정사(수동태)
2 문은 잠기지 않은 채로 남겨졌다.
→ 목적격보어: 분사(형태 변화 없음)
3 땅이 흔들리는 것이 느껴졌다.
→ 지각동사의 목적격보어: 원형부정사(능동태) – to부정사(수동태)

UNIT 47 수동태의 관용적 표현

p.209

1 with 2 of 3 in 4 for

1 방은 긴장감으로 가득 차 있었다.
→ be filled with: ~로 가득 차 있다

2 그는 자신의 행동을 부끄러워했다.
→ be ashamed of: ~을 부끄러워하다

3 그녀는 패션에 관심이 있다.
→ be interested in:~에 관심이 있다

4 그 시인은 유머 감각으로 알려져 있다.
→ be known for: ~로/때문에 알려지다

Chapter Review Test 08

p.213

Grammar for Reading

1 are being observed 2 with 3 has been selected
4 were constructed 5 should have been inspected
6 will be canceled 7 is divided 8 will be sent

1 해석 사람들은 그들이 관찰당하고 있다고 느낄 때 더 정직해지는 경향이 있다.

해설 사람들이 관찰하는 것이 아니라 관찰당하는 것이므로 수동태를 쓴다.

2 해석 최근 조사에 따르면, 온라인 소셜 커머스 사용자 중 거의 59퍼센트가 이에 만족하지 않는 것으로 나타났다.

해설 be satisfied는 전치사 with와 어울리는 수동태 관용 표현이다. '~에 만족하다'라는 뜻.

3 해석 우리 도서관이 올해 전국 10대 도서관 중 하나로 선정되었다는 사실을 알리게 되어 매우 기쁩니다.

해설 문맥상 주어 our library가 select의 주체가 아니라 대상이므로 수동태를 쓴다.

4 해석 피라미드가 왜 건설되었는지 알고 있나요? 이집트인들은 왕들이 죽은 후 신이 되고 피라미드는 죽은 이들을 위한 궁전처럼 사용된다고 믿었습니다.

해설 피라미드가 직접 건설한 것이 아니라 사람들에 의해 건설된 것이므로 수동태를 쓴다.

5 해석 그 신문에 따르면, 갑자기 브레이크가 고장 나 버스 운전기사가 제어력을 잃었다. 경찰은 버스가 일상적으로 정비되지 않았다고 말했다. 버스는 더 자주 점검되었어야 했다.

해설 사고가 난 과거 시점보다 앞서서 버스가 점검되었어야 했다는 뜻이기 때문에 완료형 수동태를 사용해야 한다.

6 해석 월요일 오후 9시부터 수요일 오후 9시까지 온라인으로 수업을 신청할 수 있습니다. 각 수업의 최대 학생 수는 30명이고, 최소는 6명입니다. 6명 미만의 학생이 있는 수업은 취소될 것입니다.

해설 수업이 스스로 취소하는 것이 아니라 누군가에 의해 취소되는 것이므로 수동태를 쓴다. 수동태 동사가 조동사와 함께 왔으므로 be동사의 형태는 원형이다.

7 해석 오늘 저는 여러분에게 4개의 눈을 가진 물고기에 대해 말하려고 합니다. 흥미롭게도, 그것은 두 개의 눈만을 가지고 있고, 각각의 눈은 두 부분으로 나뉘어 있습니다. 각 눈의 윗부분은 공기 중의 시력을 위한 것이고, 아랫부분은 물속에서의 시력을 위한 것입니다.

해설 주어 each eye가 스스로 나눌 수 있는 것이 아니므로 수동태를 사용하는 것이 적절하다.

8 해석 우리의 학교 가방 기부 프로젝트가 다음 주 월요일에 시작됩니다. 이 기간 동안, 여러분의 오래된 책가방은 도서관에서 수거될 것입니다. 모아진 가방은 유니세프에 보내질 것이고, 그들은 그것들을 베트남의 학생들에게 나눠줄 것입니다.

해설 주어 The collected bags가 스스로 보내는 것이 아니라 보내지는 대상이므로 수동태를 쓴다.

Grammar for Writing

1 The facility should have been inspected.
2 She deserves to be given a second chance.
3 Walking home alone at night is considered (to be) dangerous. / It is considered dangerous to walk home alone at night.
4 The poet is known for his sense of humor.

1 TIP 과거에 했어야 하는데 그러지 못한 일은 'should + have V-ed'으로 나타낼 수 있다. 또한 시설이 스스로 점검하는 것이 아니라 점검받는 대상이므로 수동태를 써서 'should have been V-ed'의 형태가 된다.

2 TIP 그녀가 다른 사람에게 기회를 주는 것이 아니라 기회를 받는 대상이므로 give를 to부정사의 수동태로 바꾸어 deserves의 목적어로 쓴다.

3 TIP '~하는 것'은 동명사나 to부정사 주어로 표현할 수 있다. 주어가 스스로 생각할 수 있는 주체가 아니므로 동사는 수동태로 쓴다. 단, to부정사를 주어로 하면 길이가 길어져 가주어-진주어 구문으로 쓰이는 것이 보통이다.

4 TIP be known for는 어떤 특징이나 업적으로 인해 알려졌다는 뜻, be known as는 어떤 신분으로 알려졌다는 뜻이다. 유머 감각은 시인의 특징에 해당하므로 be known for가 어울린다.

Grammar for Speaking

1 추가 예시 I'm filled with hope.
나는 희망으로 가득 차 있다.
I'm pleased with the positive result.
나는 긍정적인 결과에 기쁘다.
He seems to be satisfied with my answer.
그는 내 답변에 만족한 것처럼 보인다.
I'm disappointed with the quality.
나는 품질에 실망한다.
This article is composed of two sections.
이 기사는 두 부분으로 구성된다.
I'm ashamed of my impatience.
내 성급함에 부끄럽다.
The teacher was surprised at my question.
선생님은 내 질문에 놀랐다.
I'm interested in writing historical fiction.
나는 역사 소설을 쓰는 데 관심이 있다.
Seorak Mountain is known for its beautiful scenery.
설악산은 아름다운 경관으로 알려져 있다.

1 TIP be filled with 뒤에 love, regret, guilt 등 감정을 나타내는 명사를 써서 '어떤 감정으로 가득하다'는 뜻을 표현할 수 있다.
be pleased with 뒤에는 기쁨을 주는 원인을 써준다.
be satisfied with는 어떤 대상에 만족한다는 것을 말하기 위해 쓸 수 있는 표현이다.
be disappointed는 with 외에 in, at, about과도 어울려 쓸 수 있다. 모두 실망한 원인을 나타내준다.
be composed of와 같은 뜻의 능동태 표현으로는 consist of가 있다.
be ashamed of로 내가 부끄러워하는 일에 관해 말할 수 있다.
be surprised at 뒤에는 놀라운 감정을 일으킨 주체가 나온다.
be interested in으로 내가 관심있는 분야를 표현할 수 있다.
be known for 뒤에는 주어가 잘 알려지게 된 이유가 나온다.

Chapter 09 전치사

UNIT 48 전치사의 역할 및 형태 p.221

1 난 2002년에 태어났어.
2 나는 학교에 늦었다.
3 내 사진 한 장 찍어줘.
4 먹기 전에 손을 씻으세요.

1 월, 년과 같은 비교적 긴 시간은 전치사 in을 쓴다.
2 어디에 늦었는지 그 대상을 나타낼 때 전치사 for를 쓴다.
3 '나의' 사진을 말하는 것이므로, 소속을 나타내는 전치사 of를 쓴다.
4 '먹기 전에'는 전치사구 형태(before eating)로 표현할 수 있다. 전치사 뒤에 오는 동사의 형태에 주의한다.

UNIT 49 최중요 전치사 (1) p.225

Q1

1 at 2 in 3 on

1 나는 저녁 식사 때 너무 많이 먹었어. → 식사 시간: 전치사 at
2 그가 두 시간이 지나면 여기에 올 거예요. → 시간적 범위: 전치사 in
3 오른쪽에 우체국을 볼 수 있을 거예요. → 방향, 면: 전치사 on

Q2

1 I live in a small village in Korea.
2 This train stops at Incheon Station.
3 The museum is closed on Tuesday.

1 입체적인 공간(비교적 넓은 공간)에는 전치사 in을 쓴다.
→ in: ~에, ~안에
2 특정 지점을 뜻할 때는 전치사 at을 쓴다. → at: ~에
3 '하루, 특정한 날' 앞에는 전치사 on을 쓴다. → on: (요일, 날)에

UNIT 50 최중요 전치사 (2) p.229

Q1

1 from 2 after 3 before

1 그녀는 부산에서 버스를 탔다. → 출발 지점: 전치사 from
2 운동 후에 충분한 물을 마셔라. → 시간상 다음: 전치사 after
3 우리는 파티 전에 거실을 꾸며도 돼.
→ 시간상 이전: 전치사 before

Q2

1 You have to arrive 30 minutes before the concert.
2 I'm working from nine to six.
3 I need someone to look after my dog.

1 미리 도착하라는 뜻이므로 '~전에'라는 뜻의 전치사 before를 쓴다.
2 시간대를 '~부터 ~까지'로 나타낼 때는 전치사 from과 to를 쓴다. 장소의 이동을 말할 때도 이 둘을 짝지어서 쓸 수 있다.
3 after는 '~뒤에, ~후에'라는 뜻의 전치사이다. 동사 look과 함께 '~의 뒤를 봐주다' 즉 '돌보다'라는 뜻으로 쓴다.

UNIT 51 최중요 전치사 (3)

p.233

Q1

1 for 2 about 3 of

1 우리 산책하러 가자. → 목적: 전치사 for
2 그게 내가 릴리에 대해 이해하지 못하는 한 가지야.
→ 대상: about(understand about ~에 대해 이해하다)
3 클럽 회원의 대부분이 여성이다. → 소속, 구성: 전치사 of

Q2

1 I read some books about history.
2 We have not seen each other for a few years.
3 My family consists of three people.

1 책이 다루고 있는 주제나 내용은 전치사 about으로 표현할 수 있다.
2 전치사 for는 시간의 길이를 나타내어 '~동안'이라는 뜻으로 쓰일 수 있다.
3 소속, 구성을 나타내는 전치사 of는 consist of(~으로 구성되다)라는 표현에도 쓰인다.

UNIT 52 최중요 전치사 (4)

p.237

Q1

1 with 2 by 3 against

1 네 발표를 내가 도와줄 수 있어. → 대상: 전치사 with
2 금요일까지 보고서를 제출하세요. → 기한: 전치사 by
3 그는 벽에 등을 대고 서 있었다. → 방향(맞대어): 전치사 against

Q2

1 I'll just leave my key by the door.
2 Do you see the man with a beard?
3 I can't see anything without my glasses.

1 전치사 by는 위치, 시간, 수단 등 다양한 의미를 나타낸다. 위치를 가리킬 때는 '~옆에'라는 뜻으로 쓴다.
2 전치사 with는 '가지고 있는' 상태를 나타내기도 한다. 걸치고 있는 옷차림, 생김새 등을 with로 표현할 수 있다.
3 전치사 without은 '~없이'라는 뜻이다. 여기서처럼 '~이 없이는[없으면]'이라는 가정의 의미로도 해석된다.

UNIT 53 중요 전치사 (시간)

p.241

Q1

1 until 2 within 3 during

1 나는 오후 9시까지 공부했다. → 시간(지속): 전치사 until
2 당신의 도서는 다음 3일 이내에 도착할 것입니다.
→ 시간(범위): 전치사 within
3 공연 중에는 핸드폰을 꺼 주시기 바랍니다.
→ 시간(진행): 전치사 during

Q2

1 It must have rained during the night.
2 The plane should take off within 10 minutes.
3 I had worked there since my graduation.

1 during은 '~동안에'라는 뜻이다. during 뒤에는 특정 상황이나 사건, 시간대를 가리키는 표현이 온다.
2 within은 시간의 범위를 나타낸다. '~이내에'라고 해석한다.
3 since는 '~이래로'라는 뜻으로 완료형 시제와 쓰이는 대표적인 전치사이다.

UNIT 54 중요 전치사 (위치)

p.245

1 in front of 2 among 3 above

1 영화관 앞에서 만나자. → 위치(~앞에): 전치사 in front of
2 그 공원은 높은 건물들에 둘러싸여 있어요.
→ 위치(~에 둘러싸여): 전치사 among
3 그 도시 위의 하늘은 아주 맑았다. → 위치(~위에): 전치사 above

UNIT 55 중요 전치사 (방향, 움직임) (1) p.249

Q1

1 under　2 down　3 into

1 11세 미만 아동은 어른을 동반해야 합니다.
→ 정도(~미만으로): 전치사 under
2 계단을 내려올 때 주의해라. → 방향(~아래로): 전치사 down
3 애벌레는 나비로 변한다. → 변화의 결과: 전치사 into

Q2

1 We live down the road.
2 The students are going out of the auditorium.
3 There's a light hanging over the desk.

1 보통 '~에 살다'는 live in으로 표현하지만, 여기서는 '~아래에 살다'이므로 'live down + 장소' 형태를 쓴다.
2 안에서 밖으로 나갈 때의 방향성을 나타내는 전치사가 필요하므로 out of를 써서 표현한다.
3 바로 위에 붙어 있는 것은 on을 쓰지만, 공간을 두고 그 위에 있는 것은 over를 쓴다. 참고로 above는 어떤 기준점보다 '위에' 라는 뜻이다.

UNIT 56 중요 전치사 (방향, 움직임) (2) p.253

Q1

1 towards　2 around　3 through

1 그 집은 서쪽을 향한다. → 방향(~을 향하여): 전치사 towards
2 여행 가이드가 오래된 마을 곳곳에 우리를 구경시켰다.
→ 움직임(~곳곳에, ~주변에): 전치사 around
3 참가자들은 시험을 거쳐서 선발된다.
→ 절차(~을 거쳐서): 전치사 through

Q2

1 The post office is right past the park.
2 I saw her walking across the street.
3 The path runs through the forest.

1 '~을 지나서'는 전치사 past를 쓴다. 장소뿐 아니라 시간의 경과를 가리킬 때도 쓴다.
2 맞은편에 있는 것, 맞은편으로 건너가는 것은 모두 across를 쓴다.
3 '~을 관통하여' 그 안으로 지나가는 움직임은 through로 나타낸다. across를 쓸 수도 있지만 across는 통과하지 않고 겉에서 가로질러 지나가는 느낌을 준다.

Chapter Review Test 09 p.261

Grammar for Reading

1 During　2 In　3 between　4 for　5 with
6 around　7 to　8 until

1 **해석** 여름 방학 동안, 나는 파리에 있는 호텔에 머물고 있었다.
해설 특정 상황을 나타내는 명사 summer vacation이 왔다. 그 기간 '동안에'라는 뜻이 되어야 자연스러우므로 during이 온다. while도 '동안에'라는 뜻이지만 접속사이므로 명사 앞에는 적절하지 않다.

2 **해석** 20세기에는, 기술의 발전이 제빵과 페이스트리 제조에 기여했다.
해설 비교적 긴 시간을 나타낼 때는 전치사 in을 쓴다. 시간을 나타내는 전치사 at, on, in 중에서 at은 가장 짧은 시간적 범위를 나타내므로 오답이다.

3 **해석** 승자와 패자의 한 가지 차이점은 그들이 실패를 다루는 방식이다.
해설 among과 between 모두 비교 대상을 나타낼 때 쓸 수 있다. 그러나 두 개의 비교 대상이 and로 연결되어 있을 때는 between을 쓰는 것이 원칙이다.

4 **해석** 편안하고 아늑한 집을 합리적인 가격으로 찾고 계신가요? 여기에 당신에게 적합한 것이 있습니다!
해설 for는 '~을 위하여, 향하여'라는 뜻으로 목적을 나타내는 구동사를 형성한다. look for는 '~을 찾다'라는 뜻의 구동사이다.

5 **해석** 토네이도는 강한 바람과 먹구름을 동반하는 태풍이다. 그것들은 시속 300마일에 달할 수 있다.
해설 토네이도에 대해 설명하는 문장이다. 강한 바람과 먹구름은 토네이도의 특징이므로, '가지고 있는' 상태나 특징을 나타낼 때 쓰는 전치사 with가 정답이다.

6 **해석** 우리 학교 축제가 바로 코앞으로 다가왔습니다. 여러분이 참여할 수 있는 많은 재미있는 행사가 있습니다.
해설 around the corner는 가까이 있거나 시간이 임박한 것을 비유적으로 말할 때 쓴다. 학교 행사가 '모퉁이만 돌면 바로 있다'는 것, 행사가 바로 코앞으로 다가왔다는 뜻이다.

7 **해석** 지난주에 엘리베이터에 게시한 공지에서 언급했듯이, 우리는 A건물 지하 주차장 청소를 오늘 오전에 시작할 예정입니다. 청소는 오전 10시부터 오후 3시까지 진행될 것입니다.
해설 시작 시간과 종료 시간을 나타낼 때는 전치사 from과 to를 쓴다. 장소나 거리의 시작점과 끝점을 나타낼 때도 from과 to를 쓸 수 있다.

8 **해석** 2년 전에, 그린 카운티 도서관은 매주 목요일은 오후 8시까지 열어 놓기로 결정했습니다. 이것은 방문하기 편한 시간이 저녁뿐인 사람들에게 도서관 서비스가 이용 가능하도록 하기 위함이었습니다.

해설 도서관을 8시까지 열어 놓기로 했다는 내용이다. 특정 시간까지 지속되는 행위는 전치사 until을 쓴다.

Grammar for Writing

1 I'm interested in learning new things.
2 The museum is closed on the second Monday of every month.
3 We have not seen each other for three months.
4 The participants are selected through an interview.

1 TIP be interested in은 '~에 흥미가 있다'라는 뜻으로 전치사 in이 쓰인 관용 표현이다. 전치사 뒤에 오는 동사의 형태는 동명사이므로 learning이 되어야 한다.

2 TIP 요일, 날짜, 특정한 날을 나타낼 때는 전치사 on을 쓴다.

3 TIP 기간의 길이를 나타내는 표현 앞에는 전치사 for를 쓴다.

4 TIP 면접을 거쳐서 선발된다는 것은 참가자들로 하여금 면접을 통과시킨다는 뜻이다. 관통을 나타내는 전치사 through를 쓴다.

Grammar for Speaking

1 추가 예시 The movie starts in two hours.
영화는 2시간이 지나면 시작합니다.
I went to the fish market on the weekend.
나는 주말에 수산시장에 갔다.
2 추가 예시 She'll be here within an hour.
그녀는 이곳에 한 시간 내로 올 것이다.
I have not been home since Christmas.
저는 크리스마스 이후에 집에 가지 않았어요.
He is going to China during summer vacation. 그는 여름 방학 동안 중국에 갈 예정이다.
3 추가 예시 Choose one among these three items.
이 세 가지 상품 중에 하나를 고르세요.
He sits in front of me in class.
그는 수업에서 내 앞에 앉는다.

1 TIP 위치를 나타낼 때 at은 정확한 지점, on은 면, in은 입체적인 공간에 있는 것을 말한다. 시간을 나타낼 때 at은 보통 시각, on은 날짜, in은 달, 연, 계절 등 그보다 더 긴 시간 앞에 쓴다. 또한 in은 시간대를 말할 때도 쓴다.

2 TIP during, until, within, for, since는 모두 연속된 시간을 나타낼 수 있다. during(+상황)과 for(+시간 단위)는 '~동안에', until은 '~까지 계속', within은 '~이내로', since는 '~이래로'라는 뜻이다.

3 TIP in front of는 '~앞에', behind는 '~뒤에'라는 뜻이다. between은 비교 대상이 둘일 때, among은 셋 이상일 때 쓴다.

Chapter 10 접속사

UNIT 57 등위 접속사 p.267

1 or 2 so 3 is not 4 for

1 우리는 이번 토요일이나 일요일에 그녀에게 방문할 수 있어요.
→ or: 또는, ~이거나(선택, 나열)
2 그는 피곤해서 일찍 자러 갔다. → so: ~해서(결과)
3 그 가방은 내 것도 아니지만, 그녀의 것도 아니다.
→ nor: 또한 ~도 아니다(연속 부정)
4 날이 어두워지고 있었기 때문에 우리는 집으로 돌아왔다.
→ for: ~이기 때문에(이유)

UNIT 58 상관 접속사, 병렬 구조 p.269

1 I like not only math but also science.
2 That movie is neither interesting nor informative.
3 I'll buy either a laptop or a smartphone.

1 'A뿐만 아니라 B도'는 not only A but also B이다.
2 연속된 두 가지 내용을 부정할 때는 neither A nor B를 쓴다. not ~ nor에 비해 어느 것도 아니라는 내용을 강조한다.
3 either A or B는 'A, B 둘 중 하나'라는 뜻으로, or만 쓰는 것에 비해 선택의 뜻이 강조된다.

UNIT 59 명사절 접속사 (1) that, whether, if p.271

1 is 2 틀린 부분 없음 - ○ 3 I should go

1 그가 갑자기 회사를 떠난 것이 이상해. → 명사절은 단수 취급
2 내가 그것을 해낼 수 있을 거란 믿음이 있어.
→ 동격의 명사절 접속사 that
3 내가 가야 하는 건지 아닌지 확신이 없어.
→ 의문을 나타내는 whether절 어순: 접속사 + 주어 + 동사

UNIT 60 명사절 접속사 (2) 의문사, -ever p.273

1 who 2 how old 3 whoever

1 나는 옆집에 누가 살고 있는지 몰라. → who: 누구(사람)
2 나는 그녀가 몇 살인지 궁금해.
→ how old: 몇 살인지, how many: 몇 개인지
3 우리는 당신이 추천하는 사람 누구든 고용할 것입니다.
→ whoever: 누구든

UNIT 61 부사절 접속사 (1) 시간 p.277

Q1
1 since 2 until 3 while 4 receive

1 그에게서 소식을 들은 지(들은 이래로) 아주 오래되었다.
→ ~이래로: since
2 네가 준비될 때까지 우리는 기다릴 거야. → ~할 때까지: until
3 내가 전화하는 동안 잠시 기다려 주실 수 있나요?
→ ~하는 동안: while
4 이 서신을 받는 즉시 본사로 오시기 바랍니다.
→ 시간 부사절에서는 현재시제가 미래시제를 대신한다.

Q2
1 The movie had already started when I arrived.
2 Wash your hands before you eat.
3 Whenever I eat out, I always spend too much money.
4 By the time (that) my friends arrive, I will be back home.

1 시점(~했을 때)은 when을 써서 나타낼 수 있다. 도착한 시점보다 영화가 시작한 시점이 더 먼저이므로 대과거(had started)를 써 준다.
2 '~하기 전에'는 접속사 before를 쓴다. before가 전치사일 때는 (동)명사구가 뒤에 오지만, 접속사일 때는 주어, 동사를 갖춰서 쓴다.
3 반복되는 상황(~할 때마다)은 whenever를 써서 나타낸다. when, every time (that)을 써도 반복되는 상황을 나타낼 수 있다.
4 by the time (that)은 until과 같은 뜻으로, '~할 때까지'이다.

UNIT 62 부사절 접속사 (2) 이유, 양보 p.279

1 I can't exercise as my arm still hurts.
2 Now that the weather is not cold, I walk to school.
3 Although I didn't take a nap, I don't feel tired.
4 However much it costs, I want to study in England.

1 팔이 아픈 것이 운동을 못 하는 '이유'이다. 접속사 as, because 등을 써서 이유를 나타낼 수 있다.
2 '이제 ~이기 때문에'라는 뜻이 되려면 시간과 이유를 동시에 나타내는 접속사 now that 또는 because ~ now를 써야 한다.
3 '~에도 불구하고'는 양보의 의미이다. 부사절에 although, even though 등을 쓴다.
4 '아무리 많이'는 however much로 나타낼 수 있다. It costs much.(돈이 많이 든다.)에서 much를 강조하여 부사절로 연결했다.

UNIT 63 부사절 접속사 (3) 대조, 조건 p.281

1 round 2 Unless 3 whereas 4 only if

1 시계는 둥근 모양인 반면, 상자는 네모 모양이다.
→ while은 대조되는 내용을 연결한다.
2 일찍 일어나지 않으면, 너는 회의에 늦을 거야.
→ 문맥상 부정의 의미를 함께 지닌 Unless(= If not)가 정답이다.
3 그는 겨우 지갑 하나를 들고 다닌 반면, 나는 무거운 가방 네 개를 들었다. → whereas는 대조되는 내용을 연결한다. in case는 '~한 경우에 대비하여'라는 뜻으로 조건을 나타낸다.
4 반드시 표를 소지해야 콘서트홀에 입장할 수 있어요.
→ only if: 반드시 ~하는 경우에만, even if: 만약 ~할지라도

UNIT 64 접속사와 전치사 비교 p.283

1 while 2 traffic 3 because of

1 제가 없는 동안 가방 좀 봐주실 수 있어요?
→ 접속사 while(~하는 동안에) + 주어 + 동사
2 교통 때문에 나는 오늘 아침에 늦었어.
→ 전치사 due to(~때문에) + 명사
3 그녀는 일 때문에 도쿄로 이사 갔어요.
→ 전치사 because of(~때문에) + 명사구

Chapter Review Test 10

p.288

Grammar for Reading

1 despite 2 whatever 3 Both 4 whereas 5 during
6 Although 7 while 8 that

1 해석 바쁜 일정에도 불구하고 저희의 초대를 수락해주셔서 감사합니다.

해설 뒤에 명사구(your busy schedule)가 왔으니 전치사가 적절하다. despite(~에도 불구하고)가 정답이다.

2 해석 좋은 아이, 불평하지 않는 근로자, 또는 협력적인 환자가 되려는 우리의 노력 속에서, 우리 중 많은 사람들은 그들이 우리가 하길 원하는 무엇이든 거기에 찬성함으로써 사람들을 기쁘게 하려는 덫에 빠지고 만다.

해설 구동사 go along with는 '~에 찬성하다, 동조하다'라는 뜻으로 with 다음에는 명사 상당 어구가 와야 한다. whatever(무엇이든 간에)는 명사절을 이끌 수 있으므로 whatever가 정답이다.

3 해석 축제는 오전 10시부터 오후 5시까지 열립니다. 입장권과 주차는 둘 다 무료입니다. 더 많은 정보를 얻으려면, 저희 웹사이트에 방문하세요.

해설 뒤에 등위 접속사 and가 왔으며, 문맥상 입장권과 주차가 둘 다 무료라고 하는 것이 더 적절하다. 따라서 both A and B 구조를 이루는 Both가 정답이다.

4 해석 아프리카는 가장 높은 인구 성장률을 보이는 반면, 유럽은 가장 낮은 (인구 성장)률을 보인다.

해설 아프리카와 유럽의 상황을 대조적으로 보여주고 있으므로 대조의 접속사 whereas가 정답이다.

5 해석 우리 학교는 여러분 모두에게 여름 방학 동안 캠프에 참여할 수 있는 기회를 제공하고 있습니다. 이 캠프는 티팟 빌리지에서 개최될 예정입니다.

해설 특정 상황을 나타내는 말 앞에는 전치사 during(~동안에)을 써서 기간을 나타낼 수 있다. while(~하는 동안에)도 기간을 나타낼 수 있지만 뒤에 주어, 동사가 와야 한다.

6 해석 나는 훌륭한 학생이었거나 훌륭한 축구 선수는 아니었지만, 결국 내가 꿈꾸던 대학을 졸업했을 뿐만 아니라 팀의 영웅이 되었다.

해설 종속절과 주절의 내용이 대비를 이루고 있다. 양보의 접속사 Although(~할지라도)가 정답이다.

7 해석 오늘날 많은 스마트폰 사용자들은 그들의 핸드폰을 대화 중에도 확인하며, 그것이 무례하다고 생각하지 않는다. 이것은 다른 사람 – 친구, 동료, 상사가 이야기하는 동안에 일반적으로 일어난다.

해설 다른 사람이 이야기할 때 스마트폰을 확인한다는 내용의 문장이다. 동시 상황을 나타내는 부사절 접속사 while이 적절하다. 주절(This ~ place)의 문장 성분이 모두 갖춰져 있으므로 명사절 접속사 whether는 적절하지 않다.

8 해석 우리는 우리의 음악 취향이 개성을 표현하는 훌륭한 방법이라고 믿는 경향이 있지만, 컬럼비아 대학교 사회학자들은 우리는 다른 사람들이 그 음악을 즐기는 것을 알기 때문에 우리가 듣는 음악을 좋아하는 것뿐이라고 주장한다.

해설 동사 believe의 목적어가 되려면 명사절이 와야 한다. that과 what 둘 다 명사절을 이끌지만 접속사 뒤에 완전한 절이 오므로 that이 적절하다.

Grammar for Writing

1 The book is neither interesting nor informative.
2 It is a fact that the world is round.
3 Can you wait a moment while we are having dinner?
4 Unless you wake up early[If you don't wake up early], you'll be late for the meeting.

1 TIP nor은 연속 부정을 나타낸다. not 대신 neither를 쓰면 '둘 다 아니다'라는 의미를 더욱 강조할 수 있다.

2 TIP '~한다는 것'은 that이 이끄는 명사절로 나타낸다. That the world is round is a fact.라고도 쓸 수 있지만, 주어가 길어질 경우 가주어 it – 진주어 that절의 형태가 더 일반적이다.

3 TIP '~하는 동안에'는 while을 써서 나타낸다. while 뒤에는 대체로 진행형 시제가 어울린다.

4 TIP '~하지 않는다면'은 if ~ not 또는 unless로 나타낸다.

Grammar for Speaking

1 추가 예시 I helped him relax because he was stressed. 그가 스트레스를 받고 있었기 때문에 나는 그가 편안해질 수 있게 도왔다.
She quit her job because of the stress. 그녀는 스트레스 때문에 일을 그만두었다.

2 추가 예시 I like to listen to music while I exercise. 나는 운동하는 동안 음악 듣는 것을 좋아해요.
I lived in Europe during high school. 나는 고등학교 때 유럽에서 살았다.

1 TIP 전치사 because of 뒤에는 명사(구), 접속사 because 뒤에는 '주어 + 동사'가 온다.

2 TIP 전치사 during 뒤에는 명사(구), 접속사 while 뒤에는 '주어 + 동사'가 온다. while은 동시 상황을 나타내며, during은 '(그 기간) 동안에'라는 뜻이다.

Chapter 11 관계사

UNIT 65 관계대명사의 기본 개념 p.295

1 주격 2 목적격 3 소유격

1 나는 7개 국어를 하는 한 남자를 인터뷰했다.
→ 주격 관계대명사 who(관계대명사절에서 주어 역할)
2 로버트는 내가 중학교 때부터 알고 지낸 친구이다.
→ 목적격 관계대명사 whom(관계대명사절에서 목적어 역할)
3 나는 이름이 제임스인 한 남자를 안다.
→ 소유격 관계대명사 whose(관계대명사절에서 소유격 대명사 역할)

UNIT 66 관계대명사 who, which p.297

Q1
1 We need volunteers who will read books to children.
2 Jane wore a dress which she bought in New York.
3 I found a café which serves excellent coffee.

1 우리는 아이들에게 책을 읽어 줄 자원봉사자들이 필요하다.
→ 주격 관계대명사 who(사람)
2 제인은 뉴욕에서 산 드레스를 입었다.
→ 목적격 관계대명사 which(사물, 동물)
3 나는 훌륭한 커피를 제공하는 카페를 발견했다.
→ 주격 관계대명사 which(사물, 동물)

Q2
1 whom 2 whose

1 나는 전에 알던 한 소녀와 마주쳤다.
→ 목적격 관계대명사 whom(사람)
2 저 사람이 지갑을 도둑맞은 그 남자이다.
→ 소유격 관계대명사 whose(사람, 사물, 동물)

UNIT 67 관계대명사 that, what p.299

1 내가 신뢰할 수 있는 유일한 사람
2 다른 사람들이 말하는 것
3 그들이 가져온 것

1 너는 내가 신뢰할 수 있는 유일한 사람이다.
→ 선행사에 the only가 포함되어 있음: 관계대명사 that
2 나는 다른 사람들이 말하는 것에 신경쓰지 않는다.
→ 선행사를 포함하는 관계대명사 what
3 그들은 가져온 것을 우리에게 보여주었다.
→ 선행사를 포함하는 관계대명사 what

UNIT 68 전치사 + 관계대명사, 관계대명사의 생략 p.301

1 that 2 × 3 that is 4 that was

1 저는 당신이 요청했던 문서를 찾을 수 없습니다.
→ 목적격 관계대명사 that 생략
2 그는 감정을 공유할 수 있는 진정한 친구를 원한다.
→ 목적격 관계대명사가 전치사 뒤에 오면 생략 불가
3 그 집은 공원을 바라보고 있는 발코니가 있다.
→ '주격 관계대명사 + be동사 + 분사'의 형태에서는 주격 관계대명사와 be동사를 생략할 수 있다.
4 나는 매일 아침 우리 할아버지에 의해 지어진 집에서 일어난다.
→ '주격 관계대명사 + be동사 + 분사'의 형태에서는 주격 관계대명사와 be동사를 생략할 수 있다.

UNIT 69 관계대명사의 계속적 용법 p.303

1 b 2 b 3 a

1 관계대명사절이 선행사(a daughter)를 수식하여 의미를 한정한다.
→ 관계대명사의 한정적 용법
2 관계대명사 앞에 콤마(,)가 왔으므로 선행사(team sports)에 관한 추가 정보를 제공하는 역할로 쓰였음을 알 수 있다.
→ 관계대명사의 계속적 용법
3 콤마(,)를 기점으로 앞 절 내용이 일단락되고, 관계대명사절은 선행사(Mr. Johnson's employees)에 관한 추가 정보를 제공한다.
→ 관계대명사의 계속적 용법

UNIT 70 관계부사 p.305

1 when / on which
2 the way 또는 how 삭제 / the way in which
3 why / for which

1 나는 아직도 그가 내 사무실로 온 날을 기억한다.
→ 시간 선행사(the day)와 어울리는 관계부사 when, 또는 on which
2 우리는 분기별 보너스를 지급하는 방식을 바꿀 것이다.
→ 방법 선행사(the way)와 관계부사 how는 함께 쓰지 않는다. 둘 중 하나를 삭제하거나 how를 in which로 바꿔야 한다.
3 피터는 어제 결석한 이유를 나에게 말하지 않았다.
→ 이유 선행사(the reason)와 어울리는 관계부사 why, 또는 for which

UNIT 71 복합관계사 p.307

1 네가 원하는 무엇이든 2 내 상황을 설명하려고 할 때마다
3 내가 어디에 있든

1 너는 네가 원하는 무엇이든 할 수 있다.
→ 명사절을 이끄는 복합관계대명사 whatever
2 내 상황을 설명하려고 할 때마다 아무도 나에게 귀 기울이지 않는다.
→ 시간 부사절을 이끄는 복합관계부사 whenever
3 내가 어디에 있든 항상 너를 기억할 것이다.
→ 양보 부사절을 이끄는 복합관계부사 wherever

Chapter Review Test 11 p.310

Grammar for Reading

1 where 2 which 3 What 4 who 5 in which
6 which 7 why 8 whose

1 해석 서식지의 다양성은 생명이 존재하는 장소의 다양성을 가리킨다.
해설 선행사가 장소이며, 뒤에 완전한 절이 왔으므로 관계부사 where가 정답이다. 여기서 관계부사 where는 in which로 바꿔 쓸 수 있다.

2 해석 물은 칼로리는 없지만, 위 안에서 공간을 차지하는데, 이것은 포만감을 만들어낸다.
해설 관계대명사 which 앞에 콤마가 왔으므로 계속적 용법으로 쓰였다는 것을 알 수 있다. 여기서 관계대명사 which는 앞 절 전체(it takes up ~ stomach)를 받는다. 관계대명사 that은 계속적 용법으로 쓸 수 없다.

3 해석 사람들이 깨닫지 못하는 것은 플라스틱 물병이 그 자체로 사람들에게 해로울 수도 있다는 것이다.
해설 문장이 선행사 없이 바로 관계대명사로 시작하므로 선행사를 포함하는 관계대명사 what(~하는 것)이 와야 한다. 문맥상 realize의 목적어가 필요하므로 명사절 접속사 that은 올 수 없다.

4 해석 바에서 피아노를 연주한 한 남자가 있었다. 그는 훌륭한 피아니스트였고 사람들은 단지 그가 연주하는 것을 듣기 위해 왔다.
해설 뒤에 오는 played the piano in a bar에 주어가 없으므로, 주격 관계대명사 who가 필요한 자리이다.

5 해석 남을 비판하는 습관에 빠지기 쉽다. 우리는 누군가가 먹는 방법이나 그들이 말하는 방식을 비판한다.
해설 이 문장에서 관계대명사가 대신하는 말 the manner는 speak의 목적어가 아니라 전치사 in의 목적어이므로 in을 생략할 수 없다. 참고로 앞에 있는 방법을 나타내는 선행사 the way 뒤에는 관계부사 how(=in which)가 생략된 구조이다.

6 해석 여러분은 많은 물을 마시고, 다량의 설탕이 함유된 탄산음료와 코코아 같은 음료를 피해야 하는데, 그것(설탕)은 몸에 부정적인 영향을 미친다.
해설 관계대명사 앞에 선행사 sugar가 나왔으므로 선행사를 포함하지 않는 관계대명사 which가 와야 한다.

7 해석 훌륭한 문제 해결자들은 어떤 것이 잘못되어 가고 있는 이유에는 관심이 없다. 그들은 그것을 올바르게 하는 방법을 찾아내고 싶어한다. 올바른 질문은 당신을 그러한 방향으로 이끌 것이며, 최종적으로 당신이 직면하고 있는 문제를 해결할 것이다.
해설 빈칸 이후 부분에 문장 성분이 갖춰진 완전한 절(something is going wrong)이 왔으며, 앞에 있는 명사가 이유를 나타내는 the reason이다. 선행사가 이유를 나타낼 때 쓰이는 관계부사 why가 적절하다.

8 해석 만약 여러분이 마음과 몸이 과로를 겪고 있는 수많은 사람들 중 한 명이라면, 여러분은 여러분에게 더 긍정적이고 활기찬 삶을 줄 우리의 프로그램이 필요합니다.
해설 mind and body(마음과 몸)는 선행사 countless people이 소유한 것으로 봐야 한다. 따라서 소유격 관계대명사 whose가 정답이다.

Grammar for Writing

1 We need volunteers who can play the piano.
2 My mom is the only person that I can trust.
3 School is the place (where) I spend most of my time.
4 The information (that) you requested is on our website.

1 TIP '어떤' 자원봉사자들이 필요한지 말할 때 사람을 나타내는 주격 관계대명사 who를 활용한 형용사절로 나타낼 수 있다.

2 TIP 선행사에 the only, the same, the very 등의 표현이 포함될 때는 관계대명사 that을 쓴다.

3 TIP 관계부사 where가 이끄는 절이 the place처럼 전형적으로 장소를 나타내는 선행사를 수식할 때는 관계부사나 선행사 둘 중 하나를 생략할 수 있다.

4 TIP '당신이 요청했던'이라는 부분은 관계대명사를 활용한 형용사절로 나타내면 된다. 여기에서 관계대명사는 requested의 목적어 역할을 하는 목적격 관계대명사이므로 생략할 수 있다.

Grammar for Speaking

1 추가 예시 I'll visit a cousin who lives in Mexico City. 나는 멕시코시티에 사는 사촌을 방문할 것이다.
2 추가 예시 The shoes (which) I ordered haven't arrived. 내가 주문한 신발은 도착하지 않았다.
3 추가 예시 I'll never forget what you've done for me. 당신이 저를 위해 해준 일을 절대 잊지 않을 것입니다.

1 TIP 주격 관계대명사 who를 활용해 선행사가 어떤 사람인지 설명하는 다양한 표현을 할 수 있다.

2 TIP 사물·동물을 받는 목적격 관계대명사 which와 buy, know, like, want 등 목적어를 취하는 동사를 활용해 내가 산 것, 아는 것, 좋아하는 것에 관해 말할 수 있다.

3 TIP 관계대명사 what을 쓸 때는 앞에 선행사를 쓰지 않도록 주의한다.

Chapter 12 명사와 수 일치

UNIT 72 명사 (1) 셀 수 있는 명사, 셀 수 없는 명사 p.319

1 Don't forget to turn off the light!
2 I put some milk in my coffee.
3 The children are dancing on the stage.

1 light가 전등을 뜻할 때는 셀 수 있는 명사이다. 말하는 사람과 듣는 사람이 알고 있는 '그 불'을 끄라는 뜻이므로 정관사 the가 붙었다.
2 우유(milk)는 셀 수 없는 명사이다. '우유 조금'은 some milk라고 표현할 수 있다. 커피(coffee)는 셀 수 없는 명사로 무관사도 가능하지만, 소유격을 붙여 my coffee(내 커피)라고 표현할 수도 있다.
3 '아이들'을 뜻하는 명사 children은 집합명사이다. 불규칙 복수형으로 -s가 붙지 않지만 복수 취급한다.

UNIT 73 명사 (2) 주의해야 할 명사 p.321

1 are 2 teeth 3 a room

1 두 남자가 악수를 하고 있다.
→ men은 man의 복수형(복수동사 are)
2 그녀는 아주 예쁜 치아를 가지고 있다.
→ teeth는 tooth의 복수형
3 여기 호텔의 객실을 예약하고 싶습니다.
→ room: 공간, a room: 방

UNIT 74 명사 (3) 명사의 수량 표현 p.323

1 child 2 visit

1 각각의 아이가 선물을 받았다.
→ Each는 셀 수 있는 단수명사 앞에 온다. every(모든), a/one(하나의)도 단수명사 앞에만 오므로 주의한다.
2 매년 수많은 사람들이 이 섬을 방문한다.
→ people은 복수명사이므로 복수동사 visit가 되어야 한다.

UNIT 75 관사 (1) 부정관사와 정관사 p.325

1 Pam is wearing a skirt today.
2 The moon is shining bright.
3 I bought some oranges. The oranges were very sweet.

1 skirt는 셀 수 있는 명사이다. 옷의 한 종류로서 치마를 입었다는 뜻이므로 부정관사 a(하나의)를 써서 표현한다.
2 달은 고유한 물체이다. 고유한 것 앞에는 정관사 the가 온다.
3 앞 문장에서 언급한 '그 오렌지들'이라는 뜻이므로, 두 번째 문장에는 The oranges라고 표현한다.

UNIT 76 관사 (2) 주의해야 할 관사 p.327

1 lunch 2 such a pretty smile 3 were

1 너 점심 먹었어? → 식사를 나타내는 말 앞에는 관사를 생략한다.
2 당신은 정말 아름다운 미소를 가졌어요.
→ 부사 such를 써서 명사구를 강조할 경우 such를 관사 앞에 적어준다.
3 부유한 사람들은 경제에 대해 더 낙관적이었다.
→ 'the + 형용사(~한 사람들)'는 복수 취급한다.

UNIT 77 대명사 (1) 인칭대명사, 대명사 it p.329

1 I saw Lucy yesterday. She was at the mall.
2 This book is mine, not hers.
3 It was in the early morning that I met him.

1 '그녀'라는 의미로 주격 대명사 she를 쓴다.
2 누구의 것인지 말할 때는 소유 대명사를 쓴다.
3 대명사 it은 it is[was] ~ that 강조 구문에도 쓰인다.

UNIT 78 대명사 (2) 재귀대명사 p.331

1 myself 2 himself 3 themselves 4 ourselves

1 훈련 중에 나는 혼자서 다쳤다.
→ 주어 I의 동작을 받는 재귀대명사는 myself이다.
2 그는 스스로를 천재라고 불렀다.
→ 주어 He의 동작을 받는 재귀대명사는 himself이다.
3 그들은 편안하게 즐거운 시간을 보냈다.
→ enjoy oneself는 '(스스로) 즐거운 시간을 보내다'라는 뜻이다.
4 우리 스스로 집을 칠하자.
→ 재귀대명사는 강조하기 위해 부사처럼 쓰일 수 있다.

UNIT 79 대명사 (3) 지시대명사 p.333

1 This 2 that 3 Those

1 이곳은 동네에서 내가 가장 좋아하는 가게야.
→ store는 셀 수 있는 단수명사: this
2 새 차를 사는 비용이 오래된 것을 수리하는 비용보다 더 높다.
→ 한 문장 내에서 단수명사 The cost를 받으므로 that을 쓴다.
3 자신들의 약속을 어긴 사람들은 벌을 받았다.
→ '~한 사람들'은 those (who)로 나타낸다.

UNIT 80 대명사 (4) 부정대명사 ① p.335

1 one 2 others 3 another 4 neither

1 나는 TV가 없어. 하나 사야 해.
→ 특정하지 않은 하나: one
2 사라는 다른 사람들을 돕는 것에 관심이 있다.
→ 그녀 외에 불특정한 다른 사람들: others
3 한 상자를 사시면 또 다른 하나를 무료로 받으실 수 있습니다.
→ 또 다른 하나: another
4 우리는 두 대의 복사기가 있지만, 둘 다 제대로 작동하지 않는다.
→ 둘 중 어느 것도: neither(역접을 나타내는 but이 있으므로 부정의 의미를 지닌 neither가 온다. 참고로 both는 뒤에 복수동사가 오므로 문법적으로도 답이 될 수 없다.)

UNIT 81 대명사 (5) 부정대명사 ② p.337

1 Most of the students have not passed[didn't pass] the exam.
2 I went to the zoo with a few of my friends.
3 He told me a little about his life.
4 Few of her films are known to the public.

1 대부분을 뜻하는 부정대명사는 most이다. 가산/불가산, 단수/복수에 상관없이 쓸 수 있다.
2 친구들(friends)은 셀 수 있는 명사이므로 a few로 '몇몇'이라고 나타낼 수 있다.
3 life는 '삶, 인생'이라는 의미일 때 셀 수 없는 명사 취급한다. 삶의 '일부[조금]'는 a little로 표현할 수 있다.
4 영화가 작품 하나하나를 말할 때는 셀 수 있는 명사이다. '극히 일부'는 부정적인 어감이 있으므로 앞에 a를 붙이지 않고 few라고 표현한다.

Chapter Review Test 12 p.342

Grammar for Reading

1 himself **2** much **3** the **4** have **5** theirs
6 the other **7** those **8** little

1 해석 그 자신을 남들과 비교하는 사람은 공포감 속에 산다.

해설 문맥상 자기 자신과 남을 비교한다고 해야 하므로, 주어 The person을 목적어로 받아 재귀대명사를 써주어야 한다. 성별을 알 수 없는 단수 대명사는 himself로 받을 수 있다.

2 해석 너무 많은 정보가 있었기 때문에 나는 온라인 검색을 포기했다.

해설 information은 셀 수 없는 명사이다. 양을 수식하는 much가 정답이다.

3 해석 5월 29일에 폭우가 있었지만, 그 다음날 해가 떴다.

해설 고유한 물체(sun) 앞에는 정관사 the가 붙는다.

4 해석 우리는 우리가 먹는 것이다(우리가 먹는 것이 곧 우리 자신이다). 우리가 먹는 동물들의 섭식은 우리가 먹는 음식 그 자체의 영양 품질과 관련이 있다.

해설 복수명사 The diets가 주어이므로 복수동사 have가 정답이다.

5 해석 당신이 알다시피, 개들은 그들이 행복하다는 것을 보여주기 위해 꼬리를 흔들 수 있다. 꼬리는 또한 보호 수단으로 역할을 하기도 한다. 예를 들면, 말들은 해로운 곤충을 쫓아내기 위해 그들의 꼬리를 사용한다.

해설 문맥상 말들의 꼬리(horses' tails)를 가리키는 대명사가 와야 하므로, 소유 대명사 theirs가 정답이다.

6 해석 '너는 때때로 게으르게 행동해'와 '너는 게으른 사람이야'라고 말하는 것 사이에는 엄청난 차이가 있다. 하나는 게으름이 일시적이라는 뜻을 나타내고 있는 반면, 다른 하나는 그것이 영구적이라는 뜻을 나타낸다.

해설 앞에서 제시된 두 가지를 차례로 지칭하고 있다. 둘 중에 하나와 하나뿐인 나머지 전체를 가리키므로 정관사가 붙은 the other가 와야 한다.

7 해석 인생에는 우리가 알지 못하는 것들이 많이 있으며, '나는 모른다'라고 말할 자유가 있다. 자신이 모른다고 인정할 수 있는 사람들이 모든 것을 아는 척하는 사람들보다 이성적으로 그리고 감성적으로 더욱 자신감 있는 경향이 있다.

해설 두 가지 부류의 사람들을 비교하는 내용이다. '~한 사람들'은 'those + who(관계대명사절)'로 나타낸다.

8 해석 나는 잘못된 음식들을 먹었다는 걸 알았다. 아침에는 단 음식들과 점심에는 탄산음료와 감자칩(을 먹은 것이다). 나는 올바른 음식들이 무엇인지 정말 알지 못했다. 나는 그저 더 적게 먹을 필요가 있음을 알았다. 그래서 나는 내가 먹을 수 있는 가장 적은 양을 먹었다. 놀랍지 않게도, 나는 체중을 줄였지만 아주 힘이 없었다.

해설 energy는 셀 수 없는 명사이다. few는 셀 수 있는 명사를, little은 셀 수 없는 명사를 수식하므로 little이 정답이다.

Grammar for Writing

1 A number of people visit Jeju every year.
2 The wealthy were more optimistic about the economy.
3 If you buy one box, you can get another for free.
4 Few of his books are known to the public.

1 TIP a number of는 '수많은'이라는 뜻으로 복수명사 앞에 온다. 따라서 복수동사로 동사의 수 일치를 시킨다. many를 써도 올바른 표현이다.

2 TIP 'the + 형용사'는 '~한 사람들'이라는 뜻이다. 복수동사 were를 써준다.

3 TIP another는 '또 다른 하나'를 가리킨다. 앞에서 언급한 것 외에 또 다른 하나를 가리킨다.

4 TIP few나 a few는 셀 수 있는 명사를 수식한다. 단, 앞에 a가 붙으면 꽤 있다는 뜻이고, a가 없이 쓰이면 아주 적다는 주관적인 판단이 들어간다.

Grammar for Speaking

1 추가 예시 It's my birthday. 오늘은 내 생일이야.
2 추가 예시 I cut[hurt] myself chopping vegetables. 나는 야채를 다지다가 (손을) 베었다[다쳤다].
3 추가 예시 I don't like this dress. Do you have any others? 난 이 드레스가 맘에 들지 않아요. 다른 드레스 없나요?

1 TIP 대명사 it은 날짜, 날씨, 온도 등을 나타낼 때 쓸 수 있다.

2 TIP 동작의 대상이 주어와 같으면 재귀대명사를 쓴다. 실수로 손을 베거나 다쳤을 때도 자기 스스로를 벤 것이므로 cut[hurt] oneself로 표현할 수 있다.

3 TIP 부정대명사 others는 그 외에 '다른 것(사람)들'을 가리킨다.

Chapter 13 비교 구문

UNIT 82 형용사 p.349

1 many good 2 delicious 3 her 4 happy

1 그는 많은 좋은 친구들이 있어.
→ 좋은 친구들이 많다는 뜻이므로 수량 표현 many가 더 앞에 온다.
2 수프에서 맛있는 맛이 나.
→ 지각동사(taste)에는 형용사 보어가 온다.
3 난 그녀가 재밌고 아름답다는 것을 알았어.
→ 목적어인 her(그녀)의 상태를 나타내기 위해 형용사가 목적격보어로 쓰였다.
4 그녀는 오늘 아침에 행복해 보였어.
→ 지각동사(appear)에는 형용사 보어가 온다.

UNIT 83 부사 p.351

1 patiently 2 always runs 3 turn it down 4 big enough

1 그녀는 끈기 있게 기다렸다.
→ 동사 waited를 수식하므로 부사가 온다.
2 제이슨은 항상 학교에 뛰어간다.
→ 빈도부사는 일반동사 앞에 위치한다.
3 그것 좀 줄여 줄래요?
→ '타동사 + 부사' 구조의 구동사에서 대명사가 목적어로 올 경우 부사 앞에 위치한다.
4 이 방은 네 사람이 쓰기에 충분히 크지 않다.
→ 부사 enough는 형용사를 수식할 때 형용사 뒤에 위치한다.

UNIT 84 형용사와 부사 비교 p.353

1 It's important to exercise regularly.
2 It will probably take about two hours.
3 It's more convenient to go by subway.
4 He is a highly successful actor.

1 가주어 it이 쓰여 '~하는 것은 …하다'라는 문장 구조를 이룬다. 동사 exercise를 부사 regularly가 수식한다.
2 동사 take는 여기서 '(시간이) 걸리다'라는 뜻이다. 추측을 말할 때 쓰는 부사 probably가 동사구의 내용을 수식한다.
3 more convenient가 진주어인 to부정사구를 수식한다.
4 highly는 '매우'라는 뜻의 부사이다. 얼마나 성공했는지 형용사 successful을 수식해준다.

UNIT 85 비교급 p.355

1 younger 2 than 3 more

1 존이 나보다 더 어리다. → 형용사 young의 비교급은 younger
2 그들은 나보다 더 일찍 도착했어.
→ 비교 대상을 나타내는 than
3 더 적게 돈을 쓸수록, 더 많이 저축한다.
→ 부사 much의 비교급은 more(형용사 many의 비교급과 같다.)

UNIT 86 최상급 p.357

1 the richest 2 woods 3 longest 4 worst

1 세계에서 누가 가장 부유한 사람이지?
→ 형용사 rich의 최상급은 richest(최상급 앞에는 정관사 the를 써주는 것이 원칙이다.)
2 대나무는 아주 강한 나무 중 하나이다.
→ 'one of the 최상급 + 복수명사'는 '아주 ~한 것들 중 하나'라는 뜻이다.
3 그 강은 나라에서 두 번째로 긴 강이다.
→ 'the + 서수 + 최상급'으로 순위를 나타낼 수 있다.
4 그것은 내가 본 것 중 가장 나쁜 영화였다.
→ 형용사 bad의 최상급은 worst이다.

UNIT 87 여러 가지 비교 구문 p.359

1 good 2 faster 3 than

1 그들은 평소만큼 잘했어. → as 원급 as: ~만큼 …하다
2 새 기계는 예전 것보다 4배 더 빠르다.
→ ~ times 비교급: ~배 더 …하다
3 에린은 학급에 있는 어느 누구보다도 더 열심히 공부한다.
→ 비교급 than + anyone else: 어느 누구보다 더 …한

Chapter Review Test 13 p.363

Grammar for Reading

1 effective **2** free **3** is always **4** good enough
5 late **6** greater **7** specific **8** most popular

1 해석 브레인스토밍(창조적 집단 사고)은 어려운 문제에 대한 매우 창의적인 해결책을 개발하는 데 효과적인 방법이다.

해설 뒤에 명사 method(방법)가 왔다. 따라서 뒤에 오는 명사를 수식할 수 있는 형용사 effective(효과적인)가 문맥상 적절하다.

2 해석 그 서비스는 6월 30일까지 월요일에서 금요일, 오전 8시부터 오후 3시까지 지속될 것입니다. 편하실 때 저희 매장에 자유롭게 방문해주시기 바랍니다.

해설 앞에 있는 지각동사 feel의 보어인 형용사가 필요하다. 형용사 free가 정답이다.

3 해석 존은 학교 대표로, 학교 활동에 참여하느라 항상 바쁘다. 그는 토론 모임을 이끌고 있으며, 학교 축제까지도 준비하고 있다.

해설 빈도부사는 be동사 뒤에, 일반동사 앞에 온다. 따라서 is always의 어순이 되어야 한다.

4 해석 저는 이번 여름 여행을 위한 호텔을 찾고 있습니다. 저는 파리에 있는 호텔을 예약할 수 있는 유용한 웹사이트를 발견했어요. 하지만 그것은 전부 프랑스어로 되어 있고, 내 프랑스어는 그것을 이해하기에 충분히 좋지 않아요.

해설 부사 enough는 형용사를 뒤에서 수식한다. 따라서 good enough의 어순이 되어야 한다.

5 해석 진수는 학교에 자주 늦는다. 이 행동은 그의 성적에 영향을 준다. 게다가, 그의 몇몇 학급 친구들은 그가 수업에 늦게 들어올 때마다 그가 일으키는 소란에 대해 불평한다.

해설 동사구 enters class를 수식하는 부사가 와야 한다. late는 형용사(늦은), 부사(늦게)로 모두 쓰일 수 있으므로 late가 정답이다. lately는 '최근에'라는 뜻의 부사이므로 적절하지 않다.

6 해석 의사 결정자의 지식과 경험은 필수적이며, 그것은 좋은 의사 결정에 기여할 수 있다. 의사 결정자가 가진 지식과 경험이 많을수록, 좋은 의사 결정의 가능성은 더 커진다.

해설 'the 비교급 + 주어 + 동사, the 비교급 + 주어 + 동사'는 '~하면 할수록 더 …하다'라는 뜻이다. 따라서 앞에 온 The more에 상응하는 the greater가 되어야 한다. 문맥상 the greater ~ decision 이후에는 be동사 is가 생략되었다.

7 해석 우리가 인터넷에서 뭔가를 검색할 때, 왜 11,980,764개의 결과를 얻는 것일까? 수천만의 페이지가 인터넷에 존재하며, 더욱 더 많은 것들이 매일 추가되고 있다. 방대한 목록의 결과를 피하려면, 여러분은 가능한 한 구체적이 되어야 한다.

해설 as ~ as 사이에는 비교급이 아닌 원급이 와야 한다. as specific as possible은 '가능한 한 구체적인'이라는 뜻이다.

8 해석 밀레니엄 휠은 일 년에 약 4백만 명의 사람들이 방문하는 영국에서 아주 인기 있는 여행 명소 중 하나이다. 그것은 크리스마스날을 제외하고는 일년 내내 열려 있다. 그것은 워털루, 웨스트민스터 역을 포함하여 다수의 지하철역에서 걸어갈 수 있는 거리 안에 있다.

해설 명사구 tourist attractions를 수식하는 형용사가 와야 한다. 형용사 popular의 최상급은 the most popular이다.

Grammar for Writing

1 The street is usually full of tourists.
2 This movie is highly recommended.
3 The younger you are, the easier it is to learn.
4 The Amazon River is the second longest river in the world.

1 TIP usually는 '보통, 대개'라는 뜻의 빈도부사이다. 위치가 자유로운 다른 부사들과 달리 빈도부사는 be동사 뒤, 일반동사 앞에 온다.

2 TIP recommended는 '추천할 만한'이라는 뜻의 형용사이다. 형용사를 수식하는 부사 highly(매우)를 앞에 써준다.

3 TIP '~할수록, 더 …하다'는 'the 비교급 + 주어 + 동사, the 비교급 + 주어 + 동사' 구문으로 나타낸다. the 비교급 뒤에 있는 주어, 동사는 의미가 통하면 생략한다.

4 TIP 'the 서수 + 최상급'을 쓰면 형용사나 부사를 사용해서 '몇 번째로 ~한지' 나타낼 수 있다.

Grammar for Speaking

1 추가 예시 I usually meet my friends after work.
나는 보통 업무 이후에 친구들을 만난다.
I never cook at home.
나는 집에서는 요리를 전혀 안 한다.

2 추가 예시 Texting can be more convenient than calling. 문자를 보내는 것이 전화하는 것보다 더 편리할 수 있다.
Renting is better than buying.
대여하는 것이 사는 것보다 더 좋다.

3 추가 예시 He's the most interesting person I know.
그는 내가 아는 가장 재미있는 사람이다.
She's the oldest in our class.
그녀는 우리 반에서 가장 나이가 많다.

1 TIP 빈도부사는 be동사 뒤, 일반동사 앞에 쓴다.

2 TIP 비교급은 두 가지 대상을 비교할 때 쓸 수 있다. 비교 대상은 than을 써서 나타낸다.

3 TIP 최상급은 '가장 ~한[하게]'라는 뜻으로 쓰인다. 앞에 정관사 the를 함께 써주므로 주의한다.

Chapter 14 특수 구문

UNIT 88 부정 구문 p.369

1 no 2 Neither 3 none

1 그녀는 더 이상 여기서 일하지 않아요.
→ no longer는 '더 이상 ~않다/아니다'라는 뜻이다.

2 그들 중 아무도 차를 가지고 있지 않다.
→ Neither of는 '~중 둘 다 아니다'라는 뜻이다. Little은 셀 수 없는 명사에 쓰이므로 적절하지 않다.

3 그는 그들을 만나고 싶었지만, 아무도 오지 않았다.
→ '아무 (사람)도 없다/아니다'는 none으로 표현한다. nothing은 사물에 쓸 수 있다.

UNIT 89 도치 구문 p.371

1 Never will I go with Tom!
2 Here is my e-mail address.
3 So successful was his business.

1 나는 절대 톰과 함께 가지 않을 거야!
→ 부정어가 문장 맨 앞으로 이동하면 조동사가 있는 문장은 '조동사 + 주어 + 동사' 순서가 된다.

2 여기 제 이메일 주소가 있습니다.
→ here가 문장 맨 앞으로 이동하여 주어와 be동사가 도치되었다.

3 그의 사업은 아주 성공적이었다.
→ 형용사를 수식하는 부사 so까지 함께 문장 맨 앞으로 이동할 수 있다.

UNIT 90 강조 구문 p.373

1 It is health that[which] is real wealth.
2 It is he[him] that[who] owns the store.
3 It was past midnight that[when] the phone rang.
4 It was there that[where] we lived.

1 바로 건강이 진정한 재산이다.
→ 문장의 주어인 명사를 it is와 that[which] 사이에 넣어 강조한다.

2 가게를 소유한 것은 바로 그이다.
→ 주어를 it is ~ that[who] 강조 구문으로 강조할 경우 주격 대신 목적격 대명사를 쓸 수도 있다.

3 전화가 울린 것은 바로 자정이 지나고 나서였다.
→ 부사구 전체를 it was ~ that[when] 강조 구문으로 강조할 수도 있다. 원래 문장이 과거시제이므로 be동사는 was가 왔다.

4 우리가 살았던 곳이 바로 거기였어.
→ 장소를 나타내는 부사 there를 it was ~ that[where] 강조 구문으로 강조했다. 원래 문장이 과거시제이므로 be동사는 was가 왔다.

UNIT 91 생략 구문, 공통 관계 구문 p.375

Q1

1 나는 샐러드를 주문했고, 그는 파스타를 주문했다.
2 나는 그가 괜찮다고 생각했지만, 그는 그렇지(= 괜찮지) 않았다.
3 우리는 떠나고 싶지 않았으나, 그래야만(= 떠나야만) 했다.

1 앞에 나온 동사 ordered가 and 이후 절에서 생략된 것으로 볼 수 있다.

2 but 이후 절에서 wasn't 뒤에 형용사 fine이 생략된 것으로 볼 수 있다.

3 의무를 나타내는 조동사 had to 뒤에 앞에 나온 동사 leave가 생략된 것으로 볼 수 있다.

Q2

1 We can (reach an agreement) and must reach an agreement.
2 My sister likes comedies, but I don't (like comedies).
3 Do you want to play tennis or (to play) badminton?

1 우리는 합의에 이를 수 있으며, 그렇게 해야 한다.
→ 조동사 can 뒤에 reach an agreement가 생략되었다고 볼 수 있다.

2 내 여동생은 코미디를 좋아하지만, 나는 그렇지 않아.
→ 부정 표현 don't 뒤에 동사구 like comedies가 생략되었다.

3 너는 테니스를 치고 싶니, 아니면 배드민턴을 치고 싶니?
→ want에 연결되는 to부정사구에서 반복되는 to play가 생략되었다. 앞에 오는 'do you want to play' 전체가 생략되었다고 볼 수도 있다.

UNIT 92 삽입 구문, 동격 구문 p.377

Q1

1 I believe 2 to my knowledge
3 as I suggested earlier

1 모든 참가자들에게는, 내가 믿기로는, 많은 기회가 있었다.
→ 주어와 동사 사이에 I believe라는 삽입구가 들어갔다.

2 최종 보고서는, 내가 알기로는, 준비되지 않았다.
→ 동사구가 분리되어, has not과 been prepared 사이에 삽입구가 들어갔다.

3 그것은 가능한 일이에요, 제가 이전에도 암시했듯이, 그녀가 제 의도를 오해했을 수도 있어요.
→ 진주어 that절의 접속사와 주어 she 사이에 삽입구가 들어갔다.

Q2

1 becoming a fashion designer
2 (that) this plan would cost a lot of money
3 the hotel manager

1 그녀는 패션 디자이너가 되겠다는 그녀의 꿈을 따르기로 결정했다.
→ 전치사 of로 동격인 명사구를 연결할 수 있다.

2 나는 이 계획이 많은 비용이 들 것이라는 사실을 알고 있다.
→ 명사절 접속사 that으로 동격인 명사절을 연결할 수 있다.

3 호텔 매니저인 토마스 씨가 전화에 응답했다.
→ 콤마로 동격인 명사구를 삽입하여 앞에 있는 명사구를 부연 설명할 수 있다.

Chapter Review Test 14 p.381

Grammar for Reading

1 that 2 can we 3 is 4 that 5 no 6 can I
7 do 8 None

1 해석 자기 민족 중심주의는 당신의 문화가 모든 가능한 문화 중에서 최고라는 믿음이다.

해설 the belief에 해당하는 내용이 절 형태(your culture ~ possible cultures)로 설명되어 있다. 동격의 명사절 접속사 that이 필요하다.

2 해석 오직 우리 자신을 시험하는 것에 의해서만 우리가 정말로 이해하고 있는지 아닌지를 실질적으로 결정지을 수 있다.

해설 only가 이끄는 부사구가 문두에 오면 주어와 동사가 도치된다. 조동사가 있는 문장에서는 '조동사(can) + 주어(we) + 동사' 어순이 된다.

3 해석 동일한 지리학적, 환경적 요소를 관리하는 데 있어 컴퓨터가 인간보다 더 감각적이고 정확하기란 매우 어렵다.

해설 rarely는 '좀처럼 ~않다'라는 뜻의 부사이다. 부정의 의미를 지닌 말이 문두에 오면 주어와 동사는 도치된다.

4 해석 어떤 사진의 '스타일(look)'을 결정짓는 것은 바로 카메라 렌즈의 사용법이지, 그것이 디지털로 기록되었는지, 셀룰로이드판에 기록되었는지가 아니다.

해설 It is ~ that 강조 구문이다. 주어인 the use of camera lenses가 강조되었으며, 주어 이후 부분은 that 뒤에 서술하고 있다. and not 뒤에는 whether절이 왔으므로 '~인지 아닌지가 아니다'라고 해석한다.

5 해석 당신이 집에서 일할 때 집은 더 이상 당신의 성이 아니다. 그것은 당신이 짜증나는 고객들로부터 전화를 받고 당신이 종이 더미들로 엉망을 만드는 장소가 된다.

해설 no longer는 '더 이상 ~아니다'라는 뜻이다. 하나의 단어처럼 쓰여 부정의 의미를 만드는 표현이므로 유의한다.

6 해석 배우들은 그들이 연기하는 그 배역이 되지 않는다. 당신은, 현실에서, 자기 자신 외에 그 누구도 될 수 없다. 나 또한 그렇게 될 수 없다. 나는 당신이 될 수 없고, 당신은 내가 될 수 없고, 우리 중 누구도 햄릿이 될 수 없다.

해설 neither는 '또한 ~도 아니다'라는 뜻을 나타내는 부정 표현이다. 부정의 의미를 나타내는 말이 문두에 오면 주어와 동사는 도치된다. 참고로 neither는 not ~ either와 같은 의미이다.

7 해석 이러한 지식 경제에서는, 당신은 글을 꽤 잘 쓰는 방법을 배울 필요가 있다. 당신이 셰익스피어가 될 필요는 없지만, 서면에서 당신 자신을 적절하게 표현하는 방법을 알 필요는 분명히 있다.

해설 앞에 있는 부정문과 대비하여, 뒤에서 긍정의 의미를 더욱 강조하기 위해 일반동사 앞에 강조하는 do를 넣었다. 'do[does] + need to부정사'는 '~할 필요가 분명히 있다'와 같이 해석한다.

8 해석 우리 중 누구도 더 운이 좋고 우월한 사람들을 질투한 적이 지금까지 없다고는 진정으로 말할 수 없을 것이다. 질투심은 동등한 사회적 지위를 가진 친구들, 사무실의 동료, 친척들 사이에서 일반적으로 발견된다.

해설 문장의 주어이자 전치사구 of us의 수식을 받는 명사가 앞에 와야 하므로 부정대명사 none이 적절하다. none은 '아무도 ~아니다/없다'로 해석한다.

Grammar for Writing

1 Plants and animals cannot survive without water.
2 They didn't believe his story, and neither did I.
3 It is health that is real wealth.
4 He decided to follow his dream of becoming a teacher.

1 TIP without은 '~없이는'이라는 뜻으로 not과 함께 쓰이면 '~없이는 …하지 않는다'라는 뜻이 된다.

2 TIP neither는 이미 부정한 내용을 그대로 이어 받아서 부정한다. neither가 절의 맨 앞에 오면 해당 절의 주어와 동사가 도치된다.

3 TIP 강조하고자 하는 문장 성분을 it is ~ that 사이에 넣어 강조할 수 있다. 나머지 문장 성분은 that 뒤에 그대로 남겨둔다.

4 TIP 전치사 of로 동격의 명사구를 나타낼 수 있다.

Grammar for Speaking

1 추가 예시 She has never studied French.
그녀는 프랑스어를 공부한 적이 전혀 없다.
I have never met a celebrity.
나는 유명 인사를 만난 적이 전혀 없다.

2 추가 예시 It was Bob that called at 2 a.m.
오전 2시에 전화한 사람은 바로 밥이었다.
It was the vase that my dog broke.
내 개가 깨트린 것은 바로 꽃병이었다.

3 추가 예시 It was, in fact, my first try.
그것은, 사실, 나의 첫 번째 시도였다.
She is, in fact, only 15.
그녀는, 사실, 15살일 뿐이다.

1 TIP never는 현재완료와 함께 쓰이면 '전혀 ~한 적이 없다'라는 의미가 된다. have[has] 동사와 과거분사 사이에 never를 쓴다.

2 TIP 강조하고자 하는 문장 성분을 it is[was]와 that 사이에 적고, 나머지 부분은 that 뒤에 그대로 적어준다.

3 TIP in fact는 삽입 어구로 자주 등장하는 표현이다. '사실상, 실은'으로 해석한다.

끝인 줄 알았지?
이게 끝이 아니다.
공부 습관까지 잡아야 끝인 거다!

▶▶▶

공부 습관 잡으러 Go! Go! ~

66일 영문법 습관 달력

66일 공부법으로 영문법도 정복하고 공부 습관도 만들기!

하나. 오늘 학습할 UNIT을 공부한다.

둘. 10단계 학습법에 따라 공부한다. (7+3 단계별 학습법 ▶ p.18)

* 실천한 날은 ✕로 표시하거나 날짜를 적어보세요.

01	02	03	04	05	06	07	08	09	10	11

12	13	14	15	16	17	18	19	20	21	22

습관화 시작!

23	24	25	26	27	28	29	30	31	32	33

34	35	36	37	38	39	40	41	42	43	44

조금만 더!

45	46	47	48	49	50	51	52	53	54	55

56	57	58	59	60	61	62	63	64	65	66

습관 완성

66일 학습 진도 ▶ p.24 스터디 플랜
66일 영문법 습관 달력 활용법 ▶ p.312 다섯 가지 습관 법칙

memo

memo

강성태 영문법 필수편

초판 6쇄 발행 2023년 11월

지은이 강 성 태
연구개발 키 영어학습방법연구소
펴낸이 김 기 중
펴낸곳 ㈜키출판사

키출판사 전화 1644-8808
팩스 (02) 733-1595
등록 1980. 3. 19.(제16-32호)

정가 16,000원
ISBN 979-11-89719-00-5 (13740)

홈페이지: http://www.keymedia.co.kr
e-mail: company@keymedia.co.kr

• 키 영어학습방법연구소

교육 R&D에 앞서가는 키출판사

키 영어학습방법연구소는 〈강성태 영단어 어원편〉, 〈매일 10분 기초 영문법의 기적〉, 〈미국교과서 읽는 리딩〉 시리즈, 〈문법이 쓰기다〉, 〈단어가 읽기다〉, 〈매3영〉 시리즈 등 유초등부터 중고등 교재, 성인 학습서에 이르기까지, 유수의 베스트셀러, 스테디셀러 영어 교재를 출판해온 키출판사의 기업 부설 연구소이다. "교육 R&D에 앞서가는 키출판사"라는 슬로건 아래 아동발달론, 외국어 교육학 및 제2언어 습득론, 현대 언어학의 연구 결과를 바탕으로, 누구나 쉽게 따라올 수 있는 '반드시 성공할 수밖에 없는 영어 교육'을 위한 콘텐츠 개발에 힘쓰고 있다.

BOOKMARK ✂

점선을 오려 테스트 시 가리개로 활용하세요.

남들보다 앞서 나갈 수 있는 방법이 있다.
남들 놀 때 하면 된다.

하지만 현실은 어떤가?

남들 놀 때 놀고
남들 할 때도 논다.

세계 최고 부자가 내일 죽을 운명이다.
전 재산의 절반을 주면
여러분 같은 청춘을 얻을 수 있다면?
절반이 아닌 전 재산을 줄지도 모른다.

여러분이 가진
기회와 시간,

그보다
귀한건 없다.

공신들은 말만 하지 않는다.
'그냥' 공부한다. 요란하지 않다.
학창시절을 떠올려 보라.

전교 1등이
입으로만 나불대던가?

그저 행동하는 것,
그게 공부다.

미쳤냐?
니가 그걸 하겠다고?
니 주제에?

이런 소리를 들었는가?
아주 좋은 현상이다.
그만큼 죽여주게 멋진 꿈이란 소리일 뿐이다.

주눅들 필요 없다.

엄밀히 말하면,
공부는 내가 하는 것이 아니다.

공부는
내가 만든
습관이
하는 것이다.

수많은 폭풍을 경험해야만
유능한 뱃사공이 될 수 있는 법이다.

피할 수 없다면 차라리
그것을 즐겨라

나를 죽이지 못하는 고통은
나를 더욱 강하게
만들 뿐이니까.

공부를 열심히 하는 것만큼 중요한 것이 있다.
공부하는 목적과 방향이다.
목적지 없이 항해하는 배는 제 아무리
열심히 달려도 결코 목적지에 도달할 수 없다.

여러분의 목적지는
어디인가?

할 수 있다 믿는 것도 능력이다.
할 수 있다 믿으면 할 수 있는 힘이 생긴다.

당신은 할 수 있다.
반드시, 반드시, 반드시
할 수 있다!